U0458249

译 歌德学院（中国）
翻译资助计划

Soziologie der Marke

品牌社会学

Kai-Uwe Hellmann

［德］凯－乌韦·黑尔曼◎著

吕 律 张 雪◎译

上海三联书店

德国通用电气公司（AEG）、可口可乐（Coca-Cola）、德国妙卡巧克力（Milka）、西门子（Siemens）、德国电信（Telekom）——这些品牌将我们的生活重重包围，而我们却浑然不觉，尽管它们无处不在。不论是购买实物，还是在服务行业，我们总是离不开它们，我们依赖它们，信任它们。从社会学角度而言，这是一种极有趣的现象，但品牌是如何从社会学角度被阐释的呢？迄今为止，这都体现在市场研究的管辖范围内——对品牌进行科学性研究。本书尝试将"品牌"现象——沟通的一种特殊形式——从社会学角度进行探讨，依据经济社会学的中心纲领，如市场、广告和消费，来发展一个独立的品牌社会学科。

凯-乌韦·黑尔曼教授曾在德国多所大学任教，从 2014 年 10 月开始担任柏林科技大学的消费及经济社会学教授，其研究领域涉及消费及经济社会学、军事及管理社会学、社会理论及系统理论，著作颇多。苏尔坎普出版社出版了他的《政治理论——尼克拉斯·卢曼（Niklas Luhmann）的政治社会学》[与赖纳·施马尔茨-布伦斯（Rainer Schmalz-Bruns）共同主编，苏尔坎普口袋书学术系列第 1583 本]。

❖ 目 录 ❖

译者序

历时颇久的翻译过程终于见到曙光，在此写下几句用以纪念这本《品牌社会学》的颇费脑力的翻译过程。这本书由德国社会学教授凯-乌韦·黑尔曼所著，2003年由法兰克福的苏尔坎普出版社出版。本书从社会学的角度对德国的一些品牌发展进行了梳理，并从理论及历史的角度将其与经验性研究相结合，将品牌的发展不仅局限于经济学的角度，而且将视野延伸到了广阔的社会学研究角度，并大量地引用了德国著名社会学家尼克拉斯·卢曼（1927—1998）的理论。

《品牌社会学》这本书的作者凯-乌韦·黑尔曼教授，1962年出生于德国下萨克森州的瓦尔斯罗德，20世纪80年代在汉堡、图宾根、法兰克福以及柏林学习哲学、政治学以及企业管理学，在1995年以论文《系统论以及新的社会活动》（*Systemtheorie und neue soziale Bewegung*）获得社会学博士，2003年在马格德堡以论文《知其所拥有——品牌社会学研究》（"*Da weiß man, was man hat.*" *Eine Studie zur Soziologie der Marke*）获得教授资格。黑尔曼教授曾在德国埃森、莱比锡、汉堡以及维腾-黑尔德克大学（Witten-Herdecke）等多所大学任教，并参与多项与品牌相关的研究项目，2006年在柏林成立了消费

1

及品牌研究所。黑尔曼教授从 2014 年 10 月开始担任柏林科技大学的消费及经济社会学教授，其研究领域是消费及经济社会学、军事及管理社会学、社会理论及系统理论，他的著作颇多，这本《品牌社会学》于 2003 年在德国首次出版后，广受好评。

尼克拉斯·卢曼是德国当代杰出的社会学家之一，在社会学研究领域中赫赫有名，也许中国读者对他并不陌生。他发展了社会系统论，也是一位"宏大理论"的推崇者，主张把社会上纷繁复杂的现象全部纳入一种系统的理论框架中去解释。他的主要著作有《社会的社会》（*Die Gesellschaft der Gesellschaft*）、《社会的艺术》（*Die Kunst der Gesellschaft*）、《社会的法律》（*Das Recht der Gesellschaft*）。尼克拉斯·卢曼是当代最重要的学术领袖之一和社会学系统科学的代表人物，而他的影响已经远远地扩展到社会学领域之外。他为社会学、系统科学和诸多其他学科开创了惊世的见解与崭新的视角。他是当代极少数几个确实改变了范式的社会学家之一：从结构—功能主义到功能—结构理论，以及问题—功能主义理论，从行动社会到沟通和语义学理论，从社会"机器"到自我再生。

他接受了马图拉纳和瓦芮拉关于生命组织的理论，结合自己在法律学方面所接受的精确、复杂的推理训练，进一步发展了这一理论并将其移入社会学，不久便建立起他自己的纪念碑式的理论建构基石。他毕生的众多工作体现在将其抽象而又复杂的理论参考框架切实地运用于社会的所有领域中，从行政管理的内在运行到全球的生态问题，从政治、经济到艺术、爱情和宗教。他在努力应用、检验和进一步发展其理论的过程中，以建立一种普遍社会理论为目标，没有遗漏社会的任何一个部分。他所运用的是自己通过卷帙浩繁的阅读积累下的令人难以置信的、百科全书般的知识，视界是他理论中的一个关键性概念。系统论涵盖了生活中的方方面面，黑尔曼教授从品牌创立、发展、彼此影响和联系的角度展开研究，并借此将品牌研究纳入广阔的社会学中，是颇有新意的。

这是我很感兴趣的一本书，我的同事张雪老师也参与其中，翻译了本书第二章"品牌社会学"中"消费和品牌"及"环境和品牌"子章节及后记部分，在此一并表示感谢——将德文变为中文是很开心的。因我事务繁忙，所以翻译过程颇为漫长，在此感谢歌德学院翻译资助项目姜宁馨女士给我提供这本书的翻译机会，还要感谢凤凰壹力文化发展有限公司的赵延召、华丹、刘文硕、苏雪莹编辑对我的大力支持并不厌其烦地回答我的一些问题。当然，在翻译过程中，尤其要感谢的就是这本书的作者黑尔曼教授，在我与他的多次电子邮件联系中，黑尔曼教授解答了我的很多疑问，并给出了专业的指导。同时也感谢中方版权代理蔡鸿君老师和德国苏尔坎普出版社的版权代理克里斯多夫·哈森查尔先生（Christoph Hassenzahl）在此书版权及延期方面的大力协助。

我非常高兴黑尔曼教授的《品牌社会学》一书的中译本能在国内问世，虽然其中提及的若干品牌并未惠及国内的家庭，甚至可能绝大多数人对其闻所未闻，但这是一个用来普及德国的一些品牌知识的良好开端，从卢曼的社会系统论角度，既具备学术性和思想性，也具备趣味性和知识性。每本译介到国内的书，都是在打开一扇沟通和理解的窗户，以便让互相学习变得更为容易和普及，这对我们是大有裨益的。

吕律

2018 年 9 月

前　言

　　品牌主题是一个外延和内涵极其广泛的超级主题，它不仅涉及令人目不暇接、浩如烟海的出版物，而且还涉及被纳入这个主题的丰富多样的见解。因此这项有关品牌社会学的研究绝对不是将公开发表的关于这个主题的各种学术文章、理论和方法一一列举出来，而更多的是从一开始就关注对这繁复主题的简化，通过选择出一些能够充分论证品牌社会学的内容进行讨论。

　　在开展和完成此项研究的过程中，我要感谢许多对此提供帮助的人。首先要感谢的是埃克哈德·迪特里希（Eckhard Dittrich）教授，他在我完成研究的整个过程中可谓鼎力相助，因为从社会学视角在实践中研究品牌主题，无论从专业视角，还是个人原因，都比想象中要难得多。除此以外，许多个人和公司用不同的方式，对此项研究的成功完成提供了很大帮助，很遗憾在行文中不能一一列举出来。我要特别致谢的是 C.C. 科巴克（C.C. Cobarg）、赖纳·格里斯（Rainer Gries）、芭芭拉·赫尔泽（Barbara Hölser）、凯·福尔克·科舍尔（Kay Volker Koschel）、克劳斯·里希特（Klaus Richter）、瓦尔特·塔克（Walter Tacke）。特别是约尔根·迈克斯纳（Jürgen Meixner），于我 1996 年在汉堡的 AC 尼尔森公司（AC Nielsen）的

1

市场和观点部门做研究阶段，首先启发了我将品牌研究纳入社会学研究的角度。另外，还要感谢的人实在不胜枚举，有的人为我收集资料、参加研讨和经济支持都提供了很多帮助，他们来自以下公司：德国佰克尔（Birkel）公司、博朗公司（Braun）、德国民意调查公司（Emnid）、辉柏嘉文具用品（Faber-Castell）、德国 GEO 视界杂志（GEO）公司广告部、消费者研究协会、品牌学研究协会（GEM）、葛兰素史克药品及保健品公司（Glaxo Smith Kline）、国际传播集团葛瑞公司（Grey）、美国爱康公司（ICON）、德国法森糖果公司（Katjes FASSIN）、汉莎航空公司（Lufthansa）、烹调品牌美极公司（Maggi）、修女牌天然草药制剂公司（Maria Clementine Martin Klosterfrau）、野格牌利口酒公司（Mast-Jägermeister）、默克药厂（Merck）、雀巢公司（Nestle）、标致汽车公司（Peugeot）、波特拉克杜亚尔丁两合公司（Pott-Racke-Dujardin）、瑞果夹心水果糖公司（Ragolds）、德国著名起泡酒生产商小红帽酒庄（Rotkäppchen Sektkellerei）、西门子公司（Siemens）、朗格表业（Söhne&Lange）、明星周刊广告部、斯沃琪表业集团（Swatch Group）、网络趋势顾问公司（Trendbüro）、途易旅游集团（TUI），以及银河出版集团（Milchstrasse）。

本书是以我 2002 年在马格德堡大学（Otto-von-Guericke-Universität Magdeburg）提交的教授资格论文为基础而完成的，在此我感谢卡斯滕·费舍尔（Karsten Fischer）、爱娃·吉尔莫（Eva Gilmer）、米歇尔·哈瑟（Michael Hasse）以及我的父母，他们通读了这本书。

凯－乌韦·黑尔曼

2

导　论

一切皆品牌，还是？

阿波纳里斯矿泉水（Appollinaris）、德国亚拉润滑油（Aral）、阿司匹林止痛片（Aspirin）、贝克啤酒（Becks）、佰克尔面条（Birkel）、博世电器（Bosch）、可口可乐（Coca-Cola）、欧特家博士烘焙原料（Dr. Oetker）、辉柏嘉铅笔（Faber Castell）、家庭创伤护理品牌汉莎普拉斯特（Hansaplast）、喜宝奶粉（Hipp）、修女牌纯天然草药酒精混合药剂（Klosterfrau Melissengeist）、家电品牌克鲁伯（Krups）、起泡葡萄酒酷菲堡金樽（Kupferberg Gold）、利市文具（Leitz）、马克林火车头玩具模型（Märklin）、美极烹饪汤料（Maggi）、美诺家电（Miele）、奥朵漱口水（Odol）、欧宝汽车（Opel）、百利金钢笔（Pelikan）、菲利普-霍茨曼建筑企业（Philip Holzmann）、萨拉曼鞋子（Salamander）、西门子（Siemens）、施多威克巧克力（Stollwerck）、德宝力娇草药酒（Underberg）、瓦尔塔电池（Varta）、唯宝餐具（Villeroy & Boch）以及众多其他人们熟知的品牌，它们都是百年老品牌，自从市场经济存在以来，就一直陪伴着我们。它们几乎与市场经济同时出现，与它相映成辉，是市场的产物，是商品汪洋大海中的"灯塔"，是"消费崇拜"，我们每天都活在被它们所包围的环境中。"品牌环绕着我们，在所有的生活领域中，我们用品牌包围着自己，我们需要这些消费品，每天如此。也就是说，品牌具有当下性，无论是作为生活必需品、生活服务品，还是消费和投资品。"（博伊森，1993，19 页）品牌确保品质，标明了安全性，传递出信任感，一言以蔽之："知你所拥有"，正如一则 1969 年大众汽车的出色广告口号所言。

就品牌的"生平"而言，已确认 1894 年是一个划时代的转折点，因为就在这一年颁布了被广泛实行的"商标保护法"。从那以后出现的"商标名册"有了监管，并在柏林正式使用。虽然商标很早之前就已经出现，但是只有随着商标名册的设立，才开始实行具有法律效力的预防措施，来广泛有效地确保商标的独特性。在某种意义上，它们就像品牌一样申请了民事权利。因为在这部法律实行之后，短时间内，就涌现出了商标登记的狂潮，在每年约 20000 商标的申请中，将近 10000 商标被注册，以至于在 1894 年到 1910 年期间，在卡尔·黑泽尔（Karl Haensel）出版于 1912 的图书中，做了首次统计，记录了在 134540 个注册登记中，申请的数量达到了 244462 次——"最多的申请是来自食品和嗜好品工业以及化工企业"。[豪斯（Hauß），1910，583 页]

作为超级主题的品牌

目前，在德国有受法律保护的品牌 680027 种 [1]，全世界最大的市场研究所 AC 尼尔森（AC Nielsen）在 1997 年统计得出，仅在德国申请的品牌就有 54478 个 [2]。仅关注一下德国跨越各个行业的十大著名品牌，就能得出以下汇总（表 1）：

---

[1] 出自：《慕尼黑德国专利和品牌局年刊会议》，2003 年 3 月 14 日。

[2] 出自：*G+J 广告 -Extra-Ticker GEO 98*，第 2 页。参见西蒙，1997；霍克斯 / 维佩曼，1998；伯格曼，1999。

德国电信（Deutsche Telekom）	99%
阿迪达斯运动服装（Adidas）	97%
汉莎航空（Lufthansa）	97%
可口可乐饮料（Coca-Cola）	94%
家乐氏谷物早餐（Kellogg's Corn Flakes）	94%
奥乐齐连锁超市（Aldi）	93%
妮维雅化妆品（Nivea）	92%
吉列剃须刀（Gillette）	91%
德国国家电视一台（ARD）	91%
雀巢儿童食品（Alete）	91%

表1：1999年德国十大名牌（在受访者中的知名度用%表示）[3]

与此相应，如果提及在德国最具吸引力的品牌，扬格及鲁比坎广告代理（Young & Rubicam）列举出了2000年的调查结果（表2）：

1. 奥乐齐连锁超市（Aldi）	11. 欧特家博士烘焙原料（Dr. Oetker）
2. 可口可乐饮料（Coca-Cola）	12. 阿司匹林止痛片（Aspirin）
3. 妮维雅化妆品（Nivea）	13. 瑞特斯波德巧克力（Ritter Sport）
4. 大众汽车（Volkswagen）	14. 李维斯牛仔服（Levis）
5. 妙卡巧克力（Milka）	15. 宝马汽车（BMW）
6. 奔驰（Mercedes）	16. 保时捷汽车（Porsche）
7. 乐高玩具（Lego）	17. 高维C果汁（Hohes C）
8. 宜家家居（Ikea）	18. 瑞士莲巧克力（Lindt）
9. 阿迪达斯运动服装（Adidas）	19. 琅尼斯冰激凌（Langnese）
10. 德宝卫生用品（Tempo）	20. 德国电信（Deutsche Telekom）

表2：2000年在德国最具吸引力的品牌[4]

---

[3] 出自：J．沃尔特·汤普森（J. Walter Thompson），参见《生活消费品报》（*Lebensmittelzeitung*），1999年2月5日第5期，第54页："'贸易必须走向品牌'对品牌知名度的多种品牌研究在3500个企业和生产商中进行。"

[4] 出自：扬格及鲁比坎广告代理，参见2001年1月31日《法兰克福汇报》第26期，第20页："奥乐齐超市是德国最强的品牌，奢侈品的品牌丧失吸引力。据扬格及

如果问及品牌的"魅力值"，Ires 市场研究所给出了如下研究结果（表3）：

SOS 儿童村（SOS-Kinderdorf）	6.2
联合国儿童基金会（Unicef）	5.7
奔驰（Mercedes-Benz）	5.2
保时捷（Porsche）	5.2
法拉利（Ferrari）	4.9
大众汽车（Volkswagen）	4.9
奥乐齐超市（Aldi）	4.8
微软软件（Microsoft）	4.7
戴姆斯-克莱斯勒公司（Daimler Chrysler）	4.5
妮维雅化妆品（Nivea）	4.3
宜家家居（IKEA）	4.2
妙卡巧克力（Milka）	4.1
美诺家电（Miele）	4.0
可口可乐饮料（Coca-Cola）	3.9
费列罗巧克力（Ferrero）	3.9
琅尼斯冰激凌（Langnese）	3.9

表3：2001 年在德国最具吸引力的品牌 [5]

如果消费者进一步关注德国的消费品行业，并询问那些最频繁消费的品牌以及相应的忠诚度，可参考以下列表（表4）：

美极烹饪汤料（Maggi）	86.5%	冠利调味品（Kühne）	61.9%
家乐牌汤料（Knorr）	80.1%	爱尔曼奶制品（Ehrmann）	59.8%
欧特家博士烘焙原料（Oetker）	77.6%	托米沙拉酱（Thomy's）	58.1%

鲁比坎广告代理调查。"

[5] 出自：Ires，参见《生活消费品报》，第 9 期，第 64 页。最高评分是 10 分。

百乐顺饼干（Bahlsen）	75.3%	可口可乐（Coca-Cola）	57.3%
穆勒牛奶制品（Müller Milch）	69.5%	妙卡巧克力（Milka）	53.9%
冷冻食品（Iglo）	69.2%	雅克布斯咖啡（Jakobs）	51.6%
奶酪制品（Hochland）	66.4%	妮维雅化妆品（Nivea）	49.6%
达能食品（Danone）	63.4%		

表4：1999年德国顶级消费品品牌（在受访者中的影响力用%表示）[6]

与此同时，加入德国品牌协会的品牌商品，仅是所有在德国经营的品牌商品的一部分，而它们2001年的销售额就已达到了3390亿欧元，与上一年相比，增长率明显超过了4%（2000年的销售额为3250亿欧元）[7]。这种增长趋势还明显不断被超出，如1988年到2000年期间新登记的品牌，它们的增长率每年几乎达到了9%（表5）：

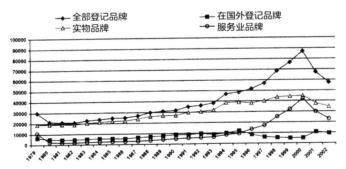

表5：2002年德国国内品牌登记增长率示意图[8]

---

[6] 出自：GfK板面咨询公司（GfK Panel Services），《消费者研究》。

[7] 品牌协会2001/2002年的年度报告，德国威斯巴登，此外还有在品牌上所花费的巨额广告预算。比如，1999年大约3500个品牌的广告预算超出了100万马克，参见伯格曼，1999。

[8] 出自：德国专利和品牌局年度报告。

与此同时，2000 年登记的 86983 个国内品牌中，有 81969 个（1999 年为 71563 个品牌）是在国外登记，增幅达到了 13.8%，而由国外企业登记的品牌从 1999 年的 4871 个增长到了 2000 年的 5014 个，增长率仅为 2.93%。更值得注意的是，在 2000 年登记的服务业品牌再次大幅度增长：这一年收到的服务业品牌登记申请为 41990 个，与上一年度相比，增幅达到 30%；在全部品牌登记收入中，服务业品牌占 48%（1999 年为 39%）[9]。

在品牌登记中，服务业品牌增长百分比最大，从列表中体现出的不仅仅是这种事实。因为在此期间，"品牌技术"——汉斯·多尼茨拉夫（Hans Domizlaff, 1939）将引领品牌（Markenführung）的艺术赋予此称谓——很久以来已经不再是用于单独的产品或者产品系列，而是也要更常用于培养整个企业的"公司品牌（Corporate Branding）"，对这一点的"导演"日益占主导地位。除此以外，不言而喻，品牌绝不仅仅只应在消费品市场——"市场的最早形式"（Kasuga, 1987）——中被发现，而是更多地在所有其他市场中出现。这不仅包含了狭义上的服务业，像大众生活服务，比如电或水；体育俱乐部，比如"法兰克福的世界品牌和睦家"或曼彻斯特联盟；体育赛事，如 F1 赛事或冰球[10]。因为在此期间，人们甚至将个人作为品牌商品推向市场，只要想一下美国篮球明星空中飞人迈克尔·乔丹，德国超级模特克劳迪娅·席弗以及德国喜剧演员哈拉尔德·施密特，后者甚至自称为"品牌商品"；还有前德国总理格哈德·施罗

---

[9]　但在此期间，2000 年到 2001 年品牌登记数量大幅度减少了近 22.6%，明显可以看出萎靡的宏观经济的影响，从 2001 年到 2002 年品牌登记再次下降，达到了近 14.8%。有意思的是，这种整体降幅与服务业品牌登记的降幅趋同。

[10]　其后的论证参见黑尔曼，2002。

德，他在 1998 年的大选中说道："我就是一个品牌！"除此以外，就连最小的制造构件，比如英特尔芯片，政党如"劳动党"，机构如纳斯达克，许多非营利组织（基督教教会、红十字会、联合国儿童基金会），甚至英国和美国的个别大学，进一步说还有大众活动如"爱的游行"，游客云集的旅游胜地，如瑞士拉克斯和圣莫里茨，都被视为品牌。此外，一些地区（巴伐利亚州和鲁尔区）和整个国家（德国、美国、爱沙尼亚、南非）均作为品牌被宣扬——即使是作为秩序原则的"社会市场经济"也在其中被当作品牌。显而易见，品牌具有如此巨大的吸引力和适应力，除了将它们按照品牌适应性分类，逐渐建构并完善品牌之外，还能做什么呢？

在这种趋势下，全球性品牌数目的不断增长就显得步调一致了，也就是那些在世界范围内享有盛誉，并对地区的事务做出不可忽视贡献的品牌[11]。正如多年来担任雀巢全球董事会主席的赫尔穆特·毛赫尔（Helmut Maucher）在书中（1992，第 122 页）所写："像雀巢这样的企业，使用各种现代沟通方式，能够在这儿就将一个地区的消费者习惯迅速地普及全世界。"其中，那些已公布的 100 个世界名牌中的多一半在美国，每个品牌的市场价值均超过 10 亿美元，遥遥领先于欧洲的 27 个品牌和亚洲的 7 个品牌，而拉丁美洲和非洲没有一个品牌被列入。以下表格中列举出了其中排名在前十位的品牌，可以见得，7 年来可口可乐一直占据着首位（表 6）[12]。

---

[11]　参见威廉斯，2002；霍克斯 / 维佩曼（1998，第 14 页）："名牌在西方工业化进程中早就成了大使，它们将令人堕落的公告不断植入他者文化。"

[12]　参见 2002 年 8 月 5 日的《商业周报》（*Business Week*）。（链接：www.businessweek.com/magazine/content/02_31/b3794032.htm，2002 年 10 月 29 日）

品牌	2002 年品牌价值（10 亿美元为单位）
可口可乐（美国）	69.64
微软（美国）	64.09
IBM（美国）	51.19
通用电力（美国）	41.31
英特尔（美国）	30.86
诺基亚（芬兰）	29.97
迪士尼（美国）	29.26
麦当劳（美国）	26.38
万宝路（美国）	24.15
奔驰（德国）	21.10

表 6：2002 年全世界十大最具价值品牌

因此，考虑到这些世界品牌的传播，将品牌符号划为一种世界语言就合情合理了，它们几乎在世界各地沟通无限，理解无难度。让-诺埃尔·卡普费雷（Jean-Noel Kapferer）（1992，第 11 页）认为："品牌是唯一现存的国际语言，是商业世界语。"这种想法至少在一些特定符号和"商标标示"的情况中容易理解，只要想一下可口可乐瓶罐上那红底白字的弧形字母，麦当劳商标中拱形的黄色 M 或者万宝路商标中的骑马牛仔就行了。"商标标识因为具有现实性，即将成为另一种世界语言，它们会在更多地方像英语一样被使用。"（克莱恩，2001，第 20 页）与此相反，如果处在本国的语言环境中，一些用于品牌广告中的标语拥有极高的知名度和接受度，比如"不会永久，只会长久"，"我拥有我自由"，或者"一切皆有可能"。

在经济学，特别是市场学中，品牌主题在其中具有中心地位。德国市场学的创建者之一赫利伯特·迈福（Heribert Meffert）（2002，第 74 页）这样认为："塑造品牌是一个关键主题，是市场学的一门艺术和基础。"弗朗茨·埃施（Franz Esch）和安德列亚斯·威克

（Andreas Wicke）（1999，第 5 页）甚至认为："品牌是一个超级主题，毫无疑问的——就是这样！"因为几乎不存在品牌不涉及的机会了。"品牌商品的意义变得如此之大，在今天几乎没有它们不存在的生产领域了。"（科特勒 / 布里莫，1999，第 696 页）此外，品牌的影响早就不再局限于只在经济方面用于开拓市场和促进销售额。品牌更多地拥有一种无所不在的意义，在许多孩子、青少年甚至成年人眼中，都是万能的，因为它们几乎对人们所能想到的领域的消费行为和生活方式都产生了深远影响。显然，使用品牌在对当前社会进行物质和非物质方面的"装扮"，充当着一个重要的角色，已经远远超出了纯粹的经济性意义。"品牌是经济的驱动因素，在此期间……也是社会的重要驱动因素。"（莱因哈德，2002，第 54 页）

社会学和品牌

如果将这些与"品牌"主题息息相关的数据、事件、评论和观点一一摆在眼前，那么就能断定：存在这样一些品牌，它们数目繁多，传播广远，影响巨大。显而易见的是，品牌是一个社会性事实，而且不仅仅局限于经济领域。一旦将社会学引入这一概念，那么问题就随之产生：我们应如何通过品牌这一全世界都存在的现象进行社会学意义上的沟通？令人惊讶的是，到目前为止，人们对这一研究课题在社会学领域的探讨一直缄默无声。

因为品牌本来就是一个经济学现象，如果将经济社会学方面的研究调查作为一个起点，那么成果是有限的。在相关教材和类似的专题论著中可以确定，在关于"市场""金钱""广告"或者"消费"等引用文献和相关章节中，都证实没有明确涉及品牌商品的记录或文章[13]。大部分书籍、专题研究、文章和其他的出版物都是这种情况。虽然在部分章节可见到关于此主题的零星描述，涉及现代社会中商品的存在和作用，但是基本都是一带而过[14]。最多只有几十篇论文是对品牌现象做了详细阐述，尽管这些论文非常独特和详尽，但是没有一个是将品牌主题作为独立的研究专题，而仅仅是将其作为贯穿全文的一个要点[15]。被选出的这些论文并不强调对品牌主题详解的全面性和完整性，迄今为止，它们更多的是仅将品牌主题明确为一种目标介质，而不是将其作为针对品牌的独特的社会学研究的自身目标来研究。

在《繁荣的社会学》一书中，欧内斯特·扎恩（Ernest Zahn）（1960）阐述了将商品包装的特殊功用引入自助服务，在当时只有品牌商品才可以，因为商品包装替代了当时在销售柜台顾客和销售人员之间通常会发生的咨询和售卖交谈。除此以外，包装还能让生产厂家摆脱"不在场"和"匿名"状态，从而让生产厂家清晰可见——名称和特点。之后扎恩转向对广告的论述，因为通过自助服务的广泛传播，品牌使用者只有通过广告才能了解品牌，才能获得最新产品的信息。扎恩随后强调，一个产品并不仅仅通过广告才成为品牌，

---

[13]　参见 Fürstenberg，1970；Burghardt，1974；Pierenkemper，1980；Kutsch-Wiswede，1986；Türk，1987，朗格，1989；Smelser-Swedberg，1994，布斯，1996；Reinhold，1997。

[14]　参见帕森斯/Smelser，1956；Smelser，1968；洪齐格，1972；维斯韦德，1972；1973；2000；贝克尔，1988；Hillmann，1988；卢曼，1988；Frenzen/赫希/Zerrillo，1994；施密特/Sprieß，1996；Kraemer，1997；布迪厄等，1998；Jäckel/Kochhan，2000。

[15]　参见察恩，1960，克劳森，1964；豪格，1971；林德纳，1977；维斯韦德，1983；贝克尔，1998；布斯，1998；施耐德，1999；Tropp，2001；Vollbrecht，2001；2002。

更多的是取决于"市场对它的实际性接受和认可"（扎恩，1960，102 页），这甚至可以导致一种"观点垄断"。值得注意的是，他对产品和品牌进行了严格区分：产品是在工厂中被生产出来的，与此相反，品牌只有获得市场的认可才能成功。扎恩（1960，101 页等）因此也将品牌商品称为一种市场现象："品牌商品是一种市场现象，也就是说，一种必须根植于使用者意识和潜意识中的社会现象，以便在现实中存在。"在这些阐述之后，他突然展开了新的主题，就好像对自助服务和品牌没有兴趣了。此外，他对包装的作用和产品品牌的差别的阐述不具备系统性，也没有相应的理论支持。

这种情况在其他论文中也出现过，比如拉尔斯·克劳森（Lars Clausen）1964 年在他的论文中对"经济广告的社会学因素"阐述了一些品牌主题的内容。克劳森的兴趣首先专注于在现代社会中，经济广告的产生和发展情况的再次建构。其中，他将广告理解为"生产的完成"，因为产品通过广告囊括了那种"整体性"的特点，这种特点从纯技术视野强调产品并将其作为一种"具有形象的产品"。也就是说，产品作为"品牌"，进入了公众意识。因此一个产品首先通过广告才有一种形象授予，从而获得作为经济产品的原有殊荣。"从与生产相关同形化大众产品转变为与销量相关的同形化'品牌商品'，并且原则上被构建成'品牌商品'。"（克劳森，1964，93 页）在他随后的论证中，克劳森得出以下结论：一旦涉及技术上同质化的商品，品牌倾向于构成垄断，从而降低市场透明度，因为它让消费者产生一种印象——不存在"可替换性竞争"。在论证这种观点后，克劳森再次离开品牌主题，转向其他论点的论述，因为品牌主题对他而言仅是一个"中转站"。

扎恩首先关注的是富裕，克劳森关注广告，因此两人仅将"品牌"

主题的原本作用付诸研究，而沃尔夫冈·弗里茨·豪格（Wolfgang Fritz Haug）在他1971年所著的《商品美学批判》一书中，从某种程度上涉及了品牌的关键所在。豪格一直致力于卡尔·马克思的商品概念的研究，因此将商品的使用价值和交换价值作为文章构想的出发点。在他的文章中，涉及了商品的"拜物特征和它的秘密"的核心。品牌被理解为商品的增值或剩余价值，豪格将其特点归纳为"商品的作用和丰富联系性的不断强调"。品牌被证实为一种纯粹的"意义物质"，它的意义来源于在消费者的社会行为中商品的交换价值。因为拥有品牌能够起到以下作用：引起消费者认为自己属于权力精英的幻觉，最终甚至赋予其一种意义和幸福许诺，而这种许诺在迷失方向的环境中具有导向性作用。除此以外，豪格（1971，29页）还认为"对'品牌'的建设最初并不与应该行使品牌商品作用的产品有关"，而是"只与大众对品牌的观点有关"（豪格，1971，37页）。如果持这种观点，那么品牌的目标就会走向垄断，这其中首先涉及的是它们对大众观点的影响和所造成的印象。因此豪格（1980，41页）在文中也谈及了"以印象竞争取代使用价值竞争"，这种取代的整个关注点在于，如何让品牌广告"抵达"大众。也就是说，确保售卖过程成功完成。值得注意的还有，豪格察觉到，在其他的消费市场，比如在家居用品市场，也存在着介于摇摆不定的消费者和不断增长的品牌认知之间的一种补充关系，以及市场技术的日益广泛传播——关键词棕色设计。除此以外，他还注意到在区分和定义其他匿名存在的产品和它们的生产者时包装的作用。最终豪格（1980，126页）得出结论：大众的需求结构首先是通过广告获知自身的"模型化"，以便"将其现象和符号语言适应于所选择的需求部分，就好比钥匙之于锁"。总而言之，可以确定，对于品牌主题，豪格提出了一系列观点，它们部分与扎恩和克劳森的论点相关，部分有所超越。豪格基本只专注于品牌的重要性，将其视为神秘的对商品的拜物特点，并没有不断转向新的主题。因此，令豪格没有想到的是，他的"商品美学批判"一说原则上可视为品牌社会学的第一个构想。

直接吸收豪格的观点，仅在广告方面着力更多的是罗尔夫·林德纳（Rolf Lindner）的论文《自由和冒险的感觉》，副标题为"广告的意识形态和实践"。其中，林德纳将广告从"产品"直接与"品牌商品"视同一致，"因为广告的作用是将无名的商品转变为知名品牌"（林德纳，1977，111页），也将其称为"形式转换"。再者，林德纳认为，品牌广告的目的在于垄断观点，只有单个品牌汇集起来，成为一组商品的总称，这种观念垄断才能得以实现，例如膳魔师（Thermos）——壶，维客（Weck）——玻璃杯，得宝（Tempo）——纸巾，阿司匹林——止痛片，美极——汤料，或者可口可乐。除此以外，林德纳还将品牌商品与"Ubiquität"相连，也就是"随处可得"以及价格质量关系——按照美国经济学巨擘托斯丹·范伯伦（Thorstein Veblen）的著名论点——"贵即为好"。而他将长期以来品牌商品尽管并无非议但具有决定性特点的"约定价格"，在1974年1月1日失去法律效应后，还视为一个过去时代的遗留。林德纳还对豪格的"品牌是意义物质"的观点引入了新的见解。因为按照林德纳的观点，豪格的商品美学概念局限于品牌商品的包装角度。与豪格不同，针对品牌的纯粹交际性区分或者语义区分，正如林纳德所言"理想的区分"，他提出了"商品象征性"这个概念，"商品象征性即为通过具有典范意义的商品之间的广告交际性耦合（werbekommunikative Kopplung）来区分产品。通常，这种意义典范不涉及那些产品世界，而是代表了特别的来自与社会关联的、对于那些接受群体非常重要的（或者认为重要的）需求、感觉、兴趣、想象、意义关联等。"（林德纳，1977，93页）除此以外，基于品牌的优势和价格来购买和展示品牌表现出"在社会阶层中商品购买者的定位"，"它说出你的身份"，因此品牌是有目的地被用作自我展示：

"目的就是，商品应被赋予生活意义，商品的贵重价值能够成为个性的指示标，商品作为表达和交流介质，作为工具，能用于自我展示和寻找自我意识，这一切充分展示了个体在整体日常生活中是如何被'自己亲手制造出来的拙劣的产品'（马克思）所控制的。广告商用商品耦合了各种象征性维度，它们本来就是用来将消费与阶级和阶层划分联系起来。"（林德纳，1977，126页）

能够确定的是，"形式转换"和"商品象征性"这两个概念，以及对品牌概念的广泛的具有启发性的功能性定义——品牌作为生活意义的传递、表达和交流介质、自我展示和自我意识定位的工具，构成了品牌社会学的建设性基石。

与此相反，在君特·维斯韦德（Günter Wiswede）1983年所作的论文《市场社会学》中，并没有开宗明义地发展品牌社会学——对这一观点的论证他一笔带过，但仍然可以看到他的一个有趣的详细解释，首先是提出问题：在市场经济中存在哪些机制，它们替代了现如今买卖双方之间的关系，能基本上使交换过程成为可能，并能成功完成交换过程。维斯韦德的回答（1983，173页等）非常简洁：

"这些新的机制，在某种意义上是一种功能性的等值物，用于创建特别的信任关系：保修说明，用高质量品质来彰显品牌商品特别的信任度；名牌商品的发展，能部分取代市场伙伴之间私人交谈的抽象化广告等。那么，相同的'机制'就能根据所提供商品和服务的丰富性以及商品提供商从自身角度出发通常都希望降低复杂性的意图，实现对复杂性的简化作用。"

因此，在现代市场经济条件下，保修说明、名牌商品以及广告都深具信任度。通过这一结论，维斯韦德就完成了对"品牌"这个主题的阐述。维斯韦德还对品牌信任度的概念进行了一个简短深入的解释，即重复性购买，他的名言是"商品购买者应成为'持续性顾客'"。（维斯韦德，1983，180页）但是即使这样的表述也与商标主题本身不相关，而只与其有松散的联系。维斯韦德所提出的观点——将信任和品牌联系起来，对于从社会学意义上理解品牌具有开创性意义。

在此期间，非常明确的是，从社会学角度研究品牌，迄今为止几乎还没有理由去谈论与此类似的一种（一直在形成中的）理论引导与经验作用并行的平台。每种立场的观点都是高度异质的，每次都有其他新观点引人注意，但无一建立起独立的品牌社会学理论。要补充的是，所有迄今为止主攻品牌主题或者涉及该主题的作者，尽管还有更多不知名的，都有相同的特点，都是在利用非本专业的广义上属于经济科学的文献。以上列举的三个例子正符合这种情况。

在托马斯·贝克尔（Thomas Becker）（1998）的论文《金钱的话语》一文中，正如小标题"战略性企业交际的基础"所述，能找到关于"品牌作为交流介质"的单独章节。我们尚且不考虑贝克尔的论点，即品牌构成了企业的公共关系形式，他的描述更加倾向于介绍品牌商品的企业经济管理专业（BML）文献，符合观点明确的教科书中的论点。首先涉及的就是品牌的作用、特点，以及作为单独品牌、多品牌、家庭品牌、伞状品牌和企业品牌的多种论述，却没有对于"品牌"主题的独立的专注社会学角度的阐释和新论点。托马斯·施耐德（Thomas Schnierer）（1999）的《广告社会学》一书也是如此。不出意料的是，正如其他论文，施耐德的文章中也涉及了品牌主题，但他不仅将品牌阐述为产品，而且当作广告目的论，因为广告的作用是有目的地将产品"制造"为品牌。因此施耐德用多种品牌为例来发展自己的观点，更接近探讨相关的品牌战略，其相关文献来源于消费者研究和市场营销领域。就这点而言，施耐德也是遵循相同的轨迹，直接引入经济学的理论，并从中引出社会学的理论支持。

接下来关注欧根·布斯（Eugen Buss）的理论。在浩如烟海的社会学出版物中，他的一篇篇幅不长的论文十分引人注目。谈及品牌主题，首先会读到他对品牌的描述，其第一印象是，他的遣词造句、语义结构明显出自社会学——题目就已充分显示了这一点："作为社会象征的品牌"。文章中，布斯将品牌定义为"象征性交际"，它同时包括了有声及无声的符号和象征。品牌的象征性表明，品牌具有意义，而且是在两个层面上的意义：第一个层面仅涉及产品描述，而第二个层面就涉及了一个象征性的"导演剧目"，它围绕着产品衍生出了丰富的含义。其中，一个品牌首先通过自身特点才获得"公众性"，并因此被接受和评价。"并不是产品本身决定了品牌形象，而是公众通过象征对品牌进行的各种阐释决定了品牌形象。首先它构成了品牌在市场定位的基础，并且构成了它在公众中的联系、认同和评价过程。"（布斯，1998，97页）在这里，布斯对品牌的产品层面和意义层面进行了区分，并提出问题——产品层面是否与意义层面没有丝毫关系。另外，布斯还补充了一个时间维度，因为每种品牌都与现实生活紧密相连，同时也包含着过去，其中就一定蕴含着未来发展的机会。因为"品牌……就其特点而言，始终是具有传统价值导向的。"（布斯，1998，98页）布斯进一步探讨了每种品牌都具有的六种功能范围：生物功能、引导和秩序功能、认同功能、阐释功能、状态功能，以及跨文化理解功能。值得注意的是，他最后还介绍了一种品牌交际的多维度性，也可以更确切地称之为"多语义性"。"因此象征性的品牌交际应该被放置于更明显更广泛的基础上进行分析，即融合了事实信息、表义信息、含义信息和状态信息。"（布斯，1998，100页）

如果考虑到社会学对"品牌"主题的贡献几乎是建立在借用经济学的基础上的，那么这种微不足道的借鉴，较之这种现象的经验重要性，现象性财富和勉强存在的理论建构，是令人惊叹的，可以借用尼克拉斯·卢曼（1984，8页）的表述："社会学理论中找不到相关描述，这是不可原谅的：社会学忽视了一个领域。"本书中，将进一步研究社会学中的这一盲点，不仅将"品牌"这一主题视为用于其他目的的介质，而且将其作为观察重点来研究。其中，与其他概念相较，如"有商标货物""品牌货"或者"品牌商品"，通常优先使用"品牌"这个概念，因为它最常出现[16]。

本书构架和结论

本书的第一部分主要涉及品牌科学的一种知识社会学方式，探讨对品牌的研究，简言之，讲述品牌研究这一概念在它出现的前几十年里如何逐渐形成。因为其中主要关注用"品牌"现象进行交流的特殊形式，当时还是从语义学角度来理解这一概念。针对这一目的，主要重构19世纪下半叶第一批经典品牌的前传和产生过程，紧接着阐述自20世纪20年代以来品牌研究中众说纷纭的主题研究，

---

[16]　参见《品牌定义概论》中的相关章节，见 Errichielle/Gross/Pirck/Postler，2001，306页等。

这可视为对此领域研究的接受理论。最后，主要探讨品牌研究的环境关系，即在品牌研究中更多地用市场研究和消费者研究的形式来研究市场和市场参与者。

在第二部分首先提出的问题是将品牌主题与经济社会学联系起来，目标是研究各种联系的可能性：在哪些方面以及证明为什么经济社会学对品牌主题具有功能性需求，从这个设问出发，进一步关注经济、市场及金钱，广告与产品交流以及消费等各主题领域，以及在各领域中品牌主题以何种程度凸显出来。第二部分以一整章的篇幅阐述社会不平等，因为在这个主题中，表明对品牌的使用具有日益重要的作用。每个主题都进行了充分的历史背景和理论的描述，以便留有将各个主题链接的框架。

本书的目标是，为将来创建品牌社会学的理论打下坚实基础并创建一个平台。它类似一种"纲领书籍（Programmbuch）"，正如米歇尔·福柯在他的第一本专著《性与事实》中提到的概念，这是一种需要长期进行的项目，在本书的行文中还可被理解为"在不断前进中工作"。论文的大部分篇章都用来探讨经济社会学中的专业性问题，在涉及品牌主题时，这一点从其中各章节的探索创新性特点中体现出来——这通常在于品牌主题触及一系列问题，迄今为止这些问题对于社会学而言一直鲜有涉及，不是最重要的兴趣之所在（相同论述参见凯姆，1999，"导论"）。在本书中，对品牌社会学的论证与品牌研究并不是对立的，本书更多的是借此来寻求交流对话和理解。出于此原因，市场研究的这个广泛的理论和方法工具得到了广泛关注，能够为建立品牌社会学做出意义重大的贡献。在知识市场上，这主题下的知识供需是否能够在某些方面达成一致，我们将拭目以待。

第一章
品牌经济学

每种社会体系都需要目标，目标能够引导行为。目标给予行为以方向，它们能够按照符合目的行为和无目的行为来规范各种可能性。缺乏目标，没有考虑到目标应该怎样，只会让所有可能性趋于一致，导致其随意性。问题在于，人们如何获知目标的来源，如何知道它是否正确？

在一个以唯一的神（ein Gott）作为法律指导的世界里，所有的目标都是由它而起，最终的裁决权也由它而定。那么如果目标的合法性与外界主管机关的存在不能相符时，会发生什么呢？如果人们不能将与其相关的取证努力授权于第三方，那么人们如何才能确保，获得目标的准确性呢？如果孤身一人，那么该如何证明目标的正确性呢？在这种情况下，单纯的自我推荐无法继续，因为它只会导向冗言赘语且无合法性的决断论，但是目标确定的随意性问题还是没有得到解决。如果不解决这个问题，就会出现对规则独断专行的危急和最终无法抉择的风险：哪种目标享有优先权？哪个紧急？哪个可以等待？基于哪种措施如何决定？

这里涉及的情况是目的论和自我推介的统一：没有目标不行，但在目标建构中，单纯的自我推介只会最终导致反复，循环无结果。

尼克拉斯·卢曼（1981）在文中提到，一旦人们将目标建构重新回溯到外部主管机关，就能打破这个圆圈。在系统理论中，这种情况被称为中断依赖性联系。根据卢曼的理论，在中断依赖性联系情况中，至少存在三种选项：时间、反射和环境。

时间要素在多数情况中，需参阅个人的过去："观察你的历史来决定现在怎么做。用你之所以能成为你自己的独特性塑造自己，从而找出什么才是最适合你的。"

反射是指，一个人通过观察自己与他人有何不同，从而获知自己应该如何决策。"观察你与他人的关系，询问自己：你在做些什么与众不同的事？你与他们有何不同？你将会认识到自己该做的事。"

关键词环境最终与观察自我环境的行为过程有关："接下来观察你的环境对你的期待，从而规范你的行为——按照期望，或者与此相悖。"

在建构目标时，每个选项都能起到避免圆圈循环问题的作用，人们获得建议的可能性越多，处于无法决策危机的风险就越小。目的就是，避免因一人忙碌而造成的可能决策封闭状态。

如果让我们回到品牌经济学的概念，即无论身处经济学领域，抑或关注这个领域，用何种方式方法理解"品牌"这个主题，那么就立即会遇到确定目标的问题。因此接下来的问题是，一个品牌的目标是什么，以及如何能实现这个目标。这并不全部以明确的方式不间断地发生。但是与品牌打交道，就不能避免做决策。在这种情况下，重要的是要能够解释决策的正确性，以避免做出错误的决定。因此目的论和自我推介如何统一的问题，就与品牌经济学不谋而合，因为它的中心问题就是，如何让品牌的成功成为可能。

关于此主要与经济相关的品牌话语的起源，可以追溯到 19 世纪，当时第一批经典品牌陆续出现，其标志之一就是 1894 年颁布的商标法，催生了许多品牌的诞生。在 19 世纪和 20 世纪之交，开始出现了许多关于"品牌"主题的出版活动，在 20 世纪 20 年代初期对此话语的学术化研究随之而来。起初这个研究分支还被称为品牌科学，之后，这个诱人但又变化多端的"品牌"现象得到了越来越广泛的使用，定义、阐释、出版物如潮水般涌来。对多种范式的培训层出不穷，它们互为补充，又彼此排斥。但总而言之都归结为一个问题：一个品牌如何才能成功？这个问题蕴含着品牌经济学的存在目的。

在回答这个问题时，首先要考虑的三个出发点是：研究品牌历史，质询品牌科学，致力于市场研究。

在品牌历史这一项中，关系到品牌尤其是成功品牌的成长史和个性化，它们就如同出色的"历史个体"被仔细观察，以便从中举一典范为例。一直被寻找的是日常消费快消快长的另一方的阿基米德支点，这一支点能躲避转变，指引方向——就像一个立于充斥狂风暴雨的海面的灯塔。

在品牌科学中关注的是比较、保持距离、认识的普遍化和灵活的方法论，其目的是，将品牌与其成功条件的一般性知识普遍化，只有当品牌运行的实践活动对品牌成功不再提供可靠的支撑点时，这种普遍知识才能继续存在。

在研究市场，即消费者研究这一环节，市场研究主要关注企业外部的动机（购买原因、感觉、"喜欢与不喜欢"以及可比较的商品吸引力），以便当企业使尽全身解数，将自身所有的吸引顾客做决定的因素都用尽了，还能调整对品牌的"运行"——"外部"在这里的意思是指人们在市场看到的东西的专业内在描述。

通过任一上述措施，市场研究能利用补充信息不断得以丰富，从而改善自身的决策和行动能力。尤其是它们的交叉重合能有助于提高循环式论证性角色出现的难度，它们喜欢一不留神就寄生并孕育扩散。虽然这些措施中没有一个能保证达到让品牌成功的目的，但是毕竟能防止自我导向的可能性泛滥，在过多自我推介之前就进行自我免疫。

由此再回到卢曼的观点，这些措施中的每一个都证实是对依赖性联系中断的尝试。因为每次都涉及通过参考外部信息来源回答一个该品牌成功的问题，无外乎过去、科学或者消费者。与此同时还显示了依赖性联系中断中的这三个形式彼此交替支撑——如果依赖性联系中断交替式互相减压，那么在某种意义上，存在一个依赖需求：只有团结起来它们才能发挥威力。至少在对品牌经济学描述的过程中能看到，每种单独的措施从某一点上被过度要求了，即仅从品牌自身出发回答品牌成功的问题，这会引发依赖性联系中断的其他可能性，并引起讨论话语的不竭活力。

接下来的三章直接涉及19世纪以来品牌的来历、品牌出现史和品牌发展史，20世纪20年代以来的品牌研究学术化历程，以及20世纪50年代以来对消费者研究日益增长的关注。研究材料基于数量众多的文章，从多领域异质化人群中选择，首先是国民经济研究和心理学、广告学和市场研究领域的学者，还有专业记者、品牌实践人员，甚至是著名品牌的建立者和发明者。时间上的研究视野从19世纪延伸至今，空间上则首先限定在德国。

第一节　品牌简史

自己的历史总会与现在挂钩，回忆有助于自我意识的寻找：如果人知道人从何而来，以及人是谁，那么人就会知道，人是谁。在这种意义上，弗里德里希·尼采（1952）区分了历史关怀的三种类型：恢宏的、古旧的、批判的。历史关怀的恢宏化方式体现在自我发展的起源和高潮点：一次伟大，便能够再次伟大。将自己的过去作为典范和激励，照此以同样的方式继续，这样对自我历史的关注往往导致对似锦前程的建构，这种前程主要基于丰富的创见和自我激励，并且不仅仅归功于命运，而且归功于自我抉择。历史关怀的古旧化方式是指，同样从保存价值和值得敬重的人的视角观察自己的过去，但首先是出于保守的目的，对古老生活方式的不变维系，以"美好的旧时代……"为座右铭。在这种情况下，自己的过去作为有约束力的指标，作为深处其中、熟练掌握的传统，从属于传统，并确信还要并永远与传统保持一致。与此相对，变化则被唾弃，因为没有能比得上过去的未来存在。对待历史的批判性方式是指，最终不再以赞赏崇敬的态度审视自己的过去，而是对其拒绝、摧毁。在这种情况下，自己的历史不再作为典范或者指标，而是被看作危险，如果不否定自己的过去，它就会威胁到自己。对自我历史的批判性关注，能打开一直以来因对自我忠诚关注而封闭内向的视野，即批判性意图。通过极端且不考虑后果地与自己的过去告别，来保护自己的未来，似乎以这种出发点来作为唯一的机会，拥有一个未来。尼采就上述三种观点，主张三种方式同等使用，不要对一种方式固执己见，因为每一种方式因其片面性都隐藏着风险。

如果在这种背景下，继续关注品牌经济学，就会想到，历史关注即关注记忆起源，具有一个广阔的空间，实践和理论都是如此。在实践中，这一点通常表现为对一个品牌产生和发展史的回忆和唤起^[17]。在这种情况下，尤其关注的是一个品牌的创立者或者发明者——大部分为男性，只要这个人很有名，品牌就会具有明显的个人特征，如果一个品牌历经几十年还一直成功的话。这一点在德国德累斯顿附近的小镇格拉苏蒂创立的朗格钟表厂（A. Lange & Söhne）的一则广告文中充分体现出来，文章以"现在，朗格总店终于允许追随自己的决定。作为杰作的诞生地"开始，下文是：

"只有少数传统企业能够荣幸地在成就发源地工作——在一个喜欢维系古老价值的老房子里。朗格钟表制造艺术的典型特征回溯到费迪南多·阿道夫·朗格（Ferdinand Adolph Lange），他在1845年放弃了作为萨克森公国宫廷钟表匠的特权地位，在矿山建立了德国精密钟表制造厂。在格拉苏蒂地区，他培训年轻人成为技术娴熟的钟表匠，发明了指导性的设计图和制造方法。朗格钟表历经百年，成为全世界人所追求的品牌，直到德国被划分为联邦德国和民主德国之后，这个令人引以为傲的名字才不允许被装饰在钟表盘上。朗格钟表成为一代传奇。德国统一后，阿道夫·朗格的曾孙瓦尔特·朗格（Walter Lange）回到格拉苏蒂，重新展示朗格钟表制造艺术，充满了革新热情，正是这种热情曾让这个小镇一度成为世界闻名的地方。正如以前，如今这些独一无二的钟表完全是手工制造。朗格钟表一直是独特的，就像全世界少数几个朗格钟表专卖店和珠宝店一

---

[17]　逢十周年纪念虽然一直被庆祝，但是最近庆祝活动明显有增长的趋势，参见乔治·吉尔斯伯格（Georg Giersberg）："瓦尔特·乌布利希（Walter Ulbricht）微笑着……捋了下胡须。越来越多的企业开始回忆自己的历史，并开始撰写企业编年史。《2700年历史的布德鲁斯》（Buderus），三卷本，载于2001年7月3日的《法兰克福汇报》151期，第11页。更多参见伯恩哈德·施密特（Burkhard Schmidt）："中间阶层关注历史，即使是中小企业现在也开始寻找公司史撰写人。"载于2002年3月5日《法兰克福汇报》54期，第3页。

样特别。在那里，顶级钟表制造艺术爱好者能够拿到详尽的商品目录，其中充分展示了朗格钟表的主题。就应该这样，钟表再一次成为传奇。"

有时人们甚至认为，在品牌创建者和品牌之间存在着一种父子关系形式：在品牌诞生后，品牌创建者赋予它灵魂，让品牌焕发生命的力量，让自己最终在品牌中继续生存。1888 年，奥朵漱口水的发明者卡尔·奥古斯特·林格纳（Karl August Lingner）创立林格纳工厂，在它成立百年纪念之际，当时的企业负责人吉尔斯伯格（Güldenberg）（1988）说道："强大的品牌个性传递出了强大的企业家的一些人格信息，引人瞩目的轮廓，他们的个性、气质和不变的成就。"在克劳斯·布兰特迈尔（Klaus Brandmeyer）（1999，第 399页）的著作中提道："如果说品牌创立者还是一个自由的个体，但是品牌管理者和品牌领导者就不再是了。因为品牌创立者全身心地将自己融入一个深具活力的体系中，它具有自身的规则和特殊的自我限制。在实践中，品牌体系的个性替代了品牌创立者的个性。"但即使人们更为理智清醒地看待这个问题，也通常会下意识地察觉到，在品牌建构中蕴藏的游戏性，会存在一种神秘化的倾向。只要有可能，成功的品牌就会被置入创建者遵循的传统，并且与品牌一直以来忠诚遵循的价值观和理念紧密相连[18]。1997 年在美极企业在德国创建一百周年庆典之际，企业管理者回顾创建者尤里乌斯·美极（Julius Maggi）对企业所付出的巨大的努力及社会责任和热情，做出如下表

---

[18]　参见霍奇森（1993，第38页）对于卡尔·奥古斯特·林格纳的描述："长久以来，他的杰出行为被人们所遗忘，人们对于他的故事众说纷纭，这个谜团有助于让这个企业直至今日一直基于这位企业之父屹立不倒。"参见美极有限责任公司的描述："虽然消费者的消费需求依赖于时代，需要变化多样，但是企业创建者尤里乌斯·美极的最初理念一直是美极品牌服务于消费者的基石。"

述:"回顾往昔,企业文化延续百年,今后仍将发扬光大。"(美极有限责任公司,1997,19页)这其中就似乎凸显出一个观点:谁能够向历史学习,稳抓市场的脉搏,并且信心百倍地展望未来,就完全遵循了以下箴言:"百年品牌,指导未来"。(舒尔茨,1997)以这种关注传统来成为品牌成功之道的广告并不稀奇,例如菲利普·霍茨曼(Philip Holzmann)建筑公司就是用口号"连接传统与未来"做到这一点的。或者正如德国布德鲁斯公司在最新的企业年鉴的篇头提到的,都是表达了同样的含义:"愚人愿意追逐当下,了解未来,而不注重当下和未来的源头,一切将成的均来自已成的[19]。"不言而喻,对于一个品牌的这般描述符合(尼采)的历史关怀的宏大化模式,即需要将往昔荣耀作为未来成功的铺垫,并且从中引申出对自我认知的大部分自信,即自我应验的预言[20]。

但在关于品牌的资料中,不论是理论研究,还是纯粹的实践记录,都常常能找到引用的关于品牌历史的小论文,在这种论文中通常遵循"没有过去,就没有未来"的座右铭,涉及此品牌的前身、建立时间、品牌形成的特殊环境、它的不断发展和时至今日的影响,

---

[19] 这句话出自费利克斯·达恩(Felix Dahn)——一位1912年去世的德国著名历史学家和小说家。德国布德鲁斯股份公司(Buderus AG)的企业年鉴的开头引用了此句,这是一家可溯源到1731年的著名企业。参见脚注 [1]。

[20] 再举一例,在由德国美诺有限责任公司(Miele&Cie. GmbH&Co.)出版的庆典文章《时代辉映下的百年美诺家电》(100 Jahre Miele im Spiegel der Zeit)(1999,第5页)写道:"企业创建者在第一代产品上铭刻着:越来越好。首先就是黄油搅乳机和洗衣机。该企业将这种工作指导思想作为一种自我义务传递给工作人员。这四个字就像一条红线贯穿着美诺家电的百年历史,并为其骄人的成绩奠定了基础。'越来越好'成为企业成功哲学,并将一代又一代的工作清晰化:研制和生产高品质和高效能的机器,并采用最优化最先进的技术,竭诚为机器打开销售市场和满足顾客的需求服务。"

以便通过此方式赋予品牌更多的理论化指导和它的经验多样性[21]。1960 年的一篇文章就说明了这一点："对于一个品牌商品的实事求是的评价仅……成为可能，即人们将其视为经济发展的历史现象，将其存在理解为现代市场经济的必然。只有在一个为顾客服务的经济体系中，并且让消费者能够自主决定买什么不买什么，那么这种品牌商品才是不可替代的。"（威廉，1960，678 页）这其中，最早一批已经被视为经典的品牌周围通常有着各种传说。即便美国人也对此兴奋不已："一个经典品牌和它的美学体现是不可触犯的，它们来自另一个世界，有自己的游戏联盟规则。"（施密特 / 西蒙森，1998，226 页等）对于如何领导一个品牌则有如下建议："一个品牌首先要维护自己的独特形象，而这种独特性允许它与大众理念构建起一个共同的连接。形象原则和形象忠诚度是非常必要的，历史意识也很重要，在构建品牌过程中必须要让最初的灵感火花再现。"（戴克瑟尔，1995，383 页）在此基础上，对历史关怀的重新定位和确定才可能成功，尽管对品牌历史的宏大化或是古旧化观察方式在大部分情况下同等重要，但是历史关怀的批判性方式明显不流行，可以说很少使用，因为这一行业非常珍视传统。（参见布斯，2000）

品牌经济几乎能系统地推动对历史关怀的重新确定和定位，接下来的章节将尝试描述简短的品牌史。品牌史将从现代品牌的"祖先"和前身讲起，可谓品牌的家谱。重点要讲述的是 19 世纪下半叶现代品牌学的开端，那时，它的出现恰逢各种品牌层出不穷，它们

---

[21] 参见盖德·格雷戈尔·费奇（Gerd Gregor Feth）"请侧耳倾听，奥迪为我们带来了什么！是投资历史关怀"，见 2000 年 11 月 15 日《法兰克福汇报》266 期，第 54 页。参见乌尔（1981，19 页）："可以说，品牌的'历史性'有两层含义：一方面，它们作为'品牌个性'是个性化的体验角色，不断得以发展；另一方面，它们深植于社会的历史变迁中，与其息息相关。"

构成了今天的许多经典品牌。在对一个经过精挑细选并延续至今的经典品牌奥朵漱口水的出现历史进行勾勒的过程中，应该最终展示出各种经典品牌商品的成功现象。

论品牌家谱学

如果人们在阅读经济史学和广告史学的过程中，关注它们对现代品牌发展的起源所付出的考古发掘式的努力，去感知现代品牌的起源，以便在某种意义上重新建构"品牌学"家谱的历史渊源，寻找这种研究领域之前是如何被命名的，以及它如何在"品牌学研究协会"（已注册社团，简称GEM）这个著名协会的题目中被采纳，那么人们就能一览无遗地回溯并看清人类历史的灰暗前期。不管怎样，罗尔夫·W.席尔姆（Rolf W. Schirm）（1982，69页）做到了将"品牌标志"与这类"生活的基本条件"本身相联系，如果他将生活条件进行简化并述之于表达，而这一切都是在一个混乱的环境中一个人将自己合适定位所不可缺少的 [22]："在进化的每一层面中，要想获得生存，必不可少的一个能力就是，从纷繁复杂的信息来源中过滤出真正重要的少数生命攸关的信号，并且它们都是能够被加工的。但这种情况仅仅在这些性命攸关的信号模式'已知'的情况下才可能实现，以便将它们从纷繁复杂的信息供给中'再次认出'并且从中选择出来。"在这种情况下，品牌就为社会秩序的建成赢得了一个关键的定位价值，因此，按照席尔姆的观点，完全将品牌当作一种生产者的"发明"，也就是仅将品牌视为尤里乌斯·美极 [23]、卡尔·奥

---

[22]　参见梅莱罗维奇（1963）、Meldau（1967）和里格尔（1990）的著作，它们在涉及品牌学的起源过程中表达了类似的观点。

[23]　参见Vincon（1995）和美极有限责任公司（1997）关于尤里乌斯·美极品

古斯特·林格纳 [24] 或者奥古斯特·欧特克博士（Dr. August Oetker）[25] 的天才之作，就像在文献和实践中发生的那样，是不恰当的。与此相反，品牌应该更多地被当成"在一个信息和信号日益繁复冗多的世界中，消费者在寻找下决定的标准中，可获得的一个必要的回应"（席尔姆，1982，75 页），因为品牌通过清晰的信号帮助做决定，并且传递出可依赖性和信任度。

当然，席尔姆的观点，即在品牌的信号作用中看到生活的基本条件，仅是一个单独的情况——我这不是反对席尔姆的观点。因为尽管席尔姆在很大程度上满足于将现代品牌的起源重构，以至于这些现代品牌虽然一直需要一个重要的家谱系列，但仅能回溯到古典时代 [26]。其中引人瞩目的是，品牌概念通常被当成符号概念的同义词使用或者两者被放在一起称呼，而没考虑到这种并列需要更多解释来证明。乔治·贝格尔勒（Georg Bergler）（1961，125 页）在一篇词典文章中写道："私人财产品牌、住房品牌、手工业者符号和艺术家符号被当作品牌商品的始祖。"除此以外，还列举了众多的符号称谓以及品牌称谓，但没有清楚地说明它们之间在何处或者是否存在差异。个人符号及人称符号也是这样，还有生存、起源、创作者、来源和家乡符号，农业、畜牧和工具符号，财产和质量符号或者还

牌身份的所有特点描述，它们与今天美极品牌和美极本人的成功息息相关，比如其瓶子的样式，色彩的选择，对特定公众的称呼，确保科学研究方面的支持，将德国诗人弗兰克·韦德金德（Frank Wedekind）的诗作作为广告词，扩张计划的实施，等等。

[24]　参见霍奇森（1993，38 页）："林格纳始终影响着企业意识。干净卫生的企业形象和生产高品质产品的责任心都是他的发明。"

[25]　参见多米茨拉夫，1939；贝格尔勒，1961；施哈德，1984。

[26]　参见赫希，1925；科赫，1951；莱特雷尔，1956；1994；埃特默，1959；屈恩，1963；Gamm，1965；乌尔，1981；Room，1987。

有艺术家、手工业者和工匠符号。品牌的情况也类似，人称品牌、住房、家乡、起源、创作者和私有财产品牌，手工业者和行业品牌以及商业和商人品牌构成了一个庞大的组合。最后，正如在这些概念中，符号和品牌被并列出来，具有各不相同的作用，从最简单的标示性作用，将其与其他物体区分开来，展示起源和个人所有物的关系，直至确保一个已标示对象的某种质量。在这种意义上，该文献的第一篇文章就通篇留给读者这样一种非系统性的印象。

欧根·莱特雷尔（Eugen Leitherer）（1956，685 页）的一个注释对明晰这一概念有所启迪："从历史发展来看，非经济性的符号构成品牌的发展基础。这一点在中世纪的品牌中明确展示出来，它们的起源来自家庭品牌。"根据这一点，只有当涉及对物体的定义，为了将它们简单区分，或者为了证明一个物体的来源（它通常是一个特定的房子、家居或者居所"oikos"），符号概念才逐渐形成，其中也可能涉及所有物的意义，只要它们在交换和商业意义上没有经济功能。"也就是说，总体而言，在实践中，所有商品符号主观指向所有者，与竞争无关，几乎也与货物无关。"（梅尔道，1967，427 页）与此相反，在品牌概念中经济作用占据着重要地位。因此，如果正如对品牌一样，把符号理解为对物品的标示，那么品牌就能与符号区分开来，即符号是没有经济功能的标示，而品牌则是具有经济功能的标示 [27]。

如果将品牌和符号按照这种方式加以区分，那么也可以理解为是莱特雷尔在谈及中世纪品牌。因为在中世纪才开始能够用已标示的商品进行交易，这样就可以避免交易中有所混淆，加重经济原因

---

[27] 但是对品牌是否比符号具有更多象征意义，仍存有疑问。参见祖尔，1961；梅莱罗维奇，1963；莱特雷尔，1994。

方面的难度。这一现象出现的明显原因就是 13 世纪城市的兴起，因为随着城市的建设和发展——历经几个世纪，之前欧洲的大量人口都集中在农村（参见 Pirenne，1994）——随之而来的是城市中行会和帮会的出现和发展，而它们都要宣布为生产高品质的商品而实行严格详细的行业准则，以便维护和实施城市中的经济秩序。"对商品的严格控制，并规定未经行会允许和未在商品上明确标示商品质量标记，绝不允许销售任何一件商品，这些都用于确保'行业组织'的声誉。"（屈恩，1963，19 页）特别是用来检查产品质量的检测制度具有极其重要的作用。从管理角度而言，这主要是涉及一种"产品观测"，是时所有行会成员都必须对其产品进行评定，只有他们的产品满足集体制定的质量标准，产品才能自由流通："产品观测……构成了行会经济中对品牌塑造的最重要并富有特色的特点。"（莱特雷尔，1956，699 页）如果检测合格，商品能够获得一个行会品牌标示，有时也会成为城市品牌，如比勒菲尔德（Bielefeld）的亚麻或者索林根（Solingen）的钢材——用来证明它们属于行会所在地的行会或城市，并且贴有与此相应的质量标志[28]。简言之："通过采用一个公开的检测标示对商品进行标注，能实现对产品质量的严格控制。"（莱特雷尔，1956，704 页）这其中，可将让"检测官员"实行对商品的检测和标示，与之前的品牌注册形式相比较，一定程度上它也应该在事实上起到了品牌注册的作用，而这一切又涉及了中世纪"品牌法"（Markenrecht）的话题，自然仅与城市相关[29]。

---

[28]　参见莱特雷尔，1956；屈恩，1963；瓦德勒，1996。

[29]　参见阿斯特海默，1932；莱特雷尔，1956；屈恩，1963；Abel，1966；鲍尔/Matis，1988。

这种严格的且不允许特例出现的质量检验[30]，从表面上看，也可能在一种目标明确的划分政策中体现。至少在路德维希·阿斯特海默（Ludwig Astheimer）（1932，14 页）的文中，有比较接近这一假设的描述："当时，人们区分两种商品：行会商品和自由商品。行会商品由行会工匠生产，而这些工匠必须经过多年严格的学徒训练，通过毕业考试才能出徒。因此，他们能够在某种程度上确保优质商品的质量。自由商品则是由自由手工业者生产的，即所谓的波西米亚人。这些商品的品质从行会这方看来是缺乏保障的。"在这种意义上，这仅与一种联合会协议相关——倾向贸易保护主义，而且应该明显获得优惠。除此之外，对商品进行标示也能令人们在城市外进行贸易成为可能，即在"确保本地产品的销售"的意义上（莱特雷尔，1956，691 页）超越本城内的贸易，因为一种以严格和可信赖闻名的测试和标示允许至少在一定范围外仍能成功地解决产品匿名问题[31]。"由此可见的是考虑到城市消费的商品质量，但也要考虑到城市中商品的美誉度，这可以确保商品在其他地区的销售。就这样，例如，若干城市的织物按照某种规则生产出来，经过严格检测，并标示上某种标签，最后进入销售渠道。"（西夫金，1923，9 页）

但仅用这种视角研究还是不够的。在这种现象背后不仅仅有"消费者保护"（莱特雷尔，1956）作为动机，与今天不同的是，产品质量的控制似乎要比商品标示更重要[32]，而且在这种现象背后还有一

---

[30] 听起来令人惊异的是这种检测系统是如何被始终如一地执行的："为了有效达到产品控制，对它们的执行过程大部分情况下不容置疑。"（莱特雷尔，1956，698 页）一旦发现假冒伪劣，还可能与无情的惩罚联系在一起："将非贵重金属当作贵重金属生产和销售的人被捆绑在一起，投入多瑙河淹死。"（同上，694 页）

[31] 参见 Witthüser，1933；莱特雷尔，1956；舒尔茨，1999。

[32] 参见莱特雷尔（1956，705 页）："为了更好地勾勒出中世纪检测制度……

种尝试，即通过一种有整体约束力的生产和商品贸易框架条约，来确保城市内部的社会秩序获得一种足够且有集体约束力的稳定性。"justum pretium"（公平价格），即针对所有市场参与者的商品的公平价格观念也属于这一点。一方面称为针对平等商品的平等价格，以便禁止城市内手工业者和商人间的竞争；另一方面，这也意味着，针对不平等买主的不平等价格，因为定价与当时买主的地位相类似。"'价格'只有在与团体中参与者的地位相符合时，并且加强团体赖以支撑的良好意愿时，才是'正确的'。"（鲍尔/Matis，1988，96页）因为在城市秩序中，一个仅靠销量支撑，并且牵扯到每个个人——无论是买方还是卖方的竞争行为对此是要求过高了，它并不是为此设置的（参见 Rothmann，1999）。另外，这一切也都是为了与城市之外的商人进行交流，因此要严格区分开城市内部的市场交易和城市外部的市场交易，这种区分从社会角度上通过角色分配，空间上通过城市边界，通过不同的市场时间，以便能看到并预防各种商业行为的碰撞，以及对不适于普遍性的优势的尝试[33]。

要坚持的是，品牌科学的经济基础能够一直追溯到中世纪的行会经济。"中世纪一开始……就建立了一个封闭完整的品牌科学，它以行会和帮会为载体，囊括了整个经济领域。"（屈恩，1963，16页）因为据推测，在中世纪出现了第一批带来深远影响的商品标示的经验，它们不仅给出了商品的产地与形成，而且首先给出了经过检验的质量标准的一些信息，以便将经质量检测而得到保证的品牌商品和匿名商品区分开来，因为在拥有商品之前，人们对它们了解甚少。

还要多列举几个例子，它们强调这一事实，即施行商品检测，产品控制是最主要的，产品标示是次要的——这是与现代品牌科学完全相反的事实。"

[33] 参见西夫金，1923；阿贝尔，1966；皮雷纳，1994；波兰尼，1997。

另外，要特别提到的是"工匠品牌"，或者也称为"工匠标示"，它们不像通常那样是一种集体标示，而是个人标示，是个人化的，因此具有可继承和可售卖的优点（参见莱特雷尔，1956）。因为这些标示仅为个人拥有，可被视为该商品品牌类型的原型，这种品牌类型在 19 世纪随着中世纪品牌学的衰落[34]——这种衰落主要是因为国家规定的职业自由而出现——在文艺复兴后，市场学又在市场经济中新生，也就是制造商品牌开始出现。在这种衰落趋势中也有例外，就是制造商自己确保品牌质量并赢得信任度——莱特雷尔将"制造商品牌的前身"（莱特雷尔，1956，707 页）的出现甚至确定到了1293 年[35]。如果确实如此，要追问现代品牌的起源，可以在行会经济的行会品牌和工匠品牌中看到它们的前身。

现代品牌学的开端

自然，行会品牌和工匠品牌之间并不存在一种简单的持续性，这种持续性并不能体现在行会经济和市场经济的现代品牌中。因为在 19 世纪，一方面行会经济走向衰落，另一方面确立了市场经济的基石，随之而来的各种变化纷争为这一时期烙上了重重"灾难"的印记，它们都表明了在世纪转折之际的纷乱中是如何生产商品，如何进行交易的。"只有在 19 世纪才出现如此严重的社会变动，以致人们可以将其称为一个动荡的时代，也就是在这样一种时代背景下，

---

[34]　参见莱特雷尔（1956，705 页）："行会经济的品牌学存在于 13 世纪直至 19 世纪。"如此看来，这里主要涉及一个流动性强的过渡阶段，因为它与 19 世纪现代品牌商品的发展几乎无缝衔接。

[35]　参见梅莱罗维奇，1959；屈恩，1963；居尔登堡，1988。除此之外，这里涉及的是意大利法比安诺（Fabriano）地区的造纸厂水印（译注：著名的意大利法比安诺文具品牌出于此地）。

出现了现代品牌的开端。"（贝雷科芬，1992，34 页）在 19 世纪这一重大事件频发的时代，迫切要求出现另一种形式的经济行为，并且由此也出现了新的对品牌学的挑战。相应的条件提到很多，变化也不少，其中将经典品牌商品的诞生时间定在了 1890 年，但是这是一系列形式。

按照埃尔文·迪西特（Erwin Dichtl）（1992，3 页等）的观点，从 1850 到世纪之交之时，在某种意义上具有现代品牌成熟期的时代特点[36]：

"品牌学具有决定性的时期是在 19 世纪 20 年代。当时工业时代拉开帷幕，随之而来的是职业自由的蓬勃兴起以及行会和手工业者的日益衰微，这一切不仅以一种不可思议的方式改变了各阶层的生活和工作条件，而且在生产领域和消费领域也产生了日益扩大的裂痕。机构性质的商业自动发展出各种新的任务，为了填补它们之间的裂痕而不断付出努力。"

在此可以设想，所有随着现代品牌学的开端在各个方面非常重要的整体因素不断交替，彼此交织，以至与日本跨学科学者丸山孙郎（Magoroh Maruyama）（1968；1968a）交流关于"相互的因果关系"的观点，其周期性排除了简单的因果圈的计算。

在此背景下，尤里乌斯·赫希（Julius Hirsch）（1925，9 页）列举了四个条件及变化，与行会时代相反的最重要的改变可能就是：产品制造流程的专业化，需求的统一化，同时还有品位的不断变化，陌生人之间发生的各种购买行为。"在这里，首先提到的改变，即生

---

[36] 参见贝雷科芬（1992，44 页）："从对商品进行简单的标记，到形成品牌商品，即缩写为品牌的步骤的成熟，主要是在 20 世纪 20 年代。"同样的推测也可见于 Etmer（1959）和瓦德勒（1997）的文中。

产制造流程是脱离仅为顾客生产目的的前提，正如这种以固定顾客为生产对象的行会经济所示，在行会经济中，很多商品的生产"通常在预订之后才进行生产"（科赫，1951，23页），以便使顾客不仅在商品制造过程中或多或少了解相关详细知识，而且也通过这种方式与商品制造商建立私人联系，这是对有效确保商品质量信任度的一个有力补充。除此之外，在这种方式中，对品牌生产的特殊性也有所表现，通常这不再是为单个顾客预订产品，而是要为普通大众生产同样高品质的商品，是以高水准的需求结构为前提的（同样参见 Spiekermann，1999）[37]。赫希也持同样观点，他谈及品味的统一化，认为这首先是通过"消费风格的逐渐城市化"而得以加强的（Tenfelde，1997，259页）。其中需要补充的是一种持续的对名望的热衷追求，在大多数情况中仅是"商品美学"（豪格）的各种变量，也就是在相似的基础上通过在最小程度上对产品做出微调，让顾客满意。因为在其中可以看到，在品牌生产中一个决定性的后果，即顾客不再参与产品生产过程，从而缺乏对商品各方面知识的了解[38]。

---

[37]　同样的表述也出现在佰克尔面条品牌（Birkel）的百年纪念文献中，作为企业内部资料于 1974 年发行："在很早之前佰克尔面条就声名远扬，家庭妇女是这种'成品'面条的消费主力。"在文章开头这样写道："在巴尔塔萨尔·斯蒂芬·佰克尔（Balthasar Stephan Birkel）结婚当晚，1874 年 2 月 17 日，在德国巴伐利亚州的绍恩多夫（Schorndof），他在名为赫策尔（Hetzel）巷的一家小商店的门上钉了一块牌子，上面写着'产品和面粉交易'。在接下来的几年中他通过买卖面粉和杂粮步入小康生活，直到 1883 年他看到他的第一任妻子卡特琳制作面条时的情景突发灵感：有多少家庭妇女乐意整天待在厨房，准备中午的面食啊？如果能为她们节省时间，减少工作量，准备一样的面条，并且是高品质的，处处都可以买得到，那该多好啊！这种想法就是佰克尔面条发展至今的开端。"（B.Birkel Söhne，1974，o.S）

[38]　参见阿斯特海默，1932；科赫，1950；莱特雷尔，1955；埃特默，1959；梅莱罗维奇，1959；贝格尔勒，1961。

"而在手工业生产过程中，产品制造者自然对自己的产品了如指掌，与原材料条件和生产条件相关的产品制作过程中的各种特点，即使是顾客或者消费者也应该是一目了然的。随着生产的不断发展和生产过程的不断复杂化，这种产品控制的可能性也逐渐削弱。消费者失去了对产品的了解。"（埃特默，1959，15页）除此之外，生产者和消费者之间在绝大多数情况下不再存在一种私人关系，因为这两者在市场上不再直接相遇。但是这种情况的发生，使得陌生人之间的购买行为成为一种惯例，从而使顾客被欺骗的风险大大提高了。因为这样一来，在缺乏对产品的了解之外，更多被抱怨的还是失去生产者和消费者之间的个人信任——这是确保产品质量的最后的支撑点（参见赫希，1925；莱特雷尔，1955）。最重要的是，这同时也涉及几个在19世纪发生的具有重大意义的大事件。

"从行会经济过渡到市场经济的过程，从根本上改变了所有参与其中的经济行业的销售效果，以人为本的为顾客生产被利润导向的为市场生产取代。从企业家的角度来看，个性鲜明的个人化顾客被消费大众所代替，大众在作为产品消费者的作用中个人化特色（Menschsein）将消耗殆尽，趋于无差别。企业家和消费者之间在很长一段时期内距离越来越远，他们之间个人化的、私人的交流将消失殆尽，并导致在很多经济领域的关系完全破裂。"（莱因哈特，1993，430页）

另外，莱特雷尔（1955）认为，市场参与者之间的互不了解，以及消费者和经销商对工业化产品特点的不了解，是构成现代品牌形式大发展最重要的前提。显而易见的是，现代品牌恰恰导致消费者因对产品知识缺乏了解和对市场参与者的不了解而丧失的信任度。（施瓦茨，1999）

"因此在一个日渐发展并匿名化的市场中，需要出现一种介质，它在一定程度上能赋予消费者对产品提供者和产品本身的信任，这种介质就是现代品牌。生产者及其下游经销商通过将商品品牌化让他们的商品在浩如烟海的产品中脱颖而出，并且通过这种方式在某种程度上使一种针对他们得到证明的著名品牌的盲目性购买成为可能。商品购买者如果碰到一个对他而言非常有名的商品，就不必自己去验证商品的价值，而是有生产者和经销商通过品牌来明确商品的某种特点。"（莱特雷尔，1955，548 页）

汉斯·多尼茨拉夫（Hans Domizlaff）(1939) 在此基础上，甚至明确提出了"品牌信任度"的概念。将商品进行市场化，塑造成品牌会有这样的影响：不仅仅传递给消费者一种感觉，让他们觉得对商品的了解即使在市场经济中也和在行会经济中一样多，除此之外甚至还更有信任感，有比之前直接与生产者个人交流更多的安全感[39]——这一切都最终导致他们盲目地、不加思考地加入购物大军。除此之外，莱特雷尔的这一引文非常出色地表达了许多学者同样的设想，即市场经济和品牌商品就像问题和答案一样相辅相成，其中问题在大多数情况下可以在商品交易的种种复杂性和匿名性中清晰可见。

如果涉及品牌发展的时间划分问题，莱特雷尔（1955）认为"现代品牌研究的发展"起始于拿破仑时代，并且将之划分为三个时期：[40]

---

[39] 参见马塔亚，1910；赫希，1925；阿斯特海默，1932；梅莱罗维奇，1959；埃特默，1959；蒂尔曼，1961；梅莱罗维奇，1963。

[40] 借鉴此观点，埃尔默·瓦德勒（Elmer Wadle）(1997) 将其分为四个时期："1815 年到 1850 年的'公司品牌时代'，1850 年到 1890 年的'工厂品牌时代'，1890 年到 1945 年的'商标时代'和自 1945 年以来的'品牌技术时代'。他们之间观点的差异可能就在于，瓦德勒是从一个法律研究者的角度看待'品牌'主题的，另外他们之间观点的重合度大于差异性。"

（1）第一阶段从 1815 年到 1840 年，包括最早期的小工厂制造商品牌和实物品牌，它们主要针对当时的具体个人、工厂和企业，比如钢铁生产企业、香水工厂或者当时才兴起的发泡葡萄酒生产企业，但是它们都不具备经受严格培训的工业化生产的知识，从市场需求角度而言也没有任何对消费动机的设定，而这恰恰是品牌之后举足轻重的发展因素。

（2）第二阶段从 1840 年到 1890 年，此时出现了第一批大企业制造商品牌和实物品牌，它们优先在化学和制药领域发展起来，后来也在化妆品工厂中被使用。与此同时，市场化的新技术也蓬勃发展，比如广告业，后来的广告宣传和今天的广告就由此而来——这在当时是具有一定冒险性的，后来又具有可控性：

"借助影响大众理念的工具，品牌业作为一种销售系统（Absatzsystem），也能用于一种极端的欺诈性生产，而当时在品牌保护方面，为避免市场恶性竞争，针对品牌业缺乏普遍性的法律条文。因此，我们必须将 19 世纪的 9/10 阶段均视为现代品牌业的所谓前期，即未成熟时期。"（莱特雷尔，1955，551 页）

（3）而这种情况在 1890 年起有所改变，即莱特雷尔提出的第三也就是最后一个阶段，因为"在这一阶段中，品牌的销售完全不再出现新的形式"，莱特雷尔在写于 1955 年的论文结尾写到这个阶段的特点是，自 1890 年起我们现在非常常见的实物品牌或者品牌商品迅速发展起来，它们不仅在生产方面而且也在消费方面获得相应的发展条件，首先就是大众需求的日益蓬勃发展。正如莱特雷尔在文中所写："在极大程度上改变了现代生活的大众需求，迫使品牌商品大发展。每日多次出现的需求，就是对在大众心理刻下最深刻烙印的品牌形式的塑造，它们带来的影响是巨大的而且控制性极强的。"[41] 除此之外，从这时起，与潮流并行出现的城市中铺天盖地的交通广告宣传显示出它能够确保为品牌宣传带来足够的关注度和传播度，以便使品牌商品在销售中获得足够多的消费人数[42]。

莱特雷尔将1890年明确标示为德国现代品牌业的开端之年，这一观点因这一时期建立起一系列的品牌而具有很高的可信度，部分品牌使用至今[43]。"最重要的品牌商品……逐渐诞生于19世纪90年代，比如1892年卡特琳娜马尔茨咖啡（Kathreiner's Malzkaffee）、莱布尼兹蛋糕、1893年奥朵漱口水、1899年欧特家博士、1900年Tropon衣服、1906年哈克咖啡（Kaffee Hag）、1907年宝莹洗涤用品、1912年

[41]　自然，这里存在一种原因和影响之间的计算问题。参见莱特雷尔（1955，560页）："大众需求和品牌商品互为条件，功能上彼此依赖，但是同样模式的大众需求的出现本身就成为现代品牌商品广告宣传中的最重要部分。"

[42]　参见莱因哈特，1993；Lamberty，2000。相反的情况是，参与广告宣传的品牌商品证明是一种合适的形式，尝试将它作为一种传播媒介来使用。从那时起，格哈德·吕舍（Gerhard Rüschen）（1986，212页）的断言就是可以理解的了："品牌商品和广告就是一起成长的兄弟姐妹。"

[43]　同样参见格罗斯（1991，203页）："对品牌商品的长期塑造，尤其可以在实践中为所挑选出的品牌和产品举办周年庆典纪念时不断积累。在世纪之交出现了许多直到今日仍非常重要的著名品牌。比如：美国象牙皂（Ivory）（1882），可口可乐（1886），德国美极汤料（1887），德国欧特家博士烘焙原料（1892），德国莱布尼兹饼干（1892），奥朵漱口水（1893），阿司匹林药片（1899），德国Erdal皮具护理（1903），Leukoplast胶布（1901），德国妙卡巧克力（Milka）（1901），Vivil糖果（1902），瑞士阿华田食品（Ovomaltine）（1904），豪格咖啡（Haug）（1906），家乐氏谷物早餐（Kellogg's Corn Flakes）（1906），阿斯巴白兰地（Asbach-Uralt）（1907），宝莹洗衣剂（1907），德国德莎胶带（Tesa）（1907），美乐家咖啡滤纸（Melitta Filtertüten）（1908），瑞士三角巧克力（Toblerone）（1908），棕榄洗护用品（Palmolive）（1911），熊宝牛奶（Bärenmarke）（1912），妮维雅洗护用品（1912），骆驼品牌（Camel）（1913）。"格罗斯还记录了欧特家博士烘焙原料品牌登记的具体日期。

妮维雅护肤霜。从 1894 年到 1914 年，根据当时德意志帝国专利局的商标登记记录，企业家们塑造了超过 20 万个品牌商品，其中 74000 多个是食品和消费品（包括饮料和烟草产品），超过 14000 种药品和超过 13000 种清洗剂和化妆品。"（莱因哈特，1993，179 页）

在莱特雷尔的文章中，对这一重要时间的确定也专门提出了切实证据，虽然在 1894 年的时候就已经在德意志帝国范围内颁布实施了首部商标保护法，但它在各保护条例的规定范围和可实施性方面却具有明显的缺陷。直到 19 世纪 90 年代开始，这些缺陷——在各工业协会的大力推动下——才针对当时法律情况进行了大规模的修订后得以克服，随后在 1894 年以"商标保护法"之名颁行，直到 1934 年都没有进行改动[44]。这其中，商标保护法的颁布给经典品牌的发展带来多少影响很难估计，即使莱特雷尔（1994，142 页）写道："没有法律的保护，仅有所谓的商业买卖基础，是不可能培育出更重要的品牌形式的。"至少商标法的实施，为现代品牌业在经济领域中巩固地位，标示出了意义深远的一大步，品牌业的开端从经济结构上而言，不可避免地带有从行会经济到市场经济过渡阶段的一系列问题，而从时间角度而言，1890 年被提议为现代品牌业的诞生之年[45]。

经典品牌商品

如果现在转向对第一种现代品牌形式进行研究，它具备的特点是：至今作为经典的品牌商品被探讨研究，而在理论和定义方面不曾

---

[44]　参见 Witthüser，1933；瓦德勒，1997；施瓦茨，1999；Spiekermann，1999。
[45]　参见卢茨（Lutz）（1967，182 页），他提出了"现代品牌商品的诞生之时"的说法，类似问题也出现在威舍曼（1995，14 页）的论点中："广告作为一种文化，它的诞生阶段在约 1850 年到 1890 年的几十年间。"

众说纷纭，那么这种品牌形式最初就只有如"食品和消费品，烟草、饮料、化妆品和衣服"[46]生产领域符合这个条件（莱因哈特，1993，436页等）——只要这些产品适合大众化生产的过程。也就是说，在同样制造和安装过程下的大批量生产，并且获得足够的广告宣传，最终还和具有相当购买力的足够大的消费需求相匹配，而且这种购买力乐意为不论是经济角度还是生产技术角度的"浪费"辩护。这一切都恰好说明了当时生产力大膨胀时代的特点——我们还是一直停留在19世纪90年代——但仅仅适用于少数产品。其中一些品牌带来何种举足轻重的影响力是更为令人震惊的，也就是从在大众化生产、广告宣传和大众需求之间成功进行协调的开拓性成就的角度而言。

在这些成功品牌中，由来自德累斯顿的卡尔·奥古斯特·林格纳创建的奥朵漱口水毫无疑问是其中之一[47]。"在德国，卡尔·奥古斯特·林格纳（生于1861年）大概是第一位认识到需求和广告宣传之间的依赖性和对其有意识地进行评价的人，人们将他誉为现代品牌商品之父，今天沿用至今的广告宣传方法也得益于他。"（莱特雷尔，1955，560页）因为林格纳成功地从多种角度为后来的经典品牌设定了一个至今令人难以企及的高度和标准。[48]"当1892年林格纳的企业为他的奥朵漱口水投入系统的广告宣传后，他自己就站在了广告业的前沿，基于他的成功，在同时代的品牌商品企业中，该企

---

[46]　同样观点也参见舍费尔（1959，408页）和 Blume/Müller/Röper（1976，9页）的文章中列出的经典品牌商品的特点："在19世纪有许多药店和药房开始大规模地生产药品、护肤品和清洗剂且冠以品牌售卖，其中一些发展成为大企业或是被大企业并购。"

[47]　参见布罗泽，1958；Scheske，1993；Plewe/Berdi，2002。

[48]　参见贝格尔勒，1961；1982；Kreuz，1992。

业被视为榜样。"（莱因哈特，1993，26 页）因此在研究这一品牌商品时，就需要对这一现象进行整体和细致入微的剖析。

林格纳工厂于 1888 年建于德累斯顿。当时德累斯顿已经是德国的十大城市之一，随后在不到 20 年的时间里，从 1890 年到 1910 年，这里的人口翻了一番，居民人数从 276522 增加到 548308 人。这其中，德累斯顿从 19 世纪中期就已经成为德国的一个蓬勃发展的工业地区。[49] 尤其在 1871 年德意志帝国建立后，这个城市迅速发展成为一个金融和工业中心，随之对居民结构、居民生活和居住条件都带来了相应的影响，因为当时德累斯顿的建筑密度是德国最大的，这种情况也是林格纳当时致力于自身产品的一个重要的因素——卫生（参见费特-欣茨，1985；诺依曼，1988）。当林格纳 1885 年来到德累斯顿，开始供职于赛德尔和瑙曼缝纫机工厂（Seidel & Naumann）的销售部门时，这座城市正处于一种"经济、社会结构、建筑业和社会文化等各方面的发展和变化阶段，随之而来的可见变化就是如潮水般涌来的移民潮、迅猛的经济发展和人口的飞速膨胀"（施塔克，1993，15 页）。

林格纳在赛德尔和瑙曼缝纫机厂的任职应该是成功的，他的各种广告宣传品持续获得很大成功，这些让林格纳逐渐有了个想法——

---

[49]　参见施塔克（Starke）（1993，15 页）："1850 年后，工业化浪潮也席卷了德国的萨克森州。在传统的草帽生产和玻璃工业外，当时仅有少数公司成立，特别是在酿酒业 [1838 年在瓦尔德城堡（Waldschlößchen）成立了索西耶塔（Societäts）酿酒厂] 以及巧克力和糖类产品生产 [1823 年乔丹 & 蒂迈欧（Jordan & Timaeus）]。随后逐渐成立了第一批著名的精密仪器 [1855 年克莱门斯·穆勒（Clemens Müller）]、陶瓷 [1856 年德国唯宝（Villeroy & Boch）]、家具 [1862 年 O.B. 弗里德里希（O.B. Friedrich）] 和烟草工厂（1862 年成立了后来的烟草企业 Compagnie Laferme）。"

自己独立建立一个公司。因此1888年他成立了"林格纳和克拉夫特"公司，生产已获得专利的日用品，产品由技师乔治·威廉·克拉夫特（Georg Wilhelm Karft）研发，然后由林格纳销售，并取得了极大的成功（参见诺依曼，1988；施耐德，1993）。但是1892年他们就分道扬镳了，因为林格纳当时致力于研发一种抗菌的漱口水，而克拉夫特则相反，他想在纯机械领域研发产品。于是林格纳付给合作伙伴相应的结算报酬，随后成立了"德累斯顿林格纳化学实验室"，一年后奥朵漱口水就问世了[50]。

1893年，林格纳终于开始进行当时运用广泛的成功的广告宣传——随之而来的结果就是奥朵漱口水在世纪之交就成为口腔卫生的代名词[51]。"广告宣传成功的决定性要素首先就是令人印象深刻的名字和带有侧瓶颈的独特的瓶子样式。"（费特-欣茨，1985，12页）因为"奥朵"（Odol）这个品牌名简短有力，另外当它被翻译成多国文字时，也不会令人产生疑义[52]。特别是这个品牌名也被当成一种符号理解，可以把它当成是希腊语"odontus"（牙齿）和拉丁语"oleum"（油）的组合（参见居尔登堡，1988；Täubrich，1993）。

除了"奥朵"这个名称，该产品对瓶子样式的设计也是独一无二的，不会产生任何混淆，因此这种造型和包装形式大获成功，仅有少数品牌商品如美极汤料或者可口可乐可与之匹敌。因为白色的瓶身和侧瓶颈这种形式和造型就已经彰显了瓶子的功能。"在设计中，

---

[50]　林格纳1892年就对这一名称申请了专利，而专利局1906年才批准了瓶子样式的专利，参见柯尼希，1993。

[51]　参见梅辛，1986；居尔登堡，1988；柯尼希，1993。

[52]　参见居尔登堡（1988，46页）："'奥朵'这个概念在德语区成了漱口水的同义词，也是一个在所有语言中都具有相同发音的名字，因此其在全世界广为流行就可以理解了。"

这种瓶子本身早就满足了建立于 1907 年的工厂联合会（Werkbund）和后来包豪斯（Bauhaus）所设计的那种风格，其形式与功能丝丝相扣。"（费特-欣茨，1985，13 页）除此之外，奥朵品牌几十年都未曾对品牌名和瓶子做太大的改动，因此产品本身就建立起深刻的信任度和影响力，而这都是对品牌高品质的可信度的明证。

林格纳广告宣传攻略的大获成功，其中第三个举足轻重的因素是他出色的广告宣传方法，他特意强调产品的独一无二性和不可混淆的特点。即使当时的林格纳 & 费希尔（Lingner & Fischer）的企业负责人曼弗雷德·舍斯克（Manfred Scheske）（1993a，210 页）也倾向于这种夸张的表达，他写道："在某种程度上，品牌商品广告是奥朵漱口水在世纪之交所发明的。"[53] 但显而易见的是，林格纳对自身产品的关注无人能敌，目的就是为奥朵赢得广大消费者。为此，林格纳一直领导着一个不到十人的广告部门，收集企业产品相关的报纸档案，已经有针对性地进行"媒体分析"[54]，他的广告策略分为如下几个阶段：

1893 年前到世纪之交，他将广告宣传重点放在奥朵的品牌名和瓶子样式上。"'新！'就是有关奥朵的第一批广告所强调的信息。"

---

[53]　除此之外，同样强调类似观点的还有诺依曼（1988，72 页）："直至今日，林格纳在公共关系领域显示出了独一无二的、具有历史开拓性的卓越才华，他对于市场的嗅觉注定让他成为现代生活方式的健康教育专家。"同样参见费尔斯珀（Verspohl）（1988，76 页）："在现代艺术的思考模式转换阶段，在广告的这种助产士功能（Geburtshelferfunktion）中，没有比林格纳工厂对奥朵漱口水的持续不断的广告攻势更具有示范式作用的了，公司创始人也加入这种广告策划中，起到重要作用。"

[54]　参见柯尼希（1993，154 页）："除了品牌定位和大小，林格纳还非常重视今天人们理解的'质量的媒体分析'：广告的媒体适配性。在林格纳的有生之年一直在广告部工作的十名员工，无一例外都熟知登载品牌广告的杂志并对其进行分析。"

（费特-欣茨，1985，46页）这一宣传在1901年达到了高潮："林格纳在当时毫无疑问地创立了一种世纪之交最大的，也可能是最具有方向引领作用的广告宣传。他花费了100多万帝国马克，就为了能让全世界所有的重要出版物上都在同一天刊登奥朵的广告。"广告由一个不成比例的黑色小四方形组成，被放在一个更大一些的白框内的最右下角，里面用白色字体写道："奥朵就是世界最佳漱口水！"除此之外，没有任何其他产品信息（参见费特-欣茨，1985；费尔斯珀，1988）。在1901年到大概1910年的第二阶段，林格纳的通常占据半个页面的广告大部分都由女人像、建筑物或风景装点。在1910年到1914年的第三个阶段，从对第二个阶段的一系列重复开始，但是不断增加广告宣传的规律性。1914年，第一次世界大战爆发，1916年，林格纳于德累斯顿去世。

林格纳所致力的"广告战役"（柯尼希），其特殊性清晰可见，他的广告全部都具有一种明显的对受众施以强烈影响的逼人力量，它有时表现得很明显，有时不明显，尤其在第二和第三阶段与一种包含/排斥模式相关。[55] 在第一阶段，林格纳在奥朵广告中还添加了一些信息，如奥朵是药用漱口水（Medizin），并通常用来自科学界的支持强化这一点（参见费特-欣茨，1985）[56]。因此20世纪一开始就有这样的广告宣传："根据优秀的研究者的一致证明，奥朵是目前

---

[55]　参见 Gubig/Köpcke（1993，168页）："为此，奥朵广告从一开始到今天深刻影响了成功品牌广告的有效原则：凸显独创性，在转换的主题中彰显张力，不断再现和重复可见来加深印象，通过参考或者与不可动摇的社会价值相比来提升品牌价值。"

[56]　在这里，尤里乌斯·美极也是同样的情况，他是借助食品科学家们的支持才赢得广泛的关注和信任的。他们对这一品牌在广告宣传中大获成功起到了决定性的作用。参见 Vincon，1995。

最完美地满足牙齿卫生需求的漱口水。"在第二和第三阶段,广告转向加强寻求当时呈上升阶段的受过良好教育的资产阶级的支持,因为他们的社交能力尤其体现在对健康和美貌的重视上,于是广告口号转变为:"干净如小猫咪,财富就会多多。"[57] 亨丽埃特·费特-欣茨(Henriette Väth-Hinz)(1985,53页等)在研究当时的广告主题时,对此作了出色的总结:

"不仅仅是健康和美貌紧密相连,整洁和美貌也密不可分,这种种都促使卫生状况成为文化的一部分。文化,也就是说一种美学感受,但仅能在遵循广告宣传所确立的整洁规则下才有权利得到——它不会通过口气或是一口烂牙在生活里令人不舒服。持有这种观点,随之而来的广告宣传就深入人心:'美之巅峰——无瑕美牙'或者'如果牙齿丑且未经打理,美丽面容终将失去吸引力'或者'美足和美牙是人最重要的装饰品,或者在'训诫布道'的时候,……无法忍受的糟糕口气基本一直是备受忽视的牙齿清洁所带来的问题,所以在与亲朋好友相聚时,应该出于礼节性让它随时相伴,习惯于持续不断地保持口腔健康'。从这些广告词中,可以得出结论:美学的(美)=干净=健康,而非美学的(丑)=肮脏=疾病。换言之,只有使用奥朵的人,才是干净的,而且是美丽的;不使用奥朵的人,则是不干净的,会生病的,并且是丑陋的。"

在此,奥朵宣传广告在某种程度上强化了市民地位意识的一种问题,它不是通过出生来区分,而是按照个人的成就在社会性的分

---

[57] 参见 Budde,1993;Vogel,1993;Hünermann,1993。美极也是同样情况,参见 Kieser,1995;Vincon,1995。这其中尤里乌斯·美极与卡尔·奥古斯特·林格纳一样,首先预见到了要反对普通大众的不健康的饮食习惯。但基于生产方式和价格,美极产品仅"上层居民阶层"和"富裕的工人群体"才能买得起。

化中能达到的享受。与此同时，奥朵漱口水也是纠正下层人士的缺陷的一种解决方式[58]，因为这种选择是很少值得追求的："不纯洁变成一种缺陷，会带来被排斥在市民生活外的后果。"（费特-欣茨，1985，56页）

第三种主题最终表现为大量植入古典时代场景和田园风格的风景画，它们同样都是针对受过良好教育的资产阶级对文化的热衷，因为只有这一阶层才有能力正确地解读这些主题。此外，奥朵广告宣传因为不断加入各种古典时代的城邦和各种具有永久性和永恒价值的前现代时期的象征，而失去了自身的一些可信性。在与自然相联系的情况下，甚至出现一种假象，令人觉得一种完全人造的产品仍然能与自然和谐一致——所有这一切都是假设、愿望和梦境，就好像它们的这种品质仅适用于某一些人。

更进一步，这些广告信息能留给受众这样的印象：这些广告词在指导使用奥朵时通篇都是告诫、教诲和要求。除此之外，还有一种说教性的要求，它甚至毫不畏惧地公开定义性别关系："女人在奥朵宣传画面中被描绘成被动的、客体化的，而男人则表现为主动的。女人的微笑暗示着一种无危险性的安抚目的，表明想购买的意愿。

---

[58] 当然，解决问题的方式不是都具有这种"势利"的特点。1974 年的佰克尔面条公司（Birkel）百年庆典文献中，在涉及战后时期的情况时，谈到："紧接着，佰克尔面条公司甚至用'佰克尔面条一吃，马上就饱'的口号加入竞争，并且迅速迎合了当时物资紧缺时代人们的忧虑和养家糊口问题。这时，佰克尔面条被证明是能够真正解决问题的！"（Birkel Söhne，1974，o.S.）正如美极品牌所做到的一样，品牌的便利功能在这里很早就显示出来："但不仅是在面条的饮食心理学角度成为女性争论的主题，而且面条的其他优点很早就出现在佰克尔面条公司的广告中。广告口号'好煮好吃'就抓住了我们今天称之为便利使用性（Convenience-Nutzen）的特点，并且在销售过程中赢得日渐重要的诱因。"（出处同上）

50

而男人果断出现，则扮演着一种富有经验的专家的角色。"（费特-欣茨，1985，68 页）值得注意的是，这种广告宣传和公开宣扬的方式逐渐不常用了。它的目的在于通过持续性的抓拍，将不平衡的关系组合如男人／女人、成人／孩子、父／子，或者教师／学生罗列出来，从而指导民众，它所宣扬的就是用现代的方式消费：变得现代。

最后，不能忘记介绍的是卡尔·奥古斯特·林格纳这个出色的人物，他迅速积攒了巨大的财富，搬到德累斯顿，住在名为"易北宫殿"的房子里，据称这是"德累斯顿有史以来最值钱的市民住宅"，（Büchi，1993，82 页）作为名人的他生活方式也名扬德累斯顿之外。最后，在他的推动和资助下，1911 年德累斯顿举办了第一届国际卫生用品展览，而他则赢得了"卫生教皇"的美誉，所有这些都有助于在当时将奥朵品牌塑造成著名的成功品牌。

基于此背景条件可以得出为什么恰恰是奥朵成为经典品牌商品中的榜样的结论，正是品牌名、瓶子样式和色彩，以及林格纳特别的广告宣传风格，这种广告风格虽然并没有隐瞒产品的使用性能，但是也没有完全遵循产品本身的特点，因为它主要是与目标客户交流某种感觉和心理状态，而品牌就是其中的媒介（参见 Vincon，1995）。最后，这个品牌从一开始就立足于自身，甚至在和生产者建立联系之后也是如此。"相对于内容本身，形式具有目的明确性、抽象性和匿名性，这些条件都构成了一个独立自主的品牌形象，通过广泛传播得以打造出品牌商品。"（费特-欣茨，1985，14 页）另外，这也是首先由欧根·莱特雷尔（1955）提出的一个观点，按照他的观点，随着实物品牌的出现，就达到了品牌业发展的最后一个阶段，因为与制造商品牌不同，实物品牌的使用与制造商的存在和知名度无关，而仅仅关系实物本身（同样内容也参见多米茨拉夫，1939；

舍费尔，1959）。"将一个商品独立于个人的名望制造出来，并且借助品牌的帮助在市场立足。"（屈恩，1963，26 页）换言之，正是奥朵品牌脱离了林格纳这个人，才可能有助于让林格纳的广告攻势大获成功，因为这种关系脱离能为奥朵到处开拓市场提供良好的机会，即使当地无人认识品牌创建者也无所谓。在这期间，奥朵甚至被提升为神话般的存在，它具有一些非常独特的表达方式，正如奥托·博德纳·比希勒（Otto Bodnar-Büchler）（1982，48 页）在一个章节所表述的，一个年轻女人于 1956 年在匈牙利监狱期间的回忆：

"奥朵漱口水对于我们来说，与自由、安静的工作日和春日，瓷砖铺地的浴室及舒适的睡眠一样重要。早晨醒来，仔细地洗刷牙齿，奥朵成为我们监狱围墙内的一个象征。没有任何品味，香味对我来说，像奥朵一样，如此持久，如此令人盼望。现在当我正在说话时，我便能感受到这种品味。"

显然，这种观点并不具有普遍性，但是这也显示了为什么恰恰是奥朵和其他经典品牌在 20 世纪曾经并且仍将引领潮流，成为品牌榜样，特别是这种历史关怀的传统一直绵延不绝 [59]。在历史关怀中进行再定位与确认总会看到循环不休的一面。因为今天询问一个经典品牌商品的标志是什么，从某种意义上而言是引导一种纯粹文化的首要产品，比如经典品牌如奥朵、可口可乐或者宝莹，应该考虑到，对经典品牌的挑选——不考虑它们的成功——总是要最终归于

---

[59]　虽然这种立场并不贯穿始终，并不具有决定性地位，参见祖尔对 20 世纪 60 年代的描述："在此期间，'经典'这个单词——最初是'榜样'的意思，在品牌商品中，已经获得更深远的不再被承认的一种意义：经典的在今天不再被当成一定是理想的了，它具有对非时代性的敌意和对陈旧古老的质疑。"但是，在此期间经典品牌商品再次得到重视并被大量买卖，随后，60 年代就被视为"品牌商品经济"的变革和引领新导向阶段。

今天视为基础的寻找标准和实物标准 [参见舍费尔，1959 ；格罗斯，1991]。仅仅因为这一点，维尔纳·祖尔（Werner Suhr）（1961，17页）才会声称："对'经典品牌商品'的理解，几乎不必再做进一步的阐释了。想一下一些著名品牌就行了，如阳光防晒霜（Sunlight）、宝莹洗衣剂、奥朵漱口水、施多威克巧克力、卡特琳娜马尔茨咖啡。"祖尔的论断最终还是基于已存在 40 年的市场研究。如果愿意脱离这种周期性，就必须要进一步考虑品牌业科学从 20 世纪 20 年代开始是如何定义它的标准的。

第二节　品牌科学

　　普通科学的本质所具有的特点是，在某种特定的基本假设角度对"科学界"多方面进行一致性协调，它引导这种研究机制并就整体而言构成每种研究分支的特殊"范式"（德国帕拉迪格玛公司）。这至少是托马斯·S. 库恩（Thomas S.Kuhn）（1976）的观点，他是主要定义了普通科学的研究者。此外，库恩对科学行业中的范式研究更多地赋予了入门的基础意义，因为他原本的兴趣更多地倾向于回答一个问题：为何会导致这些范式的科学性革命，它们又是如何被解释的。在细节上，库恩将一个"范式"理解为某一个研究领域的特殊的接受感知及评价模式，借助这种模式，所有研究者统一观察自身的研究对象并对此进行描述——大家同时都用一种语言沟通。所发生的一切都因此服从被准确定义的评价标准，并且着重用于不断检验这个模式与"外面的世界"是否协调一致。其中，对范式的研究分为三个任务范畴，它们必须被同时掌握：对重要事实做决定，事实和理论得彼此适应，将理论明确表述。在研究者中，对这种任务的分配普遍存在着一种信条，它不允许出现任何质疑，而是总是出自对论点的真实性的质疑，即使同事对此有异议。因此，普通科学就具有以下特点：在普通科学中，这些范例并不探究普通科学，因为在其背景中会出现剩余的可能性条件，借助这些条件"科学界"追随它的认知工作——与此同时也可称其为一种将研究视为宝藏和家园的基础。这并不是说，普通科学不能推动基础科学研究，仅是不能推动对它自身基础的研究。与此相反，这里涉及的是检测每一种范式的可使用性、详细程度和范畴，并对此进行改进，其目的是最终准确总结"谜团"，即使必须为此容忍更多调整和仓促的建构。如果果真如此，那么根据商品和注重细节的论文的数量，一种特别的书的"类型"被列入计划：教材[60]。因为教材是用于"处理一些已有定论的问题、数据和理论，经常会适用于一些特殊范式，而科学研究的共性恰恰在完成那些文章时能感受到与这些特殊范式密不可分"（库恩，147 页）。因此在教科书中，在范式之内对科学性概念进行系统描述并建立联系是非常经典的，也是教科书所讲事件的中心之所在。通常，它们会对迄今为止的与事件相关的历史作一简短概括，来导入教材内容，并且通过很多练习或者实践工作对这些内容的学习加以支持和巩固，从而让教材中的核心概念和纲领作为教育手段对普通科学的继续存在发挥作用。与此相反，没有比记录下错误、失误和修订更好的事了，它们在发现真理的过程中发挥着同样重要的作用：没有错误就没有进步。因为教科书有为知识中的以确定真理做广告，从而在不断的自我修正中掩盖一些曲折路径的趋势。如果在自己的研究领域中，某些事情仍然坚持避开借助范式进行系统化的把握和加工，因为没有一种范式是完整的，而只能一直是有

---

[60]　同时参见卢曼，1990；Schimank，1995；Stichweh，1996。

选择地认知这个世界，那么这——正如库恩将这种方式称为"现实测试"——可能会导致"失常状态"，这种失常状态会将迄今为止所运用的范式导向其本身能力的边界，从而带来范式的更换。当然，也就是这些事件不会在教科书中被提及，或者充其量被当作另一个"谜团"，在研究中将确定会深入探讨这一点。

如果从这个角度观察品牌经济，所发现的结果是很矛盾的。毫无疑问，对品牌的研究长期以来是有科学性要求的，这一点并无争议。毕竟几十年来，"品牌和品牌塑造"这个主题一直属于研究机构的研究范畴，是"市场学"专业的固定研习项目，并且具有日益增长的重要意义。[61] 除此之外，更多不可忽视的小论文或是大的研究专题，均针对品牌及其构成，塑造和维护进行了深入研究，比如专业杂志《品牌商品》，其中还有《品牌技术年报》和显著增多的论文集都非常引人注目。所有这些研究都是仅仅针对一些大家都想得到的视角，其中品牌当时被作为研究对象 [62]。与此同时，其中却没有一篇论文是满足做教材的要求的 [63]。这种观点可能与以下观点联系起来：品牌和对品牌的塑造和引领，在市场学中一直是被当成与其他

[61] 参见埃施（1999a，S.V.）："就是在德国大学里，越来越多的人都把品牌当作一个重要的研究和教学领域。今天不可避免地看到，在高等院校，关于产品管理的讲座呈现出逐年减少的模式，日益被品牌讲座所取代，因为即使是对产品的塑造和将要实行的产品措施都必须要跟随品牌范式。"

[62] 参见梅菲特／布鲁恩，1984；布兰德迈尔／戴克瑟尔，1991，1997，1999；迪西特／Eggers，1992，1996；布鲁恩，1994，2001；布兰德迈尔／戴克瑟尔／奥特，1995；霍克斯／维佩曼，1998；埃施，1999；科勒／Majer/ 维措雷克，2001；布兰德迈尔／戴克瑟尔／Prill，2001；梅菲特／Burmann/Koers，2002。

[63] 在这一点上，沃尔夫·D. 福尔特默（Wolf D. Voltmer）（1979，207 页）有完全不同观点："关于品牌技术的经典教材 40 年前就由汉斯·多尼茨拉夫所著并于 1939 年出版。"如果看一下多尼茨拉夫的《品牌技术教材》（Lehrbuch der Markentechnik）就会得出结论：本书对"教材"的定义有比较宽泛的理解。

许多专业领域并列的一个专业领域，即使弗朗茨-鲁道尔夫·埃施（Franz-Rudolf Esch）（1999a，S.V.）也持这一观点："'品牌'主题在世界范围内都被当作市场学中的超级主题。"出现这种矛盾观点的原因可能还在于，品牌学被称之为一种科学还是一个待确定概念，处在不断完善的过程中，也就是说，这门科学还没有达成一种状态：通过对正在进行的研究的了解，已获知的知识的存在不再从根本上受威胁，也就是说是不需要修改的。因为教材不是经典耐用，就是昙花一现，这是库恩对教材的评判标准。对这种可能性的进一步的观点是，在有关文献中并不会首先带给读者如此的印象，就好像读者会忽略研究对象待解决问题的整体复杂性，而对品牌之谜有整体把握，就好像各个部分归纳成为一个整体是时间早晚的问题一样。其中，"品牌"现象变化得太迅速，以致品牌研究必须始终不断处于变化发展之中，从而能使该现象的各种变化细节有迹可循。

在此期间，如果观察品牌科学持续的自我改变，那么就会在此过程中发现某一种目的逻辑论，这种自身变化不断紧跟着那些品牌在市场使用过程中出现的变化。路德维希·贝雷科芬（Ludwig Berekoven）（1979，37 页）认为，这种对品牌的使用在 20 世纪受到了如下决定性的影响："重心从生产转移到了销售，即在销售方面做出极大努力，这种努力的表现就是要始终如一地适应已改变的市场关系，并以大众生产和大众需求为特点。"除此之外，品牌技术在使用性方面已获得令人惊异的发展，它——从消费品领域出发——在此期间不仅仅涉及服务业，而且还涉及投资性产品、机构、城市、国家和地区，直至各项活动和具体个人 [64]。换言之，在品牌科学的历史中可以了解到，一方面定位从提供品牌的生产商转移到需求品牌

---

[64] 参见布鲁恩，1994a；赫尔曼，1999；Leohard，2002。

的消费者，另一方面对现有品牌的使用扩展到实物和消费性产品，它们长久以来仅仅被当成可标示的、可塑造成为品牌的。它们围绕非物质服务产品（服务业）构成了产品的极大丰富性。如果这些结论能得到论证，那么在专业角度也是可见的。

延斯·阿本德（Jens Abend）（1986）区分了尝试定义品牌的三个阶段：第一代是从20世纪之交到1930年，这一阶段中仅对商品特点列出目录并加以确认，这些商品特点必须要满足成为一个品牌所必要的条件；第二代从1930年到1955年，转向对销售空间、市场设定和交通影响的询问，这一切都是品牌在市场中得到的优待，消费者从而首次进入游戏规则；第三代从1955年开始，首先关注的是品牌功能是如何获得尽可能多的消费者。

就在对这样趋势的理解上，即从生产者转向对消费者的关注，路德维希·贝雷科芬（1979）就已经分析了品牌学的发展，他区分了对品牌的四种解释方式：首先是关注品牌特点，然后是区分目的和产地划分，接下来是试图将品牌的销售方式纳入研究视野。最后是与品牌影响相关的销售状况，首先从消费者的角度对品牌进行理解，并从而关注其社会心理学因素，并且将品牌成功标准列入分析研究的重点[65]。"'品牌商品'（或者缩写为'品牌'）这些概念如果在品牌未获得成功的前提下是不需考虑的，这有些相互矛盾，因为所描述的需求设想和需求行为方式不仅仅是后果，而且还是品牌称为品牌的前提。"（贝雷科芬，1979，45页）对此贝雷科芬还表示诧异，这种对品牌成功的证据尽管是可信的，但是很晚才得到重视。对此，

---

[65]　参见贝雷科芬（1979，43页）："塑造品牌首先是一个社会心理学现象，根植在（潜在）产品接受者意识中的对品牌价值和意义的设想就决定了这一现象，对此很明显也揭示了产品提供者的所有努力。"

"机械性的""纯粹手工—技术性的"在此期间不断地贯穿在前面这些解释片段中，这就不符合品牌的特殊性。当然，贝雷科芬（1979，45页等）提出质疑，品牌基于这种特殊性表现出"非理性因素"，而这在理论建构过程中会提出某些问题[66]："原则上这就在于，不可能通过经济学工具和方法来解释一个首先是社会心理学的现象。因此品牌自己塑造自己，它们不应被归入任何'模式'或者不断发生变化，而这些变化在根本上说必须非常有必要对迄今为止的市场理论进行持续的修订。"在这种联系中进一步值得注意的是，贝雷科芬（1979，38页）将业内对品牌准确定义的争论与对"世界观"的争执相比较，甚至谈及"品牌学的意识形态满溢性"。

另外，曼弗雷德·布鲁恩（Manfred Bruhn）（1994a）在他的对品牌进行概念界定和品牌出现形式的基础论文中，再次采用了这种观察方式，他的文章符合对此观点进行评论的目的，并且继续支持贝雷科芬的观点。在文中，他关注到在品牌生产者和交易中无休止的争吵，将其称为"品牌政治的意识形态"，以此与"品牌政治作为技术"和"品牌政治作为统一的市场纲领"相区分。除此以外，布鲁恩还饶有兴致地关注在消费者商品市场另一边的品牌政策，这种研究兴趣有助于将关于塑造品牌可能性条件的争论从仅立足于产品的一面性上挣脱出来，并将注意力集中到品牌交际的意义上。（同样参见温克豪斯，1993；埃施，2000）。

这也显示出在这一专业中，主题就是对所阐述的内容不断进行交替更改，甚至还谈及修订需求，这首先就植根于品牌的自我活力中。因此迄今为止，品牌学在自我定义过程中试图阶段性地唤起读者对品牌学的印象，即具有一个统一的，最终片段式的接受和评价

---

[66]　同样参见祖尔，1961；莱特雷尔，1994。

模式，它允许所有品牌研究者以范式为基础对各自的研究对象领域进行研究，并且为此，用以教材形式出现的已收集知识为依据。因为迄今为止，品牌革新还是留待给大家许多令人惊异的空间，这些非同寻常之处发挥着巨大的作用，它们更新如此之快，使得这些已发表的项目迅速地变成废纸一堆。当然，这并不叫作"一切均可"，因为品牌的相关研究一直跟踪品牌的发展，研究成果不断涌现——只需要有比看待一种普通科学更多的质疑态度来看待这些研究。

在这儿，并没能对品牌学的发展再次给出一个严密的、系统性的描述，品牌的这种发展应该更多地依据三种对关注度转移与关注度延展非常具有典型意义的"范式"，至少要得到额外关注（同样参见格肯 1993；Weis/Huber 2000）。首先涉及的是"品牌作为技术"的概念，在第一阶段归纳总结这一概念，并且还要详尽地阐释生产者角度，即将品牌首先作为产品的生产过程。随后，研究视角关注的是品牌研究的一个特殊发明，即将品牌描述为个性，这种观察方式很早就尝试适应品牌的"自在生活（Eigenleben）"，并且服务于大众心理学。最后应该探讨的观点虽然很早就为人所知，但是直到 90 年代才真正具有影响力的观点，即将品牌视为交际，因为只有将品牌研究导向交际视角，才不但能将关注度移置从供应导向转向需求导向，而且能持续将品牌影响力扩大到所有可能的市场。[67]

---

[67]　参见哈斯（Haas）（1995a，89 页），他将广告的历史称为三种类型的依次排列：艺术家、心理学家或教育家和交际家的类型，其中最后一个可代表这种"进化"的最终结果："在作为艺术家、心理学家、交际家和教育家的自我阐释类型中，长期以来对交际家那种类型的自我阐释与经济进程最等值，一直在实行，而其他类型的自我阐释被分配给其他特殊职业。从 50 年代以来，广告策划者被理解为经济进程中的交际家，产品的管理者，生产和消费之间的控制中心。"

品牌视为技术

当第一批品牌商品，如欧特家博士烘焙原料建立于 1892 年的莱布尼兹糕点或者建立于 1893 年的奥朵漱口水，尝试为自己赢得德国市场时，它们没有可参照的典型和先行者。在这种程度上，若干生产者的这种"发明"等同于一场革命，它虽然多年来预示来临，但是在突然出现的时候，还是让世人深感震惊。特别也因为在推迟了 30 多年，在许多生产者品牌早就在市场立足之后，才开始进行对"品牌商品"现象的第一次严肃的具有科学性要求的研究。因为到那时为止，"品牌商品"这个主题最多出现在季刊和一些出版物中，并主要关注"广告宣传"，只偶尔会论及个别的品牌[68]。在 20 世纪 20 年代这一现象得到了显著改观：突然之间，针对品牌主题出现大量反馈性和明显众说纷纭的争议，这一切都在开始建设相关专业的文章中有所记载（参见瓦德勒，1997）。除此之外，关于品牌主题的出版物也大量涌现（参见贝格尔勒，1960）。

如果仔细阅读这些二三十年代的相关文章能确定，为什么贝雷科芬将品牌学的第一个阶段称为"商品特点目录"，因为大多都是将"品牌商品"现象做简单分类。其中，成功品牌商品的出现形式，如奥朵作为一个典型代表具有若干特点，随后再次添加到这些特点的目录中，得出结论：只有在满足了这些特点之后，一件商品才能被冠以"品牌商品"的称号（参见舍费尔，1959）。这其中在语用学研究角度可能会涉及归纳法，即品牌每次推陈出新都可以重新用到这种归纳总结的方法，只要将品牌特点列表不断扩展即可。

弗朗茨·芬德埃森（Franz Findeisen）（1924，77 页）文中也谈

---

[68] 参见 Cronau，1887；马塔亚，1910；Lamberty，2000。

及相关论点——从某种意义上，品牌科学从他开始——他的总结相当简明扼要："在新引入一种品牌商品时，首先要检测的是，它是否符合三种基本要求，即质量、合适的价格、满足需求。"值得引人注目的是，在这一排列中缺少了标示，也就是作为（首要）区分特点的商标，还缺少了广告宣传。当然，芬德埃森在之前就已提及区分性特点"标示"，而关于广告宣传在他著作后面的章节中才谈及，但并没有把广告列入他的特点目录中。

路德维希·阿斯特海默（1932）也描述了相似的情况，在查阅当时可找到的文献时，他将品牌商品定义为具有相同方式和装备的商品，它们的产地和质量能通过大部分受法律保护的包装和其他商标明显辨别出，并且凭商标所有者所列出的条件才能出售到各地。因为即使是阿斯特海默也很晚才提及广告宣传，而没有将它当作品牌商品的根本性特点（同样参见舍费尔，1935b）。为此他提出了一个相当棘手的主题"二手价格约束"，即生产商设定一件商品的终端消费者价格，这就在论及商品交易时恰恰证明了贝雷科芬的论点"品牌学的意识形态满溢"。

西格弗里德·科赫（Siegfried Koch）（1951）将品牌商品定义为一个优质产品，它以大众产品面世，并标以一个受法律保护的品牌，它在价格、包装和销售技术方面具有某种连续性，并且通过强化的针对顾客的广告攻势，将产品销售到尽可能大的经济区，达到的争论状态就是，市场研究的发展阶段就此告一段落。因为不久以后康拉德·梅莱罗维奇（Konrad Mellerowicz）（1955）发表了经典著作《品牌商品及其价格设定和价格约束中的经济法则》，1963年重新改写后再版，下列引文大概是被引用最多的关于品牌的定义：

"品牌商品是针对满足私人需求的已完成商品，在一个更大的销售空间标以一个特殊的明示产地的特点（品牌），统一制作，具有数量相同、质量相同或者质量提高的特点，借此或者通过相关广告获得所加入经济圈（使用者、交易商和生产者）的认可 [交际效果（Verehrsgeltung）]。"（梅莱罗维奇，1963，39 页）

某种意义上，在这一定义中，达到了对经典品牌商品定义的第一阶段的最高峰也是终点，关于品牌商品的定义争论告一段落。在这第一阶段中，人们借助品牌学获得了经典品牌的特点归纳。因为从那以后，人们再也没有对品牌商品定义的值得一提的补充或者更改，从经典品牌例如奥朵的定义就能看出，只要涉及品牌定义都无出其右[69]。只要后来涉及此主题的论文，首先将梅莱罗维奇的定义作为权威引用，长时间以来，这个明确品牌商品特点的定义在市场研究领域一直被视为经典[70]。

通过特点目录来对品牌商品进行概念定义的方式，其原因可能是每种科学都必须定义自己的研究对象，只要想对此开展研究，否则空话会导致随意性。在研究前期，首先要考虑的是尝试按照非此 /即彼（Entweder/Oder）的原则进行界限划分，以便能够为自身的问题建构打下坚实的基础。在霍斯特·克里斯蒂安·埃特默（Horst

---

[69]　因此，梅莱罗维奇首先将与特点相关联的阐释内容的第一阶段描述为终点，因为在 60 年代 "品牌通货膨胀"，也就是不同品牌类型的趋同问题日益明显："可以理解，众多企业家追逐成为成功富人，明显导致品牌的通货膨胀。当时，对（基本）相同产品的令人绝望的区分努力，自然会带来顾客对产品信任度的逐渐丧失，因为所有品牌都应该具有自己的特殊性，有自己的明显特点。"（贝雷科芬，1979，48 页）所以，对特点的罗列失去了效果和说服力，因为产品失去可区分性。

[70]　参见梅菲特，1998；赫尔曼 /Huber/Braunstein，1999；也可参见贝格尔勒（1961，126 页）针对颁布品牌商品的概括性用语："标示、广告和质量，同样并且保持稳定的价格、数量、质量和包装的标准化，尤其在预选定售卖场所进行出售，这一切都构成了品牌商品的内容。"

Christian Etmer)（1959，18 页）的文章中，可以读到以下章节："一个产品……不是被当作品牌商品，就是被当成非品牌商品看待，在此过程中，它不是被当成一个'已标示被品牌化的'商品，就是被当成一件'匿名的'或是'非标示的/非品牌化的'商品。"当然，在品牌商品领域的差别之处还众说纷纭，就像贝格尔勒（1961，126页）所指出的"会出现三种差异：（1）经典品牌商品（已取得自我创新性的独一无二的成就）；（2）真正的品牌商品（通过革新已获得的完美形式）；（3）假品牌商品（徒有其表，而无所要求的高质量实质内容）"。此外，还有生产者品牌、交易品牌和折扣品牌的区分[71]。其中，正如贝格尔勒在文中所定义的那样，"经典品牌商品"一直占据着这"金字塔"的顶端，以便以其为出发点从内及外打下品牌商品排列顺序的基础（同样观点参见吕舍，1986）。对此还有的观点是，这一个品牌及非品牌的等级顺序可以在它们的价格等级表中找到各自的相应匹配物，因此品牌被重点使用，比其他商品要贵很多（参见贝克尔，1992；科勒，1993）[72]。

　　如果观察一下每种品牌商品特点列表的制作方式，就像梅莱罗维奇所出色阐释的那样，那么就会得出以下设想：首先利用产品使用说明书来进行对产品的建设，这可视为一种方法——根据以下标准来进行："首先取得一件据测能有很大消费需求的商品，它具有保持稳定的相同外观、质量、数量和价格，然后对其大加宣传，并做好大量产品储备——棒极了，一个品牌诞生了！"与此相反，涉及品

---

[71]　参见蒂尔曼（Thurmann），1961；梅莱罗维奇，1963；汉森，1970；梅辛，1983；迪西特，1992；米歇尔，1994。

[72]　从相反的情况来看，品牌的大量涌现也对价格带来负面影响，而过于经常使用特价促销的方式会对品牌在商品等级中的地位造成一定威胁，参见施哈德1984。

牌商品的学科就会从生产者角度谈及一个品牌的生产过程中的反映（理论）——在一定程度上，就是从市场研究角度对一个品牌的生产过程进行映射。这种解读方式是全面的，因为品牌学科的义务已经非常明确，即在品牌发展过程中，利用一种科学启蒙的方式，对所发生过的一切来进行品牌形象塑造。这一切均证明了这里所说的：莱特雷尔（1994）所提出的"为经理所用的驯兽师语言"不是没有道理的。

作为这种解读方式的最佳例子是汉斯·多尼茨拉夫的《品牌技术教科书》，1939 年以"赢得公共信任"为题出版。多尼茨拉夫在20 年代首先在雷姆茨玛香烟公司供职，1933 年后在西门子股份公司担任顾问 [73]，他被德国许多（早期）的广告从业人士尊称为"品牌技术之父"，因为他是最早定义"品牌塑造的成功规则"的人（西蒙，1997，7 页），并且采用了一种不同寻常且深具影响的，尤其适应大众心理俚语的语言 [74]。就这一点而言，"品牌技术"这一概念恰好给人带来如此印象，就好像借助这本教科书可以掌握一种"技术"，可以借此用品牌塑造成功形象，就可以自然而然地成为品牌塑造的技术员了，他只需开动特定的按钮，调节适当的杠杆，品牌这台机

---

[73]　关于多尼茨拉夫的生平参见他(1939 年)的自传《汉斯·多尼茨拉夫：人物传》(*Hans Domizlaff: Die Persönlichkeit*)以及 Gries/Ilgen/Schindelbeck 1995 年的文章。
[74]　参见多尼茨拉夫（1939，140 页）："广告专业人士的标准来自对大众心理的认知。"还有："一个品牌就是大众头脑中的一个概念。"对此，这种大众心理的修辞法在 20 年代似乎很适合这种行业的国际通行语言练习，同样观点可参见美国人海恩（Hayne）在 1927 年的文章。这种语言规范在 90 年代初还出现于品牌研究的一些小圈子中，多尼茨拉夫在提及品牌技术传统中对此也有所涉及，参见戴克瑟尔（1992，275 页）："我的行业是公众信息（Publikumskunde）——而他的（多尼茨拉夫的）行业一直被理解为对大众心理的研究，或者说是特殊的大众社会学。"

器就可以开始运行^[75]——塑造每个品牌的目标明确且一致："品牌技术的目标是在消费者的心中确保一种垄断定位。"（多尼茨拉夫，1939，76页）

　　但恰恰这种表述方式也显示出这样的解读方式太过武断了。因为最后多尼茨拉夫所关注的"消费者的心理"并不像对待一件产品那样以同一种方式可控。多尼茨拉夫自己对此也格外注意，他谈及这点时会说是消费者的"个性"，并将自己称为"赋予灵魂特质的品牌"，它甚至能过一种"自在生活"。对于这一点，如果有人认为足够的广告投入仅为了实现目标，那么多尼茨拉夫接下来则对此发表了不同观点："尤其是广告中的命令式无一例外地不能达到预期效果甚至效果很差。因为大众只有在之前认为自己会心甘情愿地处于服从地位，才会让自己心悦诚服地被命令，大众需要相信自己的能动性。他们愿意首先承认一个品牌，像信任自己的一件产品一样依赖它或是依靠自己主动地发现品牌。品牌实际上是大众的产品，在他们的大脑中会构成自身想象世界的组成部分。虽然人们常说是品牌技术员创造了品牌，但是这仅是在语言上将其简单化了。品牌技术员在某种程度上仅提供了一种材料组合，它们尤其适合诱惑大众接受品牌并唤醒一种品牌的生命力。一个还没被引入市场的品牌是死的。只有大众才能给它注入生命力，但是这不能以强迫手段，只能用激发手段。"

---

[75]　埃里希·舍费尔尤其对这种将品牌技术员自以为是地视为"工程师"的观点进行了抱怨："我们都是孩子,生活在一个自然科学和技术占据主导地位的时代,情愿从这单一的角度去考虑问题,将自然研究者和工程师的思维模式套用在人文社会科学和文化科学的事务上来。这样一来,我们就几乎意识不到,我们也是几乎一直都是试图用自然科学假的眼睛来看待和理解整个商品世界——商品世界毫无疑问归于经济领域。"

基于这种观点，多尼茨拉夫的视角完全改变了：不能仅将品牌技术视为涉及一个机器的运行，这机器会自动完成余下的所有工作，就好像在生产一件成品时达到的完美结果，是完全按照标准化运行的[76]。生产一件产品或一个品牌更多的是要考虑到其中的巨大差异：如果说产品是生产者一方的产物，品牌则是消费者一方的"产物"。"品牌自身完全是一件大众心理的产物。"（多尼茨拉夫，1939，159页）多尼茨拉夫也因此谈到，如果一个品牌广受欢迎，确是一件"幸事[77]"——恰恰因为在品牌的"制作"过程中不可能施加任何控制，而生产一件产品这点则是必需的。

再举一个配方比喻，就能更清晰地看到，为何在对品牌特点的关注中会将这一点留到最后：对品牌的认可或交际效果[78]。因为正是这最后一个特点摆脱了生产者坚持不懈的对产品的干预，而不应该说是生产者就不该对此插手。"但还没有一个如此有想象力的产品提供商在市场上大获成功——如果不是消费者做好准备去购买由他生产的或是提供的商品，因为这些商品恰好具有能满足消费者需求的特点。"（威廉，1960，679页）因为在梅莱罗维奇所列举的八个特点中的最后一个在很特别的程度上具有"不可拥有性"品质：所有其他的都能用金钱或是管理获得，唯独品牌在市场上的认可不行，至少不

---

[76] 参见多尼茨拉夫（1929，81页）："对广告宣传的信任和对广告宣传合适时间点和目的性的完全忽视，会导致他的公司的每种待售电器需要持续且紧迫的广告宣传，就像一个男人的幼稚在此展露无遗：他在自动取款机的上端塞入钱币，就理所当然地等着下面掉出来等值的急速增长的销售量。"

[77] 参见多尼茨拉夫（1939，92页）："如果一个品牌广受欢迎，一直都被当成一件幸运的事。如果做不到这一点，那么就尝试新的品牌，直到某一次能偶然时机成熟或是让人大松一口气的时刻到来。"

[78] 参见埃特默，1959；梅莱罗维奇，1959；察恩，1960；蒂尔曼，1961；屈恩，1963。

会在相同的程度上[79]。对此这个配方说明书本该这样开始:"希望……"这一点针对急剧增长的产品数量肯定是一种更为恰当的口号。

除此之外,维克多·马塔亚(Victor Mataja)(1910,360 页)已经明白地说出了区分商品和品牌过程中的矛盾:"占领市场还远远不是占领需求。"埃特默(1959)针对这一观点坚定不移地认为,他一开始仅认为两个"主要特点"对品牌是起作用的:"标示"和"交流效果"。"标示"具有将商品摆脱匿名性和对其施以关注度的作用,前提是商品具有相应的产品质量和合适的广告在默默地发挥作用,"交流效果"则将商品变为品牌。

"整个消费者市场对该产品的生产和消费保持着密切的关注,它的决策……对该产品的交流效果影响较深,并且通过这种方式,即当一件商品在消费者中被认可或是被拒绝决定了一次交流达成的效果是实现了还是未实现,并且有时也决定了交流效果和所带来影响的规模。"(埃特默,1959,16 页等)

当然也可以按照具体的原因对商品的交流效果进行研究,以便在最大限度上获得或是进一步加强产品影响力,那么就会自然而然地实现梅莱罗维奇所列举的产品的其他特点。但是所有这一切都归根结底到一个关键问题:品牌拥有消费者的认可和购买欲望吗?因为只有这种认可或是交流效果才能很好地说明,大家是在谈论一个品牌,而不仅是一件特殊定制的成品。这种应私人需求而特别定制的商品虽然有可能使得销售区域更大,并具有特殊的标明产地的特点,

---

[79]　参见赫尔曼(1967,462 页):"如果拥有很高预算,是可以逐字逐句地将有的甚至没有的一切在广告中让公众知晓,但是售卖却不能保持长久,只要广告与产品不符。举个例子,比如某种薄荷香烟,如果是居心不良地打造知名度,将会导致品牌的失败。"

具有统一外观和相同数量，以及相同或是更佳质量，并被广告大肆宣传，但是仅仅这些还不足以说明它"是"一个品牌（参见蒂尔曼1961）。另外人们也更加容易理解，贝雷科芬（1992）为何会非常惊讶地认为，品牌研究如此之晚才会将成功标准的问题放在研究的重点上，既然成功对于品牌商品而言是一个关键的生存问题，正如迪特里希·屈恩（Dietrich Kühn）（1963，110页）明确（同时也和梅莱罗维奇）表述的观点[80]。

品牌视为个性

在这种的确奢侈而又简洁地对品牌商品的特点进行收集和归类逐渐不流行后——首先是因为从 50 年代开始蜂拥而至的品牌大军几乎不能通过纯粹的分类来进行控制了，并且产品之间的质量差别也会逐渐变得细微，对成功的品牌塑造的可能性条件的关注逐渐增加，而对特点列表的关注则逐渐减少。因为当更多产品增加，生产用于满足私人定制需求的成品——它们具有标示、统一外观、相同的数量，以及同等的或是更好的质量，具有更大的销售区域，并有铺天盖地的广告作为坚实后盾：如果不再遵循传统的品牌政策，那么大家追求的差异化盈利在哪里呢？如此一来，品牌将要依赖什么获得成功呢？在某种程度上，因为使用至今的品牌政策一直被证实是一种假想的"死胡同"（舍费尔，1959，406页），所以这种政策明显不再适合市场的新要求，寻找新的出路是必然的。但鉴于产品质量差异

---

[80]　这种观点在 50 年代末不再是独特的了，参见马塔亚（1910，75 页）："一位英国制药工厂的经理说，没有什么比一件毫无价值的商品占用大篇幅的广告宣传版面能更迅速地导致崩溃了，一件无价值的商品不是品牌商品，不具有令人毫不质疑的优点，也不值得更新换代和出售，只有那些在第一次使用后被反复购买的商品才会提高销售额并且确保品牌的成功。"

的趋同性日渐减小，比大家所逐渐获知的那种品牌特点维度要明显得多，多尼茨拉夫称这种维度为品牌的"自在生活"或是品牌的"灵魂"。应该如何来理解隐藏在这种少见的语义学中的含义呢？

这种语义学的出发点似乎是基于经验之上，即仅仅按照特点列表对品牌进行区分，不能再对市场进行令人信服的品牌可区分性方面加以保证。因此开始要做的第一步是，必须要将这些"客观的可测的"品牌特点，诸如外观、数量或特性进行可信的商品测试，而不需要考虑产品观察者的"主观"心理，从而将其补充到产品特点中，而这些特点恰好能将观察者——无论是消费者、买主还是顾客——的"主观"心理提升至一种能实现品牌区分的新标准。[81] 综上所述，现在这种差异性首先出现在那些消费者已经看到产品差异的地方（或者能让消费者看到这样的差异），那么结果就是，消费者在针对产品的品牌特殊性时眼界会扩大，会突然间置身品牌研究的中心位置。

威廉·费斯霍芬（Wilhelm Vershofen）在文章一开始的效果设想也是用来区分和定义这种维度的，他以一个商品的由生产者所预定义的基本效果为基础，不断扩大这件商品的附加效果，而这种附加效果从消费者也即使用者的角度才能体现出来[82]："在基本效果和

[81]　参见贝格尔勒（1963，115 页）："因为所有购买行为以心理条件为先决，所以对于消费者和他的行为而言，以下情况具有决定性的作用。也就是说，处于产品和广告构想框架中的购买优先权是必要要适应心理的，而不是客观的、逻辑的现实。"迪特玛尔·普莱柯那（Dietmar Plaikner）（1975，409 页等）对此作了进一步解释：在有疑问的情况下，满足全部"客观性"的特点是无效的，如果消费者没有对产品"主观性"的喜爱："也就是说，如果待选的产品并不符合消费者的正式期望，那么在做决策时，'个人'的品味能够将所有归纳于品牌概念下的积极性标准挤压到可忽略的背景中。"

[82]　参见威廉·费斯霍芬（1960，678 页）："产品的基本功能就是特定的技术—

目的效果——也可称为直接的使用效果——并且体现对产品的理智性思考之外，还有一种附加效果，这一功能本身又可分为社会性效果（影响作用）和一种专门产生美感的效果，我们可以简称它为'和谐'。"后来对这一概念又继续增加了一些分类，现在大多见到的是一种语言规定，它区分了一件产品的"理性"角度——它涉及由生产者预先制定的使用价值和"情感"角度——它是额外可能（或是应该）在消费者角度体会到的体验价值[83]。对此，"理性"和"非理性"的角度被理解为功能，因为对产品功能的提问是对动机的提问，在了解仅依靠"客观"的产品特点不再奏效时，需要对顾客的消费动机有更多了解。除此以外，对品牌商品针对消费者发展出的产品功能的研究，如同对产品特点的研究一样，独特地采用了一个非常

化学-物理特点，比如可燃烧物的燃烧点，生活用品的卡路里含量，所有电器的用电量，发动机和汽车的 PS 数值，速度，加速度等。不言而喻，一件产品的基本功用的高质量特性越是强大，消费者对附加的功能类别的需求就越多，而这些需求出自个人的喜好、品味和社会地位以及诸如此类的情况。"涉及附加功用这个概念，这个基本功用的定义也是被频繁使用的，参见亨宁-博德维希／库，1988；Fritz，1994；舍尔霍，1996；Grasskamp，2000。

[83] 值得注意的是，直到 20 世纪 70 年代，那种基于商品基本效果的购买动机通常被称为"理性"的,而那些关注附加效果的购买动机则被视为"非理性"的。一方面，这种观点意在从消费者的角度来看待产品，另一方面话语中透露出一种古老的习惯，即只有从生产者角度出发而定义的产品基本效果是被视为理性的，参见 Guth，1954；艾哈德，1954；Skowronnek，1962。作为可以理解的情况可能奏效的是，这里所提及的"非理性"这个常见的说法仅表明了一个问题，即消费者的心态很难被完全看穿，以至于总保留在一个令人惊讶的时刻，它能固执地脱离自身的"理性"，即生产者对产品的预设特点和规避风险目的；在这种情况下，赫尔伯特·韦尔克（Herbert Wölker）（1962，786 页）将其称为"经济领域无价值的非理性"——这并不是具有明显贬低性的绕口令。与此相反,许特尔（1978，83 页）的区分完全偏离这种观点:"决定购买品牌商品不仅有理性的而且还有心理的原因。"

相似的发展过程,在此期间新的功能列表会不断创立[84]。在询问品牌功能时,直到目前也没有建立一个统一的典范,虽然实际上总是涉及,品牌不再仅仅从生产者角度,而且还要从消费者角度进行理解,因为只有将这两者区分并统一来看,才能抓住品牌的特性。

对于品牌科学而言,这种转变意味着,当时占据统治地位的对品牌的技术性兴趣,正如同与生产者角度相吻合的一样,通过一个明显外化的心理学观察方式得以补充,它尝试从消费者角度描述品牌,如果没有被逼迫[85]。因为从那以后关于"品牌技术"的谈论不再主导话语权,而是由"品牌心理"来主导[86]。

如果现在进一步观察自 60 年代以来的品牌研究文献,展现在眼前的是浩如烟海的解读模式,它们将品牌研究作为研究对象,从无所顾忌地借用心理学术语到一直坚持使用大众心理学理论语言。在很多研究中对消费者作了问卷调查,看看他们对品牌有什么观感和期待。其中讨论最多的是对品牌的介绍、图画、公众形象和感情,通常由特定的品牌在消费者心里唤起这些情感或是它们传达给消费者这些信息[87]。这里引用莱因哈德·贝格尔勒(1963,150 页等)的

---

[84]　典型文章参见乌尔 1980,1981;亨宁-博德维希/库,1988;梅菲特,1998。

[85]　这并不意味着接下来不再谈及"品牌技术",但是不再用这样简洁的阐述方式,参见梅菲特,1991;奥特,1992;西蒙,1997;米歇尔,1999,以及《品牌技术年鉴》(*Jahrbuch Markentechnik*)丛书。

[86]　参见克伦普,1959;贝格尔勒,1963;Hermann,1967;维斯韦德,1979,1992;乌尔,1980;Unger,1986;格里华德,1993;1996;佐默,1998。而这一切也与对品牌实践者的自我职业理解产生的相应影响相关,参见克伦普(1959,786 页):"企业家是商人、经济学家、生产者——现在他应该证明自己是心理学家,也就是社会心理学家。"毫无疑问的是,克伦普接下来会这样介绍:"今天在品牌商品经济中只会'出售'商品的,必须要重新回学校里学习。"

[87]　参见福格特,1927;贝格尔勒,1963;1987;内勒-诺依曼,1975;Plaikner,1975;Möck,1975;许特尔,1978;维斯韦德,1979;Bossle,1980;Schöttmer,

一组问题为典型例子：

"谁使用什么品牌？出于何种原因？用于何种目的？在何种情况中？也就是说个人是何种角色身份，为什么？（下面意思上有所变化的问题非品牌使用者也必须回答）还有：对不同品牌的体验是怎样的？它们的形象如何？这种形象应该可能是怎么样的？"

首先，在这种对"品牌"现象的心理学阐释中，关系到消费者对品牌的设想[88]。很重要的是对这些问卷调查结果和品牌鉴赏告知的再现和阐释，而不是一个持续的用心理学对品牌概念进行"充电"[89]。这只有在谈及品牌代表了生产者的个性的时候才会出现，在某种意义上就是作为"企业家个性的晴雨表/开关指示和风格载体"（多尼茨拉夫，1939，28 页）。克劳德·M.贝克（Claude M. Beck）（1982，180 页）对这一点进行了简明扼要的概括："品牌是个性/重要人物的烙印，个性/重要人物身居其后。"也就是说，在这里品牌因表明来源而提高了身价，它从良好的声誉中获利，也从由它所创造的品牌光环中获利，这一切都在品牌上刻下了它独具个性、独一无二

1982；迪施，1982；里格尔，1988；Wallentin，1989。

[88] 参见贝格尔勒（1963，155 页）："心理学的市场分析和动机分析的一般目标是，解决在必要情况下与现在的经济形式相联系的存在于生产者和消费者之间的匿名性问题。也就是说，将企业的真正的和潜在的顾客再次直接、直观地呈现在企业的面前。其中令人感兴趣的不是企业的目的、考虑、努力和一个房子的客观整体外在形式，而首先和主要的是顾客的表述，期待和感情质量，有意识和无意识的动机情况，对产品质量的设想，担忧，厌恶，也就是说顾客的愿望和体验世界。他们无论在产品与企业和他们的竞争者之间用何种表述形式，有直接或者也可能间接的联系。"

[89] 这种充电效果（Aufladungseffekt）随着时间的推移越来越重要，然后会逐渐集中于产品的"情感"方面，如同克勒贝尔-里尔/魏因贝格（1996，126 页）所提到的一样："首先在广告方面，关系到赋予产品名称或品牌名称一个情感化的意义，其形象的表述就是：充满感情地给它们充电。"

的痕迹[90]。

最后谈及对品牌的理解，这明显占据了最大的篇幅，并且随后解释了一个"范式"的含义。这种阅读方式不再关系到剥离身居品牌身后个性/重要人物中的品牌特殊性，而是关系到如何描述品牌的个性。对此，海因茨·约阿希姆·西蒙（Heinz-Joachim Simon）（1997，64页）还提供了一种引导性的表达形式，他写道："品牌是一种个性，通过让个性发挥作用而获得品牌特点。"因为这种视角主要关注的是将个性/重要人物的特点直接传递到品牌上，甚至通常不通过第三方直接传递，在"自成一格效果"（sui generis）的意义上。然后在任何情况下都还可能出现的变化是，一个品牌是否被视为或者视同为一个重要人物/名人。

"视为变量"（Wie-Variante）同样地使用"似乎辩证法"来进行论证。海纳·埃克（Heiner Erke）（1984，400页）对此阐述得简明扼要："一个品牌商品被视为一个重要人物。"其中也包括消费者将品牌商品拟人化的说法[91]——对此对一个品牌的拟人化在广告中可能并未起到非主导性的作用[92]。

---

[90] 参见多尼茨拉夫，1939；西蒙，1997；佐默，1998。

[91] 参见莱特雷尔，1955；乌尔，1980；亨宁-博德维希/库，1988；Hübel，1993；Aaker/福尼尔，1995；Pettis，1999；Aaker，1999；Weiss/Huber，2000；Bibby，2001。

[92] 参见 Leiss/Kline/亚利，1985；施密特/Spiess，1996；Müller，2000；Grasskamp，2000；克莱恩，2001。这种理论的发展在很早以前就已经确定，大概在20年代海恩（1927，250页）的论著中就能找到类似言论："同样也愈加明显地认识到复活死亡物品的必要性，以及通过重要人物来提高它们的影响，这一切以并不过分的荒诞形式显现是最成功的。"福格特（1929，213页）的观点也差不多："为品牌已设定了界限，因为品牌是已死之物。因此人们才在广告中，使用活跃的有生命的品牌保护角色（Schutzfigur）来取代单纯的保护性品牌形象。这些有生命的形象在广告活动中作为'交际人物（Handelscharaktere）'或是

与此相反，"视同变量"Als-Variante 忽视了这种细微的差异，而直接将品牌等同于重要人物（参见 Plaikner，1975；阿诺德，1992；Breidenbach，1994；西蒙，1997；卡曼辛，1998）。让-诺埃尔·卡普费雷（1992，51 页）对此将其定义化表述："品牌是一个'名人'，具有自身的'个性'。"这种说法在约阿希·姆凯尔纳（Joachim Kellner，1994，620 页）的文章中也可寻觅到更清晰的痕迹："一个品牌就如同一个人一样，具有一种个性。"在诸如此类的表述中，早就无关所谓消费者具有的投射观点，而实际上谈及的是消费者具有的一个品牌的"自在生活"或者称之为"品牌精神"，正如同多尼茨拉夫（1939，108 页）一直不竭余力地强调的："付诸品牌以精神特质是很好的宣传途径[93]。"

所谓的'宣传偶像'出现，扮演着活跃而又大部分情况下有趣的角色。以库克罗（Kukirol）工厂的品牌'不流血医生（Doktor Unblutig）'为例。库克罗企业原本的商品品牌——一个公鸡头部，在这个'不流血医生'形象的映衬下被挤压到广告的背景处。有名的还有'M.K. 偶像'……类似的情况还有'Bonzo'和'Vivil'。"关于 20 世纪 50 年代的此种广告记叙可以在祖尔（1961，22 页）的文章中读到："有趣的是，美极的一个广告'针对成功产品的品牌'被宣称为广告主题的内容是：'一个广告人物，生动活泼，这就是美极·弗里多林（Maggi Fridolin）：一个聪明机灵的厨房小伙儿。'（广告图片将他描绘得栩栩如生）'一个广告中的人物，不仅仅存在于纸面上，他会广交朋友，人们会向他写信和询问，征求意见。他已成了一个为著名品牌所作广告中的活跃生动的组成部分——一个在美极品牌和消费者之间架起桥梁的备受喜爱的联系人。不常见的是，他是一个既成功又生动的广告角色。'品牌工业中一个颇具声望的企业用学院派公关的启蒙风格如此谈及自己的著名广告形象，并且用这个幽默的品牌形象所带来的非同一般的反响建立起这一品牌发展过程中的非同一般之处。还有瑞士塔英根（Thayngen）的家乐食品制造商家乐（Knorr）的系列产品广告中，那个用汤勺将地球围绕起来的'Knorrli'（小家乐）[译注：Knorrli 是瑞士人对瑞士食品制造商家乐（Knorr）的昵称]，也是'生动有趣'的广告形象，即使其仅仅局限于几个国家。"

[93]　同样也参见格里华德（1993，70 页）的文章："我论证的出发点和基础是对品牌和包装的一种心理学视角：我们将品牌视为一个重要人物 / 名人。如同一

针对此观点，斯蒂芬·格里华德（Stephen Grünewald，1993，70页）的表述方式还是在可接受范围之内的："如果品牌是一个重要人物/名人，那么（1）在最大限度上的广告宣传措施（广告、宣传、广告短片、大型活动等）可视为他的手势、发声、行为方式和做事技巧；（2）品牌特点（价格、质量、加工和品味等）可视为他的能力和天赋；（3）品牌的包装可视为他的面部表情、着装和配饰。"但一旦大众对那种部分程度上被植入的将品牌过度心理化的程度产生质疑，那么品牌从业者就会将其付以一种现代版的"万物有灵说"（福尼尔1999，140页），卡尔·马克思（1984）的关于"商品世界的偶像崇拜特点"也就不证自明了（也参见 Vasata，1987；戴克瑟尔，1992）。因为有时品牌科学在笔触之间也会转变为"品牌-生灵"（戴克瑟尔，1992，275页），准确地说就是会"生长、开花并且枝繁叶茂，生生不息"（Menzel，1993，51页等），显而易见的是，"即使将品牌比为植物甚至人类"也是被视为合法的，正如多尼茨拉夫（1939，167页）在下文中，以及他的追随者所言及的 [94]：

"如果人们有权利将品牌比作一个活着的生物体，如果人们能恰如其分地谈及品牌或产品的个性，如果人们知道，那些特点鲜明的品

位名人一样，品牌也具有光鲜的外表和独特的个性，他有自身价值，有个人风格，颇具声望，他有朋友和敌人，他有地位，他在不断地成长、死去或是建立一个品牌家族。"

[94] 参见 Stilcken，1959；祖尔，1961；Bossle，1980；里格尔，1987；西蒙，1988，1997；梅辛，1990；戴克瑟尔，1991，1992，1995，2000；奥特，1992；Menzel，1993；莱特雷尔，1994；Gries，2003。尤其要关注戴克瑟尔（1992，279页）的文章，根据他的阐述，品牌"均具有独特形象，他自给自足，他借助有力的新陈代谢焕发生机，他借助人类心灵，这其中的奉献精神和甘于牺牲的意愿带给他勃勃生机。有时他能宛若沉睡，因为一个更强有力的形象将其压服，但突然之间他会从沉睡中苏醒，在沉醉欢腾的强力中翩然起舞于世间，直至他再一次被对手压制"。

牌和特殊消费者群体的近乎完美的认同之间拥有多么紧密的联系，那么人们也就能清晰地认识到他的高度敏感性。"（梅辛，1986，356 页）

如果将品牌不仅仅比作一个活着的生物体，或是视为有灵魂的生物，而是也将它定义为上述种种，那么也就不必进一步讨论这种观点究竟为何意的提问了，因为目前整体上不存在进一步的解释说明。与此相反：恰恰是这种想法出现的经常性和一致性，即通常不具有值得提及的论证要求，而总是从不言自喻的立场——也就是证据的立场出发，传达出一种印象，即人们在这里论及的是一种范例，而它为许多品牌研究者提供了一种基本的、不容置疑的共性——仿佛是为所有人提供的同一种语言。显而易见的是，这样一种习惯能够证明贝雷科芬的关于品牌学的意识形态的满溢性问题。

可以确定的是，借助将品牌视为重要人物 / 名人的争论，实现了把品牌概念作为技术的一种连续性转换。与此同时，我们也非常清楚地看到，对于品牌如何走向成功这一疑问也不仅仅单纯地从生产者的角度得以解答，而是一直也需要允许消费者的介入。仅存的疑问是：为什么恰恰是重要人物 / 名人这一概念对于理解品牌具有如此的作用呢？

在这一点上，能在唤起对品牌学历史的回忆上得到明确印证，其中经典品牌商品的出现与通过大规模生产和市场经济来压制行会经济有着直接联系。因为通过大规模生产，和与之相伴的对商品认知的损失以及市场伙伴的陌生化——这一现象在 19 世纪后三十多年开始司空见惯，直至当时占据统治地位的一种信任模式直接通过生产者和消费者之间的私人关系和彼此信任构筑而成，被逐渐剥夺了可能存在的先决条件。

鉴于这些时代变革，很容易得出以下结论，即这种个人之间彼此信任模式的传递已经在第一批出现的品牌上发生了，这在生产商品牌如美极或欧特家博士烘焙原料上不难理解。这些品牌借助生产商的姓名或是也用其作为肖像，甚至还将生产商直接展示出来（参见祖尔，1961；施瓦茨，1999），但是这也适用于奥朵或宝莹这样的实物品牌，它们"这样就能够使'实物信任'成为可能，能够使'品牌忠诚'与产品相关，而不是与生产者相关。因此商品成为'品牌名人/拟人化品牌（Markenpersönlichkeit）'，脱离'个人信任'，这种信任类型与制造一个生产者品牌的企业能力相关"。（莱特雷尔，1994，146页）因为在此期间，人们对许多生产商品牌早就建立起了一种自然而然的信任关系，所以整体而言，一种之前在个人之间建立并传递的信任关系被对品牌的信任取代，并且在生产商和实物品牌中也同样如此。通过这种方式，两种品牌类型都被拟人化，并且被视为品牌名人/拟人化品牌，人们也与以前习惯的那样同样信任这种品牌名人 [95]。"品牌商品必须不仅能够在实物本身上令人信服，而且必须是一个令人有好感的名人，让人们能够信赖、信任并且逐渐喜爱。"（Schöttmer，1982，116页）但由此对品牌主题的信任就会减少最大优先权（参见迈耶，1999；Weizsäcker，2001）。"对一个品牌商品的决定性评判标准是消费者的信任。"（吕舍，1986，217页）而且这种标准从一开始就发挥作用——因为如果人们既不认识商品的生产者也不了解商品的生产过程，那么商品购买的过程岂不就是要通过信任来完成吗？

但是不仅仅其他选择性的缺乏会表明——如果这样强调，品牌恰恰就是重要人物/名人，而不仅仅是有标牌的产品，它们同样能够

---

[95]　同样参见舍费尔，1935a，1935c；威廉，1960；蒂尔曼，1961；贝格尔勒，1963；乌尔，1980；格罗斯，1991。

表示个人化关系和信任。除此之外，还有一种从一开始就特意用于品牌，并被品牌使用的一种特殊性，它具有决定性意义。这种特殊性可在成效许诺的持续性中略见一斑，而这种许诺是每个品牌都要具备的[96]。这种情况甚至在政治中相当常见：

"政治的品牌商品（人物）仅仅能够在困难境地自证时，才能够真正表达自身，他的出色品性就是持续性。政治性的品牌商品（人物）的危机事件恰恰就是他证明自我的时机，其低谷时期就是试金石。正是在低谷时有些政治首脑能达到他们真正的人生顶峰，有几个也达到了他们唯一的顶峰时期。"（Lueg，1982，59页）

因为脱离掉一个品牌的成效许诺——不考虑它的质量，显然是先决条件——在个人体验中所愿指向的问题，品牌在它们的自我描述中突显自我，但是也更多地在消费者的评判中展示自身，通过长时间内出现在消费者面前都保持一致来达到这种效果：稳定的质量、包装、广告和稳定的价格，这并不排除品牌改善的可能性，品质的上升程度在某种程度上是开放的[97]。但具有决定性的是，消费者能获得一种印象，即一个品牌在任何情况下都是忠于自身的——广告语"宝莹永远宝莹"正好说明了这一点[98]。因为在一个品牌的持续性中

---

[96]　参见迈耶，1954；祖尔，1961；贝格尔勒，1963；汉森，1970；贝雷科芬，1979；乌尔，1981；Bodnar-Büchler，1982；梅辛，1983；施哈德，1984；吕舍，1986；里格尔，1987；施佩希特，1988；格罗斯，1991；维斯韦德，1992；卡普费雷，1992；盖塞尔 1993；Bach，1994；Stauss，1994；Puhlmann/Semlitsch，1997；卡曼辛，1998；Aaker，1998；迈耶/Pirck/Pogoda，1998；Aaker，1998；佐默，1998；Joachimsthaler，2000。

[97]　参见卡普费雷，1992；科勒，1993；佐默，1998。

[98]　参见内勒-诺依曼，1975；里格尔，1987；舒尔德，1990；Hufschlag，1997。卡普费雷（1992，173页）用一个同义反复的句子"瑟塔基舞是瑟塔基舞"（Siritaki ist Sritaki，译注：Siritaki 是希腊的一种舞蹈形式）表示了，品牌被视为

品牌成就品牌的前提是，如果在一个品牌中，消费者对品牌的信任没被视为具有决定性的前提条件[99]。在这种意义上，科特勒/Bliemel（1999，692 页）言简意赅地谈道："信任产生于可预见性、稳定性和持续性。"同时持续性在品牌研究中可被视为重要人物 / 名人 / 品牌个性的证明："一个名人之所以成为名人，恰恰是因为他始终坚持自己的角色，常年不变。"（里格尔，1985，58 页）如此看来，如果品牌能够展示自身持续性的证明，那么显而易见它被视为重要人物 / 名人。"交际性场合出现的持续性，以及长期稳定的品牌建设构成了成就一个名牌中心成功的前提。"（梅菲特，1998，791 页）反过来说也就是，一个品牌具有名人效果，如果他的交际性能体现出持续性。[100]如果人们继续展开品牌需求目录，还能看出人和品牌的并行性：

"看待一个品牌和看待一个人具有很多共性：他是整体性的、概括性的、可评价的，具有坚固和稳定性的，历经多年仍然可以通过高度的可再辨认性凸显自身，以'独特的'特点为标志。"（特罗姆斯多夫，1997，4 页）

通过这一视角可以获得圆满结论：如果信任构成持续性和稳固性的前提，并且对一个品牌个性的谈论，再次意味着这个品牌在他的交际过程中表明了进一步的持续性和稳定性，那么对这些品牌的信任就是称其为重要人物 / 名人的最重要条件——无所谓这些品牌是假定还是真正具有这种个性，重要的是，消费者赋予他们这样一种个性。因此从品牌研究的角度出发的论证基础至少可以暂时重新得

---

sui generis（独特的自成一格的）现象，它们是独一无二的并且不可比拟的，也就是说无人可竞争的，因此仅有这种同义反复的方式才能表达品牌的自我诉求。

[99]　参见贝格尔勒，1963；内勒-诺依曼，1975；Röper，1979；科勒，1993；特罗姆斯多夫，1997。

[100]　参见梅辛，1983；施佩希特，1988；梅施希，1994。

以建构，因为根据在品牌科学内这些联系被很多人当作理所当然的情况，为对将品牌信任度和品牌名人主动并统一联系在一起的论证所付出的努力，是保持在一定限度内的——尤其是科学界内不同立场的对错之争明显很少停止。

结论就是，一个品牌的"特点／个性／名人效应"经证明是可信赖和信任的典范，并且因为品牌在特别程度上被赋予激发信任的作用，所以具有高度完善、内在和谐的无可指摘的"特点／个性／名人效应"的品牌，代表了品牌学的巅峰。"如果尘世儿童的最大幸福就是成为重要人物，那么这也同样是'商品儿童'的最大幸福。这可能是唯一一不会展示软弱的幸福，因为重要人物的特性就是持之以恒地保持强大。"（祖尔 1961，20 页）从实用性的运用角度来看，也可以认为，品牌拟人化的隐喻可同时为成功的品牌政策起到符号、典型和榜样的作用。

品牌视为沟通

恰恰是从实践的角度而言可以察觉到，即使是这种范例也已经逐渐再次式微。因为最迟从 20 世纪 90 年代以来，可以确认的是一种起先还谨慎，中期愈发明显，至今仍存在的注意力转移，也就是从将品牌名人效应作为预定目标的讨论，直至能达到此目标的方式和媒介。虽然在研究文献中关于品牌名人效应的探讨不一定损害现实性和重要性，但是在此期间也很少涉及对这一观点意义和目标的理解——这早就可见——更多涉及关于对这一问题的直接实施和传达。对此观点产生的"魔法词汇"[101]就是：如果一个品牌的交流能证

---

[101]　参见迪施（1987，87 页）："新的市场化蓝图就放在桌子上，参与其中的所有人很骄傲地看到——新的就在其中，即能够测试'交际'的高的评价数值。

实持续性，它就具有名人效应。因为从那以来不断引发这个争论并且被这个争论所引发的，就是关于对"品牌视为沟通"的研究。

对于这种新的一元论的典型表述出自 20 世纪 80 年代海迪格尔·西查理斯（Rüdiger Szallies）（1987，326 页）的文章："凸显强大品牌的是其强大的交际能力。"如果将加强语气去除，那么保留的就是一个简洁的表达：凸显一个品牌的恰恰是它的交际能力。在大多数最新出版的品牌研究的文献中都能找到这个口号，例如在汉斯·W. 巴赫（Hans W.Bach）（1994，75 页）的文章中简明扼要地谈道："交际效果成为成功市场化的前提。"沃克尔·特罗姆斯多夫（Volker Trommsdorff）（1997，1 页）也将这一观点用简短的语言表述出来："品牌政策就是交际管理。"

这里肯定也要列举一些更早日期的提及品牌交际功能的文献[102]。在戴特雷夫·马特斯（Detlef Matthes）（1967，58 页）的文章中就已经提道："品牌商品是一个具备系统的基础结构并持续起作用的交际手段。品牌商品表达了对基于实物性的具体客体，即基于已标识产品建立的市场上的'彼此理解'。"但"交流"这一概念在 10 年到 15 年前才具有一种范例的特点，许多作者将其与普遍固定下来的语言规律联系起来，正如之前在品牌名人／品牌名人效应这一概念中长时

交流／交际：这是企业确保未来的一把钥匙。交流／交际：人们视其为一种投资。交流／交际：就像一根红线贯穿这份报告。所有人都确信，借助这种新事物的视角能够再次在竞争中领先几年。"相似的观点也在曼（Mann）（1994，487 页）的文章中出现："用于勾勒品牌形象的交流的意义继续增长。因为产品和品牌的数量在增加，而在许多情况中它们之间的实物性差异度降低，所以就逐渐赋予交流一种任务来让自有品牌脱离竞争领域。"

[102] 参见多米茨拉夫，1939；贝格尔勒，1963；Möck，1975；许特尔，1978；贝雷科芬，1979；Angehrn，1980；乌尔，1981。

间以来遇到的情况一样。在 20 世纪 90 年代中期在尼克拉斯·阿德巨喏（Nicholas Adjouri）（1995，30 页）的文章中可以找到这一评价："交流 / 交际发展为确保品牌成功的一种主要工具，是能时时刻刻证明品牌内涵效果的重要工具。"

　　对此令人感到惊讶的是，这一发展过程持续了很长时间。毕竟消费者在 20 世纪 50 年代当从自身的角度，而不仅仅从生产者的角度赞成还是反对购买一个品牌时所交谈的内容，就已经被当作交流这一现象来理解，当时他们就已经触及了这一现象的核心（也参见亚利，1990）。特别是因为上述原因，品牌科学也脱离掉品牌特点目录中的决疑论，并且转向质疑品牌成功的问题，即关于品牌如何在市场上获得认可的问题。正如马特斯一针见血指出的，如果关于品牌如何获得认可的问题不与理解问题，不与"彼此理解"相关，那么这一问题还会与什么相关呢？这明显需要 20 多年——即使在实践这一原则就应时刻引起重视（参见迪施，1982；施哈德，1984）——并且需要少走心理学实践中的弯路，才能明确构成一个研究主题，即一个品牌的成功与交流的成功息息相关（参见布鲁恩，1994；Bergmann，1999）。这当然并不意味着在品牌研究的话语中不再允许众说纷纭，只是这些差异性更多地被边缘化了。

　　如果人们将这种研究的发展过程按照年代顺序重新建构，那么直至 20 世纪 80 年代几乎找不到明确将品牌作为交流主题论证并且分析的研究论文。交流虽然一直起到某种作用——这是不可避免的，因为本来就要以此为出发点才能得出品牌与广告之间联系的必要性（参见福尔特默，1979；Eggers，1988），但是通常只是将交流理解为一种工具和品牌众多研究角度中的一个部分而已。比如克劳斯·许特尔（Klaus Hüttel）（1978，86 页）论文中的视角，是关注品牌按照消费者信任程度在消费者需求中起到的作用，他认为："品牌商品能够并且应当考虑这一点，通过一种平衡的价格质量关系，可检测的质量保证，谨慎的品牌现代化以及与此同时用来维护和建设品牌形象的交流／交际。"[103]

在品牌研究中，与这种对交流概念真正有分歧的使用情况相对立的论点出现在迪特·乌尔（Dieter Uhr）（1981）的文章中，他是首先突破上述模式的研究者之一。虽然乌尔于1981年9月9日在纽伦堡以及随后在慕尼黑做的报告[104]评论中提到，他只有几个疑问，"这些问题就是在一种自由的交换经济中，品牌的心理学意义"，这也符合他作为心理学家的职业特点。但是在他对名为"品牌——没有语言的符号"报告的进一步阐述中能看到，他更多地对"品牌的交际意义"感兴趣，它在"生产者和消费者之间的交流中起到重要作用"。报告中他在第一部分转向"品牌的感知成分"，比如视觉和听觉特点，从而在随后的论证中讨论了一个品牌可能对消费者起到的"品牌心理学作用"，在此期间他在这一部分的结尾得出结论：

"列举几个最重要的品牌心理学作用表明，它们最终都是为交流服务的：一部分是为消费者和生产者之间的交流（比如安全作用和质

<hr />

[103]　在沃尔夫冈 K.A. 迪施（Wolfgang K.A. Disch）（1982，136 页等）1981 年夏天进行的一次专业问卷调查中，针对"将来对品牌商品的信任将会基于什么原因？"的提问得到了如下回答，按顺序排列：质量、产品使用、效能、服务、产品的销售、价格、交流、持续性、安全性、自主性、投资和广泛意义上的环境因素以及革新。对此德国市场和社会研究者职业协会已经在 1981 年和 1982 年发表了一本著作，题目就是《变革中的交流／交际研究结论》（*Kommunikation im Wandel.Konsequenzen für die Forschung*）。

[104]　参见法兰克福德国图书馆的出版物目录（URL：z3950gw.dbf.ddb.de/z3950/zfo_result.cgi，2000 年 10 月 20 日）。这篇论文可能已经无处可买，我自己私人留有一份。

量作用），一部分是为消费者和商品之间的交流（符号作用、信任作用、差异性作用和归类作用），一部分是为消费者和他的环境之间的交流服务（表达作用和效果作用）。"（乌尔，1981，o.S.）

在这样的背景下，乌尔强调了他的立场："品牌事实上是复杂的交流信号"，虽然他对品牌交流的含义仅理解为"非语言信号"，当然他还同时谈及一种"品牌语言"[105]，其中关键涉及的是一种持续的"在（信息）输送者和接受者之间的对话"，因为最终"交流的艺术"（Volk 1986）旨在达到"品牌信息的输送者和接受者之间的一种真正的反馈"，借此来将一个品牌的自身形象和他者形象达成最优化一致。除此之外，乌尔认为相对于产品，品牌具有"独立生活"，这恰恰是在品牌信息输送者和接受者之间的对话中实现的。但品牌据此似乎通常产生于交流中，并且可能对这种交流的理解在心理学角度被证实是非常重要的。

事后能确定的是，乌尔对于品牌交际功能的观点在索引文献中无迹可循，这可能在很大程度上是因为报告本身并不是作为杂志或论文文章发表的，而是以特别发表的形式在阿克塞尔·施普林格（Axel Springer）出版社出版，除此以外也可能是论文准备时间不够充裕。因此除了乌尔之外，在 20 世纪 80 年代还有一系列其他作者同样指出了品牌的交流功能，恰好就是在关注到获得及赢得消费者

---

[105]　参见托普里茨霍夫（1974，1003 页）的文章："作为'产品语言'……，除了打印在上面的关于产品形式和选色的字眼，还涉及数量-材料方面的性质和配备、品味、气味、外表特征、装饰性部分和包装，尤其是能够决定整体印象的产品名称和定价。"其进一步的论述参见莱特雷尔（1994，138 页）："为一个产品命名自成系统，它具有自身特定的市场并在其中决定自己的命运。从其他的角度来看，一个品牌的各种标识和符号构成对这个产品有效的语言系统的一部分。"

目标群体和老主顾日益艰难的前提下[106]。但这些论文中没有一篇对品牌的理解和理论建设产生任何可以获得认可的反响，更谈不上具有范例式的重要性[107]。

弗劳科·亨宁–博德维希（Frauke Henning-Bodewig）和安妮特·库（Annette Kur）1988 年出版的两卷本著作——《品牌和消费者：品牌经济中的品牌作用》也同样遭遇了这种"命运"，它虽然更受读者欢迎，但是最终也同样寂寂无闻。这可能是因为这个两卷本的著作定价过高的原因[108]——虽然如此，这本书在图书馆却是颇受欢迎的，借阅率极高。

亨宁–博德维希/库同样在他们文章的开头论及品牌的经济作用。正如人们所期望的那样，其中他们作为法律研究者回顾了品牌研究的状况，关于这一问题的研究早在 20 世纪 60 年代就已经开始了，并且首先是从消费者的视角进行研究：品牌对于消费者有哪些功用？关于品牌被赋予的其他普遍功能的讨论也是以此为导向的，比如可识别性和消解烦冗信息的作用，市场透明度和质量保证，并且一直都是通过顾客的视角：顾客应被引导激发去认知某一特定的产品，（再次）找到它，（再次）购买它，从而为完成一种长期持续的成功销售创造前提。（亨宁–博德维希/库，1988，6 页）

在本书结尾，亨宁–博德维希/库（1988，22 页）得出结论：只有两种功能对理解品牌的特殊性具有真正重要的作用："在品牌的各

---

[106]　参见迪施，1982；梅辛，1983，1984，1986，1987，1990；施哈德，1984；里格尔，1985，1988，1990；Bieniussa，1987；Haller，1988；Schraders，1988；施佩希特，1988。

[107]　其中，这种市场营销中的范例更换在 20 世纪 80 年代末完成得非常彻底，以至于其他的各种相关设问陆陆续续地被忽略，参见迪施，1987；Haller，1988。

[108]　2000 年 10 月 23 日得到弗劳科·亨宁–博德维希博士的口头确认。

种经济作用中差别功能则和交际功能具有关键作用，其他的按照传统方式同样属于品牌的功能则与此相反，仅在部分领域被视为与品牌化标识现象相联系的'市场效用'。"由此立刻就能看出差异功能名称的由来：只有在品牌化后，一个产品才能从大量的无品牌的货品中脱颖而出，否则消费者关注这种产品就近乎具有纯粹的偶然性。除了品牌化也还需要交流，因为最终每一种品牌都关系到传递这种信息："买我吧，因为我更好！"——从这种观察角度而言莫不如此。"与此相反，消费者的角色正是接受品牌信息，并且对此作出反馈——通过不尊重、拒绝或者是肯定以购买相关产品。"（亨宁-博德维希／库，1988，10页）至于就个体而言，一个消费者的肯定是借助哪些评价做到的则是另一回事，虽然在单独情况下市场营销的整体努力都倾向于此。但在这儿仅仅涉及在一个遗传基因意义上的品牌，而这种遗传仅具备一个任务：将任何一种类型且对质量的要求不随意的特定货品变得有名并卖出去。这两者都是纯粹的交流，无所谓选择了哪种产品、哪种媒介和哪类目标群体。就这点而言，亨宁-博德维希／库的论断是有说服力的，即将品牌仅用两种功用来决定：差异和交流[109]。但因为差异功用在研究领域始终毫无争议，这两位女作者的天才性革新恰恰在于将品牌的交流功能视为品牌的固有特点——所有其他的一切都是与产品有关，而不是品牌本身，也就是所指（Signifikat），而是不是能指（Signifikanten）。但亨宁-博德维希／库始终认为这本著作没有获得成功。

---

[109]　再次参见埃特默（1959，19页）的文章，他同样引用了"一个品牌商品的两种主要特点：品牌化和交际效果"，但对品牌概念的纯粹形式上的涉及是很简短的，至少假设存在完美无瑕的商品质量似乎属于每种品牌交际的基本组成部分（完美销售策略）。

在 20 世纪 90 年代初研究氛围发生了改变：突然之间人人都开始谈论和交流[110]。至少"交流"这个概念在品牌学的专业内部争论中和更多倾向实践的品牌研究中出现得越来越频繁，这一切都与20 世纪 80 年代在市场营销中交际的日渐集中[111]，"伞状品牌"[112]

---

[110] 或者参见更早几年的西查理斯（1994，32 页）的文章："从 80 年代末以来假设了一种从产品到交际竞赛的过渡阶段。只有那些在交际中成功的人，他们的产品才能获得成功。"与此同时，这种论点在 6 年之后又被重新明确，参见特里奇勒（Tritschler）（2000，115 页）："突然之间，一切皆交际。"

[111] 20 世纪 80 年代初在德国对来自美国的市场营销新观点比如"企业认同（corporate Identity）""企业对外交流（corporate communication）"和企业文化进行了学术性再加工，在这一过程中，交流/交际概念越来越重要，参见 Kneip，1979；Birgit/Stadler，1980；Tafershofer，1982；Wever，1983；Krulis-Randa，1984；Möntmann，1985； 拉斐尔 /Wiedmann，1985，1993； 德穆斯，1987，1989； 梅菲特，1988；Wiedmann，1988； 贝格尔 /Gärtner/Mathes，1989； 魏因贝格，1992。虽然交际始终还是市场营销的一个主题，但更多地变得不重要而且首先是和广告相联系，参见托普里茨霍夫，1974；Windecker，1976；舍勒，1978；福尔特默，1979。随后在 80 年代末出现了"融合交际（integrierten Kommunikation）"的提议，它的侧重点主要在于"整体的"协调一致，并且首先是一个企业所有交际措施的协调，参见拉斐尔，1991；Sandt，1991；Zorn，1991；布鲁恩，1992；埃施，1993；赫尔曼斯 /Püttmann，1993。从那以来的趋势是，这种全景视野也会被纳入对品牌的研究中，在此期间还出现了《融合交际期刊》"。

[112] 在 80 年代期间关于"伞状品牌"概念的介绍和讨论迅速增加。这个概念指的是那些跨越了单个产品或整个产品组的品牌框架（Markenkonzepte），如妙卡巧克力、妮维雅或者欧特家博士烘焙原料，首先是因为新创建一个品牌风险增加并且造价极高，而在"品牌转让"过程中品牌资本仅仅拓宽了它的"投资范围"和"可信度"，随后新的产品就依赖已经积攒的"品牌储蓄（Markenguthaben）"为生。与此相反，屋顶品牌的风险存在于损失间接的产品关系，比如这种情况在单一品牌中表现得很典型，参见前几年对与此相关事件和品牌发展的概论和回顾，如《品牌商品》1989 年第 10 期，《生活消费品报》1995 年第 12 期，以及迪西特1992 的文章，科特勒 /Bliemel 1998 年的文章。特别涉及品牌转让的比如 Weiler1997 年文章中提到的 Schaum，施勒特 1997 年文章中提到的妮维雅；Dingler

的广泛传播以及服务业品牌[113]的迅猛增加，所构成的整体市场蓝图的出现有关系[114]——就好像一个整整10年更迭的市场孵化期结束了一样。这种新萌芽的对交际/交流作为品牌研究对象的兴趣能够在下面找到些许根据：1991年，《品牌商品》首先以两卷本形式出版，它整体上是研究"市场化交际"的意义，专注于研究品牌的战略性交际政策：

"虽然品牌的战略性交际政策不依赖行业依旧保留它的合理性，但是它在消费品领域对于品牌商品生产者尤其重要。这种观点确定的根据来源于企业巨大的交际政策方面的'竞争压力'和品牌商品蓝图中对系统性交际的要求。"（Bednarczuk，1991，39页）

经验性交际研究教授克劳斯·默滕（Klaus Merten）（1991；1992）

1997年的文章。

[113] 在20世纪80年代,随着1979年4月1日以来服务型品牌(Dienstleistungsmarken)能够要求同样合法的品牌保护以来，服务型品牌迅猛增加，并对增强品牌研究中新出现的将交流作为研究对象的兴趣做出了很大贡献。因为与实物商品不同，服务型品牌基于它们的非物质性优势（Immaterialitätsdominanz）表明了一种（主观设想上）更高的交流和说明需求。但借此品牌的交流性视角获得了一种明显的注意升值（Aufmerksamkeitsaufwertung），因为服务型品牌的成功明显依赖于交流的成功，参见梅辛，1983；Graumann，1984；迪西特，1992；Anmüller，1994；Stauss，1994；梅菲特/布鲁恩，1997；科特勒/Bliemel，1998。

[114] 最后还有一种外部的影响起作用，其在品牌学的内部通常与价值转换这一概念相联系，参见贝格尔勒，1987；Eggers，1988a；拉斐尔，1988；梅菲特，1991；Winderlich，1993；E.，Merck，1994。这种进程的威胁性在于，在这种转折期内涉及某些情况时会有越来越少的一致性。"事实……在广泛领域并不是可客观化的，即'真'的，而是被设计的——通过交流被设计。可客观化仅是一个或多或少有效的假设（opereative Fiktion），通过交流而得以实现。"（默滕，1991，496页；同见德穆斯，1989）这种彼此理解的成功（Verständigungserfolg）本身似乎也日益变得更加不可能了，至少从市场和品牌研究的角度而言，这一切都会产生一个问题，即广告宣传和各种推销行为究竟如何才能实现。

也被请求做关于交际科学发展现状的报告，他特别提及了系统论。

但不仅仅在专业杂志的若干篇幅不长的论文中能找到其相关论证[115]。1992 年，一篇译自瑞典语的文章发表，题目是"超级产品：品牌商品的产品发展和市场营销"。作者卡尔·埃里克·林（Carl Eric Linn），一位瑞典当时享受国际声望的品牌专家，用"超级产品"这个概念，试图消除品牌相较于产品差异中的特别之处，在文章的一开始也并不乐观地表示："需要解释的是，超级产品是人们除去物质产品之后所留下的东西。"（林，1992，24 页）因为超级产品这个概念，林也称为成功品牌，也在服务业中使用，而服务业大多数是非物质形式的。

首先林对品牌的理解是非常传统的，认为它是制造出一种独一无二的产品的尝试，从而消除与其他产品的竞争力，使其获得独一无二的地位成为可能——就这点而言完全能够令人回忆起多尼茨拉夫在品牌研究中经常引用的表述："品牌技术的目标是确保对消费者心理的垄断性地位。"因为林认为这仅是一种尝试——这里也不能缺少对多尼茨拉夫（1939，134 页等）的致敬——这就说明，仅仅对一个产品的塑造和市场化还无法构成一个品牌的成功。这一切归根结底都服务于市场，或者按照多尼茨拉夫的观点是服务于"大众"，因为只有市场才能从品牌商品塑造出一个超级商品。林（1992，86 页等）对此做出如下表述：

"生产者为顾客提供一个新的产品。顾客评价产品，据此消费者集体和市场达成'一致'，这正如产品首先应该在社会关系中被理解和把握，这种'一致性'是对超级产品的原本建构。超级产品正是

---

[115]　在《销售经济》（*Absatzwirtschaft*）杂志中，自从 1978 年以来能找到整个一栏关于"交流"的年度总览栏目。

一种社会现象，并因对生产者所提供的货品的相应反应而形成。市场接受货品，并对此做出评价，市场视产品的价值来决定评判标准，也作为对顾客的信号指引。只有当市场也表达了它的观点后，所提供的产品才会鉴于其内容而被最终决定。市场，而不是生产者，才是超级品牌的所有者。"

林的原文的新意在于，他将品牌和超级产品从外化的交际理论角度理解，即作为信息的传递和加工过程，根据这些信息，作为所有顾客代表的市场能够按其所好来采取行动，正如亨宁-博德维希/库所描述的那样（也参见阿德巨喏1995年的文章）。

"超级市场的活跃度包括信息的相互交换。'销售者'提供信息，'购买者''购买'信息，通过吸收信息对其加工，接受信息并继续传递。如果'购买者'接受了销售者的信息，那么自然这个生意就是成功的，因为购买者继续传递的信息按照销售者的意图能塑造出一个超级产品。"（林，1992，164页）

在负面情况下，顾客会拒绝接受信息并且转向其他物品：没有市场上的认可就没有品牌的成功。由此而来，品牌却是完全脱离产品的，恰恰是"超级产品"，即具有不掺杂产品特性的纯粹的交际功能。除此之外，林明确表示：只有理解并追随品牌交际功能才能将一个产品塑造成超级产品，只有消费者才能决定一个品牌的成功与否，这通过大量并重复性购买产品的方式体现[116]。

1992年对于德国品牌研究而言成果丰硕，因为同一出版社出版

---

[116] 当时汉高（Henkel）企业的掌门人汉斯-迪特里希·温克豪斯（Hans-Dietrich Winkhaus）（1993，400页）从中不断引导出一种对市场可调控性的设想："每天都会有50多万个购买行为发生，仅针对我们的洗洁剂而言。能够真正阐释这种购买结果的人，才能够真正掌控市场。"

了另一本翻译著作，这次是由法语翻译而来，题目为"品牌——企业资本"，作者是卡普费雷——市场营销教授，他在市场研究领域也颇具"权威"，正如书中所载。卡普费雷在著作中从整体上回顾了研究者深为关注的观点，修正了几十年来占据统治地位的一种假设，即一个企业的价值仅由它的物质和经济价值衡量。原因就是在20世纪80年代的一些具有轰动效应的合并和收购，这一切都明确表明，在对一个企业的购买价格进行评估的时候，很重要的一点就是这个企业的形象如何、声誉如何或者从那以后所显现出的公众"品牌价值"[117]。虽然一个企业的品牌价值不具备物质质量，但是从经济角度，它能达到十几亿的价值[118]。

卡普费雷的著作让人印象深刻，他在其中表明了一系列有趣的与林的著作并行不悖的观点。第一点在引论中就能发现，观点如下："对产品和品牌的区分是非常主要的：产品是企业生产出来的，而品牌是顾客所购买的。"（卡普费雷，1992，10页）因为这恰恰也是林区分产品和超级产品的论证和根据[119]。卡普费雷也同样从这点出发，认为品牌建设中的基本任务在于，借助将一个产品品牌化明确其身份和相对于与其竞争品牌的差异性："品牌不等同于产品，品牌定义

---

[117]　参见马塔亚（1910，435页）："这种由高昂的宣传费用而实现的品牌声誉，通常是工厂主最有价值和最安全的财产，比建筑和机器，比钱和出色的劳动力更有价值和更安全。这种声誉是一种精神财富，不会屈服于身体、物质的威胁，这种声誉独立于个体的生与死，不能被火焰和缺水所摧毁。"

[118]　参见Schulz/布兰德迈尔（1989）及温克豪斯（1993，398页）："宝莹洗涤剂（Persil），花牌化妆品（Fa），百特固体胶（Pritt），百得胶水（Pattex），玉莹洗洁剂（Pril），Somat洗涤剂，它们经验丰富的产品经理和销售人员是汉高的财富价值，而不是生产设备或管理大楼。"

[119]　也见迪施，1984；阿诺德，1992；米歇尔，1994；佐默，1998；莱维，1999；克莱恩，2001；Seidler，2002；萨尔特曼，2003。

了产品今天乃至未来的身份。"另一方面也认为:"产品是品牌最重要的身份来源。"(卡普费雷,1992,69页)除此之外,在任何情况下这种主动性都要由生产者出发,好像这种主动权传递到了品牌上,因为它甚至"能分配它的价值并按照自己的标准分割市场"(出处同上,29页)。另外关于一个品牌的身份问题是一个时代问题,因为塑造一个成功品牌首先与"持久性和连续性"(出处同上,40页)相关——这一点我们也能从品牌的个性范例中看出。

与林的观点最一致之处在于,卡普费雷(1992,79页)也将品牌理解为交流/交际,"因为品牌依其表现力生存,通过交流而生存"。换言之:"没有交流就没有品牌。""如果一个品牌太久寂寂无闻,不被使用,它就被毁掉了。如果一个品牌进行交流,那么它就能像其他品牌那样被分析。"(出处同上,56页)在分析品牌的交际性时,卡普费雷再次建议要研究品牌自身的"基因密码"——密码在这里指的是对品牌特点和文化的表述并且同时被视为品牌的记忆[120]。但品牌交际的各种变化形式并没有被排斥,卡普费雷特别举了线束延展为例质疑了这种视角,也就是将品牌身份延展到新的产品上或是所有品种上。在过度延展 [比如"百乐顺(Bahlsen)的电池!"[121](译注:Bahlsen 是德国饼干品牌"百乐顺饼干",生产食品,不可能生产电池)] 甚至过度拉伸品牌忠诚的消费者将"他们"的品牌包括在一定范围的"信任线",品牌就会有损害其身份和伤害消费者对它的信任和信赖度的风险——在这一点上也能令人想起品牌的

---

[120] 在另一方面卡普费雷(1992,68页)谈及项目一词,没有在术语方面澄清这种差别:"一个品牌就是一个计划,一种遗传学项目。"

[121] 参见墨菲(1990),科特勒/Bliemel(1999)及比斯特(2001):"如果您生产并售卖最好最贵的巧克力,消费者很难体会到产品的质量,如果将巧克力冠以诸如'美极'这样的品牌名称,情况会大不相同。"

个性范例。就这方面而言，卡普费雷一直保持这种观点，他从一开始就将品牌放置于消费者的手中，当他赋予了品牌自主权并确定了那些未来具有不确定性的品牌以个性的时候。

最后还能看到林和卡普费雷文章中另一并行不悖的地方，两人都对交流这个概念没有做深入阐述，正如他们处理名人/个性这个概念一样。他们所论述的一切都是浮于表面，给人一种先已了然、不必再论的印象。卡普费雷和林的观点相似，他写到：品牌会交流，却没有明确指出为何品牌具有这种能力。卡普费雷也不仅区分了品牌和产品，而且也明显区分了品牌和交流，正如林在著作中区分了品牌和超级品牌却没有说明。品牌除此之外还应该成为什么，或者，品牌除了交流的作用外还能被如何观察，但恰恰是这一点正如人们所大方承认的那样凸显出了一个范例。

可如果将这种情况用作评判品牌研究者在科学界中的归属性，那就必须要列举海伦娜·卡曼辛（Helene Karmasin）的著作《产品作为信息》，这本著作 1993 年出了第一版并且同样关注这一领域。因为卡曼辛在维也纳领导行为动机研究所，她所关注的是同样的主题，即将品牌描述为交流或符号系统（同样也参见弗里茨，1994；阿德巨喏，1995）。不过她对品牌交流中所设想的问题和质疑的研究，要比林或卡普费雷深入得多。在文中她引入了各种不同的理论贯穿其中，比如符号学、认知心理学、语言心理学、玛丽·道格拉斯（Mary Douglas）的社会人类学或者是皮埃尔·布迪厄（Pierre Bourdieu）的社会理论。整体而言就形成了各种理论的交融，将一般意义上的产品和作为特殊情况的品牌均描述为语言系统，这种语言系统"使用了愿望价值的文化构想，并将其和所有与此相联系的意识形态的规则模式一起传输"（卡曼辛，1998，193 页）。其中所表述的观点就是，产品和商品更多的是核心的意义载体，能够向外部自动换位并设限（也见 Muniz，1997）。卡曼辛（1998，234 页）在文中写道："这些功能的共同点在于，允许个体表达意义，借助自身表述信息：这个个体是怎样的，想如何被看待，他觉得自己属于哪些团体，拥有哪些价值观和思想体系，最重要的是，他肯定不是谁。"但这不能理解为，好像使用品牌和产品的这种意义系统是一个完全个体的行为。因为产品和品牌的社会意义抽离了对它的任意阐释，卡曼辛认为，我们所有人均受社会影响，行为方式或多或少都会带有一定的公式化。

更为值得注意的是，卡曼辛在建构这一设想时受到布迪厄的影响非常之深。因为这种意义系统的观点核心涉及生活机会和价值的一种等级森严的模式，它首先是按照精英 / 非精英进行区分，视社会威望为具有追求价值的资本，最后将购买产品或品牌理解为"一种具有包含及排斥密码的游戏"（见同样出处 104 页），正如它们在每个社会中都会遇到的那样。因为每个产品、每个品牌都被归为一种人们所需要的或者是视为能使用的密码，只要人们还为自己或在公共场合使用这种产品或品牌。"恰恰就是这点构成产品和品牌的信息。"（卡曼辛，1998，482 页）对此按照以前的学说，一个高昂的价格代表了高品质，同时也代表了高地位。

最后论及对产品和品牌的区分时，卡曼辛（1998，483 页）认为这两者的差别在于："品牌赋予了产品一种稳定、持久的意义，并且在很长一段时间内不会改变这种意义。"这样就又重新将品牌的持续性视角提上日程，正如在谈及个性范例时一样，它起到了鉴于身处一个高度复杂并变化万千的世界中关注安全和导向的作用（同样参见弗里茨，1994）。

不考虑从细节上研究卡曼辛的理论建构的重大意义，这本著作也符合在 20 世纪 90 年代的范例研究趋势，也就是将品牌作为交流而不是作为重要人物或干脆当作技术来描述，对这一系列论著的描述只是用来展开对品牌理解的起始阶段。因为在 20 世纪 90 年代出现了关于将品牌与交流方式相联系甚至将品牌视为交流的一系列出版物的出版热潮[122]，其中也包括将"融合交际"这一表述更多地运用于品牌交际中[123]，因为"融合交际"这一概念如今就是一个关键词。维护建设与消费者之间的联系，要求在所有的交流工具中保持和谐一致，更要求能将其彼此交替地加强作用，还有尤其是——在单独个体的所有形式更迭中——要求在时间推移中，基本的使用性承诺的长久持续性。（科勒，1993，346 页）或者引用前几年毫无争议的最成功的品牌经理之一罗尔夫·库尼施（Rolf Kunisch）的言论，他来自拜尔斯多夫公司（Beiersdorf AG），妮维雅和德莎胶带（Tesa）就属于他的品牌建设业务范围，他简明扼要、直言不讳："在一个成功的品牌中，一切都必须是正确的[124]。"

---

[122]　参见魏因贝格，1992；Thiem，1993；Winderlich，1993；温克豪斯，1993；Hübel，1993；Stach，1993；Grossklaus，1994；米歇尔，1994；Fritz，1994；西查理斯，1994；Stauss，1994；Raeber，1995；阿德巨喏，1995；梅菲特/布鲁恩，1997；戴克瑟尔，1997；1998；西查理斯，1997；卡普费雷 1998；佐默，1998；Specht，1998；赫尔曼，1999；Pätzmann，1999；Baumgarten，1999；埃施，2000。

[123]　参见里格尔，1985；德穆斯，1989；梅菲特，1991；贝克尔，1992；Winderlich，1993；卡普费雷，1992；Brosche/Wißmeier，1993；科勒，1994；布鲁恩，1994；Mann，1994；奥特，1995；哈尔斯滕贝格，1996；西蒙，1997；Schmitt/Simonson，1998；佐默，1998；特里奇勒，2000；克莱恩，2001；Tropp，2001。

[124]　这种表达出自拜尔斯多夫公司的董事会主席罗尔夫·库尼施博士的一次讲话，是在 1996 年大众股份公司举办的全体成员大会上的发言，并再次于 1996

当然这关系事实上是对一个品牌早就形成的信任度和可信赖度的设想,在对一个品牌的整体表达方式被视为有说服力并且彼此协调一致时,这个品牌达到了巅峰[125]。19 世纪的著名例子就是德国通用电气公司(AEG)、百乐顺饼干(Bahlsen)和百利金钢笔(Pelikan)(参见 Bäumler,199;Buddensieg,1996;Ottomeyer,1996)。在 20 世纪 20 年代能读到下列文章:

"对于品牌商品而言,目的明确地针对每一个产品及更多产品的宣传扮演着举足轻重的角色。整个广告宣传,从三角楣饰图片到报纸广告,从信纸到包裹地址,从价值不菲的目录到大众宣传单,都必须能具备确定的、在千万种类似宣传中能一眼就识别的、令人过目不忘的风格,但绝不能令人反感。"(福格特,1929,194 页)

莱因哈德·贝格尔勒(1963,121 页)强调了同样的观点:"风格是对整体构想的表述,也就是针对广告风格及品牌风格:风格必须在对一个品牌或者一个公司的整体的广告宣传语中,以统一的形式表达出来。"还有交际概念也在研究中占据着重要位置,并给人明显的印象是与品牌心理学的传统相联系[126]。特别是这种对品牌交际意义的注意力增值,通过持续出现的新的市场营销标签得以大力促进,如个人市场营销、新市场营销、微观市场营销、体验式市场营销、

年 10 月 16 日品牌研究所在日内瓦举办的名为"1996 品牌技术论坛"的大会上节选一部分作为会议发言的项目,同样也参见阿诺德(1992,63 页):"拥有一个富有吸引力的并且能聚焦注意力的诸多设计计划(Packungsdesign),但是一旦全部品牌商品上市售卖,如果这些中的任何一种因素传达了一种完全不同的信息,那么这种计划就毫无意义了。"

[125] 参见祖尔,1961;舒尔茨,1986;戴克瑟尔,1995、2001;Engel,1996。同样参见毛赫尔(1992,123 页)的文章:"人们可以将康德那句绝对命令名言改写一下:'请这样领导你的企业吧,为了让你所做的一切都能第二天登上报纸!'"

[126] 参见赫尔曼,1967;格里华德,1993;佐默,1998。

关系市场营销、对话市场营销、一对一市场营销、目标市场营销或者是交际市场营销，它们都是将品牌与消费者的"交流""对话"和"关系"置于关注的中心位置 [127]。甚至趋势研究也不应被忽略——它是"市场营销的早期启蒙系统"（拉斐尔，1989）中新流行的研究趋势 [128]——首先在 20 世纪 90 年代中期开展研究，关注重大事件 [129]。这里特别说明了这种情况，因为各种关系的"融合"能令其显得合适，不再过于自我确定。对这种类型的持久过渡现象，"趋势"正是理想的代码 [130]。所有这一切在 20 世纪 80 年代还没有确定，虽然从语言角度根本没有很大改变，而是仅仅从品牌研究者和品牌实践者的反馈能力和关注度而言有所变化。

---

[127]　参见 Beyerling，1987；Volk，1990；海纳，1991；格肯，1991；魏因贝格，1992；阿诺德，1992；温克豪斯，1993；Thiem，1993；Grossklaus，1994；Puhlmann/Semlitsch，1997；比斯特 1999，2001a；卡曼辛，1999；Suppan，1999；Rogers，2000；亨宁，2000；Micco，2000；科特勒，2000；赫尔曼，2001。

[128]　在舍费尔（1961，151 页）的文章中，甚至可以找到与讨论 20 世纪美国的经验性经济周期研究相联系的相关表述："小企业的兴趣集中在对一般意义上的当时经济形势的既安全又准确的诊断和对经济周期的预测，即'商业预报（business forecasting）'，即使对企业家具有重要意义的长期计划也能在其中找到。"在罗尔夫·林德纳（1977，112 页）的文章中有对金融趋势研究初期的另一个很短的记录："'我们必须在受众的语言层面上找到一个彼此理解的基础以便被倾听。'（W&V）因此，那时人们携带着录音机，前去迪斯科舞厅和其他类似的场所，让那些已经完成的广告信息由所针对受众中的成员在他们的语言等值基础上来进行检测，这些努力的结果是或多或少成功获得了青少年俚语中的一些信息。"

[129]　参见霍克斯/维佩曼，1996，1998；Tropp，1997；Liebl/赫尔曼，2001。

[130]　参见施密特/施皮斯（1996，31 页）："正如《明镜周刊》1995 年 17 期所报道的，从 1993 年以来仅在德国就出现了 24 个趋势研究通讯社（以及 Megacult，At Work，Die Brut），这些趋势通讯社中的"童子军"在青年人文化的各个小群体中收集潮流趋势。这些"童子军"的工作是收集市场信息，他们用通信的方式给他们的雇主有规律地报道各种市场场景的最新情况，并寻找各公司能投资的最佳去处。

如果一直关注市场营销和市场及品牌研究，这种观念转换的原因就在于日渐增大的市场饱和度及市场的不透明度，另一个原因就在于传统社会环境的逐渐衰退，也就是整体上各群体中各阶级的社会结构的转化，这一点卡尔·祖特夫（Karl Suthoff）已经在1960年提出了质疑——所有举措，借此来赢得更多消费者并且确保市场成功显然越来越困难，因为人们不再知道所有行为的针对者究竟是谁：消费者已遁入"黑匣子"。如果对此一无所知就会出现一个问题，即如何与消费者进行交流，以便使得消费者不仅仅能理解那些品牌信息，还能遵循它——这个问题最迟从20世纪80年代以来就被不断地抱怨。因为与产品不同，品牌被证实是一种"现象"，正如卡普费雷所言，它不断摆脱外部的束缚并走上自己的路。

如果从这种立场出发对此项研究进行回顾，那么现在重新捡起这个几乎被遗忘的问题是可能的：当多尼茨拉夫谈及一个品牌的"自在生活"或"精神"时，这些少见的符号学概念背后究竟指的是什么。因为交流这一构想不仅是对品牌个性的隐喻，还包括了品牌特殊性，即品牌针对市场营销的控制和掌控需求的可见的及所赋予的自主性和独立性，尤其是"精神"这个概念在任何情况下都不能从字面上理解，但是必须要说清楚。这个概念更多的是用作对一个"准客体（Quasi-Objekts）"（拉图尔）的自主性形式的隐喻。

企业管理教授维纳·佩珀斯（Werner Pepels）（1991，511页）在专业期刊《品牌商品》中将其解释得非常清楚。按照他的观点，"只有在信号被有意识或者无意识，在经认知过滤的情况下，被接受、被加工和被反射后"，才能实现交流/交际[131]。许多品牌研究者一致

---

[131] 亚历山大·德穆斯（Alexander Demuth）（1989,435页）表述得非常清楚："信息是简单的，交流是艰难的，其区别在于，交流总是只有在受众接受并理解了信

认为，对于品牌交际而言，品牌只有在市场内和通过市场才能做到自我决定，也就是只有在那儿并从自身出发才能开始"生活"，从外部却不可企及也不可获得，正如生活本身——只要它没有被有意或是忽略的方式毁掉。

可以确定的是，名人范例在前 10 年到 15 年间进一步被交际范例所取代。在现实的各种争议和纷争中，一直有个问题有待解决：人们是如何实现并确保品牌交际的成功的。但这归根结底是一个对消费者理解力的理解问题，即试图去理解，当消费者看到品牌时，他是如何理解品牌并将品牌理解为何物，因为仅仅消费者就能决定品牌的成功与否，这就是在这个范例更迭中的重要一课。但消费者一直都会因此陷入一种品牌学的"十字路口"[132] 中，这随后更多转向市场和消费者研究。其最终结论说明，如果人们想获知品牌"究竟"是什么，必须追问市场和消费者研究的发展过程。

第三节　发现消费者

控制论是关于交流以及控制信息的科学。这个概念本身源自希腊语，是"掌舵人"的意思。诺伯特·维纳作为"控制论之父"，1948 年在一篇《控制论或对动物和机器的控制和交流》文中提出了控制论的宣言。其中维纳（1968，63 页）将这种目标与时代需求紧密结合在一起："如果说 17 世纪和 18 世纪早期可被称为时钟的时代，18 世纪后期和 19 世纪是蒸汽机的时代，那么现在就是交流和规则的时代。"

息之后才能成功。"

[132]　参见施哈德（1984,436 页）："品牌的目标群体在任何情况下都是消费者。"

把控制论过程形象化的，并具有典范特点的最著名例子是调温器。调温器以一种调节和控制系统为特点，并承担保持恒定温度的任务。为了达到这一点，这种系统具有一种返回机制。借助调温器可持续地测量一个空间的温度，并且如果室温低于预设温度值，暖气就会启动，直至室温回升到目标温度。这种系统就以这种方式运行，因为它丝毫不需要外界调控。这种调节系统对待其环境如同对待一个"黑匣子"，即将其视为一个系统不可见的区域。唯一能从周边环境获得的信息就是低于及重新达到一个特定界限值，即作为一个纯二元限定的关系。对于系统面临一种不规则输入频率，并且与输出毫无可见关联的情况，可称之为"非阿基米德（nicht-archimedisch）"（Günther，1963）或者"非平常性机器"（弗尔斯特，1990），其"行为"因其无法测量而具有不可预见性。但可以尝试着观察这样一种具备"黑匣子"特点行为的规律性，对此有针对性地将输出变体，以便接下来可明确记录下这些输出变体会带来哪些输入。这样一来，这种调节系统可以自己对研究环境做出贡献甚至进行自体研究，并利用此机会，将在系统中所显现出的"黑匣子"（至少在特定的领域中转变为一种透明盒子，或者为了保留影像）转变为一种"白匣子"，而调节系统随之可在此基础上有针对性地并可靠地进行调节。

在每一种情况中，这样的一种系统都作为情景的调控者显现，预定的室温正是基于此而得以重新设定。但在更仔细地观察中也会有疑虑随之而来。毕竟输出"打开暖气"的指令只有通过输入"已低于临界温度值"的指令才得以实现，并没有异于在重新回到预定临界值的时候所输出"关闭暖气"时的表现。这种观察方式表明：只有一个特定的输入才能驱动一个特定的输出，反之则不行。换言之，并不是系统控制情景，而是情景控制系统。其结论就是，经典的控制论长期以来所承载的这种控制假设不成立。因为从现在起，这种系统和场景之间的影响关系被证实是一种双向影响，从而对控制选项仅在规律系统上的使用不再能够被坚持到底。

哈努尔夫·格兰威尔（Ranulph Glanville）（1988）对因果关系和周期性之间的困境进行了深入研究，这种两难境地总是出现在这种关联中，因为人们从不能百分百自己决定交流和控制之间的可能性条件。对此，起决定性作用的认知获取——格兰威尔将这种认知获取与从控制者到被控制者之间的视角迁移联系起来——就存在于对以下幻觉的消解中：控制者处于（环绕他的）系统之外，并且独立于此，从而是"客观"的。与此相反，在从外部而来（输入）的一切信息中，应该将自身部分一并纳入其中，并且在输向外部（输出）的一切信息中，应该不忽略陌生的部分，因为在系统和环境之间的明确区分不再存在。其后果即是一种认知批判性的敏感化，"因为从根本而言这涉及如下问题：我们如何理解，我们理解什么（关系到理解之理解问题）"（格兰威尔，1988，214页）。自然，这种视角转换并不能被每个人认可，因为当"客观性"和"主观性"之间的差别在迄今为止的形式中逐渐萎缩，情景的复杂性就会显著提高。"人们并不喜欢观察者陷入复杂情形"，因为这种复杂情形不仅是"非客观性"的，它对于科学界而言，构成了极大的低俗品位，而且这种复杂情况面临超理论方式的逻辑问题，大概如同面对稳定性和完整性的可信赖问题。（格兰威尔，1988，105页）但如果继续以个人感受的客观性为出发点，对什么是"自我"概念存疑，则行为少有意义。古典控制论中所假设的最初控制假定已过时，因此格兰威尔主张控制论的第二代理论，他称之为第二质询的控制论、控制论之控制论或者简单称为"新控制论"。

按照这一结论，我们可以再次回到对品牌经济的论述上，在控制论的语言游戏和品牌研究的情景中可以建立一些值得一提的相似情况，从而可以将品牌研究完全与这样一种规则和控制系统进行比较，而这种系统恰好可在经济内部面临一种特殊的环境：市场（参见卢曼，1988）。与此相对的是，一方面特定的信号被传送，首先就是通过已有商标的产品和广告出现；另一方面特定的信号被接收，最初就是以"购买行为"的形式出现[133]。对于那种特定信号可以按照期望自行发展的情况，用已经引用的观点说明："尝试正确阐释这些结论的人，才能够成功地掌控市场。"（温克豪斯，1993，400页）不需强调的是，只有决策者才能做到这点——正确阐释这些结论，或者引用维克托·福格特（Victor Vogt）（1929，414页）文章中的话："这当然一直是由工厂主说了算。"

作为系统中的"控制者"，大部分情况下市场在起作用，市场将输入输出的信号按照特定的标准协调一致并发展出相应的战略，比如输出过程如何才能被最优化，以至于输入过程能带来预测的结果：更多的销售额或者更多盈利，更多知名度或者更多大众喜爱度，在不同的受众领域。（参见 Conzen，1975；施勒特，1997）

接下来，从市场营销的视角出发，如果市场不会或者几乎不准备改变，以便市场营销仅仅通过自然而然的能量削减达到一种"降温"（换言之，在保持一定距离的前提下满足市场需求），以便能够反复地对规律性的升温热潮（换言之，广告宣传）做出相应反应，这样的信号输入输出过程则完全没有问题。这样的情景同样符合海因茨·冯·弗尔斯特（Heinz von Foerster）所定义的"一般机器"的概念，因为在输出和输入之间存在一个线状关联——没有任何"惊

---

[133]　参见克鲁泽，1959；Freter，1995；Koder/Bliemel，1999。

讶时刻"。然而在此时，即当市场内部变得不平静，从而在输出和输入之间不再能建立起线状联系时，这种"惊讶时刻"就会占据上风。如果人们随之还想在市场上确定信息交流和信息控制时，就需要对周边环境进行研究，换言之，市场研究。

接下来，如果我们转向市场研究或者对如贝格尔勒（1963，72页）所称之为的"环境研究"做进一步探讨，则在此领域呈现出更多的相似性。在德国直到 20 世纪 20 年代还不存在方法意义上的市场研究，正如福格特（1929，316 页）所定义的这个概念，也就是作为"一种科学方法，旨在呈现事实作为对一件产品的价值、生产方法、市场、出售、销售人群、竞争和广告宣传准备事宜的判断基础"。因为"以前企业家总是准备着并热衷于展示自己和产品。他们从不询问报纸和杂志的读者以及电影观众和电台听众希望获得什么，而是完全信任他们自己的告知需求"（布罗泽，1958，12 页）。因此自然也几乎没有对市场研究的需求——即使专业人士比如维克托·马塔亚（1910）、派特·海恩（Pet Hayne）（1927）或者福格特（1929），后者借助自己的著作《销售指南手册》令所参照的美国版本《市场研究》为大众所熟知。这些专家很早就明确指出，归根结底市场研究的要素不取决于生产者，而取决于消费者[134]。"接受还是拒绝一件新的品牌商品是大众说了算！想获取成功的人，必须要站在大众的立场上！"（福格特，1929，197 页）此外，尽管人们的购买和消费行为直到 20 世纪 20 年代都是一目了然的，但也无法构成足够的

---

[134] 参见福格特（1929，164 页）："需求是商业成功的温度计。一件还不错的商品如果没有现有的需求，那么只能是'希望'获得成功"，并且还提道："顾客比商品和除了顾客属于商业的一切因素都要有价值,商业的命脉就完全依赖于此,他们是真正意义上的工作者的资本。"（出处同上，379 页）

动因来进行坚持不懈而又规律的市场研究。就这点而言，当时消费者还是被视为"白匣子"——甚至可能如同瓦尔特·舍勒（Walter Scheele，1978）所言，被当作"空盒子"，就像（几乎）未经过描画的纸张，可以展示出任何来自外界的"描绘"。

直至 20 世纪 20 年代，这种生产者和消费者之间的关系才得以逐渐改变。（参见卡普费雷，1994）至少当时已做好了对各市场进行深入研究的准备，具体体现就是——特别是在威廉·费斯霍芬的倡议和不懈努力下[135]——于 1925 年在纽伦堡成立了德国第一个市场研究的大学研究所，名为"德国商品经济观察研究所"[136]，是 1934 年至今存在的"消费研究协会"的前身[137]。但是"市场研究"这个概念直到 20 世纪 30 年代才出现，虽然在经济领域对"市场分析"概念的实践早就被运用。（参见福格特，1929；舍费尔，1961）

在这种关系中，埃里希·舍费尔（1961）将市场研究分为三个发展阶段：第一阶段包括商人的"简单化市场关注"，来了解市场研

---

[135]　参见布罗泽（1958，56 页）："费斯霍芬作为第一人，有能力令企业主确信，经济科学对他们而言不仅仅是在花销和收益账单上，在收支平衡技术和企业比较之间也能够提供有用的服务。一个当时工业还比较漫不经心地对待的领域，当时他们对此领域的'理论'一无所知，对此他们曾经声称，仅靠敏锐的鉴别力就能轻而易举地处理的领域，就是销路。当然处处都会有一个销售统计表，但是它大多是没有使用说明书的例行其事而已。市场研究没有被开展，市场分析被当作胡言乱语一笑了之，被当作那些初出茅庐的先生的儿童玩具，他们被送进大学，以便戴上个博士帽然后就觉得在经济领域做些事是更有吸引力的社会性的事。"

[136]　此外"德国制造商品（deutsche Fertigware）"这个惯用语已经显示出，这首先是关系到对品牌的市场研究，参见维斯韦德（1965，232 页）："动机研究的最初对象本来就在于名牌商品与它们跟消费者的关系中，即名牌商品领域是如何作为第一个领域，相当普遍地对市场研究产生兴趣的。"

[137]　参见布罗泽，1958；费斯霍芬，1959；祖特夫，1960；舍费尔，1961；Zühlsdorff，1990。

究是如何被不断从事的；第二阶段指明了一种"有意识的市场把握和市场了解"，来明确市场研究是如何零星地在中世纪晚期，比如在富格尔家族中（译注：富格尔家族是 15 世纪至 16 世纪德意志著名的工商业和银行业家族），或者随后在早期资本主义阶段出现的；第三阶段最终宣告了"系统化、组织化的市场研究"的到来，伴随着大批行业专家的任职和相关部门在企业内部的设立。舍费尔（1961，155 页）甚至将这个第三阶段与如下期待紧密相连：人们可以"将市场研究的经济性功能视为企业建设的科学化的一部分"（参见祖特夫，1960）。与此相对的是，维纳·奥特（Werner Ott）（1976，948页）仅仅将市场研究定义为"一个器具，一个工具，它可通过努力获得合适的日期和对市场掌握的信息来进行企业管理，目的就在于促进市场营销"。除此之外，奥特还认为，在德国，市场研究从 20世纪 50 年代和 60 年代才伴随着市场营销行业的急流猛进，作为新哲学 [138] 在经济领域毫无争议地获得了认可（参见克鲁泽，1959）。

奥特这样的评价可能是正确的，因为按照汉斯·W. 布罗泽（Hanns W. Brose）[139] 的观点——他是 20 世纪 20 年代与汉斯·多尼

---

[138] 参见金（King）（1965，70 页）："50 年代的人目击了这样一种趋向的发展，它被大众称为'市场营销方案（marketing concept）'。这一观点的追随者很轻易地就将他们自己与令人印象深刻的无论数字上还是深度上众多的'哲学'理论联系起来。"

[139] 布罗泽在 1928 年是德国德累斯顿的林格纳工厂的广告经理，1929 年在柏林成为独立的"品牌商品专家"（布罗泽，1958，48 页），各大名牌商品企业诸如雀巢公司、萨洛缇（Sarotti）巧克力公司或者爱克发（Agfa）集团都是其客户，并在 1936 年至 1939 年接受了为阿斯巴斯白兰地（Asbach Uralt）公司做广告的工作，随后又为德国马格德堡（Magdeburg）附近博格镇（Burg）的"德国第一家松脆面包片 Knaeckerbrot Dr. Wilhelm Kraft GmbH"做广告，以及为同样在博格地区的维克（Weck）公司做广告——该公司在产品上印有"维克杯子"，然后1950 年在法兰克福创建了自己的广告公司。关于"20 年代德国第一批广告公司

茨拉夫齐名的最早一批职业化广告咨询家之一，只有在第二次世界大战之后，即在市场供给情况得以持续稳定之后，才出现了具有深远影响且跨行业的"发现消费者"行为，正如布罗泽 1958 年恰如其分表述的那样[140]。可想而知，这种发现对广告业从业人士和市场研究者的职业状态产生了巨大的影响，从那时起他们就被赋予使命，将迄今为止被恶意忽略的名为"消费者"的市场主体——它一直远离工厂厂房和管理大楼，被视为单调乏味、不受尊重的存在体——纳入关注的视野，对其尽一切可能做深入研究[141]。但是这还需要长年累月，至少几十年的时间，这种消费者理解艺术才能达到一个方法上足够成熟的水平，并且在所有市场类型中运用这一研究。与此相比，这一目标在 20 世纪 50 年代末期才初露端倪[142]。这样就很好理解了，因为在当时对市场研究的自我理解被视为"经验性社会研究"[143]，尚处于未成熟阶段，犹如蹒跚学步的幼儿时期，以至于在内部还要对诸如"不道德的动机研究"的批评进行严肃认真的探讨，甚至被强迫自我审视，在此期间与美国的"深入宣传分子"划清界限[144]。

的成立"的文章，参见莱因哈特，1993。

[140] 与此相反，威廉·费斯霍芬早在 25 年前就提及"消费者的再发现"，参见费斯霍芬，1935。

[141] 参见 Köppen，1959；威廉，1969；福尔特默，1979；施佩希特，1988。

[142] 机构性开端在几年前就已经实现了，也就是说随着"企业经济的市场和销量研究联合会（Arbeitskreise für betriebwirtschaftliche Markt und Absatzforschung e.V）"1955 年 6 月 20 日在波恩的成立得以实现，之前仅存在非官方的"企业经济的市场和销量研究工作组"，设址于由费斯霍芬等共同创建的纽伦堡经济大学里，是 1949 年 4 月 29 日在乔治·贝格尔勒教授的领导下成立的。

[143] 同时参见在德国市场研究者联合会（BVM）1979 年的合集中的"问卷研究作为社会研究"（Umfrageforschung als Sozialforschung）的第二卷。

[144] 参见 Köppen，1959；祖特夫，1960；黑泽，1960；Serraf，1969；海勒 1984；莱维，1999；Gries，2003。除此之外，在社会研究的各种成果中还有大

市场研究最终的突破口在 20 世纪 50 年代末才得以出现，并且显著加速了越来越多的美国广告代理机构返回德国，对于他们而言，与各大德国市场研究所的合作早就是惯例了。（参见莱因哈特，1993）谁有异议，就被视为非职业化[145]。"广告业人士要是对市场研究置若罔闻，至少就像那些对破解敌方信号毫不理睬的将军一样。"（奥格威，1984，158 页）与此同时，消费者在购物行为中所体现出来的惯性同质化越来越被重视，商品品牌数量不断增加，且显而易见的是，更多市场陷入一种运动，借助这种运动，商品供货趋向变成流出模式[146]。"从繁荣的卖方市场转变为竞争激烈的买方市场从 20 世纪 50 年代开始。"（桑德勒，1983，148 页）但是随之而来的是，市场经济的一个特殊时期开始接近尾声。特别是卡尔·祖特夫也已经在 60 年代就唱响了古典社会的终曲，当他声称，在此期间（即 40 多年前）应该从"发展群体思考"出发，它体现为一种多样化并比如今的情况更细微更活跃的思考方式，并且从整体上要求行为研究的新方法出现，"从而将光亮带进越来越不能看清的市场"（祖特夫，1960，87 页）。简言之，最晚只有当消费者行为对市场营销而言不再显示为可预测时，市场研究才会被提上日程，并且这一时刻在 20 世纪 50 年代出现了（参见古思，1954；拉泽尔，1964）。

量的非现实的设想或预期，参见祖特夫（1960, 87 页等）："市场透明度越来越小，商品更具差异性并且对市场的认知更为困难。每个经济型企业都被迫采取尽可能客观的标准来判定其企业的、行业领域的以及最终整个国民经济的、跨国经济甚至世界经济的市场状况。"

[145]　参见克伦普（1959, 87 页等）："充满活力的企业家的形象，他具备可靠的本能以及同样开阔的视野，总会在合适的时间点提供给那些消费者早就期待已久的东西，这种形象今天已经进一步具有局限性了。"

[146]　参见施哈德，1984；施密特 / 施皮斯，1996；Andersen，1997；Wildt，1997；里夫金，2000。

新消费者

如果人们继续追踪市场研究的发展轨迹，并了解它从市场研究的视角是如何得以展现的，那么就会确定，在最初的几年内，甚至在几十年内，市场研究一直都以蜗牛般的速度发展。如果首先将注意力集中到将发现消费者作为市场研究的重点，那么充其量一开始"消费者的跳跃性、非理智性、适应能力和影响力"（克鲁泽，1959，246 页）都要被严肃地问题化了，而这一切都是市场研究者在瞬间就要面对的。有时这种惊讶时刻甚至表现为某种无计可施，就如同要以适当的方式对待这种新发现的消费者的"活力（Vitalität）"[147]。

"在一个时代，一个具有千差万别的生活习惯和生活诉求、观点和行为方式——所有顾客圈的整体心理结构每日都在不断改变——的时代，'顾客需求是什么'这一诉求就应该摆脱掉每个个体的个性化经验游戏空间。即使是专业人士，如市场营销行业的广告咨询者，从事消费者心理研究的市场以及动机研究者，他们尽管已经拥有了各行业的丰富经验，但还是不断震惊于顾客愿望和产品介绍方面的丰富性和多样性，这些特点最终在购买一个产品的过程中得以实现，并随后在阐述一个产品特点时有所体现，前提是此产品应该是已获得成功的。"（克伦普，1959，784 页）

但是如果我们关注市场研究在 20 世纪 80 年代的发展情况，这样一种表述是极大地夸大了事实情况的[148]。因为当时根本谈不上所

---

[147] 这种表达针对克鲁泽（1959，246 页）的一句话，涉及旧的消费者形象："消费者是整个场景的背景：抽象的、死亡的生物，仅仅通过它对已生产出的商品的需求而得以标记：一种需求，一种被简单'赋予'的需求且生产者必须要考虑到的需求。"

[148] 参见祖尔，1961；许特尔，1978；西查理斯，1994。

有顾客圈的整体性心理结构每日都在发生变化，并且维尔纳·祖尔（1961）的观察——消费者的品牌忠诚度将会消退，因为更新换代的需求会不断增长，在当时是相当超前的（参见内勒-诺依曼，1975）。这样的担忧更多地传达出一种相当好的对当时时代的品牌研究者心理结构的认识。（参见 Pehnt，1991）

在任何情况下，这种不确定的阶段都不会持续很久。因为很快就已显示出，这些变化绝不会如之前所担心的那样巨大。与此相应，随后的研究显得不那么惊人，比较谨慎，所以几乎不存在阐述清楚的消费者类型学，如果有，那大部分也就未经任何变动地在常见的第二或第三阶层模式的框架中运动，这种框架具有阶层内部的区分选项[149],其唯一的具有决定性的革新已在对消费者永远持续的心理学"透射"中体现出来，因此市场研究也通常被视为"动机研究"[150]。对消费者的发现，首先表现在一种可被理解为"心理逻辑（Pyscho-Logik）"的过程中（参见克伦普，1959）。与此相应，市场研究的注意力集中于"立场、习惯、期待、愿望、喜好、动机、自我评价、认知差异、感觉行为、学习行为和革新行为"（Groh，1974，1414页），其均在购物及消费时出现（参见克鲁泽，1959；维斯韦德，1965；1972）。其次，品牌的额外作用获得了特别的关注度，这就如同费斯霍芬所定义的：额外作用着眼于一个品牌会带给消费者哪些持续性的满意度，以及哪些超越基本使用功能的愉悦度？彼得·汉森（Peter Hansen）（1970）甚至已经提及一种"商品体验中的复杂

---

[149]　参见 Moore/Kleining，1960；贝格尔勒，1963；Gardner，1966；赫尔曼，1967；Rich/Jain，1976；马尔尚，1985。

[150]　参见 köppen，1959；克伦普，1959；黑泽，1960；贝格尔勒，1963；马特斯，1967；内勒-诺依曼，1975；维斯韦德，1979；Zühlsdorff，1990。

特性"——几乎在 20 年后才真正引人关注的语义学 [151]。

"消费者在获得一件产品的时候，通常并没有仅实现一个孤立的基本需求，而是由许多消费者愿望构成的多样性达成的一个主观情景导致最终的购物决定。在高度发达的工业化社会，对生存必需品的基本需求被第二位的需求以极其迅猛的增长势头所叠加。通过近似商品的数量剧增以及消费者对生活必需品的满足不再被置于首要地位的事实，这些需求的附加的、通常仅偶然出现的特点显得越来越重要，并且通常是实现购物环节的决定性因素。"（汉森，1970，20 页）

但所有这些努力和言语练习最终都以一种更确切地说是形式化的方式显得抽象而且不精细，通常甚至并不直接涉及消费者个体。虽然这一切逐渐被归为一种固执和正如在提及品牌时所指出的"精神"，但是以一种总体性的方式方法出现的，而没有进一步地进行区分，更谈不上调查结果的个性化了，并且这种情况还在 20 世纪 70 年代被描述为"平常性商业"（参见内勒 - 诺依曼，1975；Gröll，1985；西查理斯，2000）。

直到 20 世纪 80 年代初，一种不平静的情绪又重新在市场营销和市场研究中蔓延开来，例如在沃尔夫冈·K.A. 迪施（1982）的领导下，1981 年夏天，一项针对"品牌商品的未来"的德尔菲法（Delphi）问卷调查由来自 12 个国家的 119 名专家完成。在这次问卷调查中，不出所料——所有人都一律鉴于各种市场不断增强的不可

---

[151]　参见贝克尔，1992;魏因贝格，1992;Hübel，1993;梅施希，1994;施勒特，1997。也参见海纳（1991，146 页）:"关键就在于一个体验型世界的正确的发展过程中，体验型世界在这种意义上是……被导演的商品，参与图像和体验:商品，其讲述带有图画的故事。

透视性强调了品牌商品的必不可少性。除此之外，众专家还同时为品牌将来可能取得的市场成功列举了多种"潮流"，它们以以下关键词出现：价值转换、消费舍弃、消费主义、权威缺失、享乐主义需求的增长等。在此值得注意的是，从每个单独的观察汇总来看，整体上显现出了现代消费者一种可以说是非统一性的并从根本上而言具有怀疑主义色彩的图景，而这种图景透露出了某种不确定性，而市场的发展恰恰就导向这种不确定性。因为明显的是，目前的消费者也被在多种购物和消费行为的潮流上加以划分，而没有预见到的是，这种消费者类别的划分仅是一种暂时性划分的天性，还是会继续有所发展。（参见施哈德，1984）

　　恰在五年后，这种不确定性在实践中得到重视，因为其区分趋势已经日益显著并且不可阻挡。如果回顾 1987 年《市场营销周刊》中以"新消费者"开始的一系列文章，至少这种情景中就已做了详细的展现[152]。也就是说，系列文章中的所有作者都在其中一致同意，在购买消费产品时，阶级或者阶层行为——正如同这些行为在 20 世纪 60 年代在绝大多数民众的日常生活中得到证实一样——在此期间是属于过去的。尽管如此，关于消费者类型的一个整体多样性图谱被描绘出来，这些类型彼此之间不仅被证实几乎没有共同点，而且还应该涉及每一个单独的消费者个体[153]。由此一来，所有消费者和每

---

[152]　参见 Sluiter，1987；迪施，1987a；拜尔林，1987；西查理斯，1987；Auer，1987；Bergen，1987；Walther，1987；Lakaschus，1988；Melzer-Lena，1988；Höhler，1988；Hensel，1988；1988a；Böhme-Köst，1989；Kern，1989；Opaschowski，1989；Rode，1989。

[153]　此外，Bergen（1987）和西查理斯（1987）甚至还提及这种消费变化以快速过程以重新建构。Bergen 谈及四种超级趋势，他在 1950 至 1967 年，1968 年至 1974 年，1975 年至 1980/1982 年，还有自 1987 年起的各次采访中均有提及，

个单独的消费者个体的购物以及消费行为，被揭示为比以前所想到的要层次多得多（参见 Zühlsdorff，1990）——而这一切并非对品牌研究的声誉毫无影响。

"鉴于面对一个变得更加个性化且更加难以捉摸的消费者，品牌研究在效果上大有损失。消费者希望生活得更健康，更合群，更倾向于享受，更活跃，并且更有自我意识，他能交替地融合差异最大的各种生活模式的要素，接受由此产生的各种矛盾并将其植入自己的身份认知模式，会尝试各种冒险直至令自己置身于险境，比如自由攀岩、蹦极和轻轨冲浪（S-Bahn-Surfen）等运动的兴起。（译注：*S-Bahn*，德语全称为 Stadtschnellbahn，即城市快速铁路，简称'轻轨'，起源于 1928 至 1930 年间的柏林，使用的是火车的技术和运行规则。）'轻轨冲浪'是一种新兴的具有一定危险性的跑酷类运动，类似的还有铁路冲浪、地铁冲浪等。"（施密特／施皮斯，1996，326 页）

但恰恰这一点说明了这种消费者类型的新意：该类型在某种程度上统一了多个差异极大并在部分上甚至彼此矛盾的消费风格于一身，随之带来并不令人愉快的后果，即一种可信赖的对消费者行为的预报和施加影响几乎变得毫无可能。与此相应，对这些消费者类型的称谓也丰富多彩，没有条理。进一步看，这些称谓更多地具有权宜之计的套话特点，而没有精细准确的定义的特点。所以突然之间会出现"富于幻想的""网格化的""漫游型的""复合型的""多维度的""后现代的""消息灵通的""交流型的""职业化的""意识形态化的""享乐型的""积极能动的""物质化的""居家型的""诉求型的""毫无兴趣型的"，以及"杂质型的"消费者，这些特质就可能

而西查理斯自从 20 世纪 50 年代初基本上每十年都会涉及。

在一个人身上出现[154]。

"做问卷调查的人今天所想，并不一定就是他明天所念；这儿能吸引他的，在那儿就排斥他，他是跳跃的、情绪化的，并从这种不可捉摸中获得乐趣。随后，市场和观点研究者的无计可施也会导致最大胆的分类。"（拜尔林，1987，219 页）

尤其是"不可捉摸"这个单词在后来的争论中被证实是典型的，但这个单词明确表达出了市场营销和市场研究最令人担忧的地方：完全丧失可估算的购买和消费模式，而这些模式是可被有针对性地施加影响的[155]。马蒂亚斯·霍克斯（Matthias Horx）（1998，49 页）相当激烈地表达了这一观点："品牌经理的新噩梦：我花费了几百万几千万做广告——但我究竟应以何种方式为谁做这些广告，尽管对其做了所有的市场研究，我却更一无所知了。"虽然盖尔德·格肯（Gerd Gerken）（1993，332 页）难掩兴奋地直接对这种发展表示欢迎："所未知的将会成为我们文化的新家园。"但是如果不能成功地将消费概括为更大的整体，用来归纳相似的购物和消费模式，那么路茨·拜尔林（Lutz Beyering，1987）在其作品末尾所宣称的恐怕会

---

[154] 参见迪施，1987；Rode，1989；格肯，1991；博尔茨，1999；Beier，2001。

[155] 参见文章《开着保时捷去折扣店——"杂质型"消费者类型》，意义被过高评价了。德国埃尔朗根–纽伦堡大学在发表于 2000 年 11 月 27 日的《法兰克福汇报》上的研究，在第 30 页提道："杂质型（'雌雄同体的'）消费者对于任何一个市场营销部门而言都是一个噩梦。因为他以同时显示出完全不同的、几乎悖论性的行为方式为特点：早饭时喝香槟酒，然后在奥乐齐（Aldi）超市购物，随后去甜点店，开车半小时，就为了买上一个特价商品，紧接着在意大利奢侈品店消磨完整整一天。品牌忠诚对于杂质型的消费者而言是一个外来词，它不适合于任何群体，这个群体可以既是悭客节俭的，又是浪费奢靡的，预知他们的消费行为似乎是不可能的。"

变成现实:"每位消费者都是个体。"对于市场营销和市场研究而言,这种可能性可能并不意味着个人使命的不可能性,但是却有可能意味着这些"活动的目标"最大限度上的不确定的相遇,因为毕竟存在如此众多的目标——消费者[156]。"新消费者不属于任何目标群体,他既不封闭自己,也不随意归类,已经完全不涉及社会人口统计学。他的举止'不特别',也不'充斥悖论'。"(Walther,1987,559页)在随后的文章中这种模棱两可、不可评断性的语义学不断出现[157]。

"在纷繁复杂的消费者行为中的极端情况中,只有每个消费者个性化的和模棱两可的使用感知,作为消费行为的声明保留下来。随后每个消费者针对每个购物情景重新个性化地定义自己的市场板块(Marktsegmente),并且将每个产品的经销者定义为不可估量的,在其中不能对可观察的变量进行解释和计划。"(弗里茨,1994,59页)

直至不久前,我们还能够看到这样醒目的大标题[158]:"最大的未知是并且一直是顾客。"(Bülow/Corner,2001)

盖尔德·格肯(1994,151页)从这样的发展中不假思索地得出结论:"所有的结构和责任均被瓦解并消除。"但是这似乎能够证明阿尔布雷希特·克鲁泽(Albrecht Kruse)(1959,251页)早在40多年前就已证实的一种猜测:"我们越试图深入地……进入消费者的心

---

[156]　参见西查理斯,1987;Schraders,1988;霍克斯,1998。

[157]　参见 Höhler,1988;Gierl,1989;海纳,1989、1991;朗格,1990;格肯,1991、1993;赫尔曼,1999;Steinecke,2000。首先参见格肯(1998,265页):"市场把自己给惊吓到了……不可预期的是,这显然是针对新的市场的关键概念——因为不可预期性一直就是时尚。"结论是:"可预测性(Berechenbarkeit)可减小至零。"(格肯,1993,296页)

[158]　参见 Ralf Nöcker 关于消费者的文章《不可知的生物——被深入研究却不可预测》(Das unbekannte Wese-Gut erforscht und nicht berechenbar),2002年12月28日《法兰克福汇报》301期,第14页。

理结构，就离有可能宏观地看待这其中的经济重要性越远。"换言之，市场研究越接近消费者，并尽可能最大化地迎合消费者，就会越来越远离它。我们还可能将其理解为"理解的悖论"："理解的先决条件被理解得越多，理解就越不可能。"（卢曼，1986，82 页）无论如何，这种争论引起一种假象，好似与消费者的距离不是更近，而是更远了，并且"消费者"在微观结构中最终还是未解之谜——与发现一个未知的新大陆相似：人们已经抵达彼岸，但眼前没有发现任何熟悉的事物[159]。"消费者作为社会性生物，对于广告而言只是未知的领域。"（Heller，1991，217 页）从控制学的角度而言，消费者最终以此从遗传学的角度来讲"突变"成"黑匣子"。对此人们极少谈及，毕竟不想冒大失所望的风险。但在此之前，"黑匣子"早就作为语义学一个重要概念进入市场研究领域[160]，虽然在此期间关于"杂质型"消费者的定义更加普遍。无论如何，市场研究凭此需要面对它最大的挑战，也就是说随后还要理解并获取消费者，因为消费者恐怕会变得"越来越多样化，更加具有矛盾性，更为不可预见，更加不可捉摸，并且越来越个性化"（海纳，1989，332 页）。就大势所趋而言，消费者的个性化发展如此迅速，以致在购物行为和消费行为中很快就不再有相似性了，每个人都必须被个性化地加以广告宣传并令其满意[161]。或者正如赫尔穆特·毛赫尔（1992，167 页）所表述

---

[159]　参见 Leiberich（1981，180 页）："被招揽的顾客在广告交际过程中是有逻辑的未知者。"

[160]　参见 Groh，1974；Nieschlag/ 迪西特 /Hörschgen，1985；Andreasen/ 埃施，1999；Kloss，2000。

[161]　参见 Höhler，1988；Gierl，1989；Böhme-Köst，1989；Volk，1990；海纳，1991。在此期间针对效能直至进一步的市场分割提出了许多问题，参见 Jackel（1997，70 页）："如果您今天有 24 种心理分析划分方式，那您将如何找到相应

的：“不再存在消费者，也不再存在六到七种生活方式，而是几乎只存在一种原子化和一种个性化，这一切不断地为这些商品提供机会。”至于是哪一些商品，毛赫尔没有明确指出。

黑匣子和消费者洞察

这种争论自然也有夸张的倾向，这一点西查理斯在自己文章末尾几乎讽刺性地加以评论 [162]。尽管如此，消费者在20世纪80年代末第二次失去了市场研究的熟悉面貌，只不过这次持续得更久。至少从那以后那种越来越多样化，更加具有矛盾性，更不可预见，更加不可捉摸，并且越来越个性化的消费者行为特质，对他们而言，作为缺陷保留下来，即使这些特质并不同时涉及所有消费者（参见Steinecke，2000；Grasskamp，2000）。因为品牌战略和广告战略的成功机会基于这种不可捉摸性将这个名为消费者的"黑匣子"复杂

的目标群体呢？如果我不能给顾客提供生意上的有效帮助，这些认知的用途在哪里？"莱纳·坎普豪森（1999，105页），德国具有引领作用的家庭宠物食品生产企业爱芬（Effem）——生产的著名品牌有伟嘉猫粮（Whiskas）——任职多年的负责人是如此处理这个问题的："解决方案只在针对个体的市场营销中去寻找吗？举例而言，肯定是的，对于爱芬企业而言，今日消费者还是扮演着一个比以前更为重要的角色。但是请您相信我，对于大众品牌生产商而言，个性化市场营销在将来也不能是唯一的坦途，单单经济就不允许这么做。尽管如此，我们也必须对目标群体进行详尽的描述，即针对一个企业，根据我们的品牌建设经验，至关重要的就是进行目标明确的市场营销。"

[162] 参见西查理斯（1987，326页）："担心是没用的。因为都是这一点起作用：您在一个周六的早晨前去一个经营良好的购物中心，并且在那儿的一个货架旁消磨半小时，半小时找到一个特殊停车位，半小时在排队结账，然后请您观察四周，您能得出什么结论？不是那些角色比如雅皮士、急进论者、精致整洁者和其他类型的人勾勒出了一幅消费场景。私人消费的支柱一直都是邮票收集者、高尔夫车驾驶员、注重环保的绿色报道读者、周末烧烤者、大自然"黑森林诊所"痴迷者以及头等舱、公务舱和普通舱的高舱位爱好者们。"

化了。这一点在将来也似乎不会改变，正如德国广告经济中心联合会在 1999 年底所提出的口号："消费者的世纪正在来临"，因为人们必须越来越努力去竭力争取消费者。

如果我们在此背景下转向市场研究的方法，并凭此试图将"光明照进黑暗中"，就会看到眼前的一个巨大的工具箱，它被各种不同的研究工具所装备，并且同样地收集质量方面和数量方面的数据[163]。从整体而言，其中涉及那些适合于某一特定产品的消费者的辨识，并且最好情况下甚至购买这一特定产品，以便随后发展出与自身协调一致的交际策略。因为几乎没有一件产品会被所有人购买，因此它在整个市场中被视为能感知那种特别的局部市场，并且仅被这些购买者占据（参见 Heller，1984）。那么，如果着眼于这些购买者，我们将其称为目标群体分析或者市场划分[164]。相反，如果只关注单个环节，就会涉及一个尽可能同质化的顾客群体和购买者群体，而他们的同质性在于，它们以一个与其他环节相比过大的，并由某些特点所组成的共同性为特征，并且恰好借此与其他的市场各环节区分开来[165]。"把握市场环节的基本前提是，实际的和潜在的消费者表现出了各种差异性，无论在购买行为中，还是在对市场营销工具的替代物的反应中。"（梅菲特，1998，177 页）

如果我们仅谈及这些特点本身，特别是在消费者终端市场，被

[163] 参见克伦普，1959；舍费尔，1961；奥特，1976；Böhler，1995；西查理斯，2000。

[164] 参见 Groh，1974；Berndt，1978；Niemayer，1993；凯尔纳，1994；Waltermann，1994；Freter，1995；Beier，2001；Müller-Peters，2001；Speer，2002；Olbrich/ 施密特，2002；赫尔舍，2002。

[165] 参见 Groh，1974；Berndt，1978；Freter，1995；Botschen/Mühlbacher，1998。

用来告知并研究目标群体的特点，那就指的是"基本人口统计学的、社会学的、地理学的、心理学的特点，以及财产特点和消费特点"（Berndt，1978，416 页）[166]。因此，对于这样一种集合所有特点的综合论点而言，长期以来我们已使用了"生活方式"这一概念[167]。另外，首先采用这种方式处理这一构想的市场研究者之一是威廉·拉泽尔（Wilhelm Lazer）（1964，130 页）：

"什么是生活方式？生活方式是一种系统构思。它指的是各种不同并各有特点的生活方式，在其丰富并最广泛的意义上，它指的是各种不同并各具特点的整个社会或其中各环节的模式。它涉及那些独一无二的要素及质量，它们表述了某种文化或团体的生活方式，分辨这种从某种文化或团体衍生出来的生活方式，并且将其与其他方式区分开来。它包括以下模式，用来发展并摆脱存在于一个社会中的生活的动力。"

基于虽然缓慢但是不停歇的传统社会环境的衰落，尤其这种对心理学视角的关注，在对目标群体的区分的过程中——它们相对还能很好地用纯粹人口统计学的特点，例如年龄、性别、教育、收入和职业来理解，其重要性已经日益显著（参见 Groh，1974）[168]。除此之外，从产品一方出发，消费者的心理学研究也越发显得重要，因为各产品的基本用途之间的差异性越来越小[169]，以至于在此期间，这

---

[166]　参见 Groh，1974；Freter，1995；梅菲特，1998。

[167]　参见海纳，1989；凯尔纳，1994；Waltermann，1994；卡曼辛，1999；赫尔舍，2001。

[168]　这不能称为心理学在以前也没有被视为不可放弃，参见马塔亚（1910，171 页）："销售艺术的最后一个单词就是顾客心理学。"

[169]　参见商品测试基金会所做的产品比较结果 1993 年第一期至 1994 年第三期：在消费型商品（Konsumgüter）中 85% 的商品获得相同评价，在使用型商品

一点大部分取决于产品的额外使用功能，而此功能能够作为最终具有决定性的区分特点[170]——这种额外功能同样也可从心理学的角度理解[171]。因此人们大都质询两种不同的特点维度：大量的普遍社会学特点，它们持续地独立于产品，并大部分从数量上被提及；大量特殊的心理学特点，被特意铭刻在待售商品上，并且通常从质量上被查问。

对于品牌研究而言，它目前主要涉及建设一个品牌的交际特性，以便于它首先从一个市场研究的角度被定位为被与其相匹配的目标群体所正确理解。对此不总是能够清楚地识别出，这个品牌的交际性以目标群体的期待值为导向，或者恰恰相反（参见奥特，1992），虽然克劳斯·布兰德迈尔和亚历山大·戴克瑟尔（Alexander Deichsel）（1991）明确声明支持榜样策略。据此，品牌指出了方向，目标群体紧紧跟随。在品牌研究的专用语中称为："市场通过品牌确定，而不是通过消费者确定！"（西查理斯，1987，326页）只要遵循品牌建设的要求，令品牌走向成功，那这一点也就非常清楚了——在这里，信念虽然不能转移，但还是人们将行为准则运用自如的前提。同时也显示出，一个品牌的交际性只有基于变化才会在市场上具有多样性才能满足需求。正如哈尔姆·G.施勒特（Harm G.Schröter）（1997）举伞状品牌妮维雅为例所言，因此研究的视角和运动方向已完全相反（参见佐默，1998）。除此之外，今天几乎没有企业完全不进行市场研究，以至于一直有很多专注目标群体的数据大量涌入品牌交际中，结

（Gebrauchsgüter）中 65% 的商品获得一致评价。参见 Grey Düsseldorf，1993。

[170]　参见 Windecker，1976；魏因贝格，1992；舍尔霍，1996；施勒特，1997；Steinecke，2000。

[171]　参见 Konert，1986；贝克尔，1992；Hübel，1993；凯尔纳，1994；韦伯，1997。

果就会导致一种循环的缘由关系。品牌管理的目标建构在任何情况下都在于将品牌交际和目标群体期望值进行优化满足（参见福尔特默，1979；威舍曼，1995）。如果这一目标达成，一个品牌的交际性就在市场获得承认，而品牌的成功最终还是依靠这一点。

除此之外，在这种情况下，人们也谈及品牌的忠诚[172]。品牌忠诚指的是那些顾客，他们在购物行为中证实对品牌特别忠诚，在该品牌与其他具备可比性或者保证具有更好的基本使用效能并且/或者额外效用的品牌的具有吸引力的竞争方式中不会被迷惑，并保持持续的购买愿望——这就是对品牌忠诚这个概念的理想化诠释。因为品牌忠诚的顾客虽然不一定易于维护，但是维护成本更低，因此品牌忠诚的顾客也是一个品牌所能拥有的最宝贵的资本[173]。"在任何一个具备高度影响力的品牌之后都站着众多的忠诚顾客，他们的品牌熟知度、品牌信任度以及购物愿望都是品牌资本的最根本价值。"（科特勒/Bliemel，1999，694页等）

为了在供求之间达到最优化一致，必须明确哪些目标群体何时何地、多久一次并且为何购买某一种品牌。这样一来，品牌研究就转变为动机研究。"事实上，在对质量进行的市场研究和消费研究中，最根本的是要努力了解购物行为的移动原因，而这些是在获取市场的过程中消费者做出决定的基础。"（费斯霍芬，1959，75页）对此，对品牌购物动机的询问就回溯至针对消费者而言对品牌功能的询问。

---

[172]　参见马特斯，1967；Tucker，1968；Kroeber-Riel/特罗姆斯多夫，1973；内勒-诺依曼，1975；Nolte，1976；Uenk，1980；Gröll，1985；阿诺德，1992；贝克尔，1992，1992a；科勒，1993；Grossklaus，1994；Fayer/Schouter，1995；Jackel，1997；Quink，1997；Sander，1997；Stach，1997；魏因贝格，1997；维措雷克，1997；科特勒/Bliemel，1999；比斯特，2001；Payne，2002。

[173]　参见阿诺德，1992；Thiem，1993；Waltermann，1994；米歇尔，1994。

虽然迄今为止还没有对品牌功能构建出完整统一的目录，并且在个别情况下也存在着观点差异——恰好在定义并解释单个功能的过程中存在，但是也有与品牌基本功能相关的某种一致性[174]。不涉及对品牌描述方式的最终责任要求，以下功能——区分和辨识功能，减压和导向功能，保证和信任功能，知名度和身份认知功能，交际和融合功能——均属于品牌的基本功能。

品牌的区分和定义功能与一个产品的标识直接相关：名称、笔法、标牌、广告语、颜色、包装、标识性旋律等[175]。因为只有品牌标示才允许对一个产品进行不混淆的辨识，以便在与其他产品的竞争中有所区分。除此之外，品牌标示首先在足够的广告攻势下才构成一个品牌知名度的基础，才会使自发记忆和冲动购物成为可能，正如同这些功能在品牌获取过程中起到决定性的作用一样。

品牌的减压和导向功能可以直接与其区分和辨识功能一起阐述。因为基于其容易识别的可辨识性和可重新辨识特征，品牌可以帮助购买者不必花费更多精力均可在任何一种方式的市场上自我定位——买所欲买。此外，这些特点还能使一种近乎无风险的决断成为可能，因为每种品牌都能确保质量并从而被"盲目购买"，这一点减轻了购物者对产品进行无穷尽的比较的必要性[176]。

品牌的保证和信任功能始终与其减压和导向功能紧密相关，因为基于消费者不可能对在市场上出现的所有可获得的生产性及服务性商品均熟知其特性并对其中途进行检测，所以基于品牌的质量保

[174] 参见福格特, 1929; 乌尔, 1981; 梅菲特/布鲁恩, 1984; 亨宁-博德维希/库, 1988; 布鲁恩, 1994a; 梅菲特, 1998。

[175] 参见 Wondrascheck, 1993; 米歇尔, 1994a; Kircher, 1999; Gotta, 1999; Kircher, 1999, 1999a; Papendick, 1999; 布兰德迈尔/Franzen, 2000。

[176] 参见迪施, 1984; 贝克尔, 1992; 施密特, 2001。

证，品牌赋予消费者信任，至少购买品牌商品——名牌商品——不会犯错（参见内勒-诺依曼，1975；许特尔，1978）。就这点而言，品牌信任度起到了替代商品知识的作用。

在一开始谈及上述各品牌的作用时，这些并不一定适用于一个品牌的知名度和身份认知功能。假如一个品牌被完全用作"象征资本"，这些功能只有随着一个品牌的额外作用的重要性逐渐增加才发挥作用。因为购物，尤其是品牌使用可以有针对性地进行，以便提高购买者或者使用者的社会地位，并且如果它重点在于外部作用，那么随之便具备了知名度功能（参见 Menzel，1993；卡曼辛，1998）。同样，如果内部作用占据重要地位，那么一个品牌也可被用于自我价值的提升（参见凯尔纳，1994；佐默，1998）。

最后列举亨宁-博德维希/库所提及的品牌的交际和融合功能[177]。因为在此期间品牌被很多人视为信使,可给消费者提供品牌的全部使用可能性（参见魏因贝格，1992）。除此之外，一个品牌自身也可以被用作与其他品牌的交际媒介，因为正如乌尔所提出的观点，这是为了标识出各个品牌之间的所属性和界定性[178]。

正如人们所看到的，上述所列举的品牌功能，既不完全，而且各单独功能也不涉及全部的不同的相关问题，但是品牌研究通常很少重视与此相关的后果问题。在有需求时，才能谈及精细度。灵活地看，品牌的这五大功能也可以用于与以下不同的购物过程建立联系：寻找、购买、使用，甚至最终清除一个品牌，其中，每个单独的功能都指出了一个特别的问题之所在（参见梅菲特，1991）。"因为

---

[177] 参见亨宁-博德维希/库，1988；西蒙，1988；1997；阿德巨喏，1995。

[178] 参见乌尔，1981；Menzel，1993；凯尔纳，1994；梅施希，1994；佐默，1998；卡曼辛，1999。

顾客并不寻找产品，而是寻找解决问题的答案[179]。"

这种确定甚至如下所示得以普遍化，即所有产品和服务性行业归根到底都起到"问题解决方案"（魏因贝格，1992，31页）的作用，这一点清楚地在美国著名工具品牌 Skil 工具的广告中表现出来，其中，极其简单地展示出问题所在及与此适应的解决方案，一目了然。"产品、服务业和市场营销过程，今天越来越多地成为针对文明问题的解决方案。"（霍克斯 / 维佩曼，1996，111页）对此，成功的品牌恰好在这种意义上提供了"系统解决方案"，品牌整体上将一系列更多的问题解决方案同时集于一身，并且借此展现为问题解决方案的一个系统[180]。"品牌是一个独具风格的问题解决型服务，建构于其特殊性之上，其出发点就是此想法：品牌技术发明。其中，问题解决方案首先在品牌的非物质性一面，其次在物质性一面可以看到。"（里格尔，1987，399页）

如果我们首先从科特勒 /Bliemel 所提议的购物过程的五阶段模式出发，就可以每次将一定的品牌功能归类于品牌以下各阶段：(1) 承认问题；(2) 寻找信息；(3) 评价类似情况；(4) 购物决策；(5) 购物后行为。这些功能都有助于解决每一阶段所出现的问题[181]。

在每个购物环节一开始，一个问题随之出现并伴随着解决方案，

---

[179] 摘自《生活消费品报》，1999年5月19日，63页："解决方案而不是产品FMI:贸易行业将与顾客的联系置于中心地位。"因为"广告热点希望令我们相信，所有的问题都是可解决的，它们会被迅速解决，并且通过对技术、专业知识和化学的掌握被迅速解决"。（波茨曼，2000，161页）

[180] 参见毛赫尔，1992；魏因贝格，1992；Priemer，1999；Knop，2000；Altenhöner，2000。

[181] 参见托普里茨霍夫，1974；内勒-诺依曼，1975；Weinhold-Stünzi，1976；Rosenstiel/ 诺依曼，1991；Chernatony/McDonald，1992。

这一问题被科特勒 /Bliemel 描述为处于"应处状态"和"存在状态"之间的分歧，而他们在减少甚至消解分歧矛盾中看到了解决此问题的答案。如果基于在之前的情况中，问题解决方案被证明是卓有成效的情况——通过将品牌社会化以及个人抑或他人的经验——品牌就已经在此阶段将自身纳入关注领域，随后的寻找和决策阶段就继续自动进行了。

在信息寻找这一点主要涉及感知合适问题的解决方案。在此阶段，问题在于找出从何处获知正确的信息以及如何对其进行评价。与此同时，既不是消费者也不是生产者能够完全毫无准备地彼此偶然相遇，因为他们已经多次在之前的相遇中彼此了解，并且彼此产生好或不好的体验。与此同时，作为信息来源，家庭、朋友和熟人能够通过口口相传，利用广告或者商品测试基金会作为导向帮助，均会被考虑到。正是成功的品牌才能在基于熟悉度、高度的回忆值以及很好的声誉的共同作用下，多次对尽可能地缩短信息寻找的阶段——即使不能完全因习惯而购买——做出贡献，并且也能对迅速做出购物决定有帮助，这样一来即可节省时间并极大降低购物中衡量估算所费的时间和精力。

在评价相似物的过程中，主要涉及在各功能性上等值的问题解决方案中找到针对特殊问题的相应解决方式，如果事实上的可比性存在的话。这个阶段的问题就在于，要对每个单独的信息源进行可靠性和可信度的测试。与此同时，比较过程中所花费的时间和精力大部分会随着问题解决方案的使用频率、使用时长和费用，以及针对消费者问题的特殊意义（"低程度 / 高程度参与性"）发生变化[182]。

---

[182]　参见朗格，1990；科勒，1993；特罗姆斯多夫，1997；Moorthy/Ratchford/Talukdar，1997。

即使在这里，品牌也表现出极大的优点，因为在品牌中，进行比较通常是多余的，所以品牌的自我要求就在于，对品牌进行比较时不存在其他的能够同样提供此问题的更好的解决方案。

原本的购物决定大部分还是一个实施的问题和激发冲动型购物的各种机会，比如一些特殊的活动，用来在"销售点"促进销售——只要不完全依赖习惯，并且纯粹的"盲目购买"（多尼茨拉夫，1939，52页）能在无意识的购物决定产生时达成。因为必要时，在大部分偶然方式下，偶在情况还会带来更多问题，如果品牌不能在通常的购物场所，不以通常的购物量，不在计划的时间点获得，或者应通过一个未预料到的支付方式结清（参见科特勒/Bliemel，1999）。那么，在这里起决定作用的大多数就是品牌忠诚度，是否要选择另一个购物场所，另一些购物数量，一个晚些的时间点或者还选择另一种品牌或者非品牌商品。

最后是购物后阶段，在此阶段问题首先在于，事后必须确定人们有可能会进行错误性购物。为了应对此问题，必须事后证明自己购买决策的正确性。"那些刚刚购置了汽车的人，首先倾向于阅读那些称赞他们所购买的车型号的广告。"（鲍尔，1976，216页）因此，这也适用于，即使在购物行为完成之后依旧对一次购物服务进行辩护——恰恰是在令人失望的情况下。借助乌多·科佩尔曼（Udo Koppelmann）（1987）的解释，可将其称为"购物后的安全感"，尤其是在顾客购置了昂贵的物品后急切地需要证明这一点，以便在购物决策中证明自己的正确性[183]。归根到底，带来的结果就是务必要确保所购置服务的质量。恰恰就是这一点，品牌从它的良好声誉、可

---

[183]　参见 Streißler，1965；朗格，1990；Chernatony/McDonald，1992；西查理斯，1994；Jeschke，1995。

信赖度以及其他的产品相关服务，比如保质期、优惠程度、处理偶然的赔偿情况以及其他措施中获利[184]。

自然，品牌的问题解决能力不仅仅局限于购物过程，因为一直要取决于最终购买品牌所必要的特殊的解决问题的需求。对此可能涉及一个非常实用的起因，以 20 世纪初宝莹洗衣剂的发明过程为根据。毕竟很久以来多人口家庭在洗衣服上所花费的时间和精力极其多（参见舒尔德，1990），因此这一洗涤剂的发明令洗衣过程中的大部分体力消耗变得多余，它的出现对于当时的人们而言恰如上天的恩惠——至少人们在 1907 年 6 月 6 日关于宝莹洗衣剂的第一篇广告文中明确相信这一点：

"接下来，新的洗衣剂'宝莹'（PERSIL）即将上市，只需一次水煮，毫不费力，不需搓洗，衣服就可洗得白又亮，工厂主可以确保绝对无损衣物。任意使用，绝对无害。——注意，'宝莹'上市时间，即将广而告之。"（Schnurdel，1990，325 页）

但是人们不应弄错：即使在引入宝莹这一广告概念时也并不仅仅涉及洗衣服本身。在广告信息的重要位置肯定包括了直截了当地节省劳动力的信息。这些信息背后还一定涉及如何解决生活中通常而言非常重要的问题，当时的戴姆勒-奔驰的董事会成员赫尔穆特·维纳（Helmut Werner）曾经表示："我们不想仅出售一部汽车，而是在提供一揽子运输服务[185]。"因为在谈及问题解决方案时绝对不会仅仅指品牌所要求的基本用途，而是还有额外用途，它不仅能够在公共场合，也能从私人角度用于生活和个人的自我价值提升，并且毋庸置疑

---

[184]　参见 Hoffmann，1995；Ringel，1998；施佩希特，1998；Stauss，1998；Vandepoele，1998；Schotte，1999。

[185]　引自里夫金，2000，102 页。

的是"情绪体验值"(Konert，1986；博尔茨，1994)的最后一个领域在此期间在许多品牌中被证明是对消费者有优势的——即使在一个几乎纯粹的"商品"如矿泉水(参见弗兰克，1995；Sesterhenn，2001；Karolefski，2002)中也是如此[186]。德劳特沃矿泉水(*Gerolsteiner*)品牌就是这样——在矿泉水市场上明确的市场引领者——从1998年至今以广告标语"你的口渴有救了"闻名(参见Berdi，2002)。在一些商品策略中，只要整体满足度(Sättigungsgrad)尚未实现，直接的基本用途还会位于广告的居前位置。最终，广告的发展毫无例外地指向人们的生活方式、情感和价值[187]，正如弗里德里克·拜克尔贝德(Frederic Beigbeder)(2001，98页等)在自己的小说《3990》中借一个酸奶制造商之口所言："'我们的最高价值就是爱。'杜勒最后解释。'我们的顾客购买爱……我们不出售酸奶，我们出售母乳！因此全世界都有我们的产品！爱是全世界的！我们必须有全球视野！必须有全球化思想！'"不久前，新的德国电信供应商"O_2"——以前的飞亚格电讯集团，采用以下广告语："如果我们心有所想，愿望就会达成。生活中事事皆有可能。不存在边界能够阻碍我们的可能性，O_2是移动沟通的新源泉，您有什么愿望吗？O_2可以做到。"对此自然不应忘记，正是成功的品牌才能将各种功能集合于一身，并且不仅因其能够传递情感体验价值而被购置，因此市场研究也能

---

[186]　参见沃尔夫冈·克赖泽(Wolfgang Kreiser)(1993)的关于"针对新鲜土豆的品牌商品设想"论文。

[187]　参见克雷尔(2001，208页)："宝马汽车('快乐行驶')将最原本的商品和人们内心对个性化活力的追求紧密结合在一起，VISA(广告语:'我要我自由')并不出售信用卡，而是独立性。保时捷汽车('如同你自己拥有的娱乐公园')并不出售运动汽车，而是生活乐趣。'世界需要和睦'并不源自基督教教义的问答手册，而是由梅特涅侯爵向我们提议与香槟特酿和干葡萄酒之间建立联系。"

转向品牌功能的丰富性，研究其在购置行为之前、之中还是之后的多种功能（参见博尔茨，1999）。

但是这并不够，因为品牌不仅提供了系统的解决方案，它们更多的是，并不少见地参与到自我生成那些保证要解决的系统问题中（参见迈耶，1993；佐默，1998）。虽然似乎每次涉及的单个问题都独立于提供一种品牌功能的解决方案，并且存在于此之前，建立在起因/影响顺序的意义上：首先问题出现，紧接着才提出问题，寻求一种合适的解决方案。但这（通常）并不是这样。相反，如果人们相信一系列的品牌研究注解，才间或出现一个解决方案（想法），并作为一个普遍性问题（意识）的原本（可变 Beweg）原因，而这个普遍性问题（意识）随后能够独立自主最终要自身获得诞生权。这一点在品牌业的初始阶段就已展现，并直至今日才得以图像化。

尤里乌斯·美极在 19 世纪 80 年代正是证明了这一点——同时代颇具代表性的人物，对以各种方式发展经典品牌商品做出了贡献——当工业化大潮将越来越多的工人驱至各个工厂，并随之带来如何以适当方式养活大众的问题，甚至在此之前就已存在公开的大众需求的呼声。对此，在美极品牌中首先起到决定性作用的是，生产并提供高营养价值的食物，因当时普遍的营养状况极其糟糕。除此之外，因时间宝贵，美极产品仅仅需要一个很短的备餐时间，并且物美价廉，以便大众均能消费得起（参见 Vincon，1995）。

这一市场营销策略不无反响。1903 年可在烹调书上读到："用美极调味可能是最好、最便宜并最节省的方式，仅用区区几滴就可将寡淡的汤、肉糊、陈年酱汁、蔬菜、沙拉等瞬间赋予极其精细、浓郁的美妙口感。"（美极有限责任公司，1997，10 页）但是这些令人肃然起敬的目标并不总能达到，因为美极产品对普通大众而言还是过于昂贵，并且当时由弗兰克·韦德金德（Frank Wedekind）所撰写的广告更多是为富裕的市民阶层发声的。除此之外，这一产品的慈善性一方面肯定并不是尤里乌斯·美极的唯一动机，但这就是另一方面的事了。

事实上，这一自身诉求直至今日依旧被坚持，因为美极的品牌哲学在这一传统中一直保持不变。企业内部的自我理解是：美极产品"致力于减轻劳动量，关注最大化的时间节省，在日常生活中带来更多调剂以及大量创造性，并且一直奏效"（美极有限责任公司，1997，31页）。在另一处提道："美极经年累月主要致力于，今天的生活便捷性不再是单维度的，仅仅用以节省劳动，而是服务于创造性，可体验菜单安全性和成功安全性[188]。"此外，这一表述早就不是空洞的短语，而是凭许多消费者的购物和消费行为，在日常生活中得以印证的：如果今天要做一顿快速美味的饭菜，即便有众多相关商品可选择，消费者也会不假思索地去拿美极[189]。因此，在企业的自我描述中也需颇具自我意识地提及："美极是一个（不可替代的）机构，在饮食、助手、朋友和所有围绕饮食问题的美好愿望中游刃有余[190]。"也可以说，美极是快捷美味的饮食，快捷美味的饮食就是美极。

此外，没有比"便捷性"这一名称更能确切地表述许多品牌在问题和解决方案之间的交互影响了[191]。因为只有通过美极和具有可

---

[188]　出自美极有限责任公司 1997 年度的内部企业报告，在书后的文献书目中没有特别列举。

[189]　美极多年来一直都是熟菜市场细分中无可争议的市场引领者，并且 GfK 是德国最著名的食品品牌。

[190]　参见注释 172。

[191]　最早关于"便捷性"的论文之一可能源自尤金·J. 凯利（Eugene J. Kelley）（1958），他总结了"十大便捷性形式"：1. 形式便捷性；2. 时间便捷性；3. 地点便

比性效果的其他品牌商品，才能具备直接的"便捷性"需求，即简化以下说法：将日常生活管理中的"外部采购"转移至第三方，而这种采购可通过这些品牌得以满足，在这件事情上，人们可不必对食品供给中的大部分冠以"便捷性"，而几乎可以说"准备吃"——立即享用，而不必在获取和准备上花费更多时间或认知方面的精力[192]。特别是在美极这一情况中，关键词就是"迅捷、菜单安全、成功安全、调料安全"[193]。此外，在消费社会起始，就已经存在这一趋势，即在购置和使用商品和品牌时，使用很多问题解决方案，比如减轻劳动量、赢取时间以及保证成功[194]。这一点反复体现在一些具有代表性的品牌上：美极体现便捷，便捷即是美极。

"从经济史角度来看，在此所提及的发展状况没有根本性的新意。

捷性；4. 数量或计量便捷性；5. 包装便捷性；6. 阅读便捷性；7. 连接便捷性；8. 自动化过程便捷性；9. 选择便捷性；10. 信用便捷性。这种令生活便捷的需求以最具差异性的方式得以表现，正如同下列来自美国的革命性发明所清楚展现的一样，参见 2001 年 7 月 18 日《法兰克福汇报》164 期，第 9 页："美国的研究者可以进行三年麻烦而细致的工作来生产切片花生黄油，然后他们的发明就可在一个超市链的所有实验分店获得。'这涉及舒适性，'俄克拉荷马州立大学营养学教授威廉·麦格林（Wilhelm McGlynn）说道，'孩子们能够自己做他们的花生酱三明治，而不会弄得乱七八糟。'学校食堂由此展现出了不少乐趣。"

[192] 一个 2000 年的用来测试消费者在购买便捷性产品时消费动机的测试显示，提及的原因中节省时间占 37%，便捷性占 30%，质量占 22%，价格占 11%，参见《生活消费品报》，2000 年 7 月 28 日第 30 期，30 页。另外，作为德语表达，还有埃里希·舍费尔（1935c，172 页）的另一种表述，他提及 "商品消费成熟度（Grad der Verbrauchsreife der Ware）"："与消费者商品成熟度这个问题紧密相关的是，当面对一个按照某一个菜单可使用的商品时，消费者在使用一个商品时出现的不安全感或者舒适感时刻，工业正迎合了这一点，它或者在最大限度上减少完成消费过程的精力（布丁粉，速溶汤料），或者同时提供一个详细的菜单、一个详尽的使用说明书。"（舍费尔，1935，174 页）

[193] 参见注释 172。

[194] 参见松巴特，1986；Tornieporth，1996；Bretschneider，2000。

这种发展就是家庭和住房供给的持续性外化的最后一个阶段，此阶段以前资本主义家庭经济的消解为开始，而蓄养家畜、面包房、纺车和其他'生产设施'均属于这一经济阶段。在工业——手工作坊逐渐消失——用'进餐时的未加工商品'接管了厨房的供给之后，工业很快便进一步发展，以便进入食品的加工领域，即生产膳食。"（察恩，1960，113页）

在这种意义上，品牌同样也涉及对一个问题及其解决方式的建构：今天思考这一问题的人，多数也会同时想到解决方案，并且恰好是这种问题和解决方案的彼此依赖性包含了作为系统解决方案的品牌特殊性（也参见博尔茨，1999）。此外，将问题和解决方案同时示以消费者的趋势，甚至可暂时以教育语义学的方式得以表达（也参见 Haas，1995）。在维克托·福格特（1929，197页）的文章中有如此表达："公众完全被教育成具有新的习惯和新的需求。"在汉斯·W.布罗泽（1958，118页）的文章中，不仅提及"发现"消费者，也提及"教育"消费者："品牌商品愿意通过教育将消费者的使用习惯稳定化。"在威廉·拉泽尔（1964，133页）的文章中甚至提道："在生活方式意义上，市场营销是一种社会控制的机制，与学校和家庭的控制机制一样。"鉴于这样一种语义学，"操控主题"正如同这一概念首先因其在范斯·帕卡德（Vance Packard）1958年富有争议的书籍《神秘的诱惑者》中出现并得以普及，自然在一片质疑中得以证明其合理性，但是对操纵的质疑在这一言语粗俗的文本中所涉不多[195]。因为布罗泽（1958，100页）对教育的理解，是最大限度上的

---

[195]　参见林德纳，1977；布兰德，1978；Heller，1984；帕谢斯内，1988。Volker Nickel（1980，482页）——基于霍斯特·W.布兰德（Horst W. Brand，1978）针对范斯·帕卡德（1958）的批评——消费者的分裂形象，在帕卡德的

对正确生活的导演，大概就是在"正确的方式，在正确的时间提供了正确的饮料"，正如在 BOLS 含酒精饮料的广告宣传中所言：

"在我们的广告中，我们拍摄了一位先生傍晚的宁静生活，伴随着打牌、烟斗，自然还有 BOLS 葡萄酒和杜松子酒，在一次现代的冷餐会上，彼此干杯祝福，桌上陈列着一系列 BOLS 产品，并且还需举例——一位现代妇女的咖啡桌上，精心地为朋友的来访陈列着 BOLS 葡萄酒和 BOLS-Apricot。在其他广告中，BOLS 葡萄酒品牌作为推荐给象棋比赛中使用的醒脑酒，BOLS-Gin 则被放置在一个独特的、由阿姆斯特丹总店研发的一种鸡尾酒瓶里，用来调和水果汁。"

以这种方式所导演的场景，不仅仅传递了情感的体验价值，而且更多地展示和预演了一个具体场景中的生活方式（"生活片段"），目的在于导向、模仿或者偏移——因为这种选择做与不做，在任何情况中均是视观察者而定，并且不可能被夺走。换言之，这种广告也涉及了品牌在前景游戏中对消费模式的演练，而这即可明确称之为"操控"。尽管如此，这种言语方式低估了福柯所提及的积极的、意义归纳的以及行为引导的建构成效，这些成效与品牌政策紧密相连，无论人们以肯定方式还是批评的目光看待。就这点而言，在几乎所有品牌中，都几乎涉及了教育纲领的一种方式，这种纲领能指导消费者如何在正确的时间以正确的方式使用一个正确的品牌——做与不做，取决于每个消费者自身。因为消费者一方的自由度没有为此受到限制，充其量是被影响。但恰恰是这种影响方式，不仅仅

研究中出现："按照这一分裂型的形象，在消费者中间，首先就关系到那些大量被轻易影响到的生物，他们将能对消费者施加强烈影响的广告呼吁——其仅仅通过意识环境直接将广告指向潜意识领域——毫无抵抗能力的接受，并且感受到需求和欲望——仅仅通过广告就被下意识地施加强烈的影响，并最终购买他们本来根本不想要或者根本不需要的东西。"

存在于购物中的建立帮助过程中，或在一个品牌的基本功能及附加功能的使用过程中并被详细阐述，而且除此之外还赋予正确的、如意的幸福生活以一种理想化的引导——是更广泛意义上的"生活帮助"（哈伦贝格尔，1997），对此人们必须特别关注品牌的系统解决方案，并愿意理解其特殊性。思科公司（Cisco System Inc.）的董事会主席约翰·T. 钱伯斯（John T. Chambers）对此有以下表述："从来都不是仅仅给顾客出售一个产品的事，出售的是一个梦想。"（Knop，2000a）或者正如同 SAP（思爱普）的广告中丝毫不委婉地声称的那样："不是出售商品，而是满足愿望。"

根据路德维希-维特根斯坦的理论，也可以说："请根据品牌的使用，来了解其一些含义。"因为这些含义并不仅仅从观察其表面语法结构中得以推断，而是根植于其深层语法结构，其比起直接满足需求的可见的直接性所涵盖的内容要多[196]。自然,品牌研究和市场研究在持续性研究效果上极大复杂化了："消费者的行为并不像其所说的那样，他不说其所想，并且也不想其所感。——这样一来，数量型研究／量化研究必须探究其情感来源，以便获得真实的动机和线索轨迹。"（霍克斯／维佩曼，1996，163页）

此外，品牌还通常被认为是"含义载体""意义来源"或者"体验世界"，借助这些品牌，人们可以装扮自己的个人生活，并且按照各自需求更换新的品牌产品[197]。

"因此，品牌也是以符号形式构成的客体：它们具有一个物质性

---

[196] 参见阿诺德，1992；魏因贝格，1992；科特勒／Bliemel，1999；卡曼辛，1999。

[197] 参见米歇尔，1994；霍克斯／维佩曼，1996；佐默，1998；卡曼辛，1999；博尔茨，1999。

基础——产品质量、名称、价格、在某一货架上的位置、广告，其商品标识组成的所有因素等。所有这些阐释了自身丰富的含义，并且所有这一切均有助于品牌传递一种整体性意义，令所有市场参与者在最佳情况下对其了解并理解——而且这些消费者以一定形式或者在某种场景下使用这一品牌，就会将品牌现实化，恰恰是这一点构成了产品和品牌之间的信息。"（卡曼辛，1998，482 页）和苏珊·M. 福尼尔（Susan M. Fournier）（1998，1999）一样，我们也可将其称为"品牌关系"，消费者如同对待他们的朋友和熟人一样与"他们的"品牌保持着联系，并且这一点有时会按照世界标准，那就会想到诸如可口可乐、耐克或者诺基亚等品牌（参见 Häusler，2000）——除此之外，还有一种设想，在品牌研究的语言游戏中很早就有迹可循[198]。在德意志银行的一个广告中，这一点相当形象化地得以展现："信任"在这里是一个核心概念，不仅在广告附加文本中，而且也在与小男孩的联系中得以体现。这个男孩可能同样必须信任，他会被毫发无损地接住，如同银行顾客应该相信德意志银行能够赋予其"信任之手"一样——这可能就是这则广告所要表达出来的诱导性企图及陈述。

为了在消费者和品牌之间建立起这样一种紧密并几乎共生的关系，自然很有必要深入并详细地研究消费者及其需求、愿望、梦想和恐惧。因为只有通过这种方式才能成功地将名为消费者的"黑匣子""从内而外"地透彻了解，以至一个品牌的信息能够直接涉及

---

[198]　参见祖尔，1961；梅莱罗维奇，1963；许特尔，1978；Angehrn，1980；乌尔，1980；1981；亨宁-博德维希／库，1988；Walentin，1989；格罗斯，1991；阿诺德，1992；卡普费雷，1992；Fajer/Schouten，1995；比斯特，2000，2001a；Bibby，2001。

品牌分散而又可能彼此冲突的动机。这样一种关系的基础可以和丽萨·福尔蒂尼-坎贝尔（Lisa Fortini-Campbell）（1999，2001，49页等）提到的"消费者洞察"这一概念来称谓——这样的名称已被埃内斯特·迪西特（Ernest Dichter）（1964，433页等）提及并很适合"黑匣子"图景（也参见 Arndt，1968）[199]。除此之外，福尔蒂尼-坎贝尔将消费者洞察的想法与演员的努力相比较，即融入一个特定的角色并充分展示，与角色融为一体："清楚的是，内化消费者视角的能力是针对消费者的满意度、竞争差异性和商业成功的一个批判性因素。"据此，消费者可能很准确地回答了以下问题，即应如何在理论上看待名为消费者的"黑匣子"[200]。

---

[199]　这种乌尔里希·厄费尔曼（Ulrich Oevermann，2001，2001a）的"客观阐释学"提出了另一种选择可能性，这种阐释学不潜入单个主体的深层结构，而是停留在语言结构的"表面"，参见 Behrend/Romatowski，2001。社会测量学的方法显得也很有趣，已被 TNSEmnid 采用，参见 Griese，1999；Petras-Samland，2001。

[200]　作为消费者洞察的简明扼要的定义，对于我而言，似乎 2000 年 11 月 22 日哈罗德·豪瑟（Harold Hauser，来自 Hauser Furstace，Inc.，消费者洞察公司）的电子邮件非常恰如其分："您询问了在'消费者洞察'之后的'哲学'问题，我相信它有两个组成部分。第一，消费者行为，要求和需要具有第一重要性，以便成功地销售给消费者商品和服务。这听上去理所当然，但是我想这一要求的达成只有当许多公司在考虑利用极少或者毫无消费者输入进行市场开拓时，做出有判断性的决定才能成功。第二个部分就是，市场营销研究者应该做更多的事，而不仅仅是简单地询问人们一些问题然后报答案，这暗示了我们应该进一步发掘消费者行为和态度并试图理解究竟什么隐藏在这些商品和品牌选择之后。最后，技术诸如对消费者行为的人种学观察、问题发现分析、源头重要性分析、不同的选择分析逐渐流行，作为获得消费者'洞察'的方式和手段。对某些人而言，获得'消费者洞察'的观点更喜欢质量性方法，甚于数量型方法，因为借助目标群体或者一对一采访，市场销售人员或者市场研究者能够得到第一手的来自消费者的所说和所做的信息。我的观点是，不管怎样，并没有改变太多，如果我们中的一些人从市场销售研究部门换到消费者洞察部门。我想这更多的是一个趋势性的认同方法，这是与完成过程中的实际变化相比较而言的。"

在"品牌研究协会"（GEM）自 1997 年以来每年举行的名为"品牌对话"的一次活动中，在德国宠物食品的市场引领者爱芬公司（Effem）任职多年的企业负责人莱纳·坎普豪森（Rainer Camphausen，1999），以品牌伟嘉猫粮为例展示出爱芬公司是如何发展至今，从而借助消费者洞察视角尽可能达到一种"目标明确"的市场交际——因此人们可能在此将自身对品牌的阐述理解视为生产者视角。除此之外，关于消费者视角之说（还）并没有切中正题，更不如说是一个趋势或者纯粹的标签，这一观点直至近年来才彰显其重要性[201]，即（还）不是独立的市场研究方法，因为其数据来源主要包括针对特定市场的合适目标群体的（深层）心理学采访。在此期间，坎普豪森在其报告中相当成功地利用自己的言语与行事方式形象化地说明，如何才能借助消费者的洞察方法将名为"黑匣子"的消费者转变为"白匣子"。

即使坎普豪森也是首先从以下情况出发，即在消费者与其品牌之间存在一种关系。但因为今天不再可能单独用简单公式"居住环境 + 年龄 + 教育 =X 品牌的使用者"来发现品牌的什么特点令使用者兴趣不减，因此如何才能将使用者与品牌紧密相连，提高其忠诚度，就必须要另辟蹊径。此外，坎普豪森提出的与此相关的建议无法更简单了："理解使用者才能奏效[202]。"恰恰是这一对消费者的理解——坎普豪森称其为消费者洞察，其中他还强调，抛去所有的市场分析和深度采访，最终都归结到一个感受和直觉问题上，即采访

---

[201]　毕竟世界上最大的市场研究所 AC Nielsen 在 1995 年就出版了一本自己的杂志，题目为"消费者洞察杂志"（URI：www.acnielsen.com/pubs/ci/vvom 10.10.02）。
[202]　这一点非常清楚地在欧宝汽车（Opel）20 世纪 90 年代中期的广告语中得以体现："我们理解了。"

对象的成功与否。

这种市场营销攻势的出发点在于以下判断力：伟嘉猫粮品牌的成功取决于广告中宠物猫所得到的东西，还有它显示的样子以及接下来的行为。但归根结底，这种观察对于猫粮供应商而言构成了一种极少的有用来源，用于令原本品牌风格独具一格，因此这些品牌信息和品牌交际应该更充分地适合猫主人的需求。什么是猫主人的需求呢？爱芬公司应该如何更好地迎合这种需求呢？接下来的问题以对猫主人的研究为基础："在喂猫和选猫粮时，哪些情感对于宠物所有者是至关重要并具有良好选择性的？竞争者都具备这些吗？如果不，那么这些情感对于伟嘉猫粮品牌都是具有承载力并且具备未来的竞争力吗？这些情感能否将来和伟嘉猫粮的市场领导地位的发展紧密联系在一起呢？"（坎普豪森，2001，300 页）"质量性研究、动机研究、深度心理学研究以及更多"（坎普豪森，1999，106 页）从爱芬公司致力于回答这些问题所做的研究中，目前得出的结果是，鉴于他们所养的宠物猫的"独立性"，猫的所有者通常会有种并不真正被需要的感觉——除了往猫食盆中添加猫粮。为此，新的广告宣传的切入点被找到了：

"从这种消费者洞察中得出的一个关键性认识是：我们必须赋予猫的所有者一种能在我们的交流中发挥作用的新角色。如果伟嘉猫粮是唯一的能令猫幸福、健康并且满意的所需之物，那么我们就将购买伟嘉猫粮的宠物猫所有者削弱为纯粹的罐头开启者的角色。在我们新的消费者理解中，与此相反，宠物猫所有者是唯一具有能力来决定宠物猫是否开心健康的人。他在猫的毛发中、在它的活动里和它的整个行为态度中能看到这一点，在它的喵呜叫声中和舒服的呼噜声中能听到这一点。他照顾自己，也关心宠物猫，他能令宠物猫感到安心可靠，伟嘉猫粮正是在这一点上帮助了他。如果涉及喂食，伟嘉猫粮就是关心的最好表达，是宠物猫所有者想给予猫的最好照料，因为伟嘉猫粮需要并且喜欢对它友好之物。正是具备了这种消费者洞察，我们的代理商才能重新发展与顾客之间的交流，并且借此，正如我所说，赋予品牌更多的魔力，并实现以下目标——在消费者和顾客之间建立起更为紧密的纽带。"（坎普豪森，1999，107页等）

基于这一点，我们观察伟嘉猫粮广告中的一些特别地为宣传所作的要点就能确定，总是有两个主旨/动机出现：一方面是猫的"独立性"，它除了自己无所需求，这一切能从它喜爱四处乱跑，有明显的游戏和冒险兴趣上显示出来；另一方面是猫的"保护需求"，如果发生未曾预见的事，那它就毫不迟疑地去寻求主人的庇护。在这些情况下，喂食就能激发起猫的信任、感激和爱，而这正是爱猫之人所希望的。与此相应，"宣传"的"创新点"是："你能看到并听到伟嘉猫粮对你的猫意味着什么。"（坎普豪森，1999，109页）[203] 这种宣传的其他因素——某一只猫[204]，一个典型的养猫环境，以及相应的

---

[203]　这一广告语以英文拟就，这有可能与以下息息相关：1998/1999 年在英国以猫（sic!）为主题出现了特别的广告热点，猫主人特别地被邀请参与其中。这一动画短片的座右铭是："伟嘉猫粮比任何人都理解猫。"参见《生活消费品报》，1999 年 2 月 26 日，第 8 期，36 页。

[204]　在伟嘉猫粮的顾客杂志《猫世界》中，同样出现了一种猫的三"代"（公猫）同堂，这种猫正好吻合了冒险者以及流浪汉的形象："老马克思，8 岁，一只正当盛年的公猫。人们在它身上看不到一点也意识不到，毕竟它还是如同在青年时代一样总做些有意义和没意义的事，它正在享用罐子里的猫粮'好年华'。最好天天如此——小马克思，4 岁，从它父亲那里继承下了良好的品位，可能还有它的勇敢和它的贯彻始终的能力。它喜爱罐装的猫粮'洁丽小口猫粮'、'炖煮块猫粮'以及'小罐鱼和肉猫粮'。不管怎样，它总是能做到和母猫们和睦相处。——幼年马克思，9 个星期大。这个像小老虎的家伙每天都好奇地发现这个世界中有

嘈杂声——均支持这种效果。最终，在这种背景下，也可以理解坎普豪森（1999，118 页）针对消费者问卷调查技巧中所言："在这些我们进行的采访中，我们并不是直接走过去就问'是什么激发起你们的购物兴趣'，而是将话锋转到'你们在生活中想念些什么'，并且把话题转向各种你们没有的经历和体验，然后尝试对此进行了解。"因为仅仅这样才有意义，如果坎普豪森谈及"照料"和"生活帮助"等那些爱猫的人通过伟嘉猫粮可以参与的互动，就能够帮助他们，鉴于他们宠物猫的"重要性"，能更好地考虑他们自己的内在重要性[205]。

有可能令人惊讶的是将如此多的精力花费在讲述爱猫之人会遇到的特别问题。但是无论是否与伟嘉猫粮、LC（一种酸奶）或者可口可乐有关，今天在品牌研究中已经完全围绕着同时向消费者从多种角度提供问题解决方案，这已经远远超过一开始在谈及品牌业时重点提及的部分，比如市场透明度、质量保证或者品牌信任。这些第一代"品牌功能"早就成为理所当然的因素，几乎没有人还愿对此多费口舌[206]。人们的注意力已经转向了那些第二代品牌功能，这些功能涉及对消费者做深入的问卷调查并且仅仅从消费者出发才能

趣的事。它吃的是罐装的伟嘉'幼年猫粮'。毕竟它希望能和家庭中另两位一样长得壮壮的。——猫咪会买伟嘉。"

[205]　参见坎普豪森（1999，118 页）："并且我们确定，宠物猫的所有者肯定会喜欢这一点，这属于照料或者生活上的帮助。我们有一个电话中心，您根本不可能想象，我们在那儿完成了多少针对猫和狗还有其他人的生活服务，他们因为宠物的事打电话。那儿还有一个特别的需求，即针对社会贫困化和孤独化，这也是一个重要原因。不过我指的是，这有可能是慈善部分，我们的初衷并非如此，但还是愿意满足这一部分需求。"

[206]　虽然在中国有可能完全发生，基于技术局限性，人们因为爆裂的啤酒瓶受伤致死，1999 年在每 800 多伤者中就有一个死亡，其中 88 位留下永久性创伤，参见 2000 年 3 月 31 日的第 77 期《法兰克福汇报》，第 10 页的文章"比如啤酒瓶——中国人是如何避免受到啤酒瓶的伤害的"。

易于理解。因此，在今天的市场研究中更多的是对消费者的理解，更进一步说是关系到对消费者理解的理解，只要涉及深度的、（深层次的）心理"存在目标"以及"生活圈"（参见霍克斯／维佩曼，1996；博尔茨，1999）就是如此。恰恰从这一点出发，按照品牌研究的要求，一个品牌的交际功能必须被添加，从而令消费者理解他被理解了。因为只有那样一来才存在一个可靠的机会，使一个品牌的交流成功实现，而不仅仅是偶然（参见 Kiene，2000；比斯特，2001）[207]。

市场研究 —— 社会的镜子

市场研究是令品牌走向成功的钥匙。几乎很少有品牌的成功是不依赖于市场研究的，这一点应该绝不会减少从市场营销和广告获取的收益。但是市场营销和广告在今天也大多仅仅由于市场研究的再确定而成功，有针对性地与消费者交流，从而令消费者真正感受到自己被认真对待并被理解，从而最终也会做期望他所做的事。

这种努力最先展示了在此期间，在每一个品牌交际中，"人"位于中心位置，无论外化与否，都与其关注度（Aufmerksamkeit）和认同度相关[208]。这一点尖锐地指出："人位于中心位置,但始终在路上。"（西查理斯，1997，32页）因此，在品牌研究中，品牌在市场上的交

---

[207]　自然，这种对理解之理解的难度可能会更难，魏因贝格（1997，70页）在一次讨论报告中，草率但很中肯地提出："我不是天文望远镜，无法高瞻远瞩，我是坚定的市场研究者。有些东西是相当简单的。商业必须贴近顾客的脉搏，了解他们的需求。它必须知道，它的顾客是如何生活的，他们因何原因需要一个商品。"
[208]　参见迪施，1984；Zühlsdorff，1990；博尔茨，1999。更多参见《生活消费品报》，48期，2000年12月1日，50页："将顾客置于观察的中心位置是市场营销的基础，研究者设定如此假设。"

流效果（Verkehrsgeltung）通常在各层次过程中被问及，正如同德国《明星周刊》在名为"品牌剪影7"调查中所言，分为了解、喜爱和准备购买三个阶段：

"借助广告的交流，品牌必须首先扎根在消费者的意识中。同样，已广为人知的品牌也不断需要新的广告推进力，以便保持品牌在消费者心目中的'重要度'。再者，通常需要具有针对品牌和产品的认可——从品牌熟知者转变为品牌喜爱者。紧接着，就必须成功地将这些因素纳入消费者的购买想法中：潜在的购买欲望越大，品牌被购买及被使用的可能性就越大。"（Gruner+Jahr，1998，9 页）

德国《Geo 视界》系列杂志的调查模式"意象"也起到了相似的作用，仅仅在这个"通向消费者之路"的模式中通过多个步骤层层展开，更为详尽地描述了这一过程。首先仅关系到了解。在下一步骤中，取决于品牌形象的独特性；紧接着提及三个视角，即质量、喜爱和活力；最后还必须推进到购物准备这一环节。

其他研究，例如银河出版集团的"名声——媒体，品牌，形象"研究或者保尔（鲍尔）出版社的"消费者分析"（VA，98）均在此一一列举[209]。大部分的调查方法都是一致的：首先借助品牌的显著特点以及持续的广告攻势以达到一个很高的品牌熟知度，进一步而言，成功品牌还需要高度的好感度。最后还需要一种特别的交流技巧，以便从语义学的角度达到最佳效果，令消费者情不自禁地陷入决策境地，尽可能做出非其莫属的唯一选择。因为这恰恰涉及，如同多尼茨拉夫所强调的：品牌需要决策者。

接下来请看一下艾菲（Effie）广告比赛中的得奖作品，此奖项是由品牌交际代理总协会（GWA）每年在法兰克福举办，为了奖

---

[209]　参见《销量经济报》，2002 年 2 月及 2003 年 3 月的汇编。

励效果最好的广告宣传活动，每次均用奥林匹克运动会的金银铜三种奖牌给予奖励。因此不难确定，在上文中所列出的各种广告成效范畴如品牌知名度、市场领导力以及购买者范畴最终都要完全得出服务于消费者的结论，即使用各种不同的风格进行诠释。此外，艾菲奖（Effie Awards）广告竞赛（译注：创立于 1968 年的艾菲广告奖项是目前世界上唯一一项以广告效果为主要评审依据的权威广告奖项）并不仅仅评价一个广告的纯粹创新性，也着眼于直接的效果证明（"广告效果"），将其作为改善品牌在形象、品牌知名度、销售额或者市场份额等领域中的可能性准备条件，并且通过市场研究不断提升这些研究质量。

举例而言，如果观察艾菲奖的获奖者德国葛瑞集团 [（Grey Gruppe），葛瑞集团是一家遍布全球 94 个国家并拥有 121 个办事处的国际传播集团，总部设在美国纽约] 到 1996 年为止所获得的得奖作品，可以至少间接地得出结论：品牌研究对于品牌的成功是至关重要的，因为一个广告宣传策略的发展和调整如果完全没有市场研究那是不可能实现的（参见 Grey Gruppe Deutschland，1993，1997）。

> 1990 年为口腔卫生用品 Dr. Best Dent 牙刷所做的广告，以其将西红柿作为"顺从性测试"的关键图像（"key visual"）荣获金奖，因其成功地将前工厂过程（Ex-Factory Verlauf），即在交易中所有能被售出的产品，从 1988 年至 1990 年增加了 154%，将此牙刷品牌在市场上所占的份额增加了 125%，并且从而将整个"牙刷"市场的增长率从整体上达到 25%。

> 进一步而言，1990 年 Grey 为德国耐克做广告宣传，将

其 1986 年至 1989 年的产品销售量增加了 97%，并从而赢得金奖。

1991 年，这个广告公司为菲洛施（Frosch）品牌的洗衣剂、清洁和厨卫用清洗剂所做的广告同样赢得一个金奖。整体上，菲洛施系列产品的销售额均能够在仅仅一年之内就增加了 58%。除此之外，菲洛施品牌作为万能清洗剂的自发市场知名度在 1989 年 5 月至 1990 年 12 月几乎提高并改善了 119%，并且这一伞状品牌在其作为独立品牌的视角下，以 80% 的百分比证实具有最令人信服的品牌区分度。

在同一年，美乐家咖啡机过滤袋广告，以其费心之作"美乐家之星"在社会上引起巨大轰动，从而被授予一个金奖以示奖励，因为其成功地在一年之内在整个萧条的市场上再次将市场份额从 3.6% 提升至 40.3%。

1992 年，葛瑞集团再次赢得一个金奖，因其成功地为将在德国销售的红酒品牌 VIALA 重新开拓了市场，广告口号为："Viala，另一种红。"从 1990 年秋季到 1991 年秋季这种红酒的销售数量增长了 909%。

1993 年，Grey 终于为 VISA 信用卡（"Visa——我要我自由"）赢得一个金奖，在短短七个月内，其品牌知名度增长了 117%，并且其广告家喻户晓的程度甚至提高了 600%。

我们还可以为这个著名的广告公司罗列出接下来几年的获奖名单，也可以看一下那些其他成功地获得艾菲金银铜奖的广告宣传，它们均是为大品牌做的广告，也可以考虑到每年由《生活用品实践》为食品行业的琳琅满目的各色热销品种所做的调查，以便确定每年都有产品重新打入市场，它们成功地在市场上站稳脚跟，并且也成为品牌，因为它们在市场上获得了必要的"认可"。除此之外，在相关专业杂志如《市场营销周刊》《品牌商品》《销量经济》或者在《生活用品报》《生活用品实践》中，以及在诸多单行本如《成功品牌，别样做法——品牌成长史，第一个针对世界上最成功广告营销案例的调查结果》《品牌权利——为何阿尔迪、宜家、H&M 如此成功》，或者合集如《借助品牌走向市场成功》《品牌成功因素：品牌管理的新战略》中，还有大量的针对成功品牌和品牌企业的文章和分析。在此，仅仅提及最新出版的这四本在标题上已对品牌成功进行设问的出版物[210]。

　　鉴于这些信息情况，在对市场营销、广告以及市场研究领域所采取的相应措施进行足够的关注时，似乎品牌的建立和成功不再会引起严重的问题。简言之，在品牌建设中的不成功案例几乎不再出现，尤其在当时进行充分的市场研究的前提下更是没有。但是这一点并不会证明维克托·福格特（1929，344 页）在 20 世纪 20 年代末就提出的信念这个概念是对的，按照他的观点，只有在进行"仔细的市场分析"时才可能在市场事件中完全地揭示"原因和影响之间的关联"，从而获得"在某种程度上对偶然事件的控制"。因为人是偶然事件的控制者，所以预报这种事件的突发性并不遥远，福格特（1929，443 页）乐观地认为："从商业性成功我们可以预见这种成功是否会出现以及成功的程度大小。"就这点而言，以下惯用语"通过市场研究令品牌获得成功"似乎是非常确切的（参见韦伯，1997）。

　　但是这种表象具有欺骗性，即如果持续从事这一题材方面的研

---

[210]　参见迪西特 /Eggers，1996；布赫霍尔茨 / 韦德曼，1999；Jary/Schneider/ Wileman，1999；科勒 /Majer/ 维措雷克，2001。

究，就会立即发现同样许多提示，表明品牌建设中的成功份额绝不是完美无瑕的，如同它在自我评价中所展示的那样。不久前，菲利普·科特勒（Philip Kotler）（2000）才有如下评价："大部分的广告宣传都是纯粹的浪费钱！"对此，"十大市场营销失败案例"[211] 的汇编表明了不成功案例在开拓品牌市场时是如何被定义的，并清晰地显露出其幽默的特点。

十大市场营销失败案例
雪佛兰汽车公司（Chevroler）所制造的一种汽车型号，被称为"Nova"（新星），但在西班牙并不成功。Nova 在西班牙语中指"No Go"（不走）。
百加得（Bacardi）是著名的朗姆酒制造商，他们把一种果汁饮品命名为"Pavian"，暗示法国人这是种很时髦的饮料，但在德语中"Pavian"指"狒狒"。
派克钢笔将其墨水广告宣传口号"避免尴尬——请用快干墨水吧"（译注：派克钢笔推出的 Quink 墨水是取英语单词"quick"和"ink"合二为一的人造词，意为"快干墨水"）翻译成西班牙语"Evite Embarazos—use Quink"就另有歧义，也可理解为"避免怀孕——请用快干墨水吧"。
如一个美国衣物洗涤剂品牌开始在中东的杂志广告中做推销，却将一件"之前"的脏衬衫放置在页面的左边，而将另一件"之后"的干净衬衫放置在广告的右边，但是阿拉伯人的阅读习惯是从右向左。
当嘉宝（Gerbera）食品公司第一次在非洲售卖婴儿食品时，使用和在美国一样的包装，即标签上有个可爱的小孩。后来，因调查显示销售数据远比所期望的要低，他们发现在非洲许多人都不识字的地方，有个很普遍的实践经验，即应该把绘有商品内容的图片贴在食品的外包装标签上。
美国银子弹（Coors）啤酒的广告口号："轻松一刻"，翻译成西班牙语是"深受腹泻之苦"。
美国帕芙（Puffs）纸巾在德国有个很不好的名称，因为"Puff"在德语俗语中是妓院的口语表达。

---

[211] URL:www.lang-plus.com/news/flops7flop_names.html，2000 年 11 月 20 日。更多参见罗伯特·麦克马斯：会爆炸的产品（URL:www2.gol.com/users/mycowan/news/flops/product_flopsr.html，2000 年 11 月 19 日）以及 Werler，1994；麦克马斯 /Forbes，1998。

快乐绿色巨人冷冻蔬菜，翻译成阿拉伯语指"恐吓绿色妖魔"。
当可口可乐进入中国时，被采用了一个相近的汉语音译方式，但是最初的中文译文的字面意思是"蝌蚪啃蜡"。
可口可乐使用的广告口号是"可乐加生活（Coke adds Life）"，翻译成泰语则成了"可乐——令您的祖先起死回生"。
美国著名普度（Perdue）鸡肉公司使用的广告语是："坚毅的人才能做出好吃的鸡肉"，但是西班牙语则翻译成："一个性致勃勃的男人会让一只鸡充满爱意。"

　　如果人们恰好关注新产品进入市场的过程，那么结论是令人震惊的[212]。消费者研究协会（GfK）的雷蒙德·威尔德纳（Raimund Wildner）（1999，68 页）引用了一项早期研究，此项研究显示，在德国生活用品交易中，1986 年新进入市场的产品有 55600 件，但是仅仅一年以后就仅存 52%。海纳·亨辛格（Heiner Hunsinger）（1994）在第四次国际珠光颜料品牌（Iriodin）设计论坛上同样也展示了一个之前的研究成果，研究显示，1985 年进入市场的新产品中 85% 没有存活下来[213]。当时德国可口可乐董事会成员海因茨·维措雷克（Heinz Wiezorek）（1997，83 页）在 1997 年"品牌对话"会议期间所做的报告中得出这样一个发人深省的结论："所有新进入市场的产品中的90% 在三年后都会退出市场。平均而言，其中每一个在进入市场期间花费了 500 万至 1000 万马克，这堪称瞬间的价值 / 财富毁灭[214]。"

---

[212]　同样也参见洪齐格，1972；Davidson，1976；桑德勒，1984；布赫霍尔茨 / 韦德曼，1998；Seiffert，2001；福尔蒂尼-坎贝尔，2001；Jenner，2002；Dahm/ 诺依曼，2002。

[213]　也参见《联合报》（Associated press）（1999 年 5 月 23 日）："市场营销专家说 80% 的新产品失败于推介和介绍，并且仅服务于为平庸的杂志、网页和故事提供素材，就像这一样，另外 10% 在 5 年内就消失不见了。"（URL：www.kellogg. Nwu.edu/ext_rel/clipping/99523ap.html，2000 年 11 月 20 日）。

[214]　也参见 Haimer/Mayer de Groot/Seibert（2001，63 页）："此外，如果在此

146

彼得·哈勒（Peter Haller）（1999，369 页）再次表明："在 70 年代和 80 年代初，所有新产品中的 60% 到 95% 都失败了。"在罗伯特·麦克马斯（Robert McMath）的调查中甚至提及 94% 的失败率："在不管怎样去挣钱的精神的驱动下，每年大约有 25000 种新产品进入北美市场。现在可以高兴地告诉大家，对于无可奈何的消费者而言，它们中的 94% 都被压碎焚烧，最终在减价商场找到了归宿。"[215] 约翰·M. 墨菲（John M. Murphy）（1990，20 页）有以下评价："确定的是，在每 20 个新品牌中就有最多 19 个失败了，更普遍的是，失败的原因并不能完全确定。"换言之，所有新进入市场的品牌中近 95% 失败了，而原因不得而知[216]！

　　此外，这一问题绝不仅仅涉及那些新进入市场的产品，其大多

期间失败率达到 90%，其主要问题就不再是了解将来可能会出现失败的情况。具备巨大潜力的革新也会失败，例如因为各细节是亚优化的（suboptimal），或因为消费者的反应及其需求被错误评价，或因为提出了错误的产品优势，或因为对消费者的害怕和反对不能做出精确反应。"

[215] "会爆炸的产品"（URL:www2.gol.com/users/mycowan/news/flops/product_flopsr.html，2000 年 11 月 19 日），同样也参见麦克马斯/Forbes（1999，4 页）：在消费者市场营销充斥着激烈竞争的社会中，每 10 个新产品中就会有 8 个失败，根据惯例而言，一些权威声称失败率高达 94%。一个几年前的分析报告表明，在每 671 个关于新产品的想法中最终只有一个在市场上得以实践，并获得预期的销售或者盈利目的。"更多内容参见"终结消费萎靡，闻到香水味道，销售额提高了 2.5%，价格下降，失败率超过 90%"，法兰克福汇报 27 期，1999 年 2 月 2 日，第 18 页。

[216] 参见 Davidson（1976，120 页）列举出"客观性的六个危险敌人，尤其要对这种新品牌的高失败率负责"：可避免的时间压力，可避免的质量损害，缺乏说不的勇气，为脱身而进行的过多投资性浪费、傲慢和过多的要求。更多内容参见 2002 年《销量经济》中的最新研究：关于新推广品牌的成功预期。作为终止一个品牌使用的原因有如下三个：1. 糟糕的时间点：36.6%，去年 29%；2. 错误的目标群体：20.7%，去年 10.8%；3. 太少的交际预算：19.6%，去年 13.4%。参见 Plewe，2002。

数被没有"好意"地，即并不具备知识储备——在首次购买时就应该将风险应对意识建立在其上——就被抛到了市场上并且必须面对完全从零开始，从头培养知名度、形象和信任的这么一种情况，刚好从20世纪90年代以来适合那些众多的新"创业公司"以及"互联网公司"（参见 Futowski，2000；Heidenreich，2001）。因为即使在许多顺利地开拓市场的成功大品牌中，品牌经理也在单独的产品革新和品牌交际的各种变化形式时遭遇过失败，虽然人们对他们充满信任，相信他们能够充满各种风险意识并且通过相应的市场研究在广告宣传的过程中控制这些风险（参见 Davidson，1976）。

可口可乐公司拥有世界上最有价值的品牌可口可乐，但当它1985年将新可口可乐推向市场时，也遭遇了一次巨大的失败。海因茨·维措雷克（1997，84页等）在1997年的"品牌对话"会议上描述了这次偶然事件：

"我们做了最广泛的研究，按照我所提供的概念各由一个消费者商品制造商完成。我们做了50万次匿名测试，超过70%的测试结果觉得新可乐更好。接下来，我们在一次名为"夜雾"的行动中将经典可乐撤离市场，并将新可乐推向市场。当时在人群中形成了对此事的不同反响；我们必须设立100个新的电话热线，每天都能收到15万封信。公司董事会董事长和公司负责人受到威胁，并声称公司负责人应该被枪杀。人们给我们写信说道：'改变可乐的常见形式，就像烧了国旗一样。'谢天谢地，我们是一个美国公司，而不是德国公司，如果现在，可口可乐德国公司会坚持用三年来推广新可乐，并会向消费者展示谁是对的。因为毕竟50万人做了问卷调查的测试并且一致认为新可乐味道更好。这么一来，还是我们是对的吗？八个星期之后，我们就又将旧产品重新上市销售。它现在叫作经典可乐，占据 99.9% 的市场份额，而令人羞愧的是，新可乐仅占据了 0.1% 的份额。但是在匿名调查中，新可乐如今也是赢家。"

我们本可以将这段历史补充进品牌建设中那数不胜数的失败例子中[217]。接下来迫切要解决的问题就是这些失败案例是如何出现的，这与福格特所提及的"信任"一词有何关系，如果甚至在这样一种时间和精力的浪费中，正如可口可乐公司在 1985 年推广新可乐的过程中所做的，最终的结果恰好与当初市场研究中所得出的结论相反，如何归类这种失败案例？显而易见，市场研究似乎并不能一定保证品牌成功，但没有市场研究也是不可行的。

可能的是，这种在福格特所提议的信任和令人惊讶的高失败率之间的矛盾，恰恰在推广一个新产品的过程中，在所有的市场上可直截了当地追溯到：福格特对"市场分析"的问题解决能力还是具有一定的单纯性，今天的品牌和市场研究不再是简单地说说而已。因为时至今日，各种针对品牌的评价更为令人质疑[218]。正因如此，卡

---

[217]　参见一经典案例——福特公司对 Edsel 汽车的失败推广案例："消费者对一件商品的反应会多么固执，在 20 世纪 50 年代末美国的福特公司已经体会到了：尽管进行了详尽的市场研究和声势浩大且花费巨大的广告宣传活动，福特新车型'Edsel'的销量最终还是完全一败涂地——而这一切都是在一个汽车行业普遍迅猛发展的背景下出现的。"（Schenk，1970，61 页）麦当劳遇到了一个相似的情况（McDonald's Arch Mc Flop），具体可见于"从市场营销失败案例中汲取的教训"（URL：www.kassof.com/insights/ri-su97f.htm，2000 年 11 月 20 日），其中有更多例子。值得一读的还有名为"往昔的坟墓——死亡的品牌：为什么它们必须死？为什么有些品牌保存下来了？ mm.de 详细描述了德国经济中曾经的著名品牌的生与死。"（URL：www.manager-magazin.de/unternehmen/artikel/0,2828,151008,00.html，2001 年 8 月 28 日）

[218]　参见奥格威（1984，166 页）的批判性回应："我承认，市场研究经常被他们的代理和顾客滥用。它们对待市场研究就如醉鬼对待灯笼柱一样，不是为了照亮，而是为了跌倒。总体而言，市场研究还是对更有效地进行广告宣传的发

尔·林（1992，208 页）写道："直觉、幻想和创造性还不能被如此专业的市场研究所代替。"雀巢多年负责人赫尔穆特·毛赫尔（1992，105 页）也表达了对市场研究意义和目的的类似观点："市场研究在一个匿名的市场中是非常重要的，并非常有必要作为市场营销的基础。与此相反，市场研究不能代替对市场营销专业人士个人能力、心态和行为的理解。"贝恩德·比尔（Bernd Biehl）（2001）有如下评论："如果一个品牌和其交流模式出现在消费者中间时，在职业化分析、创新性直觉和自然还有些许幸福之间总是存在着一种尴尬局面。"与此相反，在海因茨·约阿希姆·西蒙（1997，59 页）的文章中已经坦称："在超过了 20 多年的广告实践后，我已经相当谦逊，当涉及通过广告教皇们确立的市场可塑性时。"在《生活用品报》中名为"年轻商业工厂"的新生力量论坛上的一篇文章中，醒目的大标题为"市场研究不是畏惧冒险的经理人的伟哥"，毫不掩饰地声称，市场研究虽然会阻止极大的失败和错误，但是不能令人信服地预见成功——正如在新产品开拓市场的前两年内 90% 的失败率所证（参见康拉德，1999）。明显的是，市场研究毫无争议是令品牌成功的一个必需的但不充分的条件——因为人不仅生活在市场中。

如果这样的评价是恰当的，那么不考虑这期间出现的市场研究方法的多样性，似乎与市场研究的成功预期并不太远。带着这样的质疑，如此经久不衰的（成见）判断就不应该重新甚嚣尘上：品牌研究是——特别也基于顾客压力——仅仅是"迅速而肮脏的"并且同样也因此是不可信任的，如同在行业中传播讽刺挖苦的流言蜚语一样[219]。但要比迄今为止更为决断地摒弃这种广为传播的观点可能还

展提供了不可估量的服务。"

[219]　与此相反，罗兰·贝格尔（Roland Berger）2001 年在进行针对市场研究

是需要时间的，完全有可能在某一种程度上获得对这种偶然事件的控制（也参见托普里茨霍夫，1974；韦伯，1997）。然而必须要注意的是彼得·梅施希（Peter Maeschig）（1994）的不同意见，他提出了一个辩证性问题——谁会喜欢接受成功品牌源自偶然事件原则。清楚的是，如果偶然事件参与其中，那它就因控制的原因不会成为最佳[220]。品牌研究虽然致力于将名为"黑匣子"的消费者转变为"白匣子"，并且不管借助于消费者洞察，还是鉴于哪种类型的失败率，核心要素似乎都被忽略了。此外，恰好品牌研究也已经很早就清楚，在研究市场时，"不仅要求观察一个理性行事之人，而且要求整个人的参与性，即他所具备的所有的由情感决定的愿望、希望、害怕、对品质的期望和知名度设想，所有形式的追求效用以及其他有意识和无意识的动机以及诱因情况"（马特斯，1967，55页）。但可能的是，这"整个"人坚持逃避开品牌业的全部研究，以至于最终不可能将名为消费者的"黑匣子"仅仅通过市场研究——只要市场研究仅仅问到与市场相关事宜——每次都完全转变为一个"白匣子"。因为"整个人"不仅仅在市场中活动，而且还在社会中活动——如果

者和市场营销经理的问卷调查时发现，目标群体经常不会被系统地引导，而且市场营销措施并不会被检测其可测试性以及测试效果，参见比尔，2001。

[220]　在阿诺德（1992，61页）的文章中有着相对而言令人惊讶的观点："许多企业已经发现——这是一个有益的学说——他们的品牌不再在他们的控制之内，并且对消费者的影响包含了'偶然性因素'，如同与市场上所有其他品牌进行比较感受时，时尚、可改变的社会价值甚至标准，这些均完全从另一个产品领域被吸取。"Jacoby/Chestnut（1978，5页）着眼于努力从原因上对品牌忠诚度进行解释，提出相似判断："虽然对于进行决定论导向的研究者而言，这属于一种学术兴趣，在潜在原因之后持续分离出原因进行解析，但是这对于市场营销经理而言几乎没有实践意义。其显而易见的事实就是他不能希望对如此千差万别的因素进行监督和控制。"

想理解"整个人"，必须也要理解整个社会。这有可能意味着，这种目标并不仅用市场研究就能做得到，而是最终需要一个社会研究，以便能够充分地理解消费者，使得他们感觉自己真正被理解和考虑。同样的观点在道格拉斯·N.达夫茨的发言中也可以找到，他在1999年12月，在可口可乐公司经历几十年不间断的增长之后突然陷入了危机时，被任命为新总裁并提出了新的行动纲领："我们必须要看见所有人，而不是仅看见顾客；我们必须要看见整个社会，而不是仅看见市场。[221]"

接下来，如果我们追溯市场研究的全部文献就能了解，市场研究者早就有意识地关注到了这一结论[222]。德国市场研究者协会（BVM）在1975年于慕尼黑举办了主题为"市场研究——社会的镜子"的年度会议，并且汉斯·拉斐尔（Hans Raffee）（1975，293页）在会议期间再一次以"品牌商品"为题做报告，简明扼要地给出了行业自我理解的要义："没有市场研究，任何研究活动都是盲目的；按需生产已经过时，与此相联系的错误投资可能会是后果。"与此同时，在许多行业中，较高的品牌失败率也引起了对市场研究的成功催化剂作用的质疑，并得出结论：在此主题下所提出的诉求，可能必须要被撤销——单单市场研究所不能企及的是，在事实上作为社会的镜子。因为它所研究的仅仅是它对市场这一概念所理解的内容。但是市场排除了许多构成整个社会的内容，就这点而言，会议主题更应该叫作"市场研究是社会的镜子吗？"显然，市场研究迫切要求研究社会，因为只有这样才能成功地理解人这个整体，只要

---

[221] 参见《销量经济》2002年5月第18页文章："可口可乐：希尔科·明斯特关于全部符码以及地区碎片化的危险"。

[222] 参见奥芬巴赫德国市场及社会研究者协会的论文集。

这确实可能（参见费斯霍芬，1935a；克洛普夫，1954）。对于这种情况，不再仅涉及市场研究，而是涉及社会研究（参见霍克斯／维佩曼，1996）。至少，应该对研究客体的不可预见的扩展有所期待，比如克劳斯·彼得·卡斯（Klaus Peter Kaas）（1979，400 页）提议："消除这些缺陷的最坚定并且理论上最令人信服的方式就是，消解'其他条件均同'条件，并且将需求的所有潜在因子当作独立的变体处理。"具备这样的目标和市场研究，只要它能够坚定地追随尽可能全面地研究整个市场的目标，也就能超越自身的局限性，与此同时，从名为消费者的"黑匣子"到"白匣子"的转换也就与从市场研究到社会研究的转变紧密相连，恰恰这一点在道格拉斯·N.达夫茨的讲话中有所体现。作为推荐，从而可以确定，品牌经济应该更明显地比现在更多地求教于社会研究，也就是社会学。汉斯·F.J.克洛普夫（Hanns F. J. Kropff）（1954，630 页）在大约 50 年前就已经看到了这一点："社会学思想日益提高的重要性有义务对社会科学结果进行加工。"因此现在就适合发展一种单独的品牌社会学理论。

第二章

品牌社会学

品牌社会学的发展提出了以下问题：这样一种社会学的特殊性及其合法性在于何处？迄今为止的论述对此已经给出了第一批论据。在本书第一部分结尾就已表明，通过市场研究确保品牌成功的尝试已经达到了极限。因为如果目标就是将消费者作为整个人理解，那么这一点就不仅仅要求市场研究，而且要求社会研究，即社会学的介入。因此似乎存在着一个品牌研究所固有的能动性，其转向社会学，并且涉及对消费者尽可能完整理解的问题。社会学能够按照市场研究继续协助对市场研究过度要求的领域，并且对品牌社会学的设问在于，重新将社会这个主题纳入研究视野。

　　一旦人们回想起对品牌业科学的重新建构，品牌社会学的第二个具有决定性的出发点就会显露出来。其出发点就是观察到品牌研究在自身发展过程中一共体现出了三个阶段，它们彼此更替或重叠，并对于与品牌的交往过程，详细阐明了一个完全范例式的作用。第一阶段从 20 世纪初开始，在此期间，品牌被理解为一种技术（Technik），对其充分的理解和把握应该能够导致在对一个品牌进行塑造和建设的过程中，比起对任何一种产品的技术生产过程而言，同样采取被控制的措施，因此就会与下列设想联系起来——品牌成功的整体性条件是由生产者决定的。在下一个阶段，品牌首先作为个性／名人被探讨，因为在 20 世纪 50 年代就已得出以下结论：一个品牌的成功不仅仅依赖其如同一件产品一样在技术上毫无瑕疵地被制造出来，它更多地也必须具备正确评价和迎合市场上消费者的心理状态的能力。在始自 20 世纪 80 年代末期的最后一个阶段中，品牌最终被越来越多地定义为交流／交际，在此阶段，起决定性作用的是，品牌被正确地理解为针对消费者同时也是来自消费者的信使，以便获得成功。

伴随着这种研究方式的转变，品牌研究逐渐进入了社会学的领域。因为交流这一概念涉猎了社会学的一个基本概念，其含义对于此专业的建设几乎不会被过高评价。毕竟社会学的主要职责毋庸置疑地就是致力于交流一直发生的领域。就这点而言，如果品牌社会学被视为交流的一种特殊形式就顺理成章了。正是出于此原因，本论文的第二部分就以对交流概念的中心地位的简短阐述开始。

交流作为社会学的基本概念

社会学是对社会进行研究的科学，并且社会各处发生的大事，都处于多个个体的彼此相互影响作用之下，这正是乔治·齐默尔（George Simmel）在 20 世纪 20 年代初提出的观点。此外，这种相互彼此作用的概念又被赋予了一种建构性功能，因为它标识出了社会学的特殊研究对象领域以及责任权限领域。

"这一交互作用总是因一定的欲望及驱动而形成或者源自一定的目标。性爱的、宗教的或者完全是社交的欲望，防守抑或袭击的目的，游戏抑或获取的目的，帮助抑或教导的目的以及无数的其他欲望和目的，均会导致人类进入一种与他人之间的共存状态，一种彼此支持、彼此合作或者彼此反对的行为，以及一种与他人之间的共联关系。即对他人施加影响，并同时接受对方的影响。这种交互作用或影响意味着，从那些欲望和目的的个体载体中会形成一个整体，就是一个'社会'。"（齐默尔，1908，5页）

社会学的任务就在于反复地研究这些形式，个体彼此之间发生着交互作用和影响，比如上级和下属关系、竞争关系、模仿、工作分配、组建团体党派、代表、对内联合、对外隔绝以及"无数相似性"所构成的共时性。

虽然这种语言所阐释的观点很快历经百年，但是它实质上并无改变。研究对象领域就展现出它丰富多彩性的社会，并且社会学的任务就在于研究各种形式，在其中各个体彼此形成交互作用。只不过人们几乎不谈及交互作用，而是谈及相互影响或者普遍称其为交流／沟通／交际。

然后，交流总是并且仅仅只有涉及对一次告知意图的观察时才会出现。"一次交流仅会得以实现，如果在某人看见、听见、阅读时——进一步理解，即当能与另一种交流相联系时才能实现。单独就这种告知行为而言，它还不是交流。"（卢曼，1996，14页）这一种已普遍化的详细说明甚至包含了一种可能性，即会导致对告知意图的补充，而完全没有出现一种告知意图：某人感觉自己被打招呼了，但当时另一人却只是在自言自语。在这种意义上，几乎任何事均能被称为交流，只要仅能观察到一种告知意图。如此对一种关于某种归因模式告知意图的观察才会成功，借助此模式，对一种告知意图的观察才得以实现：某人说话、挥动手臂、转动眼睛、伸出手，我们从中能察觉到一种告知的意图，不论是否恰当。除此之外，一种告知意图也能够不依赖人而得以估算：一个街道标牌，一个人行道斑马线，一个十字路口，一个红灯，只要相应的归因模式得以运用，均能够从中得知某些信息，而不必为此让某人在这种情况下作为估算程度而恰好在场[223]。

在解密所告知的内容时，我们同样运用一定的模式，借助此模式能够在各种事件中建立起彼此之间意义丰富的联系，而这些事件之间的息息相关性恰是被我们视为告知意图所进行观察的。这涉及解释模式，它将我们日常生活中的经验以一种相似的方式进行组织，例如科学数据材料理论，因此也被称为"日常生活经验理论"（厄费尔曼，2001，10 页），它令我们能够识别各种联系并且建立所属性——如同在一个纸屑追逐游戏（一人假扮狐狸一边逃一边撒纸屑，其他人扮猎人在后面追）中，追逐痕迹时会集中精力于特定的符号、标示和引人注目的地方，它们基于共同的特点被相关性得以识别，而所有其他的特点因其陌生性被忽视。此外还可以论及行为及评价模式，通过这些模式我们可将自身的行为关系到他人的部分与他人协调一致，并且这些模式甚至将感情以及身体包括在内，因为它们同样屈从于一种模式化形式，使得我们要不论采用任何方式来进行告知、表达和采取某种态度，而且要尽可能令人理解地做好这一切（参见施密特/Weischenberg，1994；卢曼，1996）。

社会学内部的语言规则化在这一点上极少达成一致，这不同于在对此专业进行核心设问的评价：令交流可能化。在哈特姆特·埃赛尔（Hartmut Esser）（1994，180 页）的论文中，在此设问与定义的多样性之间的矛盾得以很好地被观察。因为他考虑到了最具差异性的设想，如"规则""仪式""例行公事""模式""草稿""角色""规

---

[223]　在某种意义上，我们可以理清以下思路：从街道标牌到交通秩序，直至我们为此负责的决策者。

范""类型""类型化""纲领""典范""构架""解释模式"，它们并不具有不可克服的差异，并且作用永远相同：

"这些关于交流的整体性顺序的一体化设想具有一个重要的作用：它们生成了一种——或多或少——强大的'情景定义'和交流顺序以及与此相联系的社会进程之过程的可预见性。借此，它们简化并节约了日常行为中的许多重要实施措施及互动。它们也通过清晰的共同导向调控了交流的过程，倘若存在众多源自人的行为失控而导致的'意乱神迷'及偏差，并且它们还帮助人们克服在针对交流顺序的实际过程中的所有波动起伏所表现出来的世界的不安全感、无序性和非正常性。"

这些设想整体而言，也就是说，它们整体上体现了对交流结构的普遍和扩散化，这些交流结构适合反复使用和不断重复并经受住了考验。对此尤其需要强调的是象征性的辨识结构，它证实了一种极高的稳定性和持久性，并且极大地降低了导向性。四种具备这种特征的辨识性结构类型被简短列举，即"价值""纲领""角色""个人"，它们均能够在交流的各种形式中加以运用，并且构成对一种从抽象到具体的分级逻辑的基础。

（1）"价值"指的是那种可以想到的最普遍化的观察世界的视角，因为这种视角几乎不与任何行为或者被忽略行为的受限条件相联系。价值在最大限度上传递了对各种事件、过程和状态进行评价时的不受约束的预设状态，而不必考虑到从中可能产生的任何强迫性后果。就这点而言，对价值的参考会陷入一种随意性危机中，因为几乎没有任何排斥性准则会始终存在，它可以通过价值来限定交流的可能性。每个人均需要任何价值为己所用，无论是和平、自由、虔信，而无须对此争执不休。虽然有可能在一些个体身上会看到对这种信仰可靠性的质疑，但是几乎还不存在利用这些价值的特权。

（2）"纲领"指的是对正确行为的指示。因为虽然价值预设了行为的优先权，但是针对如何实施的问题则毫无意义，是纲领承担了这一功能。"一个纲领就是一个正确性条件的集大成者（此正确性即行为的社会可采纳性）。"（卢曼，1984，433）卢曼甚至谈及"行为的纲领化"，它在行为过程中预设了应做行为和应被忽略行为的方向性和正确性，"只有将其纲领化才能在重复的方式中确定正确的行为。"（卢曼 1988，226 页）再者，一个纲领需要对将各自角色协调一致负责，这些不同角色被用于实施整个纲领。就此而言，这些纲领就致力于将非随意性的个人行为以角色的形式针对特定的目的进行管理并且进行控制。

（3）"角色"指的是对各种行为期望值的组合，这些行为期待作为参与条件针对非任意性个人，在一个特定的交流框架下被提出——因此它具备非任意性特点，因为只有满足条件的人才能够参与。此外，参与任何一种交流行为从根本上而言仅仅以角色的形式得以实现。甚至之后，如果人们仅仅作为自身发声，或者自视为可称呼的角色，都仅仅是在扮演一个"角色"而已，因为所有行为期望值的整体性，即将某个人标示为个人，恰恰不能在交流的框架下被接受。从交流的视角来看，对角色的预先把握意味着各个体通向个体间交流的唯一可能理解性（参见贝格尔/Luckmann，1987）。换言之，内涵借助角色得以外化，因为不存在参与交流的另一种可能性。

（4）"个人"最终指的是所有行为期望值的整体，即某人将这种整体性集于一身，倘若信任某人具备这种交流能力[224]。"一个人的个

---

[224]　参见福克斯（1997，63 页）："交流并不涉及关注是否允许在社会中具备自我指涉的能力（即作为一个实施行为的主体，能够在告知以及信息中得以区分）

162

性形成于其行为总是被设想为具有异于选定的特征，并且能够通过自身的行为从沟通的角度被施加影响。"（卢曼，1997，643页）对此，这种行为个体就涉及对其所显现出的整体形象的统一化，这形成于在交流的各种更迭变化的场景中所展现出来的各种行为的一个总和。此外，"个人"指的不是新萌芽现象，比如意识或者交流，而指的仅是在交流内部的一种归因模式，它对于意识而言也是意义重大的（参见 Gerth/ 米尔斯，1970；卢曼，1992）。人们本来也可以称其为"定位 / 地址 / 告知 / 通告（Adresse）"，当参与一种交流时，每个人均可以自动获得这种定位，并且这种定位可以作为尽可能处处并且任何时候均可以坚持到底的个人身份，通过并首先用于这种交流[225]。

"个人作为交流的辨识点，作为用于交流的通知，作为用于行为归因的统一体，也同样用于责任，并且作为记录地点，人们能够假定将记忆附加于其上，而这记忆能够在交流过程中，出于必须在交流中有说服力的各种原因，按照具体情况得以激活。"（卢曼，1990a，202页）

悖论性的表述，人们本可以在关注角色这一概念的同时，也把"个人"这一概念视为语境中立，并且从而可将其视为"无角色的角色"，因为它——也如同任何"正常的"角色——意味着对行为可能性的限制，但是绝不包含涉及一个特殊的研究对象领域，因为其与所有研究对象领域保持着一定距离。

或者作为一个客体，因其并不具备自我关联（Selbstbezug），但充其量可主题化（thematiserbar）。在这样一种基本层面上，就逐渐敏锐地，当然是逐层展开式地表明：内涵包含了世界的纷纭诸事，并将其作为通告（Adressen）的候选者，外延则排斥。动物或者树木是候选者抑或不是，他者以及野蛮者是候选者抑或不是，严重精神障碍者是候选者抑或不是。"

[225]　参见卢曼，1991；卢曼 / 朔尔，1988；福克斯，1997。

人们本可以在这一点上还继续列举其他的结构，它们可以对实现交流的可能做出贡献，但是在社会学中存在多种不同的解释模式，针对交流可能性的各种条件。但是因为交流是对于所有人均普遍化的关联点，那么交流就适于作为社会学的基本概念。

作为形式的社会和社会的形式

如果交流是自然界现象，借此可以表示出社会学的研究对象领域，那么这一点就直接对社会这一概念产生了各种影响。参考齐默尔的论点，也就是说，各种社会行为只发生在交流得以实现的地方，在那些交流无法达成的地方，就完全谈不上是社会。因此，区分社会与非社会就以区分交流与非交流为基础。因此社会的形式就在交流的视角下被定义为"运作"，因为它仅涉及将社会的发生稳固于交流的发生，而不用涉及如齐默尔所言的对社会各种形式的进一步区分上。

如果关注社会的各种形式，那么在一定程度上要看一个社会的内部环境，在大多程度上能观察到社会中各种不同的交流形式。那么，交流就不再作为运作，而是作为结构被观察，作为各种期望值的集大成者。这些期望能够被按照不同的主题进行区分，并且以最具差异化的方式将个体连接至交流活动之中，比如交友、家庭、工作、度假、看电视、购物。当然，并不是每一种交流均具备同样的重要性，倘若关系到作为上述交流形式的社会。更多的是，交流的特定形式被辨识，而这些形式对于一个社会而言拥有一个建构性的作用，因为它们将社会个体化并且仅因此与社会的其他形式相区分。因此，社会的形式可以从两方面理解：一种是在一个社会中关于特定主题的所有交流形式的整体；另一种是在一个社会中关于特定主题的少量选定的交流形式。因为这些形式极其重要，以至于人们不仅仅能区分一个社会中的不同形式，而且能区分社会的不同形式。每个社会都是指出了一种交流的最基本的形式，它可以构成唯一性，且任何一个社会均包括数不胜数的交流形式，这些交流形式均可在它的整体性中反映出一个社会的全部主题。

按照尼克拉斯·卢曼（1997）的观点，存在三种不同的社会形式，它在社会演化的进程中已逐渐形成并且它的特殊性产生于占主导地位的子系统之间的关系：社会的切分式、层级化以及功能区分化形式[226]。此外，还涉及三种社会进化过程中的不同的阶段，但它们在时间性、客观性以及社会性上并不能一直无可争辩地划清界限（参见卢曼，1985）。

（1）在进化过程上最早的社会形式可在所谓的原始的或者史前的部落社会找到，它们被称为分割式社会形式，因为它们优先由彼此相同的子系统比如家庭以及亲属关系网组成，这种子系统在内部贯穿始终地被多功能化管理，几乎仅在交互行为模式中彼此相遇并且借助各自群体身份中的神话和仪式得以确认。此外，个体身份在这种社会中仅仅通过家庭以及部落归属性得以建立，而这种归属感提供给个体一个稳固的社会地位，且每次传递的均是一个稳固的个体身份，它已经通过这种社会纽带被预先确定并且不了解个体自我表述的任何外部领域，更谈不上证明不管什么类型的趋势，比如今天被称为"个体化"的趋势。"更简单地描述：每个人在根本上应成为其所应成为之人。"（贝格尔/Luckmann，1987，175 页）。

（2）在进化过程中，下一个社会形式会在高度文明的社会中遇到，它们被称为层级式社会形式，因为这些社会揭示了彼此不相同

---

[226]　也参见帕森斯，1986；Tenbruck，1989；Schimank，1996。

的子系统，它们按照层级被管理，即表明了一个高层级及多个低层级，内部同样也还是被多功能化管理并且大多数是通过面对面相遇来彼此调节。个体身份同样通过来源与语境以稳固的社会地位和身份描述的形式被获得，只不过这一次是在一个特定阶层的框架下，每个个体的生活空间均几乎仅仅被局限于此阶层之上，因为除了宗教几乎不存在具有决定性意义的可建立秩序的机构。就这点而言，可以在关注高度文明社会的视角下并在开始阶段谈及个体化。诺贝特·埃利亚斯（Norbert Elias）（1989，175页）在针对宫廷社会时的这种情况有如下表述："他们的居民与所有人一样，是受限制的有所发展的人，也就是——除了所有社会的个体局限性之外——通过这种特别的社会领域的特殊界限和可能性而受到局限。"

（3）在进化过程中最近的一个社会形式是现代社会，它的最初形式原则是功能性区分，因为存在几个少量的、将社会视为全部具有决定性意义的子系统，它们统统承担起一种对整体社会而言至关重要的但每次均各不相同的功能，比如建立集体性彼此牵制决策（政治）、调节矛盾（法律）、以未来为导向的满足需求（经济）或者获得认知（科学），这里仅仅列举几个而已。与此相对应的是，当时占据支配地位的区分形式，比如当时还完全存在的切分形式和层级划分形式，则退至第二代。这样一来，大概是家庭和组织结构被以切分方式分配，并且个体归于具有相同生活方式的大群体的可归类性也是无可争议的。只是人们不再谈及严格意义上的社会分级，并且从经验上而言也显得更为艰难，即将现代社会直截了当地描述为阶级社会。此外，几乎不再可能成功地借助宗教、道德或者交互行为来设法实现整个社会的融合，就如同对于前现代社会的这种情况一样，这一点在现在是由功能系统来处理的。对于个体身份而言，这些变化会带来以下后果：个体显而易见更少地从其自身家庭或阶层获得其个人身份，因为这种任务是从各功能系统获得的。现代社会要求高得多的灵活性和可转化性，家庭和阶层均不能适当地传递这一特性。鉴于此，个人与家庭和阶层之间的社会纽带也受到了威胁，就一部分而言，这种社会连接关系甚至已经消解，并且越来越大规模地转至各种功能系统，由此逐渐形成一种持续的个性化。最终，各功能系统赢得社会化的一种逐步增强的权限，因为社会生活主要就是在这些功能系统中进行，每个人均必须被置于这种境地，即便有能力也有可能参与所有的功能系统，伴随着对个体差异性的持续性的忽略，比如出身、性别、教育或者收入等。

现代社会的功能区分

如此一来，现代社会就以自己对多种功能系统的详细区分为特征。用于一种特殊功能的普遍作用适用于这些功能系统中的每一个，因为每次针对这些功能中的每一个只存在一个适用于整个社会的系统：一套法律、一种科学、一种政策、一种经济，并且这一点适用于（尽可能多）所有人。为了实现这一功能就需要具备一种特殊的技巧用于观察世界，它被称为二元符码，因为借此就可能实现对世界普遍性的把握。人们可以与基础编码以及二阶编码相比较将这一点清晰化：

基础编码指的是区分两面中的一面，而另一面则体现为空白，因为它被保留为非定义形式。因此就可能谈及"太阳""自行车"，或者"今天"，而无须告知这些概念与何相区分。

与此相反，二阶编码指的是具有区分度的两面，比如"太阳"和"地球"，"自行车"和"汽车"，或者"今天"和"明天"，但在这种区分之中存在标示的其他备选可能性，比如"月亮""行人"或者"昨天"。在某种意义上，一种二阶编码仅包含了世界大事的一部分，而大部分则置之其外。

与此相对应，二元符码则是在一种这样的区分之中：每一面均被通过其逻辑性的对立面加以完整化，比如系统／环境、白天／晚上或者左／右，以便所有正在发生之事无论哪一面均能有所体现。通过这种方式，任何事物均不会被置之其外，因为逻辑上不存在第三种价值，在区分过程中还需要对其加以回顾，而是仅仅存在一种自我满足的非此／即彼二元论：某物或者属于系统，或者属于环境，或者白天出现，或者晚上出现，位于左边或者右边，并无第三种选择。基于此原因，二元符码便有一种普遍性作用，因为从整体上理解世界，而不是仅仅局限于一种特定的视角。

除此之外，各种二元符码，在涉及一般化程度时，均根植于相同的层面，比如价值，并且从而一样很少适合对正确行为进行引导。因此，二元符码说明了区分的哪一面享有优先权，并且具备连接价值：只有政府具备立法权限，而不是反对派。除此之外，二元符码预见了内含密码的机会，用于反射和批评那些在系统中以其他选择、疏忽或者弊端出现的事与物，只要换至另一面并声明其反义。这就是反对派的任务——指出政府的错误。但是二元符码从不自带评判标准，而是按照这些标准被决定，编码对哪些事件负责任，也就是说，在系统中什么需要被特别重视并且应该作为信息以非随意性方式被继续加工处理。属于每个功能系统的标准配置不仅仅有二元符码，还至少有通过一种具备功能特殊性的纲领化的协助，以便在系统功能的意义上为交流提供足够的连接能力。从参与系统性事件的个人视角而言，也可称其为条件化，并不断地通过一种功能特殊性的"动机语义学"得以表述（卢曼，1984），以便为参与的个人提供足够的论证和辩护可能性，一个功能系统中的交流是如何并且为何以一种特定的、非随意性的并且不能随意被更改的形式得以进行。

简言之，编码化和纲领化是相互依赖的。"编码为系统的稳固性提供结构，而纲领只阐明以下理由：什么能够在系统中鉴于其符码的条件被作为正确行为得以接受。"（卢曼，1987a，192 页）编码预设了主题设定，而纲领只负责组织成果。每种编码均需要纲领化，只有从整体而言，它们才具备运作能力，因此在它们之间也并不存在等级。它们仅实现了一个功能系统的运作能力的不同功能：在二元符码保持系统同一性时，系统在纲领层面上具备这种可能性，各按照需求采用不同的纲领运行，或者也改变那些纲领，这一切意味着针对在内部以及外部系统环境中出现的变化具有一种显著的学习以及适应能力的事与物。这样一来，就出现了一个政治系统和多个党派，一个科学系统和多种理论，一个宗教系统和多个宗教团体，一个经济系统和多种市场。这一切均表明，全部功能系统基于这种符码和纲领之间的相互依赖得以揭露出一种最大化的悖论行为，因为它同时具备封闭性和开放性，稳固性和可变性（参见卢曼，1986，1990）。

最后，各种功能纲领在传递其动机语义学时被特殊的动因措施所支持，这些动因措施在此论述中仅存在于现代社会中，并且被卢曼定义为象征性的一般化交流媒介。在此，涉及的是对所参与个人的动因在功能纲领的选择性上的调整。"所有象征性一般化交流媒介的典型作用方式建立在一种条件化及动因的耦合之上。"（卢曼，2000，60 页）因为基于逐渐削弱的与传统和遗留下来的权威机制的社会纽带比如家庭、教堂或者国家，在现代社会中针对某种特定行为——某种预设为唯一正确的行为——的要求的拒绝可能性已经极大地增加了。这种传统和超验衰落而且令认清那些作为决策的要求变得更容易，而这些要求能迅速承担起偶在性风险，并且如果不是无法论证的并需要辩解的情况，可能会冒着被专断并非法批评和拒绝的风险。这一点也特别适用于功能系统，因为它的交流形式在很大程度上是匿名并且无特征地进行的。也就这一点而言，拒绝的可能性恰恰在功能系统的框架中要比原本的情况大得多。

尽管如此，为了能够从这些关系来估算某种可能的后果——因为对交流的可一般化形式的建构和培育是绝无可能的，如果人们持续不断地对其加以拒绝，那么另一种适用于任何一种功能性系统的语义学形式就已经伴随着现代社会的功能性区分的实施逐渐形成，而这种语义学形式正是尝试在这样一种功能系统的作用范畴内，促使全体个人接受并保持相应的纲领预设情况。在此，随之而来的就是与其紧密相连的惩罚制裁的潜在性，毫无疑问地在其中扮演着并非不重要的角色，而这种潜在的制裁和惩戒正是通过对特定措施的运用（例如暴力或者试验）或者抽离（例如社会成就或者性）而引人注目。但是首先这种语义学形式要被定义为象征一般化的，因为它正是通过采纳特定的象征符号如金钱，将所参与个人的各种不同视角集中于一个最小的共同的命名者上，并且这一点尽可能在所有机会中均如此，这些机会可能产生于各个系统。由此，现代社会就借助于象征性一般化的交流媒介比如权利、真理或者爱，在其功能性系统情况中，对已提高的拒绝可能性的问题有针对性地做出反应，以便确保交流的成功。

毫无疑问的是，各种功能系统正是基于这种普遍化作用，在对正确行为的纲领化和社会化过程中，占据一个特别具有影响力的地位，因为它的功能或多或少涉及了所有人。也就是说，各自的功能均必须能激励所有人正确参与其中，以便从一开始就不会排斥任何人。与此同时，各种功能系统也因此显示了最大的动机需求，因为它们基于自身的抽象性和媒介能力能够令人想起那种"入世"的直接性，而这种直接入世恰好对于家庭和阶层而言非常典型。因为与此不同的是，人们在现代社会的纷繁芜杂的功能系统中，优先会遇到各种扮演最不同角色的各种陌生人，对于这些我们很难保持实质上的信任。并且越来越常见的是，人们和那些从未有过私人交往的人建立联系，不是面对面相遇，而是仅仅通过报纸、书籍、信件、电影、广播、电视、电话、电子邮件或者网络，按照各自不同的理由。与交流的这些形式相对应的是，做出正确行为的动因，比起那些在交流过程中具备私人纽带并且除此之外让一个行动纲领的意义和目的一目了然的情况变得困难得多，因为世代以来所有人都做着相同之事。对于交流情况的这种形式做出的设想和预估，正如它在功能系统中占据主导地位一样，必须因此被毫不间断地产生出来并被准备到位。因此各种功能系统仿佛如同巨大的"动因机器"[227]一样在发挥作用，以便不仅仅确保本身人员的后果预设，而且还要确保其各自观众的后果预设。

纲领和动机

正如已经清楚展示的，各种纲领标示出了一种结构形式，而这种结构在交流可能化的过程中扮演着至关重要的角色。查理斯·K.

---

[227]　参见卢曼（2000a，95页等）："社会机制的历史机器能够改变人所附加的各种动机。个体／动机象征性地用持续性以及非持续性的连接装备了整个社会，即采用一种针对受限的及可控制的变化的可能性。"

瓦里纳（Charles K. Warriner）（1970，37 页）甚至阐述得更为深入，将行动的纲领化置于他对"社会的突显"这一设想的中心地位，对此他尤其强调了三个因素："（1）部分社会行为的规范化；（2）在规则、时间、地点、行为者以及语境各方面清晰表达上述行为；（3）对这些行为的主要功能进行规范化。"此外，瓦里纳还认为，在一个包罗万象的综合剧目中，囊括了具备各种不同作用界限以及相当具有差异的任务范畴的节目 / 纲领，比如生产纲领、意识形态纲领以及标示纲领，这一切均展示了其使用广度，即各种纲领对于行为调控的全面性。因为按照瓦里纳的观点，整个社会完全被各种纲领所充斥，以便在出现任何机会的时候均能够用到合适的纲领，没有纲领就没有行为。

如果询问到其详细功能，则各种纲领的核心能力在于将广泛的行为链彼此协调一致，这一点同时也包括了目标决定以及方式决定 [228]。因为纲领为封闭的因果链创造了各种预设条件，当在目标和方式之间建立起耦合的时候，它们就能够借助行为作为角色被完成。此外，还存在一律以复数形式出现的纲领，它们能与以下可能性紧密相连：各自按照需求同时设立并唤起多个从属纲领。比如开始和采纳纲领、决策、描述以及解释纲领，制定和实施纲领，目标和条件纲领，帮助和解决问题纲领，以及甚至再次终止纲领，各自按照任

---

[228]　参见 Hofstede，1993；施密特，1999；厄费尔曼，2001。沃尔夫冈·施耐德（Wolfgang Schneider）（1995，149 页）认为，即使是语义学的功能性等值概念也可能会涉及："不是原本的主题，如同卢曼的相关研究中所言，而是作为指令以及目录学所要求的解释性素材，用于对成果的选择，语义学从而在此得以运用。它不是作为交流的粗制滥造的自我描述，而是作为进一步的内化的引导，在交流的运作层面上得以实践，并且共同激励所包含的内心进行选择决定来介入其中。"

务的设立而定 [229]。除此之外，各种纲领的广度和深度视情况而定，明显传播出以下信息：是否人们在社会、一个组织或者互动的框架下活动，无论他的行为是公开的还是私人化的。这样就出现了以下大纲领，诸如"选择/选举""圣诞"或者"交通堵塞"，它们或多或少适用于所有人；但是也存在组织纲领比如档案管理或者咖啡休息时间；最后还有最小纲领，它们仅仅引导个人的日常事务，比如刷牙或是读报，却不应低估这样一种行为的复杂性。正如伯恩瓦德·约尔格斯（Bernward Joerges）（1988，35 页）在以洗衣服为例时所明确指出的："在家居生活中，一次某种意义上完全机器化的清洗过程就已经以对洗衣过程、洗衣剂剂量、衣服特征以及装满程度的熟练的协调一致为前提。"如果人们随后还是将此纲领与所有那些我们必须要掌握的日常生活中的例行公事建立起联系，那么从中就会产生出一种同样的经验丰富，但是对无数纲领的高度复杂化的协调一致，整日不休，一周七天，从某种意义上正是称之为我们人生体验中的"剧本" [230]。

---

[229]　参见卢曼，1971；戈夫曼，1981，1989：Blöbaum，1994；Zustiege，1998。也参见卢曼（1984，278 页）所述："从行为过程的角度而言，一方面存在条件，且必须存在，以便令行为可行并且能够得以被再次产生——例如合适的空间、交流方式、被'处理'的客体和动因准备，所有这一切必须在此之前被确定。另一方面，一个期望结构必须能够被配予此行为过程，而此期望结构正是针对事件——大概是即将建造的工程及作品有待改变的状态，以及可能仅是对参与者的去无聊化。"对此，在任何情况下，均不会永远清楚什么时候某些事物会停止，什么时候某些新事物会再次开始，参见 Baker（1993，116 页）："一个很微小的，可能并非特别有趣的问题令人百思不得其解：午间休息的开始，是从在前去吃午餐的路上进入男厕所而言呢，或者还是以离开它的时刻算起？"

[230]　参见 Cohen/Taylor（1980，53 页），其借助功能性等值概念"剧本"重新建构了一个家庭就餐场景："起草一个家庭就餐的参与人数计划必须要远大于在座人数，清点被狼吞虎咽地吃掉的菜肴，还有列出所说的话。它必须是传达一种介绍，即一次家庭就餐是什么——一种介绍，能被所有在座之人分享，如果尚

173

从大部分纲领中会得出一类无主体性的意图性，正如米歇尔·福柯（1983）在针对权力关系时所提到的一样，因为许多纲领是通过一种不包含归因特质的目的论而被施加至特定人身上的。人们完成一种特定角色，而没有由某一个人单独书写出整个剧本，或者完全发明出新的行为步骤[231]。大部分纲领均是没有设计者的设计构图，只有进化对此承担责任。除此之外，各种纲领还针对具体使用性问题的修改质疑揭示出了一种令人震惊的易变性，视情况而定，一种纲领的设立具备多大社会共鸣能力，它旨在用于对其环境进行改变的情况下，即使在这一点上也存在着显著的差别。换言之，各种纲领不是仅由各种不可改变的规则构成的一个僵化不变的数据库所组成，而是表达了一种由各种稳固的、抑制失望情绪的并且可变的、具有学习能力的期望值结构构成的集合（参见福克斯，1993）。

通常而言，实现纲领只有通过这种不断再现并且尽可能保持一如既往的过程样本才能获得成功，并且因此能够在最大限度上无须任何时间和精力上的反射就得以完成。这些样本大多无意识被终止，并且表现为使其习惯于行为本身或行为的成瘾化（参见维斯韦德，1965；布迪厄，1987）。在其中，例行公事的流程却被阻止，因为总会发生让人意料之外之事，并且随后有可能会出现对当前的纲领运

有人没听到；一种介绍，能允许同样理解所扮演的角色、所表达出的感情以及展示出的准备工作。如果这一草稿在某种程度上是成功呈现的话，那么这一插曲就会被感受为'正确'的。这一插曲会被正确感知，正因为我们已经以同样的方式经历过。"

[231]　参见贝格尔/Luckmann（1987，79 页）："仅在其借助角色再现的过程中，机构就表明自己是真正可获悉的。借助其'纲领化'行为的总和，大概如同一个戏剧的未写成的文本，而此剧本的上演依赖于对那些由活跃的演员扮演着的、剧本描写的角色的反复的描述。这些演员代表其角色并且在预设的舞台上将戏剧现实化。"

行的测试和辩解的质疑。在这些情况下，我们见到的纲领大多以"动机"的形式出现，正如同汉斯·格特（Hans Gerthy）和 C. 怀特·米尔斯（C. Wright Mills）（1970，117 页）所阐述的："这样一种对动机的解释发生在面对其他选择可能性时，伴随着未预料到的各种选择可能性，或者发生在有反抗力量阻碍我们的角色时，因为在按照惯例的行为中，我们的动机通常并未被质疑。"

特别是 C. 怀特·米尔斯已经对动机的作用表示支持。因此，动机能够同样为已存在的行为进行辩解，如同为那些恰好或者还应该被实现的行为一样。"动机就是已被接受的对现有、未来或者过去的行为纲领的合理化。"（米尔斯，1940，907 页）此外，它那特别的辩解能力得以阐明，通过那些针对意图表达和论证样本的已提高的可接受预期，而这些意图和样本被外化为动机提出作为阐述理由。"我们为自己的行为设计原因，这些原因能为社会接受并且能展示我们的优点。"（Katona，1960，86 页）因为谁还会反对良好的意图？更多的还有：谁究竟会敢于反对？在某种方式下，从各种动机中会出现一种交互的辩解压力，谁会一直敢于反对其辩解意图——这就是各种动机纲领化的一个核心组成部分。也就是说，动机拥有象征性资本，因为它们自身需要被承认的并具有因此相互不矛盾的合法性，无论什么时候作为理由被提出（参见舍尔霍，1959；布迪厄，1987）。"动机是对对象所为的论证形式，借助这些行为人们可以让自己在社交中引人注目。"（卢曼，2000a，156 页）那么，在出现一次动机争议的情况中，更好的可实施性就依赖于被更好组织的论证策略。动机争议的可能性自然显示出，动机总归才会被需要，只有当对一个情况的定义被证实是偶在的（kontingent），只有当交替性感知的习惯性同一性让步于对一种感知差异性的判断力（坎贝尔，

1996，批判式的论述)。"在任何一种情况中，人们都要必须质疑，某人是如何论证其理由的。没有人能预测到自己能够无论在什么地方均能达到最终让所有人必须赞成的一个点。"（卢曼，2002，322页）

此外，各种动机也超越行为链，它们甚至拥有纲领特征，并且还具有行为控制和教育的趋势。米尔斯（1940，909页）将这一点针对一种教育措施反复加以强调："母亲控制孩子：'不要做这个，这很贪心哦。'这个孩子不仅知道什么应做，什么不应做，而且他还被赋予了标准化动机，它们促进了规范内的行为并阻止那些被禁止的行为。"这样一来，动机就起到了微型纲领的作用，它们首先关系到那些对于当前的一系列行为至关重要的纲领片段，而不必同时考虑整个行为过程（同时参见 Schütz，1981；契克森米哈赖 / 罗赫博格-哈尔顿，1989）。借助弗里茨·海德（Fritz Heider）的观点，人们也可以区分媒介与形式：各种纲领在整个范围内脱离对其直接的了解，并就这点而言——与海德提过的媒介理论相似——保留为不可见形式，那么各种动机就除了行为之外成为纲领的唯一可见表述形式，而这些动机如同这些纲领的形式一样具备可读性。

除此之外，这一点就证实了曼弗雷德·亨嫩（Manfred Hennen）的想法，他和瓦里纳一样论及一个"纲领社会"。纲领因而作为动机和动因出现，它们同时将一个纲领拆解为单独的行为步骤，并同时将动因性（motivationale）的种子播撒至相关个人的内心。纲领在某种意义上是社会的软件，被分配至多个菜单中，而动机反之则是单独的纲领步骤。

"纲领一直基于特定的核心目标设想，将各种行为协调一致。就这个意义而言，它们表述了一种具有针对性的解决问题的剧目。动因（Motivationen）则将被期待的行为后果与个体的关于行为纲领的

驱动能量链接在一起。"（亨嫩，1994，158 页）

因此，纲领和动机彼此处于相互补充的状态，并且每个纲领均被通过一个纲领特定的"动机系统（System der Motive）"（Lenk 1978）甚至通过多个动机系统得以体现，便均能推断出一个社会情况的较低结构化形式。由此一来，按照米尔斯的观点，就存在各种不同的"动机词汇表"。作为例子他分别列举了一个道德的、一个个性化的、一个性的、一个享乐主义的以及一个金融词汇表，它们能够体现出对社会需求或者社会氛围情况的特殊的经济发展趋势的从属性，同时也能体现出对行为风格表述的时尚潮流的从属性（也参见萨林思，1981；戈夫曼，1989）。"动机在内容上和特征上，随着历史阶段及社会结构而变化。"（米尔斯，1940，913 页）从中已经可以看出，动机按照各自需求具有一种很高的可塑性，并且这些动机不仅是对动机所有者的"自然需求结构"的单纯反映，而且是对社会已接受的纲领结构的再生产[232]。因为"动机在针对交流的交流中被制造出来"（卢曼，2002，19 页）。与此相的是体现出其丰富性配置的动机语义学档案："需求""感情""利益 / 兴趣""原因""情绪""灵感""忧虑""恐惧""想象"——这一切也一直将社会视为合法并能够被作为动机引用，如果涉及对个人行为的论证和辩解（参见舍尔霍，1959）。

如果人们将动机在这种更深远的意义上进行理解，那么就会很容易将行为理性也转化为动机形式。在这一点上，我们大概可以想到阿尔伯特·赫希曼（Albert Hirschman）对激情和兴趣的区分，它们均能归因于一种行为的特殊理性，它们彼此表现为外化形式，并且表明了一种一方面涉及每个自身同时也涉及每个另一方面的，并

---

[232]　参见舍尔霍，1959；维斯韦德，1965；厄费尔曼，2001a。

同时具有排斥性的动机语义学（参见赫希曼，1984）。另一个尤为著名的例子就是马克斯·韦伯（Max Weber）的社会行为的四种理想类型（1985，12页）：

"正如大多数行为一样，社会行为也是能够被定义的（1）目标理性行为：通过对外部世界的研究对象以及其他人的行为期望，将这些期望当作'条件'或者'手段'，用于理性上，或者这些期待被视为成功，被追求的并被斟酌过的自我目标；（2）价值理性行为：通过有理智的信仰——伦理的、美学的、宗教的或者如同还需要被阐释的其他领域——一个特定的自我行为的无条件自我价值，完全属于此类型，并不依赖于成功；（3）情感行为，尤其是情绪性行为：通过当前的情绪和感情状态；（4）传统行为：通过被适应的习惯。"

这样，关于目的理性以及目的理性行为的论点就能与特定的行为纲领联系起来，并且仅能作用于——已做必要的修正——价值理性的、情感的以及传统的行为，在这件事上，任何行为类型均具有一个自己的动机语义学[233]。此外，在这些表述之后并未隐藏着那些不

[233]　也参见舍尔霍（1959，81页等）："思维方式、民族气质或者行为规范不仅决定……方式及物质的归类，而且也决定了目标的选择。按照逻辑法则，七匹马多于两匹马；这种结果适用于每种思维方式，但是从中形成的行为则是按照各自的思维方式而各有不同。倾向于神秘性的想法：'七匹马多于两匹马，但是三是一个具有魔法威力的、神圣的数字，因此三匹马好过七匹马。'倾向权威的想法：'七匹马多于两匹马，但是国家（政党）的幸福要求没有人能拥有更多牲口，多于耕地所必需。'倾向传统的想法：'七匹马多于两匹马，但是我的前辈所拥有的，从未有比四匹马更好的了，多于四匹马就是灾祸的源头了。'倾向社会性的想法：'七匹马多于两匹马，但是我目前的状况允许我拥有三匹马，可能我以后会增加到四匹马；想要更多，可能会是痴心妄想吧，并且会招致反感和不幸。'内倾型（孤立型）想法：'七匹马多于两匹马，因此我以后不仅要七匹马，而且要尽可能多的马。'——可能，所有这些思维方式在任何一个随意性文化之中均会并行，但是文化是被那种占据主导地位并被视为规范的思维方式所决定的。"

可变化的特点，针对那些直接自我表述出来，更谈不上针对他人的一种特定的行为类型的，一种不论以何种方式形成的自傲或者自卑。更多的是，仅涉及到其他纲领以外出现的一个特定纲领。那些其他纲领全部都具有以下功能：将针对各种不同的问题解决方式所进行的交流协调一致，并且这些纲领在关注彼此所针对的这种功能时是等效等值的。

作为中期结论可以确定的是，社会学首先与交流相关，涉及的是对各交流形式的研究，而这些交流形式在社会中出现，在这种情况下对现代社会的研究具备了特别的兴趣，并且因此对功能性区分以及个体功能系统的分析占据了关注的焦点。进一步而言，还涉及交流可能性的各种条件，围绕着方式和方法，交流如何发挥作用并采取何种结构形式以及人们如何置身其中。除此之外，社会学还提出了一种专业普遍化的要求，声明负责所有在其研究对象领域出现的现象——即主管所有的交流形式——而这一点同样也包括了关于、借助并且源自品牌的交流形式。毋庸置疑的是，品牌是一种交流形式，虽然将来还需要检验以下结论：是否在涉及品牌作为交流的言论时仅仅涉及关于品牌的交流，如同在任何其他主题中，或者也涉及借助品牌达成交流，以至于品牌本身被培育成对各种意图的告知，或者干脆就涉及在一个社会系统意义上的源自品牌的交流。

这种专业普遍化的要求也证明了品牌社会学的发展是正确的[234]。此外无可争议的是，社会学角度对关于、借助、源自品牌的交流的

---

[234]　论证恰是其针对社会活动（参见黑尔曼，1996a）或者针对教育系统，如何能够被证实为有效："从社会理论的视角而言，对此……毋庸置疑，教育就是一个社会性的过程，并且以此属于社会理论的职责范围。一种社会理论，一种愿意完全理解其对象领域的社会理论，能够令教育不会轻易被轻视，借助以下论证，即还会有另一个学术学科对此负责。"（卢曼，2002，198 页等）

描述首先发生在经济社会学的主管领域，而没有借此对交流这种形式的社会维度进行详尽的处理。但是基于本论文的框架，尤其关注的是，探讨这种现象的经济社会学的重要性。由此，研究先是对经济系统的进化、功能和结构进行描述，以便接下来针对经济社会学的核心框架，如市场、金钱、广告和消费等，彻底研究品牌主题的意义。

第一节　市场经济和品牌

如果今天谈及经济，人们大多首先会想到市场经济，它由大量市场所组成。此外，"市场"这一概念越来越被视为一种针对并行经济现象的隐喻，比如在政治领域、经济领域、艺术或者宗教领域，仅为列举一些例子。市场这一概念恰好象征了通常对经济概念的理解的本质，而金钱是普遍的支付手段，它用于所有市场并使市场经济的统一性成为可能。市场和金钱在某种意义上而言构成了应对社会经济的关键概念。从中可得出以下结论：人们可能会将经济整体归因于市场与金钱的共同游戏，但却认识不到这种人为协定相对短暂的存在时间仅存在了几个世纪而已。也就是说，如果人们回忆一下经济历史以及经济行为的历史就会确定：不是市场和金钱，而是所有经济形式的成果交换是共同的[235]，并且经济行为的作用就在于充足的

---

[235]　在此使用的性能/商品服务/成果概念（Leistungsbegriff）同样也包含了实物以及服务性效能/成果，因为这两种商品形式具有解决特定问题的功能，而这些问题可能是各自按照要求、使用以及相当不同类型的观察者而出现的，参见韦伯 1985；Nieschlag/ 迪西特 /Hörschgen, 1985/ 贝克尔，1988；Walger/ Schencking, 1999。以社会学视角为着重关注点，实物以及服务性商品表述了一种知识的特殊性形式，因为知识正如同技术一样——技术允诺了剥离失望的因

供给预防措施（参见韦伯，1985；卢曼，1988）。"经济行为服务于满足未来的需求。"（Mises，1961，133 页）与此相对，经济行为的所有其他条件均从属于一种持续的转变：交换的情况在变化，交换手段在改变，仪式、习惯、惯例均能够采用完全不同的形式，以至于一个太具体化或者仅局限于一个特定的历史阶段的定义看来是不恰当的。这一点在对于我们现在而言比较奇怪的一种交易方式中得以形象化，即所谓的"缄默"交易，如同在一些原始社会中出现的一样（参见亨尼希，1917；Herskovits，1952）。

按照亨尼希的观点，缄默交易形成的起因是在陌生人之间有产生冲突的风险，这些陌生人通常先验地作为敌人被接待，但仍然随时准备好彼此可交易的东西，以至于随之而来就产生了以下问题：如何才能让交换行为在不发生冲突的前提下完成（同时也参见多普施1968；萨林思，1999）。当时对于这个问题的一个解决方式在于完全取消言语交流，也就是说最终采取缄默或者是恰好"无声"的方式进行交流。仔细说来，人们甚至还可以称它为"盲目"的行为，因为交换对象并不曾在场 [236]。

也就是说，所有一切均开始于盲目交换，在这种情况下，可交换的物品被放置在特定的地点以便随后被取走，而那几乎不熟悉的

果关系——具备一种许诺进行正常运转的能力。因为成果 / 效能 / 商品在市场上得以交易，允诺了特定问题的安全性解决方案，不论是涉及基本效能，或者附加 / 额外效能，例如"威望"问题。与此相对，一个商品各自的物质性部分被视为次级的，并且仅仅只在使用过程中彰显其意义，参见科特勒 /Bliemel，1999；黑尔曼，2000；Stehr，2001。

[236] 参见亨尼希（1917，265 页）："在人类行为的任何一原始方式中，最为奇特的是……，不是下一种情况，即交易实施者不彼此之间进行交谈，而是他们双方完全不见面。因此，这种人类早期的商业沟通不仅仅是缄默的，而且到一定程度时也是盲目的。"

从未耳闻也未曾见过的交换对象，除了通过第三方急急忙忙地赶过来将眼前的货物取走，为此在旁边放下可能的等值物品，再次走远并等待着最先交换货物的人是否满意这些等价交换的货物，而交换对象就将之拿走或留下借以表达接受或者拒绝这一等价物。

有趣的是，理查德·亨尼希（Richard Hennig）（1917）帮助这种早期文明时代的交换方式建立了一种六阶段模式，着眼于各阶段风险的逐步增加。在第一阶段仅存在缄默或者盲目的交易：完全避免任何私人接触；在第二阶段，在武器保护下进行缄默或者盲目的交易：私人之间缄默的接触是在最大的不信任和防备对方有掠抢企图之下完成的；在第三阶段，我们不在武器的保护下进行缄默或盲目的交易；在第四阶段，我们在中立地区进行口头谈判，达成有规律的彼此见面；在第五阶段，至少在陌生部落地区已经可能进行彼此轮流的见面，顾客和生意伙伴可以互相拜访：好客之道开始萌芽；在第六阶段，最终涉及在陌生部落地区所进行的大规模集会，交易商和交易货物在此受到法律保护，并且排除了战争状态的威胁：交易会／博览会出现。

鉴于交换发生过程的这种可转变性，就适合将经济行为，或者更普遍而言在经济需求中的交流，首先纳入一个规则模式中，而这一模式在关系到现代经济系统中的特殊性时，要将在演化方面具有重要意义的对交换行为的差别视为标准。在这种视角下，戈特弗里德·艾泽曼（Gottfried Eisermann）（1955）的一篇论文似乎具有开创性意义：它将经济系统与社会形式之间的交替作用作为研究对象。事实上，艾泽曼虽然致力于将经济领域发生的事嵌入现代社会的结构中，但是他原本的兴趣——在本文中还是追随着马克斯-韦伯的基本思想——还是在于经济行为的理性化过程，而这一过程作为经济和社会的普遍特征构成了其研究的基础（同时也参见海涅曼，1976；波兰尼，1997）。尽管如此，这一特点最终只在现代社会中持久存在，并且就这点而言是偶在性的，对此基本假设的普遍化必须要小心进行。但如果人们将此设想进行如下阐释：每种经济系统均与将其涵盖的社会形式进行交替作用，而这种交替作用均在一种特殊的"理性化"中，还可以说在经济行为和经济体验的每种社会特殊性的纲领化中表现出来，那么这一论点就可作为起始章节，致力于这种交互作用中的一种更多是系统化阐释的分析，这种分析能够考虑到在演化过程中具备差异性的各种社会形式。如果从这种研究路径进行分析，那么首先就要考虑以下两个名字对研究思路的引导：卡尔·毕歇尔（Karl Bücher）和卡尔·波兰尼（Karl Polanyi），他们描述了社会不同形式下经济行为的不同系统。

经济体系和社会形式

卡尔·毕歇尔（1847—1930）1894 年首次提出了他的"经济阶段（Stufen）"模式，按照此模式，在人类历史中已产生了针对经济行为的三大"系统"：家庭经济、城市经济和国民经济。这些经济阶段中的每一个都构成了理想化原型，即几乎不会碰到其纯正单一的表现形式。除此之外，在演化过程中，之前的阶段在任何演化过程中的阶段基础之上继续存在，尽管仅处于后置的地位。

在第一阶段会遇见"家庭经济"，以几乎完整的"自足生产"为特点（参见毕歇尔，1924）。几乎所有在家庭生活中赖以存活的东西均由自己生产制造出来，而与陌生人进行交换的行为几乎不会出现（也参见多普施，1968）。"'家庭'的经济目标就在于经济上自给自足（autarkia）。所有为了维系整个集体所必要之物，均应该由自身创造出来，自给自足是一种不依赖外界资源维持生活的能力。"（鲍尔 /Matis，1989，45 页）从社会角度观察，与家庭和村落集体相关的家庭经济构成了社会秩序的基础（参见 Neale，1966）。"房子和经济是所有农业文化和农庄—贵族文化的基本社会构成。"（Brunner，1968，107 页）社会结构的另一个区分还不存在，随之而来的后果就是：在一个家庭联盟之外生存就会极其艰难[237]。"在宗族之外，经济或法律的存在几乎不可能。"（毕歇尔，1924，11 页）

在第二阶段就是"城市经济"，在其中占据统治地位的是"按订货 / 顾客生产"（也参见 Gurjewitsch，1986）。即使在这里，自给自足也是追求的目标，只不过是在多个家庭所构成的社会联盟的意义上城市所能实现的自给自足（参见 Brunner，1968）。"城市在中世纪时至少已经将自给自足作为目标，并且事实上从经济的角度也能够满足其居民的需求。"（多普施，1968，256 页）除此之外，还存在成果的"'按需'生产"，在这些成果中，就不再能见到城市家庭的自足生产。从社会角度观察，城市经济被证明是多数家庭的统一体，这些家庭力争实现彼此之间的自给自足，而不再是每个家庭仅为自己提供一种自给自足，并且这一点不仅仅局限于经济视角。对此，为了达到一个城市经济的内部社会安定而遵循的"生计"原则就具有决定性的意义（参见 Pirenne，1994）。"在其内部秩序中，城市的经济被'食物 / 生计 Nahrung'这一概念所控制：每个公民应该在其行业得以谋生，并且每个人均应该像他人一样能够养活自己。"（毕歇尔，1924，13 页）因为务必要避免一种供给情况的过于广泛的不一致，虽然完全允许生活环境中出现显著的不一致，只要生计原则

---

[237] 参见波兰尼，1966a，1979；Kopytoff，1986；鲍尔 /Matis，1989；齐默尔，1996。

被满足。此外，生计原则还需要以对"公平合理的价格"的报价为补充[238]。

在第三阶段，我们涉及的是"国民经济"，在其中，适于市场的"产品生产"至关重要，并且在一般意义上的金钱概念中对循序展开交换进行调节。"其目标在于整个国家和地区的自治性货物供应，正如同中世纪的经济目标是对各城市区的生产和分配过程进行独立建构。"（毕歇尔 1924，14 页）这样一来，持续进行自给自足自我生产的单个家庭的生产方式就会最终消解，并被整体上转移至地方上或者组织性独立的"企业化"。除此之外，实物或者劳务服务几乎最终均需通过"市场的公共机构得以成功，而在此市场上，自由合约原则占据着统治地位"（同上 15 页）。从社会角度观察，毕歇尔认为国民经济的"主体"不再在于家庭和城市经济的大多数，而也不将其视为大众以国家的形式进行的统一管理，而是将其视为"社会"，但它的统一性处于不确定状态。对此，毕歇尔在涉及国际贸易时还暗示了另一种发展阶段，"可将其合理地称为'世界经济'"（同上 16页），但没有继续论及此观点。

尽管批评甚众，毕歇尔的经济阶段模式首先因其一贯的理想化典型的建构方式而遭受各种异议，但此模式在 20 世纪 30 年代便影响深远，至少在德语地区如此（另参见 Brunner，1968）。另一个也特别具有广泛影响力的秩序模式，其同样也遵循一种三段论，出自卡尔·波兰尼（1886—1964）。但波兰尼（1997）没有提及经济发展的三阶段，而是谈到实物或是劳务服务的交换"基本模型"或者"原则"，而其中前两个甚至不具有最初意义上的经济本质。这三原则是

---

[238]　参见 Gurjewitsch，1986；鲍尔/Matis，1989；Oexle，1992；Rothmann，1999。

"互惠""再生产"和"市场"。此外，这些原则也具备理想化原型的特点，但是已经完全能够并存，仅仅每次一个原则均要适合掌控另两个原则。最后，波兰尼将融合作用（die Funktion der Integration）归因于每个原则，而这一点有时也加重了清楚地划分经济和社会的难度。

（1）在"互惠"原则中，大多数时候涉及对作为礼物的"赠品"（莫斯）的交换，这些礼物必须要用回礼在一目了然的时间范围内做出"回应"（参见波兰尼，1979，1997；Gurjewitsch，1986）。"互惠是彼此处于某种社会所定义关系的人与人之间的义务的赠送礼物和回应礼物。"（Dalton，1971，131页）对此，时间延迟扮演一个决定性的角色，因为一种"过错关系"会不直接的，即同时性的交换补偿的赠送行为而形成，而这种关系约束了赠送双方并借此将其一致化[239]。"因为不仅仅那个赠送的人承担义务，而且接受的那人也如此。"（莫斯，1978，120页）除此之外，"一个互惠链"[菲尔特（Firth）1939，310页]通过将交换的再对称化延迟至未来则得以形成，其中甚至会形成"无穷无尽的交互行为"（同上348页），即不受限的行为序列，它们因其可预见性提供了高度的规划安全性（也参见 Herskovits，1952）。"在这儿，礼物被赠送，以便唤起回赠礼物的义务，而这将依次唤起对方履行相似的义务——一系列无穷尽的礼物和义务。"（Kopytoff，1986，69页）通常，特别还存在可交换礼物的多个社会等级，例如食物，还有衣服以及"博尼托鱼钩、姜黄根粉罐和独木舟"（菲尔特，1939，340页），这一切排斥了陌生等级之间礼物的交换，因为每个社会等级代表了一种自己的成果、地

---

[239] 参见菲尔特，1939；莫斯，1978；波兰尼，1966a，1966b，1997；布迪厄，1976；Gurjewitsch，1986。

位以及声望的象征性集合（参见 Kopytoff，1986）。因此恰恰是这种不能将所有物品用来交换的规定，也就是说，社会阶层的分离和不可比较性具有创建秩序以及将其一体化/融合的作用，而这一点却将引入一种普遍性的交换手段变得不可能。

从社会角度观察，"互惠"代表了一种行为规范，而它正是致力于保持社会关系的对称性，并且大多在简单的上古时期的社会便占据统治地位，其社会秩序表明，必须要避免可感受到的非对称性影响，以便保持社会内部结构的平衡。但如果在这种关系中谈及了"平衡"（菲尔特，1939，322 页）或者"恢复行为的均衡甚于恢复质量上的均衡"（同上，306 页），那么这就仅仅依情况而定才会切合实际，因为一种平衡在事实上从不会出现，根本不被允许出现，这不应该导致"互惠链"的立即断裂。取而代之的是，从中会形成一个"交换系统"（Herskovits，1952），而这种系统恰好着眼于通过再生产保持各种不平衡状态。从而这种双赢情况就会通过一方保持对另一方的有过错状态得以形成——悖论性表述：双赢状态存在于对一种赢输状态的维持中，尤其是法国著名人类学家及社会学家马塞尔·莫斯（Marcel Mauss）在他的夸富宴研究中表明，礼物的交换通过刺激双方在过高竞价以及浪费中进行竞赛，目的在于非对称化（也同样参见布迪厄，1976；Gurjewitsch，1986）。因此交易伙伴也不被允许回赠包含在第一次交换中的相同成果，否则就会出现一种"零和游戏"，而这种游戏在交换对象的不充分融合意义上同样会引发随意性以及功能损失。如果与相交甚好的部落进行交易，即摆脱了部落界限时，则可以在必要时放弃这种想法。更因为随后也不再仅仅关系到在与其同一类人相互交换礼物的意义上进行礼物交换，而是涉及与部族陌生人进行稳定互惠意义上进行商品交换。"商品交换开

始于公社结束的地方，开始于其与陌生公社或者陌生公社的分支建立关系的地点。"（马克思，1984，102页）

（2）"再分配"描述了对实物支付以及劳务服务的集中以及分配。"再分配需要有义务支付金钱，或者劳动服务于某种得以承认的社会中心，通常是国王、首领或是神职人员，他们分配收取的份额以便提供社团服务（比如防御护卫或是各种庆典）以及奖励特殊人员。"（Dalton，1971，132页）但是，劳服服务似乎被排除在再分配原则之外："简言之，可以说，各种关系在关于服务时是互惠的，而关系到农业生产时则是再分配的。"（Neale，1966，227页）此外，实物支付的再分配以公平原则为导向，自然不会在物质性公平或者普遍化公平的意义上，而是关注适合当时情况的供给，而这种供给对于所有经济状况相同的人具有一致性。

从社会角度观察，"再分配"与中心化秩序模式紧密耦合，也可以采用另一种方式表达：与中心与边缘的区分原则协调一致，如同在封建主义的情况中所展示的，当时任何一个地方的中心均具有对于一个特定区域在社会经济方面的统治地位。"社会模式以中心化为特点——边缘点均与中心点连接。"（Neale，1966，222页）在这样的一个秩序模式中，再分配就承担了对居民的基本供给，他们生活在这一地区并在政治上也臣服于当时的中心，并且在这样的一个"再分配空间"中，就可以随后不断地顺利进行互惠行为（参见 Elwert，1987）。"但是互惠的社会等级系统作为一个整体，自身就是这个村庄的再分配系统中的一个因素。"（Neale，1966，228页）因而，再分配原则涉及整体，而互惠原则则在各部分之间进行调节。

（3）作为纯粹的交换原则，"市场"指的是对全部实物以及劳务服务的交换仅借助金钱作为统一的交换媒介得以顺利进行，在此其他的准则不（再）遵循。但在这种纯粹的、理想化原型的表达中，市场原则最多可见于现代社会。因为从历史的角度来看，各种市场均体现出了一种更为异质化的图景，不考虑它们在经济史中长期仅被极少关注的情况（参见 Barbier，1977；科斯，1988）。这样一来，在关注"市场业的发展"（波兰尼，1997，87 页）时，就要优先谈及各种市场，如果根本不具备统一的、针对这一特殊功能具有普遍效果的交换媒介，大概菲尔特（1939，314 页）也谈及过其中一种"用于服务独木舟建造者和其他能工巧匠的市场"。除此之外，在此极少涉及一个综合性的复杂市场系统，而是更多涉及分散的市场地点[240]。"一个原始社区通常具有一个市场地点，但是并不具备一个市场系统，即一个由各资源以及输出市场构成的经济范畴网络，通过这些市场大部分人可得以谋生。"（Dolton，1971，58 页）最终，这些市场——无论是作为（每周）市场，年度市场或是博览会等（参见松巴特，1928）——通常就具备了一种功能上及空间上的次要意义[241]。那么这种形式的市场就位于部落或者城市边界，在那里它们首先从事远途交易，而根本不触及内部共有的交换活动[242]。"市场似乎已被当作中立的领土，并被典型地置于两个社区的边界地区。当与外国人进行激烈的讨价还价获得许可时，通常不准在社区内部进行同样的活动，在社区内部，交易具有另一种本质。"（Swedberg，1994，256 页）可当人们寻找这样的（远途）交易地点时，就会对市场的丰富性和多样性深感震惊——"市场的数量数不胜数。"（Glamann，

---

[240]　参见 Rathgen，1910；Fröhlich，1940；Neale，1966；Hill，1987。

[241]　参见 Dalton，1971；Herskovits，1962；Shields，1992。

[242]　参见 Pirenne，1994；海涅曼，1976；马克思，1984；Bridbury，1986；鲍尔/Matis，1989；Rothmann，1999。

1977，267页）此外，远途交易就构成几乎所有社会的一种持续现象，因为总是存在某些需求或者贪欲，它们在本地仅能不充分地或者根本就无法得到满足[243]。在某种方式上，远程交易甚至是"所有市场之父"，这些市场不断地发挥着作为城市以及城市文明的诞生之地的作用。"贸易，还有一些金钱的使用方式，与人类历史一样悠久；而市场，虽然一个经济特点的达成可能早在新石器时代就已存在，但在历史上相对而言却很晚才获得足够的重要性。"（波兰尼，1966b，257页）

与此相对应，现代市场在一定程度上拥有对实物以及劳务服务进行交换的一种垄断，虽然也继续存在赠送和礼物制作意义上的互惠（参见 Camerer，1988；Krebs，1999）。再分配原则也还继续存在，首先是以所谓的福利国家的形式，它如同一个水塔一样发挥着作用，各种物质不断地被泵入其中，以便随后再将它们继续分配给那些需要维护一条连接管线的人（参见卢曼，2000）——而这一点特别也由于融合以及内涵的原因（参见 Kaufmann，1997）。但除此外，市场原则占据主导地位，按照这一原则，全部实物以及劳务服务均能用钱来加以交换，而其他在互惠以及再分配原则的情况中举足轻重的视角完全不再起决定作用。

从社会学角度来看，市场原则被视为占据统治地位的秩序模式，仅仅证实用于现代社会。此外，波兰尼（1997，71页）更少提及"市场"，不如说更多论及"市场经济"："市场经济指的是由各种市场构成的一个自我管理系统。更详细地说，其中涉及一个经济形式，其唯一并单独地被市场价格所调控。"在市场的这种系统中，私人化被降低至最低数值，因为唯独价格在起作用，以便人人均可相

---

[243]　参见毕歇尔，1924；Bridbury，1986；鲍尔/Matis，1989；松巴特，1996。

互进行交易，只要作为参与条件的支付能力得以实现。因此，按照霍布斯的观点自由改写的现代市场的座右铭也可称为：一切人的交易（Commercium omnium cum omnibus）。除此之外，市场原则的这种趋势，在继续排除交易过程中的私人化前提下，为完全不熟悉的人之间的彼此接纳以及社会化做出了极大贡献，而这一点以前是不可想象的。对此，乔治·齐默尔已在自己的《金钱哲学》一书中加以关注。在这种视角下，市场原则便最卓越地代表了现代社会，并且市场系统的这种自治特性甚至促使波兰尼（1997，88页）"将探讨社会理解为市场的附加物"。

如果事后回忆起家庭经济、城市经济以及国民经济这三个经济阶段以及互惠、再分配以及市场三原则是如何既彼此区分又功能上彼此影响，那么这种情况在何种程度上关系到各种分配模式就会清晰可见，它们仅有限地涉及历史事实。但仍然有某些独特的特性和任务范畴被归类于所有这些经济阶段和原则中，它们表明了经济系统和社会形式的一种特定的、非任意性的相应关系。如果人们在这一背景下回溯对这三种社会形式的区分情况——如同在之前的章节中所展开的一样，那么就表明，这些完全适于运用各种经济形式，如同毕歇尔以及波兰尼所分析的那样，达成这种相应关系。这些相似的观点可用表格的形式做如下表述：

表7 社会形式以及经济系统

尼克拉斯·卢曼（社会）	卡尔·毕歇尔（生产）	卡尔·波兰尼（交换）
上古社会	家庭经济（自足生产）	互惠（对称性）
高度文明社会	城市经济（按订货生产）	再分配（中心化）
现代社会	国民经济（商品经济）	市场经济（自治化）

此外，对家庭经济、城市经济以及国民经济或者互惠、再分配以及市场原则的区分，在功能上也如同在结构上表明了与对原始社会、高度文明社会以及现代社会进行区分的协调一致。这样一来，我们就能在原始社会——首先由各种家庭组成，几乎全部社会行为均来自于此——优先研究家庭经济中的这种情况，这种家庭经济因自足生产而特点鲜明，而在一个高度文明的社会中它按照中心/边缘区分原则，首先在中心内部再次按照等级进行结构划分，而城市经济被赋予以下优势：既能够超越对于家庭经济典型的自足生产，也能预见到用于对城市居民进行自足供给的供货生产形式。在现代社会中，跨地区性的、按照发展趋势甚至世界经济范畴的功能系统占据主导地位，随后家庭经济以及城市经济因国民经济的发展越来越明显地退居次要地位。取而代之的是，商品经济因市场的丰富性显而易见地日渐具有影响力。这种视角再次间接地与交易形式"市场"以及市场经济的机构保持一致，而市场经济恰是对所有人而言将其进入交换的一种形式可能化，而交换形式"再分配"正因其倾向于中心化原则表明了"高度文明社会"这一类型。最终，交换形式"互惠"借助自己保持交换对称性的功能明确地适应对原始社会的分段式区分，它在社会内部绝不会容忍任何生活状态中影响深远的不公平（参见鲍尔/Matis，1989；海涅曼，1976）。

如果将经济与社会的交互作用翻译为纲领和动机语言，那么上古社会就借助一种针对所有领域均始终保持其一致性的感知以及行为纲领得以运行，而这种纲领并没有将经济性以及非经济性的交往形式进行明确划分：一切均彼此相关。在成果（Leistung）交换的情况中就会强迫性规定，谁与谁允许以何种方式交换何物，因为交换对象的社会地位及其彼此间的关系与成果交换的动因以及对象同样重要。预设的目标就是对对称性保持长期性，借助通过交替尽义务达到一体化目标。基于这种集体的对称性期待，有损对称性原则的行为几乎不可能具有一个合法机会，以至于一个已编撰完毕的动机剧目在针对偏差行为进行辩解时是多余的，如果这种动机集合确实存在（参见舍尔霍，1959）。

在高度文明的社会中，其中心按照等级被结构化，可以预料到交换优先权的一种不同性，而这种不同性同样被固化于参与者的社会地位，仅仅补充了以下一点：现在社会的分层化，不应忘记的是城市和农村的差距，具有决定性意义。同样，社会联盟仅仅作为统一体具备求生能力，以至于尽管它们具有各种差异，但是"集体"也始终处于经济行为以及经济体验的中心位置，正如同食物原则或者对远程交易的空间划分所展示的一样。在此我们可以认识到，即使是对于高度文明社会而言，纵观整个经济领域，它还是非常紧密地与其他社会功能范畴联系在一起。目标设定就是对所有在维护社会非对称性的过程中需要具备足够的供给，通过集体的团结而达到融合。基于高级文明社会的分层化，以下这一要求——在社会等级内部每次均能被认可的，即合法的，但是超越社会等级不可一致化的行为过程在有所质疑的情况下，必须要被证明是有理由的——要比在原始社会中高得多，以至于可以始终预料到的是，高度文明社会中的综合动机在经济事件中已越发清楚鲜明，当人们越接近社会金字塔的顶端时，越发现这一点具备不断增强的"说服力"。

最后，现代社会中起作用的是，在内部经济环境中的众多视角中，要对经济系统的纲领化浪费情况加以明确区分。与此内部经济环境相对，这种纲领性消耗情况已经自主化并且几乎还不能运用外部视角被顾及。因为任何一种系统均在其应做及应放弃之事中均是自治的。波兰尼在经济系统的情况下已将这一点称为"现代社会的自我调控"。这种解除耦合或者"嵌出 / 脱嵌"（Entbettung）（波兰尼），每种功能系统在许多地方均必须发明一些新东西 / 自我的东西，在这些地方人们之前可以回顾整个社会的调节惯例：一切有必要可将系统进程结构化并加以驱动的，必须现在在系统内以及通过系统被声称并被管理。这样一来，经济系统在定价以及价格比较的机制中具有自己唯一的恒量（Konstante），所有其他事物均从属于一种持续的变化之中，并仅能在系统内以及通过系统自身得以稳定化。这一论点绝不应减少作为针对所有成效的万有对比尺度的价格机制的服务能力，但是由此所有更为广泛的说明和义务则被取消，尤其是在与现代社会的其他功能系统的关系中更是如此。经济系统的这种目标导向性，首先随着现代社会的发展作为独立的功能范畴存在，据此，单独就以（理性的）价格比较为准则，同时也视经济能引起持久的社会文化活动，以便将新鲜事物变得更有吸引力，通过普遍的匿名化达成一致性的目标。在这种背景下，动机需求极少占据重要地位，因为在他人面前几乎不必为自己辩解，如果任何人能够做到他想做的事。但事实上，动机需求已设定了不可实现的规模，但几乎不再存在集体具有约束力的预先规定，这些预设会慷慨地夺走一个人的决定权，因此人们为其自身寻求远超所需的动机来获知为何应该购买或使用某物。这一动机需求一方面被市场，另一方面被金钱所满足。

市场作为纲领

经济理论长期以来将市场描述为，可能也被理解为完美的模型——似乎被当作乌托邦，在其中各种不可见的力量为大众谋福利。因此市场指的是：在所有交换条件下具备完全的透明度，即彻底的信息公开化中，进行有限定的、对少量实物以及劳务服务的交换。同时，价格作为唯一的信息基础，全部实物以及劳务服务均标明价格，不仅动产和不动产，而且还有金钱乃至工作均明码标记，以至于市场上的各种服务（Leistungen）仅通过价格出现（参见波兰尼，1997）。"在经济理论中，纯粹市场的整体观点是，各行动者完全针对价格信号做出相应回应。"（Block，1990，51页）除此之外，即使成效比较以及支付过程也仅仅借助用于所有服务 / 成绩 / 成效的一个媒介得以实现。毕竟市场目的论在于，仅在关注价格时不消耗时间就会达到供需之间的平衡，以便随后凭支付行为进行服务交换。

完美化设想的一个作用一直在于降低复杂性，人们也可以称其为抽象化或者脱离现实性：人们不考虑许多事情，各种社会情况变得更加一目了然，人们更迅速地驾轻就熟，并且更容易获知事情的关键之所在。然而，这种将市场视为理想模式的设想本身就比较荒谬，因为全部信息以及简化时间维度会从一开始就排除了双重偶在性的问题，从而交流也随之变得多余。如果所有人知道同样的事，如果每个人不拖延时间就权衡利弊并在此做出决策——"人人审视所有其他之事"（怀特，1988，238页）——所有人都在同时观察自己本身，那么这样一种情况就会节省下互相理解及谅解所需的精力和时间，以至于价格比较和建构平衡关系的整个过程在无任何竞争的前提下瞬间就得以顺利完成，或者正如美国芝加哥经济学派代表人物之一罗纳德·哈里·科斯（Ronald H. Coase）（1988，15页）所表述的："如果在进行交互行为时所费无几，那么什么都不用花费便可加速这些交互行为，以至于这些行为似乎在很漫长的过程中瞬间便可被体验。"而这一点极少与市场、与其真正出现的方式相关。就这种意义而言，市场理论首先就赢得了现实性内涵，如果这一理论专注于不完美的市场。

不完美的市场首先被负面定义：它们首先不满足市场透明度的条件（参见 Kuhlmann，1974；Krizner，1991），而市场透明度指的是信息的匮乏、不确信性以及信息需求，这一切均花费时间——丝毫不考虑服务交换及服务使用所需花费的时间和精力，以及其他的后续费用（参见科斯，1988）。因为没有市场透明度，所有就不再处于同样的知识水平中，并不依赖于以下问题：每个人是如何理智地对待知识的[244]。也就是说，在各种市场参与者之间存在一个不一样的知识或者非对称性的信息分配[245]。

可想而知，这样的一个知识落差首先涉及供需之间彼此客客气气的角色协定，而这一点单方面为供应方获取优势。虽然供应的货物能够基于价格差异进行比较，以便能争取到现实中最优惠的出价，但价格和服务／成效／成果之间的关系是否真的适当，且最优惠的价格是否也物有所值，在使用这一服务之前充其量也就是供应方对此略有所知，而不是需求方（参见 Akerlof，1970；豪瑟，1979）。就这点而言，在市场系统中的倾向性被证实远比它在市场地点（Marketplätze）中本来的情况要复杂得多，有风险得多。

在此期间，对完美型市场的不可能性的了解就将社会学纳入研究视野。因为在供需情况不确定的时候，就会出现双重偶在性，并且会出现这一问题：供需之间的协调一致是如何得以成功的。这一经济理论大概将市场定义为"协调机制"（Fritsch/Wein/Ewers，1999），配有一定的框架条件、预防措施以及操作方式，用来尽可能最优化

---

[244]　参见舍尔霍，1959；Wölker，1962；埃利亚斯，1989。

[245]　参见斯宾塞，1974；Hirshleifer/Riley，1979；Kreps/Wilson，1982；Feinstein/Block/Nold，1985；Postlewaite，1989。

地评价以及分配实物，以及劳务服务这些是如何单独存在或者是如何保持的。对这些框架条件、防范措施以及操作方式的研究也超过了经济理论的研究对象领域，并且将社会学纳入研究范围 [参见 Granovetter，1992；贝克特（Beckert），1996，1997，1998]

　　在社会学内部，对市场的研究尤其具有悠久传统。还在 20 世纪 60 年代的时候，克劳斯·海涅曼（Klaus Heinemann）（1976，50 页）就清醒地察觉："市场迄今为止几乎已不是社会学的研究对象了，因此也还不存在市场社会学"，社会学也仅仅是逐渐变得能够顺应这一现象的复杂性。相关论述已经在马克斯·韦伯（1985）和维尔纳·松巴特（Werner Sombart）（1928a），并且首先在卡尔·波兰尼（1966，1966a）以及弗里德里希·A.哈耶克（Friedrich A.Hayek）（1945，1968）的著作中得以列举。但是从 20 世纪 60 年代以来，关注中心在"市场"主题的出版物的数量持续增加[246]。此外，对市场概念的改写迄今为止没有从中凝聚成统一的语言规定。常见的是，将市场定义为"机构"，也视为"机制""调控机制"或者"社会管理"。对于罗伯特·席尔德（Robert Schild）（1975，108 页）而言，市场是一个"社会性互动行为场地"，而汉斯·阿尔伯特（Hans Albert）（1968，270 页）将市场行为等同为"大概在控制论意义上的交流系统"——

---

[246]　参见，Mises，1961；Neale，1966；Dahrendorf，1966；克劳森，1967；阿尔伯特，1968；席尔德，1975；海涅曼，1976；Barber，1977；Hoppmann，1981；怀特，1981，1988；赫希曼，1982；布斯，1983；维斯韦德，1983；Leifer，1985；Leifer/ 怀特，1987；Scherer，1987；Kasuga，1987；Vanberg，1987；布恩斯 / 弗拉姆，1987；卢曼 1988c，1996b；Berkowitz，1988；朗格，1989；Block，1990；Thompson/Frances/Levacic/Mitchell，1991；Sawyer，1992；Best，1992；Frenzen/Nakamoto，1993；Swedberg，1994；Willke，1995；Kraemer，1997；贝格尔，2001；Salter，2002。

一种设想，这在哈里森·怀特（Harrison White）（1981，1988）的观点中也可找到（同时也参见贝格尔，2001；Slater，2002）。除此之外，"自身规律性""社会结构""角色结构""稳固的成员"，也特别包括"价值"均可补充为市场的特点（参见 Barber，1977）。一系列框架条件也属于这些特点，它们在文化的、政治的、经济—科技的以及社会—结构方面的视角下为以下事情负责：一方面"市场"被嵌入（Einbettung）现代社会中，但另一方面其本身也具有"自身规律性"（韦伯）的可靠机会，因为没有系统会在任何视角下从零开始，而是保持一种基于外部支持实现可能化的状态[247]。

与此相反，如果人们关注市场功能的定义，那么就会从中得出一种高度协调的一致性。在克劳斯·海涅曼（1976，55 页）的论述中可以看到如下观点："市场是一种行为调控方式，借助积极以及消极的强迫手段得以实现——通过盈利以及亏损，金融成功与失败的方式，通过收入机会或者无生活来源的危险，得以实现奖励和惩罚。"埃尔玛·朗格（Elmar Lange）（1989，182 页）也表达了相似的观点，他写道："市场是……复杂的，社会规范化的调控系统，在其中，供需之间的协调只有在事后才会通过价格机制得以形成。作为社会规范化的调控机制，市场必须奖励符合市场行为，并惩罚不符合市场的行为。"汤姆·R. 布恩斯（Tom R. Burns）以及海伦娜·弗拉姆（Helena Flam）（1987，125 页）将市场定义为"社会组织，被或多或少的清晰阐述的社会管理系统加以结构化并管理"。简言之，随后形成明显的协调一致，即市场为行为与体验预设了一定的条件，并遵循这些条件发挥作用，且它们在其中是自治的。同样，市场也具备强迫手段的潜能，它可同样积极或消极地发挥作用，按照它如何

---

[247]　参见 Barber，1977；维斯韦德，1983；Dodd，1994；Fligstein，2002。

被施行或被体验的情况而定（参见克劳森，1967）。就这种意义而言，市场对将经济性行为以及其体验纲领化做出了贡献，更多的是市场本身起到纲领的作用。"即不是一个规范结构而是对利益的结构化是现代社会中市场的建构性因素。在此，市场是对利益矛盾的调节以及平衡的可能性。"（海涅曼，1976，55页）

但有所误导的是，谈及的是复数形式的"多种市场"，而不是如波兰尼（也参见 Jensen/Naumann，1980）所言单数形式的"市场"或者"市场系统"。因为谈及市场时不仅涉及市场地点，也就是说具体的地点，在其中，市场行为在固定时间，与熟悉的人以及一目了然的商品供应一起进行。这更多是围绕着行为在市场上整体由什么构成的知识，不论可能单独关系到哪个市场[248]。因为仅仅只有谈及各种市场，而不区分所指的是哪个，才具有意义。

"也即是说，所谓的市场在上一级主管机关不异于一个社会结构形式，一个由多种特殊关系构成的结构，对这一结构，不同的身居要位的代理人，在不同程度上也做出贡献，他们迫使市场激发活力，并对此充分利用国家的那些权限，即那些他们能够控制并且掌控的权限。"（布迪厄等，1998，189页）

此外，通常不明显发挥作用的是，这种类型的市场首先自现代社会以来存在，与此同时，在现代社会中也仅仅存在这种类型的市场：一个普遍化的发挥特殊作用的原则。因此，经济总体而言以市场形式出现："市场……本身就是经济系统本身，从内部来看。"（卢曼，1990，103页）因此，特别是现代社会的经济也被视为市场经济，因为（几乎）所有经济行为均通过各种市场得以顺利进行，而各种观点诸如视市场为"机构""机制""行为调控"（Willke，1995）或者

---

[248]　参见哈耶克，1968；Kraemer，1997；Slater，2002。

"市场模式"（怀特，1988）在幕后作为纲领（Programm）发挥作用，而这纲领会引导在任意形式的各种市场上进行的正确行为和体验。

如果人们将这种关于市场的观点与经济行为的纲领化联系起来，就自然而言引申出"游戏规则"问题，正如布迪厄（1987，116 页等）所言：原文提及的"生存条件，基于各种不可能性、可能性以及极大概率的不同定义承担"令人们在现代市场上进行正确行为的责任是什么意思？作为不具备系统性要求的倡议，正如同欧根·布斯（1996）归纳的一样，在此，正确的市场行为具备十大"规定"：(1) 事物的合法的可否定性；(2) 社会关系的中立化；(3) 可交换性的设定；(4) 特殊的补充机制；(5) 对人的合法的可否定性；(6) 感情上中立的交流方式；(7) 理性的决策逻辑；(8) 无穷的比较可能性；(9) 客观的比较可能性；(10) 金钱作为媒介。此外，这些条件中的任何一个均能随之引导出一个自身的动机语义学[249]。

(1) 事物的合法的可否定性。一切成效/成绩/成果/服务（*Leistung*）均可以出售，并必须能更换所有人，而没有私人的参与加以阻碍。成果/服务/成绩不具备出自本身的重要性，只要它们处于市场之中。唯一发挥作用的标准就是，对贷方或者非贷方的质询（参见卢曼，1988）。在这种意义上，有一种趋势就是任何一种成效/服务均具有市场能力，即使像性服务或者宠物服务这样的服务，只要立法者不颁布任何其他的规定或者提及反对这种特殊服务的，通常建立在道德基础之上的"反购买动机"（Elwert，1987）；恰恰在对特定"服务"的可购买性以及实物化的最后一点上引起了一些争议[250]。

(2) 社会关系的中立化。在市场上发生的事，只要涉及市场，

---

[249]　也参见舍尔霍，1959；海涅曼，1976；Kasuga，1987；Kraemer，1997。
[250]　参见 Kopytoff，1986；Stone，1992；Krebs，1999。

均应该从任何方式的外在局限中得以解放，而没有不熟悉市场的斟酌或者顾虑的干扰。市场唯一的目的就是交换成果/服务："市场是以交换、购买以及出售为目的的聚会地点。"（波兰尼，1997，87页等）一切其他的事与物在市场上均没有失去什么，因此起作用的仅是："生意就是生意。"（布迪厄等，1998，167页）是否某人年轻还是说年老，在市场上毫无意义，只要法律的框架条件未被损害。"中立化社会关系的现代市场，从社会条件中得以抽象化。一个鸡蛋价值所有等价物；自身的社会等级并不决定价格；社会的以及社会化的关系在交换过程中被忽略。"（布斯，1986，62页）

（3）可交换性的设定。任何服务/成果均可归类于一种市场，或者对其作出论证，并且任何一种市场均具有以下可能性：获知服务产品，对其进行观察并且最后获得市场选择的服务/成效/成绩。还有进一步的可能性，设法获悉任何市场的空间的、时间的以及法律的条件并且对此做好思想准备。这一点的先决条件是，已经具有相关知识。"每周市场物价虽然更高，但是物品更新鲜！"

（4）特殊的补充机制。从对市场行为的参与来看，本质上没有人会被排除在外，只要满足了参与条件，而这些条件总是应该尽可能地适用于所有人。没有任何一种法律能将某个人因其出生、性别、皮肤的颜色以及信仰等被排斥在市场的参与之外或"脱离市场"（费斯霍芬），但可能随后会被排斥，只要这十个"规定"之一并未得以实现。"不能向18岁以下人士出售酒精饮料。"

（5）对人的合法的可否定性。在市场中，个人以其完整的个性出现，只要其原则上根深蒂固的尊严没有被伤害，就不具备任何官方意义，"市场保留听任其自身规律性发挥作用的地方，它仅仅了解事物的声誉，而不关注人的威信，也不了解博爱和孝顺的义务，对由个人集体所承担的任何一种天然的人际关系都一无所知"（韦伯，1985，383 页）。私人化虽然可能会扮演一种角色，如在柜台前的微笑，在银行的一个熟人，但在通常情况下并不要求获得认可或者给予利益。"市场伙伴在特定的、被孤立的视角下出于交换的目的聚集在一起，它们之间的关系在交换结束的时候就终止了。"（海涅曼，1976，55 页）

（6）感情上中立的交流方式。参与市场行为从根本上说仅仅通过已完成的角色模式才得以成功，这些角色模式要求在行为中遵守纪律，首先就在于与服务／成效／成果／成绩和人的交往中的客观性。"交换关系首先通过市场得以建构，在感情上是中性的，即不仅仅从属于情感的以及道德的条件，而且建立在理性的、实事求是的利益考虑上。归根到底，它们是自我导向的（selbstorientiert），即行为者在做出决策时仅仅按照自己的利益而定。"（Kraemer，1997，25 页）就好比失恋本身不仅仅像从电费单的逾期未交情形下得以摆脱那样。

（7）理性的决策逻辑。对可拥有的成果／服务化商品以及对特定服务的决定均能够合法引用这些论据为依据，而这些证据出自对众多可选项的利弊权衡。个体化的心理状态或者自发的想法虽然可能最终具有决定性意义，但是为了自我辨明，那些标准应该（能够）被视为基础，而这些标准则出自比较标准，它将一个成果商品／成果／商品／成绩的统一性以及随之而来的属于其中的市场统一性加以论证。如果抱怨去污剂的无用性，而不是抱怨其对于皮肤护理的危险性，则是不可接受的，因为对此存在一个广为人知的目标异化问题（也参见萨林思，1981）。

（8）无穷的比较可能性。在各种服务的可比较性之间不存在任何界限，即使比较标准已经得以实现，而原本的购买标准毕竟是属于主观天性：我是否想购买火柴还是针织品，是我自己说了算。在这种意义上，虽然存在针对汽车、文具、电脑等的市场，但是在何种视角下某种比较得以完成，是"客观"上没有义务进行规定的。

（9）客观的比较可能性。对任何一种获取可比较的商品，是可能的也是允许的。其比较基础是各自市场特殊化的比较标准，它允许一种尽可能的供应商中立化的可比较性，与此同时对于所有的供应商又是同样具有约束力的。全脂牛奶的脂肪含量仅标明两至三种数值，对申请者的选择以能力为导向，对人寿保险的选择以保险费支付的数额为准。但是首先，这种价格比较对"最客观"的比较客观性负责。

（10）金钱作为交换媒介。迄今为止提及的条件全部都很重要，以便整体上熟悉整个市场，没有任何事物是完全可以放弃的，有些则是多余的。与此相对应的是，金钱无一例外地扮演着一个至关重要的角色：在任何市场，针对任何服务，在任何做决策的情况下。一个价格比较，只要不是与一个特定的服务具有紧密的联系或者完全依赖于此，均可以一直被强制性施行，因为对于任何服务而言，均必须给予对方。价格比较虽然可能不再有至关重要的决定性意义，但是它属于那些措施中的稳固剧目，这些措施在商品导向以及作出决策中有规律地得以实施。对此而言，金钱也将这十种"规定"的大部分统一于一身，并在某种视角下，市场与金钱甚至是同义词：在一个市场上想获得任意性商品服务（Leistung）的人均需要金钱，使用金钱的人，用来在市场上活动，因此可以明确对市场与金钱的区分，因为对金钱的使用以市场纲领为前提。

"如果媒介可管理一个系统的自我再生（Autopoiesis），那么在这些系统中就一直都会有比自我再生的最小值多得多的交流（正如同

一个细胞要比那些仅仅在严格意义上实施自我再生的事与物拥有更多的化学分子)。"(卢曼，1997，406 页)

市场，更详细地说就是与市场相关的知识，从而表述了一种框架纲领的方式，它持续地运行在人们也一直活动的市场上，而且不依赖于人们是否有购买行为。在这种框架纲领中，金钱作为交换以及交流媒介承担了更多的管理功能，当它令更多的使用纲领发挥作用时。借助戈夫曼（1989）的论说，我们也可以说，市场和金钱如同两个彼此交叠的框架一样进行活动：当市场在某种意义上作为"外在的"引导框架发挥作用时，金钱就是一个"内部的"行为框架，在这里正好取决于这种作为"缓冲的双重管理"，以便将更多的灵活性可能化。这样，市场作为框架纲领早就得以运行，并从根本上传达一种"行为安全"（Kraemer，1997），还要在成功进行首次支付或者不支付之前。只有通过这种工作分配，这种相互作用（参见 Deutschmann，1999）才发挥作用。"最终人们会意识到，金钱仅仅被嵌入一种相对清晰定义的市场关系规则系统中，才会在如此长的时间内'很好'地发挥作用，即作为媒介发挥作用。"（帕森斯，1980，70 页）

金钱作为媒介和形式

在本书的框架内不会再赘述金钱的历史。同时需要强调的是，即使金钱，从历史上观察，也具有不同的形式，各归类于原始的、高度文明的以及现代社会的模式（参见 Schmölders，1966）。这样，就是对于原始社会而言，交换物的使用也是可以证明的，在大多数情况下是作为非金属的"货币"[251]。对此，特定的物品，如食物、首

---

[251]　参见海涅曼，1969；波兰尼，1979；Vilar，1984；萨林思，1999。

饰或者衣物，也包括宠物甚至妇女和土地——各按照其原因 [252]——基于其使用价值作为估算基础或者换算基础针对各特殊的交换商业行为而另作他用 [253]。奥地利社会经济史学家阿方斯·多普施（Alfons Dopsch）（1968，27 页等）对此提出了一个相当直观的概括：

"原始经济中所拥有的在日常用品，以及首饰、食物和奢侈品方面的几乎一切物品，变成了一种交换介质，其中最著名的就是贝壳。从中美洲的食物玉米和可可豆、非洲的蜀黍、北欧的谷物，还有中亚的牲畜，奢侈品中包括烟草和盐，它们被当作货币使用，而可用作衣物货币的就是皮毛，尤其在亚洲、美洲以及欧洲的寒带以及亚寒带地区扮演着至关重要的角色。另外，金属货币的使用也得到广泛传播，首先是在亚洲以及非洲使用铁制货币，所有这些货币种类均属于自然货币。但是取代贵金属形式出现的金属货币，还有已经铸造的并用文字篆刻的硬币，即人工货币。G. 蒂勒纽斯（G. Thilenius）将原始社会的两种货币形式进行区分：实用性货币以及符号性货币。前者还给我们明确展示了作为交换物使用的实物的最初形式以及意义，如皮毛、锄头、垫子和盐块。其发展过程逐渐演变为：只有一个小块状手持物被作为货币使用的商品，更多地作为符号或者象征在流通过程中保留下来。"

进入高度文明的社会后，出现了对硬币的更多使用，如在美索不达米亚地区，在那儿硬币被作为最重要的支付手段（参见 Leemana，1960）。此外，金币基本上在城市内部及郊区的市场地点被真正地使用，如果各种最具差异化的商品和需求不断出现，由此带来的自然货币交换以及等值物交换便会烦冗得多，就会如此交换（参见菲尔

---

[252]　参见菲尔特，1939；马克思，1984。

[253]　参见莫斯，1978；波兰尼，1979；齐默尔，1989，1996。

特，1939；齐默尔，1989）。因此，硬币在欧洲也伴随着自 3 世纪以来城市的兴起与繁荣，它逐渐赢得广泛影响并得以极大传播，并且在这一点上，意大利的各城邦作为"现代货币经济的开创者"（参见鲍尔 /Matis，1989，102 页）起到了极大作用（参见 Pirenne，1994；齐默尔，1996）。但是从整体而言，这种交换形式直至 18 世纪仅仅涉及在自然货物交换的"汪洋大海"中的若干"货币流通小岛"。

直至 19 世纪，在其发展过程中，市场系统作为现代社会占据统治性地位的交换原则被实施，对实物以及劳务服务的交换很快就仅需借助金钱 / 货币作为普遍的交换方式得以顺利进行。举例而言，英格兰 1833 年引入对"纸币"的使用对此做出了可谓至关重要的贡献[254]。"货币使用的熟练进行以及对它的保障从而紧密地与市场的形成和市场的作用联系在一起。"（贝克尔，1988，100 页）此外不再提出以下问题，即一种货币形式会把多少不同的功能，比如"交换""定值""支付"或者"储存"集合于自身，因为现在几乎一切均可以通过一种货币形式得以实现，这一切到当时为止几乎在各地区的管理方式均体现出极大的差异性[255]。

如果人们对在现代社会以及现在的这种货币使用方式上的差异性进行进一步的概括，就可以关注波兰尼将它区分为"特殊用途货币"以及"通用用途货币"的观点（参见波兰尼，1966，1979）。因为前现代社会货币在任何视角下均是涉及语境的，甚至是涉及人的[256]，并且它能够不具有针对所有服务商品的作用（参见 Bridury，

[254] 参见波兰尼，1966a；Horsefield，1986；Foley，1987；Hillmann，1988；Hutter，1995，1999。

[255] 参见波兰尼，1966，1966a；Schmölders，1966；Schumpeter，1970；Vilar，1984；马克思，1984；齐默尔，1989，1996；Tobin，1992。

[256] 参见美国著名经济学家维维安娜·泽利泽（Viviana A. Zelizer）（1989，

1986；萨林思，1999）。"即使在那些在流通领域的一个商品通常被视为'货币'的地方，也极少看到曾为经济价值的表述提供一种整体上的媒介。"（Firt，1939，6页）与此相反，今天几乎所有一切均可用货币来支付，只要它在市场上作为服务（Leistung）提供，并且这一点完全没有考虑人的威望——这个角度，首先是由齐默尔（1989，60页）在他的《金钱哲学》一书中有所贡献："对此也是相当正确的：在货币实物中，舒适性得以终止；货币就是绝对的客体，所有私人化在此终结。"

如果现在人们将金钱视为"普遍媒介"，那么塔尔科特·帕森斯（Talcott Parsons）（1980）对此阐明了一种具有多重效果的理论建议，按照这一理论，金钱在将其普遍化阐释中是一种象征性普遍化交换媒介，它具有四种"自由度"：第一点是可使用于任何服务／成效／成果，第二点是允许对多种供货渠道进行选择，第三点是能够实现对购物时间进行自由选择的可能，第四点是能够自由地接受、拒绝或者有可能影响当时的购物条件[257]。以上所列已清楚地证明它符合布斯所论及的正确的市场行为中的十大特点，帕森斯随后还列出了更多的特点。这样，金钱就在这两种市场伙伴中进行循环，而没有失去其价值；不允许在其他的媒介如权利或者爱中被兑换；金钱被配备具有一种自我满足的禁止特点，并且在涉及货币价值时具有一种"安全基础"，它以前是以黄金的形式保存的，但今天是一种货币系统存在[258]。因为归根到底，金钱的价值仅仅存在于对其价值的信任。"金

2000）的论著，在其中谈及了"特殊目的金钱"，这种金钱类别的特殊目标，是通过消费者对金钱的各种不同目的的使用，从消费者的感受过程中引导出来的概念。

[257] 也参见海涅曼，1969；Hillmann，1988；布斯，1996。

[258] 参见 Glamann，1977；Dodd，1994；齐默尔，1996；Deutschmann，1999。

钱的可使用性建立在被普遍传播的期望上，即存在一种以钱易物的有约束力的需求上。"（布斯，1996，63 页）虽然有经济的、政治的和法律的预防措施，可公开维护一种货币的稳定性以及由此产生的价值持久性（参见帕森斯，1980；Dodd，1994）。这样对于英格兰纸币被成功使用就具有举足轻重的意义，即政府是在这一行为之后的[259]。"既然英格兰银行是政府的产物，并且它最早的纸币的正式发行均用于政府职能，人们便可以猜测：政府至少本就没有质疑过纸币的可接受性。"（Horsefield，1986，128 页）但是，最终金钱的可接受性是依赖于它可在日常生活的使用中被接受：每个人必须能确定，任何人均准备好接受他的钱，正如他自己也准备接受一样，任何人也是这样看待自己的钱的。（参见齐默尔，1996）。"因为按照以下期待：将要'接受'其他的金钱，那些能将金钱使用目的可能化的钱币，自身的行为就会被导向这种期待。"（韦伯，1985a，453 页）并且伴随着这种期待，人们就可以在（售）买与（售）卖之间"交替前行"——就像一种自我满足预言。

从根本而言，在这样一种行为方式中涉及一种有风险的预先成效（Vorleistung），一种信任预支（参见卢曼，1989）。因为人们收下纸币，并再次将其支付出去，这种行为基于以下信任：当时的另一方举止得体，并从其角度相应地将钱付出去或者收下（参见 Hicks，1989；Ganßmann，1996）——虽然纸币最终是一种完全"无价值的货币单位"（熊彼得，1970，33 页）（也见于 Ganßmann1996）。

"在货币交换情况中，代理者信任这种交换媒介。他们接受这种交换媒介，因为他们信任其他的代理者会接受（信任）这种钱，用以在将来的某一天交换货物。在这里，信任是以一种匿名商品为依

---

[259] 参见 Menger，1970；Hicks，1989；齐默尔，1996。

据，并且这种信任是自我维系的，因为代理商相信它是自我维系的。"（Sabourian，1992，779 页）。

其结论就是，这种实践意味着对一种交换系统仅仅基于信任基础之上加以培育（参见 Elwert，1987；Deutschmann，1999）。如果更深入观察这一情况，那么首先应该明确的就是，这种过程是多么不可能。

通常，这种持续并行发生的信任失望风险被加以限制，人们总是彼此再次偶然相遇，因为对再见的预见克服了以下诱惑：令根深蒂固的信任失望——长期的劣势要比短期的优势严重得多。"一再发生的社会交互行为确保了交易者认识彼此，并且一种社会学的信任基础已被建立。"（Lie，1992，513 页）但在某一时刻，当人们在社交过程中，不论是自身还是代表一个机构，在很大可能上不会再次见面，那么这种失望风险就会显著提高。一方面"再见的法律"不再适用，另一方面缺少一个熟悉的信任基础，即对所信任之人的信赖，因为认识他们并有私人交往（参见卢曼，1989）。"所以孩子不是因内在的原因而随便信任一种事实真相，而是因为他信任告知此事的人；不是某事，而是某人被信任。"（齐默尔，1996，88 页）但在现代社会，人们主要与他人聚会，与这些人不再能建立起深入的私人信任关系，即使再次见面时也是如此（参见 Vanberg，1987），因为"陌生的普遍化"（Hahn，1994）成为日常生活经验。鉴于这种日常经验，最不可能出现的就是，人们还准备去冒信任对方的风险。不管怎样，信任本身需要"对抽象系统的信任"（吉登斯，1995，107页），比如金钱，因为它不再与众不同，即使对此具备少得多的值得信任的依据，比起其大概在家庭中的情况而言。随之而来提出的问题就是，"系统信任"（卢曼）——它从不仅涉及金钱，而是整体而言在现代社会中的一种不可放弃的资源——是如何尽管具备不可能性，但依旧可能实现（参见黑尔曼，2000a）。

恰好就在这一点上，已经谈及的理论采用了象征性普遍化交流媒介，卢曼赋予这些媒介一种功能，即尽管它具有不可能性／极小概率，仍旧要确保交流的成功。此外，帕森斯的观点——将金钱描述为象征性普遍化的交换媒介——作为灵感发挥作用，只不过卢曼是在一种交际理论的基础上重述这一观点的——一种行为，在波兰尼（1979，347 页）的论述中已经渐成规模："总而言之，金钱是一种语义学系统，与语言、文字或者重量以及度量相似。"这种交际技巧理论的著名基于特定的措施才能实现，将自我的体验和行为与年龄的体验和行为进行校准。在此期间，自我做年龄允许的事，那种将年龄的物种选择预设与之相关联的影响是针对自我的动因及行为准备，那么一种选择接纳就得以实现，虽然拒绝是更小概率的事。这种用于选择接纳所做的准备被解读为对"系统信任"的表述（也参见海涅曼，1969）。

如果人们将这种选择接纳影响在这种象征性普遍化交流媒介的情况中理解为"金钱"，那么就必须看到，金钱本身提供了一系列服务，以便以此与实物以及劳务服务进行交换（参见卢曼，1988）。一些服务／成效／成果已经被列举出来：金钱具备普遍的可使用性，其允许不受限的成效比较，并为此允许自由选择商品，其自由设定购买时间，从不为购物决定设定限定条件，只要未超过规定的金额或者对此表示出法律异议，并且金钱能发挥安抚效果。基于此种鲜明的服务特点，金钱似乎一跃成为一种自由象征[260]。但更具悖论性的

---

[260]　参见海涅曼，1969，1987；帕森斯，1980；齐默尔，1996；Deutschmann，2000。

是，强制象征对金钱而言也并不陌生，应改写一下以下座右铭："金钱不是万能的，但没有金钱万万不能！[261]"对此海涅曼（1969，86页等）已确定：

"经济系统的发展程度越深，区别度越大，对于个体而言，以下可能性就越小：通过在购买中拒绝接受，就将自身排斥在对中心符号系统金钱的参与性之外。对此，也就是说，最终会与出现游离在经济活动过程之外的一种被排斥危险紧密联系在一起。因此，金钱可称为是一种经济强制，从利益状态产生出来的一种强制，它可确保一定的影响期待，是一种强制，它如此强大，以至于对行为期待的不满足能够带来被排斥在系统之外、作为最有力的惩罚形式的后果。"

从而，即使这种状态，即不存在可接受的退出——选择，也有助于参与对作为普遍的交换以及支付手段——金钱——的使用，并且将自身的动因准备与其他人的选择预设协调一致。

但对卢曼而言，金钱不仅仅是一种象征性普遍化的交流媒介，更多的绝对还是经济系统的基础操作方式。因为自从卢曼（1982，1984）提出复杂性延缓，按照此观点，社会系统仅能够以事件形式存在，从一种操作到另一种操作程序，只要这些社会系统彼此还是形式一致，并且除此之外，每种系统必须均具有自我生产能力，简言之："自我再生"，如果它超出社会学家的纯粹观察，必须要能够证实以下一点，即通过哪些交流形式的最终因素，可将一个系统通过自身与环境区分开来，并且这一点从一种操作历程到另一种工作流程被视为一种操作上独立的事情。在经济系统的情况下，这关系到支付过程，即以金钱购买服务："经济的'商品行为'是支付。"（卢

---

[261]　参见 Kraemer（1997，260 页）："如果没有一个小量的但却规律性流动的金融性来源，所有其他一切均显得一无所是。"

曼，1988，52 页）没有任何其他事物属于经济，只要人们将经济理解为工作程序／操作过程中的一种特殊形式，它作为操作方式清晰地并在时间形式上得以辨识，并借此将系统毫无混淆可能性地与环境区分开来。一次支付紧随着的是一次又一次的支付，按照方式相同的工作流程／操作流程的顺序，方式陌生的事件不能进入这种流程，因为这种陌生性会将这种流畅的支付过程立即中断，并会终结整个系统。在这种方式上，经济系统会借助以支付形式出现的金钱媒介进行自我再生产，并且只要支付过程得以成功实现，那么就能够称经济为系统。"如果不再有支付发生，经济就会直截了当地停止作为有区分度的系统存在。"（卢曼，1988，52 页等）当然，这仅仅适用于根本就不再有支付行为得以实现的情况。因为即使是非支付行为（Nicht-Zahlung），对于基于支付与非支付二元符码的经济系统而言也意义重大，只要非支付行为未成为规则。

现在已经得出以下结论：任何一种功能系统虽然均通过一种二元符码得以辨识，比如法律／非法、真理／非真理，或者正如支付／非支付，一个二元符码单独而言却并不能够发挥足够的行为引导的作用。可能是任何一种二元符码均配了一种针对其双重价值中的某一个轻微的优先权，并且对于经济系统而言，在此按照期望关系到了"支付"价值。尽管如此，依旧不明晰的是，在关注哪一种服务时支付作为正确的形式出现，特别是在现代市场的服务提供中出现的不明晰化本来就令熟悉市场变得不容易，基于此原因，似乎已经适合获悉接下来的动机：作为仅仅对此获取的动因准备，与其支付，不如不支付。媒介本身因此被过高要求，它等待着自外界而来的支付通知（参见卢曼，1988；贝克尔，1997）。

在关注这一动机需求时，卢曼开始有如下考虑：每一个功能系统均配备有一个特别与其功能相协调的纲领用以动机配给，这个纲领与符码相比而言，采取了恭敬有礼的态度，并在行为纲领化的过程中决定性地支持这一符码。此外，动机配给中的大部分已经通过将价格作为金钱媒介的形式得以实现[262]。"价格提供了一个评价尺度，其允许进行毫不质疑的比较。"（贝克尔，1988，78 页）因为基于金钱媒介的普遍性，一切均可以彼此进行比较，并且这一点是采用一种无歧义的方式，只要涉及金钱媒介纯粹数量化的一面（参见布斯，1996）。这一点包括以下观点：在价格连续性中，从零直至无穷大，对于一个市场的所有服务而言，按照等级顺序排列的价格等级能被解读为"质量信号"（斯宾塞，1974；Camerer，1988），以至于从价格水平未经告知就能直接回溯至一项服务的质量水平，那么，一个高价格就能够代表一种一对一的高质量，反之亦然[263]。"价格被视为质量的代言人，昂贵的品牌能取得市场成功，这种'买有所值'的感觉因此就是存在的。"（卡曼辛，1998，249 页）或者正如汉斯·多尼茨拉夫（1939，60 页）所言："价格就是一件商品的典型特点，并且是它潜意识发挥作用的质量证明的一个不可分割的组成部分，而盲目销售正是需要这种质量证明。"此外，高价格通常与社会声望等同，以至于昂贵的物品才具备社会声望（参见贝克尔，1988；Podolny，1993）。"我们不相信低价格，因为我们就值这种高价。"（凡勃伦，2000，156 页）最终，经济理论甚至发展到了如此程度，即特别将价格视为在市场上起作用的信息源（参见斯宾塞，1974；

---

[262]　参见帕森斯，1980；海涅曼，1987；卢曼 1986a；1988；波兰尼，1997；Kraemer，1997。

[263]　参见 Theuer，1977；林德纳，1977；卡斯，1979；林，1992；科勒，1993；Raghubir/Corfman，1995；Olshavsky/Aylesworth/Kempf，1995；施密特，1999；凡勃伦，2000。

Stigler/Sherwein，1985）。尤其是在弗里德里希·A. 哈耶克（1945，1968，1984）的著作中可以找到这种阐述，按照其观点，所有价格均能调控市场行为，而且正如消费各种服务一样，也同样对生产过程进行调控（也参见 Hirshleifer/Riley，1979；Block，1990）。就这点而言，价格已经如同纲领一样发挥作用，而纲领不仅仅是自主的，而且几乎是自给自足的，因为它似乎除了价格以外不再另需要任何其他事物就能够在市场上如鱼得水。

但是，这种阐述几乎不能持久，即使对于经济理论也是如此 [264]。虽然价格传递了一种必需的但针对自身来看却没有关于服务提供的足够信息。仅仅在极少情况下，才会被最优化地用于获取完整并精确的信息。（斯宾塞，1974，114 页）价格可能允许进行价格比较，但是通常在根本上不会出现丰富的价格比较，因为归根到底，其他的标准都具有决定性的意义 [265] —— 无论是出于时间匮乏还是舒适性。除此之外，价格绝不会简单地反映出一种服务的质量（参见 Obermiller，1988；Olshavsky/Aylesworth/Kempf，1995）。"体现出的是，消费者绝不会普遍地趋向于将价格视为质量标准。"（Schreiber，1960，639 页）在赫尔曼·迪勒（Hermann Diller）（1977，223 页）的论述中清楚地揭示了这一点："这种普遍的、没有区分度的主题，即价格作为质量指示标服务于消费者，被证实是……一种通过不适合的测量过程所导致的人工制品。"因此，人们本应该会感到非常震惊，如果仅仅信任价格，因为可能会发生以下情况："例如满心期待一

---

[264]　参见 Scitovsky，1945；Kuhlmann，1974；Hirshleifer/Riley，1979；西蒙，1991；Sawyer，1992；贝克尔，1992；Dodd，1994；Kollock，1994。
[265]　参见 Wölker，1962；迪勒，1977，1979；Chernatony/McDonald，1992；Grewal/Marmorstein，1994；Moorthy/Ratchford/Tabukdar，1997。

只小猎犬，事实上等来的却是一只哈巴狗。"（Parson，1980，142 页）

它的清晰表述就是：虽然价格和支付对于现代市场的自我调控而言是必不可少的关键标准，但是对复杂性的严格降低，正如它作为信息在市场上得以存在，以价格的形式最终——对拒绝市场这个概念（Fritsch/Wein/Ewers，1999）具备可比性——冒着一种"拒绝价格"的风险，只要它还涉及完整的信息传达中的价格需求（参见豪瑟，1979；舍尔霍，1964，1983）。这一点尤其适用于以下假设，即消费者会接受一个价格作为针对一项服务的可靠的等值物；在此，大量的消费者研究表明，其情况并不尽然（参见 Schreiber，1960；Wölker，1962；Obermiller，1988；Grewal/Marmorstein，1994）。因此更容易以此为出发点，即"价格仅仅是众多的决定原因中的一个，这些原因在顾客做出购物决定时能对其施加影响"（Schmölders，1966，14 页等），并且除此之外还需要更多的信息源来做出正确的行为 [266]。这一点也可在卢曼（1988，227 页）的论述中得见，当他承认"价格还不是全部的决策纲领"时，以便随后"将投资或者消费的实物纲领"（卢曼，1988，251 页）作为论证理由，这些实物纲领在决策纲领的意义上积极地支持价格功能（也同样参见贝克尔，1988）。对这些纲领形式的详细阐述和深化却在卢曼的论述中戛然而止，但是恰恰是出于此研究方向，一种显著的纲领化需求以及动机需求不由得随之产生，以便不仅针对投资问题而且针对消费问题时也能回溯到具体的标准。原因在于对于应该进行多少投资和消费，为何投资以及消费需要论据、理性化、辩解及理由，因为它不再简单地产生于事物（Sache）本身。之前，这其中的自由度极少，因为接下来已经规定好了应该做的事。惯例属于日常规范，并且决策很少，因

---

[266] 参见帕森斯 /Smelser，1956；舍尔霍，1964；Akerlof，1970；斯宾塞，1974。

为对此产生的稀缺状态几乎没有游戏空间（参见舍尔霍，1959；舒尔茨，1990）。今天与此相反的是，自由度延展到如此大的程度，以至于决策问题几乎不再源自选择的缺乏，而是由选择的泛滥而引起[267]。就这种意义而言,经济系统不仅仅需要价格作为既普遍又纯粹数量化的信息源，而是需要更多的导向模式、纲领步骤以及动因刺激，以便引导并不间断的支持投资以及消费准备。

作为中期结论可以确定市场和金钱构成现代社会经济的中心机构。它们具有普遍的影响、彼此印证并能够在众多机会中变成同义关系。市场行为的核心是以钱交换服务。此外，供需之间的平衡从需求的视角来看，通过所提供服务的价格比较得以实现。但是是否仅仅凭借价格和价格比较就足够用来控制消费者的购物风险，更多表现为可质疑的，并且除了现代市场的极大复杂性问题——这一点即将展开讨论——还引出了一个可能性，即对品牌的社会学重要性进行检测。

市场风险和品牌信赖

品牌社会学的发展有两个导向：品牌研究立场以及社会学的研究立场。品牌研究所涉及的内容，在本书的第一部分已由一种研究需求所揭示，它仅仅通过品牌研究鉴于专业的、整体上适用于经济科学的特殊性，并不能得以解决[268]。这一点尤其由经济人（Homo oeconomicus）的画面得以展现，它仅仅包括了"整个人"的一部分而已，这一观点由马特斯提及。关系到社会学的研究立场时，与此相对，涉及品牌主题全方位，嵌入至一个具有区分度的并且在此期

---

[267]　参见舒尔茨，1993，1993a，1993b；Wildt，1997。
[268]　参见 Granovetter，1985；贝克特，1996，1997；Bode，2000；Stehr，2001。

间高度特殊化的专业，它指出了大量的链接可能性，而这些可能性自然不会被立即察觉到。因此，这一研究的重点在于经济社会学的责任领域。

从理论上而言，涉及的是一种功能性分析（参见卢曼，1970；1984）。其出发点就是寻找经济特殊性问题，对于这些问题品牌构成了一种解决方案。也就是说，对品牌塑造的需求在一种问题解决需求中被设想，这种解决问题的需求可在经济领域中被观察到。就这点而言，品牌社会学首先包括了分析问题，从而证明品牌主题的经济社会学意义。此外，在一种情况的不明晰性和不可确定性中，可以见到针对每个问题分析的最重要出发点："不确定性问题产生于情况的因果结构的复杂性以及参与者的认知潜能之间的差异。"（贝克特，1996，137页）而且这一点亦可期待于每种即将发生的情况，即在市场上遇见市场参与者。

市场经济的另一个引人注目且在日常生活中可获知的问题，存在于在几乎所有终端消费者市场上和服务产品提供中表现出的不明晰性中。这样，仅在德国就大约有15种洗衣剂、23种牙膏、35种汽车以及45种香烟供应（参见哈尔斯滕贝格，1996）。涉及汽车市场，在1970年至1985年间，所有做广告的品牌数量就从288个递增至911个，EDV商品的数量从367种增加到1977年的367种。简单看一下英国的情况：仅仅当地的早餐麦片的供应在1975年至1985年间就从30种增加至94种（参见Kroeber Riel，1993；Joachimsthaler，2000）。或者正如汤姆·彼得斯（Tom Peters）描述的美国的情况：

"情况逐渐变得很可笑！1990年在美国有123种新的早餐麦片问世令人高兴，64种新的意大利面酱、54种洗衣剂以及69种一次性尿布的问世则只字不提。在1980年，消费者市场共有2889种新产品出现，1990 年是 13244 种。平均而言，一个超市今天正在出售 3 万种商品——1976 年则是 9000 种。非处方药生产商联合会通告，今天有 20 万种品牌——可供柜台销售的不同类型及数量的非处方药等。"（摘自格肯，1995，144 页等）

鉴于任何一种类型消费品，以及服务的这种过多供应，对歧视以及允许的选择标准的认定需求证明是确有必要的。市场是如何正确评价这种需求的？

首先，市场，正如已阐明的——（几乎）将供需平衡从与不熟悉市场的想法和考虑中脱离出来。"市场摆脱了所有社会规范性意义关涉的负担，当金钱符码从具体的人中得以抽象化，并且市场活动者的行为以及决定全神贯注于其具备市场兼容性的可计算性以及目的性的时候。"（Kraemer，1997，35 页）具有决定性意义的就仅仅是价格机制，因为购物决策会降低为对当时的实物以及服务供应进行价格比较。鉴于这样一种丰富供应的复杂性，这种物品的极大丰富在大部分市场均可遇到，就仅提出以下问题：单个消费者，不论在价值创造链的终端还是身在其中，应该如何做出正确的决定，当他仅有价格作为购物参考及引导时？可计算性对此一定是具有目的性的。但是目的性有何用，如果仅仅涉及数量上的差异？可以确定的是，价格差异能够基于价格差异算清楚。但是谁能确保这种假设是正确的？

取消所有社会规范性意义关涉的负担肯定会带来优势，但是这种负担的减轻也会制造问题。因为将不熟悉市场的事实真相纳入一种商业关系，增加了提前看清欺骗性手段的机会：在其他关系中行为举止值得信任的人，就可能也会在生意场上同样如此；与此相反，在远离市场的圈子里引起他人对其完美无瑕的质疑的人，会失去对有所了解的市场伙伴的信任（参见韦伯，1984；Diekmann/Wyder，

2002)。换言之：想欺骗的人，必须能隐藏之。

"为了欺骗他人，人们必须以一定的方式孤立并掩护自己，人们不允许他人'过近''接触'自己的思想和感情。因为人们越近……与某些人彼此影响，与他们的联系就会越有规律并越深入，私人关系越持久，就会越发艰难和付出大代价，去建造并可信地维护孤立之墙。因此不仅仅是这种情况，因为在与同一人有规律进行接触的框架下，揭掉面具的危险就会很大，并且对于成功隐藏完美关系的预先措施就会变得越来越费用高昂。也有可能会发生这种情况：因为随着一种私人关系的持久性，带有感情的关系以及相互的好感会出现，这均会使问题变得愈发难解，因为这会将一个面对面的人仅仅当作个人的目的工具去观察。"（Baumann，2001，429 页等）

市场也同样排斥这一点。但如果不再有任何机会存在，也在其他的社会关系中去认识一个市场伙伴，那么人们就手无寸铁地面临着一种欺骗的风险——基于一次生意合同框架的法律保护仅能提供很少慰藉，如果所期待的价格／服务关系（Preis/Leistung-Verhältnis）令人失望。在市场上没有个人威信，正如韦伯所言，从而将一种再保险不可能化，这种人与人之间的再保险对于信用的投资在有风险的关系中，就不具备可被过高估计的意义。并且，信用／信任在此是关键概念。因为市场隐藏风险，并且，这首先涉及被欺骗的风险，它仅能有条件地通过合同被弥补。因此风险需要信用，从而一种合作尽管有各种风险的存在依旧可以达成[269]。

的确，随着时间的流逝变得已不明晰的一个市场，对它的内部区分可切分为多个更小的市场分割块——无论是产品特定还是价格

---

[269]　参见布斯，1986；Elwert，1987；Vanberg，1987；Lie，1992；Hübel，1993；Kollock，1994；Diekmann/Wyder，2002。

特定的——这种区分构成一种更容易理解的可能性，以便重新建立市场透明度。但是市场划分仅仅临时地被加以补救，因为竞争情况大多在短时间内就会导致以下情况：新市场再次充溢着如此多的额外的实物以及劳务服务，以至于重新失去了市场清晰度。就这点而言，具有太多复杂性的起始问题又会很快返回。归根结底，也就是说，欺骗风险根本就没有有所改变，无所谓一个市场有多小。

如果人们以这种方式观察市场，将其视为具备最大限度差异性的实物以及劳务服务供给的一个极其不清晰化的集合，而这些供给令人以一种事实的、社会的以及时间性的视角，直面关于一种正确的价格/服务关系的不确定性问题，那么显而易见的就是在何种程度上品牌为解决这种问题做贡献：品牌令市场变得更具清晰度。"品牌不是时间性的及可变的事物，而是市场的标志。在不断流动发展的市场事实中，品牌是指路明灯、稳固的关涉点，消费者以此为引导并想在其中寻找到有约束力的支撑。"（格里华德，1997，16 页）或者用迈克尔·斯宾塞（A. Michael Spence）的信号理论的语言来表达："信号学的视角明确认为，市场的不完美以及非对称的信息结构，激发了品牌公正性发展过程中的核心角色信用。"（Erdem/Swait，1998，266 页）此外，甚至可以借助这种导向需求的增加来衡量：

"鉴于这些对于顾客而言愈发难以看清的市场，鉴于对相似服务的持续增长的过多供应，品牌进一步提升了它的重要性，作为针对质量、持续性以及可信任度的辨识特点，以及作为售卖点的决定标准。"（Kühne，1993，72 页）

通过将市场进一步分为服务供应的两个等级，市场的清晰度得以重新建立：品牌以及非品牌。对此，虽然并未赋予最终安全性，但是这种非对称性以及等级化的形式在"质量"的角度下，至少令纵观市场的变得容易，而且市场清晰化有助于人们做出购物决定。因为品牌以"值得其价值"而著名：它们确保了一种服务的价格符合其自身价值，并且要对此保持充分信任。[270] "品牌名称的有效性基于市场的不完美性，消费者通常缺乏信息去判断相竞争产品的优点。一个熟悉的品牌能给予消费者信用保证，而这通常比低价格更具价值。"（Block，1990，61 页等）与此相应，品牌建设能被理解为对市场上欺骗风险的直接反映：欺骗风险越大，信用需求就越大，品牌需求就越大。因此，首先一个在其目的中始终适用的表述，例如"一个品牌的价值建立在信用上"（Rasch，1954，592 页）就赢得了说服力。

从功能上来看，对信用的需求直接涉及一种风险可能性：对于存在会让期望无法实现的机会的地方，就需要信用，从而得以能够继续下一步行为（参见 Petermann，1992）。就这点而言，信任／信用是一个"有风险的预付的代价"（卢曼，1989），因为人们付出信用，虽然不确定它是否被滥用。此外，还有各种不同的信任形式，它们能以两种方式得以区分：或者信任一个具体的人，或者信任一个抽象的机构，后者能再次被分为不同的关涉程度，例如角色、组织或者功能系统（同样也参见吉登斯，1995；黑尔曼，2003b）。

涉及品牌时，现在可以下列观点为出发点：迄今为止，对一个具体的生产商的信任形式，正如在前现代社会所广为流传的一样，随着世纪变迁——在信任转换的意义上——已推移到"品牌"机构的程度上，以至于人们在此期间甚至谈及"品牌信任（Markenvertrauen）"："没有长期消费者能将另一种购物承认是相信质量、价廉物美或者长期的习惯，这种情况就可被总结为：品牌信任。"（多尼茨拉夫，

---

[270] 参见内勒-诺依曼，1975；维斯韦德，1983；Weizsäcker，2001。

1939，104 页）有可能的是，品牌能成功地将一个具可比较性的值得信任度明示出来。出于此原因，品牌享受信任，因为它通常遵守所给出的诺言。品牌许诺了风险界限，并且在品牌不会令赋予它们的信任失望的时候，正再次表明这种赋予它们的信任是正确的。"品牌商品在这种方式上——在一定程度上是系统限定的——提供了一种质量保证，它从品牌的角度为针对消费者的信用建设创造了基础，品牌商品以消费者的信任为生。"（吕舍，1986，212 页）

品牌功能因此不仅在于将市场变得更具清晰度，以便将针对消费者的当下的"选择的专治"（Trout，2001）变得略微可忍耐一些。品牌更多的是提供了一种针对不明显的欺骗风险的特别问题的解决方法，这种风险可见于众多市场，而且是以品牌信任的形式代替了对人的信任。哪些市场尤其适合于此，何时这种市场再分配开始进行，以及可多久正常运行，是一个经验性的问题。但可以确定的是，市场需求越大，欺骗风险就会越高。这样，品牌需求在消费者终端市场要比在 B2B 市场的评价高得多，在后者，商业伙伴彼此之间还是直接见面并且通常进行非常私人化、充满信任的以及亲密的交谈（参见 Moore，1994）。而且品牌需求与一个市场的服务方式以及价格水平互相制约：商品供应越具备生活必需性，价格水平就会越低，品牌需求就越小，正如人们在折扣商店轻易检测到的一样；而在奢侈品市场再度被注定适合用于培育品牌时，正如人们能在商场各区域如化妆品、高保真音箱、旅游、钟表或者整体厨房所观察到的一样。不过对此大概还不能声称品牌的功能就仅限于降低复杂性，减少风险并赋予信任。但对于功能性分析而言，鉴于市场以及品牌的关系，就面临一个整体性的涉及问题及解决方案之间的关系。

金钱或品牌

接下来，如果关注涉及金钱作为媒介的品牌功能，情况是相似的。从不同的类型服务价格进行比较，哈耶克（1945，527页）称其为"人类思想的最伟大成就之一"。但是，因为这对于所有服务均同样适用，市场就无法拒绝任何具有价格的服务，这一点会令商品服务的供应增长至无法一目了然的程度，而价格却无法保证如何针对这些商品的洪流保持对市场的一目了然。因此这一问题始终存在，即价格实际在多大程度上能够作为针对服务质量的值得信赖的指示标来发挥作用。在应用过程中，这一点必要时出现在以下条件下：当它还涉及服务方式时，这种服务方式在其组成以及生产方式中具有如此简单并同样的性质，以至于几乎没有任何差别，从而价格差异仅还能描述出数量差异。"在做出购物决定时，首先应该以货物价格为导向的人，必须能够视以下条件为前提：货物鉴于其他所有特点尽可能同质化。"（朗格，1989，190页）提勃尔·西托夫斯基（1945，100页等）也得出相似结论，以下假设"人们通过价格判断质量"即可回溯到他的论断："价格竞争，因此，在食品商品市场进行，这些商品以往的价格很可能已被购买者获知。"因为"食物商品"，即大规模生产的商品如面粉、糖或者咖啡，正如它们以前还成袋出售一样，这种同质化条件/均一化条件能继续得以满足："所得即所付！"但我们今天已几乎不再将这一点用于食品商品，因此在许多情况下，价格作用通过以下方式被过高地要求：作为具备普遍性需求的质量指示标出现。这一点西托夫斯基也已明确论述，因此他得出以下结论："通常而言，价格仅仅是用以决定消费者的判断的众多因素之一。"

鉴于"质量不透明度"，将购物决定限制至价格比较上（古登堡），尽管进行价格比较，但这种不透明性始终存在，从而这些限制就会在极大程度上保持不透明性以及不确定性[271]。"这些对质量透明度的限制被建立在经济性以及实物性质量的难以洞穿的基础上。难以看穿的是，按照产品的不同，所有的同类商品是否在质量上具备同等价值；如果不是，哪些相似商品质量最佳。"（舍尔霍，1964，54页）当消费者在更早些时候拥有多得多的商品知识，并除此之外与生产者相熟，以至于质量问题中的剩余风险——虽然这种风险在购物中不可避免，但是至少通过生产者与消费者之间的私人信用，获得一种——正如所提及的——额外的保障，那么，这一点在如今几乎不再可能，因为市场中的交换条件恰好以此为标志，即交换完全能够并应该不考虑到身陷交换过程中的个人而得以进行。虽然以下建议依旧存在：在现代社会中人与人之间长期以来占优势的信用，可通过对抽象系统的信任进行补充，而这种信任在功能性上可等值地负责用来激励个人，直至其能（尽管存在不确定的价格关系）依然进行具有风险性的预付行为。这一点在经济系统的情况中指的是信任金钱媒介的作用，那么这种质量不透明度的问题就无法得以解决，因为这种对金钱的系统信任仅仅关系到它作为普遍性支付手段／方式的作用，以至于人们可以允许其他人购买他们自己本身感兴趣的服务，因为人们知道自己必须做什么，从而也为自己购买这些服务。涉及这种商品知识的角度，就可以随之得出"普通购买者极少具有技巧来真正决定大批量制造出来的商品的任何真实质量"（Laird，1932，241页），以至于一度提出过以下问题：消费者如何能够对一项服务的质量做出可信的评价，如果消费者不具备与生产者同样的知识——恰好在这一点上，出现了在供应商以及消费者之间的不对称信息分配问题，即阿克洛夫式问题（译者注：乔治·阿克洛夫，美国

---

[271]　参见 Laird，1932；拉斐尔，1974；豪瑟，1979。

经济学家，2001 年诺贝尔经济学奖得主）[272]。

可以肯定的是，关于将价格作用视为针对每个市场份额以及每个商品组合的质量指示标以及决策帮助的讨论，能够被不同评价[273]。尽管如此，在多个研究中随之达成一致，即价格作用仅在极少情况中能够正确评价对其单独设定的需求[274]。"一种总体上视价格为准的质量关系不存在。"（Zeithaml，1988，11 页）这一点已由 W. 拉泽尔（1964，138 页）准确地加以表述："在部分情况下，存在一种错置的强调，即遏制过去的经济模式，以价格为关键的竞争武器。"因为在大多数情况下，关注服务的价格要远少于关注品牌（参见 Monroe/Krishan，1986；Obermiller，1988）。

"当价格针对市场参与者以及针对大多数购买产品的人而言具有很大的重要性时，价格可能不如品牌名称一样重要，品牌名称从市场营销者传递给消费者大量信息，通过'捆绑'的信息，借此通过广告口口相传及品牌以前的用途与之联系起来。"（Stokes，1986，233 页）

在关注多个研究的结论时，美国学者瓦莱丽·斯图尔特（Valerie. Zeithaml）（1988，12 页）的论述中，同样明确地提出："总体上，在评估质量时，品牌名称比价格更有力。"并且尼亚·达瓦（Niraj Dawar）以及菲利普·派克（Philip Parker）（1994，91 页）在做一项对比研究时，将评价国际性最常用的市场营销措施的重要性作为研究目标，即以下措施——"品牌名称""价格""有形的显现形式"

---

[272] 参见 Akerlof，1970；拉斐尔，1974；舍尔霍，1983。

[273] 参见 McConnell，1970；卡斯，1979；Olshavsky/Aylesworth/Kempf，1986；Obermiller，1988；Dickson/Sawyer，1990；Dodds/Monroe/Grewal，1991；Raghubir/Corfman，1995；Heath/Ryu/Chatterjee/McCarthy，1997。

[274] 参见 Schreiber，1960；舍尔霍，1964；迪勒，1979；舍尔霍，1983；Stoke，1986；Dodds/Monroe/Grewal，1991；Grewa/Marmorstein，1994。

以及"购物地点的名气"，得出以下结论："品牌名称的符号，更多地依赖于价格或物质性外在，它们与针对评价产品质量时更多地依赖于零售商的声誉交替进行。"

我们还可进一步阐述，当对双重偶在性问题——人与人之间的行为协调一致的问题——一并纳入研究视野时。因为，显而易见的是，金钱作为象征性普遍化交流媒介时，显示出仅通过价格作用来确保经济性交流的成功。

"如果价格和品牌名称直接彼此竞争，品牌名称则占据优势地位。因此可以期望品牌名称以及价格处于由消费者选择的第一批信息维度中，在关系到选择的频率以及顺序时，借助品牌名称来取代价格。"（Jacoby/Szybillo/Busato-Schach，1977，210 页）

但是，如果品牌比起价格有更大能力来发挥作用，即让一个顾客自己决定做出购买一个特定服务的决定，那么品牌也有能力对此负责或者能够负责，令服务的市场化通过品牌建设获得成功。"品牌的真实意义在顾客角度详细阐明：他应该被促使，辨识出某一特定产品，（重新）找到它，（重新）购买它，并以此为实现长期销售成功创造前提。"（亨宁－博德维希/库，1988，6 页）因此，品牌也牵涉到选择以及动因的条件化，并且在某种程度上，一跃而成为金钱的一个副媒介，虽然在其功能中并未取代它，但可以加以支持。

回顾一下：金钱是象征性普遍化交流媒介，可以运用此功能，在经济利益中尽管概率极低，仍被用来确保交流的成功。这一点首先包括，交互行为无暴力地得以顺利进行，因为交换顺利进行的原则一般被众人所知，以至于每个人均得以在遵守参与条件时自己开始进行一次易货交易；人们可以赞同允许对少量货物进行出售，因为每个人均知道如何获取这些货物。此外，金钱媒介随后也尝试，促使在经济系统中参与的个人，出于某种特定原因获取各项服务。在这种形式中，金钱提供了支付原因以及购买动机，这种动因服务在许多情况下甚至还与相应需求的生产以及传播紧密联系在一起。在这一点上，目的纲领化显现出来，金钱作为媒介运用这种纲领化，其目标就在于，将商品服务供应以及购买准备进行如此程度的耦合，以至于消费者能够被引导购买这种商品。因为金钱作为媒介具备以下功能：将自我的动因耦合至年龄的选择上，并且借此融合自我的行为。这种金钱媒介的动因功能还得到广告的大力支持，在这里，广告被理解为可施加影响的交流，它通过不同的策略以及说服力，尝试打动个人对一个特定实物以及劳务性服务进行购买。

如此看来，品牌现在也具有一种媒介的功能，其出发点是，金钱无法成功实现，仅仅通过价格机制来促使购物行为的达成，因为这种价格信息在其作为质量指示标的功能中，仅仅在很少的情况下才能准确地发挥作用。尽管如此，品牌在许多情况下为实现购物起到了决定性的作用。但这种影响符合一个象征性普遍化交流媒介的功能。也就是说，尽管极低概率甚至其不可能性仍然能够确保交流的成功。"如果你成功地传达品牌信息，那么消费者会迅速传播这一消息。"（Coyler，2002）问题仅在于，如何让这种影响在系统理论性上得以归类呢？对此，一个提示可以在卢曼（1975）的论述中找到，当他针对象征性普遍化交流媒介理论做一些引导性表述时，谈及副符码，它们在主符码发生功能性缺失的情况下得到行动机会，并且在涉及金钱时，他论及金钱系统的非功能性作用。举香烟货币为例，香烟能够以其媒介功能承担起支付手段的任务，只要金钱作为正式的支付方式，由于缺少，因为补购问题或者信用损失而拒绝履行服务，正如在 1948 年的货币改革前的黑市上所见（也同样参见

Kopytoff，1986；Oehrlein，2001）。

如果人们能将注意力转到品牌因素，自然就会注意到其细微的差别，在这种情况下绝对不可能涉及对金钱媒介的整体拒绝，正如同它在香烟作为货币时所表现出来的一样，香烟货币几乎承担起替代性媒介功能的作用，因为它代替金钱被使用。因为金钱媒介在品牌投入使用时继续生效，仅出现对价格机制的过载，以至于品牌"货币"的功能在某种意义上承担一些补充性特点：品牌不取代，而是补充金钱。就这点而言，品牌是象征性的普遍化补充媒介，它虽然并不完全具备金钱媒介的所有特点，但也具备一些，例如符码以及纲领化，通过货币流通进行再生产，以及通过通货膨胀或通货紧缩形成的声誉丧失风险 [275]。如果人们仅以符码概念为开端，那么符码品牌/非品牌就作为副符码起作用，它能以协助的方式对主符码数值/非数值保驾护航。

作为中期结论可以确定的是：品牌交流令现代市场的复杂性削减成为可能，并在用支付手段进行供给的过程中支持金钱媒介。对此，广告扮演着一个具有决定性作用的角色。这一点尤其被赫尔穆特·毛赫尔（1992，106页）加以强调：

"广告是除了质量以及品牌符号之外，在创建以及维护一个品牌过程中最重要的因素。让我们再一次思考每个广告的基本任务。它在于让产品家喻户晓，并且借助产品以及信息提供方向引导，品牌

---

[275]　参见帕森斯，1980；Münch，1993；卢曼，1988，2002。也参见 Altenhöner（2000，26 页）："最重要的是，品牌可能已经接管了金钱的角色，莎士比亚在《雅典的泰门》中说，'金钱能将丑恶化为美好，将恶行变为好事，还年老以青春，能令懦弱者变得勇敢，能令低卑化为高尚'；或者正如歌德在《浮士德》中所言：'如果我能买得起六匹牡马，那么它们的力量就会为我所有，我策马奔驰，成为真正的男人，就好似我拥有 24 条腿一样。'"

形象的建设，最后应还有触发购买场景。"

总而言之，金钱、广告以及品牌互相交替地发挥着重要作用。出于此原因，在下一章节也会对广告以及品牌的关系有所讲解。

媒介和品牌忠诚

如果将品牌理解为象征性普遍化补充媒介，那么其交流的成功就居于关注的重点，并且只要还未实现品牌的购买，就处于未成功状态。因为简单的知名度虽然必要，但还并不足以用来保证品牌自我需求的重要性。

从系统理论的传媒理论的出发点而言，一个品牌的成功涉及要求购买品牌与顾客的购买要求之间的严格耦合——严格是因为，品牌不会令自身通过其他相似物马上被影响，而是抵制诱惑并坚定不移。在品牌研究中，此影响将成为"品牌忠诚"。此外，品牌忠诚首先仅意味着，一个品牌被不止一次购买[276]。"品牌忠诚的构想长期以来被理解为同一品牌不断地被消费者购买的购物行为。"（Amine，1998，171 页）多次购买行为作为品牌忠诚的特点，它的准确数值尽管未被提及，但仍然是一个最低要求："品牌忠诚以至少两次购买同一产品为前提。"（Quick，1997，13 页）在这样的一个最低的要求中，完全不明确的是，一种重复性购买行为是偶然情况还是符合意愿。因此，在这一点上，也会出现观点的分歧，一方面有以下观点：将购物行为限定在统计学的理解上，以便确定当时的"购买的先后顺序"，正如同以"行为"开端所做的一样；另一方面，尝试将品牌忠诚定为调节标准，在假设一种意图时，有些人也谈及"心理学

---

[276]　参见马特斯，1967；Nolte，1976；Jacoby/Chestnut，1978；魏因贝格，1997。

承诺",这一点建立在将再次购买作为动机的基础上,以"态度"开端也是如此(参见马特斯,1967;Jacoby/Chestnut,1978;Morgan/Hunt,1994;Zentes/Swoboda,2001)。"那么似乎就有必要明确,这种再次购买行为是有意图的,并在得出一个有效的品牌忠诚的结论之前,能够在将来得以持续下去。"(Amine,1998,1 页)除此之外,品牌忠诚,针对各种不同的商品以及目标群体具有明显的分散性[277]。

但在此期间,可明确得出,品牌忠诚——与口语中提及的忠诚意义相反,它原本迎合品牌的垄断需求,绝不会排斥"品牌诺言"。可能以前还曾经持如此态度,即品牌忠诚事实上导致了品牌购物过程中的"一夫一妻制",今天人们就已经表现得很满意了。如果一位顾客在一个特定的商品组内在至少 20% 的情况下,用唯一一个特定品牌满足自己的需求,就已经称得上品牌忠诚了[278]。此外,多年以来一直被抱怨的是,品牌忠诚的范围始终在摇摆状态[279],尤其在儿童和青少年之中[280]——这种现象与多年来同样能够观察到的各大党派的主要候选人的缩减相类似[281]。

---

[277]　参见贝克尔,1992,1992a;Dholakia,1997;西查理斯,1997。

[278]　参见 Diekhof,1997;Ehrenberg/Scriven,1999;Hempelmann/Lürwer,2001。

[279]　毕竟在 2001 年,对超过 25 个商品组合的品牌忠诚度,与 1993 年的78.3% 相比,还达到了 69.3%,参见趋势研究 VA 2001:荣誉感——忠诚度的发展,鲍尔媒体 KG,汉堡。

[280]　参见黑泽,1960;Gröll,1985;西查理斯,1987;Schraders,1988;Boysen,1993;科勒,1993;Sander,1997;Mehler,1997;Konrad,2001。与此相反,Renate,Uenk(1980,634 页)还证明 20 多年前的青少年对品牌"极其忠诚"。

[281]　"最佳年龄段"(Best Agers)一项针对市场潜力人群,即关于 40 岁以上人士的最新调查表明,这些人是最具有品牌意识以及品牌忠诚度的。"针对任何年龄段的人,质量均具有至高地位。为此他们也准备着为此支付更多金钱。尽管如此,在大于 40 岁的人群中,可以识别出一种更强的品牌意识:最佳年龄段以及

最新研究，比如"儿童消费者分析"或者"青年出色因素2"却显示出，与设想相反，儿童及青少年更具备品牌怀疑态度，甚至于表现出品牌忠诚。在特定的商品组中也体现出令人吃惊的品牌忠诚[282]。此外，举例而言，在"牛仔服"类别中李维斯（Levis）以73%，在"汽水＋可乐"类别中可口可乐以64%，在"薯片"类别中品客（Pringles）以32%，在"上衣"类别中阿迪达斯以25%，作为最受人们喜爱的品牌，名列前茅。

市场份额（商品组）	忠诚因素（一次即永恒）
牛仔服	89%
妆用除臭剂	81%
五谷杂粮	77%
运动鞋	76%
水果汁	76%
汽水＋可乐	72%
冰激凌	66%
背包	65%
上衣	64%
零食棒	59%
薯片	59%
巧克力棒	57%

表8：儿童的品牌忠诚度

如果人们从社会学角度观察品牌忠诚，那么可能涉及的要大于

老年人（大约60%）认为品牌商品质量更好的比例要高于40岁以下的人群（50%）。此外，年长的消费者倾向于有意识地准备购买高质量产品。"《生活消费品报》，2000年9月22日，第38期，第69页。

[282] 也参见以下文章"德国年轻人比预想的要更具有品牌忠诚度。价格不是销售依据。针对牛仔服生产商的最好价值公共影响力是具有决定性的"。刊登于1999年4月25日的《法兰克福汇报》第196期上。

纯粹的习惯化，这点可证明以"态度"为开端的研究视角[283]。因为忠诚恰好通过抵制诱惑来证明自己，当抵制一种诱惑时，如果其（自动）出现（参见科特勒/Bliemel，1999）。这意味着忠诚为自己做决策，鉴于针对非偶在性的偶在性。因为决定的视角是不可放弃的，习惯不仅仅应该具备决定性作用。此外，忠诚还与自我义务化联系在一起：保持忠诚以自我约束为先决条件[284]。在这种意义上，忠诚被证实是一种动机状况，它以自己生活方式的核心价值观为标准，甚至预设了正确行为的规则[285]。除此之外，品牌忠诚与自我约束的这种关系也在品牌研究中加以考虑："这种考虑，即对品牌商品的忠诚，从部分上讲是消费者对于自身的意图、企图以及愿望的忠诚，主要适用于遵守这一点。"（马科斯，1967，128页）以下表述稍作改动。品牌忠诚将消费者的忠诚标示为以下重要意义：一个品牌（通过消费者）针对消费者具有的重要意义，并且就这点而言，在品牌忠诚中涉及了

---

[283]　不应有任何争议的是，品牌忠诚这一概念覆盖了约束力度的巨大波动幅度，参见 Fajer/Schouten，1995；科特勒/Biemel，1999；Herbert Gierl 以及迈克尔·马科斯（Michael Marcks）（1993，103 页）甚至查明："对于品牌忠诚的一个普遍接受的定义，在一种理论建构的意义上，很遗憾迄今为止并未存在。"

[284]　卢曼认为，在这里人们也可以谈及对自我赦免的禁止，而这一点对于道德而言是非常典型的。按照 Rempel/Holmer/Zanna（1985）的观点，在亲密关系中，信任能够被划分为三部分：行为的预先可说性、他人的可信任度以及对他人的忠诚。就这三方面而言，品牌忠诚证明是品牌信任的最终步骤。

[285]　如果品牌忠诚展示出一种连接性/义务性/责任/约束（Bindung），那么在此处，卢曼（2000，84 页）的连接/义务/约束概念就非常适了："连接/义务/责任/约束应该表明，一种决策被当作一种不再被质疑的针对更多决策来发挥作用；……未提及的是，特定的未来系统状况已经得以确定。"在某种意义上，责任/义务/连接/约束创造了一种针对尚不可信的体验以及行为的预设的并真正狭窄的通道，处于这种情境之下：对实物及服务型服务的（再）购置。

消费者对自己的忠诚[286]。

如果人们如此理解品牌忠诚，那么那些具备一定高度忠诚优势的品牌就尤其具备重要意义，它跨越了基础性消费的一般领域，更具深远意义。因为这样的品牌触碰了自我生活方式的自我关系以及对它的建构，并且变成自我生活方式的一个重要因素，在这种因素上有规律地发生关联及参照。除此之外，可推测的是，品牌忠诚不仅仅表明对自身的忠诚，也涉及了与他人的关系，甚至有可能创立了体验以及行为的共同点。但对此也已触及诸多问题，涉及了消费社会学中的品牌主题的重要性，这在下一章才会作为研究对象。

第二节　广告和品牌

每一种服务、每一种产品均需要被市场化，从而在一个现代市场上变得清晰可见、闻名遐迩并且畅销无阻，只要不在背负式过程中——在转换服务的意义上——从其他服务、其他产品的成功中获利，即那些早就顺利投入市场，并在市场上获得稳固地位的产品[287]。此外，一件产品的市场化包括大量行为，而且最被广泛运用的就是广告，借助经典媒体，如报纸、杂志、广播，尤其是电视。

如果人们询问广告的功能，那么就会涉及它的影响力。人们能

---

[286]　在这里，可能存在对于反抗的机动化的一种功能性等值，其成功同样依赖于自我约束作为一种内在的动因，参见 Ahlemeyer，1989。

[287]　在此，服务／成果／成效与产品之间在随后被加以区分，成果／服务／商品概念（Leistungsbegriff）将产品的技术角度加以突显，而产品概念则将生产视角针对一特定市场而置于重要位置。否则"产品"这一概念作为上一级概念对所有成果／服务／商品类型发挥作用，而它具备交换能力，参见 Kopytoff，1986；梅菲特，1998；科特勒／Bliemel，1999。

够很好地利用 AIDA 购买行为法则（爱达公式）来展现这一点，这一公式在某种程度上关系到阶段性的目标预设，即首先是引起注意，然后是产生兴趣，接下来是培养欲望，最后是促成行动："请你首先引起消费者的注意力，激发他们的兴趣，关注需求并最终引导他们购买广告商品。"具备这一目标设定，广告对于经济而言就毫无疑问地构成最大的动因发动机。当然，广告的信息功能绝不能忽视，正如赫尔穆特·毛赫尔（1992，111 页）所提议："广告创造了信息和市场洞察力。"但是广告并不产生消息，它首先并不涉及知识或者真理，正如大众媒介的这种纲领部分所诉求的一样（参见卢曼，1996）。更确切地说，广告有目的地寻求施加影响，并寻求促使对一个十分特定的商品的接受，而这一点正是它原本的任务。这么一来，如果始终围绕着永不停歇地生成支付原因以及购买动机，而市场经济正是有必要以此为指导，以便始终保持运行状态，那么最可能会在经济广告中有所收获。同时，在此领域，品牌表现极其出色。

经济广告的生成和作用

对于汉斯·比希里（Hanns Büchli）（1970）而言，广告史从根本上表现为人类文化史，因为人类从一开始就已尝试彼此施加影响，如果涉及不受强制地获取一种信念并对此真正认同（这可认为是广告的开端）。严格意义上的经济广告中的广告与此相反，首先在古典时代才有所记录，以浮雕石刻板、墙面宣告、标牌以及绘画的方式，但也以"叫卖人"（源自"reclamare"一词）或者"交易代表人"的形态出现（参见 Schweiger/Schrattenecker，1992；Kloss，2000）。但在这些情况中，仍然总是涉及分散的、绝不系统化设定的公众影响形式，因为缺乏技术前提来制作广告，而广告超越直接的顾客圈，在其中制造商和消费者之间还彼此私人相熟，并首先能够清楚地超出一个市场的空间维度，这一点随着印刷术的出现才成为可能。但是与经济广告的迅速传播直至 19 世纪相对立的，是在当时城市中具备发言权的行会和帮会的框架下，更多广告行为被严格地禁止[288]。随着 1950 年 1 月 1 日对"知识压制"的扬弃，它与禁止广告一并出现，并且直至 1971 年随着行会自由完整并广泛地实施，这种"广告业"才突然迅猛发展[289]。

这样在 1855 年——随着各部门的明确批准——第一批共 150 个广告柱付诸使用，以便最终制止乱贴广告的行为（参见莱因哈特，1993，1996；Lindenblatt，1999）。同一年在汉堡由费迪南德·哈森斯坦因（Ferdinand Haasenstein）成立了"登载广告代理处"，开辟了这种形式的职业化广告代理的先河，其总数在 1875 年就已达到 99 个。随后，1894 年，罗伯特·埃克斯纳（Robert Exner）首先是以德国两大专业广告杂志《广告》（1891—1900 年）以及《宣传》（1897—1901 年）的出版商而著称，他在柏林创办了一个办公室作为德国独立广告咨询的开端（参见博尔世艾德，1995）。与此同时，1925 年第一批美国广告代理处在德国开设了所谓的"广告服务代理处"分支机构，并且依此最终确定了将广告作为一种劳务服务，它不仅仅传播广告，而且还承担并负责了市场化的整个领域，可谓"一手包办"。

但是在纳粹党的统治下，对整个广告业的强制一体化（参见莱因哈特，1993；Krause，1996）很快就完成了。随着 1948 年的货币改革的实施，广告才重新获得它之前的独立性，并且在 20 世纪 50

---

[288] 参见森内特，1991；博尔世艾德，1995；Homburg，1997。

[289] 参见 Borchardt，1977；Rosenstiel/诺依曼，1991；博尔世艾德，1995；威舍曼，1995。

年代通过美国广告代理处的支持，随后能够重新与魏玛时期紧密连接。自此以来，广告在日常生活中伴随我们左右，其影响远远超越了一开始相信纯粹的经济广告所能达到的程度：

> "广告是现代社会中社会化形式最具影响力的机构：它组织大众媒体内容，并似乎在性别身份认同中扮演关键角色；它对孩子之间建立纽带产生重要影响；最近它还作为强有力的声音在公众政治事务和关系到能源及法规的领域中出现；它控制了我们的最重要的一些文化机构，例如运动以及流行音乐，并且它自身还在最近几年成为最受欢迎的聊天主题。"（亚利，1990，1页）

假如这种评价已稍显过分，但还可以说广告吸引了极大的注意力，并且毋庸置疑的是，广告具备了极大的影响力、作用和影响范围，以及对于现代社会而言几乎不会过誉的影响力（参见施密特，2002；楚尔施蒂克，2002）。

对广告史的简短总结应该已清楚表明，经济广告在 19 世纪才最终得以迅猛发展。不需要对这些特殊的广告形成的社会情况做进一步探讨，经济广告的飞速发展以及传播在消费者市场上尤其从 1871 年以来，就可以追溯到多个因素。就这样，在德国土地上生活的居民，仅仅在 100 年间人口便逐渐增加了三倍，从而导致了越来越严重的土地流失以及由此而产生的城市增长，并且特别要关注的是一个结构性转变发生在生产领域（"工业革命"），随之而来的结果就是，通过商品生产而出现的自给自足的经济以及按照顾客要求生产（即按需生产）继续被排斥[290]。基于这种种转变，对实物以及劳务服务的生产以及提供，必须转到适合越来越庞大的消费者数量上来，并且这一点在城市中占据明显关键地位。

最后，就完全是一个生产者以及消费者彼此之间的可抵达性的问题，而这促进了广告的发展，并且这一点不仅仅涉及生产以及运输的问题，而且也涉及那些在市场上有待选择的商品的相关信息问题。有所补充的是，创新率首先针对消费商品的服务供给在持续提高。发明创造的宝藏是取之不竭的，并且消费者面对着丰富的新型商品，一部分对其而言全然陌生（参见 Haas，1995，32 页）。"人们为缝纫机和自行车、打字机和望远镜做广告：一切都是崭新的产品，古老的手工业世界全然不知或者不能以这种方式了解的产品。"（博尔世艾德，1995，32 页）可想而知，这种创新推动力导致了一种附加的并到当时为止完全不同寻常的出名以及解释需求。"经济革新与交流革新齐头并进。"（莱因哈特，1993，59 页）

在最终的结论中，在这种转型中消费者几乎不能通过生产者获得私人咨询，并且和一个刚刚还在场的出售商之间不再具有私人之间的亲密关系，并且如同迄今为止与生产者之间的直接关系中所见到的，也不会再信任对方。信任的纽带就此断裂了，而这纽带千百年来一直存在于生产者与消费者之间。

"这一从行会到市场经济的过渡阶段，从根本上改变了所参与的经济领域以销售额经济为导向的情况。取代以人员为导向的顾客生产／按需生产，出现了以利润为导向的

---

[290]　参见 Born，1968；Rosenberg，1968；Hohorst/Kocka/Ritter，1975；Borchardt，1977；Mottek，1981；Stürmer，1983；Mayer，1988。

市场生产。从企业的视角来看，个体作为购买者，被面目模糊的大众所取代，其作为人的特点日益在'消费者'的作用中被消耗殆尽。企业家和消费者在漫长的过程中渐行渐远，他们私人之间的、个体化的交流逐步碎片化，从而最终在许多经济领域完全破裂。"（莱因哈特，1993，430页）

恰好在这一点上，逐渐繁荣的经济广告接受了这一任务，即重新建立起消费者的交流可抵达性，当生产者以及消费者之间建立直接互动关系的可能性不再存在以后（参见马塔亚，1910）。"广告代替了在制造商和消费者之间已不再可能的私人交流。"（莱因哈特，1993，44页）如此看来，广告就属于大众传媒系统（参见施密特，1995；卢曼，1996）。

大众传媒是传播媒介，并具有以下功能：将基于彼此的距离和彼此之间不再能实现互动行为的人员之间的交流依旧变为可能[291]。换言之，广告——从功能性的角度来看——仅是"销售言谈"（Windecker，976，310页）的另一种形式，即进一步的销售言谈的无相互作用的形式，而且它处于一种逐渐发展的市场经济的前提条件下[292]。广告负责将生产者与消费者之间逐渐扩大的"心理学信息缺口"（贝格尔勒，1963，24页）以交流的方式重新缝合[293]。"在这种视角下，广告是一个功能性的等值物，用以针对售卖者及购物者之间的个人关系。"（Smelser，1968，156页）而且，如果人们随后观看经济广告开端时期的各种广告，其中的烦冗文案只会清楚地显示出，这些情况在很

---

[291]　参见卢曼，1981；1996；Metten/ 施密特/Weischenberg，1994。

[292]　也参见多米茨拉夫，1929；扎恩，1960；福尔特默，1979。

[293]　参见马塔亚，1910；1925；莱因哈特，1993；维斯韦德，2000。

大程度上还是涉及了销售言谈，正如接下来在 1900 年左右的广告页中所明示的一样。

因此如果人们以可抵达性问题为出发点，广告就属于大众传媒系统。但与此同时，广告也为经济系统负责（参见莱因哈特，1993；格肯，1995）。"广告是经济与大众传媒之间的连接点。"（Tropp，1997，198 页）尤其是西格弗里德·J. 施密特（Siegfried J. Schmidt）（1995，1996）将此"广告系统"描述为经济系统的子系统，它具备以下功能：激发针对身处各种市场的服务供给的关注，并促使支付行为的达成。

"广告，借助对媒介供应（从粘贴画到电视插播广告 TV-Spot）的制造以及传播，生产出一种受众多竞争者追捧从而稀少的关注度。这种对于当时所做广告的关注度却应该影响深远，即激发大众诉求并保持清醒，以便促进支付行为，并从而令对经济系统至关重要的支付能力的循环始终保持运作。"（施密特 /Spiess，1996，37 页）

当人们对广告在系统理论上合适的安置的问题——是否在大众媒介系统，还是经济系统或者作为独立的功能系统 [294]—— 众说纷纭的时候，对广告的功能问题则达成一致。因为自一开始，广告就与交流以及说服（施加影响）紧密相连 [295]。维克托·马塔亚（1925，1231 页）就已经建立起这种联系："广告实现了对某些设想的传

---

[294]　参见卢曼，1996；楚尔施蒂克，1998；施密特，2002。

[295]　参见马塔亚，1910，1925；多米茨拉夫，1939；汉塞尔洛夫，1970，1981；克劳森，1964，1970；Kroeber–Riel，1973，1979；Windecker，1976；林德纳，1977；舍勒，1978；Heiz，1978；福尔特默，1979；Leiberich，1981；Heller，1984；奥格威，1984；Leiss/Kline/ 亚利，1985；Nieschlag/ 迪西特 /Hörchgen，1985；鲁特，1987；鲍德里亚，1991；Schweige/Schrattenecker，1992；莱因哈特，1993，1996；洪齐格，1996；布斯，1996；Kroeber-Riel/Winberg，1996；Tropp，1997；施蒂勒，1998；Kloss，2000；楚尔施蒂克，2002。

播，并对其施加了影响。"并且在奥托·瓦尔特·汉塞尔洛夫（Otto Walter Haseloff）（1970，158 页）的论述中得以公式化表述："经济广告是有计划的公开交流，针对一种在经济领域发挥作用的信息、影响以及决策调控。"经济广告因此是双功能性的：首先，它想告知某事，并与此相关想被正确理解，就这点而言，它就是交流。其次，广告还指向行为影响力：它要求完成某一特定行为，并期待对其要求的遵从，就这点而言，它是能施加影响的交流。

"广告信息令消费者主动达成购买行为，从社会学角度更可谓是说服交流的一种特别形式：消费者被'说服'进行一种经济型互动行为，即出现一种社会调控机制。"（布斯，1996，90 页）

尤其是拉尔斯·克劳森（1970，108 页）直言不讳地指出广告归根结底仅指出一种影响和一种调控，即对人的操控："始终而言，接受者应该不再是自治的，而应是他治的，也就是说，因受影响而行动。"对此，广告指向自由，并从而致力于接受者的可受影响性，并且尝试在最大限度上对其施加影响，以至于接受者去做"推荐"给他们的事。"对一种价值的有效接受，正如同施加影响的人所介绍的，是广告的成功。"（克劳森，1970，109 页）因此，克劳森也将广告视为韦伯所指的"权利手段"，即作为在遭遇他人抵抗时仍能够实施自我意愿的手段（也参见马塔亚，1910；克勒贝尔-里尔/魏因贝格，1996）。

可能人们应该将克劳森的这种不妥协的措辞归罪于时间问题，因为在 20 世纪 70 年代初，人们严厉地谴责广告，一般而言还是司空见惯的 [296]。尽管如此，克劳森的描述正中要点：广告是可施加影响的交流，或者说得优雅一些：广告是诱惑的艺术 [297]。如果人们因此当

---

[296]　参见豪格，1971；Ehmer，1971；林德纳，1977。

[297]　参见多米茨拉夫，1929，1939；帕谢斯内，1988；贝尔，1991；Werler，

涉及广告时不愿谈及权利，那么再明显不过的就是，广告至少揭示了某些媒介品质。

这种联系几乎表现为不可避免的，如果研究者比如约尔格·瑞豪（Jörg Rehorn）（1988）将广告定义为对信息的传达，并以对行为施加影响作为目标，而且还论及交际性任务以及学习过程。瑞豪将广告的核心目标分为三个阶段：

第一阶段，信息必须引起接受者的注意：它必须被其感受到，并吸引其注意力。

第二阶段，信息接收者必须理解它：广告必须表达出所应该表达之事，不允许误读。

第三阶段，信息必须产生某种影响。接受者应该仔细研究这一信息，他应借助其内容将其图像化，构建一种观点，做出决定、行动和购买。

这样的一种行为方式，毋庸置疑表现出与象征性普遍化交流媒介功能的并行性，这些交流媒介尝试尽管概率极低，但仍旧通过选择以及动因的耦合实现交流的成功，建立自我的行为与年龄预设的匹配性，因为广告的意愿在于售卖：它"想引起交易业务的达成，即对人们的行为产生影响"（马塔亚，1910，18页）。几十年后，赫尔穆特·毛赫尔（1992，106页）的论述也相差无几，他认为，广告的基础在于"另一个产品知名化，以产品为导向，并且在于信息、市场形象的塑造，以及最终还在于引起购买场景"。如此一来，广告才接近所期望的目标[298]。

鉴于在众多市场上商品供应过剩，但最不可能的就是，激发关

1994；施密特，2002。

[298] 参见多米茨拉夫，1929；奥格威，1984；特罗姆斯多夫/贝克尔，2001。

注度就足以导致购物场景，因为所有人都这么做。不如说，所需要的恰是制造影响深远的关注度，正如施密特／施皮斯（1996）所言。这样，就必须采取其他措施，以便为自己的商品供应促成相应需求。在这种情况下，广告采取了不同的策略，尤其是使用强制性措施，它可被大致细分为两个等级：允诺提供一种值得追求的体验，如果接受并使用这种商品供给。"买我吧，我是最美的，最好的——拥有我你的生活更美好，更长久，并显得更年轻。"（Perino，2002）或者威胁会导致一种需要避免的体验，如果人们相信能忽视并放弃这种商品供应（参见凯尔纳，1994；拜克尔贝德，2001）。"广告将消费品的匮乏，与问题及恐惧置于同等地位。"（施蒂勒，1998，228 页）除此之外，还产生另一种并行性，因为即使是象征性普遍化交流媒介也运用以下可能性：一并使用积极的和消极的强制措施，从而激发对一种选择性的接受。但是以下一些策略也会一直存在：广告在任何情况中，均旨在对其商品供给加以接受，并且以此确保其成功，并显示控制广告影响在个别情况中也可能很棘手[299]。其问题就在于，广告究竟是如何做到不仅被正确理解，而且也被正确追随呢？

广告视为沟通

本节出发点是以下假设：广告是交流的一种特殊形式，它渴望消费者对其信息的正确理解以及遵循。此外，交流——正如一开始已详细论述的那样，只有当某人看见、听见和阅读时才可以进一步理解，能连接另一个交流的时候才得以实现。即涉及两方面：首先必须

---

[299]　参见福尔特默，1979；Mayer，1990；Kroeber-Riel，1993；Fritz，1994；哈尔斯滕贝格，1996；施密特／施皮斯，1996；Kloss，2000；Vollbrecht，2002；Ontrup，2002。

要理解，完全是某些事物被告知；其次要理解，是哪些信息以何种方式被告知。第一种理解关系到作为事件的交流，第二种理解关系到作为主题的交流。对于广告而言，随后可得出，它首先必须要抵达关注点，以便完全被感知。一个广告专家的推荐声称："在最开始的五秒内，赢得观众的注意力，那么您就有机会让他们看到您的广告。"（帕谢斯内，1988，479页）但是，广告极少通过一个广告信息的主题获取关注值或者"信号作用"（Happel，1999）。对此，需要时间来进行信息加工，这一点恰恰在今天极少被衡量（参见克勒贝尔–里尔／魏因贝格，1996）。因此，感官的刺激以一种巧妙的方式被管理，在某种意义上随处可见，从而引人注目。"在时间上有所缺憾，就用露骨加以平衡。"（卢曼，1996，86页）关注度因此就获得一种不自愿的强加性——在某种观点下，甚至可以谈及一种感知的必要性。"在实践中，人们……经常做得过头，用广告宣传自己，不断重复，用缤纷的色彩绘制、喊叫，简言之，用这种方式研究观众。"（马塔亚，1910，63页）或者正如阿诺德·格伦（1957，61页）所表述的一样：一个消息必须添油加醋，大标题必须引人注目，图片必须耸人听闻，以便来对抗那些被各种信息喂得过饱的人的漠不关心，或者对抗他们故意的健忘症。

如果广告已成功地跨越了感知的第一个门槛，必须要在下一步确定，广告信息也应从其内容而言被理解。在这种情况下，与其说是一种纯粹的信息，不如说是一种告知方式，它作为广告的原本领域出现。因为，不是为何而是如何做广告，构成广告与交流的其他形式之间的差异。尤其是广告的信息内容，基于时间匮缺并且按照服务的不同，原本就局限于最重要部分。这种对信息传递的加速化获得支持，以符号、图画、象征、颜色、音乐、噪音，各按其服务以及媒介的不同进行信息传递，而这一切全部再次指向对广告的感知。因为感知将信息接收的高度复杂性可能化，通过极小的分析尖锐度，不断接近的同时性和对信息迅速的反馈，以及极少的否认能力和被淡化的解释义务，通过一个（一如既往不明确的"diffuse"）信息所有者的共同点中体现出的高度安全性，用以进行信息接收[300]。尤其是视觉的描述形式，在此关联中占据极其重要的地位，正如同在1963年著名的大众汽车广告中所"展示"的一样。这一广告的对象是大众汽车，俗称为"甲壳虫"，在它1933年问世时就已被赋予适用任何人的"国民汽车"的意义。在针对销售数量问题的回答中，广告文案中也流露出这一点："直至今日，售出超过700万辆，其中350万辆在德国，120万辆在美国，在世界其他地方有250万辆。"也就是说，一辆汽车，适用于众人，并且遍布全世界。此外就对此产品一无所知了，对企业而言，在德国北部城市沃尔夫斯堡的大众汽车公司中，广告语中均未提及，仅涉及这一广告的纯语言一面。但是如果观察接下来的图画被巧妙编排，基于一种冗赘的表达——用16张相同的图片，均表述出同一内容——用几乎已是一种幽默的"举证"，演示出"甲壳虫"的出色驾驶性能，应该可能借此指出产品"价值"，如耐用性、牢固性以及可靠性。最后广告文案中也会提及购买原因："对此原因很多，但最重要的是：……"，但是没有详细阐述，而是"演示出"这一点。因此根本就没有借助一个平淡无奇的通知如"甲壳虫是不会被损坏的"的尝试，而是借助演示来诱导这一效果（对此观点也参见施密特，1996，2002）。

一个广告文案中的语言与非语言部分之间处于何种关系，肯定依赖于被做广告的服务商品。更多的还有接受者，即一个广告文案

---

[300]　参见卢曼，1984，1995；魏因贝格，1986；Lasogga，1999。

的特定目标群体。因为广告不是自身目标，即使个别的广告代理商可能偶尔如此认为。更确切地说，广告研究制造出影响深远的关注点，其口号为："引发兴趣，好；得以出售，更好。"（黑泽，1960，103页）就这点而言，一个广告文案的塑造就取决于能引发最大可能的交流成功，归根到底也就是说，能引起在各自的目标群体中最大支付的准备可能。对关注的获取虽然很重要，但是并不是仅仅光获取就足够了。更确切地说，涉及的是对目标群体的理解，并具备双重阐述性：目标群体如果关注广告，必须理解广告，而且广告必须理解目标群体，以便能促使它遵循其信息。仅当"信息与需求结构之间的这种交互作用（Wechselwirkung）"（威舍曼，1995，12页）得以成功，广告成功的概率才较大。

如果人们就这一点再次回顾理论基础，可得出一般结论：如果人们愿意被理解，尽可能甚至还被正确理解，那么就必须获取如下经验，即对一个信息的告知的正确理解以什么为依据。对此，信息告知者必须在最大限度上理解信息理解者，以至于他能够预先认识到，他必须如何告知对方，从而得以被正确理解。在某种意义上，告知者必须迅速投身到信息理解者的角色中并学会正确理解对方，以便能够正确理解他能被如何正确理解——恰恰这一点就是市场研究中按照消费者洞察的开端（参见 Fortini-Cambell，1999，2001）。最理想的是，告知信息理解者，似乎信息理解者自己在倾诉某事——正如照镜子：人们认出自己并对自己说话，纯粹的自我指涉，它肯定有助于将误解降低到最小值。对于广告而言，接下来，就是必须明确此事与何人相关，如果它想被正确理解 [301]。

"对一个信息的复杂性层面深思熟虑后做出选择，因此将不仅以

[301]　参见克勒贝尔-里尔，1973；林德纳，1977；舍勒，1978；Leiberich，1981。

待做广告宣传的产品为导向，还会以它不同的交际性、经济性、社会性或者技术性视角为导向；选择——除了群体特定的动因、目标价值以及心性——也会考虑言语和偶像化符码，以及目标群体的信号和象征符号集合。"

因此，广告艺术在于为目标群体传递一种印象，它能够被正确理解，以便被其所正确理解——或者将其使用到一种镜像隐喻上，必须能够为目标群体传递这种印象，即能在广告中再次认识自己。如果达到这一目标，输送者和接受者符码就能在最大限度上达成一致，即对广告信息的正确理解具备成功预期[302]。"广告人的工作是，理解由各种被分割的观众群体所组成的世界，以至于所产生的刺激因素能够激发被存储已久的信息：它必须要用听众所拥有的信息产生共鸣。"（亚利，1990，129页）在效果上，这种策略导致目标群体在广告中的再现，导致对目标群体自我定义的映射。"从这一角度，我们可以说广告的作用是对人类身份认同的状况以及志向的象征化，而且这也正是被消费者所阐释的广告的作用。"（莱维，1999，252页）这一点已开始于一种需求，它令特定的目标群体，无论年轻还是年长，男人还是女人，贫穷还是富有，为了获取一个特定的服务商品而烦恼无比。在此，广告的任务由市场研究所支持，就是来感受并清晰指出这一需求，从而最大限度地让广告交流达到以下目标：目标群体获得一种能恰好并仅被这种服务最完美地满足的印象。

对于这种再识别功能，纯粹的宣传一个具体的服务商品是不够的（参见赫尔舍，1998）。更确切地说，这适用于将这种服务仅仅正确地植入一种场景，如同在大众汽车广告中一样，而且还有

---

[302]　参见 Fritz，1994；格肯，1998；博尔茨，1999。

在演示服务使用时也描述这些"场景"[303]，追踪"生活片段"（slice of life[304]），即以最小规格（再）建构整个"生存世界"（戈夫曼，1981），这一广告中的生存世界与目标群体的生存世界在最大限度达到同一化[305]。被关注的是，对那些针对被关注的目标群体的日常生活中的关系，所做的尽可能最忠实的重新建构，以便目标群体自己在广告中就能再次认识自我，并感到指的就是他自己（参见戈夫曼，1981；威廉斯／茹加，1998）。"生活方式广告能有助于生产商业广告，来与分割的观众群体进行交流，在关系到他们的'嗜好'时，要以此确定广告'针对正确的人员，以正确的信息，并在正确的时间点'。"（亚利，1990，126 页）

为了传递一种再次认知的印象，可利用交流可能性的整体波动幅度，在这件事上，标致汽车 106 的广告就比文字更加具有优势，因为有时候，图片能比纯粹的话语"说"[306] 得更多[307]，标致汽车的图片广告正将这一点具象化。图片中：一对年轻的男女正在端详一辆停靠的标致 106 汽车，流出满意和欣赏的表情，图中的广告文本把标致 106 汽车比拟为一位出色的年轻男性，以"他"相称。如果人们

---

[303]　参见林德纳，1977；戈夫曼，1981；格肯，1996。

[304]　参见戈夫曼，1981；奥格威，1984；帕谢斯内，1988。

[305]　参见奥格威，1984；帕谢斯内，1988；博尔茨，1994；1999；施密特，1996。也参见戈夫曼（1981，61 页）："这里，最重要的例子就是所谓的'经济现实主义'，那种转变，正如同它今天在宣传广告中那么寻常，并且在这种转变中，人们完全可以设想，相关的场景在理论上已经能够在所有的细节中产生，正如同它现在被勾勒出的一样；我们所看见的一切，是一段被模拟的生活。"

[306]　参见戈夫曼，1981。人们几乎能够说，图像要比言语"真实"得多，如果此期间不早早出现反例的话，也就是说电脑上数码图像的轻易可操控性，参见 Schetsche，2000；Pohlert，2002。

[307]　参见 Kroeber-Riel，1993a；Scott，1994；Errichiello/Groß/Pirck，1999。

先看广告文本 [308]，上的描述，就完全不会获知标 致 汽车 106 的纯粹功能化效能，即使在文本一开始写道："实事求是！"——当然这种"开门见山"不无讽刺意味。但恰好在这种嘲讽中隐藏着一种有趣的信息，虽然更少关于汽车，但是在此确实是关于那位女驾驶员的，即：关于被关注的目标群体。因为对于这一目标群体，据猜测是自我意识强的年轻职业女性，20 到 35 岁之间，取决于——将广告语和图片联系起来"阅读"——而且是唯一并仅仅取决于一件"事"：（汽车的）这种美学。至少，这一目标群体最为看重外表（"他看上去简直太好了。他熠熠生辉，外表年轻，总又令她印象深刻。"）——伴随着某种色情和性魅力的因素（"漂亮的臀部"）。同时，或者大约也很重要，正如第三句话所提及——这种类型的女人也知道赞赏内在价值（"而且如果她又注意到他出色的内在价值，每次都会犹如初坠情网。"）是否在这一点上所提及的"出色的内在价值"仅仅涉及汽车的功率，还是更多指一种倾向，对"强壮的"，即具有男子汉气概的，但又不肤浅的男人感兴趣，在此不得而知。无论如何，这里提及了爱和热情（"那就不要再犹豫了。"）——这绝不排斥忠诚，因为标致汽车 106 不会让（固定的）男友感觉遇到了对手（"这样就好吧，她的男友也喜欢标致 106"）。除此之外，这一表述"有安全，更开心"有两种阐述方式，按照不同角度，无论是强调交通安全意义上的"安全"系数，还是强调娱乐保证意义上的"开心"。接下来，如果再一次仅孤立地看这张照片，比起纯粹的文本本身，它好似更

---

[308] 广告词如下："美丽的臀部。实事求是：他看上去简直太好了。他熠熠生辉，外表年轻，又总令她印象深刻。且如果她又还注意到他出色的内在价值，每次都会犹如初坠情网。那么就不要犹豫了。好吧，她的男朋友也想要标致汽车 106。二者合二为一：标志汽车。安全可靠，更多愉悦。"

能独立存在，那就更能强化这种猜测：时髦的、强调女性特征的衣着，对行动中具有强烈身体意识的，在中产阶级的，大城市环境中，可能是汉堡或者慕尼黑。如果人们不仅仅观察图片上发生的情景，而且还观察摄影技术：明亮、清晰的色彩、没有间离、拍摄效果没有人工化痕迹、直截了当的、不复杂的、没有可见的草率敷衍。

如果在此图片分析背景下，再一次回顾广告文本中的"实事求是！"这一表述，就会很清楚，其中的嘲弄意味可从悖论中直接并有意识地品味到，即一切随"实事求是"这一宣言而来的，均有异于"事实的"，只要"男人"将此概念理解为这一汽车纯粹"功能性上"的效能，如功率、速度、装备——但这种悖论不言而喻就是意图。在一定程度上，好像一套陈词滥调被使用，而且它根本不准确，至少广告文案就表现为这一方向。但是这一目标群体就其自身而言，并不能被仅仅归结于此，即使并恰好当它表现出与这些陈词滥调一致的情况——"女人"在某种意义上，在这里是一种偏见游戏，并恰好借此表达出："我们知道，我们想要什么，而且丝毫不为此害羞！"

这种生活方式的广告形式，其目标在于获取特定的目标群体，并在广告交流中对此自己进行描摹[309]。被关注的是在原件与复制品之间的一种一致性效果，在这种情况下不确定的是，何为原件，何为复制品[310]。此外，在广告中，通常会追逐一种事物维度与社会维度之间的语言象征性连接：对服务商品的公开宣传不仅针对一个特定目标群体，而且还尽可能服务于这一目标群体的行话、服装时尚以及其

[309]　参见赫尔舍，1998，2001，2002；Ontrup，2002。
[310]　参见 Kaufmann，1969；林德纳，1977；威舍曼，1995；施密特，1996；2002；施密特／施皮斯，1996；施耐德，1999；Opaschowski，2000；楚尔施蒂克，2002。

他的生活方式象征。同时，这一商品服务为此目标群体恰恰才赢得知名度以及魅力，通过将商品在行话以及在目标群体的自我描述方式中加以宣传，正如同在下面 D_2 的广告主旨中所展示的一样：三个非常年轻的女人，穿着聚会时的休闲衣服，相当兴高采烈并有一点兴奋过头了，举止开心有趣，原因则不得而知，而三人中的一人在用手机打电话，从而可以猜测出这个长途电话有可能是她们几乎掩饰不住的兴高采烈的缘由。

毫无疑问，还有其他的广告以及电视"短片"，其中"场景"所表达的要远甚于事物本身，这是没有问题的。但是在任何情况中，各自的目标群体均能获得以下印象：对他们有所了解，从而能够被他们所理解。

> "对于一次交流的成功，具有决定意义的是，以正确的'方言'问候目标群体。所有顾客群体以他们特有的符号系统定义自身，并且具有一种感情的特征集合，借此可以联系上他们。"（鲍曼等，1998，35 页）

现在，如果对广告的正确理解不仅包含一种单纯的再识别影响，即一种简单状况的再生产，那么广告就意味着制造影响深远的关注点。特别对于经济广告而言意味着：不仅仅要赢得关注，而且提高消费群体的支付准备度，用以促进特定商品服务的销量，成为目标设定[311]。因为"交换才得以成功，只有当消费者对我们的命题说了是的

---

[311]　如果人们对广告赋予了对足够注意力生产的意义，那么除此之外就不仅仅涉及大众媒体的纲领区域（Programmbereiche），因为大众媒体令其保持着一种无结果的注意力，参见卢曼，1996。在理解之后所发生的一切，不再令人感兴

时候"（Kaufmann 1969，17页）。因此需要对各自的目标群体进一步施加影响，令它在广告中得以证实自己的形象——或者转化为一种镜像隐喻：目标群体必须在广告之镜中除了看到自己之外，还能获知更多。纯粹的自我指涉意味着操作的静止。其额外所需要的，是一个特定的区分经验，它不仅阻止了自我观察时的一种思维中断，而且更多地激发了特定的行为。因为不仅涉及正确理解，而且还涉及正确的遵循，即对商品服务的购买。

广告视为有影响力的沟通

每种沟通均置于决定之前，是否应该同意或者反对信息的告知，在这种情况中，对告知一个信息的接受或者拒绝，如同能涉及告知一样，同样也能涉及信息本身。一个接受能够被反复地表述为"是"，但并不必如此，因为在无条件的接受以及公开的拒绝之间存在大量可能性，来避开意见不一致。与此相反，如果一个拒绝几乎不会直接说"不"，那么它就不愿意自身被广为流传的避免意见不一致的倾向所接受——因为反对是有风险的。如果人们现在想提高对一种选择报价中的承担意图加以接受准备的概率和可能性，那么就能够超越对信息的告知，得以对这种接受的准备施加积极以及消极的影响。在这种情况下，发生影响是作为干涉性备选项。问题就仅仅在于：影响本身该如何被定义？并且什么是积极的，什么是消极的？

塔尔科特·帕森斯（1980，139页）将影响描述为一种针对说

趣——第四个选择无法预见。也就是说，如果重要的是具有足够注意力，那么就恰好涉及在接受和拒绝之间的第四种选择，为此就会存在一种选择接受之选择的清晰优先权，而这种选择则永远与生产足够注意力联系在一起。如此看来，广告更容易被理解为（第二）媒介，用以支持金钱媒介。

服的象征媒介："影响是一种方式，对其他人的态度以及观点，借助于有目的的（即使不一定是理智的）行为，产生影响——随之带来的可能后果，即改变观点，或者阻止一种改变。"此外，每个人均需要"权利"去施加影响，并能具有对成功的预期，只要它在涉及此种计划时具有某一种可信度，并应该被说服去作此计划（也参见Theodorson/Theodorson，1969；Boudon/Bourricaud，1992）。即使在尼克拉斯·卢曼（1988a）的论述中，也可找到——在关于将权利作为媒介时——对影响现象的思考，对其他的赋予了一种功能，即借助动因的普遍化，导致某一种特定的行为。并且，与将权力作为媒介相联系，卢曼（2000a）甚至将影响描述为一种媒介，其产生于对积极和消极强制性措施的特定可能性，进行可能的现实化，对此卢曼着重将其理解为优势以及劣势，视情况而定，看人们是否屈服于影响。总结起来，从中能够可以赢得一种工作假设，即影响是交流的一种特定形式，其目标在于将人员的行为引至一个特定的方向。与权利相区别，影响却面临着危险，即不借助暴力而是借助说服来自己实现目标。因为作为达到目标的手段，纯粹的说服性策略被投入运用：一方面施加影响的人应该具有一种足够的可信度，这可涉及实现影响的起因；另一方面，待接受影响之人/被施加影响之人通过特定的优势或者劣势的允诺，关注其行为或多或少令人愉悦的坚定性。

如果人们将对能施加影响的交流的描述加以提问，即在一个选择性报价中，对承担企图的接受做好准备的概率和可能性得以提高，那么就有两种出发点可供选择：接受可能以及拒绝可能。如果将这种能施加影响的构思转移到广告上，那么广告就至少可在两种角度下施加积极的和消极的影响，即将服务商品用作（1）自有目的，以及作为（2）目的手段。

在第一种情况中，广告在购置一种服务商品时预期特定的优势，如一种洗衣剂的"清洗力度"，一种保险的优惠力度，或者软件的功能性。此外，如果出现劣势，则服务商品就不会被购置，如在使用了其他洗衣剂后依旧有些肮脏的衣服，在其他保险中缺失待客热诚，或者在使用有竞争性的软件程序时出现了功能障碍。优势优点情况能被视为用途，而劣势缺点情况则被视为损失（参见 Helm/Satzinger 1999）。

在第二种情况中广告涉及一种可能，即借助服务商品的使用产生一种机会，觉得自己归属于一个特定的目标群体，正如萨博汽车（Saab）针对名流用户一样。否则就会考虑到会被目标群体所排斥：一辆高尔夫 GT1 驾驶员可能会在一个萨博用户众多的区域"悄悄开过"（参见 Hoffmann，1995；Muniz /O'Guinn，2001）[312]。在这里，优势情况可被视为内涵，而劣势情况则被视为外化[313]。

广告的施加影响能够同样延伸到一个服务商品的事实维度上，如同延伸到其社会维度上一样，视情况而定，对一个服务商品的使用是否作为自有目的还是目的手段，处于广告信息的中心地位（参见 Agres，1990；Hill/Stephens，1990）。当然，在此涉及的是纯粹的类型，并且一种对完整性的需求绝非已与其构成联系。因为人们自己就会求助于广告实践，仅仅只与一种混合关系相关（参见亚利，1990）。但在大多数情况下，优势的一面表现得更为突出，而且比起

---

[312]　"人们仅仅设想一下，同一个人一次从一辆萨博 900 牌汽车中下车，另一次从一辆欧宝 Omega 中下车，两辆汽车出自同一个大集团（GM），并处于同一个价格档次。与此同时，围观的人陆续看到这两个场景，每次他们都会被询问他们的想法：这位汽车司机从事何种职业，他的收入是多少，他受过何种教育，他的家居设施看上去如何以及其他的问题。那么，尽管是身份一致的同一个人，却会出现两种不同的鲜明形象。"

[313]　参见豪格，1971；亚利，1990；赫尔舍，1998。

劣势的一面出现得更为频繁，而这正同样适用于事实维度，如果涉及一个服务商品直接的"使用效用"，正如使用于社会维度一样。如果关系到目标群体的归属性时，施密特／施皮斯（1996，38页）甚至走得更远，他断言在广告中只有令人愉悦的信息被加以传播，这一点毋庸置疑、可想而知，因为善意的推荐以及预言比起警告和惩罚而言，更容易被接受[314]。虽然可能不完全是一个糟糕的建议，激发起害怕的感觉——但是这是一种高度有争议并且也很有风险的广告策略[315]。尽管如此，这种动机也会出现[316]。通常会出现在这些关系到消费者健康的领域，如牙齿护理、超重、老人的楼梯升降梯或者饮食。尤其常见的是，这种害怕动机会致力于生态广告，并取得颇有成就的结果（参见卡茨，2002）。与此相反，这种激发恐惧的广告会以许多妇女所担心的问题的形式，更为精细地得以表现：她们如何能从"橙子似的"皮肤变成"桃子似的"皮肤，如同法国化妆品娇韵诗（Clarins）在一则广告中所暗示的[317]——这一"漂亮"主题是完全出色地适合于将顾客从变丑的恐惧中获利颇丰（参见贝克尔／许

[314] 参见林德纳，1977；楚尔施蒂克，1988；Hill/Stephens，1990；施密特，1996、2001；施耐德，1999；施蒂勒，2000；拜克尔贝德，2001。

[315] 参见豪格，1971；克勒贝尔－里尔，1973；Smith/Frankenberger/Kahle，1990；Nerdinger 1996；Helm/Satzinger1999。

[316] 参见 Smith/Frankenberger/Kahle，1990；Roser/Thompson，1995。

[317] 广告语是："毋庸置疑的是，这一切都是我们这个时代最常见的问题之一——由妇女们提出，关注腰部、腹部和上臂。我们的回答就是娇韵诗多重活效抗皱乳液。这种乳液不是灵丹妙药，但是——与特殊的锻炼以及规律的按摩相结合——会产生神奇的效果：显著减轻橘状皮肤组织以及局部赘肉。乳液中，蔚蓝红色微小颗粒促进了对纯粹而又强效的活性物质的吸收，直达它能发挥最大功效处。很快，皮肤就开始变得平滑及强韧，而且效果持久。因为娇韵诗多重活效抗皱乳液具有深层防护作用，请您授权专卖店……中受过特别培训的咨询员询问这一著名问题，并请您详细咨询。"

特，1999；Koppetsch，2002）。与此相反，西门子公司最近的一次广告宣传中，毫不掩饰地利用了这种害怕，鉴于前几年的金融丑闻虽然令人震惊，但以一直如此清晰的方式得以展现还是不同寻常的。

此外，恐惧性广告鉴于其类型的丰富性，证明不是一种新现象（参见马尔尚，1985）。倒不如说，这种令人震惊以及恐惧的特殊技巧，已经在很早之前的广告中得以印证，正如同在 1899 年的一则为奥朵漱口水所做的文本广告"谴责告示"[318] 中得以清晰展示的：

谴责告示

"无法相信，还有多少人，不顾谆谆医嘱，依然不能关爱自己的身体。世界上没有更多语言能够把这些人从昏睡中摇醒。在大多数情况下，重视那些被忽视的身体部位，那些我们非常需要并且我们的整个消化系统依赖于此，即我们的健康完全所依赖的身体部位，是我们在生命中仅能唯一一次获得，并且应该要一直使用至生命尽头，因此每个人都应该爱惜所使用的身体部位。我们指的就是自己的牙齿。那不堪忍受的腐坏口气，几乎总是我们忽视口腔保养的后果，我们每个人都应该在朋友、熟人面前出现时保持礼貌，应该养成坚持不懈保持口腔卫生的习惯。进行规律的口腔保养是既简单又舒适的事。我们只需要每天养成用奥朵漱口水漱口的习惯（所谓的口腔洗澡），就因为这种舒适感，我们通过奥朵漱口水能马上获得口气清新的感觉，应该能让您下定决心了吧。这种漱口水用以下方式进行：首先在口中含一口奥朵漱口水 2 至 3 分钟（以便奥朵的

---

[318]　1899 年发表于《花园凉亭目录》，再次发表于费特–欣茨的书中（1985，50 页）。

抗菌素您能够得以全面吸收），接下来再含一口漱口水，让奥朵漱口水在唇齿之间强力洁齿，然后漱口。这整个过程可以叫作奥朵化洁齿。那些在清晨、中午以及晚上坚持用奥朵漱口水洁齿的人，完全确保其牙齿不会出现蛀牙，而且一次就能清新口气。因为我们迫切地、诚挚地建议所有人，建议那些想保持牙齿健康、口气清新的人，养成良好的用奥朵漱口水洁齿的习惯。至于这种奥朵漱口方式是如何有效发挥作用的，尤其是那些有多个蛀牙的人会感触颇深。在这里，作用是迅速而且令人惊讶的。"

这篇广告文本在两个层面加以论证，即从事实层面以及社会层面，此外它们是彼此交替互为依据。一方面，涉及奥朵的使用角度，如口腔保养以及避免口气；另一方面，涉及奥朵的内化视角／内涵视角，通过它作为"社会能力"指示器的舒适感得以阐明，以便印证让·鲍德里亚（Jean Baudrillard）（1998）的论断。接下来，看广告文本的前几句话，哪种评价标准以它为根据，就能识别出自身对一种特定需求的导演，同时它是被承载至外部的：对自身身体的保养导致"健康"，因为一个得以良好保养的身体，相比未得到保养的身体，抵抗力要强得多（"多个蛀牙"）。而"舒适感"却源自一个得以良好保养的身体，相比未得到良好保养的身体（"不堪忍受的腐坏口气"），对于他人而言，极少会是一种令人难受的事，因此它理所当然属于"在朋友、熟人面前出现时保持礼貌"，打扮得体出现，这种影响还借助牙齿的不可替代性得以支持（"是我们在生命中仅能唯一一次获得的身体部位"）。

可以见得的是，对这则广告的论证着重以牙齿的损坏以及"腐坏的口气"为准，而这能从奥朵得到帮助，除此之外，还关注了对自身名誉的损害，它也可同时用奥朵加以阻止。功用可能性以及损害可能性同样发挥了内涵以及外化条件的作用。此外，早期的奥朵广告完全就是在使用施加影响的技巧过程中的相当丰富的宝藏，尤其是在内涵以及外化的视角下。这样，一则 1902 年以诗歌形式所做的广告中，称为 [319]：

> "一人笑嘻嘻，开心乐淘淘！
> 知道自己牙齿洁白闪耀，
> 健康优雅美极了。
> 另一人，嘴巴闭上了，
> 多么想要开心乐逍遥！
> 可是羞于小嘴张开微笑，
> 牙齿黄如烟熏火燎，
> 哦，不该忽略的义务忘掉了，
> 一人用过奥朵连说好，
> 另一人却是没有体会这种妙。"

这一广告文案与两个妇女的脸相辅相成，其中，左边的脸友好地微笑，还露出了牙齿，而右边的脸虽然并没有流露出不友好的神情，却是一副局促不安的样子。除此之外，还使用了其他一些视觉因素，用以表达强烈的施加影响。这样一来，左边的人就给人留下一种"开朗"、招人喜爱的印象：她是金发的，穿着一件白衬衫，并且在白色的背景前；而右边的人处在一种"深色"、隐蔽的环境中：深色的头

---

[319]　1902 年发表于《周刊》，36 期，再次发表于费特–欣茨的书中（1985，60 页）。

发、深色的衬衫和深色的背景。在这里，已经很形象地导致一种对健康以及不舒适的直接对比，在这种情况下，毋庸置疑的是，这种差异会回溯到："一人用过奥朵连说好，另一人却没有体会这种妙。"

最终也还有一种完全积极对顾客进行的问候语，在其中仅仅是内涵视角发挥作用。这一点可以在 1904 年的一则奥朵漱口水广告中得见[320]：

"牙齿似乎是我们的个性企业。一排洁白耀眼的牙齿是最好的推荐信，是个人最有效的广告，是为我们创造信任以及社会信用的资本。此外，整个商业秘密仅仅建立在两个很大的小事物上——它们是牙刷和'奥朵'！"

在此，显然社会能力的关注点享有优势，从而能将奥朵的积极效果加以突出，这次的关注点不再以朋友和熟人为准，而是以商业生活为准。不再谈及缺点，仅谈及优点，并且这些也不再在事实层面上得以阐释，而仅仅在涉及社会性的时候说明。

如果人们将这些广告作为一个普遍化模式的纯粹标志，能够以此为出发点，即能得出以下结论：在一个坐标系统中，由两个轴构成，即用于事实维度的功用 — 损失，以及用于社会维度的内涵 — 外化，可能坐标轴之上的每一点均能算作一个广告信息，哪一种视角位于广告信息的重要位置视情况而定。人们还再次着手研究功能系统对于行为纲领化以及动机供给的巨大需求，而这种需求恰好对于经济系统是显而易见的，以便协调供需关系，那么可以确定五种角度对于广告的功用具有重要意义：（1）一个服务商品的传播以及知名化；（2）在使用情况中，演示服务商品；（3）将目标群体包括在内；

---

[320]   1904 年发表于《画报》，Nr.3207，再次发表于费特–欣茨的书中（1985，62 页）。

（4）相似商品／备选商品的整体性和与此相联系的决策迫切性；（5）将此技巧运用于三个意义维度上。

（1）一个服务商品的传播以及知名化。广告是可施加影响的交流并且具备基本功能，即在对实物以及劳务服务商品的存在以及功能，用于支持投资以及消费决策，在大众媒体角度下加以关注，因为在市场经济中，人员的可获得性以及对其传道受业解惑，不再能办到。

（2）在使用情况中，演示服务商品。广告将一个一如既往得以形成的服务商品的传播以及知名化，与此服务商品的一个非常浓缩化的、局限于最关键之处的演示联系在一起，基于虚构的使用情况，旨在达到以下目标：借此达到这一服务商品功能的自我合法化。换言之，广告不仅仅让人关注这种服务商品的需求，而且也通过自身证实自己——可谓其自治性的证据。通过对此服务商品在使用情况中的演示可以突出强调，在何种情况中，这项服务商品到底是为何提供给何人。也就是说，广告提供一种信息包，其不仅仅包含物体，即服务商品，而且包含一种与广告的交往方式，即针对购买此服务商品的原因，从而在马克斯（1951）的术语中得以印证。除此之外，广告还借此策略，实现对一种显著的可信度的赢取。

（3）将目标群体包括在内。广告通常试图避免对其信息的过于广泛、非针对性的分散，当它求助于一个被精挑细选出的、尽可能适用于各自服务商品供应的目标群体（参见 Ontrup，2002）。"在这种通向消费者的架桥过程中，建议广告人尽可能完美地设身处地地参与到接受者的需求、哪怕微不足道的愿望以及追求，还有其动机情况中。"（施耐德，1999，65 页）对此，目标群体甚至自己被纳入广告中，以便借此为广告传递一种信任以及映射的印象。因为仅仅当在广告信息以及目标群体中，对信息传递的几乎一致性的符码处于工作状态时，才存在一种正确行为以及遵循它的机会 [321]。

（4）相似商品／备选商品的整体性以及与此相联系的决策迫切性。广告是一种可施加影响的交流，它可以试图施加影响，当其将观察者毫无退路地置于一种决策情况之前时，这位观察者一如既往将做出决定，他应该仅仅在优势以及劣势之间具有选择性，排中律，无第三种选择（tertium non datur）。每种服务商品均被视为优势，如果为自身所用，而且每种服务商品也可被视为劣势，假如人们放弃。当然，对一个服务商品的优势充分加以市场化，清楚地享有优先权，而对劣势的展示在大多数情况下则停留在背景之中，并且更确切地说成为反映／反省，即应该激起不安全感，假如人们不接受这种商品供给或者干脆拒绝它的话。在这种意义上，广告倾向于积极价值的工具化，如幸福、满足和安全，从而允诺各自的观察者将其作为体验机会，假如这个观察者已经对此服务商品深思熟虑（也参见施密特，2001）的话。否则，如果消费者不接受这项商品供应，则会出现错过这种令人愉悦并且值得追求的体验机会的危险。基于这种工具化，在任何情况中均会导致一种潜在的行为需求，甚至这种放弃依旧具有一致性，因为什么都不做不会带来好结果。在这种作为备选项的整体性中，它不可被协商，仅仅在消费者身上才有责任，因为完全听凭消费者做主，他是否愿意为自己买些好东西，因为没人预先设定他应该做什么（参见豪格，1971）[322]。或者正如卢曼（1996，

[321]　参见威舍曼，1995；尤根海姆尔，1996；Geken，1998。

[322]　参见鲍德里亚（1991，216 页）："人们必须从对物品的这种温柔又冗长乏味的介绍中找到广告的真正命令声：'你们看啊，整个世界是如何向你们妥协让步啊，你们的所有愿望均已获得满足！请你们理性些，也展现出你们为此所做好的准备吧！'这种说服，诱导是奏效的——如同帕卡德所言——秘密地奏效；但是它们对个体与社会的链接的促进，比起对物品的购置以及对物品设定条件的促进要少得

86 页等）所言："施加给他具有决策自由的影响，并且这一点包括他从自身出发而言想要什么，他到底不想要什么。"借此，这种风险完全留给他本人。这种在奖惩之间的张力关系，因此被描述成一种广告交流的引导性的动机模式，从而产生影响。当然，这种动机模式的广告，今天相比早期的奥朵广告而言，比那些几乎还置于"世纪之交的第一批职业化广告宣传活动中的早期试验阶段"的栏目下的广告要精细得多。但是，这种发展方向，毋庸置疑是保留下来了（参见舍勒，1978；Haas，1995a）。

（5）将此技巧运用于三个意义维度上。在优势与劣势之间进行二阶区分，在所有三种意义维度中可以加以运用：通过对运用服务商品的演示，借助对生活世界的建构，在其中，这种服务商品得以使用并且借助对时间因素的主题化，而且这一点在许多广告信息中是同时进行的[323]。在事实维度中，涉及的是，在使用一件服务商品时，对它使用优势的知名化以及演示，即其使用功用，这一点在（或者应该）不使用的情况中意味着个人接受了损失。一个口号叫作："用牙膏品牌 *blend-a-med* 精心呵护，防止牙结石以及牙周炎。"——对此口号丝毫不为所动的人，就会冒牙齿脱落的风险。在社会维度中，涉及的是强烈的施加影响，人们可以通过对服务商品的拥有感觉自己归属于特定的目标群体：聪明人、得体整洁的人、成功之人、漂亮的人、有钱人和正直的人，这些一直被视为关涉及参照群体的人。否则，就属于那些被排斥的人、多余的人和边缘人——假如人们不能在别的地方找到庇护，在并不常用的时间维度中。最后涉及的是，一方面对新意以

多。物品自身就是一种服务，是一种在个体以及社会之间建立起的个性化关系。"

[323] 参见楚尔施蒂克，1998；博尔茨，1999；Altenhöner，2000；Sesterhenn，2001。

及现实性进行区分；另一方面，对一个服务商品的陈旧以及落伍进行区分。在此，处于区分的两级之间的优先值则熠熠发光，视情况而定，视恰好涉及哪种服务商品类型而定。虽然，大部分服务商品类型被纲领化为以下情况：更新的物品更好并且更值得追求，不论在事实性还是社会性维度。但是这一点在一些服务性商品中也可以与此相反且非常有意义，大概在钟表、葡萄酒、艺术品以及具备比较性的奢侈品领域。除此之外，时间维度在很多情况下是直接回溯至事实以及社会维度并与其反耦合，并且额外增强了这一点：使用古老、落伍、技术落后之物的人，不是具有一些事实性劣等品，就是具有一些社会性被淘汰之物，这一点——按照行话——不再是"与时俱进"，是不合时宜的、不流行的、"超级落伍"的——，或者某人恰恰借此证明了其品味、专业性、独特性以及不同寻常。

虽然对各单独视角的罗列并不完全，但是可以认识到的是，恰好是广告在多大程度上感知到在经济诉求中，将正确行为纲领化的功能。对此人们也可以称其为"需求塑造以及需求唤醒"（Schließler，1965），或者谈及一种对消费者"动机的操控"，正如鲍德里亚（1991）所认为的：在两种观点中，动机供给借助广告，居于关注力的中心位置，不管针对投资的风险性，还是对于消费的准备均如此。正如卢曼（1988）虽然有所暗示，但是却并未深入阐释一样。

广告视为可信的沟通

如果将广告定义为可施加影响的交流，对此涉及对影响深远的关注力的获取，那么一切均依赖于广告会导致相应的后果，即按广告行事，遵循广告。广告令人惊异之处却是，每个人均知道广告的目的，并且广告丝毫不会掩饰这种目的。"所有一切，一直以来已猜测的事：在这里，突然之间成为真理。广告试图去操控，它不真诚地工作，并且将这被视为前提的一切作为其行为的前提。"（卢曼，1996，85 页）虽然可能难以识别广告如何以及以何方式试图施加影响[324]。但是没人能够想到，广告不仅着眼于赢得关注，而且想赢得影响深远的关注。仅仅为此，广告才被投入使用。但如果人们应该遵循广告的指引，更令人质疑的是，它是否是真诚的？为何某人应该屈从于广告的影响，如果确定广告没有说真话，至少没有完全说真话？因为，毋庸置疑的是，广告断言一切可能之事，以便达到获取影响深远的关注的目的——不无原因的是，它向来一直遭受一种反复的动机嫌疑以及操控嫌疑[325]。然而，一种断言的可信度，借助对其可信度的断言，恰恰是不能被获取的。没有对可信度的任何一种展示，影响深远的关注就会是无概率事件。在这种情况中，成功的广告必须不仅仅是可施加影响的，而且必须是可信的交流[326]。"广告成也因其可信度，败也因其可信度。"（Kloss，2000，8 页）原因就仅在于，广告如何能以一种可信的方式出现，如果它恰好在这方面有问题？

显然的是，这一切均导致一种悖论，正如吉特·卡茨（Gitte Katz）（2002，207 页）所表述："一方面，广告……指出了一种可信的出场方式；另一方面，人们恰好从一开始在这一点上就与广告中明显的可信度问题有关。"在赫尔伯特·威廉斯（Herbert Willems）以及马丁·茹加（Martin Jurga）（1998）的论述中，也可能谈及一

[324]　参见多米茨拉夫（1929，14 页）："伟大的受众们干脆应该做那些广告专业人士想做的事，并且尽可能丝毫不考虑那些购物行为的原本动机是什么。"

[325]　广告评价的开端，参见多米茨拉夫，1929；莱因哈特，1993；施瓦茨，1999；Lambberry，2000。

[326]　参见 Niemayer，1993；施密特，1996；楚尔施蒂克，1998；威廉斯，2002。

种"不可信特征，它紧紧黏着在广告上。这样的一个特征是如何在戈夫曼的论著中被提出的呢？一个可能在于广告是以非常私人化方式出现的。因为不罕见的是，它试图唤起一种印象，仅仅为了'你'而存在，而这一点有时恰是假设了一些亲密的形式（参见鲁特，1987）。除此之外，这一点也被从消费者角度加以赞扬。顾客所谈及的事物，就是以关心以及赠送为下意识的主题，是细心谨慎地被招待，被耐心说服"（鲍德里亚，1991，206 页）。在某种程度上，广告被信任感强加了强烈影响，在那些不存在可信度的地方——一种极其私人化被表达的招揽顾客的言语的完全非私人化的形式是另一种卓越的悖论。现举德国奔驰汽车旗下的迷你汽车品牌"Smart Cabrio"的一则广告文本为例：

> "SMART CABRIO，城市夏日。今年夏天，做做看，令您兴致盎然的事：您想到的，才有意义。在新的 Smart cabrio 汽车中，三层的多功能车顶（TRITOP），为您打开赞叹不已的视野。您看得更多，您感受更多，您有新想法，您想做的，我们都赋予您。"

这种明显的私人化言语趋势获得支持，通过对人员的投入获得信任感，这些人对当时做宣传广告的服务商品大加赞誉，并且为达到此目的，指出一种与这种服务商品相关的特殊的权威。威廉斯／茹加（1998）已经就此在其研究中，就关于广告的"可信度生成性导演方式"得出以下结论：出于对科学以及对科学家的热爱，实践性的专家以及经验丰富的享乐者、道德权威、同情心泛滥者以及老人，那些基于自己的年龄，已经能够为自己获取如经验、智慧以及聪明光环的老人，为此被投入使用，以便为一个广告信息的可信度做广告（也参见克勒贝尔-里尔／魏因贝格，1996；Nerdinger，1996）。此外，施行此措施的原因仅过于清晰可见：具体的个人，相比抽象的系统来说，更容易生成信任[327]——具备技术性再生产特点的一种古老反映（也参见舍勒，1978）。

但是，即使个人也会撒谎，尤其是在之后，在大众知道他们被慷慨地支付报酬，来作为广告中的推介人而受人支配时。因此，不是没有风险玩这种"社会牌"，假如人们对为服务商品本身带来优势不能稳操胜券。大概演示效果（"人们相信所见到的"[328]）属于这种"胜券"，正如在大众汽车广告中所体现出的这种演示效果，这种之前／之后的模式，通常在洗衣剂、洗发水以及减肥疗法中起作用，对日常生活用品的非日常化可靠性证明，大多在极其艰难的负载条件下（比如奥迪汽车在雪道中行驶），而且最后还有优惠以及保证，用于证明一个服务商品的耐用性或者可信度[329]。

---

[327]　参见卢曼，1989；吉登斯，1995；克勒贝尔-里尔／魏因贝格，1996。

[328]　参见奥格威（1984，156页），它在涉及美国日化产品巨头宝洁（Procter&Gamber）公司的广告热点的巨大成功时表示："整体广告热点包括一个'验证时刻'。一位女士展示她所做的事情，她是如何按压 Charmin 品牌的卫生厕纸的，并从而表明它的柔软度，或者广告在热点中展示一位家庭妇女，她正在观察埃拉是如何去除油污的。"

[329]　除此之外，威廉斯／茹加还提及了广告的自设主题化的技巧，从而借助对可信度风险的以坦诚公布的阐述以及彻底的排除，得以令人信服地出现，此外假设放弃广告，比如《白线》或者私人标签，并且最后在其全部的使用范围内进行。关于自我主题化，也参见林德纳（1977，124页）的表述："这种'认真以待'也在随后表达出来，在这些广告信息的阶段中，借助部分的（自我）讽刺性堆积于广告之上，而正是通过其地位以及声望的象征性得以运行，以便将各自论证的使用价值导向性得以愈发强烈地凸显出来。"此外，克莱恩（2001，308页）提道："这种已经免疫化的广告例子，比如耐克的一次广告宣传，采用的广告宣传语是：'我不是目标市场，

在广告的所有这些技巧中，首先涉及的是，要避免一种可信度的悖论，针对任何一个断言的可信度均会冒此悖论的风险，借助实践性的、易于理解感知的服务商品证明。因为这种感知比起纯粹的倾听以及阅读而言更难具有欺骗性，因为这要难得多，将非语言的交流与语言性交流同样置于控制之下。如果人们说了谎话，比起言语，人们的表情、手势以及"身体语言"更容易透露自己的真实情况[330]。如果回顾对数码化信息传递以及模拟性信息传递进行区分上，正如 Watzlawick/Beavin/Jackson（1972，64 页）所言，那么，模拟化交流，相比数码化交流，要情不自愿地真实得多：

> "孩子、傻子和动物……，自古以来，均被赋予了一种针对人类行为的真诚与虚假的特别直觉，因为用言语辨明自己是容易的，但难以将一种不真诚加以模拟（analogisch）可信地交流出来。一种手势或者表情告诉我们，正如其他人认为的，要比成千上百句话表达得更多。"

因此，即使是交流的非语言化维度，在许多情况中，出于安全因素，如果不可信的特点则会招致失败也被考虑到（参见魏因贝格，1992；克勒贝尔-里尔/魏因贝格，1996）。当然，这种手段正如其

我是运动员'，以及雪碧的广告宣传'形象不值一提'。在雪碧的广告中，一位年轻的黑人说，媒体用谎言狂轰乱炸他的全部生活，说软饮料会让他成为一个更好的运动员或者一个富有魅力的人，但是后来他认识到，其'形象不值一提'。"
[330] 参见森内特（1991，62）的文章，他谈及"符码的可信出现"，符码重视非声音行为要甚于对有声信息的重视："在等级森严的社会中……，一位陌生人的行为会被长久地仔细观察，直至其他人鉴于手势或者说话方式能够将其归类，人们甚至根本就不必问他自己这些信息。"

他措施一样，被有目的地投入使用的广告技巧，能够被透彻地看清——即使这一点会再次获得关注，并被预先认识到（参见楚尔施蒂克，1998）。特别要注意的是，一个广告宣传活动的整体语言行为，在时间性视角下也指出了一种足够的持续性程度，以便显得可信（参见 Niemayer，1993）。因为没有足够的交流持续性，如果广告信息大概呈部分状态，同时也在整体上持续得以改变或者干脆被交换，那么就会或早或晚形成几乎抑制不住的对一个广告宣传可信度的质疑。尼尔·波兹曼（Neil Postman）（2000，129 页等）将这一点用一种不完全严肃的方式加以主题化：

> "您会对我以及对我的这本书持何种态度，如果我在这个地方停下来并解释说，我会在简短停顿一会儿之后，再回到我之前的想法，而且如果我之后就美国航空公司或者美国大通曼哈顿银行插入几句客气话？您会有权利想，我没有尊重您，而且肯定也没有尊重我的谈话主题。而且，如果我不仅一次，而且多次在这一章这样做的话，您会有理由假设，这整个活动根本不值得您的关注。"

广告，因此提供了一个关于完整可信度生成的宝库，从而避免动机嫌疑以及操控嫌疑声明自身。此外，广告的可信度是一种特别稀有的财富，但还是要比关注度多很多。因为归根结底，这并不涉及知名度，而是涉及影响力：消费者不应该仅仅认识服务商品，而是应该购买它，但他极少这样做，因为他不信任广告。因此，广告不仅仅追逐关注力，还要追逐可信度。但一个交流的可信度却主要取决于它不能持续发生改变，而是要超过某一段时间，保持不变，即为自身保持一种持续性。说到做到，而且昨天适用的，明天依旧存在——除了有很好的原因，才会因此有所改变。但意义转变的可信度则按照这些理由的可信度而定。

为什么在这儿要特别谈及可信度而不是信任，此外这一点与以下结论相关，即可信度的目的在于一个告知的内容上的正确性：某人是可信的，如果他所说的是正确的，而信任关系涉及信任给予者与信任接受者之间的关系——我信任你，因为我假设你不会令我失望。或者还可从 Watzlawwick/Beavin/Jackson（1972）的论述得以印证：可信度是以一个交流的内容角度为准，而信任则是开始于一个交流的关系角度[331]。但恰恰一个广告信息的内容视角是举足轻重的。因为影响深远的关注是以广告被可信地传递为前提。与此相反，关系视角，只有当人们接下来获得了做广告的服务商品时才得以施行，因为人们信任这商品，相信它所包含的广告允诺[332]。与此相比较，可信度以及信任度几乎不能区分：在两种情况中，涉及的是对一个特点的估算及包容，它建立在经验以及／或者担保的基础上（参见 Deppermann，1997）。也就是说，需要时间直至某人值得这种可信度以及信任度[333]。因为在

[331]　参见 Bentele，1988，1998；Alemann，1990；Köhnken，1990；Petermann，1992；Götsch，1994；Kirchner，2000；Kohring，2001； 卡茨，2002； 贝克尔，2002。

[332]　换言之，在可信度（Glaubwürdigkeit）中， 涉及的是对一种情况的经历，而在信赖过程中（Vertrauen），重要的是对一种情景的建构，因此重要的是行动，参见 Petermann，1992；Gotsch，1994；Kohring，2001。因此，广告得以信赖，与此相应的服务便得以熟知。没有人会一看到广告就采取行动，而只有当他购买一个确定的服务时——基于或者不基于广告——才会采取下一步行动。简言之，可信性被赋予，信赖得以被馈赠。

[333]　参见 Coleman，1982；Bentele，1988； 卢曼，1989；Köhnken，1990； 德罗斯戴克，1996；Nawratil，1997；Bonus，2000； 卡茨，2002；Nuissl，2002。

大多情况中，仅仅经过相当长的一段时间才能发现，是否某人是可信的以及值得信任的，并且不是一再自相矛盾，不论是语言上，还是非语言上 [334]。首先，对效果的质疑在于，在多大程度上，整体印象作为与自身协调一致的形象出现——在眼下，但也在之前以及将来。对可信度以及值得信任的行为的平拍标准是尽可能全面的交流融合：整体的行为方式，它不管以任何方式被视作告知企图，应该在最大限度上彼此协调一致，以至于每个单独的行为方式均在其中证明其他的行为方式所告知的内容，并且尽量使没有一种行为方式会外化或者内在地与另一个行为方式互相矛盾 [335]。因为在决策中出现的专断越少，某人的可信度以及值得信任度就越高——正如某人对待自己的方式与此相反，只要他平常的显现图景如何证明没有可疑的时刻，就一直处于不重要的状态。就这点而言，可信度以及值得信任证实为一致化交流的结果。这里指的是超交流的一种特定的形式，因为可信的以及值得信任的交流以反射的方式关系到自身，而且因为一个反射性的协调一致，如果可能，会等同于一次真正的艺术 [336]。此外，这一点符合了融合作为对那些自由度的交替性限制的含义，那些人们如何行为处事的自由度，而且对自己如同对待其他人（参见黑尔曼，2003a）。再者，显然的是，对交流的控制并不是对所有告知方式同样地起很好的

---

[334]　参见 Bentele，1988，1998；Köhnken，1990；Bonus，2000。

[335]　欧根·布斯（2000）曾列举出一些失败的企业交际中的典型情况，在以下情况中都能够出现：太多的解释空间、交流以及品牌形象并不彼此匹配，描述方式不适合结果、情景或者企业形象，对自设诉求的伤害，在所宣称的价值以及一时间的行为之间的不坚固性（即能力鸿沟、信任度鸿沟以及身份定义鸿沟）。

[336]　参见 Willke（1978，232 页）："对系统以及环境之间的关系进行调和以及操控是对一体化融合问题的分析场所。"对于一体化及融合这个问题，应该谈及的是，如果调和涉及彼此依赖的部分，……这些部分企图达成一个共同的意义建构，即追求一种彼岸的超系统。

作用 [337]。如果大概以人与人之间的融合为出发点，那么言语的交流就通常指出一种最高的控制密度，这一点针对非言语的交流就要难得多，而且伴随着对声音、表情以及头部运动一直到脚的运动的控制和其质量不断降低的情况，一个人的私人以及公众化生活被同样包容在内才比较合适（参见 Köhnken，1990）。与此相应，对于企业也适用，即存在各种交流领域，它允许一种相对高的控制密度，正如同在电台、电视以及在印刷传媒中的经典广告，许多其他发生的事得到了一种彻底的控制，或者因为控制过程所花费的时间和精力过多，如同在投诉过程、外部服务的谈判技巧、建筑的显示图或者车辆停车场美学中进行一样，因为不存在直接的使用暴力，正如同在陌生公司的促销活动中、在电视广告中、在金融市场信息中或者在口口相传中，以上仅为列举几个例子而已 [338]。

作为中期结论可以确定的是，如果将广告视为一种可信的交流，那么就谈及广告交流的一种反射性协调一致，以事实的、社会的以及时间的视角：事实的视角，涉及问题以及解决方式的关系；社会的视角，涉及生产者自己和消费者之间的关系；时间的视角，关系到出生以及未来的关系。以相似的方式，这一点也在安德烈亚斯·德

---

[337] Köhnken（1990，161 页等）在这里，谈及了一种用以控制交流的受限能力，它不可能处处同样地得以实施，为此他使用了这个非常容易令人记住的画面——一块过短的毯子："形象地加以表达，具有欺骗性的交流者，就好像处于一种有一条太短的毯子的场景中。当任何一个地方出现一块空地的时候，他就把毯子拉到那里去，随之同时空出另一块区域。不久后，那里变冷，毯子就重新被挪走了。但是一些区域——而且这一切对于可信度评判具有至关重要的内涵，尽可能地保持继续覆盖的状态。就是这样的行为区域，在不可信的交流者的原型中具备尤其大的重要性。"

[338] 参见德罗斯戴克，1996；梅菲特/布鲁恩，1997；贝克尔，1998；Kirchner，2002。

罗斯戴克（Andreas Drosdek）（1996，76页）基于企业交流的论述中有所表述："时间、空间、企业的不同层面以及领域，不仅仅在企业，在各处，即在所有领域以及活动中，表明一种同样方式的可信度时，才会被可信地融合。"随之而来的是，致力于一种影响深远的关注力的广告，必须要为交流的融合加以全部的关注，以便尽可能地表现得可信且值得信任，因为随后广告才会获得最大成功，尤其从长远来看（参见 Kirchner，2002；Tropp，2002）。

品牌视为广告的内在价值

如果之后广告获得最大成功，如果它表现得可信，至少长期而言，那么效果就很明显。为什么恰好是品牌对于企业的成功如此具有举足轻重的作用？因为品牌，一般而言，被赋予一种特别高的可信度[339]。弗雷迪·盖塞尔（Fredy Geisser）（1993，70页等）针对 O'Lacy's 公司表明："我们的最高需求在涉及品牌建设时，在于我们品牌的持续性，同样也在于我们品牌的可信度。"品牌恰好可被视为可信度的完美化身，因为品牌交流，在事实的、社会的以及时间的视角下，相比非品牌，均被证明具有明显更高的融合度。

> "可信度是被公司与消费者之间主动积极的交互行为，以内生性的方式得以确定，作为以消费者为基础的品牌公正/净值的主要决定性因素。更为特殊的是，如果消费者不确定产品特性，公司会使用品牌来令消费者确信产品情况，并确

---

[339]　参见桑德勒，1983;Riegel，1985a;卡普费雷，1992;Hübel，1993;梅施希，1994；梅菲特／布鲁恩，1997；西蒙，1997；卡曼辛，1999；科特勒／Biemel，1999。

定产品声明是可信的。这样一来，品牌就能可信地标明产品的情况。品牌作为市场标示增加了消费者的对品牌特征水平的认识能力，加速了它对品牌声明的信心，并且减少了不确定性，因此降低了消费者察觉风险以及信息花费，而且还提高了消费者所希望的品牌效用。"（Erdem/Swait, 1998, 266 页）

此外，可信度，即恰好是成功品牌的交流融合还延展到整个价值创造链上，从发展，经过购置、生产、市场化直至销售，视服务商品供给而定 [340]——虽然在一个品牌交流中，所有这些局部角度之间的反射性协调一致，如果可能，会等同于一次真正的艺术，如果可能。这一点尤其直观，如果人们想起品牌，比如 TUI，其服务供给不仅仅局限于销售旅行机会，这种销售结果取决于大量的附属企业，比如飞行航线、出租车企业、饭店企业集团、旅馆、娱乐工厂，它一部分不属于 TUI 企业集团，但是在语言行为中对被接受的服务质量施加了直接影响，也对品牌的可信度产生影响——这是一个几乎不可解的问题，即对它的这样一个品牌而言，跨越所有价值创造链的所有环节，建立并保持一种融合 / 一致化的交流 [341]。而且，尽管如此，成功品牌的（自我）需求恰好在其中得以看见，即能应付为

---

[340]　参见吕舍，1986；梅菲特 / 布鲁恩，1997；西蒙，1997；Mei-Pochtler，1998。

[341]　参见 Madrid（2003）以及 Thunig（2002, 65 页等）："具有 200 个企业，3658 个旅行社，75 个活动品牌，配有 88 架飞机的 4 个飞机品牌，以及有 278 个旅馆的 49 个目的地代理商，迄今为止的旅游服务确切地说是不清晰的。在对顾客的感知中，最后仅能够得出一种异质化的景象，但是没有一致而清晰的接受者，即人们将自己的一生最美妙的几个星期所赋予的对象。……德国普罗伊萨格钢铁厂的市场营销曾成功做到的，等同于一个大力神赫拉克勒斯任务：将 200 个企业置于一个品牌伞之下加以塑造，迄今为止，世界上还没有一个企业能够做到这一点。"

272

达到协调一致所花费的时间以及精力，直至最后一个细节，在任何时间并在任何地方。

从功能性来看，品牌被证实是一种针对影响深远的关注力的解决选项。确定的是，一个不同寻常的能引起轰动的广告宣传攻势能一下子就令众人为之兴奋和激动。但是广告只有在做到不仅一次赢取顾客，而且一直不断地赢取顾客才能持久成功，并从中赢利颇丰，即如果顾客被牢牢地绑在自己的服务商品供给上。为此，广告必须显得可信，并且如果是这种情况，那么随着时间的推移，就会形成品牌。品牌正如同任何一个产品一样，不是被生产出来并随后被加以市场化的，而是品牌对自身而言是一个产品，它通过可信的广告才得以塑造成功，同时是一个"超级产品"，如同卡尔·林（1992）所表述的。并且在这种意义上，也可谈及超交流，因为一个特定品牌的交流关系到一个特定产品的交流，当整体交流措施的一个反射性协调一致被实行时，这些措施，针对这一产品被主动地投入使用，而且它也能够与这一产品建立起联系。因为对于广告宣传的成功，归根结底是由消费者决定，而且只有从他们的视角而言一个宣传攻势是可信的，那么他们才会对此广告投入自己影响深远的关注力。

如果人们关注这种方式方法如何达到一种反射性协调一致，即针对一个特定产品的宣传攻势中达到一种整体交流措施的融合，就涉及对特定告知方式进行重复使用的一个回归性过程，这些特定告知方式在广告宣传的开始，大多在一个新产品投入市场时得以使用，并且被保存至今，比如名称、书写方式、象征符号、口号、颜色和形式，就是在一个产品被市场化时所需考虑到的一切[342]。因为在任何一种新的交流措施中，特定的旧的组成成分被重新培育，被加以使

---

[342]　在此，也可以同样称其为重述，参见 Briggs/Peat，1990；Fernau，1994。

用，并且重复涌入交流过程，因此这一产品的一个固定显示图像得以形成，而这一显示出的形象恰好在它的稳定性中，构成了此品牌所指之物。并且，这样在对交流的特定组成成分的重复使用中，一种回归性以及重复性的过程，不断被定义为"内在价值"。

自我价值这一概念源自海因茨·冯·弗尔斯特（1985a）的这一想法，并且表述了一种进程，同时也表述了一种状态。这一进程涉及的是，将一个特定的数学计算结果多次输入至这种针对一次重新计算过程的账单中，在多次重复的过程中，形成了一个显而易见且稳固的最终结果，因此变化就会越来越少，如果人们将此过程越来越多地加以重复。人们可以将这一点以一个简单的加法加以演示：如果以公式"$Z^2+C=X$"为基础，并且反复为变量 Z 运用结果 X，那么就为特定的数值，在很短时间之后生成自我稳定的最终数值，它可被视为这一相加的内在价值（参见 Briggs/Peat, 1990）。相似的现象，对于伯努瓦·B. 曼德尔鲍姆（Benoit B. Mandelbaum, 1987）的分形理论几何学（Fraktale Geometrie）也很著名，他以这样的方式宣布这种自我相似性的特点属于已形成的产物：无论人们还能在细节上走多远，一直都会反复在每个单独的部分中遇见整体的形象（也参见 Briggs/Peat, 1990；奥特，1993）。可能因此盖尔德·格肯（1994）谈及分形理论几何学，所有在其中出现的形式中，保留为相同形式，而不是完全静态的，虽然格肯已经允许对这种观点进行一个能够想象的大规模论证。

即使卢曼（1997，394 页）对海因茨·冯·弗尔斯特的内在价值/特征值概念也多次运用："特征值建构是可重复使用性的一个结果，这种可重复性指的是将操作过程运用到同一个媒介之前的操作过程的结果上。"在另一个地方，卢曼（1990，113 页等）也将内在价值/特征值视为"意义品牌"（通常称之为符号，更好一些是"tokens"），这些意义品牌稳固了进一步观察的依据，而且是稳定的，即使（并且恰好因为）它们是从不同的角度被使用，并且这一点被透视。除此之外，卢曼（2002，30页）甚至将人理解为内在价值/特征值：

"人是继续进行交流的条件，是目的地、估算对象，通常也是针对在交流过程中出现的奇怪现象的解释。在这种意义上，人们可将人员视为交流系统—社会的'内在价值/特征值'。"建构者产生于交流系统—社会的操作过程的回溯性（Rekursivität）。人员出现，同时作为副产品引人注目，交流得以彻底完成。因为人们最终必须知道谁为告知（Mitteilung）负责，并且人们的回问、请求解释或者批评应该转向谁。"

鉴于这一点，就容易理解，对象征性辨识角度的整体性丰富多彩，即人、角色、纲领以及价值接下来进行检测：在很大程度上，这里没有涉及到离散抽象度的特征值的形成。在任何情况中，内在价值/特征值均表示了一种反复的自我观察的结果，即对自我观察的观察，关系到自我交流历史的建构，在这种情况下解惑只有在一定时间之后才得以建构完成，并且随后逐渐地更为非变量化。此外，特征值通过一个高度的自我关涉度（Selbstbezüglichkeit）为标志，因为它持续地涉及自身，而没有将自我价值建构，在纯粹的自我指涉（Selbstreferenz）中得以详细阐述。更确切地说，它完全将外在的结果以及变化纳入视野，只要内在的关于这一点的连接能力未受到威胁。

接下来，观察品牌就显得完全有说服力了，将一个品牌的交流也视为广告的内在价值/特征值。其出发点就在于，一个特定服务商品的市场化首先是通过广告。鉴于这种几乎每个市场的不清晰化，每种服务商品出于可区分性的目标，以特定的特征加以配备，它在广告交流中一直被不断接受。此外多个特征通过持续的反复使用，获得一种特定的稳定性以及自我理解。因为并不是针对所有的特征，它在一开始就得以使用，在它重复使用的过程中，在产品交流中，一个足够可认清的、记忆能力以及再生产能力特点意义上的一种如此的固定化就得以产生。借助这一点，这个产品就最终成了品牌。当然，并不能确定地预言哪些特征在消费者的视角中的确对此做出了贡献。可确信的是，对此不一定需要许多时间，并且结果最后也保留为不确定的状态。

借助此开端，即将品牌视为广告的内在价值，就不仅仅以此为意图，即将品牌的功能性分析推进到广告的方向，而是要关注自我动力（Eigendynamik），它在品牌建设以及品牌引导过程中有所显示。在人们生产一个服务商品并能将其市场化期间，而不需要此外脱离对它的控制太远时，这点在一个品牌的形成过程中，绝非是这样的。因为在这里，消费者决定一个商品是否成为一个品牌，或者正如多尼茨拉夫（1939，159页）以其大众心理学的措辞风格做了如下阐述："品牌本身，尤其是大众心理的一个结果。"虽然通常，一个主动的市场化宣传，尤其是广告宣传，在消费者角度，是绝对必要的前提。但是只有当消费者主动参与其中时，并且广告的努力结果通过消费者的理解作为交流得以建构时，条件才得以最大化满足，即品牌得以产生。下一章节将对此视角有所讲解。

第三节　产品和品牌

每种服务商品必须得以公开市场化，以便在一个现代化市场上变得随处可见、闻名遐迩并且供不应求。这一点需要对交流措施的高度运用，且在尽可能多的渠道上。一开始在这里就涉及了对公众关注力的获取。但在中心地位却——恰好在一个产品导入过程中，在某种程度上，在一个处于形成期间的产品历史的"进化的零点"（卢曼，1984，217页）上——是通过产品传递信息，正如极少被测量，这一点也可能被取消。因为必须清楚的是，这一产品用于何处，其服务能力在于何处，它的质量，即其问题解决可靠性应该如何被评价，并且它为何适用于人。这一决定性的问题是："有没有什么原因，让消费者购买新的品牌，而不是让他购买已经购买过的品牌呢？"（Davidson，1976，121页）人们应该至少已经知道，如果想购物，为何恰好是应购买这一产品。

对信息的传递，通过一个特定的产品，简言之，产品交流首先在事实、社会以及时间的维度上活动。在事实维度下可以被理解为整个主题领域，它借助服务商品本身，即与问题以及解决方式之间的关系相关。在最关键之处，涉及对以下问题的回答：什么是问题，以及解决方式在哪里？在社会维度中，围绕着以下问题：这一个产品针对谁合适，以及谁针对这一产品可以考虑？换言之，谁有这一问题（可能不需知道），针对此问题，恰好是这一产品允诺了一种解决方案？或者：但是谁会很快有这一问题，假如他不能以最快的速度获得这一产品？确定的是，一种产品交流的问题视角不总是位于主要地位，这一点可能会产生令人震惊的影响，并且会令动因准备瘫痪。下意识地，但是这里进一步涉及对行为需求施加强烈的影响，并且大力推进行为压力，而且相关性的产生极其出色地适合于此。最后，时间维度涉及之前/之后模式，它在任何一种交流中均共振：之前还没有问题或者也有问题，但之后仍未解决，因为它不再为人所知，或者问题的扣人心弦之处被低估，而且之后人们在安全的一方面认知自身，因为人们不仅仅有一个新问题，同时也有对此的解决方案。

所有这一切均与品牌交流无关[343]。因为任何一种产品交流已经被如此建构，以至于它试图能尽可能清晰地并且作为唯一的、突出强调一个产品的问题解决关系，以及目标群体关系与现实参照。品牌交流只有在随后才能被提及，当整个产品交流紧接着被观察以及被按照如下方式调控，直至它显示为可信的时候。

直觉的和反射的品牌运行

这一评价来源于刚刚已得以论证的思考过程，一个品牌是可信广告的产品。仅仅是现在涉及了尽可能全面的对整体交流措施的融合，它用于一个特定产品的市场化，并且这些明显跨越了经典广告交流的框架。

个别而言，品牌交流指的是对每一个单独的交流措施的反射性协调一致，在事实、社会以及时间的视角，鉴于维度内化的协调性情况，随着时间的流逝，信息传递不在任何这三者视角中指出明显的矛盾，之后是跨维度的协调一致，以至于即使在对事实的、社会的以及时间的信息传递中也不出现矛盾，而且这一点尽可能还扩展到围绕着所有仅仅存在可能性的告知方式的纳入，而这些告知方式能够将第三方估算并包容至作为告知意图的产品之中。自我诉求很典型："21世纪，创建品牌需要品牌经验，拥有所有信息、所有渠道和所有接触点的人。就本质而言，一个产生了全部品牌经验的人，既是全面的，又是现实的，同时具有消费者作为引导性原则。"

---

[343] 另一个对术语的注释：如果在这里谈及产品交流或者品牌交流，这一切就涉及整体告知方式，它被第三方以告知企图的方式视为一种产品或者一个品牌，不知正确与否，因为这一切对后果而言不产生任何差异性。此外，产品以及品牌交流极大地超出了纯粹广告交流的框架，对交流的控制也很难被建构。

（Webster，2002a）而这一点针对外部广告的交流领域，几乎不能证实是可实现的。此外，对一个品牌交流的建构以及调控，能够从企业的内部视角被描述为超交流，因为这涉及关于对一个特定产品的交流，虽然这一点对外部仅仅很罕见地可见，并可听见。并且本来最终才会谈及品牌交流，如果这一可信度在第三方的眼中已经达到。"对于品牌商品适用的是，产品的标识化，借助单独实用性维度，首先在接受者中必须导致一种耐久坚固的品牌，也就是说，导致一种被接受 / 感知的质量设想的语段，这些质量设想丝毫不矛盾地标示出那位被追逐争夺的买主可能的使用期望。"（弗里茨，1994，33 页）或者负面表述，什么更接近事实：起决定性的是为一个特定的产品整体上交流所花费的时间和精力，超过所有意义维度，表现为不是太不可信。也就是说，对于消费者而言，能以可识别的方式，表现为一致性融合，而且这一目标在竞争者市场上必要时可以通过反射性协调一致达到。就这点而言，一个品牌交流的成功取决于对整体产品交流的反射性控制，鉴于可能的不稳定性。

此外，可能一种误解立即会被预防：虽然在这里仅仅谈及了交流，但是一个可信的产品交流必定包括了产品质量，虽然这一点不是部分，而是交流的主题。因为产品交流尤其会被在此测量，即产品商是否也遵守其承诺。因此，可信的交流也必要地包括了自我义务，用以保证以及满足所声明的产品质量，假如可信度的显现不该接受损失的话。可信的交流借此强制了一种高标准的自我约束以及自我控制，它不间断地持续工作，必须处处都有耳目，而且它在关注可能的针对消费者的后果时，计划以及实施每一个行动。

如果人们接下来观察一个产品交流的转换为一种品牌交流，这种经验性思考也可能被证实是很棘手的，那么就尤其在关系到 19 世

纪许多经典的品牌商品形成过程中所猜测的，即通常不是反映具有
重要意义，对于这种质量性跃进，是自我指涉以及直觉，不论是出
自习惯，偶然还是幸福[344]。毕竟，源自这一段时期的一个传说，即
一个品牌的成功要归功于一个特定人的个性，或者正如克劳德·贝
克（Claude M. Beck）（1982，180页）所表述的："品牌是对个性的
复制，它立于其身之后。"但有问题的是，是否一种个性的结构被一
对一地翻译成交流。在结果中，这却导致相同性，即导致对一直相
同的因素的重复性，还导致试图将针对整体期望空间以及经验空间
的失望程度，它伴随着每一种产品交流而产生，降低至最小值，而
且对产品质量如同对待目标群体的把握度，以及对待产品的现实性
关系也是如此。具有决定性的是没有明显的错误产生，虽然并不存
在个别的错误控制。产品交流的可信性，通过融合／一致化的交流，
而且只能叫作品牌交流。在某种意义上，是自然质朴地得以形成的，
却没有持续地对此有所反映，即产品交流的可信性是如何显示为事
实的，并且这一点仅仅与此在边缘有关，即所要求的理论以及方法
通常是匮乏的，以便将在控制方面如此广泛地花费时间和精力加以
实现。在多大程度上且在何种纯净度上，这种品牌运行中的直观形
式会实际出现，必须在这里有所保留。因为在最大限度上并不可能，
品牌交流的形成恰好在19世纪就已经纯反映性地获得成功。从另一
方面而言，令人毋庸置疑的是，直觉性的品牌运作今天几乎已经不
能具有一种真正的成功机会，因为在已经饱和的市场上，竞争的压
力令一种具有反射性并高度技术化的产品交流协调一致、不可避免。

---

[344] 除此之外，这一切也总是被视为以下观点，参见比尔（2001）："在职业
化的分析、创新性的直觉以及还有一点儿幸福之间总是存在着一种尴尬的情景，
当一个品牌和对方交流抵达消费者时。"

在针对许多市场的未成熟阶段，在其中对倡导者的垄断，基于一种超前发展，至少在一段时间内占据统治地位，完全能够达到在决策状况中信任一种"内在感觉"[345]，因此品牌运作在某种意义上停留在第一阶段的观察模式中，那么以下情况就变得不可商榷：在第二阶段的观察模式中施行品牌运行，并且这一点同样包含了自我观察，正如同竞争方以及消费者的观察一样。因为在此期间，针对品牌交流的建构以及调控不再存在一种认识论的基础，正如同它还在品牌研究的第一阶段中，在这里品牌研究用术语"品牌作为技术"表明，就恰好是利用本体论的确定性并加以运用。

在涉及从产品交流到品牌交流的过渡阶段的问题时，这一点从经验性的角度一定是一种流动性的过渡阶段，没有明确可证实的跃进状态。然而这样的过渡现象，迄今为止几乎没有借助可承担的并已经在使用中试验的构思得以掌握。与此同时，应该使用对一种模式的追索权，即由贡特尔·托伊布纳（Gunther Teubner）（1987；1989）针对将法律的形成作为自我再生性系统（autopoietisches System）加以发展的模式，得以至少尝试将这一过渡过程从一开始来加以概述。

通过超循环设立品牌

本节的出发点是，系统理论的一种理论性不足，在对再生产性的、自我保持的系统形成过程的解释视角中。对于卢曼（1987）而

---

[345]　洛塔尔·S. 莱昂哈德（Lothar S. Leonhard）对以下问题，即感觉和直觉在品牌引领过程中起到了多么重要的作用，给出了以下回答："50% 的知识，50% 的腹中领悟。"（Plewe/Berdi，2002，12 页）也参见 Guth，1954；布罗泽，1958；Marchard，1985；威廉斯，2002。

言，仅存在一种在一个系统的存在以及非存在之间哈姆雷特式的双难抉择，而绝不存在对一种逐渐的自我再生性以及自治性的渐次的中间步骤。托伊布纳（1987）将这种表述恰如其分地定义为自我再生性的"大爆炸"理论，因为一个系统基于卢曼的这种设定，如同一声枪响横空出世，迅捷且完善，没有任何一种持续更久的发展以及区分诉求，几乎如同一只雏鸟：迅速成长。系统发展的儿童时期，就在某种意义上被省略了，这一系统出生时能够充分发育，并立即成为具备功能性的统一体。托伊布纳与此相反，持以下观点：至少法律系统在多个步骤中已获得一种区分性。此外，发展的第一步首先得以成功，能动性地、盲目地、无反映地，为此，发展的第一步就将第一批系统因素的作者身份还指派给社会本身（参见托伊布纳，1989）。在进一步进程中，随后又形成了其他的因素，它们彼此之间有着一种循环的链接。虽然针对这些因素彼此之间的交替性关系存在着一种"不纯粹"的自我指涉，与此紧密连接，因为还出现了漠视法律的障碍和侵犯。与此同时，一系列正在自我重复并且可重复的基本操作过程逐渐缓慢地得以稳固，它已指出了一个操作上已关闭系统的第一批进程，并开始通过反射性的交流对自身施加影响。最终导致对系统各因素的超循环的链接，因此系统中整体的过程通过这一系统，自身得以建立和实施。托伊布纳（1987，113 页）将这一点，列举规则以及决策的循环关系为例，加以清晰阐述：

> "这种存在于因素以及结构之间的双重的超循环链接，作为法律行为以及法律规范的交替性出现，似乎对于现代法律而言是一种关键特点，与此相对应，其他系统组成部分之间的链接，就退居次要位置。积极性法律的核心部位就是……规律以及决策之间的循环关系：法权（Gesetzesrecht）只有通过法官的行为才会获得效用，而这

种法官行为仅能反复源自法律才能论证其效用。"

自此，通过法律系统对法律行为进行引导以及论证，仅还以系统内在的形式得以成功，而不需要对外部的合法来源要求补偿。

如果人们将一个社会系统的这三种阶段的形成以及自治化达成过程的构思，转化为将一个产品交流转变为一种品牌交流，那么在询问关于第一批因素的过程中，即关于那些合适于一个循环的、重复链接的因素，首先就想到品牌名称，一切均以它为开始[346]。"品牌，在这里，是一种明确可划分的区分性特征，一个完全特别的产品的名称。"（卡普费雷，1992，158页）在某种程度上，产品名称作为招牌发挥作用，因为一个名称是非常容易被识别、留下烙印，并被察觉的。这一点在其他地方也普遍适用："名称是……意义构成的场所。具有交流的各种经验在其中得以集聚，而且它在以这一种形式作用于当下情况的交流型选择。"（Stichweh，2000，221页）非常直观的是，这一点在针对德国邮政（Deutsche Post）的品牌交流中，以其细节化的规定，得以表现[347]：

—— 德国邮政有限公司使用"德国邮政"作为品牌名称。

—— 品牌标志是品牌名称"德国邮政"几个大字映衬在黄色底色的邮政角之间。

—— 品牌名称一直以整体标志的形式使用。

—— 邮政角的独立使用，例如在我们的分支机构、信件中心或者货运中心的外部标志中，通过特殊的规章加以规范。

—— 品牌名称"德国邮政"要一直被完整写出。这一点不仅适

---

[346]　参见 Herstatt，1985；Chernatony/McDonald，1992；拉图尔，1996；Kircher，1997，1999；Kohli/LaBahn/Thakor，1999；Papendick，1999；Stoll，1999。

[347]　来源：德国邮政 AG o.J.；也参见德国邮政，2000；Schukies/Giehl，2001。

用于内部，也一样适用于外部的交流。请您注意，没有诸如 DP 或者
Dt. 的缩写被使用。

——相同的规定也适用于口头表达：我们始终完整地说出我们
的品牌名——Deutsche Post。这一点不仅适用于内部领域，也适用
于与我们的顾客交流或者打电话的时候。

——服务领域由解释清晰的各类别概念构成。在其中，单词
Post 不被使用。

——服务领域一直都与德国邮政这个标志相联系。

——对于服务领域，那些在其中不同的服务被捆绑在一起的服务
类型，或者使用跨行业概念，或者具有最大市场意义的服务构成概念。

除此之外，几乎所有品牌均具有其他的区分特征，它们几乎完
全通过品牌保护法得以保证[348]。这种特殊性已能够从一个品牌自身
的名称图像开始，尤其当这一点显露出一种引人注目的笔法时，如
万宝路、妮维雅，或者博朗。一些奇特的口号具有相当不小的区分
以及保护能力，在其中，品牌名称还被一并导入，正如同"德国通
用电气公司（AEG）：源自经验，出众优秀""Bild，展示你的观
点！""Otto——我觉得不错！"或者"Müller 就是一切，还能是什
么？"除此之外，还有一些广告标语，它们具备一种极高的品牌记
忆价值，以至于品牌名称完全不必再提及（参见 Muschiol，2002）。
人们甚至自己[349]尝试能够真正估算出多少个品牌：

---

[348]　参见 Kraft，1992 ；Fezer，1997 ；Harke，2000 ；Lips，2001。

[349]　广告语的谜底是：欧宝汽车（Opel），移动互联网服务（LBS），苹果（Apple），
英国渔夫之宝薄荷润喉糖（Fischermen's Friend），瑞特斯波德巧克力（Ritter
Sport），埃索润滑油（Esso），丰田汽车（Toyota），克莱斯勒无酒精饮料（Clausthler
Alkoholfrei），耐克（Nike），数码媒体市场（Medienmarkt），吉列刮胡刀（Gillette），
焦点（Focus），宜家家居（Ikeas），Visa 信用卡，德累斯顿银行（Dresdener Bank），

广告口号

人人都在谈论天气，我们不

请您干脆用您的好名字来支付吧

链接人与人

借助同情心的绿色纽带

我要我自由

发现可能

事实，事实，事实

对于男人最好的

我可不傻

说做就做！ Just do it!

不是永远，但永远更常见

没有不可能之事

把老虎关进坦克里

正方形，实用，出色

它们太强，你就太弱

不一样去思考

我们赋予您将来的一个家

我们理解了

　　此外，符号以及象征，即所谓的"标牌"，还对品牌的再识别性的功能做出了贡献，比如苹果手机的被咬了一口的彩色条纹苹果，

诺基亚（Nokia），美国运通卡（American Express），德国铁路（Deutsche Bahn）（由下至上）。

汉莎航空的别具风格的仙鹤，或者奔驰的星标。此外，还有色彩的运用，比如德国邮政的黄色，德国电信的品红色，妮维雅的蓝色，妙卡的淡紫色，城市储蓄所的红色，或者万宝路的红白相间，以及美极的黄红色拼接[350]。不应该忘记的还应该有包装，如奥朵、美极以及可口可乐的瓶子。展览系列手册"为艺术做广告"的封面上的那些最著名的剪影证明了这一点（参见 Bäumler，1996）。进一步，还能想到菜肴的气味或者香气以及口感和浓度（参见迈耶/Glombitza，2000）。最终，在这种联系中，嘈杂声、声响、声的图形（声响的震动图形）、铃声以及旋律均被包括进去（参见 Sivers，1999）。属于这些的，大概还有德国电信的铃声或者广告副歌"Haribo 小熊糖让孩子开心"以及"麦当劳就是好"，这些同样有能力来产生有影响的再识别效果——视年龄、教育以及品味倾向而定（参见 Schmitt/Simonson，1998）。

总而言之，品牌交流以其描述手段的一种通感能力为突出特点，因为通常而言，总是同时具有多个特点，它们持续地被牢牢铭记，因此一个值得一提的冗赘效果以及信任效果得以产生，因为人们已经能够在很少的细节上识别出许多品牌，即使当它们仅仅被不完整地表述出来，很多著名品牌不需要写明品牌名，仅靠图像和部分特征就能被人辨认出。除此之外，品牌研究——在关注到品牌的这些特殊的辨识性特点时，总是多次谈及符码[351]。尤其是海伦娜·卡曼辛（1998，490 页）简明扼要地对此做了表述："品牌培育了一种自己的符码，一种自己的语言，它从包罗万象的集合中选择自己的符号：图

---

[350]　参见 Erichiello/Groß/Pirck/Postler，2001；Schukies/Giehl，2001；Schwarz，2001。

[351]　参见豪瑟，1994；格肯，1995；佐默，1998；布兰德迈尔/施密特，1999。

片、文章、音乐、颜色、材料、人员类型和空间等。"所有这些因素，随着产品交流中数不胜数的重复性，或多或少地就已很好地证明是有效的，并且在此期间形成了各自品牌的稳固结构的存在。与此相反，所有其他的相似选项，随着时间的流逝逐渐失去了那些通常不再有名的因素。

这样的一种因素的固定整体一次聚集起来，就会在第二步进入建构一个产品历史。这一点一方面包括了费斯霍芬（1959）所理解的基本功用领域，即产品的特殊问题解决能力的事实性维度：产品能做什么，以及产品是何时并如何被使用的？另一方面，产品最吸引人的附加功用，在关注一种特殊的目标群体的时候，被作为主题使用，并且利用适合目标群体的价值、纲领、角色以及人物模式加以丰富积累，得以象征化地进行加载。其目标就是，讲述一个针对机会、思想以及感情的尽可能适合目标群体的历史。它在产品需要时能够出现，在其中目标群体能重新认清自身，并且作为接受者感觉到指的就是自己，它还以历史的形式赢得越来越多的独立性以及自我动力，只要它持续够久。因为，一个这样的历史越长久地得以使用，对于构建以及调控一个品牌而言，其标准以及方针就会愈发多地被转移至这种历史中，以至于逐步形成了一种可越来越被回溯至其上的记忆，以便更多地从内出发——结构限定地做出决定，什么适合并可信，而什么不是如此。

如果这最终得以成功，即将产品交流的融合性驱动到最大限度，即谈及一种不规则的品牌，它在任何一个可见的切面均能够将产品作为整体进行反映，且这一点不仅包括三种意义维度，而且还包括产品交流的通感角度，这样一个产品无论在何时均能够被获取。在此产品上，可以按照托伊布纳的观点，谈及一个品牌的诸多因素以及结构的超循环链接，因为从品牌本身的历史而言，对一个特定的交流措施的决定能够得以被引导，品牌的历史反复通过任何一种新的交流措施重新焕发生机，且被重新确定是否真正存在如此的品牌，它具备一种自治权的范畴，即它再生产仅仅还归其本身所有暂不做讨论。具有决定性意义的倒不如说是以下可能性，即从一个产品交流过渡到一个品牌交流的阶段，借助这样的顺序——偶然地形成，然后逐渐巩固，并最终完全独立化并自我生产——加以描述，这种可能性开创了一个在品牌交流的成熟度以及融合度上更大的丰富性。品牌交流的融合度减少了以下必要性，即将所有品牌一律对待。因此，人们得以从一种理想化类型出发，这种类型代表了一个品牌的完美形式，以至于从一开始显而易见的就是，仅考虑到理想化类型的偏差，因此任何一种具体的品牌均在理想化类型的比较中显露出削减的状态。

品牌的双重符码

接下来，如果观察广告中一个品牌的交流，在大多数情况下是围绕着纯粹的自我映射——纯粹的自恋，即使当明显涉及严肃的服务类商品时，如银行业务、人寿保险或者药品。如果人们鉴于此进行询问，是否交流的这种形式更确切地说以一种基础的、一种二价（bivalent）的或者一种二元（binär）的符码为基础，那么一切均会首先支持基础符码：对于两方面的区分过程中，仅仅一方面被定义，而且享有绝对优先权，而另一方面则保留为一种未定义以及不受关注的状态。此外，备选项的渐隐仅仅有条件与此相关，即彼此进行比较的广告虽然在此期间被德国允许，但是受到很大的限制，与美国相比，那里广告被利用得相当厉害，正如在百事可乐以及可口可乐之间进行的广告战所展示的那样 [352]。因为如果在进行比较之后也存在着一定的优势，那么一个品牌就会借此摆脱一种直接的对评判标准的评价，它不仅仅适用于广告本身，并且借此有更少的专断性。因为对另一方面的忽视毋庸置疑会提高对品牌的自我指涉以及自我设定的时刻，这个品牌的特殊光芒在某种程度上被纯粹地加以保持，这一点通过一种其他相竞争的服务产品供给的一种带有冒犯性的关注，不再那么易于保证。并且正如一种语义的冗赘性一直可加以评价一样，首先是自治性和独立性不会得以中断。

但是这种第一印象具有欺骗性。因为事实上，品牌交流以一种二元符码（ein binärer Code）为基础，这种符码借助品牌与非品牌的区分进行操作运行，并且其一方面就是另一方面的逻辑性等价物。毋庸置疑的是，对此，优先权应归于以"品牌"标示的那一面，但是定义为"非品牌"的那一面也在被使用，而且伴随着相互具有竞争关系的品牌以及产品服务商品供给的持续不断的关注，不过这一过程大多极少加以评价而已。至多会不时地导致一种直接对立，这一点随后促成如此奇特的繁荣景象，正如同在对 Seven-Up 的广告宣传攻势中所表现的一样，在广告中，这种清爽型饮料作为"非可乐"被赞叹有加，也就是说，在其中出现了一种优先权层面的颠倒（参见 Müller，1997；科特勒 /Bliemel，1999）[353]。但是在品牌交流中，大部分情况仅仅涉及投入使用一个特定的产品的问题，并且以一种特定的方式宣布，一种排他性的印象得以形成。与此相应，一种明确的告知声称："这种品牌的优势在于一次性"，而"不存在严肃的竞

---

[352]　参见鲍曼，2000；Bieber，2000；Grimaldi，2002。

[353]　另一种表达方式大约是"无同一性的品牌"（Marken ohne Identität），参见 Happel，2000。

争"的表述却一直暗藏其中——特例证明了这一规则,尤其是在对
Sieble 进行品牌建设及引导的情况中,虽然即使在此,与之相竞争的
品牌却未被提及。

简言之,品牌交流遵循着一种垄断诉求。汉斯·多尼茨拉夫
(1929,76 页)对此做出了最为简明扼要的表述:"品牌技术的目标,
是在消费者心中确保一种垄断性地位。"因为为自身寻求一种垄断的
人,以此与其他人协商一种获取等值的服务商品(Leistung)的权利:
只可能存在一种垄断! 这种诉求在某种程度上指明了品牌的一种普
遍性的使命:自我区分、保持距离且持续自我升值,这一点当然仅仅
在比较之中起作用,因此非品牌的那一面同样也在其中,或者还有
其他的品牌——只不过这种比较同样不被主题化。不管怎样,一个
品牌的交流都用一种二元符码进行操作。对此令人恼火的仅仅在于,
这种回避效果适用于任何品牌,以至于在各种品牌之中持续地并交
替地令其诉求变得有争议,即成为一个品牌并且具有垄断性,这一
点结果导致了一种悖论问题,因为一种垄断完全不能被多种品牌一
起要求。这种逻辑性的两难处境的出路在于,将二元符码——品牌/
非品牌的内在一面用一种第二次编码来理解,它对各种品牌之间关
系的调节,异于对非品牌关系的调节。这种第二次编码相对于二元
符码的区别被追溯:第一次编码发挥数码作用(digital),而第二次
编码则起到模拟作用(analog)。

对数码符码以及模拟符码的区分源自卢曼(1990),他将这种区
分涉及经济系统中声望的作用加以发展。卢曼将声望(Reputation)
理解为一种机制,鉴于不计其数的科技商品、书籍、报告以及可比
较的出版物更容易帮助自己理清头绪。因为关注科学界人员声望的
人,了解那些显得重要并且需求关注的事物的概况——如何一如既

往地（不）可信——[354] 比起他仅仅将真理作为选择标准要快得多。就这一点而言，声望降低了科学产业的过于满溢的复杂性，尽管人们应该获悉的事物选择，局限于那些具有足够多的声望的人之上。"这种符码的功能……在于对于那些必须要获悉的事物的选择上"（卢曼，1990，249 页），而其余之物则能够完全被忽视。值得注意的是，还有卢曼的以下暗示：借助这种选择，按照声望原则甚至在声望以及真理之间的一种因果关系得以建立：声望越大，就越真实。但首先卢曼宣称声望将合格的能力作为符码，而且作为针对真理媒介的一种附加符码。只不过声望符码指出了其技术上具有特色的个性特点，即在声望符码中不仅涉及一种二元的符码，它具备数码的区分性，即在 0 与 1 之间，是与否之间，或者品牌与非品牌之间进行区分而且是模拟的，即按照科技人员或多或少的声望而定。除此之外，这种符码的负面大多数是未标示的并隐藏的，因为它通常仅仅取决于一种最高级别的声望，并不取决于第二次或者第三次选择——至少人们对此几乎不再谈论。最终，声望倾向于按照"一次好，次次好"的座右铭，让自己得以永存。卢曼谈及一种时间化，因为一次获得的声望——按照所谓的马太效应——具有以下趋势，即以荣誉、奖励、勋章的形式获取更多声望。

在众多卢曼——列举出的经济系统中的声望类别中，也很适合品牌经济中的品牌：品牌将对现代市场的纷繁复杂的商品供给的宏观观察变得更容易，品牌对在价格与质量之间的一种因果关系施加强烈影响，但首先是服务于二元符码。因为在大多数市场中，品牌交流以一种模拟的内部区分为基础，大约在优质品牌、中等品牌以及

---

[354]　在此，参见对约根·盖尔哈茨（Jürgen Gerhards）（2002）的名誉研究的争议，以及随之的在《社会学——德国社会学协会论坛》的辩论。

打折品牌中按照一个不持续性的质量分级被加以区分时[355]。或者当一个品牌的知名度以及约束度针对内部区分具有举足轻重的作用时，这种内部区分度是以模拟性发挥作用的。

> "品牌在其市场吸引力及其作用方面差别巨大。位于最下面的末端的品牌鲜为人知，还具有很高知名度的品牌。还有更为强悍的品牌，为其品牌的高接受度而欢欣鼓舞，即大部分顾客不会拒绝它们。还有更为强悍的品牌，它享有高度的市场优先权。顾客们的选择会在各种竞争激烈的品牌中优先倾向它们。最后还有品牌具有高度的品牌忠诚度。在理想的情况中，品牌忠诚得以用以下方式展示：顾客想购买其常用品牌，但在商店却未能找到，离开商店并在其他地方寻找所需品牌或者等待该品牌重新有货。"（科特勒/Bliemel，1999，691 页）

从每一个单独品牌的角度出发，这种情况当然是完全不同的。因为在品牌符码的内部方面看，在品牌与非品牌之间的区分继续得以运用，不依赖于人们是否将非品牌理解为一种匿名的产品，一种纯粹的品牌商品，即一种标示化的产品，或者一种贸易品牌，一种所谓的"无名"产品[356]。"一种产物被……视为品牌商品或者非品牌商品，在这种情况中，这一商品或者是一种'被标示的货物'，或

---

[355]　参见蒂尔曼，1961；梅莱罗维奇，1963；汉森，1970；梅辛，1983、1986；Nieschlag/ 迪西特 /Hörschgen，1985；迪西特，1992；贝克尔，1992；米歇尔，1994；Stauss，1994。

[356]　参见马特斯，1967；Alewell，1974；Schöttmer，1982；Nieschlag/ 迪西特 /Hörschgen，1985；Menzel，1993。

者是一种'匿名的'即'非标示的货物'。"（埃特默，1959，18页）除此之外，垄断诉求本身随后被维护，如果涉及与它具有直接竞争的品牌。因为在品牌符码的内部只有一个品牌享有空间，以至于所有其他品牌被作为"非品牌"挤压至外部。因此，虽然应该从一种"（这些）品牌彼此之间的竞争"（多尼茨拉夫，1939，185页）出发，但是这种竞争在品牌交流中同样极少有表达的机会，如同对非品牌的直接排除，因为可能的"替代性竞争"（克劳森，1964）被渐隐。

当然，在此期间，针对许多市场提出以下问题：谈论非品牌是否还有意义，人们仅仅想到化妆品、汽车、香烟、含酒精饮料、糖果，它们完好并全部借助品牌得以确定，虽然具有一种明显的价格／商品服务——落差。因此，以下想法是完全能想得到的，即二元符码品牌和非品牌仅仅在一种品牌建设的开始阶段占据统治地位，以便在接下来的品牌稳固化进程中与其融合，以至于最终只有模拟符码，它在更高质量以及质量较差的品牌之间进行区分，被作为具有区分能力而余留下来，虽然每个单独的品牌均会为自身坚定地保持二元符码品牌／非品牌。就这点而言，在市场内部的以模拟式运行的品牌区分性与以二元方式运行的品牌内部的品牌区分性之间应加以区分。

质量、内涵和持续性

接下来，如果观察品牌交流的内部区分，这一点不仅仅在事实维度，在质量与非质量之间加以区别，而且在社会维度，在其中取决于特殊目标群体的关注度获取以及对其施加影响。即使在此，一种二元符码也是合适的，它以各自的目标群体的归属性特征的特殊性以及本质为导向，并且在目标群体归属性与目标群体的非归属性之间进行区分，正如同这一点在单个情况中也可能极有把握成功一样。对于品牌交流的时间维度而言，它首先服务于之前／之后模式，涉及的是一种线状的区分模式，它在更为古旧的品牌中，基于其历史，围绕着持续性得以补充。"实现持续性原则与标示紧密连接。这种持续性在品牌商品中扩展到质量、产品外部情况（数量、标示、包装），并且扩展到价格。"（汉森，1970，65 页）如此一来，品牌交流的垄断诉求通过一种"相加的意义混合"[357] 得以实现，当所有这三个范畴，即事实的、社会的以及时间的维度均被包括在内时。借此，二元符码品牌／非品牌借助另三种二元次属符码（Subcode）得以补充以及支持。关系到任何一种单独的意义维度时，针对事实维度，涉及的是对质量／非质量的编码；针对社会维度而言，涉及的是内涵／外延；涉及时间维度时，针对的是对持续性／非持续性的编码。此外，不仅仅对于每种单独的维度，而且正如所提及的，还有反射性的协调一致问题，均处于关注力的重点，虽然这种任务更确切地说是被作为符码所属的纲领完成的。

质量的特点，针对品牌研究而言历来属于一个品牌的本质特征，在多尼茨拉夫（1939，37 页）的论著中如此提及："自然的品牌建构的前提是质量。"也就是说，品牌建构最开始源自一个产品的特殊质量，而这一点在相反的结论中意味着："没有质量保证不可能存在品牌商品。"（Rasch，1954，592 页）这样一来，直至 20 世纪 80 年代，一个品牌的质量还作为"成功的第一前提，其单独证明了为品牌建

---

[357] 参见埃辛（Essing）（2001）："我们对颜色的感知通过视网膜上的特殊神经细胞得以实现。从这些栓塞中存在着三种不同的类型，它涉及红绿蓝三种颜色。从这三种颜色的刺激之中能够组成所有其他颜色——所谓的添加颜色混合。"

构过程中所花费的时间、精力以及金钱是值得的"（吕舍，1986，210 页等）。今天，虽然这一点也依旧存在，但是已经几乎不被强调了。其事实是：每个品牌均将质量视为前提，并且没有质量就没有品牌。问题就在于，质量在这儿是什么意思？如果人们首先将一个品牌的质量关涉到一种商品服务之上，而品牌质量正是以此为基础，那么一个品牌的质量——服务被理解为一种用以解决一个特定问题的技术——能够在一种可靠性中更加详细地进行解释，即在这种技术可能会令人失望的风险中得以见到，而这种风险各自视其服务而定，更大或者更小。因此，质量标示了问题解决能力的可信度，这一点恰好在原则上包括了一种提升可能性：可靠性越大，即一种技术的失望度越小，那么其质量就越高。但是如果质量这一概念以这种方式被实际运用到对一个特定问题的解决技术上，那么一个品牌的质量就不会仅仅局限于其服务的技术质量上，因为视立场不同的情况，更多的期望能够被与一种品牌连接起来，要远多于基本效用单独能够触发的——关键词"导向""信任""威望""生活帮助"[358]。

---

[358]　参见 Schöttmer，1982；Bismarck/ 鲍曼，1996；卡曼辛，1998；佐默，1998；福尼尔，1999；克莱恩，2001；Gobe，2001。沃尔夫冈·海纳（Wolfgang Hainer）（1996，3 页）甚至谈及与品牌紧密相关的价值，并且把可口可乐作为例证："震惊世界的是，可口可乐代表了一种价值准则（Wertkanon）：融合、信任、联结家庭关系、真实、安全、自由和自我信任。"与此相似的是，斯特凡·格林瓦尔德（Stefan Grünwald）（1997，12 页）对万宝路–价值世界做了如下评价："品牌是……安全和信任的标志。万宝路的广告世界代表了一种不可改变的例行公式，一种非常有规划的生活节奏：早晨起床，煮咖啡，外出，喂牛，晚上回家，置身在朋友圈里。"最后，也可以参考克莱恩（2001，44 页）的引文集合："'宝丽来（Polaroid）不是照相机，而是一种社会润滑剂。'IBM 电脑不销售电脑，而是企业的'问题解决方案'。在斯沃琪手表（Swatch）中，涉及的不是钟表，而是时代理念。'我们不销售产品，'迪赛牛仔服（Diesel Jeans）的所有者伦策·罗索（Renze Rosso）说道，'我们出售的是一种生活风格。我认为，我们创造了一种运动，迪

仅仅如此，对一种具体效用加以拒绝，为达到一种抽象的价值，可借助帕谢斯内（1988，477 页）的论述得以证明："您购买的不是化妆品，而是美貌；不是 ABS 系统，而是安全。"或者当汉莎航空公司用以下表述"对我们所有人而言，灵活性就是自由和生活品质"来做广告时，这一广告是借当时 2002 年的联邦交通部长库特·博德维希（Kurt Bodewig）之口说出来的。

因而，一个品牌也能够完全包括其他的质量，大概是一种分布意义上的质量，一种美学意义上的质量，一种政治性的或者是——应该已经在预先指明一种社会符码的情况——一种"社会性质量"（格肯，1991），视期望的保持度而定（参见费斯霍芬，1935；弗里茨，1994）。此外，这些额外的质量要求不再涉及那些产品本身的基本效用，而是被全部附加至品牌之上，且是被消费者，且生产者也对此一直能够参与消费者的这种作用[359]。无论如何，需要强调的是，对一个产品质量的评价依赖于消费者的期望，并且（必须）与一个产品服务的采购费用和生产费用毫无关系（首先参见 Jacoby/Olson，1986；O'Barr，1994）。"对质量以及服务的评价，归根结底在于顾客以及感兴趣的人。"（Hoffmann，1995，452 页）据负面表述而言，人们也可以将品牌质量以及顾客期望之间的联系进行如下表述：风

赛的蓝图包容一切，是生活的方式，穿衣服的方式，做事的方式。'"

[359] 参见格肯，1994；Aumüller，1994；GEO 广告部门，1998；Muniz/O'Guinn，2001。这一切尤其在革新方面能起作用，参见曼弗雷德·朗格（Manfred Lange，1998，40 页）的阐述："我支持这种讨论，即我们能将所有一切放在一个篮子中，也就是说，我们不能不说，如同那些教育大师那样说这就是革新，但这并不是革新。我想提及的革新是在更大意义之上，但是却经过调试，使之合乎消费者是否感受到这种新奇，这种改变。在定义革新这个概念的时候，我视消费者的需求而定。消费者所感受的为针对旧产品做出的改动，我视为革新。"

险越小，即一位消费者对一个品牌的质量失望的风险越小，那么他也就越会支持这一品牌（参见 Sommerlatte，1992）。因此，质量能够被定义为针对一个品牌的失望风险的相反表达。同时，这种对质量的理解也表述出了一种类推法：质量越高，风险就越小。或者正如贝雷科芬（1992，36 页）所言："购买一个品牌商品是一种无风险的购买。"

正如所提及的，适合于品牌交流的是，对或多或少的模拟性区分被转入至一种非此即彼的二元逻辑中。因为品牌需要为自身所需的所有品质，因此，针对所有其他的服务（仅仅）保留了非质量的一面，即任一种品质的缺失。可以确定出现的是，这种相符合性在单独情况下并不总是正确的，以至于在一个品牌中的失望风险，可能会与在一个非品牌中遇到的风险同样大，并且相对而言，适合于以下情况：不是任何一种非品牌均必须必然地，相比一种品牌而言，被证实具有一种更少的品质（参见格肯，1995；Brandes，1998）。但是，对此，对质量／非质量的编码始终不引人瞩目，正如例外不会成为规则。尽管如此，品牌自我声明的这种行为，在关涉自身的质量诉求时，是一种最高风险性的策略。因为更好质量品质的事实性证明，尤其在今天，几乎还不能获取，商品检测基金会的评价总结多年以来对这一点毫无保留地做了详尽的阐述（参见米歇尔，1997，1999），并且对质量／非质量的编码也在根本上，绝无可能受到保护，免于失去其非对称性。没有一种非对称性，即如果品牌的优先地位在涉及其质量诉求时不再获得认可，那么它运行能力的损失便会威胁到编码的过程：如果没有任何一方享有优势，并且两方均被视为旗鼓相当的，那么这种区分就会减少（此处参见卢曼，1991b）。

为了面临这种针对最高品质的自我诉求的不可论证性的风险，

品牌会避让到时间维度中，当对此总是一直不断地提供同样的质量时。至少，从一开始，属于品牌交流的质量需求的是一个品牌的质量能一如既往地获得高度期望值。不过，这样一来，品牌忠诚可以借助品牌质量得以产生，正如以下麦当劳的广告文案所诱发的一种强烈影响：

> "现在出现了您在杂志中阅读到的最好的东西！当然这一点是谎言，但是不是每个谎言中都隐藏着真理的火星吗？事实是，麦当劳（McDonalds）与母亲（Mutter）以同样的字母开始，其他的单词也以 M 开始——比如品牌忠诚（Markentreue）。品牌忠诚要远大于 11 个字母所表达的内容，品牌忠诚是一种忠诚，虽然子女对品牌的忠诚不是从母亲那儿天生获得，但却是在购物篮中体会到的。对此，如果为了子女对一个品牌保持完全的忠诚，那就需要生产商关注品牌质量，因为孩子会长大成人，但是一个品牌的质量必须永远保持不变。永远！而且因为品牌的质量历经岁月而不改变，我们就要拿起品牌，拿起那些母亲曾经拿取过的品牌，当母亲想为她亲爱的人选择最好的东西时：雀巢 Smarties，可口可乐，Hochland 奶酪，德维利（Develey）番茄酱，Nutella 巧克力酱，雅克布咖啡以及一杯果酱，当然是来自古老的德国优秀公司舒华特（Schwartau）。正如同被母亲远程调控一样，我们也引导我们的儿女向那些柜架前行，在这些柜架前，他们也会有依靠。关于品味的问题同样不必争执，关于好品味完全不必争执。而且因为我们像自己的母亲一样思考，我们的孩子们，让我们也这样

购物吧！这一点难道不是正引起了您的注意吗？——品牌
（Marke）这个单词的开始字母也和麦当劳（MacDonalds）
一样吗？"（广告文案源自：Die Bunte Nr.51/2000）

因此，对品牌的使命可以做如下描述：人们在将一个品牌作为品
牌来购买时，可能会盲目地信任这一品牌也会保持自己许下的诺言，
并且这一点毫无例外，即多尼茨拉夫（1939）谈及的"盲目购买"。
除此之外，对经久不变的高品质的需求同样包括应利用每个能提高
品牌质量的机会，就技术更新所能允许的情况而言。毋庸置疑的是，
这一点"仅仅"发生在针对消费者有效用的情况中，因为没有功能／
效用就没有销售——就品牌生产者的自我诉求而言。除此之外，还
涉及的是，保持与非品牌以及竞争性品牌的质量差距。"除了质量，
还必须要具备革新、原创性以及持续的产品质量改善。"（Abend，
1986，368 页）因为品牌的形式在某种程度上具有一种内置的进行持
续的产品提高的自我义务——在这一点上，一个品牌的各自的融合
度就体现出来了，它在很大程度上坚定地并自发地履行了这一自我
义务。"品牌业的核心在于，扩展其商品服务，使服务呈螺旋式上升，
并且也同时为经济的整体领域赋予了一种稳固的或者更好地说一种
指明了方向的时刻，就在经济领域中匿名性占据统治地位的地方。"
（艾哈德，1950，84 页）此外，不应忘记的是，任何一种品牌均不可
避免地考虑模仿影响，即所谓的"我也是"（Me-too）影响，它与时
尚界的"涓滴"影响（Trickle down，译注：一种认为社会中最富有
的一批人获得的额外财富会对每一个人的生活产生更好的经济效应
的理论，因为富人会把钱拿来办公司、投资等）并无不同（参见齐
默尔，1986；施耐德，1995）。与持续的声望损失随之出现的威信，

仅能通过持续的区分努力（Abgrenzungsbemühungen）得以发现——类似于在前现代社会的统治阶层持续地对此所关心的，将它与社会中低层阶层的距离，通过精挑细选的行为举止以及一种奢侈的生活方式加以维护。[360]路德维希·艾哈德（Ludwig Erhard）（1935，29页）对此做出了令人信服的解释："顶尖商品服务产生了一种模仿效应，与此同时产生了一种对新的突出效果的追求，并且通过这种方式，一种平均的品质必须获得持续的改善。"此外，在致力于持续提高众多品牌质量的过程中，并不总能获取一种事实上可证实的获利，这种情况不可弄错，因而在对一个品牌的质量进行评价时，归根到底（仅仅）涉及了期望值，而且这一点恰好适用于消费者：如果人们能够做到被说服相信这一点，即其涉及的是一种革新，那么这一点就仅仅在之后才能是一种革新。

在涉及归属性标准时，关系到了一种交流策略，它借助购买及使用一种商品，允诺了一种针对特定精英人士、阶层或者群体的归属性——不管是否仅仅是因为普遍吸引力的原因，正如同在1936年的奥朵漱口水广告中所表述的："为什么他不吻我？最美丽的女人如果从她的口散发出难闻的气息，不会被追求。一种名为奥朵的强劲漱口水保证了清新口气。"（Vogel，1993，110页）对一种特定品牌的拥有，在某种程度上设立了通向特定圈子的通道，因为它作为识别性以及归属性符号被交流："如果拥有，就成为它。"简而言之："品牌构成归属性的密码。"（布斯，1998，99页）或者如同诺伯特·博尔茨（Norbert Bolz）（1996，9页）稍许坚定的表述："大品牌就是一种图腾，它在某种程度上标示了对一个集体的区分或者归属。"

从交流策略的角度而言，归属性的标准应算为社会维度，它区

---

[360]　参见 Bovenschen，1986；布迪厄，1987a；凡勃伦，2000。

分了两种情况：一种是（已经）在其内，而另一种（还）在其外。因此，在此能够谈及一种社会符码，其区分了内涵以及外延。当然，并不是在每一种品牌交流的过程中均非常明显可见，事实上涉及一种二元符码。仔细一看却显示出内涵一面，正如总是得体地设定在场景中一样，被完全赋予了一种优势：每种关涉群体以及它所培养出的生活风格，显现在一种值得祝福及值得追求的强光之中，以至于那些广而告之、鼓励以及刺激（模拟 Simulieren）积极参与的人，才（仅）会具有适意的并且令人愉快的感受。在相反的结论中可以得出：如果人们对这种诱惑拒不理睬，那就只剩下了那些以无地点的、孤单的、悲伤的、值得同情为特点的情况的外化——那种令人不安的情况随之出现："你真的愿意经历这种体验吗？"就在这种恐惧动机中，体现出了一种所谓的外化风险的整个权利，而它正作为任何一种品牌交流中所出现的威胁，下意识地共振。"向内表述出一种联合，向外传达出一种距离；向内是接近，向外是远离；向内是理解，向外是竞争或者干脆就是斗争。"（布斯，1998，100 页）

此外，这种社会符码长久以来一直处于另两个次符码的阴影之中，至少在品牌世纪的前几十年中，这种社会符码并没有被同时列入研究的对象。在此期间，对这种策略的忽视却恰好遁入了其反面。"单单技术品质并不充分，社会品质必须补充进来"（格肯，1991，162 页），甚至更占优势。因为对内涵的允诺越来越频繁地被置于一种品牌信息的中心地位，且首先似乎是使用于品质标准："质量／品质是一些已经不言而喻之物，以致似乎不再需要对此付以主题进行阐述。"（里格尔，1985a，476 页）对此甚至有证据显示，不论是事物还是时间符码均被社会符码进一步机制化了。在社会符码质量／非质量的情况中，只一点可能得以解释，即对品质的拥有，优先对将内涵作为目的感兴趣，并且在时间符码持续性／非持续性中，甚至可以观察到，通过对社会符码产生影响，会再次导致一种非对称性的出现。按照这一观点，不再是持续性占据优势，而是非持续性、新奇性和现实性，它不具备任何与传统的关联，被作为质量的保证——这一点尤其适用于青少年领域的品牌产品。除此之外，以下也支持新事物论证，即经济的自我再生性（Autopoiesis）依赖于被持续不断地支付。最终，不能不提及的还有，维度内部的融合，借助一种与各自的目标群体就市场研究展开的进一步的对话，从而得以被驱动，以便能够具有连接能力地保持品牌交流。

　　持续性的标志，同样属于品牌交流的固定特点的组成部分，虽然这种标准的重要性在最初的几十年中，当品牌被发明开始，由于历史的缺乏，不能够再被以同样的清晰性以及决断性加以强调。但是在此期间，品牌成为一种"针对稳定性以及长期导向性的一种近义词"（迈耶／Pogoda/Küthe，1995，264 页），而且汉斯–迪特里希·温克豪斯（1993，402 页）在其中甚至察觉到了一种"对于持续性以及可靠性的象征"。无论如何，一个品牌的持续性在今天被视为决定性的成功条件 [361]。"对于一次成功的品牌运营而言，绝对必要就是持续性。"（施佩希特，1988，504 页）在相反的情况中，缺乏持续性意味着对品牌的损害，在最糟糕的情况下，甚至意味着对一个品牌的毁灭。"如果人们质疑品牌的独立性、不可混淆性以及独特地位，

---

[361]　参见祖尔，1961；贝格尔勒，1963；汉森，1970；贝雷科芬，1979；乌尔，1981；Bodnar- 毕歇尔，1982；梅辛，1983；施哈德，1984；吕舍，1986；里格尔，1987；施佩希特，1988；格罗斯，1991；维斯韦德，1992；卡普费雷 1992；盖塞尔 1993；Bach，1994；Stauss，1994；Puhlmann/Semlitsch，1997；卡曼辛，1998；Aaker，1998；迈耶／Pirck/Pogoda，1998；布斯，1998；佐默，1998；乔基姆塞勒 2000。

即持续性，品牌常量和核心，最近这一点被含糊而又神秘地称为'自我相似性'，然后人们就能够放弃品牌的想法了。"（特罗姆斯多夫，1997，5 页）

持续性原则的这一重要性令人丝毫不惊讶，如果品牌交流在时间维度的情况下，应用于持续性／非持续性二元符码：品牌在一个持续变幻的世界中，代表着持续性、稳定性、稳固性以及安全性，而针对那些非品牌，则"与成为经典的品牌商品相反，被私下赋予了非持续性以及非安全性的特点"（梅辛，1983，500 页）。即使在这里，也遵循着一种非此即彼逻辑，它并不允许第三种价值或者一种在稳定以及改变之间连续性。除此之外，持续性这面被明显积极地占据，因为存在于"品牌行为"中的不稳定性以及多变性，会引起针对一种"品牌个性"的可信度的怀疑，因此也对可能出现的偏差发出了警告（参见 Peitgen，1997）。

更值得注意的是，持续性标准所包括的，相比仅仅保持一个品牌的质量稳定要多得多。"这种稳定性并不是通过上级的整体性中的一个单独因素的稳定性得以保证，而必须在整体的影响方式中得以证明。"（贝格尔勒，1963，116 页）这种持续性标准从而涉及了一个品牌的整体表现方式，从关于商品服务的质量的一些具有决定性的辨识性特征出发，诸如包装、广告以及任何其他尽可能被估算为一个品牌交流的事件，特别是价格——"即使在价格政策中，持续性也被加以推荐。"（施哈德，1984，434 页）这一点令大约在 20 世纪50 年代以及 60 年代中所进行的针对价格约定而激烈展开的争论变得可以理解。换言之，在评判一个品牌中可能不论以何种方式均显得至关重要的一切事物，均要服从于一个品牌的某些特征的持久性原则（参见梅菲特／Burmann/Koers，2002）——这是针对品牌的融合视角的一个明显标志。

　　这种持续性原则具有优先地位的原因可能曾在于：一个品牌的服务能力中过多的非持续性与对其最高质量的自我诉求发生矛盾。因为任何一种并不涉及其质量改进的改变，提出一种论证性诉求，它恰好不能建立在质量改进的基础上。否则如果不是出于此原因，为何一个品牌的质量会改变呢？因为品牌交流在发展过程中，却总是越来越少地在产品质量上进行检测，这质量被视为应该具有的品质从而被设定为前提，是作为与此相关的"针对质量、持续性以及可信任度的辨识特征"（kühne，1993，72 页）被接受，在此期间人们可以谈及，品牌自身就已经成为信任的主管部门。

　　正如前面提及的内容所言，至少在品牌研究中，极少会出现以下观点：对一个品牌的信任或者可信度即为原本的价值。"在任何一个具有极大影响力的品牌背后，均会有大量的忠诚顾客，他们的品牌知识、品牌信任以及购买准备均称为自身品牌资本的原本价值。"（科特勒 /Biemel，1999，694 页等）。一个顾客在购买过程中，一直在坚持什么呢？归根结底不就是信任吗？即一个品牌也会遵守它所给出的承诺，而恰是这一点构成品牌购买过程中的决定意义吗？"在品牌中涉及信任，因为人们应该如何信任某人，它不断地展现出变化多端的形象？"（西蒙，1997，79 页）出于此原因，持续性原则早就包括一个品牌的整个表现方式，以便证明对对方的信任。因为"信任以持续性为前提，而这一点并不意味着唯一的声音，而是在所有其他发展过程的起伏跌宕中，被看到并感知且接受的可信度"（Köhler，1993，346 页）。就这点而言，尤其适合那些时间代码以及其所属的纲领，来关注对一个品牌的可信度以及可靠性的保持。

作为中期阶段性结论，可以得出：品牌符码保证了品牌的个性，其内部的一面大多会被品牌的名称和具备比较可能性的区分性特点以及可保护性特征来加以定义，从而通过三种次代码质量／非质量，内涵／外延，以及持续性／非持续性得以支持，这一切符合代码的功用。让-诺埃尔·卡普费雷（1992，113页）曾对此作如下表述："风格化的符码，表达了该品牌的特性以及文化，必须加以稳定化，因为它将从一个主题过渡到另一主题变得可能。彻底改变那种生成性的代码意味着创造另一个品牌，而它虽然与其前身具有同质性，但是在自我身份认知上则不相同。"与此相反，所有与一个品牌相关的事件，以及一个品牌在其发展史中所遭受的全部改变，均会在各种纲领的层面上得以展现，而这些纲领则代表了交流的可变性以及可适性（参见格肯，1995）。

一个品牌的纲领

正如之前所述，纲领关注众人能够以角色的形式在涉及特定的意义关涉时做出正确行为，借此他们可被设想：何人应在何种条件下，在何时，因何原因，针对何人做出何种事情。虽然偏离是可能存在的，但是它是获准存在的。纲领塑造并限制了可允许的以及不允许的行为可能性，它们组织规划交流，并且就这点而言，将一种特定的意义关涉性进行结构化及对其加以塑造的原本任务，完全落到各种纲领的肩头。对于品牌符码而言，这一切意味着所有在品牌交往中起到至关重要作用的信息，均会被特殊转达的纲领加以传达，而这些纲领在与三种附属编码的联系中，涉及了品牌交流的事实维度、社会维度以及时间维度。

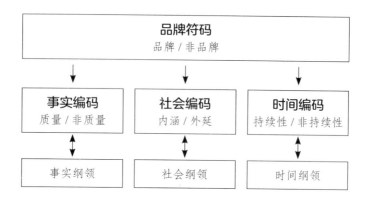

表9：品牌交流的三大"支柱"

在事实纲领中首先涉及产品质量的始终如一性得以建立并诠释，而这一产品则被称为品牌。"交流模式应该描述知识，而这些知识必须作为产品实体的补充介绍给顾客（以便这一产品在接受者的眼中符合产品研发者所设想的样子）。"（林，1992，135页）这一点不仅仅涉及针对产品目的以及产品优势的设问，而且也涉及了针对其使用可能性及其使用方式的设问。因为对于每个产品的成功起到决定性作用的是，消费者真正受教匪浅，以便能够和产品"友好相处"。在这种意义上，事实纲领首先用于对产品的使用知识进行介绍，并且对此达到了与消费者的结构性耦合。在某种程度上，事实纲领包含了一种特殊的传授方式，一种倡导性规范方式，这一切均关系到真正的产品使用。斯蒂芬·格里华德（1997，14页）曾经对此作出如下表述："品牌可针对那些与洗漱、开车以及看电视或者皮肤护理相关的，具有冲突性的动机／主题，介绍相关行为模式以及问题解决策略，品牌是日常生活的行为准则手册。"为此优先会加以考虑的是价值以及愿望值，它以最为可信的方式与产品加以联系，比如妮维雅的"护理"，或者 Milram 的"舒适"等关键词。此外还有诸如奥迪汽车的"人性""热情""引领性的"以及"视觉的"或者价值链，比如品牌可口可乐塑造情况中的"完美性、信任、家庭的亲密关系，真实性、安全、精致、自我信任"[362]。赫尔穆特·毛赫尔（1992，166页）针对此情况，甚至提出了"价值等级"，它按照整体化以及再专业化的模式发挥作用："人们可以用某种方式谈及价值等级——谈及那些具有共同性的形象价值，以及谈及那些彼此相异的意象化价值。按照各自针对的目标群体的不同，所获得的答案也是各不相同的。"对此，一个品牌的物美价廉性务必属于共同的意象价值中，因为在购物时必须要充分相信，一个品牌的更高价格是通过它更高的价值得以维护的。这种事实纲领展示了商品服务的一种所谓的合法性，并告知了它与产品的正确相处方式，与此同时，获得在消费者心中的一种唯一地位，即确立其垄断性，如同多尼茨拉夫所言，因为与此产品紧密相关的效用不能被其他产品以此种方式加以彰显。也正因为如此，在品牌交流中还会附带持续产生出一种同样甚至尽可能更优质的产品质量的印象。仅仅借此可成功做到，将一个品牌的对唯一地位的自我诉求变得合法，并且这一点在充满活力的时代也意味着持续地保持并维护所声称的和所要求的质量优势地位。所有这一切均需要购买动机加以确保，因为这种事实纲领如同其他纲领一样，具备以下任务：提供获取这种产品的原因以及支付的理由。

社会纲领与各自目标群体的称呼以及彼此关系相关，对此目标群体可设想为，他们在这种产品服务提供上尤其具有或者应该具有兴趣。对此提出的问题丰富多样——从人口学的、心理学的以及社

---

[362]　参见埃默尔，1971，1971a；Hainer，1996；布斯，1998；施勒特，1997；Baukhge，1998；佐默，1998；特里奇勒，2000；Heimig，2002。

会学的角度分别设问——并进行处理,这些问题各有所用,以便为了尽可能准确地获取并赢取相应目标群体:与谁相关?在何处可辨识出他们?以何种方式与他们交谈,并且和他们交谈什么?他们喜欢什么?他们用什么方式度过他们的休闲时光?所有可能与目标群体至关重要的一切,均会贯穿在品牌的交流中,以便在品牌与消费者之间建立起这样一种耦合。除此之外,这种社会纲领还从事——在功用上与事实纲领等值,而它正是告知大家此产品如何发挥作用的——如下问题:谁是真正适合这种产品以及这种产品针对谁最合适(参见鲍尔,1976)。从社会角度来看,涉及生产交流的可靠性时,这一点就会在各自目标群体的生活关系的全面融合以及反射中得以充分展现,而这种可靠性必须持续被更新,以便目标群体及其模仿对象是同步的。只有如此才能够成功地做到令目标群体睿智,人们从而能够与其建立联系,展开对话并且与对方紧密相连,即在对其最为重要的部分上,感受到能与其融为一体。

最后,时间纲领涉及的是时间视野,品牌可在其内活动。这一点通常意味着对品牌神话的维护:品牌具有多久的历史?品牌是何时因何而产生?品牌是如何成为品牌的?谁为品牌命名负责?恰好品牌的年龄是至关重要的,因为一个品牌历史越久,就会越发在品牌的稳固性以及持久性的意义上,强调其质量的始终如一,它超乎寻常的独特性,以及超越时效性。悠久的历史代表了品牌的成功,正如同高昂的价格也代表高质量一样。这一切也能够借助一个合适的证据得以清晰化,正如著名的钟表品牌瑞士宝玑表(Breguet)的广告宣传所展示的,邀请著名人士如温斯顿·丘吉尔(Winston Churchhill)为其做广告,他们均为人所知的是,都拥有一块宝玑表。除此之外,时间纲领还关注该品牌在长时期内保持统一外观。因为一如既往，商品服务的鲜明特征喜欢在细节上得以彰显。每个品牌必须能够产生如下印象：不论经历何种变化，均能保持始终如一的品质。就这点而言，对一个品牌的自我特点的维护是时间纲领所需面对的，而对其的维护保持在产品所属个性、特点以及功能的核心状态中得以表现，并尽可能从不改变。对此，这种将持续性进行纲领化的方式延伸到这一核心状态的全部范畴，而正是这一核心状态赋予一个品牌以身份认同。因此，这里不仅涉及了交流的语言层面，比如品牌名称、口号以及品牌故事，而且也涉及了品牌感知的非言语层面，比如符号、颜色、形式、噪音和材料。

每种品牌均为这种三段式纲领服务，即使在单独情况中也会展示出不同的侧重点。在这里，简短地展示三个例子：美极、博朗以及野格牌利口酒（Jägermeister）。

最先关注食品品牌美极，它似乎均可以在近乎相同的程度上诉诸于事实纲领、社会纲领以及时间纲领。如果先以时间纲领开始，则可从多个特征上解读出美极的持续性，这些特征从部分而言，历经几十年未曾改变。先以美极品牌的名称开始，它诞生于1887年，得名于企业创立者尤里乌斯·美极的姓——美极（Maggi），印刷在红色椭圆形上的字体从1972年沿用至今，并且自那以后，必须对自身不厌其烦地采取一系列更为小心翼翼的现代化措施。此外，应该提及红／黄的颜色搭配，这也同时诞生于19世纪。最后，现存至今最久并且也可能是最知名的美极产品就是美极调料，其无法混淆的瓶子外观让人过目难忘，就是这一调料令美极企业奠定了企业成功的基础，因为不论是服务质量还是名字形式从1887年以来都几乎未加改变[363]。与此同时，企业也强调，美极的品牌领导力主要是源自

---

[363]　来源：美极有限责任公司，1997，60页等。

以下原因：品牌始终不断将创新推向市场，因为创新性领导力就是最好的手段，在竞争中遥遥领先。（参见 Schlitt，1999；Vanderhuck，2000，2001）

从这一点来看，如果回顾事实纲领，美极从企业历史的开始就已经在对方的旗帜上写明，利用其产品在"便利"的意义上提供厨房生活的帮助，以便减少购物时的浪费现象。所有基础服务的目标设定为"快捷、菜单安全性、成功安全性以及调料安全性"[364]。将这一切在一个产品中得以进一步的确保和体现，正是标志了美极产品对高质量的诉求。与此相应的是，在美极的公司哲学中声称："成品菜肴在功用上的促进就在于它能够快速方便地备餐以及满足对口味的需求。"除此之外，美极在顾客的问卷调查中，进一步包含了对这种烹饪及生活上协助性的自我诉求的证明，而这种自我诉求由美极多年的销售经理古斯塔夫·赫巴特（Gustav Höbart）[365] 做了如下总结："我们是厨房的灵魂所在，美极就是质量保证，魔法材料、快捷以及价廉物美的厨房。在品牌内部有着温暖、保障和安全。60%的接受问卷调查的消费者……认为：这是可不加以查看就购买的产品。"与此相应，赫巴特紧接着自信地谈道："在可靠性方面，美极在消费者……那里是毫无问题的。"除此之外，美极公司的所有产品均配有菜单和其他使用说明书，从而将正确地与产品相处的方式纲领化。位于法兰克福市中心的美极烹饪中心对此贡献很大，这一中心自 1959 年起运行并广受欢迎（参见 Ringel，1998）。

最后关注社会纲领，与以前相比，当时产品图示还占据主导地位，向中产阶级出身的忠诚可靠的家庭妇女们示好，在此期间，美

---

[364]　来源：美极有限责任公司 1997 年的展示。

[365]　1999 年 5 月 21 日和《生活消费品报》的采访，78 页等。

极已经用接近百分百的知名度在大众心目中证明了自己：无论是谁似乎均会使用一种美极产品。因此，美极也脱离了以下主题：即为大多数品种谈及对目标群体的细化。而是更为广泛地谈及一种烹饪以及饮食文化的特殊形式："作为对目标群体的描述，由兴趣爱好、信念以及在涉及对所追求的产品的烹饪以及饮食行为方面的观点所构成的共性被包括在内。"在对单独的"兴趣与利益群体"的阐释中，这种文化视角也再一次被关注，在这些兴趣与利益团体中更多地涉及了将体验世界（Erlebniswelten）作为目标群体：

> "创造性，并且花样繁多地进行烹饪：至关重要的共性在于希望，没有更大浪费地进行创造性的、变化多样的、有品位的并以确保成功为前提的烹饪。对此做出理想贡献的是烹饪助手，如菲克斯酱汁（Fix Saucen）、混合调料以及汤汁。
>
> ——神秘汤汁：自从人类思想史以来，汤就属于提供力量以及生命的魔力神话。从一个世纪以来，传统品牌美极的汤就伴随着我们。
>
> ——更快的享受：小型、快捷并且不复杂的就餐时间，口味完美。
>
> ——意式饺子爱好者——体验及口味世界：充溢在所有菜肴之中，全世界所有的菜式邀请我们品尝如此美味。"

从 1997 年美极的一次商业展示中获知的这一材料，肯定应该被谨慎对待。但是，在这里不能加以忽视的是，这些信息通常是从顾客问卷调查中获取的，并且考虑到对所有这些品牌研究的假设性科学性的批评，这些信息一直还是会隐藏零星的真相的。

接下来，如果关注下一个家庭电器博朗，更确切地说是触及了纲领使用过程中的不平衡状态，并伴有事实纲领的明显主导性[366]。

德国博朗（Braun）："里程碑，博朗公司历史的领导品牌"，也就是说，博朗品牌是源自一种消费品领域，从一开始就被定义为"技术"领先。"革新和保持先进的技术状态在博朗是有传统的。"（博朗宣传手册，1990）。对此，博朗产品的质量诉求——在 1951 年公司被接管之后——在公司创立者马克斯·博朗（Marx Braun）去世之后——通过他的两个儿子埃尔文·博朗（Erwin Braun）和阿图尔·博朗（Artur Braun）在 1967 年吉列收购博朗之后很久——就与企业与生活哲学的一种方式紧密联系在一起，而这种企业以及生活哲学优先运用在博朗产品的纯技术方面，但并不仅仅局限于此（参见Wichmann，1998）。"在 1955 年之后的很多年里，博朗获得了一种清晰可见的身份认同。它通过对产品的涉及，通过塑造交流，也通过企业的行为得以形成。这构成了一种无法混淆的形象，能激起大众的喜爱并获得信任。"（博朗设计，1995 年，19 页）从埃尔文·博朗、他的同事以及许多博朗产品的表现形式，从而拥有一个直接的突出而又鲜明的影响力，对这一点当时的博朗工作人员至今还津津乐道，而且一名在公司任主要领导职位的职员阿尔布莱希特·舒尔茨（Albrecht Schultz）（1986，74 页）曾对此作了如下表述：

> "博朗的产品应该是具有革新性并且具有独特个性的，同时考虑到任何细节问题。它们应该在众多竞争对手的产品中脱颖而出，具有不可混淆的鲜明特点，并且自身信服地发挥独一无二的价值。其前提是，我们的每一个产品均

---

[366]　在此涉及的是对博朗在一个 1990 年的销售宣传册中的自我描述。

可满足以下要求：技术品质、安全性以及可靠性；生态品质；使用质量、个性化显示、特点；令人信服的特质，对于消费者而言具有不言而喻的性价比。"

这个质量诉求也在企业的自我描述中找到了其相符之处，大约就在于博朗产品以每个产品的"可需要性"与"最大可能的使用品质"达成一致。在博朗最新出版的一期新闻报道中——与 20 世纪 50 年代的新闻如出一辙[367]："今天的博朗产品，与昨天的它们一样，以自己持久的生命力、美学影响力以及从不妥协的高品质为鲜明特征。博朗的产品让生活更为简单、舒适且闲适，且丝毫不会对环境造成负担。"

博朗的高品质诉求，尤其是与博朗产品的设计诉求紧密相连的，它"正是以材料、功能、形式与光学的完美合作，从而达到功能性质量以及美学品质的一致"为目标（舒尔茨，1986，70 页），并且凭借"以出色形式彰显品质"或者"设计得以突显不同"等标语来赢得赞誉不断（也参见博朗公司，1995；Kesselmann/Müller，1996）。在这里，博朗设计部门在企业的鼎盛时期，在埃尔文·博朗的领导下，不仅仅赢得了众多奖项，而且也在风格塑造方面影响了整整一代设计人的自我认知（Selbstverständnis）。举例而言，仅仅引用理查德·莫斯（Richard Moss）1962 年在专业杂志《工业设计》中刊登的文章，其中谈及了博朗品牌，并且在文章中，Moss 提出了"三条规章"，且几乎所有博朗产品均满足了这三条规章（参见 Klatt/Staeffler，1995，17 页）[368]：

---

[367]　这一引文出自 1995 年博朗的一则新闻报道。

[368]　参见 Kesselmann/Müller（1996）对（产品）价值，它包括了博朗企业常

秩序规章:"在博朗之家的形式设定过程中,占据统治地位的规则既不偶然,也不是仅仅偶然出现的:它被充分考量并构成规则。在博朗公司至关重要的原则,它在设计过程中确定规则,对于达成和谐一致具有开拓性的作用。"

和谐规章:"在形式设定的过程中,所体现出来的和谐是一种规则的特殊形式,在规则中,所有部分均得以统一一致,从而这些局部可以构成一个统一的整体(Einheit)。博朗公司的设计师始终在追寻一种平衡,并且他们几乎总是能够成功地找到。"

节省规章:"节省——三规则最后一个——是采用一种最少且最间接的方式来达成一种和谐形式。对于博朗设计师而言,节省不是一个设限的问题,而是一个感知的问题。他们具备的敏锐度,能够最贴近原初的本质。他们并不明显地使用装饰物、象征符号、更高贵抑或更令人印象深刻的装潢品、毫无意义的强调和深化、多余的开口或是框架、模型、涂料以及其他事物。更确切地说,这种准则给人的印象是,似乎这些设计师仅仅掌握了最为关键的因素去实现所有任务的能力,不仅在功能性而且在美学方面的视角均具备这种能力。"

针对这种传奇般的"博朗风格"(Wichmann)而言,其具备标志性的还有,不仅仅每个单独的博朗产品经历了彻底的构建过程,而这一过程不会囿于偶然性,而是全部臣服于其可使用性和美学性——博朗公司的整体运作也是如此,整个公司的表现全部基于整体性以及持续性的规则之下,并且被"似家的感觉"加以描述:

年的首席设计师迪特·拉姆斯(Dieter Rams)的哲学:不匆忙、真诚、善于理解、美学、对环境友好、生命力长存以及在细节上具备连贯性。

"适用于产品的，同样也适用于这一公司其他的'外化形式'，这一切从整体上构成了其所谓的外在形象：即使这些外化形式在博朗公司也是明显地按照统一的基本原则得以构建。无论博览会展台或是宣传手册、职位广告或是包装、信纸或是服务指南、招聘广告或是厂刊：所有这一切不同的媒体形式均有同样的形式，能够建立起一种大约类似的家庭关系。"（博朗手册，1990）

　　随后观察这一时间纲领，那么涉及的就是博朗产品在市场展示过程中的严格的持续性和统一性，而这种市场展示部分在几十年中均会保持不变。作为品牌名称，1934 年时它显示为精细的笔触，配着拉长的 A 字母，此外其颜色的搭配是由黑色、白色和银色组合而成，这种品牌名称在许多博朗产品中得以使用（参见 Klatt/Staeffler，1995；Wichmann，1998）。除此之外，人们对博朗产品类型从 20 世纪 50 年代以来就非常信任，从而找到了各个产品生产线，而它们在几十年内既没有在功能上也没有在设计上发生重大改动，比如 1957 年的厨房机器 KM3/31，它在市场上销售长达 30 余年，或者 1958 年的立式搅拌机 MX3 至今仍旧在销售（参见 Braun AG，1995；Klatt/Staeffler，1995）。除此之外，还有大量的其他特点和设计因素得以发现，比如线头及其在刮毛时的排列顺序——它一方面喜欢以相当低调的方式保留——却基于其稳固性，长达几十年里给人留下了同样不变的印象，而这种印象会深深地根植于每一个博朗消费者的意识中长久保持不变，并且不可能不经风险就会被改变。因为博朗的最高层管理者长久以来就宣称："消费者就是所有一切事物的标准。设计者必须设身处地地站在消费者的立场上思考，共情。"（舒尔茨，

1986，71 页）因此，博朗品牌推向市场的持续性来自其品牌名称，其引人瞩目的字体，还有其源自 20 世纪 50 年代的设计，整体产品的功能性以及其设计扮演着一个几乎不会被高估的角色。博朗从一定程度上，在丰富多彩的产品中崭露锋芒，而这正符合品牌的重新获取认可的效果（参见 Kesselmann/Mueller，1996）。

最后回到谈论博朗社会纲领的议题上时，首先就不会找到关于目标群体的相关清晰说明。最重要的就是质量表述——它能延伸到品牌的整体表现形式——在所有交流措施中均具备高度的恒定性。恰恰是这种谨慎性，与对典型的博朗购买者和来自顾客的加以强调的设想紧密相连。这样一来，人们不能获得非常精确的信息，以至于会将消费者设想为设计者所希望的那样，即"聪明智慧而又自然而然，对真实性和质量充满感觉"，正如同埃尔文·博朗之前的顾问之一弗里茨·艾希勒（Fritz Eichler）所言[369]。因此，对目标群体的确定就非常强烈地以个人的心理状态和各自的生活方式为导向：涉及"具有高雅情感的年轻人"（维希曼，1998，224 页），他们在与当时的人口结构的关系中，完全展现出了精英先锋的光芒——正如同他们当时自视的一样（参见鲍尔，1976）。再引用弗里茨·艾希勒所言：

"在一开始是这样一种想法——是关于一种崭新的生活态度，关于一种即将到来的崭新的现代化的生活方式。这样一种生活方式是我们自己所喜欢的生活，并且从中能够知道，越来越多的人具有开放的心态并且易受他人影响。这种生活方式适用于那些更为自由并且更不愿受约束的人——为了自然地而且开明的、智慧的并对真实和品质充满感觉的人。"（Wichmann 1998，168 页）

在后来的年代中，以下设想也具有引领作用：

---

[369]　引自维希曼，1998，196 页。

"在对我们的产品绘制草图、进行设计和塑造的过程中，
我们首先倾向于凭借其观点以及生活方式刻画出的开朗外
向的人为目标群体，他们具有和良好构建并且理性的物品
相处的需求，并且代表了观念塑造者（比如建筑师、记者、
自由职业者）以及年轻人，他们聪明、有智慧且落落大方，
具有对真实和品质的敏锐感觉。"（舒尔茨，1986，75 页）

　　仅仅是这个社会纲领，长期以来在博朗的品牌交流中并未扮演
出众的角色，而是隐身于幕后——直至不久以前。因为在此期间，
博朗致力于通过不同的措施，将目标群体年轻化，比如为"欧洲 Top
20 MTV"活动出资。至于这些宣传活动会，在很大程度上能卓有成
效且拭目以待。

　　含酒精饮料品牌野格啤酒是一种始于 1934 年、包含 56 种植物
的利口酒，自从进入市场就没有经历过值得一提的改变，既没有涉
及品牌名称的改动，也没有在混合物和瓶子的样式上有所变化，即
使瓶子上的标签也毫无改变：黑色，古德语字体，红底，上面在一个
棕色的圆圈里有一只鹿，在鹿角之间有一个灯泡状物，带有闪烁发
亮的十字，并且图案整体由一条环绕标签的绿色带子系住，上面写
着："这就是猎人（Jäger）的尊贵标牌，它保护并爱护其所猎之物，
符合狩猎规则并进行狩猎，正如同它归所归属，在所创造之物中向
其造物主致敬。"这一标签下方，在椭圆形的水平线位置，写有短短
一句说明："创建于 1878 年"[370]。因此，野格牌利口酒的时间纲领包

---

[370]　W. Mast 企业在 1878 年作为制醋企业而建立，并且首先提供醋给沃尔
芬布特勒（Wolfenbüttler）地区的零售商，后来供货给布莱贝格的哈伯格工厂。

含着一种相较而言很高的持续性。

　　基于商品组，品牌的出现鉴于品牌纯粹的"技术"品质——如果人们在酒精性饮料中能论及这一点，并始终在香草的数量上殚精竭虑，而这些香草未加任何改动就作为添加成分进入生产环节，且还在其长期存储期上竭尽所能。对此，野格酒精饮料品牌的社会纲领的确被证实是越来越丰富了。因为在 1973 年，常年担任企业领导的君特·马斯特（Günter Mast）作为第一人，说服了一个足球俱乐部，也就是当时的足球联赛球队布伦瑞克足球俱乐部，在他们球员的球衣上为野格牌利口酒张贴广告，而且他还举办了到那时为止独一无二的广告宣传活动，"我喝野格牌利口酒，因为……"这种广告宣传活动不间断地持续了 15 年，到 1988 年才结束。在停滞了 8 年之后，这一宣传活动在 1996 年又重新开始，并且到 1998 年 8 月 28 日为止一共产生了总共 3467 种不同的广告宣传主题（参见 Heiz，1978；Randa-Campani，2001）。

　　在这一广告宣传活动中尤其值得注意的是，在一开始就没有设定一定的目标群体，而是涉及了两种典型的生活场景，在其中对享用野格牌利口酒进行推荐：不论一个人的人生是特别顺利还是特别糟糕。那么在这两种生活场景中的共同点是，通过享用野格牌利口酒，生活境地无论怎样均会获得一种积极的提升：

　　"无论何种广告，它们的共同点是，在畅饮那一刻——一种设定场景的伴随物——永远都显得积极向上。那些广告中被描绘的人物

1912 年化学制醋化合物取得成功，这家企业的主要商店出现了销售问题。在 20 世纪 20 年代中期，这家企业的生意政策发生了改变：生产含酒精饮料，以及销售法国葡萄酒成为核心生意。这些数据来自 MAST- 野格牌利口酒公司在《MAST- 野格牌利口酒责任公司简史》中的自我描述。

连接着'人生的快乐'和'生活艺术家'。或者是他们在用野格牌利口酒庆祝在某种意义上人生中的美妙一刻，或者是借此让自己从霉运中重新拥有好心情。"（Heiz，1978，90 页）仅仅通过这种广告宣传主题的高频率反复出现——在这不断地重复中，虽然每一个广告均会有不同的人物居于中心位置，但是图片设计始终保持一致："我喝野格牌利口酒，因为……"并且，甚至连广告宣传的场景也如此相似，在几乎所有人物更迭中仅仅只有两种体验方式被处理（幸福/霉运），对此出现了一种对社会纲领以及时间纲领的紧密交融情况。除此之外，这一切也适用于新的广告宣传：一种对野格牌利口酒的目标用户的极端年轻化的追求（参见亨宁，2000；Grauel，2002）。因为在野格牌利口酒的瓶子上，那看上去陈旧不堪的显现图画始终未曾改变，因为恰恰对于年轻人而言，这一切突然之间变得如此"狂热"，在公共场合去畅饮野格牌利口酒这种长期以来被视为忠实且朴实象征的品牌，但也是为了不失去忠实的老顾客。仔细地从社会学的角度了解迄今为止的消费者群体之后就会发现，他们对这种青年文化是毫无兴趣的 [371]。

毋庸置疑的是，为了权衡利弊，也需列举其他的品牌。针对如前所示的联系而言，重要的是，一次品牌交际的建构通常基于三个"支柱"之上，虽然并不是每个品牌在每种纲领上均会有同等范围的考虑。当然，从这些各种纲领的不平衡所限中会产生某种情况，接近于品牌"殿堂"的这种图景：在有些情况中，建构过程可能会摇摇

---

[371] 按照著名的施普林格（Springer）出版社的《1998 年消费者分析》（*Verbraucheranalyse 1998*）（消费者分析 VA 98）以及 Gruner+Jahr 的市场研究《品牌概要 7》（*MarkenProfile 7*），几乎 50% 的品牌使用者大于 50 岁，55% 的品牌使用者具有中学毕业证，超过 40% 的则是以简单操作工人或者专业工人为职业。

欲坠，更可能会成为隐患。尽管如此，这三种纲领还是承担起了每一种品牌交流过程中的主要责任，倘若涉及了品牌使用过程中的方针以及正确度的主旨呈现。

品牌的革新和进化

基于这种功能，即在一种特定的意义关联的框架中引导正确行为，是各纲领区分于符码的特点，也是需要为此负起责任，即在各不相同的环境条件中进行适应调和，以便对结构性耦合与环境进行维护。因为如果没有这种结构性耦合，这种意义关联就可能虽然得以保存，但是会存在失去与外部环境建立任何联系机会的危险——正如同走进了一个偏僻的小房间，任何人都会很快漫不经心地忽略掉的地方。就这点而言，不仅符码，而且恰是纲领关注连接能力，只是符码准确地保存了那些不允许更改的东西，而纲领却负责尽可能地更改一切，如果对连接能力的保存获得许可。在系统理论中，这种对稳定性——而不是对更迭的联合，被当作动态稳固性。

如果人们将这种对纲领的任务设定赋予到品牌交流上，那么，仅超越纲领层面才会变得可能，让一个品牌适应市场并且尤其适应其目标群体，具体而言就是在品牌和市场之间建立并维护结构型耦合。这种在身份特点维护和品牌的市场适应之间的任务分配，也会在品牌研究中受到欢迎（参见佐默，1998）。这一点在博多·里格尔（Bodo Riegel）（1987，399 页）的一篇文章中得以确定，文章名为《宝莹永远宝莹，正因为宝莹不仅仅宝莹》，其中涉及了汉斯·多米茨拉夫的品牌技术：

"在品牌产品中，这种整体全面的初始设定会诱导许多滞后考虑者得出错误结果，将品牌视为机构，即视为一种封闭的、无变化的系统，在任何时代均静止不动，而这可能是对一种有标识的罐头的定义。每一种具有生命的系统——目前也不存在更好的类推，均是悖论的：它对于其环境既同时是封闭的也是开放的。它具有个人化的生活，并且与其环境彼此交际；它脱离、适应并确保以此生存，这也适用于品牌产品。即使是品牌也同样需要内部以及外部的引导，以免变成老古董。"

只要一种品牌的符码始终保持稳固，品牌就能够参与不同的利益面，而同时并不失去其身份认同性，但是与此同时，符码的改变会摧毁一个品牌的身份认同。

即便是纲领的这种功用，即能够针对符码的封闭性，保持这种系统对于环境的开放性，也能够在各种纲领上得以体现。仅仅其适应性的范畴在一开始被各不相同地加以分配：事实纲领已经为此完全得以事先确定，以便从自身开始，实施技术变革尤其是技术革新，同时社会纲领也随之显出了一种显著的灵活性。只要涉及在市场特别是在各自的目标群体中的气氛以及品味的变动，时间纲领就会主要致力于对品牌的特性的严格的不易变性加以关注，因此，品牌总是显示出变化的不易被接受性。

在事实纲领的情况中，适应需求是明确的，但是品牌基于自己对于不断改进革新的自身义务却坚定地表现出对任何一种革新均表示欢迎和期待，它使用这种自身需求，因为整体环境是以进步为纲领的。对此，在品牌研究中，各种革新方式通常使用一个概念，即

"革新"[372]。赫尔穆特·毛赫尔（1992，95 页）在文章中简明扼要地
写道："其必要的是，我们通过革新、研究以及发展获得竞争中的优
势。"因为只有那些不断地期盼（真正）革新的人，才能够将自己的
需求以最高质量得以表达——并且那些先人一步的人，会令这种诉
求立即变得具有争议。"一个人必须要革新得越来越快，才能停留在
原地。"（Pinchot/Pellman 1999，11 页）施密特（2001，75 页）将这
种革新动力的自我加速，举清洗剂宝莹（Persil）为例来设定问题：
"宝莹永远宝莹，但是这种宝莹品牌必须要变得越来越好，取得越来
越多的成绩，永远具有革新性，必须对未来胸有成竹。新事物永远
是旧事物更好的再现，所有人均了解它并且从而应该总能从其中有
所发现。"

    恰好是这个针对品牌研究概念的出色含义——这一概念立即令
人想到技术和科技——在很大程度上借此得以解释，即第一批品牌
商品是在简单的消费商品的领域中出现的，比如洗衣剂、半成品食
物或者化妆品。在这种类型的服务中，对于日常生活的实际性问题
的解决方案居于关注的重要地位，并且在清洗、烹饪或者化妆方面的
材料具备一种核心功能，以至于关于创新的谈论在一种科技发明的意
义上，在大多数情况下，也在事实上是清晰可辨的。在此期间，这一
概念却如此深入人心，以至于即使在服务型行业品牌的情况中，即那
些在极大优势上具备了非物质性特点的品牌上，也在质量改进的概
念上遵从了"创新"这一概念。从那以后，对于技术这一概念在解
决问题的过程中不再仅仅从物质性角度，而且也从非物质性的、更

---

[372]   参见 Baums，1995；布兰德迈尔，1996；朗格，1998，2001；特罗姆斯多夫，
1998，2001；Sattler，1999；Plüss，1999；Schlitt，1999；威尔德纳，1999；居
尔登堡，1999；Lemberg，2000。

为详细的认知角度加以理解，以至于就"革新"这一概念人们能将其理解为：任何一种发明，用来解决一个特定的问题，按照不同的情况，视消费者如何观察这一问题而定（参见林，1992；德鲁克，1998）。

在企业当中，对于持续不断的质量改进的管理组织性前提是有一个用于研究和发展的特别部门，品牌创新的一个特别指标可被回溯至企业的创新力量。"没有质量的创新是不可能的，同时，没有品牌商品就不会有创新：只有品牌商品具备研究以及发展潜力（F-und E-Potenzial）。"（Eggers，1988，196页）基于高昂的研究费用，一种高度的创新能力也被视为品牌商品的生产者的原初范畴——这一点异于贸易品牌的情况[373]。与此相符的是，也需要为此做广告，尤其是当一个品牌已经年代久远，并也具有深远影响，比如德国巧克力制造商 Schöller 公司曾经在一个广告中直截了当而又精练地表达了这一主旨。

作为一个更为年轻的、非常成功的并且"真正"的创新例子，它不是仅在遭词造句中不断采用"新颖""更好"或者"便宜"等字眼，而是为自身寻求一种确凿可证的成效优势，并且借此打开一种新的市场份额，如同在密思巧克力或者索尼的随身听一样，在雀巢的有机益生菌酸奶品牌 LC 中得以体现[374]。这种容易忽视的改变，在这一发明前就已经在高度发达国家的饮食习惯中出现，这一饮食习惯逐渐向健康、健身和康健的方向发展。在这一前提下，雀巢在1991年决定，针对它的酸奶市场，新鲜奶制品的最重要的分市场中，

---

[373]　参见 Vanderhuck（2001）："贸易品牌需要经典的品牌商品。确切地说，贸易品牌需要广告的推动以及经典品牌商品的创新能力。"

[374]　参见 Lott，1970；威尔德纳，1999；坎普豪森，1999；Jenner，2002。

研发一种产品应该能够满足这一需求。位于瑞士洛桑拉布朗克的雀巢研发中心，其多年研发工作的结果是酸奶文化"嗜酸乳杆菌"，据称这种酸奶具有一种特别高的抗胃酸的能力，因此，大量有益菌会进入肠道并发挥良好功效。在霍克斯／维佩曼（1996，120 页等）的文章中，在涉及 LC 酸奶的时候，谈道："对健康的促进健康并获取幸福，是主要理由。成效，也就是信息，首先是工具的质量。"对于雀巢而言，至少对此创造了一次真正的创新：

> "产品的优势是清晰明了的：雀巢 LC 酸奶并不是通过一个良好的口感分数而得以突出，它对健康饮食做出了每日贡献，并且以此为消费者提供了高度的附加效用。"（居尔登堡，1999a，65 页）

这种产品创新的成功令人印象深刻。1995 年 LC 酸奶在 12 月 1 日被引入德国的酸奶市场，到 1998 年为止销售额增长了 11%，达到了 24.1 亿马克，并且"有机益生菌酸奶"分市场，雀巢公司用 LC 酸奶建立起的这一市场，从 1996 年到 1998 年销售额增长了大概 213%[375]，即使在日后这一发展势头也始终保持[376]。这种创新的一种意料之外却又在意料之中的结果却是竞争——与时尚行业的涓滴效应（*Trickle-down*-Effekt）比较接近——能够在最短的时间内追随而上，并且将产品不断复制，直到在消费者的眼中能够提供一种可接

---

[375]　参见 Leonhard，1997；居尔登堡，1999a；威尔德纳，1999。

[376]　参见 2001 年 3 月 9 日《生活消费品报》第 10 期的文章《令经受考验的畅销商品失望》："在益生菌内部，保持一定距离的最具有活力的部分，销售额增长在 2000 年再次增长了 23%，而营业额增长轻松超越，虽然在此期间奥尔奇超市（Aldi）同样在各种商品种类中具有流动性产品。"

受的并且是更为便宜的"类似的选择"。"在成功的品牌构想中，通常会观察到一种更为激烈的创新性竞争。如此一来，在不同的欧洲国家中，在短时间内，就有超过 50 种功能性饮料进入市场，在先锋产品红牛饮料取得了巨大的成功之后。"(Jenner，2002，67 页)"后来者"以及"市场投机取巧者"[377]自然就会在研发上投入更少得多的费用，从而不为其所累，以至于在"真正的"产品创新后，通常真正潮水般的纺织品会被投放到市场上[378]。'类似的选择'产品通常会出现在那种不具备深思熟虑过的革新动力，而是一种混乱的新生事物的堆砌在从事着逐层的市场开拓工作的地方。"(亨辛格，1994，54 页等) 其后果通常就是，市场先锋开拓性产品在一开始的市场份额占据绝对优势——比如雀巢酸奶 LC 的销售量慢慢萎缩，只要整体市场的增长率并不能与其匹配地保持上涨趋势（参见卡普费雷，1992）[379]。

---

[377]　参见瓦尔特·西希勒（Walter Sichler，1935，44 页）早期的评论："市场拓展者作为先锋，位于市场投机取巧者之上，它从根本上而言，预设都要解决相同的问题，但是其差别是，将耕种、成熟期劳作委托于他人，而自己仅仅在丰收时帮忙，在那些其他人含辛茹苦播种的地方帮忙。"

[378]　在此期间，即使是这条规则也失效了。因为 2001 年在英国的老牌超市连锁英百瑞的交易环节，就成功地让一种名为"Novon"的洗衣液早于宝洁公司和联合利华这些已经得以确立下来的品牌开创者几个星期出现在市场上，这一点唤醒了一种迹象，好似那些生产者——其创新领导力迄今不受质疑的生产者——陷入了一种"类似的供给者"（Me too-Anbieter）的不受喜爱的角色之中，参见文章《模仿早于原件出现在市场上：单独的交易品牌在英国追求前行者的角色》，见于 2001 年 4 月 9 日的《法兰克福汇报》第 84 期，28 页。

[379]　就这样 LC 酸奶 1999 年在 Actimel 乳酸菌方面失去了它在"有机益生菌奶制品"领域的市场领导地位，参见 2000 年 2 月 25 日《生活消费品报》的文章《乳酸菌超越了 LC》（Actimel überholt LC）第 1 页，以及比斯特，2002。对于品牌引领过程的"命运"，总体情况参见迪勒/Kaffenberger/Lücking，1993。

这一例子已经显示出，革新既具有内生的也具有外源的诱因，按照不同情况，青睐于那些在正确的时候预先在地平线看到改变的人，并具有相应的研究与发展资源的人，且首先居于市场之中的人。索尼的随身听极大可能在当时市场上明确的需求尚未清晰可辨时就已出现，然而第一个博朗剃须刀的发明是马克斯·博朗在经过了切实可证的固执己见的苦思冥想的体现，对于这个产品，长久以来就已经具有基本的市场需求（参见 Kriegeskorte，1995；Max Braun Kreis e.V，1990）。但是，如果这一点比起在 LC 酸奶出现的情况可能远远不那么令人印象深刻，在 20 世纪 90 年代"功能性食物"却极其明显地通过外部活动在市场上得以推动并引发巨大需求。在任何一种情况下，一个品牌必须重视它不能剥离与市场的联系，否则品牌就会失去其生态小环境，没有需求并逐渐消亡。

"一个品牌只有在以下情况才会保持生命力，即当它不断自我超越并令其产品始终保持在最高水准的时候。通过创新，品牌会保持现实性并展现出其目的，即持续不断地保持可变化的品味并胜任满足消费者始终变化的期望值。"（卡普费雷，1992，119 页等）

正如同在阐述中对野格牌利口酒这一品牌所展示的一样，但这（社会纲领）也会导致一个品牌在交际中的变化，它丝毫不具备"真正的"对于物品的质量改进，而仅仅设身处地去理解迄今为止消费群体的变化，或者关注新的消费群体。对此，这种社会纲领本来就在最大限度上受困于维持一个品牌环境的结构性耦合，因此它必须相应地敏感并迅速地对社会变迁的不断改变做出反应。尽管如此，即使对于社会纲领而言，也能够从特点、优势以及功能上的关键状态出发，而这种关键状态并不能被毋庸置疑地加以触碰，那么品牌就不会冒险，失去其目前的目标群体。因为在一个特定的目标群体中建立起品牌信任以及品牌忠诚是艰难的并且花费巨大。就这点而言，恰恰是在野格牌洋酒这个品牌提出了这个问题：对于一个如此年轻的目标群体的称呼，正如同从 2000 年以来所屡次尝试的一样，是否真正对于迄今为止已经稳定的目标群体不具有消极的、令人惊惧的影响，大概是因为那种青少年的广告宣传主题——即使是在品牌的服务 / 成效和包装上没有任何改变的时候。过去两年的经验却似乎证实了这种对其进行促销的成功愿景[380]。但是，这将会持续很多年，直到确定这种广告的压力是否真正地有效并且已经为使用野格牌商品的新一代的出现奠定了基础，这一代的存在要比一次热闹的热销旺季要久远。

在这种情况下，持续的新导向甚至与此时出现的一种品牌信息的年轻化，基于市场现实的活动以及趋势，是不易于打交道的，尤其是针对一种价值转向所做的广告，即针对社会的自我变化，不能够置身度外地加以忽略。至少可以从施密特和布丽吉特·施皮斯（1996）的关于德国 1956 年到 1989 年的电视广告的变迁研究中获悉这一点。因为在结论中，他们得出以下结论，即跨越这 30 年的时间，可能还会观察到一种广告信息的大变迁——从放弃到享受，从需求到体验（也参见舒尔茨 1992 年的文章）。

"消费型商品作为工具致力于塑造体验以及享受，价值导向的消费替代了为确保生存安全以及具备容易放弃心态导向的消费地位。这种趋势导致新的高端消费战略，它能够以流行性口号的方式为标志：从生活标准到生活方式，从收入额度到收入使用类型，从商品陈

---

[380] 瓶子销售额在 2001 年增长了 7.6%，增加到了 3760 万个单瓶 0.7 升的瓶子，营业额增加了 4.7%，达到了 2.0820 万欧元，参见《法兰克福汇报》，2002 年 4 月 24 日，24 页。

设到品味文化。"（施密特 / 施皮斯，1996，78 页）

在一开始，还是涉及单纯的产品信息，而它能够被展示为漂亮的、便捷的、实用的、容易使用的、不易损坏的以及具备多种使用方式的，但是随着时间的推移，产品信息的聚焦点就越来越明显地转移到了形象维护、情感和生活方式上。与此平行的是，这种社会维度一开始就被一种清晰的"上 / 下模式"所统治，它也在性别角色上得以使用，而在 20 世纪 80 年代不再可能谈及社会关系的一种单一的分级，即使是妇女形象，正如同它也总是脱离现实一样[381] 发生了极大的改变，但在此期间却总是存在着"职业妇女 [巴黎欧莱雅护肤品，雅克布金冠淡咖啡（Krönung light），德国 Ballisto 驱蚊膏]，具有自我意识并具备自我实现和发展能力的妇女出现在不同的陈词滥调中，被当作年轻的个人主义者 [尼康，可口可乐，碧浪强效洗衣粉（Ariel Ultra）]，被当作进取心极强的妇女（Fiskars 刀具，雪铁龙汽车，香奈儿 Egoiste 香水）等等"（施密特 / 施皮斯，1996，347 页）。对此不应该大概表述为这些古老的模式就完全落伍了。总还是有品牌广告，那些长久以来致力于占据优势地位的具有声望的主旨，正如同这种主题一直在 *After Eight* 巧克力的广告语"精致的英式风格"中所体现出的一样——在这件事情上，这里也通过一位女性出租车司机的出现令人耳目一新，尽管在英国相处模式中可能显得不同寻常的职业却丝毫没有失去对 *After eight* 巧克力的品味。遗憾的是，现存的研究，超过几十年以来研究这种转变的研究极其稀少，以至于人们更愿意以一些猜测而不是结论为指导。无论如何，从其中概括出的内容，是降低对许可所设定的限制，即使在

---

[381] 参见朵拉·霍瓦特（Dora Horvath）（2000）的研究"请真正女性化！1949—1982 年德国杂志《布丽吉特》（*Brigitte*）中的女性引领形象"。

许多市场上还是应该存在一种起到示范作用的奢侈品策略。除此之外，更多品牌在做自我宣传，自己设定趋势，并构成共同体化效应（Vergemeinschaftungseffekte）的诱因，如同萨博汽车（Saab）品牌的一位工作人员曾经所表达的："萨博汽车品牌应该反映了一种共同体，在其中，人们不仅仅能够购买自己的汽车，而且也乐在其中。"（Hoffmann，1995，453 页）为此，这种共同体化供给的发展以及延伸以各不相同的方式加以传播。有可能会在地区框架以及国家框架内受限，如同啤酒品牌的情况一样，但是这种情况也可能同样恰到好处地包围整个世界，如同在饮料、汽车或者运动品牌中所展示的一样："品牌创造集体感。人们在世界范围内可以以任何方式属于彼此，如果他们更喜欢耐克而不是阿迪达斯，反之亦然。"（Häusler，2000，30 页）这种共同体化的感觉是否真正地自我调节并且具有持续性，可能会被加以质疑，但是也根本不涉及这一点。更多的是，如果品牌导致了共同体效应，并且它为此提供了完全合适的工具，那就已经足够了。彼得·梅施希（1994a，65 页）的文章中对涉及青少年的地方做出如下的表达：

> "这一群体中不再重要的是，例如，人们会穿戴哪一种棒球帽，而是他们如何佩戴，以便表现出从属于一个品牌团体的归属性。不再重要的是，人们穿哪种网球鞋，而是人们是否穿着"开放的"网球鞋——也就是不系鞋带穿鞋——或者仅是系了一部分鞋带。不再重要的是，人们穿着什么品牌的毛衣——思捷（Esprit）、贝纳通（Benetton）、希思黎（Sisley）或者它们的通常称呼——而是人们能把这些毛衣和什么联系在一起。"

因为正如同这种短暂的"场景—关注"所展示的，这种发展在此期间甚至达到了如此地步，即一个品牌从它最初的交流关系中得以脱离，并获得一种崭新的使用方式，也就是说随机获取一种品牌意义的抽样化。值得注意的是，尤其是社会符码内涵/外延在这种目标异化的形式中得以一直保存，它仅仅配备了正确性规则的一种新的组合。

在时间纲领的情况中，其正在期盼着以下情况的出现：似乎基于持续性原则改变就会在本质上得到禁止。但是如果这一点绝不发生，人们就不会使一个品牌失去链接能力。"一个品牌不了解任何绝对的稳定性。品牌也需要这种长久变化中的过程，从而能够与一种自我持续变化的世界相处。"（佐默，1998，130 页）仅应在任何一种变体中最为严格地重视以下情况，即新的鲜明特色以一种可清晰领会的方式与迄今为止的鲜明特色相连接。因为至少在这些成功的品牌中可以得出，它们绝无可能在任何情况下会被允许在品牌交际中失败（出现非持续性），只要它们不可能在品牌对质量改善的诉求意义上获得理解，或者被一种目标群体的氛围转变所迫。当然，具体点很难识别出，即从何时起会达到稳定性和变化性所导致的各种极端情况。

"这一事实，即已经进入市场的品牌，无论在任何地方，均必须在这种由变化以及证实所构成的转换游戏中进行互动，会明确以下问题：人们在品牌的创新过程中各自应该达到什么样的程度，同时应如何让这样的改变有针对性地得以规划。"（赫尔曼，1999，80 页）

因为并不存在针对超越过高期望的清晰的、积极的认同特征——仅仅存在一种消极的特征，也就是说，当一个品牌出现了对其链接能力的问题时。

对于借助转变达成稳定联系的另一个典型例子是，宝莹公司的交际风格，出自汉高企业的在"洗衣剂"商品行业中的市场引领者，它自从 1907 年进入市场并从 1913 年起几十年来均用"宝莹永远宝莹"的广告语来做宣传广告，同时也在有规律地向市场推出产品创新，从而捍卫它在市场上的创新引领者的诉求（参见舒尔德，1990）。就这样，1959 年宝莹公司将第一种人工合成的洗衣剂推向市场；1965 年宝莹公司提供了两种漂白剂；1970 年宝莹洗衣剂成为第一种生物活性洗衣剂；1974 年到 1982 年宝莹公司推出一系列质量宣传活动，出现在大众视野中，它的宣传策略用以反对那些廉价品供应商；1982 年宝莹推出第一种无磷洗衣剂，1990 年推出宝莹超能洗衣剂；1992 年推出多彩宝莹；1994 年推出宝莹超细颗粒。

对此，这类措施是否关注了经济，比起询问一次创新的真实价值要更加具有决定性意义。仅仅这样才有意义，即便是麦当劳也要求自己具有创新性：

> "为了简明扼要地表达麦当劳广告宣传的市场推送，我们用一个单词持续创新来改述一下这种情况，即一个由持续性和创新组成的人造单词。听上去相当自满，但是丝毫不令人惊讶的是，我们在一个持续不断的基础上建设性地（这是我们的主要顾客所言），也愿意用新的想法，来赢得新的客人。是的，这现在听上去很简单，却意味着极其繁重的工作。"[382]（Friedrich，1996，311 页）

---

[382] 在这里,奔驰(2002)的副标题很合适:"持续性和革新能力是兄弟姐妹——如果他们共同出现，那么未来就会来。"

因此，对于时间纲领而言，在它保持品牌推广的持续性过程中，也并不涉及完全不允许改变，而是要将不可避免的改变，也就是说"有机"的与公共的展示形象连接起来，借助一种小步骤政策，从而避免生硬的割裂、破裂甚至是完全断裂。在很大程度上被接受的，是对品牌长期进化的设想。与此相反，被极度拒绝的是对品牌进行革命的想法，正如同大卫·J.海内斯（David J. Haines）（2000）在论及可口可乐时所述："品牌总是被再次现实化——但却并不完全改变自己的表现形式。其目标必须做到极致，但是却从不越界。这样，消费者才能超越所有的时代洪流重新认识品牌并构建信任。即使对于新的广告宣传而言，这一点也适用：进化，可以；革命，不可以。"[383]

唯独引人注目的是，对于一个品牌的进化主题的关注，在专业文献中总体而言很少，如果其仅仅涉及对持续不断的质量改进的自我需求，而这种自我需求恰是用创新这个概念融洽和谐地加以标识的[384]。这一规则的例外情况，在任何时候均能够以一种普遍保持的状态得以发现，正如同贝格尔勒（1961，126页）文中所述，当他谈及品牌商品的发明时，如此认为："在穿越整个世纪的进化和变革之路上，品牌商品的形式得以形成。"或者在吉多·桑德勒（Guido Sandler）（1983，149页）的文中提到，他长期担任德国品牌协会的主席并且本身就是欧特家博士烘焙原料承担个人责任的合伙人，他对于品牌商品的持久生命力进行了近乎革命性的阐释：

[383]　也参见霍克斯 / 维佩曼（1996，170 页）："品牌被归于精确的趋势潮流。原则：进化而不是革命。"

[384]　参见佐默，1998；布兰德迈尔 / 施密特，1999；齐姆斯，2000；Jenner，2002。

"一如既往的是，被良好引入市场的品牌商品对商业而言是不可或缺的。没有任何一个系统能够对商业交易以及消费者提供等值物品或者更好的物品；没有对于消费者而言（提供）同样的安全性，以及没有对于商业（提供）同样的可承受力。如果有更好的物品，那么我们按照市场经济的原则建构的经济体系早就得以实现了。"

　　在其他情况下，品牌研究却对一个品牌的（自我）进化或者演化能力尽可能地保持缄默，如果人们不考虑一下对伞状品牌的延展能力的探讨，因为进化革新的想法在这种情况下完全是不由自主地产生的。

　　对这种非差异性不作考虑的首先是盖尔德·格肯，他自从20世纪90年代以来几乎每年均会出版一本书，在每本书中都贯穿了品牌演化的主旨（参见格肯，1991，1993，1994，1995，1998）。正因为格肯在涉及"品牌进化"时描述了一个很大的例外情况，所以他的论证应该更为详细一些（虽然通过品牌研究对他的接受研究在此期间近乎无足轻重）。完全可以被称为纲领性的是："品牌必须成为一种进程，而且成为自身演化的进程。也就是说，它必须永远将这种艺术品完成得与众不同，而与此同时却又忠诚于自身。"（格肯1998，266页）。对此，这样一种得以普遍承认的观点是以这种对于品牌演化的强调为基础，而这种观点自20世纪80年代以来就在品牌研究中得以研究，也就是对消费者的不可估量的变化进行研究，消费者会突然之间做出完全矛盾的举止，或者行为杂乱混杂且与众不同，并被格肯（1993）称为"不规则形的碎片化的消费者"。与市场研究的主流趋势相比，格肯从这种视角中发展出一些非常激进的观点，这些观点已在他的 1991 年的《告别市场营销》一书中得以表述。在本书中，对消费者的表述说明借助单向度交流不会再获得成功。更确切地说，这一点需要在生产者以及消费者之间建立起一种解读或者"人际聚合"（Interfusion）（格肯），因为广告的意义内涵仅仅在被生产者以及消费者之间共同生成，并且不容易仅通过生产者的预设就能被定义。格肯（1991，119 页）对于这一视角转变的表述如下："从企图型交流之中会形成对话型交流。"因为市场事务始终处于流动状态，去确保一个品牌的创立维护及其意义保持不变就毫无意义。倒不如说，一个品牌的交际要始终与市场的自我活动步骤保持步调一致，只有这样，一个品牌对于自身目标群体或者"场景"——如同格肯（1996）提及的——的联系、现实性以及吸引力才可能得以保持。

格肯的这些观点以及要求，在一开始获得了相当多的关注度甚至能够对一些广告宣传发挥影响力，比如 20 世纪 90 年代中期在德国利是美（Reemtsma）烟草公司的香烟品牌威斯（West）的广告宣传中。在此期间，格肯在品牌研究中却可能不再遭受折磨。但是格肯的观点在任何情况下均不缺少有效结果，如果人们将 20 世纪 80 年代末时新消费者的情况再次加以关注就会得出这一结论，并且这些观点在任何时候均是比那些已发表的品牌研究主流观点要独特、新颖得多。格肯的问题仅仅是，他把孩子和洗澡盆一起倒了。因为格肯虽然准确看到，与之前持续几十年的清晰以及有序相比，企业的环境陷入了明显的无序之中，但是他走得太远，当他谈及根本不存在稳定性和进化的时候。毕竟他（1998，265 页）直言不讳地说过："90 年代的各种市场才是纯粹的演化。"

格肯似乎混淆的是，在一个还算稳固的系统内借助增长以及可许可性进行的进化之进化。如果人们对目前的问题从系统理论的角度加以分析，那么进化就能够被视为三个选择机制：转变、选择以及稳固化的统一（参见卢曼，1975，1981，1985，1990，1993，1995，1997，2000，2000a，2000b）。每一种系统只要存在，就包含了一种众结构的核心状态，而这些结构则确保自己的身份识别性。在社会系统的情况中，这一点是符码以及系统纲领的核心领域，每种纲领必须包含这一切，以便保持一个系统的正常运行。鉴于这种核心状态，持续地在系统执行过程中导致非规律性，明显微小的偏差，而它相对于所期望的系统流程作为变量出现。如果适用于经济领域，就被称为："有效创新从小处开始。"（Drucker，1998，156 页）。对此，任何一种变量，相对于系统的自我免疫（Selbstimmuniseirung），绝不可能会即刻自我实现。更确切地说，大部分变量在出现后会迅速消失，而系统并不会发生巨大的改变 [385]。"尽管如此，其想法就像昆虫一样：许多已经出生，但是只有极少才会成熟。好想法很多，但能够付诸实施的想法仅是少数。"（Pinchot/Pellman，1999，16 页）。因此，大多数的变体来去匆匆，毫无结果。但是有一些却是做到了，对系统进程的推进过程施加影响，并且在此期间，这一点持续很久，直至一个变化已自行得以实施，并进入系统的稳定的结构状态中，而它仍继续对这一新的系统进行服务。即使是一个新系统也不会改变这一系统而是丰富它，为它增添新的可能性，并令它更具有差异性和多面性。但是尽管如此，如果一种改变不会仅仅保持为一种边缘的随意性结构，而是触动了整个系统的核心状态并且引起了严重

---

[385]　参见布恩斯/Dietz（1995，350 页）："社会行为的许多变体有一种匆忙粗陋的特点。它们不会导致长期在文化、科技以及社会组织方面的彻底变化，而这些改变会具有对于物质生产及文化传承的批判性过程的后果。"

的改变，那么这种系统的自身定位就会被触及。

如果按照这三种选择机制，即转变、选择以及再稳定化来描述这一演变会显示出，在原则上，进化的每一种系统均处于被延缓的状态。在一些系统中，对变体的防御要比在其他系统中严格。这一点可能会产生以下印象：这些系统有可能完全没有完成进化。详细观察后，就会发现完全否定这些系统的演化能力并不合适。倒不如说，应该将具有鲜明进化能力的系统与这些能力在其中仅具备有限可能性的系统加以区分（参见黑尔曼，1997）。

在格肯的文章中能发现一种完全具备差异化的观察，当他谈及进化能力之进化时，并且即使对进化的加速言论也绝无可能不合常理。但是，整体而言，格肯却战胜了趋势，即完全驳斥稳固结构存在性的趋势。他声称："所有的结构均会以有利于一种持久性进化的方式瓦解。"（格肯，1994，133页）并且他明确地将这种限定涉及这个社会，当他写道："一个碎片化的社会不再了解稳固的结构、价值以及原则了。"（格肯，1995，152页）合乎逻辑的就是，人们必须将一种持续发展的进化以一种没有足够的稳定化的方式加以现实化，而这一点最早——格肯作为广告咨询师——就涉及广告："广告成为每日进化的一种仪式。"（格肯，1994，464页）相同之事也同样适用于广告。

但是在其中，格肯似乎在尝试对"进化的令人窒息感"加以关注时，自己也成为这种窒息感的牺牲品。因为每一种变化总是仅仅构成一种系统的演化，而它必须具备能力，将自身的身份认同与自己的环境相对应加以表述及声明。或者正如同在《品牌现实之东》中非常容易就出现了悖论式的表述："革新需要稳定不变的品牌。"（鲍曼等，1998，26页）如果格肯以这种激烈的方式仅仅对进化这一方面加以赞许，那么他就严重忽视了进化的逻辑性，而它恰恰需要稳定性，并且仅仅基于这种稳定性一种变化才能够被视为变化加以观察——否则一切随意性就会成为熵值（Entropie）。可以确定的是，他能够对此表示赞同，即在一个快速发展的时代，消费者的份额是以有利于可变性的形式变得更小，并且人们必须要借助更深入的、持续震荡并高频度的市场研究考虑这一点。因此，却立即在一个流动变化着的时代精神的进程中，其整体性结构以及永久持续的自我变更土崩瓦解，耽搁了社会进化的可能性条件。对此，在格肯的文章中（1995，29页）甚至能够发现这样一种区分，而它令人明显回忆起对符码和纲领的区分："人们必须要将品牌分成两部分，其中一部分被塑造成为一种思维卡。而这种思维卡代表了静止不动，从而成为品牌的原型。同时，另一部分被纲领化为一种运动。"因此在一种这样的"思维卡"中，在丝毫不明白格肯对此确切所指的前提下，可能会看到一种品牌的符码，不管品牌环境中出现任何变化，它依旧保持稳定，与此同时存在适应环境的机会。只是格肯对此建议并没有以如下的方式展开阐释，即这种情况是如何在这种关联中有针对性地出现的。

对于品牌社会学而言，能够确定的是，如同变化一样，同样是关注稳定性，如同在交流的任何形式中一样。除此之外，在符码和纲领之间加以区分，会有效地满足双方的要求。这一点在品牌研究中也理所当然地意识到了[386]。对此斯蒂芬·格里华德（1997，16页）持以下观点："品牌标示和变革当然并不矛盾。"遗憾的是，格里华德在做这种论断时有所保留。或者为了在此引用鲁道夫·萨默

---

[386]　参见比斯特，1997；布兰德迈尔，1999，2001；布兰德迈尔／施密特，1999。

(Rudolf Sommer)（1998，130 页）的表述："品牌没有任何绝对的稳定性，品牌也需要这种持久的变化过程，以便与一个持续处于变化中的世界相处。"尤其斯蒂芬·格里华德（1998，25 页）等的文章中也有以下片段："品牌建设的艺术存在于对（品牌因素的）保持（重复性）以及品牌系统的变动中的组成成分（变体 Variation）施加敏锐的深入影响。"尤其在品牌建设中，整体而言具有以下倾向：更愿意肯定一个品牌的稳定性，甚于赞许它的可变性，以便将品牌损害的风险尽可能地降到最低[387]。对于这一点，利奥波德·施普林因斯菲尔德（1999，46 页）措辞严厉地表示："随意性加上或者乘以随意性总是会不断地产生随意性。"因此还是不要插手品牌为宜。与此相对应，格肯的行为则恰恰相反。原则上，这两种立场同样都具备正确性，只要能确定对多余以及变化（Varietät）的区分保持统一性就好（也参见 Schmitt/Simonson，1998）。

如果在此背景下再次对品牌进化的观点进行理解，就必须要考虑对于品牌而言，是否应该确定对变体、选择以及稳定化进行更为清晰的区分。毕竟进化之进化在对现代化的、功能性区分化的社会的继续实施进程中，已经保留出足够的时间，直到对这三种机制进行一种区分，在单独的功能性系统中首次得以完成。为此，绝对有可能，品牌的进化能力在任何情况之下均能够显示出一种在变体以及选择性之间的结构上的充分区分化，因此所有被允许视为变体的一切，很快也会进入品牌交流的核心位置。这一切会导致以下结

---

[387]　在布兰德迈尔（1999，400 页）的文章中，是这样纲领性地加以表述的："立即把偏差调节回来"，而且，布兰德迈尔 / 施密特（1999）甚至谈及"突变封锁"（Mutationsblockaden），它必须马上在品牌形成之后嵌入，但却没有禁止任何一种变化机会。更多内容见于布兰德迈尔，1997；施普林因斯菲尔德，1999。

果：更具有风险的是，改变一个品牌的交流，因为其所能够承受的变化更小，这是相比这一切大概被假设为中心功能系统而言。从一个品牌的立场应该能够表明，一个品牌的进化可能甚至是所有品牌的整体性上的进化，即那些交替地彼此建立起联系的品牌进化毋庸置疑将会发生，只有在品牌的进化之进化还没有达到那种区分程度的前提下才得以实现，正如同这一切对于现代社会所声称的那样。除此之外，还会出现一个问题，即品牌是否鉴于现代社会的快捷性不能被赋予一个暂时的对立点的功能，而这一对立点与此似乎辩证地出现：偶在性压力越大，稳定性需求就越大（参见 Bismarck/ 鲍曼1996；克雷尔 2001）。因为许多事物都在变化，而且如此迅速，以至于千百年来就存在传统，在此期间已经几乎具备了稀缺价值。与此相对，品牌能够被视为人造稳定性的象征，似乎是一种替代性传统，正如卢曼（1990a）将这一点公之于众一样。斯特凡·鲍曼（Stefan Baumann）等（1998，27 页）更是谈及一种"品牌家乡"，而消费者的选择正是基于此：

> "越来越常见的是……涉及一种品牌家乡，而它正是唤起消费者的地理和文化根基。在全球化的进程中，在进入新千年的过渡阶段，有一点正面临着失去的危险：人类的身份认同。现代人处处为家，无处为家。他缺少一种关联及参照框架，而这一点正回答了以下问题：我是谁？我从哪里来？我要到哪里去？而对这种失去心灵家园的反应就是强烈地转向地方性产品和品牌。"

在这种意义上，品牌获取了导向性以及记忆作用，正如同它迄今为止在普遍意义上对文化所做出的宣言，并且这一切伴随着随之而来的反效果：变化越多，品牌的冗余性就越重要（在交流中被视为非常重要），在某种意义上是一种人工的匮乏性，即被允许改变的所有一切事物的匮乏性——品牌在任何情况下均不具备这一点。

以这一点为背景，首先就应提出以下问题：人们在观察选择性序列——变体、选择，可能还有稳定性，不应该彻底删除消极及负面因素（参见黑尔曼，2002a）。进化不具备积极及正确抉择的能力，因为存在太多选择，而它必须要彼此进行比较，因此只有将选择机制作为负面选择才有意义——完全要忽视的是，"这种"进化本来也不是一种具备行动力的实体，而人们可以将目的、行动力以及决策列入这种实体。因此，我们所能够在进化的情况中发现的，就是出现将任何一种变体以游戏的方式对待的趋势，只要它还能够通过现实测试，而不确定它能坚持多久。在某种意义上，仅仅存在一种有所保留的暂时的真相，恰如卡尔·波普尔（Karl Popper）所言，他曾表示并不存在永恒的真理，而仅仅存在假设，这些假设只要（还）未被否定就始终存在。

如果人们将这种负面选择的想法使用于进化，就会至少存在两种情况，在其中，一种品牌交际的变体可能会变得对成果具有批判性：太多或者太少的变化。

未来		
过多变化： 一切均在变化	被允许的可能性 通道 过去	过多冗余： 一切均保持不变

表10：允许的可能性通道

过多变化性意味着品牌交流离开了连续统一性的轨迹，而迄今未止它始终在自己的轨迹上运行，同时它的持续性也已经生成了信任和依赖。后果在意义内容中出现断痕，而这些意义内容迄今为止已被紧密地与品牌连接在一起。如果这一切不良情况不断发生，那么就将面临一种信任缺失的危机，最糟糕的情况甚至是与自身的目标群体的结构性耦合的撕裂。那么从何时起恰好是哪一些因素的一种变体太过分，如果它还未涉及符码，就几乎无法预测。但是的确存在着一种门槛，对它的跨越会随之带来无法弥补的后果，这是对于品牌交流的持续发展而言。

过少的变化性意味着品牌交流完全不受任何干扰地坚持自己的方向，并且对此对市场中以及消费者中的变化判断错误加以忽视，从而引发危险，即失去与自身目标群体的结构性耦合。在这里，忠诚被夸大从而导致惊讶，导致交流僵化，导致对现实意义的缺失。纯粹的自我指涉作为导向性以及决策性标准，这种对自身的过去的简单再生产，却能够针对品牌交流导致其社会性死亡，即导致交流的中断。

品牌交流能够在自身变化的允许可能性构成的一个通道中活动，在这其中，它不存在在此期间失去其链接能力的危险。起决定性作用的仅是，两种极端情况均被避免。此外，品牌引领不存在康庄大道，充其量在避免极端的负面意义上。只要品牌交流不超出通道的外侧边缘，在它身上就不会发生任何严重的事。随之而来的还有：品牌交流的一种明显积极导向的规划和建构证明是毫无希望的，因为人们虽然会做错所有事，但是从不会做对所有事（参见黑尔曼／Siegmund，2003）。在对一次品牌交际过程的规划和建构中，出现的开放性和不确定性是不可避免的，即使当人们非常成功，也绝不能发现自己是否还能不能够更成功一些——因为这时考虑已经太晚了。最多在几十年后，可能会出现某一种能力以及经验，它具备一种几乎不再犯错的能力，但是反过来说，这种选择权几乎无法弥补，因为为此构成的对于成功而言极其重要的条件过多。

只要一个品牌处于被允许的可能性的通道中，它就可以顺利完成这种正常纲领。但是如果它陷入了危险门槛边缘，它就会遇到严重问题，并且如果它长时间地越过这些门槛之一，其存在性，即其链接能力就会遇到危险。人们能够将这三种状态——接下来会对它们进行区分，即会出现对于预期性失望的何种难度——按照规章条例、危机和灾难这三种概念进行描述（参见黑尔曼，1998）。

在规章条例这一情况中，针对问题的经验，即预期性失望，是正常的。因为我们不断地拥有以下经验，即有些事物与我们所想的不一样，而且我们很熟悉这一点：它对于我们而言，正在持续发生并且会再一次出现。为此，在某种程度上涉及了预期性失望，我们可以考虑到它们，而且不必担心严重的后果。这些不断持续发生的、在某种程度上日常的并因此熟悉的预期性失望的形式，将会成为例行公事，绝对不会存在对其进行更多修正的需求。比方说，如果公共汽车驶离，人们会等待下一辆；如果这一种特价商品已经卖完，人们就会去寻找另外的便宜货。所有这一切会再次出现，机会以及问题，而且并不存在对于失望的最终逃离，人们就会借此寻找到它并将其视为正常情况。

但是，与这些正常的、普遍的问题相对的是，也存在并不容易得以解决的问题。在这种情况下，涉及的就是预期性失望，它不能再被按照例行公事的方式加以克服，而是引起信任的不安全度，这种不安全度迫使其中断并从根本上询问应该如何继续进行下去。在某种程度上，这涉及了预期性失望的一种特殊情况，它不再能够通过补偿、隐藏或者漠不关心地按照例行条例被消除，而是被体验为危机，它能够暂时地占据了所有吸引力而不被忽视，并且在期间甚至赢得存在性规模。"如果一个这样的情况形成——被阐释或者出自内在原因，已经是我们生活的一个转折点，而这转折点人们通常将其称为一个危机。"（Schütz，1982，167页）即使更大的最现存的预期存在的修改也不会度过这场危机，以至于一种调和在状态检测的意义上也许是一种更正会变得必然，其重新分类信任组并对此留下了一崭新的、或多或少偏离旧世界的"规章条例世界"。通过这种方式，观察者的身份定义虽然被保留，但是其结构性存在着被交换，或者是其他的反身性措施被实施，以便有助于度过这次危机。为此，应得出以下结论："这样的反射性磨炼仅被参与，当人们遇到阻力并且碰撞到对知识的现实关联的质疑。"（卢曼，2002，66页）在任何情况下遇到危机时，时代因数都是至关重要的，除非有无尽的时间空闲，以便令自身适应于新的状况。

最终，可能导致预期性失望，而对其不能再借助现存的期望状态的交换做出反应，同时却不威胁到观察者的身份认同，因为恰好是对这一点存在质疑。那么，我们需要与预期性失望的边缘状态打交道，而这种边缘状态一种系统内的转变不再触及，而是仅仅触及系统的转变。系统改变自己的身份定义，并且变成另外一种系统，人们从而能够谈及灾难这一概念（参见 Bühl，1988；卢曼，1997）。

对于品牌交流而言可以得出，必须要为此发展一种感知能力，即从何时起会从例行条例中生发出危机，从而可以识别这一点——大概在销售额停滞甚至削减的时候，在出现负面问卷调查结果时出现投诉，或者也会在负责市场营销部门出现引人注目的人员频繁流动或者出现频繁的代理商更换，从而导致了一次危机。但是这种危机的发展状态并不意味着一个品牌的没落，因为危机中也总是隐藏着一次革命性跃迁的机会，可能甚至是一种品牌的质变，从而产生新的挑战，除非年轻化趋势被耽误并过期，除非技术革新实现后续性转化，而其他人早已经认识到这一点。但是同样的是，这也可能导致在品牌的许诺和顾客的期待之间出现势不可挡的一种疏离化，而这种疏离不再能够在消除危机的正常道路上被弥补，这样的事发生在1985年。当可口可乐美国公司管理层鉴于在品牌建构过程中出现的巨大错误，想推广新可乐，在50万份匿名调查中，有超过70%的测试者对新的口感方向表示赞同，企业在用新可乐替代经典可乐之后却每天收到高达15万份抗议信，从而在新可乐推向市场仅仅八个星期之后就再次被迫撤离市场，并保持经受住考验的经典可乐的现状（参见维措雷克，1997；Sechi，1999）[388]。并不罕见的是，甚至会导致一种品牌的"消

---

[388] 与此相似的也发生在 SAT 1 电视台，2001 年电视台在夏末时节将其体育节目《ran》从之前运行良好的播放时间 18 点 30 分推迟到 20 点 15 分，即从傍晚前的时间段推移到黄金播放时间段。因为在仅仅很少的几个星期内，观众份额从不罕见的 700 万人降到了每次节目明显低于 200 万人，或者从不错的 30% 的市场份额降到了低于 7% 的市场份额，参见文章《〈ran〉节目的最低谷：联邦足球联赛对此拉响最高警报。SAT 1 寻求新的播放时段：仅仅还有 168 万的观众愿意看足球报道。德国足球联赛（DFL）高层的特别会议》，出自 2001 年 8 月 13 日《法兰克福汇报》第 186 期，第 40 页。即使在这里，经过了一段确切地说是短暂测出的危机阶段后，灾难还是及时得以制止，因为在最短的时间内，对这种措施的撤销就得以通过和实施，参见 2001 年 8 月 8 日《南德意志报》（*Süddeutsche Zeitung*）的对乌尔斯·罗纳（Urs Rohner）的采访，他声称："我将不对放映时段做出猜测"，直到人们不到一个星期之后在《法兰克福汇报》就能读到以下文字："SAT 1 告知：'我们打开伞锁——妥协了。'（wir ziehen Reissleine）《ran》这个体育节目的播出时间往前推移——只是时间点还没有确定。"（《法兰克福汇报》第 187 期，2001 年 8 月 14 日，第 37 页）

亡"，大概就是因为曾经一度建构完善的顾客期望总是大失所望，因为"技术错误"或者"缺货"，即交易中的缺失性现状，罗列出的产品数量不能得以满足（参见 Fajer/Schouten，1995）。同样可能也会发生以下情况：品牌自身的目标群体缓慢地衰减，且没有新的目标群体得以随后生成或者被证实。即使当品牌名称保留使用，各种变动以及耽搁会逐渐导致尚在进行的品牌交流不能引起反响，毫无结果，因为没有人会再聆听了（参见麦克马斯/Forb，1998；Trout，2001）。

可能的是，一个品牌的这种进化过程经常以借助人生循环的模式加以改写，甚至品牌的整个系统导致一种对系统的逐级推翻或者重新区分化，以至于最后在一个单独品牌重新为一个新的市场打下基础，比如美极、奥朵、宝莹或者红牛以及 LC 酸奶。不偶然的是，这一点在品牌研究中称为："品牌创造市场。"[389] 因为在大多数市场中，在一开始仅会出现零星的市场，起到了一个先锋作用。如果品牌的原则随后经受住了考验，那么迄今为止的界定战略很快就会失去区分度，以至于会导致接下来的各种变体，其一方面涉及单独品牌的界定可能性，另一方面，不同品牌标准的层级化以及随后的两极化可能会导致以下后果：现有的对许多市场的划分是表现在优质品牌以及减价品牌上[390]。这种结果构成一种差别化的可能性，或者引用

---

[389]　参见布兰德迈尔/戴克瑟尔，1991；西查理斯，1987；Bugdahl，1998；Lindenberg，2002。

[390]　参见 Grey，Düsseldorf，1993；科特勒/Bliemel，1999；Vanderhuck，2000；Nöcker，2003。在 2001 年 8 月 22 日第 194 期《法兰克福汇报》中，人们能够读到："第二大趋势是对中等价格份额的逐渐加强的稀释。在早些时候，大部分产品是价格分摊的今天，几乎所有的产品都是精确地分为高价、中等价格和低价产品的三分法，而 Gladitsch 所期待的未来是这样的，即 40% 的私人需求落在高价产品上，50% 的需求将牵引至低价领域。在未来，只有 10% 的需求会分摊到传统的中等价格范畴。"关于这一点，也可以参见 Wübbenhorst/ 威尔德纳（2002,66 页等）："弱

路德维希·艾哈德（1935，30页）的表述："这有可能会再次导致以下后果，即从铺天盖地的品牌浪潮中，再次涌现出顶级品牌或者超级品牌。"同样重要的是，在一种复杂性增加的情况中，相应的区分化措施得以采用，以便纵观整个市场能一举获胜，而这种胜利就由品牌来达成。

第四节　消费和品牌

最近几十年在品牌研究中得到广泛认同的一个中心认识是产品与品牌之间的区别，卡普费雷（1992，第10页）将其准确地表述为："企业生产的是产品，顾客购买的是品牌。"因此，一谈到品牌就要求我们关注顾客，因为只有为了顾客和通过顾客，产品才能成为品牌。或者如卡尔·林（1992，第87页）所说："市场——而非生产者——才是超产品/元产品的所有者。"随之而来的是视角的转变，即从生产转向消费，因为在此之前人们都还只是从生产的角度来考察品牌这一主题。这种角度的转换也表明，生产和消费不是完全割裂开的两个领域，不是互不相关的。两者可以说是不可分割地彼此联系在一起的。这尤其体现在消费从生产那里获得了大量信息、指导、刺激和邀约。这些都被卢曼（1988）放在"投资与消费的实物项目"一栏中，并在每个人身上表现为支付动机或要求购买的理由。这是由于市场经济不只关心什么被提供和被需求以及供需交换是如

势品牌会失败，强势品牌将会声明自己的地位！因此，品牌的危机就是弱势品牌的危机。"约亨·贝克尔（Jochen Becker）（1992）对此提出的成功的百慕大三角区的隐喻，所有在这一地区显得无能为力的事物均会消失，这一隐喻加强了以下观点：一定要质量领先或者价格领先。

何进行的，它更迫切地想知道究竟什么在以如此的规模被投资、被消费。在后面的是这样一种观点：我们所有人都按设定的程序以相应的方式行动，虽然不是在简单的刺激／反应关系的意义上，但也是自愿、乐于或被鼓励去投资和消费，并且几乎不可能逃脱得了，即使抵制也需要找到不这么做的理由。换句话说，市场经济满足的每一种需求都是已为之准备好供给的需求——这是一个环形因果链。

需求作为纲领和动机

在当代史范围内，卡尔·马克思是最早明确地把生产与消费的辩证关系作为研究主题的人之一[391]。在 1859 年的《政治经济学批判》导言中，马克思就开始着手分析"物质生产"，而物质生产直到 20 世纪都是研究者共同关注的焦点（参见加尔布雷思，1958；Bögenhold，2000）。马克思很快便发现在生产中就已经产生了消费，因为生产自然会产生对生产原料的消耗，马克思的术语称之为"生产的消费"。同样，消费也意味着生产，因为通过产品的消费产生了对新产品的生产需求。"生产直接是消费，消费直接是生产，每一方都直接是它的对方。"（马克思，1951，第 245 页）马克思由此研究"消费的生产"，从而完成了生产和消费的辩证法。"通过这种转变，消费再次成为生产的一种形式。"（Frenzen/ 赫希 /Zerrillo，1994，第405 页及之后）

生产并不仅仅表现为生产原料的消费，正如消费也会促进生产一样，此外生产还控制着整个消费领域，这不仅包括消费的对象，还包括它们被消费的方式和原因（也参见萨林思，1981）。至于从消费的"对象"可以明显看出，这里涉及的是产品纯粹的"物质生

---

[391] 参见马克思，1951；Cheal，1990；维斯韦德，2000；Bögenhold，2000。

产"，也就是说某种技术的完成。产品的消费"方式"则是关于产品被消费的方法与方式，是关于设定产品（正确地）被消耗或被使用的场合与特定条件。与此相关的显然是产品的"非物质生产"，也是某种知识的完成。产品的消费"原因"最终关联到的则是某个产品因之（或应当因之）被消费的"需求"。"生产不仅为需求提供材料，也为材料提供需求。"（马克思，1951，第246页及之后）因此产品的"非物质生产"的这一面也属于生产负责的范围（也参见布迪厄等，1998）。

虽然马克思没有建立起自己的需求理论，但毋庸置疑的是，在他看来，生产的影响已经延伸到消费者的动机层面，并从动机开始塑造着消费者。"生产创造消费者。"（马克思，1951，第246页）在这个意义上我们甚至可以从"社会个人的生产"（同上，第237页）这个说法中读出两层意思：通过社会个人来生产和生产社会个人（也参见萨林思，1981；Corrigan，1997）。首先，需求概念本身就有建构的意味。因为"需求"——"多么粗糙的庸俗心理学范畴！"韦伯（1985，第391页）如是说——不仅在社会中作为对某种"材料"的需要出现，而且它自身似乎就是由某种"材料"组成的，人们可以按需塑造这种材料，也就是说这种材料不是一旦形成就永远不变，而是可以嵌入各种形式的有待塑形物。生产自动创造了它所依赖的"需求"——"没有需求就没有生产"（马克思，1951，第246页），这样生产就涵盖了整个经济循环，消费只是作为"生产的一个环节"（同上，第249页）出现。现代经济系统就其自身需求而言是独立自主的：所有履行供给储备功能所需的东西，它都能自力更生。马克思并不是唯一一个持这种观点的人。肯内斯·加尔布雷斯（Kenneth Galbraith）（1958，第172页）就直截了当地说："生产创造它想要满足的需求。"彼得·洪齐格（Peter Hunziker）（1972）也言之凿凿地谈及伴随着产品生产的"需求—生产"（也参见霍克海姆/阿多诺1986）。

在简短地回顾了政治经济学之后，当我们回到卢曼的投资——消费纲领会毫不惊奇地发现，需求话语在这里也重获重要地位。在卢曼（1988）那里，"需求"取代了生产动机和消费动机并成为"支付的原因"，就如同在马克思那里的情形一样。换句话说，需求代表的是刺激支付行为的目标程序。"无法抗拒的需求就像（只要付得起）强迫花钱的自动程序。"（卢曼，1988，第226页）大部分其他哪怕并非最急迫的需求也作为经济程序起作用，并且全都要回溯到基本需求上去[392]。因为几乎所有需求都是由经济催生的，经济以此确保其自身的"发展动力"，使自己保持运行，也就是说经济通过自我供给来进行供给储备[393]。

卢曼在这里使用的这种语义学让我们回想起弗里茨·海德（1927）对媒介和形式所做的区分，后者认为从经济角度看，每个社会都有一些只能从"形式"上彼此区分开来的需求。这就意味着，每个社会都会选取一个（外部）媒介，赋予它不同的形式，这些形式从经济的观点看呈现为生产动机或消费动机。这正如帕森斯（1986）所描绘的控制论支配金字塔中能量与信息的相互作用，这些甚至被推广到所有功能系统。每个功能系统（无论经济、法律、政治、科学、教育还是爱）都在做出必要的修正后，以某种方式使用一种它独有的、与其功能相匹配的"需求话语"，以此表明参与系统的可能性条件（参见卢曼，1997a）。需求生产的基本功能就在于通过引发冲动

---

[392]　参见卢曼，1988；贝克尔，1988；Hillmann，1988。

[393]　也参见 Kasuga，1987；Hillmann，1988；贝克尔，1988。

将它包含在内（也参见鲍德里亚，1991，1998）。当然，动机生产的"产物"在不同的系统中也是不同的。在经济中涉及的是"需求"和"欲望"，而在政治里首先要考虑的则是"利益"和"权利"（参见卢曼，1981a）。在教育里人们又会谈论"天赋"和"智商"，在家庭这个"情感的温室"（Fischer，2001）中培养和呵护的则是"情感"和其他一些脆弱之物。

虽然在日常用语中，需求概念的意义含糊不清，在经济中也较难被纳入考察，但现在我们要弄清楚它的意义。它与一种外在于社会的媒介在社会内被赋予的形式有关，这种外在媒介原本只是毫无组织的原料，也就是说，它被当作整理和加工以各种类型的需求的形式出现的经济动机的基础。沟通将每个意识置于因语境而异的总体条件中，而只有在某个条件下才能参与到沟通之中。在这个意义上，君特·维斯韦德（1972，第59页）甚至已经讨论了通过文化来形成和构造及塑造需求（也参见舍尔霍，1959；维斯韦德，1965）。

"人的驱动结构的可塑性允许行为需要有各种各样的变化，甚至可以变得不再与其'本质'相符。在文化的改造下可以不断地生发出新的行为形式和行为动机，并从中升华出越来越五花八门的行动情结。这些情结只跟从自己的内心，就这一点而言，它们从一开始在功能上就是独立自主的。"（维斯韦德，1972，第16页）

如果这段话真如这里所说的那样触及了"本质"，那么它就是关于具有"可塑性"的无形式的原料，但我们对这种原料所知甚少，因为它本身对我们来说无法把握（也参见 Bretschneider，2000）。与之相反，"需求"完全是社会构建物，集体跟个体都相信这些构建物并依据它们体验和行事。当然，这套建构话语并不想给人什么印象，好像一切都只不过是幻象，对社会现状而言无关痛痒。相信自己有

"需求"当然具有无可争辩的现实内容（托马斯定理）。"这些动机是事实，是能影响经济决策的事实。"（Katona，1960，第88页）从某种观点看来，我们甚至就"是"这些"需求"，我们用需求来定义我们自己，信赖它们，在它们的指引（如果不是操纵的话）下审视自己日常的感知和交流，在犹疑不决时诉诸这些需求作为自身体验和行事的动机（参见舍尔霍，1959；弗洛姆，1966）。事实上，并不存在一个构造及塑造需求的初始时刻，我们在那个时候被召唤来主动有意识地参与构造需求。相反，形塑的过程总是悄无声息地就已经发生了，并不给人真正的机会有意识地对基本的运行计划施加影响。同样意味深长的是，需求——作为与构形活动相应的目标计划——已经预言并引入参与经济系统的可能性。因此，卢曼（1988，第60页）所说的"将全体人口纳入经济的角度"指的正是需求。需求，无论是初级的、次级的还是排在第三位的，都以某种方式代表了合理的，即那些可以期待的、被许可的体验与行事可能的总和，只不过这些能否实现已经被社会或多或少地预先决定了[394]——就好像运河，通过把自然界的水引入人工水道使之为不同的目的服务。总之，"需求"的作用就好像自我封闭的、制订得极紧凑的小型行动计划，在涉及经济利益时将沟通与意识的协作直接联系在了一起。"排列有序的价值指导着我们作为消费者的行为，并表现为具体的吃、穿、住、玩的方式。"（Kyrk，1923，第22页）

需求还特别作为消费和投资计划的"客户接触端"，以肯定/否定链条的形式与具体的每一步决策联系在一起。在舍尔霍（1959，第89页）看来，由经济决定的、还没有真正普遍被满足的"需求"

---

[394]　参见舍尔霍，1959；Hondrich，1979；Fine/Leopold，1993；鲍德里亚，1998。

不仅包括了向市场提出的具体"要求"——这种要求已经具有了一种"对象导向的行为意图",还涵盖了可以转化为购买力的"欲求",以便最终在购买行为中实现、放弃或延迟某种结果[395]。消费和投资计划被分解为一个个步骤,从而使其定位更加容易,以便为决策做准备、提供建议甚至提前做出决策,由此产生一种自动化的行动,其理想状态则是形成免于意识参与"习惯化"[396]。因为作为"社会人,我们的行为经常是程式化的,也就是说已经习以为常且被仔细琢磨过的行为模式会'自动'运转"(格伦1957,第104页)。在君特·维斯韦德(1965,第206页)的书里甚至能找到这样的话:

"减轻心理上的负担正是习惯化的积极意义。下意识的行为带来了减负的效果,完全不用意识参与进来,其意义要在影响更加重大的决策中才能体现出来。要不是免去了这种心理负荷,寻找动机的机制会不堪重负。"

其目标是使沟通与意识在经济领域尽可能顺利地合作。这让"需求"的建构在某种角度看来与18世纪对士兵的规训有异曲同工之处[397]。福柯也许会说,只不过在前一种情况中涉及的是通过构造及

---

[395] 也参见维斯韦德,1965;科特勒/Bliemel,1999;施耐德,1999;维斯韦德,2000;Bretschneider,2000。

[396] 参见贝格尔/Luckmann,1987;克勒贝尔-里尔/魏因贝格,1996;Lüdtke,2000。Michael Dieterich(1986,第312页)甚至谈及"印记",这种印记是通过已成功行为的反复确证并在适当的固化作用帮助下形成的。习惯化在这里有许多显而易见的优点:"如果人们对每一个日常遇到的无关紧要的消费决策每次都要重新审视一番,在市场上搜寻最便宜的商品,比较商品质量,追踪新产品的信息,在不同的标准之间反复权衡,哪怕买牙膏这样的小事也会让人犹豫一整天。"(Heller,1984,第117页及之后)

[397] 也参见Leiss/Kline/亚利,1985;贝格尔/Luckmann,1987。

塑造需求在经济上规训个体，并把个体建构为"经济主体"。[398] 以下思考的目标就在于，用乔治·齐默尔（1908）的话来说就是，从经济独有的角度来理解"作为材料被社会塑造的人"（也参见 Roth，1983；布迪厄等，1998）。赫尔穆特·黑泽（Helmut Haese）（1960，第 8 页）在这一点上的表述丝毫不加掩饰："各种新人类被悄悄培养了出来，比如十几岁的少年、二十多岁的青年人、粉丝、电视观众、滑雪者、开车的人、手工爱好者和游客，消耗是他们的一项重要生命功能。"

但是，需求的形成和形塑会随社会形式的不同而不同，还会有不同的优先级（参见维斯韦德，1972）。在谈到卡尔·毕歇尔的三级模型时，这点就已经在社会与生产的关系上初露端倪了。在那个模型里，自产、定制生产和批量生产之间在不同社会中彼此的差异被明白无误地展现了出来，在消费领域中仍然缺少这样一种比较。因此接下来我们要发展一种与此相应的、社会形式与消费风格之间关系的三级模型。

社会形式和消费风格

在对原始社会的研究中，生产领域就已经得到经济史的极大关注，与之不同的是，消费领域长时间地被忽略了。"消费史自身没有历史，没有学术圈，也没有研究传统。"（麦克-克拉肯，1986，第28 页）这也同样适用于经济科学："消费问题一般来说比经济的其他

---

[398]　参见福柯（1977，第 173 页）："人们把无形的混沌、一无是处的躯体制造成他们所需要的机器，让他们的举止逐渐合乎法度，直到设定的规矩被灌输进并支配了身体的每个部分，整个身体协调一致，听从指挥，直到不知不觉地习惯成自然。"

主要领域更少被研究，这部分是因为消费者的偏好就是所有人的偏好，而不是某个特殊群体的偏好。"（Hoyt，1965，第 295 页）消费社会学仍然在艰难中前行，虽然它研究的是一个几乎无处不在的现象，一种人们日用而不知的存在（参见 Fine/Leopold，1993），这种情形在德国似乎仍然在持续着[399]。也就是说，还没有一种与毕歇尔的三级模型相仿的针对消费领域的系统理论。尽管如此，在社会形式、生产方式和交换范式的互动中仍然会透露出一些蛛丝马迹，让我们可以窥见在原始社会、高度文明社会和现代社会分别占统治地位的消费风格。消费"风格"在这里指的是一整套通过自身即可相互区隔开来因而可以被区分（也可以自我指涉）的行为。从外部来看，最重要的就是这些行为的统一性，因而这样一套行为是与某种"内在的"、或多或少有意识的消费观联系在一起的[400]。

（1）在原始社会中，处于核心地位的是家庭经济原则，其关键词是自给自足。消费主要取决于能够获得的东西，如果有剩余也不是为了挺过困难时期而特意储存起来的。自产式生产首先是与农产品的消费相适应的，可以根据季节和收成做调整（参见毕歇尔，1924；松巴特，1928)。"这时的产出与消费是相互匹配的。"（Brunner，1968，第 107 页）也就是说，如果有谁占据天时地利不用辛勤劳动就可以获得满足自己需求的收成，那他就会偷懒，因为没有什么令他会生产更多（参见韦伯，1984，1985；博尔世艾德，

---

[399]　参见 Schneider，2000；维斯韦德，2000；Bögenhold，2000；Steht，2001；赖施，2002。

[400]　参见贝格尔勒，1963；Pappi/Pappi，1978；鲍德里亚，1991。关于风格概念及它的联结与自我闭合的双重功能参见卢曼（1986b，第 648 页）："风格的这种双重功能一方面用系统自身的要素保证了要素的生产，另一方面划定了一个范围，一旦上述条件满足，就在概念上符合自我创生系统的定义。"

1995）。他既不会努力生产出更多的剩余用来作为计划中的交易的交换物——这不符合道德训诫（参见 Spahn，1992；博尔世艾德，1995），也不会让产量低于维持生计所必需的最小值，这样才不会真正破坏社群的稳定。夸富宴那样的节庆并不算例外，它们会造成浪费甚至散尽家财（参见莫斯，1978；Gurjewitsch，1986）。虽然此时的耗费明显超过了需要的程度，这种类型的宴会仍然完成了一种功能，与其说它具有纯粹经济上的必要性，不如说更加着眼于政治／宗教层面，因为它有助于维护社会秩序，这也是为什么韦伯（1985a，第 395 页）把"过去某些时代的经济史也被称为'非经济因素的历史'"（也参见 Krockow，1996）。

这个任务也体现在相互性原则中，这一原则旨在通过互相负有义务来保持对称的社会关系的稳定，因为原始社会不允许有不同的生存状况。如果这种不对称蔓延得太广的话，整个社会便会从内部分崩离析。因此，消费在原则上以必要的需求为导向，这样的需求，无论是食品、服装还是家居陈设，对所有家庭来说都几乎是相同的，也在全社会普遍适用。"家庭消费曾经是由横跨几代人的企业负责的集体事务。"（麦克–克拉肯，1986，第 13 页）用需求理论的术语来说就是，虽然需求自身的语义学还没有应运而生，但在原始社会，初级需求占据了日常消费的全部图景（参见卢曼，1988）。

"一个自给自足、自产自销的个体经济中的成员为自己生产所有必需的日用消费品，这种经济形态也就不需要为各种需求提供存在的理由，因为需求的出现和满足需求的手段的生产乃是一体之两面。"（Ropohl，1996，第 87 页）

（2）如果我们只看大部分人的生存状况的话就会发现，高度文明社会的消费行为与上文所述的大同小异。因为到这时仍然有相当多的一部分人口——皮雷纳（1994）估计不少于90%——生活在农村，遵循着在农村一如既往的消费习惯，这些消费主要通过以家庭为单位的个体生产来满足，并且仍然只包括最为必要的部分（参见Jacobeit，1988；Borst，1997）。反之，如果我们把目光转向城市，就会发现基于定制生产和异地贸易的、更加铺张的消费形式，就像俗话说的："城里连空气都是自由的"，虽然还只有手工业者、商人、贸易商和其他绅士阶层才能开销得起或是为了他们的体面而不得不如此。"城市经济本身注重唤起和满足精致的需求。"（Borst，1997，第408页）正式的和不成文的"城市法令"，比如区别对待本地贸易、异地贸易或者"生计"原则被作为预防措施，其目的在于避免公开场合的个体消费行为尤为突出的弊端，以维护整个城市非常脆弱的和平状态，这是因为城市远没有解决社会群体间的嫉妒问题，更不用说按照基督教倡导的教条生活了。

我们反过来说说中世纪的社会精英阶层，比如"宫廷社会"（埃利亚斯）。他们虽然在数量上只占高度文明社会人口中极小的一部分，却代表着与农村和城市里消费方式的彻底断裂，它与原始社会的差异也一望可知。在宫廷之外，统治着大多数人的是一种必须保证满足初级需求的消费观，因为必要性压倒一切。而在宫廷内的生活则一心致力于穷奢极欲。维尔纳·松巴特（1996，第85页）表述得言简意赅："每一笔超出必要的花费都是奢侈。"诺贝特·埃利亚斯（1989）与此相关地也谈到了"身份消费伦理"，消费时与自己的地位看齐，地位反过来又是由自身的消费所决定的。消费越多，权势便越大，如此恶性循环下去，导致在与其他贵族家族的攀比中经常入不敷出，因此倾家荡产的也并不少见[401]。作为浪费的消费主要

---

[401]　参见韦伯，1985；埃利亚斯，1989；松巴特，1996。

356

具有一种双重功能：消费首先用来满足初级需求，此外它还有以下含义，即通过浪费的程度了解能负担得起如此浪费的人的地位，通过"炫耀性地消费贵重物品可以为上流人士赢得统治者的面子"（凡勃伦，2000，第85页）。由此看来，如果观察第二种秩序，那么上层社会的家庭就会互相观察对方在什么程度上能负担得起这种浪费型消费形式，以此来推断它在阶层内的排位。消费的这个"第二用途"到了现代社会就有了更多的含义，其手段成了自身的目的。此外，贵族的浪费瘾与夸富宴仪式有着明显的相似之处，因为就连皇亲国戚、有功之臣和封建领主也只有通过无节制地公开消费才能赢得名望、尊重和敬仰（也参见 Gurjewitsch，1986；Borst，1997）——当然，并非所有人都赞赏这样的挥霍无度，虔敬之人尤其如此（参见 Krockow，1996；Borst，1997）。这种奢侈的消费形式别人自然最多只能模仿个皮毛，因为只有少数人才有这么大的权力，而这些权力才是能如此消费必不可少的前提条件。

不管怎样都只有在"宫廷社会"及稍晚出现的大城市中，才第一次产生因阶层而异的消费行为差异化，这种差异化在社会等级制的顶端才能看得最清楚，而且也正是等级制的顶端最强有力地推动了差异化，这可能是一直处于焦点的再分配原则所带来的好处。由于涉及的人并不多，因此精英的消费风格并不具有代表性。它只在这一点上有意义，即让我们能真正谈论一种消费"风格"，这种风格拥有可辨识的、自洽的结构和自身的语义学，并以此树立起自身，主要就是与环境区分开（参见 Parkin，1983；松巴特，1996）。这种在社会精英阶层的消费观中自发形成的差异在他们面对社会大众时具有极为重要的区别和增值功能。社会精英很少还在为初级需求（如食物、饮水和安全）烦恼，而是主要致力于解决其次级需求，这些需求不是源于匮乏状态，而是源于过剩状态。下等阶层特有的消费习惯就这样成了大多数人的消费习惯，哪怕这些习惯一直以来就被遵循抑或是受物资匮乏所迫，只有那时才专属于某个阶层。此外，这种区别让人们在整个社会层面第一次在阶层特有的消费差异中观察到了社会的初级差异化过程[402]。因此，高度文明社会中的消费观不再由人们的出身家庭所决定，而是由各自出生时所属的阶层决定。最后需要强调的是，如此定义的结果尤其适用于上等阶层，因为只有他们不仅关心需求和满足需求，还经常要琢磨和提炼出一套与自身相匹配的语义学（参见卢曼，1980；松巴特，1996）。

（3）尽管现代社会在18世纪突飞猛进，但是这种以必需消费和奢侈消费为依据、因阶层而异且根据不同阶层来定义的差异化模式在最开始并没有发生太大变化[403]。只有到了19世纪才出现了越来越多不再只满足于填饱肚子，而是也开始享受奢侈品的人，虽然这类东西起初只是些小玩意儿，比如布料、炊具、杯子、钉子、肥皂、蜡烛、茶或烟草[404]。随着市场经济的逐步贯彻和推广，人们的劳动条件也得到改善，其收入情况稳步提升，商品供应的增长也有目共睹，许多原先绝对无力负担的物品进入了寻常百姓之家[405]。必需品与奢侈品之间的界限虽然依旧存在，但是人们对生活中必不可少的物品的界定往奢侈品的方向上大大拓展了一块（参见 McKendrick，1997；Schneider，2000）。

在德国，这种大发展始于19世纪下半叶。随着这样的发展，短

---

[402]　参见 Siegrist，1997；Tenfelde，1997；博恩，2000。

[403]　参见贝尔，1991；Wildt，1994；Brewer，1997；Andersen，1997。

[404]　参见舍尔霍，1959，2000；Jäckel/Kochhan，2000；Bretschneider，2000。

[405]　参见 Siegrist，1997；Wildt，1997；Tenfelde，1997。

短几十年内消费领域就成为一个独立自主的领地，它远远超出了简单的劳动力再生产，并被当作"独立的社会子系统"（Schneider，2000，第17页），而独立自主是消费水准给我们的承诺和安排[406]。这尤其适用于通过垄断定义来作出区分，各个阶层到那时还是把这种垄断作为判断消费水准的参数。虽然仍然会存在因阶层而异的消费观，并且在市场经济中需求生产也完全注意到了这种差异，还同时继续产生这种差异，但这么做也只是为了促进产品的销售。市场经济对其自身来说首要是"大众经济"（毕歇尔），因为它首先是面向所有人的，在消费者之间制造自我建构的差异只排在第二位。这种在现代社会才彰显出来的需求生产的自主性其实早就暗含在商品生产的原则中，这种原则不再以单个家庭或某个城市／农村共生体作为出发点，而是从作为其自身的"社会"出发，在这样的"社会"中，毕歇尔把国民理解为整个消费的"主体"，进而把全国市场理解为一级销售区。此外，商品生产仅仅取决于系统内部的选择标准，其最典型的表现是供需之间的平衡。特别值得一提的是，市场中交易过程的完成也不需个人声誉，只要这个人能消费得起。询问出身、性别和其他归属性特征的做法相应地被排除在外。如果在商品营销或服务营销时仍然诉诸阶层差异，那么最多也不过是在市场细分和筛选目标人群框架下的销售策略的衍生物，以此确保需求生产奏效而不会无的放矢。因此市场经济看重的是系统环境中的社会现状，而无论阶层、年龄、教育还是性别，统统涉及到只在能服务于

---

[406]　参见洪齐格，1972；鲍德里亚，1991；Holt，1997；Siegrist，1997；Brewer，1997；维斯韦德，2000。鲍德里亚（1998，第78页）也认为："消费是一个用来保持符号秩序和群体统合的系统，因此它既是道德系统（观念价值的系统），也是沟通系统，是一个交换结构。"此外，西格里斯特（1997，第17页）谈到"消费的世界已经变成了一个新的准整体"。

产品营销时才会现身。市场经济在目的和动机的选择上是独立自主的，这表现在它把目的和动机都作为随机的来处理。

弄清楚了这一点，那么对于现代社会来说就不仅发生了一场"工业革命"，还发生了一场具有深远社会影响的"消费革命"[407]。在现代社会，"简而言之，消费成了一个，如果不是唯一一个，主导性行为"（Fine/Leopold，1993，第 70 页）。从积极的角度看，需求生产所获得的这种自主性对于市场经济来说意味着，对制造更多新需求的可能性的唯一限制将只来自市场经济本身。但几乎没有什么是用来自我限制的正当理由，系统的每一个约束都能立刻被看出是随机的，其服务的是"自我约束就是没有约束"的箴言——政治系统在差异化的阶段就已经碰到了这样的悖论（参见卢曼，2000）。在这一点上，市场经济最终没有再给需求生产设置任何界限：一切都有可能，但也都不会同时发生。"为购物而生"（Brewer，1997，第 55 页）——消费革命的口号可能听上去会是这样的。此外，市场经济还背负着在世上建立天国的承诺，却又绝口不提何时兑现承诺（参见霍克海姆/阿多诺，1986）。作为除了政治之外的另一个收容了其他所有在别的地方不断涌现却没能得到解决问题的系统，人们尤其期待市场经济能通过持续不断地填补现代生活与生俱来的匮乏，一劳永逸地解决现代社会的合法性问题[408]。"看看刚刚过去的历史，我们也许仍然要承认，如果没有物质的繁荣，很难想象人们会忠于民主。"（Schneider，2000，第 21 页）

---

[407]　参见麦克-克拉肯，1986；松巴特，1986；Siegrist，1997；Brewer，1997；McKendrick，1997；施瓦茨，1999；赖施，2002。

[408]　参见豪格，1971；林德纳，1977；Bobock，1993；Siegrist，1997；Brewer，1997。

为了保有控制自身的机会，受到约束的将不会是需求的生产，而是持有的货币。因为只要货币稀缺，就不能同时购买所有东西（参见卢曼，1988，1996）。人们只是有可能拥有许多需求，而不能一次满足所有需求。自我限制的责任由此就落在"经济主体"上，他们必须能够为自己决断如何在预算之内维持生计。这样就带来了消费自由[409]，只不过是在有限财力条件下的自由。考虑到市场经济中需求生产的自主性，人们要左右权衡绝不是毫无道理的。我们生活在一个不知节制又不断自我超越的社会，在这样的社会中要通过自我服务来满足需求。市场经济仿佛是一个充满了欲望的巨型商场，只要有足够的钱，任何人都可以自由地支配这些欲望[410]。单单这样的约束还不能阻止很多人认为应该最大限度地满足自己的需求，也不能阻止他们最大限度地提升自己的需求，哪怕个人的信用额度早已不再能为这样的贪婪做担保时也是如此。等待着我们的结局就是其越发欲壑难填（参见 Schor，2000）。

　　这一切都可以归为市场经济中需求生产的自主性所带来的后果，因为在好几代人身上推行的都是"过剩教育"（洪齐格，1972），这使得一种相应的消费观被社会普遍接受。克劳森（1964）甚至谈到"对消费市民的教育"，他们的消费观不再着眼于无法避免的匮乏，而是着眼于可能的过剩（也参见 Fine/Leopold，1993）[411]。

---

[409]　主要参见洪齐格，1972；Lindner，1977；Warde，1997；Beigbeider，2001。

[410]　参见 Pasdermadjian，1954；Shields，1992；Coles，1999；施蒂勒，1998，2000。

[411]　参见马塔亚（1910，第67页及之后）："宣传活动给自己定下目标，要唤起新的需求或者激发出新商品的意义，我们以后还会经常碰到可以被笼统地称为宣传教育性的那一部分。不能否认，不是所有民族和时代，也不是社会的所有阶级都会无差别地接受或者需要这种有教育意味的宣传。很久以来，生产者和商人

"唤起需求和引导偏好的努力变得越来越精细，消费者成了这些努力的目标。他／她开始生活在一个人造环境中，这样的环境让他／她的品味和偏好偏离了习俗和当地传统，并愈发陷入逐渐显现的市场力量的掌控之中。"（麦克－克拉肯，1986，第18页）

实际上，在涉及消费革命时，必然要面对的是与有上百年历史的传统决裂，让人们放弃在消费行为中固守前人立下的规矩。突然大量出现在市场上的事物有许多都是全新的、人们闻所未闻的，这还只是涉及不断发明新消费品时纯技术的一面，尤其是使用者对这些新消费品还不太熟悉[412]。当然，这样的革命绝不会把自己局限在技术领域中。毋宁说人们的整个消费观在经过某种"再教育"后被革新了。

"消费者社会也是学习消费的社会，是接受社会提供的消费训练的社会。这就是说，有一种针对不断涌现的新生产力的全新的、独特的社会化模式以及对重构高生产率经济系统的垄断。"（鲍德里亚，1998，第81页）

从结果上看，这个过程就是一种名为"消费者"的全新人类的产生过程，这类人有一个自己的、只与消费有关的经验和交易清单，而尽量把其他考量排除在这个清单之外（参见 Cleve，1997）[413]。在《物体系》中，鲍德里亚甚至提议把这一特点作为整个消费社会的标志：

不得不扮演大众教育者的角色。大家通常不太清楚自己的需求，必须有人向他们指出还有哪些需求没有得到满足。宣传因此具有了一种生产性力量，它不仅能把现成的需求投入生产，还能唤起需求并催生出新的或者更多的生产活动。"

[412]　参见 Buddensieg，1996；Ehalt，2000；克莱恩，2001。

[413]　我们可以在弗兰茨·赛特（Franz Seidt）1914（转引自博尔世艾德，1995，第31页）那里读到："从口袋里有了第一个10芬尼硬币的那一刻起，我们就不再是'我'和'你'，而成了'购物的群众'。"

"(1) 消费社会在历史上第一次给一个人解放自我和施展自我的可能性；(2) 消费系统在简单直接的'口腹之欲'以外给个人和集体展现了一套独特的话语和一种新的文化，以此来用一种消费社会的'新人文主义'抵御大众消费的'虚无主义'。"

对于现代消费风格的这一特点来说，消费革命意味着，如果说在原始社会所有人都表现出几乎完全一样的消费习惯，在高度文明社会充其量只有上等阶层提得出一种自觉形成并一以贯之的消费风格，且它首要的动机就是以凸显和再生产社会等级为目的的挥霍无度，那么在现代社会一大部分人已经把为了生活必需而消费远远抛在了脑后并且获得了这么做的自由，同时也获得了"新的必需"，即不仅"能够"为自己，甚至"不得不"为自己决定应该选择什么样的消费标准并论证其合法性（参见 Wildt, 1997）[414]。"事实上，消费者是一个丑恶丛林的主宰，自由选择是被强加给他的。"（鲍德里亚，1998，第 72 页）在理论上这使得我们可以不受限制地发明各种各样的消费风格，但事实上一个人如今接触到的是大量互相抄袭甚至彼此混同的消费风格——它们的关键词是"聪明的消费者"和"大杂烩式消费"，尽管消费者的行为相互依存，但他们还是不得不独立为自己做出选择，选择他们想要消费什么以及如何消费，因为这些都不再会从外部强加给他们了。

"整个消费意识形态让我们相信，我们已经进入了一个

---

[414]　参见 Brewer（1997，第 53 页），成为某个圈子的一分子的必要条件是具有某种消费观："这些商品的消费总包含着自由选择的环节。消费它们哪怕对我们来说不是生理上必需的，也可能具有社会赋予的必要性。"麦肯德里克（McKendrick）也说过类似的话（转引自麦–克拉肯，1986，第 17 页）："结果就是'奢侈的'只不过被当成了'得体的'，而'得体的'则成了'必需的'。"

新纪元，一场决定性的人类'革命'分开了苦痛的、英雄的生产时代和欢乐的消费时代，并最终让人和他的欲望得到了应有的尊重。"（鲍德里亚，1998，第82页）

独立建构消费的特权以某种方式扩展到了所有人（同时它也因此贬值），这不是为了让所有人都花天酒地，而是为了让人们在选择各自的消费观时留有足够的余地以使人们必须做出抉择，也就是说强迫人们自我绑定和自我限制，从而在面对汹涌而来的商品大潮时不至于迷失方向（也参见舒尔茨，1992，1993c）。

这种始终伴随着消费选择的随机性的强迫使得个体性消费观成为可能，消费观成了可以被解读的、关于那个选择了如此消费观的个人的信息——因为他其实原本就能做出不同的选择。随机性的消解因而被看成一种决定，而且在大多数情况下也确实是一种决定。

"我通过选择一件红色短大衣表明了自己没有选粗呢大衣、防雨大衣，没有选米色半长羊毛大衣，没有选裘皮大衣。红色短大衣在与所有其他大衣的对比中显出了自己的意义：不像粗呢大衣那样简约而超越了时代潮流，不像羊毛大衣那样颜色保守，不像防雨大衣那样中性，不像裘皮大衣那样阔气，因而它是时尚的（华丽的）、引人注目的、有女人味的。"（卡曼辛，1998，第190页）

这里可以说再次出现了功能的裂变，如同在高度文明社会上等阶层的奢侈消费中所观察到的那样，个人消费观及由此得出的结论也可以在这一点上看出来，透露出关于当时消费者的信息。这种获取信息的机会甚至会被消费者有意利用来分享关于自己的各方面，比如心情、计划和目标等。现代消费风格的特殊之处不仅在于它将自己化身为大量或多或少且各具差异的消费风格，并且从这些消费风格中每个人都可以发展出自己的需求话语（可以说是品味和经历的各种机遇造成了千差万别），而且每种消费风格都可以像荧光屏一样映照出个人的信息和状况，无论这种可能性被刻画为自身的义务还是仅仅从外部附加的[415]。"个人风格成了个体用作参照以彼此区分的符号。"（舒尔茨，1992，第 178 页）

面对这样的发展，以下问题被再一次提出：这种需求生产的形式是由哪个方面主导的？因为在现代社会中不止有一个选项。"宣称市场（或广告）是需求的一代在市场社会唯一的代理人将会是十分荒谬的。"（Lane，1978，第 807 页）因为每一个消费者都在经受着来自各个方向的过度影响。如果有人想要全面了解所有这些促进了需求生产的影响，那么马上就会让人想到要和霍克海姆 / 阿多诺（1986）一样把整个需求生产领域看成"文化产业"，这个产业仍然喜欢用大众媒介作为自己的传声筒。最终，霍克海姆 / 阿多诺的观点是，现代消费者的整个机制都是从文化产业的概念而来的（也参见贝尔，1991；凯尔纳，1995；Steinert，2002）。"文化产业的地位越稳固，它在处理、生产、操控、规训消费者的需求及变得娱乐化时就会越草率：文化前进的道路上没有任何限制。"（霍克海姆 / 阿多诺，1986，第 129 页）

有趣的是霍克海姆 / 阿多诺在接下来的分析中得出了这样一种观点：文化产业大部分被整合进了"宣传系统"（Adorno，1993），甚至与宣传在技术上和经济上融合在了一起，与此同时，文化甚至可以在宣传中"永葆活力"[416]。从历史上看,这种解释是完全具有说服力的，因为消费社会的产生和培育与商业广告是紧密相连的（参见

---

[415]　参见 Friese，1998；许特，1999；Grasskamp，2000；Bretschneider，2000。
[416]　参见霍克海姆 / 阿多诺，1986；Lash/Urry，1994；施蒂勒，2000；克莱恩，2001。

365

O'Barr，1994；麦肯德里克，1997）。人们很早就可以在宣传中接触到需求生产的观念，正如在维克托·马塔亚（1910，第 68 页）的书中读到的：

> "很久以来……生产者和商人不得不扮演大众教育者的角色。大家通常不太清楚自己的需求，必须有人向他们指出还有哪些需求没有得到满足。商人从远方、从不同的产地带来各种他们相信会有人消费的物品。要不是因为他们，大部分人可能永远不会认识这些东西。最常见的往往不是需求导致供应，而是供应招来渴求。当商人和生产者出于职业需要把新事物教给大家的时候，刺激和引导消费的重担就落在了他们身上。宣传就是文化衍生过程中最重要的引发途径之一。"

霍克海姆/阿多诺对上流社会也持有同样的观点。用鲍德里亚（1998，第 72 页）的话来说，"对需求的调节（尤其通过广告）已经成了消费社会最受欢迎的讨论话题"。加尔布雷思（1958）也有同样的看法，广告的主要任务是创造和引发从来没有存在过的需求（也参见波茨曼，2000）。丹尼尔·贝尔（Daniel Bell）（1991，第 82 页）赋予了广告几乎神话般的属性，他写道："广告是实物商品的认证标志，是新生活方式的榜样，是新价值的使者。"当社会变迁的速度越来越快而熟悉的关系就在我们眼前失去意义时，我们才会发现这样的描述是多么贴切。

"一个在快速变化中的社会无法避免产生对行为、品味和服装问题的困惑。一个生活在社会中的人找不到能告诉他如何'活得比过去更好'的万能指南，他的指路人是电影、电视和广告。在这个意义上，广告开始发挥着一种微妙的作用，也就是说它在改变习惯而不仅仅是催生欲望。女性杂志、家居杂志和更高档的出版物上的广告应该教导人们如何穿着打扮，如何布置房间，该买什么样的红酒，一言以蔽之，教给他们适合自己新身份的生活风格。虽然一开始发生变化的是举止、衣着、品味和饮食习惯，但这些改变早晚会影响到其最根本的行为模式：家庭中的权威结构、儿童和青少年作为独立消费者的角色、合乎道德的行为模式以及社会的成效评价标准。"（贝尔，1991，第 86 页及之后）

广告事实上在多大程度上传递了新价值或在多大程度上让文化生生不息，这些都无关紧要。有一点是确凿无疑的：如果有人想要了解现代社会中需求如何形成和形塑，就得重新关注广告，而这一次要从需求生产的角度出发。广告不仅为需求生产造势，而且一手完成了它，因为广告不断生成新需求，并通过所有大众传媒马上就能形成压倒性的影响（参见 Kraft，1995）。总之，"广告在这个过程中占有战略性地位"（鲍德里亚，1998，第 126 页），而教育则隐喻在这里发挥了核心作用。

消费者作为广告媒介

对广告的观察作为一种教育措施——它在我们消费者的眼前持续不断地展示"如何思考，如何生存，以及如何生活"（O'Barr 1994，第 9 页）——符合一种阅读方式，它已经被多次致力研究[417]。

---

[417]　参见马塔亚，1910；西希勒，1935；Pechmann，1935；Kropff，1954；
Riesman，1958；布罗泽，1958；黑泽，1960；Streißler，1965；马尔尚 1985；
Leiss/Kline/亚利，1985；Haas，1995；凯尔纳，1995；Supper，2000；Kloss，

从整体而言，无须误解的是，唐纳德·W. 尤根海姆尔（Donald·W. Jugenheimer，1996，111 页）已对此有所表述："明显的是，广告是一位强有力的教育家。"与此相反，罗伯特·鲁特（Robert Root）的表述更滴水不漏，善于外交辞令，当他在涉及一种针对钻石品牌戴比尔斯（De Beers）的广告时阐述道："广告的一个明确部分就是其教育性——它告知新手关于钻石购买过程中的本质，并且促进戴比尔斯钻石品牌的形象，以一种有助的、开放的、可靠的方式，以及哪些对它们而言想为她们所爱的人做些事的朋友。"除此之外，广告还通常传达出，正如已经得以实施的一样，一种与一种服务相处过程中的经验教训，并且这一切本身就涉及以下问题：谁才是适用这种服务的正确的人——当然仅仅以一种最大限度的并且不完全是外化的形式，但是却倾向于涉及典型情况（参见舒尔茨，1992）。再引用一下鲁特的表述：

> "对这些……广告的论证，基本上是一种省略三段论法：为你所爱之人买一颗钻石，因为它显示了你爱她的整个世界。这其中蕴含的三段论法是：以钻石为礼物显示了一位女士如何被其爱人／丈夫所看待的。你想让整个世界都知道你对自己所爱之人的感觉。因此，你应该给她买一颗钻石。"

尤其形象生动的是广告的这种纲领化的、对正确行为所具有的引导性影响，表现在已经引用过的 1899 年的奥朵广告《谴责告示》（Strafpredigt）中，而且这一切也不是偶然的，骄横自大从广告流露出，对于当时的开拓精神，在这样一种"广告宣传"的先驱的，尤

2000；波茨曼，2000a；Kaminsky，2001；威廉斯，2002。

其还是在处女阶段,却恰好很典型的特点[418]。所以这样的广告准备好了用奥朵漱口水对"身体"护理进行使用推荐:有规律地在早晨、中午、晚上,按照一定的顺序使用。"这种漱口用以下方式固定下来:首先含一口奥朵漱口水 2 至 3 分钟(以便让奥朵漱口水的抗菌素能够被全面吸收)';接下来再含一口漱口水,让奥朵漱口水在唇齿之间强力洁齿;'然后漱口。"明显的是,在这里,相当正确的行为引导,如果不是——则是行为规则被告知,它被尽可能地建议需加以遵守,以便获得最佳效果——一种过程,它在这种情况下尤其是直截了当地表现出来,作为一种选项却是在所有的广告信息中得以展示。这种"教育措施",通过一种自我形成的词汇库,可以从一些表达如"口浴"(Mundbäder)、"奥朵化洁齿"(odolisieren)、"变成蛀齿"(Hohlwerden)、"勤奋的口腔护理"得以展读,它直接涉及漱口水及其使用。最终,人们可以在一开始就得以借助对两种人以及生活方式的"类型"的区分被直面相对:一方面,那些对"医学方面的"警示做出回应的人,会对自己的身体进行有规律的护理,因此并不冷漠相待而是感觉健康舒适从而理性地行为处事;而另一方面,所有那些被聚集在一起,他们是完全不具备彻底的积极的关联性"特点"的人,他们放任自流、不尊重自己,并且因此处于一种不合适的处境。

对于广告以及教育之间的亲属性而言,这些具备语义学的以及功能性的共性,持赞成态度。毕竟对人与人的关系而言,涉及的同样是人及其行为的改变。因此卢曼曾将"教育"定义为"目的性强的

---

[418] 也参见多米茨拉夫,1939;马尔尚,1985;Schuster,1996。更多内容见费斯霍芬(1935,110 页):"消费者自己还不知道他的行为会有什么结果,以及这些后果对人民特别是对个体都会如何产生反响。"

交流",其目的针对的是施加影响[419]。"所有的交流均应被视为教育,它在交互关系的教育企图之中被现实化。"(卢曼,2002,54页)但是这一切不仅仅适用于现场交流。值得注意的还有,针对实现此目标的教育已经构成一种自身的语义学,它特别针对的是教育中的"客体"和"儿童",且儿童正是将这种语义学理解为平常/平庸机器,而这种"机器"正是应该对借助能预见的输出对预定的输入做出反应(参见卢曼,1991a)。从而,对一个孩子的教育以对外界行为的完全控制作为目的,而不用严肃认真地考虑其内在接受影响时的行为,因为一个孩子区别于成年人的特点是缺乏对自己足够的责任(也参见波茨曼,2000a)[420]。与此相对应的是,教育首先将这个孩子以一种体验的模式加以感知,是纯粹被动接受型的,并且试图对自己以行为引导的方式施加影响。

这种将一个孩子视为平常机器的视角是教育的一个诀窍,以便不必放弃对孩子可教育性的诉求(参见卢曼,2002)。因为从社会学的视角而言,教育被视为面临着控制以及自我指涉的疑难处境:一方面这个孩子应该(愿意)想做被期待做的事,另一方面他应该并且仅仅能够自己(愿意)去做,因为对一个孩子进行意识层面的影响和掌控是不可能的。从而,自由是教育不可放弃的前提。还似

---

[419]　参见卢曼,1987,1992,2002;卢曼/朔尔,1988。

[420]　参见卢曼(1987,179页等):"如果所有这一切修订和变化得以承认,那么教育在没有对平常机器/平庸机器(Trivalmashine)基本设想的时候不会顺利进行,如果它不想放弃将结果加以控制,并且它不能放弃这一点,如果它将自身视为用以实现教育目标的目的。它不能够,即使它想构成实现自由的教育,让行为的选择对心理系统的自我指涉变得依赖它不能承认,行为方式各不相同地会失灵,按照这个系统作为之前的反应处于何种状态。它仅能够追求一种最大可能限度上的复杂平庸机器,在这一机器中融合如此多的世界(洪堡),但却不是一个自我指涉的机器。"

乎有必要考虑到的，是一种在以下意义上的"触发因果性"（卢曼，1996c）的方式，即对一个孩子而言，信息、刺激、引导以及要求的接受以何种方式出现始终也仅可能被提供和建议，令这些信息等美味可口而已，如果也没有能够通过孩子事实上对接纳、转化以及正确追随加以决定，否则一个孩子的自由可能会被暂时消除，并且从而作为教育前提的教育目的——自由，可能会被抽离。

如果人们将这个"孩子"在这一方式上视为一种语义学加以重新建构，而对这一语义学研究的开展可以追溯到 18 世纪，那么它被视为一种"开放的，并且不确定（或者次确定的）的复杂性"（卢曼，1991a，35 页），而这种复杂性只有通过教育，才能够获悉其目的明确的决策，以及对这种复杂性进行削减的形式。"每个孩子身上现在可能出现任何可能性，并且以下问题迫在眉睫：应该如何在开放的可能性的这一领域中重新获取秩序。"（同上，205 页）基于以上原因，卢曼（1991a，2002）也将孩子构想为教育的媒介——媒介在这里被理解为丰富的可能性，在其中各种形式（能够）被从外界加以烙印，通过这些形式，从这些提供给孩子的可能性财富中，少数几个能够被攫取并从而成为现实（也参见卢曼，1988）。各种形式的具有针对性的且鉴于随之而来的影响得以控制的烙印，对于作为媒介的孩子，尤其是通过目的性强的交流以及对于教育的影响，不断地获得成功，自然是没有任何成功保证的。因为孩子的自由随着这种媒介／形式—差异化，在任何情况下均不会被否认，但是会被作为一开始消极的、不确定的且需要决策地被对待，因为孩子不是以不确定而是以一种可被施加影响，并且从而具有学习能力以及可改变性的形式而出现的[421]。

---

[421]　除此之外，在这一语义学中，涉及的是一个被稀释化的人类学，它在现

如果人们基于这种背景回溯至之前的想法，即广告被视为教育，那么教育与广告之间的并行就非常明显了。这样一来，教育和广告就具备了以下共性：两者均促发了可施加影响力的交际出现，并具有清晰易懂的目标，用以改变人及其行为，这一切在对于儿童所做的广告中是如此表述的："看我，买我，吃我。"[422] 再者，在广告中——已作必要修正——贯穿着一种语义学，它特别涉及了广告的"目标客体""消费者"，并且为此会一直全部包括，且必须也有必要包括可施加影响性的机会在内，如果广告从原则上应该能够遵守其施加影响的目标。那么，如果广告仅仅将其对成功的诉求减少至注意力产生的论据上，广告就会错误地出现随意性。最终，甚至会出现以下倾向，如同在奥朵广告《谴责告示》中示范式地表现出的，将消费者理解为一种平常 / 平庸的机器，它首先以一种体验的模式运行，并从外部接受直接的信息、刺激、启发以及要求，从而用以随后将这些信息尽可能地按照期望进行转化，即询问供给了什么——这种经典的一种平常机器的流程模式，仅仅通过一种线性的输入 / 输出

代社会趋势性地对于所有人而言都能领先，参见卢曼，1980，1993 a。其后所存在的假设就是，基于被层级化的成为功能性差异化社会的转化，单独的个体就突然在社会的边缘被再次发现，不作为现代社会的"整个人"，也不身处现代社会的一个子系统中，还能找到真正的家——即使在家庭中也不会实现这一目标。借此，人类就为自己处于社会之外，并且在特定的方面被"邀请"去参与社会，预设了特定的参与条件，通过对其而言外在的人员、主管机关以及机构。因此，按照卢曼（1980，176 页等）的观点会出现"对作为自我指涉被管理的负面性的人类的新决定"，它总体指明了一个"人类天性的次决定性"：人类所致力于自身的，需要从外部而来的持续的激励。"涉及世界的纲领，导致循环的存在：我想，因为我想。为了在脚下获得坚实的土地，人类致力于把其主观性加以客观化。"（舒尔茨，1999，91 页）

[422]　参见 Precht，2001。除此之外，对于成年人而言，等值就是"相信我，信任我，爱我并买我"，参见 Wondrascheck，1996。

关联作为特征（参见卢曼，1987；Bode，2000）。在此，这种教育隐喻毋庸置疑是具有自己的持久力的，只要涉及它在广告发展的前几十年的时间内。罗兰·马尔尚（Roland Marchand）（1986，115页等）关于 20 世纪 20 年代的美国广告这样写道：

> "一个 20 年内逐渐在广播领域内积累的经验，已经摧毁了作为一个广泛的教育力量的广告版本，而它恰能够把消费者提升到一种更高的美学品味以及智慧能力上。首先是通俗小报以及教化杂志，然后是广播自身，已经透露给一位观众如此顽固的低品味，在所有的媒体上，以至于显得对于这种教育是如此无法渗透。"

随着时代的发展，广告却已经知道，对消费者作为一种平庸/平常机器的基本设想失之偏颇，因为仅对于少数广告宣传活动而言，具有决定性的成功言之过谦，这种成功对其而言正是其所需要的。以一种宣传标语式的表述表达："广告想把我们当作孩子"[423]，但是我们仅仅是有条件地追随广告。明显的是，这种消费者的复杂性并不符合平庸机器之隐喻。"婴儿和小孩子可能会社会化，成为资本主义社会令人渴求的消费者，但是这并不能让他们成为机器，既不是令人渴求的机器，也不是任何其他一种机器。"（博科克，1993，84 页）

---

[423]　参见《我品牌——商品若没有广告就没有意义吗？关于品牌导演以及消费传记》一文，出自《柏林日报》（ *Berlinger Zeitung* ）URL：www.berlinonline.de/aktuelles/nerliner_zeitung/feuliieton/.html/35352.html，2001 年 11 月 22 日。此外，更多内容见于瓮弗尔察格特/胡勒尔曼（2001，158 页）："大众媒体和广告在一定范畴内介入教育，而这范畴就像人类对自己的继母一样不会一开始就承认的，而且大众媒体和广告对于一个适当的消费社会化进程而言起到了强有力的抵抗。"

在一开始，消费者虽然还被视为"消费之子"，而它用商品知识得以喂养并随之被驯服，去盲目地遵循广告的任何灵感（参见马尔尚1985），并且这一切可能与孩子们相对而言，还一直成为广告中的一种占有优势地位的所期望的立场[424]。在此期间，消费者对于广告的态度却逐渐转变成为一种"黑匣子"，因为消费者几乎不能以一种更为可估量的形式出现，并且在广告方面要持续地避免一种直接的被干涉及被应对。从广告从业人士的视角而言，消费者处于一种"幼稚的彼岸"，而它是长期强加于他身上的（参见舒尔茨，2002）。就结果而言，这种方式（也）看到了广告处于因果和自由之间的困境的对立面。

不考虑以上情况，消费者会继续被视为一种开放的、不确定的或者被低于预期确定的一种复杂体，而这种复杂性对于广告针对需求而生产的供给政策而言，是完全可以接受的，而却不必失去其自主性。所留下来的是对信息、刺激、激励以及要求的确定的匮乏性，而这一切待确定的信息通过广告从外部得以广而告之，并且被消费者各以自己的方式加工。就这点而言，消费者显示为广告的媒介。媒介在这被理解为一种潜力，是一种按照规定而出现的抽象的稀缺性，它以广告为前提，以便在其中塑造行为的特定形式，而这些形式最终（应该）导致对某种商品服务行为的购买——考虑到以下情况，即这种因果关系仅仅是一种建构，而且广告无论如何都有激发因果性的机会，而不仅仅是出于对抗因果性。

---

[424]　参见 Mayer，1998；Schlosser，1999；朗格，2002，也参见豪格（1971，125 页），他谈到"商品的整体性 Totalitaet der Ware"：商品"培育行为方式，结构化感知、感受及评价并塑造语言及服装，自我理解如行为甚至身体，但首先是与其的关系。因此，康采因大企业的成就通告——其商品对于大众消费已经确定同样是从对人这种生物的塑造前沿而来的成就通告。"

对于其他的将消费者决定为广告的媒介的特点，可以阅读以下文章，它在卢曼（1990a）借助媒介与形式的区分，来观察公共观点。对此，卢曼将"意识系统的内在状态"视为一种媒介，这些内在状态耦合状呈现且并未为其自身证实为固定的结构。如果人们询问这些因素的方式及其同类性，而恰是这些因素构成这种媒介，那么就涉及意识的可能性、能力以及预备性，即准备将其注意力放置于不同的事件之上，并且随之对其进行校准，而且这一点同时涉及了交流领域的事件，如同在感知领域中一样。如果人们与此相反，将公共观点视为形式，那就关系到公共观点的特定主题，而意识的注意力恰好能够关注于此——在参照的情况下意味着，意识对于自身或多或少赢得了固定的结构：意识到了一些事。公共观点的目标在某种意义上在于对"约束效应"的激发：对读者、听众或者观众针对某一主题的注意力的获取，而没有对此预先做出决定，即人们是如何对此主题做出相应行为的——这种贡献型选择保留其偶在性。公共观点的一种媒介形式随后就会在一种意识中描述这种关注度连接。当然，这一点仅仅显示在公共观点的形式中，即交流交际中，因为公共意见的介质，即意识系统的整体性是不可察觉的。但是，意识作为交流的基础毕竟具有举足轻重的作用，当作为交流的公共观点的集大成的主题的非随意性也在意识中获得自己的重要性，即使对公共观点的塑造仅仅致力于交流。

卢曼在这里对公共观点/公共意见所形成的观点，也能使用在广告上面，它也同样借助大众传媒得以传播。仅仅是在媒介方面，不涉及普遍意义的意识，而是涉及特殊情况下的消费者的经济拮据，而且作为广告的形式，可以看到与特定产品供给的联系，尤其是品牌——这一点已经由"忠诚"这一概念得以充分展示，这一概念

仅仅在品牌中才得以使用。"品牌的成果／成功／成效／品牌服务会
成为塑造人类网络的关键点，对这些人而言，其相同点在于，他们
处于一种结构性积极的品牌关系中。这些人却不能形成一种无定型
的稳固数量，而是鉴于它对品牌的链接彼此得以区分。"（戴克瑟尔
1999，333页）

　　在这种关系中，对"体验社会"（Erlebnisgesellschaft）的研究
是值得一提的，在这种社会中，格哈德·舒尔茨（Gerhard Schulze）
(1992) 已让现代消费者的语义学经受了一种阐释学的分析形式，而
这种分析形式正是接近了让消费者作为广告媒介的一种设想。这样
一来，对于消费者而言，在其消费几乎任何一种形式的服务过程中，
就首先涉及体验，消费者对它的希望是，这些体验能够让他（她）
在实现美好生活的过程中前进一大步[425]。对此，舒尔茨（1992，14
页）将这种期望值简明扼要地当作一种体验导向："体验导向是寻找
幸福的最直接的形式。"因为寻找幸福，它被理解为最为内在的体
验，但在消费者的心中却没有找到稳固的支撑点，而这一点恰好令
其不幸福，从而仅仅构成一种"漂亮，恰因其漂亮"的同义反复，
从这种同义反复中也不可能真正发现对它的反驳[426]，这样一来，消费
者就面对着一种固有的内在空虚，而这种空虚感让他无助而且也无
计可施，并且从而将其驱向外界，以便在那里寻找激励和供给来获

---

[425]　也参见 Agres，1990；Bocock，1993；Steinecke，2000；里夫金，2000。
[426]　参见格伦（1957）以及舒尔茨（1992，53页）："如果人们愿意在日常
生活中继续系统化跟踪这个问题，人们就已经陷入反射之反射（Reflexiong der
Reflektion），并且从那里陷入一个无尽的复归。更为简单的是，对更常见的并
加以社会化训练的自我观察的形式加以利用。这一点就是这个位置，即主体
（Subjekt）在集体的模式化体验社会中，恰好就是在这个地方得以展开，几乎永
远是这样，并对此毫无察觉。人们接受跨主体的模式。

得一种美好的、充实的生活（参见舒尔茨，1992；Müller-Schneider，2000）。恰好就在这一点上，广告切中人心，因为广告做出以下承诺：一种幸福美好的生活，而且这一点坚定不移、日新月异。因为处于不可能性的原因，即那种完全的体验，能让人永远幸福的最后"一击"根本不存在，所以才会发展出一种持续的驱动力或者如同舒尔茨所说的"一种习以为常的饥饿感"，而且是针对所有一切能令变得幸福成为可能的预期。对此，广告就仿佛起到了那种传递体验并对一种令人满意的生活的预言的永动机的作用（参见施蒂勒，1998；舒尔茨，1999）——并且这一点尤其在于，因为经济系统本身是直接指向持续的需求，从而得以持续发展：

> "在现代消费中，强烈渴望扮演者的重要角色，因为如果没有消费者或者潜在的消费者，伴随着这种方式的社会化，即他们寻求对现代消费商品以及经验的满足，那么维持现代资本主义社会的经济系统的社会以及文化关系就会被摧毁。"（Bocock，1993，75 页）

最后，舒尔茨（1992）提及了一个"体验市场"，在这种市场上人们可以彼此相遇，以便——借助广告的介绍——通过关注到体验的各种可能性来平衡供给关系[427]。对此几乎不能决定，在多大程

---

[427]　除此之外，舒尔茨在这里，鉴于内部不确定性的观点所处理的内容，它在外部参照中寻求帮助，对于现代性而言在整体上是很重要的。科林·坎贝尔（Colin Campell）（1987）在自己的作品《浪漫派伦理以及现代消费主义的精神》中是如此加以明确的，即体验饥渴的这种形式完全是现代消费风格的一种辨识特征。因为现代社会从一开始，就补偿性地针对马克斯·韦伯称为"资本主义精神"之物的态度构建出一种态度，而这种态度恰被坎贝尔称为"消费主义精神"。韦

上，这些借助广告在消费者中广为传播的体验商品，是复制品还是原件，至少对两种立场都存在着拥鼎者[428]。第一个极端观点出现在广告先驱人物大卫·奥格威（David Ogilvy）（1984，26 页）的文章中，他谨慎地提出自己的观点："广告反映了社会风俗，但对其并不构成影响。"另一个极端观点在弗里德里克·拜克尔贝德（2001，166 页）的文章中出现，他借助自己的小说角色在迈阿密写道："在迈阿密，广告不仅仅复制了生活，而且生活也复制了广告。"——一个表述，首先简明扼要地在为威士忌品牌 *Jim Bean* 所做的广告中出现，以"会给真正的朋友带来乐趣的一切事，您现在均可在广告中看到"为大标题[429]。但事实上，可能 O'Barr（1994，13 页）的文章中有些观点是正确的，当他对因果关系的循环进行比较时："曾经首次出现的，

伯的资本主义精神关系到的是一种涉及自身以及他人的世界视角，而坎贝尔的消费主义精神中关系到的则是一种涉及自身以及他人的并深受浪漫主义伦理影响的视角。它的特殊性就在于，不是纪律和禁欲处于动机的重要地位，而是内部的体验空间、幻想、白日梦的可能性。同样这样的针对内部体验的动机，享乐的这种打上烙印的主体主义（快乐），转变为一种对现代社会的强烈的驱动力。它不在工作中，而是在消费行为中已经产生效果。

[428]　参见贝格尔勒，1963；赫尔曼斯，1976，1979；林德纳，1977；戈夫曼，1981；马尔尚，1985；Leiss/Kline/ 亚利，1985；亚利，1990；布兰德迈尔 / 戴克瑟尔，1991；Corrigan，1997；施耐德，1999；Opaschowski，2000；威廉斯，2002；施密特，2002；楚尔施蒂克，2002。

[429]　参见波茨曼（2000，158 页等）："我们还能够进一步阐述：电视广告根本就不涉及应该被消费的产品，涉及的是消费者的性格。广告场景不谈及任何关于产品那些应该在广告中被出售的商品。它所谈及的，却全部是害怕、幻想以及应该购买的梦想。订购广告的人，不必了解其产品的优势，而是需要了解购买者的弱点。因为今天，经济对市场研究比对产品研究会付出更多金钱。电视广告对此做出的贡献是经济对于产品自我价值的提升，在今天，相比对它潜在的顾客的自我价值感的考虑，更少被考虑到。换言之，电视广告已经成为对任务的一种虚假疗法。"

378

无论是文化还是广告，一个循环很快就会得以稳固：广告描述了差异性，因为消费者期待这些差异，而且消费者期待差异，正因为……广告充分展示了它们。"

毫无疑问的是，广告的影响在最大限度上超越了纯粹的对注意力的吸引，并且广告正如它在私人领域中一样，对公共领域的生活方式的影响，比奥格威愿意让我们相信的要深得多，甚至尽可能地抵达感知模式、思维模式和行动模式之下，但是却不能让消费者马上对广告百依百顺（参见舒尔茨，1999；Grimm/Rota，2002）。"消费者没有被欺骗、欺诈，或者完全被操纵。"[430] 更多的是涉及，在消费者方面揭示一种计划和安排，它似乎以一种很有道理的方式出现，赋予广告以教育目的，并且除非是出于促进感受性的作用[431]。在某种程度上，这可以归属于一种矛盾的期望模式以及消费模式，它自发地——自由地——并且甘愿——参与那些信息、激励、刺激以及要

---

[430] "但是他们既不会如同盈利最大化的企业家，也不会如同科学管理专家。消费的领域……长久以来已经成为一个'梦世界'，在那里，幻想、游戏、内心的渴望以及情绪难以回避，都会出现，这就是吸引我们去做的意义重大而又鲜明的部分。"

[431] 教育存在一个自身的功能系统的事实，在任何情况下都不会反对这一观点，即广告也具备教育作用。因为它如同权利一样，出现在政治之外，这一点也对于教育系统之外的教育性的措施被衡量。除此之外，在美国还不时出现一种来自政府的"消费者教育"纲领，但是也有单独的 NGO 非政府组织和企业，在这些机构中，有些消费圈的孩子的地位丝毫不加遮掩地被表达出来，如同新墨西哥州的"印第安纳布法罗地方议会"，它之所以得以建立，是为了"帮助布法罗的那些不熟悉金钱经济，从而产生很多问题的印第安纳人群体，他们的文盲率很高，并且他们远离经济中心"。结果就是相当于一个经济启蒙，即传化性："现在，布法罗的消费者开始理解并享受它在市场位置中的权利，开始理解并聪明地使用信用，开始很好地管理他们的钱，开始理解经济的运行过程，而且开始帮助别的印第安纳人，如果他们的权利被否定或被违背。"（Bloom/Silver，1976，36 页）

求，即将它们移入这种自身模式 [432]，正如同它们借助广告，出于传达传递支付动机的目的，得以提供及传播——在这种自我服务的意义上，在消费语义学的超级市场中得以实现（也参见 Raffoul，2000），或者为了致力于一种大概更为古老的语义学：

广告"接受了原始阶段的童话讲述者的任务：广告为社会的学习进程，为想象中不同生活的消费状况做出了贡献。消费世界变得越复杂，这些精神性的消费试验就越重要。首先，通过广告，人们可以在其限度内收集数量繁多的消费商品，也不必非得购买不可。"（Streißler，1965，271 页）

作为中期总结可以确定的是，消费的生产在现代社会，在特别的程度上，以不同的面貌展现在广告上，而没有能把霍克海姆和阿多诺称为"文化工业"的内容简单化 [433]。因为许多事都表明，在很大程度上，广告——马克思所指之意——已经承载了消费性生产的功能。因此，对于品牌社会学而言，将广告的重要地位提升到研究议程上来，是值得推荐的。

借助品牌广告塑造生活方式

一个社会的消费方式和方法与这个社会在当时的形式是紧密相关的，尤其是在一个社会中占据统治地位的消费风格似乎如同一张名片，人们得以在其中识别这个社会。对此，需要加以区别的是，在物质上可以获得的东西以及消费实践，而这种实践能表明一种令

---

[432]　参见舒尔茨（1999，92 页）："模式对人的控制源自希望被模式控制的愿望。"

[433]　在这一点上，除此之外，还显示出"文化工业"这一概念的混合建构，这一概念一方面是如此确切，另一方面也引起了合理的怀疑，尤其是因为文化，这一概念是如此具有歧义，不能仅仅被视为一种工业的产品，因为这工业本身不断以一种相应的"工业文化"作为前提。

人惊讶的复杂性以及区分度。与此同时，几乎不能排除的是，现代社会以一种相比较而言独特的物质以及非物质的消费可能性的提升为特征。在这一切中，似乎笼罩着物质的极大丰富，几乎一切都不匮乏，这一切都导致了消费的双重功能——如同在前现代社会构成精英阶层的特权的双重消费功能，即不仅仅满足初级的需求，而且也包含更高层次的需求模式，并且将这一点置于首要地位也并不少见，对于我们而言已经成为普遍情况。贫穷和饥饿被驱逐到了社会的边缘，而对"超越必需品"（松巴特）的一切满足则决定了大部分日常消费者的日常生活。这种发展的后果是，"引人注目的消费"（凡勃伦）或者"竞争性消费"（朔尔），即针对优先权和获得认可的公共竞争，作为一种得以扩展的并且普遍得以接受的消费模式，不仅仅对于那些能够支付得起的人而言才得以稳固下来。竞争的这种形式，尤其是涉及导演以及形象方面的形式，却需要相应的象征，而这些象征能够在社会等级中将自身的位置，即是否达到或者预示趋势，迅速并确保自己的包容性地表达出来。在这方面，从中就生出对于众多实物以及服务型服务的象征性过度塑造得简直不可满足的需求，以便对这种在消费领域为了争夺赞许和认可的斗争持续地供给"军火"，并且这种供给许诺符合这种需求的程度越大，这种供给就会越供不应求。除此之外，对于各自消费风格的构建具有意想不到的自由度，而这些自由度同时也隐藏着随意性以及无风格化的危险。因为在一切似乎均可能的地方，正存在着选择的痛苦。新的诱惑不断出现，时尚和场景的持续更迭，借助完全短暂的变化，淹没了公共生活，没有具备持续性和稳固性的安全。从中也形成了一种对于特定的实物和事务型服务的极大需求，而这一切服务已经从革新和通货膨胀的持续流通中排除出来，并且说明了一种反对快节奏生活的构想。对此加以区分，就涉及同一性特征和差异之间的紧张张力，而同一性和差异正是更迭的方式彼此关联，而且其双极性是不可扬弃的（参见布迪厄，1987；Holt，1997）。

对于两种问题设定而言，即寻求差异的愿望以及对同一性的需求，品牌提供了量身定制的解决方案。因为品牌恰好凭借以下特征出现，即它们不仅仅传达出优先权，而且也允诺了持续性。最终它的垄断诉求也在于，它们一如既往地坚持高质量，对特定群体持开放的态度，并且所有这一切不是作为特价或特定供给，而是作为持续供给而得以提供。因此，人们能够在装扮自身的消费风格时，用品牌作为普遍被认可的消费象征——而这些象征的作用通过公共的使用对于任何人而言均是可以获得承认的，并且一部分几十年来就已经成功地经受住了考验，能够对此加以信任，即人们通过品牌不仅仅获得一种显著的有差异度的资本，它有针对性并有区分度，而且人们也可以将自我价值感以及对群体归属感的需求进行想象中的操控，只要人们参与这种游戏。这一点适合所有品牌，会大获成功的当然会是那些具有公共效应的品牌，比如香烟品牌、衣服品牌或者汽车品牌[434]。

"汽车远远不只是一种交通工具。在我们的社会中，它们被变形为象征符号——既具备现实性，也有远大抱负——是特定生活风格、社会经济背景甚至是特定人类个性的象征符号。它们扮演着'社会符码'的角色，当它们被解码时，就会揭示所有者的生活风格、生活舞台的地位、职业、抱负以及梦想。"（Kavounis，2002）

对此，这种效果恰好在汽车品牌中，借助这些新的在过去的这些年中就已经出现的"品牌之国"再次被激发潜力，如同在德国北部

---

[434]　参见 Eser，1987；卡曼辛，1998；Jäckel/Kochhan，2000。

的沃尔伯格的"汽车城"或者德累斯顿的"（瓷器）杯子工艺"（译者注：德累斯顿是德国著名迈森瓷器的产地），这两个地方均设有大众汽车场，在那里，消费者——类似在乐高之国或者"耐克城"一样——沉浸在一个被分隔的且紧紧围绕着这一品牌建设的艺术世界之中，似乎身处于品牌之中并深受感动[435]。

在消费社会学中，产品的这一功能——无论实物或事物型服务——对于每个人而言，无论是关注其他人的人，还是关注自身的人，很久以来就始终被讨论不休。为此，在这件事中，不存在眼中的区别，即使一种统一的语言规范迄今还没有得以挖掘。对此，安德烈亚斯·克纳普（Andreas Knapp）（1996）在一篇综述性文章中，对代表性效用——消费品的使用能具有针对其他人的效用，以及在对于每个人的自我关涉效用之间加以区分。他还将这种代表性的消费细分为自我吹嘘行为、地位的确保、群体归属特征以及能力展示，而自我关涉的消费则分为沉思、因控制而来的兴趣、追求占为己有、追求自我拓展和要求的一致性，它能够将实现梦想以及塑造个性作为缘由。与此相反的是，阿里安·施蒂勒（Ariane Stihler）（1998 a）则在象征性消费的表述性交流功能，同一性构成功能以及补偿性功能之间做了区分，它同样地细分为更多功能。露西亚·A. 赖施（Lucia A. Reisch）（2002）重复地在一个综述性文章中同时列举了象征性消费的物种具有更多区分性的独立功能，即位置（向内符合，向外区分）、能力（购买以及使用行为）、表述（自我监管和自我注意力）、享乐主义（想象和模拟）以及补偿（幻象和自我价值证明），这些明确的或者相似的表述，无论是碎片化或者整体性上，都可以在许多

---

[435]　参见 Altenhöner，2000；Steinecke，2000；Kiel/Enke，2002。

与此主题相关的文章中找到 [436]。

在这种联系中，值得一提的尤其是马萨尔·萨林思（Marschall Sahlins）（1981）以及玛丽·道格拉斯（1982）的文章，在其中，特别涉及了消费商品的交流／交际功能。那么可以从马萨尔·萨林思（1981，252 页）等人的观点得出以下结论，即"人通过物的媒介与人类对话"。每个物体从而都承担一个意义，一个借助社会同时赋予它的意义，并且这种物品的意义附着性不断地适应于将物体拉近交际的目标，尤其是在消费领域中："商品现象为一种客体符码（Objekt-Code），用于标识并评价人和事，功能和状况。"为此，这里也使用的是，人们简直不能不交流：只要购买或者使用一个物品被作为告知行为，交流就会出现，而且不依赖于一个告之意图事实上是否存在。

玛丽·道格拉斯（1982）将"货物理解为达成交流的一个系统"。为此，商品首先是用于在人员之间标记边界差异。"货物被用作对范畴分类意义上的标记，设定标记在此处是个正确的单词。"（道格拉斯 /Isherwood，1979，74 页）在其中，通常存在着物体的象征性功能，同时，消费的生产为此会面临着主动权。"消费使用商品，来实现对人员以及事件分类的流动性过程中的部分判断的控制以及可见性"（同上，67 页）或者如同 Leiss/Kline/ 亚利（1985，51 页）所表述的那样："由消费社会中的复杂工业技术所产生的商品，满足了在所有人类经济体中为之服务的双重功能：它们满足了即时性需求，而且它们制造并交流社会差异。"在最终的效果中，商品世界为个体的社会

---

[436]　参见 Solomon，1983；Belk，1985；Rook，1985；Mick，1986；Eser，1987；Baran/Mok/Land/Kang，1989；鲍德里亚，1991；Fine/Leopold，1993；Holt，1995，1997；Corrigan，1997；Warde，1997；Kraemer，1997；卡曼辛，1998；莱维，1999；Terkessidis，2001。

化做出了贡献："如同时尚一样，作为被模拟商品的榜样，那些被释放为符号的产品促进了其社会性。"（Haudenschild，1989，272页）

除此之外，这种借助物品进行社会化的最后一个视角，对于米哈里·契克森米哈赖（Mihaly Csikszentmihalyi）和欧根·罗赫博格-哈尔顿（Eugene Rochberg-Halton）（1989）而言，起到了核心作用。因此，围绕着我们的事物，为"塑造"我们的个性做出了决定性的贡献，而且它们还为此与我们建立起一种联结，当我们似乎在这些事物之中，或者当这些事物就在我们之中时。除此之外，事物——因为它所显示的象征内容——极大程度上被设定为与他人的"融入"以及与他人的"差异"（也参见 Appadurai 1986）。

"人们习惯于……使用客体，用超越空间和时间的限制，来达成告知，或者为了研究特定的追求和目标。为此，不仅仅涉及能够动摇个体生活的动机和目标，而且也涉及这样的一些人，那些不断让动机和目标彼此接近——或者将其一分为二的人。"（契克森米哈赖/罗赫博格-哈尔顿，1989，54页）

对此，契克森米哈赖和罗赫博格-哈尔顿将事物的社会化功能从一开始就理解为一种社会化进程，他们称其为"文明化"（也参见 Friese，1998）。

正是因为这一点，社会化，尤其是儿童幼年时期的社会化，现在也在品牌的主题化过程中具有格外重要的地位。因为从中可以获悉的是，如果一个孩子越早与其建立联系，和一种品牌的连接就会越强，特别是当与品牌的连接成为每种品牌建设的明确的最终目标时。毕竟，孩子们在自己的心理结构、习惯、爱好和厌恶的事件中，还没有达到像成年人通常归属的那种程度。因为恰巧是孩子们显露出对于品牌广泛施加影响的极大接受性，并带有针对自身以及针对他人关系的相应后果。那么在孩子那里，就会越来越频繁地观察到一种"群体行为"，而这种行为涉及对特定品牌服装的拥有，而且这一点仅在成年人身上才被视为广泛传播的行为。"没有任何一个时代会像今天这样，让青少年甚至儿童依附于这样一个强烈的时尚方面的群体强迫之中，他们通过特定品牌标识彼此。"[437] 除此之外，这一点似乎甚至在两三岁的幼儿中就已经是这种情况了。

在此期间，儿童的品牌认知不再有不尽如人意的地方。多个调查均显示："8 岁大的品牌拜物教主在德国学校里不再是少数。"（瓮弗尔察格特 / 胡勒尔曼，2001，85 页）对此，10 岁大的儿童平均认识最多 12 个品牌[438]。因此，如果一位儿童广告专家认为"今天的童年就是品牌童年（Markenkindheit）"，似乎也不是不合常理的了。（引自 Heckel，1996）在这期间，甚至存在多个针对青少年和儿童的品牌功能的市场研究论文，比如已经进行了多年的研究"Bravo 青少年要素""儿童以及青少年偶像国际研究""儿童及青少年消费者分析"或者"儿童消费者分析"，因为孩子们在过去的这些年中已经被发现构成一种金融潜在的目标群体[439]。按照这些研究，许多青少年和儿童对品牌抱有极大的重视程度[440]。此外还值得关注的是，孩子中的品牌

---

[437]　参见《典型色彩》1999 年 2 月 3 日："永葆青春的强制力也从未在稳固的时尚面前停止下来"（UR：www.typcolor.de/news/zwang.htm）2001 年 9 月 21 日。
[438]　URL：www.family.de/shopping/stories/mode_markenklamotten_1100.html，2001 年 9 月 21 日。
[439]　参见大标题《6 岁到 16 岁的儿童和青少年就有超过 320 亿马克的购买力》，Heinrich Bauer 出版社的新闻通告，基于儿童消费者分析 2001 年的出版文章（URL：wps.pkg.de/pressemiteilungen/show.php3?What=457 2001 年 9 月 21 日）。
[440]　参见 Netzler/ 韦伯（2002）："为什么青少年会负债？对于消费品的需求在青少年中得到极大提高。慕尼黑基础研究和纲领研究所（GP 小组）的一项研究表明，在 12 岁到 19 岁的青少年中，每两个人中就拥有一部手机。青少年也

使用情况不仅仅是作为激发标示和同一性而发挥作用[441]，还凭借小团体归属感的视角直接被反耦合[442]。为此，尤其是服装作为"准入卡"起到了至关重要的作用：

"服装品牌能够令群体成员属性成为可能，顾及一种特定的群体同一性，并且借此一并提供行为引导以及特定的价值观：一个身穿居家男孩 T 恤衫的青少年或者儿童无论是在一个溜冰小组内部还是在其之外，行为举止都会像一个溜冰者那样，并发展出同样的价值观，如同人们认为溜冰者所应该具有的价值观一样；为了借此来适应这个团体，显示和小团体的团结，但也是为了区别于其他的团体，或者为了显示与社会的其他部分有别。"（格拉波夫斯基）

如果人们在此背景下从社会科学的角度寻找针对消费、孩子以及品牌的关系的结论确凿的研究，并且这些研究成果最初并不必为经济评价利益负责，那么，收获就是适度的。总体而言，这一主题领域迄今为止更多地被冷淡对待（参见 Mayer，1998；Vollbrecht，2001）。作为例外的情况，对研究论文《消费——孩子》已经能够加以评判，在这项研究中，格林德·瓮弗尔察格特（Gerlinde Unverzagt）和克劳斯·胡勒曼（Klaus Herrelmann）（2001）对孩子

是生产品牌服装、录像游戏以及其他商品的目标群体。青少年的愿望清单很多，因为许多人想购买的是一种归属感。"

[441]　参见对德国高端书包生产企业 Sternjakob "Scout" 品牌书包生产方的企业负责人迪特尔·利布勒（Dieter Liebler）的采访："'书包在去年，对于幼儿园的儿童而言，就已经起到促进同一性的作用'"，利布勒声称。否则，就不存在一种明确可见的符号来表明对于更大孩子的小团体的归属。此外更多内容见于以下文章《时尚、品牌、趋势——对于孩子意味着什么？》（Roth，2001，URL：www.familie.de，2002年2月25日）："寻找各自的着装风格恰好完全属于对个人身份的自我寻求。"

[442]　参见 Zimmer，1996；Reindl，1999；维纳，1999。

的社会化中的意义和后果已经颇有建树。按照其观点，品牌对于儿童而言承载了导向性的功能，在传统丧失重要性的地方，品牌填补了一个真空，而这一真空恰是通过自古以来榜样的丧失而出现的，并且品牌传达了一种设想，即生活中什么是最重要的——在那里人们可以询问，这种对未来生活所做准备的形式具有何种质量。由此，瓮弗尔察格特／胡勒曼（2001，20 页）就对一些孩子的价值体系（Wertsystem）做了报道：

> "没名气的好运动鞋——这比脚上没穿鞋还要糟糕。它必须是耐克、阿迪达斯或者至少是彪马——'表达你自己''成为你自己''就是我'，这些广告语是最有效的购买指令，更难以抗拒其诱惑力的人，就是那些已经学会相信只有一个特定的装备才能表达自我个性的人。"

首先，品牌为孩子们打开了感受归属感的机会，而他们如果没有品牌装扮就会被孤立封锁——tertium non datur（排中律，无第三种选择）（也参见 Müller，1997；Bieber，2000）。"名人签名，高雅大方的首字母，赫赫有名的鱼骨架，扁平的逗号，或者运动鞋上的三条杠——所有这一切标志均等同于进入这个或者那个美好的社会的准入卡，在其中人们会愿意感受到其归属感。他们致力于一种特定的群体认同并且与此同时一并提供行为准则和价值观"（瓮弗尔察格特／胡勒曼 2001，21 页），如同人们在这些群体中必须采取的言谈举止一样（也参见 Rück，1997；Vollbrecht，2001）。在这种意义上，甚至出现了一种"穿运动鞋的一代"的提法（Breyer，2001），主要就是关于运动鞋品牌阿迪达斯和耐克下的定义，还出现任天堂游戏

"精灵宝可梦的一代"，或者也谈及将技术作为组建小团体的基础[443]。如果人们在此前提下寻求一种简明深刻的公式，它在此期间便构成"品牌"这一现象，并且这一点已经在孩子中形成，那么就可以借助瓮弗尔察格特／胡勒曼（2001，32页）的表述："品牌已经成为生活方式和世界观。"

这种吸引方式，即对品牌的占据，并不是涉及到儿童和青少年的暂时效果，即使这种年龄阶段对于未来的与品牌相处的过程是具有完全的决定作用的，如同瓮弗尔察格特／胡勒曼（2001）多次强调的一样[444]。更确切地说，从中可以发展出一种趋势，一种成瘾化，以及最终发展出一种生活方式，一种即使对即将到来的几年乃至几十年里也能促进团结合作的一种生活方式。为了举一例证，可以注意弗洛里安·伊利斯（Florian Illies）（2000）提出的虚构的"高尔夫一代"这个概念[445]。伊利斯在他的处女作中，让60年代末到80年代初出生的人——他自己也属于其中——遭受了一次"检测"，借助令

---

[443]　参见 Bieber，2000；Hitzle/Pfadenhauer，2001；Nassehi，2001；Buhlke，2002。对此，恰好是可口可乐或者耐克这样的品牌，基于自己鲜明深刻的垄断性诉求，与强烈的两极化效果（Polarisierungseffekte）紧密相连："出于品牌核心（Markenkern）的必要性，形成了强势品牌进一步的特点：呈两极化。因为正如同一些人甚至喜爱品牌的细枝末节一样，其他人则坚决拒绝这个品牌。坚定不移的可口可乐的拥趸者仅在紧急情况下才会喝百事可乐，而耐克鞋的喜爱者则不喜欢阿迪达斯鞋。"（Engelke，2002）

[444]　参见 Mayer，1998；Griese/Roll，1999，也参见 Heinzen（2000）："已经被特定品牌吸引8年的人，应该随后借助奢侈的市场化这源自其自身的习惯，脱离竞争。"也参见文章《品牌忠诚的早期教育——美国学校作为广告载体，与生产方的独家合约》，出自第208期的《法兰克福汇报》，1999年9月8日，第29页。

[445]　在此期间，甚至出现一种由马库斯·克莱恩（Markus Klein）（2003）提出的"高尔夫一代"的一种"经验调查"，得出明确的结论：事实上的确存在一个高尔夫一代。

人清醒的检测结果，即对于这一代人而言，最重要的是拥有并使用正确的品牌，是对正确电视连续剧的观看和讨论，是对正确的生活方式的选择以及照料——所有其他一切均被置于'引号'之内，以示保持距离。"这很疯狂，但是我们真的相信：我们用正确的品牌能够展示我们的阶级。"（伊利斯，2000，145页）而且"阶级"（Klasse）在这里明显是具有两种含义的，即"有阶级"和"棒极了"。

明确的是，这种对"高尔夫一代"的一个所属成员的自我观察，有时屈从于夸张的倾向，甚至喜好犬儒主义，而且特别是在这里关系到对某种确定的青年风格的更新：人们不愿意长大成人，或者仅仅踟蹰不前，当人们知道"问题常在，而且这些问题不能提出，如果人们想继续毫无抱怨地生活下去"（伊利斯，2000，54页）。但是对人员、小团体或者整个社会的自我定义，就特定品牌而言，或者部分，或者按照一定份额，或者占据统治地位，事实上恰好不仅仅局限于儿童、青少年和待成年人。更确切地说，通过品牌使用而达成的这种集体塑造效果也在其他年龄阶段得以观察[446]。

例如，鲁道夫·佐默（1998，100页）在《品牌心理学》——如果不按照年龄区分的话——得出以下结论，即"将品牌用作个性化以及自我导演的手段"，并且作为在特定生活风格群体中的"准入卡"以及在整体上广为传播。此外，佐默看到了一个使用品牌与个体价值系统之间的紧密联系，正如他也提出的观点，即品牌在此之间已经成为我们日常生活文化的一种完整的组成成分。遗憾的是，这种数据材料对于这一调查结果而言并没有被公布，以至于人们和通常一样仅仅获得的是对问卷调查结果的评价，而不是其结果本身。此外，具有重要意义的是，几乎所有品牌在这几十年中几乎将质量

---

[446]　参见 Halbrock，1997；布鲁克斯，2001；Neubauer，2001。

论证通过持续性论证推移到包容论证上，而且这一点不仅仅是因为质量和持续性论证，基于对商品供给的量化校准，持续地在说服力以及吸引力方面受到损失，而包容论证似乎能够具有取之不竭的差异可能性。因为这种发展，自从传统的等级结构也逐步失去影响以来，与一种持续增强的对以下指导的需求——什么是正确，什么是错误，人们应该归属于谁，不归属于谁所达成的一致不是偶然的。显而易见的是，这总是不断地需要新的想法、激发、榜样，人们应该如何并与谁生活，而不必仍存在普遍联系的预设，而品牌似乎为此完美地适应了这一点。

恰好是品牌已经赢得了对消费者消费行为的这种影响，这一点原因在于它的可靠性。因为通过持续尝试，让所有被投入到品牌建设中的交流措施彼此协调一致，并且自反性融合，那么就会与时俱进，发展出一种独立的、明显变得更为复杂的且更具差异化的品牌故事，而且品牌对自己的描述要同描述其目标群体一样多。出于品牌交际的这种自我动力，一个品牌就会在消费者眼中赢得主权和个性——如同在一个电视剧中所展现的一样，其中，主角的命运对自身生活的发掘越多，这部电视剧就会演的越久（参见 Hickethier，1997）。因为一个故事持续得越长，它就随着时间的推移越多地局限于故事本身，所以它就会非常可信。在这里发生的事是通过自我生产带来的不可避免的自我融合，随着时间的推移，被融合的可能性会变得越来越小，因为不再是所有的一切都适合叙述链——而恰好是这一点意味着被融合，与此同时，打开了精雕细刻、深描浅出、丰富内容的新的可能性，恰恰是因为这个故事赢得了对整体的塑造，并且从而在结构被确定后得以继续演绎[447]。如同在电视剧中一

---

[447]　关于"结构确定性"这一概念，参见 Maturana，1985。

样，能从中逐渐形成品牌与消费者之间的一种联结，它在品牌狂热爱好者的生活引领中能够占据极其重要的作用（也参见 Weis/Huber，2000）。

尤其是苏珊·M.福尼尔（1998，1999），在一个调查中追随了对这种品牌与消费者之间的约束及链接效果的研究，其得出的结论是：有些消费者与有些品牌之间，那些他们规律地购买并使用的品牌之间，进入一种互动（Interaktion），在这个过程中这些品牌被赋予真实的"关系伙伴"的地位[448]。其出发点征兆就是已经被提及的观察，即品牌被拟人化，并且被赋予了一种自己的人性特征。在这种开端中新展示出来的，就是在消费者中严重出现一种与品牌的事实上的互动，即品牌不仅仅是被人性化了，而且在日常使用过程中，转变为一种日常交往的参照者（Als-ob-Bezugsperson）。在日常生活中，聚集了众多品牌的重要人物，它们提供帮助，随时可以效力，并且为此提供意义引导[449]。"品牌拼接成系统，消费者不仅仅塑造了系统，以便让生活更为轻松，而且也为了赋予生活以意义"（福尼尔，1999，160 页），福尼尔甚至还更为尖锐地说："消费者选择的不是品牌，而是生活。"如前所述，消费者似乎——只要他们继续不考虑品牌的纯粹经济意义——赋予这些品牌完全新的意义，与广告

---

[448]　也参见 Aaker/ 福尼尔，1995；Brucks/Das，1998；霍克斯 / 维佩曼，1998；Häusler，2000；Muniz/O'Guinn，2001；Bibby，2001；克雷尔，2001；Gobe，2001。
[449]　根据汉堡广告代理商 FCB 德国研究的"关系调控"，七种不同的品牌类型得以区分，如果涉及一个品牌关系的模式问题：人生伴侣、诱导者、朋友、教父、引领者、商业伙伴以及一个过路人，参见"广告 & 销售"（URL：www.wuv.de/daten/studien/122002/624/index.html，2002 年 11 月 11 日）。以评价基础的"关系维度"是：矛盾、花费、化学反应、地位、满意、敏锐性、获得认同、同情、联结、兼容性、信任和舒适。

的目的相比，它们可以彼此理解并且能够在消费者眼中为这些品牌努力获取一种真正的自我生存。而且，在多大程度上容易加以识别，对于这些品牌忠诚的使用者而言，预设的断裂位置就在于，使用者让品牌遭受一种蜕变，并从这种蜕变中甚至形成一种依赖性，而这种依赖性在品牌被撤销受损失时表现出来（也参见 Fajer/Schouten，1995）。至少，福尼尔还如此描述了这种损失："与品牌建立紧密关系的测试人员会感觉'若有所失'，如果他们一段时间内不使用他们的品牌。这样的强势品牌被视为具有不可替代的、独一无二的特点，以至于被猜测会在撤离使用的情况时出现分离焦虑"。显而易见的是，品牌能够赢得引领自我人生的一种核心地位 [450]。

如果人们追踪品牌，生活方式以及依赖性之间的这种联系，那么著名经济学家杰里米·里夫金（Jeremy Rifkin）（2000）的文章《接近——财产的消失》值得推荐，在其中，他敢于前瞻性地对未来以一种趋势报道的方式加以阐述，以便引起对资本主义以及文化之间的逐渐强化并越来越强的限制和交融的关注，正如同他所述（也参见施瓦茨，1999）。里夫金（2000，224 页）如此写道："文化体验的生产……在 21 世纪，对于全球化世界大事的最先进形式而言，会成为主要战场"，这一点令人想起马克思的立场。里夫金设想的出发点是变得越来越强的租赁选择权、特许经营选择权以及俱乐部选择权 [451]。对于众多消费者，甚至对于生产者而言，越来越少涉及对私人

---

[450]　也参见布兰德迈尔 / 戴克瑟尔，1991；许特，1999；克雷尔，2001。

[451]　即使在德国，这一趋势也在增强，但是，以下报告却随后别有暗示，参见 Finsterwalder-Reinecke（2002），报告是关于汽车交易中租赁生意的扩张："口号是'所有权宽松'（Ease of Ownership），而且说明：汽车顾客希望从其厂商，以及从其家族银行，不仅仅获得金融产品，用以减轻实现其梦想的困难，而也要尽可能舒适地构建一段拥有的时间。"其目标是"连接顾客"（Kundenbindung）以

财产的获取，而纯粹的参与则越来越常见，也就是说，重要的是已获得的权利，即能够参与特定的经验可能性以及体验可能性，且也不必将这种权利与个人财产相连接。"核心商业不是集中到传统的工业商品以及商品服务行业，而是越来越多地集中到对体验以及经验的市场营销。"（里夫金，2000，14 页）这一策略的目标是对于双方，即对于这些体验以及经验的供应方以及对于那些需要这些供应的人，不再仅仅是一种服务，而是整体的生活方式，更明确地说：是共同构建，而不是对自身生活方式的责任的部分承担，成为谈判以及协议的对象（也参见 Schmitt/Simonson, 1998）[452]。在这种关联情况下，里夫金（2000，158 页）从一个住房广告的购物目录中，引用了一个自设定义 "Celebration"（典庆）："如果您以庆典方式建造一所房子，那么您就不仅仅是在一块单独的土地上盖一座单独的房子，您在创造共同体。"购买一个建造许可证以及住在这片地区，也就意味着对意义深远的规章制度的一个整体目录加以接受，如同人们必须按照共同体的方式采取行为举止。当然，在这里，似乎仅仅明确地发生着那些一直已经发挥作用的事。与此相反，因为人们能够毫不费力地提出异议，即每个人，搬进一个特定的城市区域或者搬进一个位于城市边缘的"咸肉带"郊区（译者注：德国人称郊区为"咸肉带"，

及 "顾客忠诚化"（Kundenloyalisierung）。此外，更多内容参见 Theis-Berglmair（2000，322 页）："手机和偶尔也有电脑（几乎）是免费的，必须需要支付的仅仅是使用和不同的服务。"

[452]　参见意大利学者卡尔博纳罗（Carbonaro）（2001，41 页）："在人们还远没有完全达到顾客导向之后，因为对这一主题从错误的方面加以掌握，并且随后仅仅把这一主题理解为将供给调试到市场研究的结果上，那么这个现实性的口号就叫作'联结顾客'。与持续不断的招揽顾客不同，顾客在自己的整个生命周期与相关企业之间紧密相连。因为获取新顾客要昂贵得多，相比联结现存的顾客关系而言。"

因为那里离不开车的日益肥胖者众多）的新建小区时，之前就已经知道，那里等待着他们的是什么：规律定期的除草、在旷野烧烤、孩子在街道玩耍、与邻居不时好奇地彼此打量——而且正因为如此，人们纷纷搬出去迁往乡村。就这方面而言，这里没有发生很多新鲜事。但是里夫金（2000，153 页）却在此洞悉到了一个重大差别到这种程度，即借此自身生活方式的许多问题被继续顺从于经济的强制："如果我们存在的每一种角度均在实际操作过程中变成一种被支付的活动，那么人类生活本身就变成最强硬的经济产品，而且经济领域成为凌驾我们个人以及集体存在的最终主人。"因为经济不再仅仅以个体需求的生产为满足，而是从大趋势而言，承载着对整体生活意义上的生产。在便捷思想的意义上，不再仅仅是涉及单独的服务供应产品，它在传统消费的框架之下活动，比如美极的"待食用"半成品产品就属于传统消费，而且涉及生活方式的产品，它比起迄今为止的按照"为生活做好准备"的模式勾勒出的生活方式还要清晰得多，或者如同格拉尔德·萨特曼（Gerald Zaltman）（2003，227 页）所言："品牌是社会消费的集合，我们应被告知有段时间了，那就是我们绝大多数都会购买那种指导'如何生活'的部分，具有现实对象或者被赋予的服务。"如果转向文化批判的角度，人们甚至能够乐于声称：

> "市场的惨无人道的摧毁之力，在一种几乎已经完全即将被赋予的意义上，指明了生活的机会，并且表述了其效能标准，按照这些标准，在社会中的社会认可便被分配。从这里，交换的逻辑就传播到生活世界，而且这种逻辑是作为对社会关系的使用，借助其消费，以一种明显陈腐的

方式抵达那里。"（Neckel，1996，143 页）

一种这样的未来现实的场景借助什么样的可能性才能先人一步，抢先出现，几乎不能预测。但是能够完全清楚显示的是，品牌在产生生活意义的过程中，会起到越来越大的作用。在安德烈亚斯·布赫霍尔茨（Andreas Buchholz）和沃尔夫拉姆·韦德曼（Wolfram Wördemann）（1997，170 页）的文章中，这一观点显而易见，而这种显而易见几乎还不能被超越："品牌不仅仅赋予人类优先权和特权，而且还有一种独特的个性。"并且在马蒂亚斯·霍克斯和彼得·维佩曼（Peter Wippermann）（1998，15 页）的文章中，甚至可以读到以下内容："当品牌狂热崇拜占统治地位的地方，文化就已经前进了一步。"但是这种发展在任何情况下均不会受到各方面的欢迎。纳奥米·克莱恩（Naomi Klein）（2001，42 页）在其畅销书《名牌？不！》中写道："那些在未来会繁荣的产品，不再被当作'商品'展示，而是被视为理念：品牌是经验，是生活方式。"因为品牌交流还从未将自身局限于告知意见产品的特殊质量，并一如既往地高度强调这一点。更确切地说，从一开始就可被回溯到"生存世界的建构"的方法上（博尔茨，1994），而这种方法是围绕着品牌得以建设，以便通过构建来示范与品牌在正确环境中的正确相处方式，并且这一点一直还包括相关的指令，即谁才是正确地与品牌相处的人或者正好相反：对于谁而言，品牌才是合适的。在这方面，品牌完成了那种"资本主义精神过程方式"的前锋作用，里夫金（2000，43 页）谈及这一点，认为"引领性产品会是通往人生时间以及经验世界的入口"[453]。或者如果纳奥米·克莱恩（2001，62 页）所述："这一点似乎

---

[453]　另一个适合这里的想法，与法国哲学家让－弗朗索瓦·利奥塔（Jean-Francois

恰好是那些品牌经理一直在追求的，即品牌悄悄地融入文化的心脏之内[454]。"因此，反品牌的抗议活动，比如"广告克星"也印象深刻地表达了这种担忧，即"对品牌的狂热崇拜"（Horz/ 维佩曼）会成为社会文化[455]。

> "新的品牌政策的效果，即使不是一直提及其最初目的，也会在于将发挥主导作用的文化挤压到背景之中，从而将品牌制造成明星。这里不再关系到自主文化，而是文化本身。而且为什么不呢？如果品牌不是产品，而是理念、态度、价值以及经验，为什么它们不应该也是文化本身呢？"（克莱恩，2001，49）

这种想法就会导致对借助品牌广告形成的生活风格的影响甚至是创立。初步来看，这种问题设定已经让人联想到芭芭拉·赫尔舍（Barbara Hölscher）（1998）的论文《通过广告形成的生活方式》。虽然这篇论文的主题在于，对那些迄今为止属于生活方式的社会学研究的发表论文加以系统化，但是在其阐述的最后，赫尔舍（1998，305 页）再次采纳了由他一开始提出的问题，即广告是否并在多大程

Lyotard）（1986）的观点相关，其继续对此加以表述，即在超叙述／元叙述的结尾——这一表述是利奥塔针对 20 世纪 70 年代所作出的诊断，一个功能性的等值在微观层面，通过品牌已经可能得以完善。也就是说，品牌作为微观叙述甚至作为环境，虽然不再关注整体性，但是却对社会更小的生态环境加以更多关注，而且这里不再是放眼于永恒性，而是聚焦于它在日常生活中的可用性。此处参见 Liebl/Herrmann，2001。

[454] 目标设定，按照纳奥米·克莱恩（2001，66 页）的观点，是"品牌与文化的完全的融合"。也参见 Diekhoff，1999。

[455] 也参见格肯，1996；瓮弗尔察格特／胡勒尔曼，2001；Bickert，2002。

度上对生活方式的塑造施加了影响。在这件事上，她得出一个更确切地说是暂时性的结论："据猜测，广告从业人员以及做广告的人，作为在社交世界的部分社会化的行动者，虽然不是仅有的，但却是主要的'品味制造者'（布迪厄）。"这种暂时性的小心谨慎的印象应该可以回溯到对此问题的研究情况还未兴盛繁荣的状况。其充其量存在的就是一系列指示、零散的表态以及众多推测。但是，在任何情况下都显得明智的是，不立即将以下问题否定为不合理的：自己的生活方式是否受到广告，尤其是受到品牌广告的影响，可能受其引领并被打上烙印。因为从社会学方面而言，存在着确定的迹象，即共同体化形式形成的可能性——这些形式指明了一种有别于环境的明显更高的凝聚和联网，借助广告，从而彻底地彰显其意义，因为共同体化的传统形式在相反的关系上丧失自己的影响力，正如同它在数量上占据优势一样。就这点而言，可能会很不错，即生活方式是否通过品牌广告得以激发的问题，会被积极加以回答。对此，这一点需要进一步地对针对社会不平等的社会学进行说明，这会过渡到下一章节以及本部分的最后章节的内容。

第五节　环境和品牌

　　社会学领域里的社会差异化致力于在宏观层面上对人们生活方式的相似性及差异性进行采集和研究。若从探究生活方式这一概念着手，那么马克斯·韦伯对于这一概念的诠释已然为我们指明了方向。马克斯·韦伯秉承了前人指出的，个体生命有着通过不断调适以追求幸福生活这一前提，将生活方式这一概念解释为对所有生活中的外化表象进行系统化、体系化概述的一种尝试，也就是对生活中所有具体的，在个案中所观察到的实际行为所进行的汇总。按照这一理论，生活方式可以理解为通过从纷繁复杂的外化表象中抽象出共同的特性，从而获得系统而尽可能涵盖所有偶然要素的顶层概念。

而在另外一本书中马克斯·韦伯用"统一"这一概念为生活方式做了诠释。他认为，使用"统一"一词几乎可以描述出所有智者的生活方式。智者往往试图通过对生活细节极尽入微的观察，为他的生活方式赋予一种通行的意义。智者所谓的统一，就是与自己的统一，与他人的统一，进而与宇宙的统一。从这个意义上讲，生活方式这一概念描述了个体以怎样的方式生活，那往往意味着一种长久以来所确立的非随意性，其目的就是不必再表达内容：指出规则。这种非随意性或多或少地可以归结于一种有意识的自主行为，由此来指导自己的生活。由此，生活方式这一概念涵盖了以下两个方面：

其一，以个体生活的规律性为特征的非随意性，是可被观察到的事实。玛利亚·雷里希（Maria Rerrich）和格尔德-冈特·福斯（Gerd-Gunter Voss）（1992，253 页）在自己著作的相关章节中，也将它称为"形式"："形形色色的人类行为的内在联系的结构、形式抑或形态被定义为生活方式。"

其二，在生活方式这一概念中提及的统一指的是来源于个体自发行为的统一，意味着该个体对所有与其生活相关的行为所进行的有缘由的选择及控制。生活方式中追求的统一并不单单局限于纯粹的下意识行为，或者迫于外部客观条件的必要性，更多的则是个体刻意呈现出的态势，即他在清晰地做着选择。"生活方式是被每个个体所创造，获得以及每日必须践行的存在方式。即使存在着来自外部社会的高度迫使，但生活方式始终是个人主动的行为构建。人们在主导着自己的生活，尽管他们常常没有意识到，但却是这样做的。"
（雷里希／福斯，1992，254页）生活方式这一概念包含了对个体生活轨迹非偶然性的归因，即归因于他们的参与，这是无论通过主体观察或是他者观察都能得出的结论。

基于这种完全建立在个体基础上的对生活方式的理解，我们很容易得出这样一个结论：每个人的生活方式都是独一无二的，就好像找不到两片相同的树叶一样。然而，仔细观察之后，我们便会发现：处在微观的层面上，很多人的生活方式往往会具有相似性，而种种相似性却不能完全归结于偶然现象。而只有当我们站在更高的宏观层面上，才会真正出现所谓的不可复制的个体生活方式。每个人各自的生活方式往往通过与周围人的不断协调及共变而最终形成，其结果就是产生出一些具有相似生活方式的普遍的模板。社会学意义上的社会差异性研究，以为数众多的依照不同特征所划分而成的特定人群为研究对象，其各个群体内部均呈现出相似的生活模式。因此，如何定义划分特征直接决定着将人群做出怎样的划分。

韦伯将划分特征分为两种：基于生活方式的类型或是基于对于某些特定财物或服务的支配权对一组人群所进行的划分。如若生活方式的类型是划分人群的基础，那么涉及的就是社会地位；如若以对于某些特定财物或服务的支配权作为基础，韦伯将它称为阶级地位。简单地说，阶级的划分依据的是个体同生产及获取物品的不同关系，而社会地位则反映了个体在构建其个性化生活方式的过程中所秉承的财富消费原则。由此，一个人的阶级地位是优先被它在生产产品和提供服务的过程中始终占据的先天客观地位决定的。而一个人的社会地位则更多地取决于他的观念、社交方式、人际交往以及社会认可等由于出身、继承及后天教育所形成的诸多因素。

无论人们是否会由于特征烙印的不同而使用地位、阶层或阶级这些概念，关于不平等的社会学长久以来都认可阶层关系，这种阶层关系是在聚居于一个社会里的不同人群相互之间形成的。这个假设如今获得了可观察的例证，因此进一步地、不可挽回地导致了如下的观点，即现代社会的结构——从不平等的社会学的观点来看——主要是垂直构建的。同时，近几十年来的变化也带来了这样的疑问，即这个已经存在的不平等的社会结构是否会保持不变，就像马克思的阶级理论最纯粹的表达形式所阐述的那样[456]。

特别是赫尔穆特·谢尔斯基（Helmut Schelsky）在 20 世纪 50 年代已经发表了一系列研究成果，在这些著作中他认为，至少在德国存在一种"去阶层化"的现象，由于这种现象，垂直的社会结构因为社会的扁平化而失去了迹象。这种扁平化的进程进一步地给阶层区分（截至目前的支配性的社会结构）的现状带来了间接的影响，谢尔斯基用一个雄辩的问题来表述：这种阶级间的鸿沟还是我们社会事实中最显著的一面吗？对于这个问题，今天的社会学家们一定会否认：如今我们已经不再生活在一个阶级社会了。在这个扁平化的过程中，谢尔斯基进一步地期待，德国的社会结构会碎片化为更小得多的众多单元，甚至小到家庭的数量级上。然而这种阶级结构的消解并不能阻止人们在自我描述中继续使用阶级意识或者阶级归属这样的概念，除非这种自我描述因社会的结构变化而在很长时间以来被证明为一种时代错误——一种语言相对于结构的迟延效应。考虑到扁平化进程的发生条件，谢尔斯基认为，截至目前用来归纳阶层的因素，例如出身、教育、职业以及收入会由于同化作用的结果而失去效力。与此同时，对生活消费的参与以及生活方式本身都会发挥着

[456]　参见，Kreckel，1982，1992；吉登斯，1984，2001；Dahrendorf，2000，2002。

更加显而易见的作用，因此消费者的地位会成为一切行为方式的决定性因素。

> "从这种意义上说，从前的那些上流社会也开始充分享用的消费品、便利条件和娱乐的大量生产，以及工业社会里阶级结构被最有效地加以消除的状况，都决定了它们自身在生活方式和社会需求中的普及化。"（谢尔斯基，1979，第 337 页）

谢尔斯基的观点并非没有共鸣，然而它确实超越了所在的时代。直到乌尔里希·贝克（Ulrich Beck）于 1983 年的社会学家大会上提出的报告《超越地位和阶级？社会不平等、社会的个人化进程以及新的社会形式和身份的出现》之后，严格阶层化构建的阶级社会的消解才再一次成为关于社会不平等的社会学的议程，并且直至今日依然占据着最热门的地位——这是在谢尔斯基 30 年之后的事。因为从那之后，关于社会不平等的社会学讨论就几乎一直围绕着迄今为止仍然是开放的问题：如果阶层假设不再站得住脚的话，人们应该在这个学科里就什么样的单位——而不是阶层单位——达成一致[457]。在这个讨论中，很多谢尔斯基曾经提出的观点又被重新接受，除了不能预见哪种不平等的社会结构会慢慢出现。唯一可以确定的是，阶级社会——尽管截止到 70 年代或许一直被视为对德国居民结构的合适描述——在它的严格阶层划分方面越来越软化，导致了一种扁平化的或者说中和形式的产生。"西德的社会环境草图显示了阶级

---

[457]　参见贝克，1983；哈迪，1987，1992；贝格尔哈迪，1990；Kreckel，1992；舒尔茨，1992。

意识并没有从根本上消失，而它的更现代的形式已经被广为接受。"
（Vester，1993，第7页）

最后的问题是——在这一点上谢尔斯基也是超前的——阶层和阶级是否仍然代表着具有决定性的、作为今日社会事实的主要决定者和未来发展的主要引领者的社会因素。如果人们认为，当今社会主要是靠形式原则"功能划分"来定义的——这一点谢尔斯基也是这么认为的——那么社会不平等虽然不会消失，但也会退居次要地位。社会不平等从主要划分原则的位置上被拿下，对区分的形式和社会不平等的再生产都不会没有影响。由此产生了新的问题，即功能划分同社会不平等两种原则之间的关系如何规定。

社会差异化和社会不平等

大卫·洛克伍德（David Lockwood）在1964年进行的一项关于社会变迁的研究中提出了系统整合与社会整合之间的区别（洛克伍德1969）。系统整合概念体现了一个社会的子系统之间的关系，而社会整合概念包含的则是人与人之间的关系，通过这些关系把社会及社会子系统中的人彼此联系在一起。从这个意义上讲，洛克伍德的社会整合概念也涉及人与人之间的社会不平等，从而使我们能够对社会差异化与社会不平等之间的从属关系或相互依附关系进行描述[458]。

对于这种区别，卢曼（1997）提出了以下建议：无论这个社会是史前社会、高度文明社会还是现代社会，始终用融入与排斥的区别来替代社会整合概念，而把系统整合概念作为一个社会首要的差异

---

[458]　参见 Hörning/Michailow，1990；Vester/Oertzen/Geiling/Hermann/Müller，1993；Vester，1997。

化形式[459],因而一个社会中的不平等就取决于这三种社会形式分别是如何调节融入与排斥之间的关系的。

（1）我们已经说过，史前社会主要是由相互平等的部落组成的，后者又由家庭或亲属网络构成。部落的相同性体现在，它们在内部表现出极为相似的差异化方式。在这种相同性中起主导作用的是长者原则，在很多情况下还要加上父权原则。这些原则不管在元老院还是在部族首领位次这样的部族在总体结构上都有所体现。

人随着出生融入一个部落，一旦融入就要终其一生接受安排，包括某种生活方式的极不可能性、某种生活方式的极大可能性以及可供选择的生活方式。在生活方式中几乎不存在偶然性，因为每个部落的结构以及社会的结构都没有为此预留下自由的空间。每个人通常都是按照计划生活，大部分事件、际遇和经历是通过被流传和沿用的传统和仪式预先决定了的，不允许有严重偏离常规的情况出现。如果出现了意外，那就是命运、神秘力量或者神在起作用，具体是什么则取决于一个部族社会有什么样的宇宙论。在史前社会中，融入遵循"个体融入"原则（卢曼），一旦遭到排斥，这种融入形式往往意味着被部族社会完全排除在外，因为在这样一个社会中，部落之外的人几乎没有生存的可能。

如果在这个背景下提出社会不平等的问题，那么在一个部族社会里，社会不平等主要有两层意思：一方面，部落根据一个人在家庭等级中所处的位置表现出社会不平等；另一方面，部落内的社会不平等在部族层面上没有发挥明显的作用，因为对部族生活的内部和平而言，最重要的是维持部族成员之间相互平等的印象。就这一点而言，在史前社会存在着一种人人平等的思想。只有少数几个人，比

---

[459]　也参见 Nassehi，1990，1995，1997；Schimank，1998；Degele，1999。

如首领或者巫师，能在某些特定条件下成为例外。

（2）接下来是高度文明社会，其首要的差异化原则本质上也是等级制，因此生活方式的社会不平等也像醒目的标志一样让人一望而知。作为支配高度文明社会的秩序原则，等级制要分出至少两个层级，这两级垂直分布，其不同之处在于，它们各自都展示了一种与对方不同的生活方式的形式。这样带来的结果是，由于与其他阶层有差异，某个阶层的人只能与同阶层的人交流，至少人们在自己的阶层之外遇到其他阶层的人时是这么自我描述的。

在高度文明的社会中，人们也是通过出生在某个阶层从而融入社会的，并且通常一生都属于这个阶层，但在发生排斥时，人们却仍然有可能游离于阶层边缘或夹在两个阶层之间并且生存下去，而不是立刻完全脱离整个社会。此外，只有较高阶层——主要通过内部通婚在大家族之间反复融合而形成——才拥有一个真正严格意义上的、以明确规则为标志的生活方式，而社会中剩下的大多数人只知晓一种虽然与上述生活方式不同，但对自身却没有同样严格约束的生活方式。如此看来，较低阶层是大量人口的收集槽，他们因为各种不同的原因聚集在这里，处于最糟糕的情况中是由于他们身上都发生了失败的厄运。

高度文明的社会中的社会不平等同样也有两层含义：一方面，各个阶层，尤其是在社会上占据优势地位的精英阶层，力图让自己和同类聚拢在一起，因为他们有着相同的出身并且要维护他们的在很多方面都相同的生活方式。另一方面，当人们试图跨入整体社会时，社会不平等带来的印记却开始起主导作用，因为阶层和生活方式的严格划分在这里统治了一切。

（3）最后来谈谈现代社会。现代社会的首要形式原则是功能性差异化，社会不平等因此也属于日常形象的一部分。根据功能性差异化原则，现代社会被划分为彼此既相同又不同的功能系统。说相同，是因为它们在对社会的重要性上都占有同样的地位；说不同，是因为它们分别负责不同的责任领域。如果我们研究一下现代社会的总体结构，就会发现在此起主导作用的是横向的影响，因为在各个功能系统之间不存在结构上固定的等级制，而每个功能系统在内部都有自己的内在差异化形式。这首先满足了系统参与的可能性，以这个功能系统特有的方式融入现代社会：每个功能系统都自己决定需要哪些条件才能参与到系统中。在融入社会的过程中，原则上每个人只要满足了参与条件，就必须达到这些条件。在现代社会中没有一次性融入，而是（只）存在着反复融入。这种反复融入不同的功能系统中有不同的运作方式。此外，人们在系统内部的行为种类和行为方式对于其他系统中的行为没有强制性的影响，因为任何功能系统都不能不受挑战地长期占据优势地位。至于排斥，反复融入带来的后果就是也相应地有多次排斥，从一个功能系统中排斥出去，但并不会导致在另一个功能系统中也被排斥[460]。

　　社会不平等单从以下事实就可以看出：每个功能系统都给出了其他人可以依之行事的参与条件。在法律系统中涉及的是归因能力，在经济系统中涉及的是支付能力，在科学系统中涉及的是好奇。宗教需要虔诚，爱则需要热情与投入。除此之外还可以确定的是，存在家庭及与阶层或阶级相似的沟通形式，只不过这两种沟通形式对于现代社会中根本的差异化不再具有任何意义。

　　家庭在前现代社会代表了占绝对主导地位的融入和社会化机制，但在现代社会，家庭可以说明显"丧失了垄断地位"（迈耶，1993），

---

[460]　参见卢曼，1994，1995b，1997；Stichweh，1997；黑尔曼，1997a。

因为虽然其规模扩大了百万倍，但它（也）被降格为一个功能系统[461]，许多原来由家庭承担的功能如今另有其主[462]。家庭"除非偶尔，否则不亲自参与大部分经济生产，它在政治权利系统中不是一个重要的单元，它也不是融入更大社会的主要直接中介。家庭中的个体成员参与了所有这些功能，但他们是'作为个体'参与的，而不是以家庭成员的角色"（帕森斯，1955，第 16 页）。除了繁衍之外，家庭的功能还在于它是私密经验的最后庇护所。因此，按照阿诺德·格伦（1957，第 57 页）的说法，家庭仍然是"唯一的'共生'社会形式，它的这种垄断地位要归功于它在如此急剧变化的文化中非同寻常的稳定性，家庭好像是一切公开性的对立面，是隐私的避难所"。在卢曼（1990c，第 208 页）看来，只有家庭负责一个人的完全融入：现今，我们基本上仍然只能在家庭范围内或和亲密的朋友无时无刻地畅所欲言，而我们之所以不得不这样，是因为如卢曼所说的，保守和维护秘密首先关系到的是家庭的统一："家庭依靠这样一种预期存在，即人们在这里对所有与他相关的人都既有聆听的权利，也有回复质疑的义务。"在这方面，哪怕在脱口秀上鼓励敞开心扉或在《Big Brother》这样的节目上通过大众传媒公开隐私也没有带来太大改变（古根贝格尔，1988；Göttlich/Krotz/Paus-Haase，2002）。我们在家庭中肯定也会碰到社会不平等，但这与整体社会相比几乎不再重要，如果说它还有些重要性，充其量也只在于它属于那些与阶层或阶级相似的沟通形式。

鉴于阶层和阶级在现代社会中仍然存在，卢曼把阶层视为高度文明社会的首要差异化原则，而阶级对于他来说则代表了一种特殊

[461]　参见 Tyrell，1979，1988，1989；舒尔茨 /Tyrell/Künzler，1989。

[462]　参见 Burkart，1995；Dorbritz，1999；Schuller，2001。

的发展进程，它只有在从层积化（Stratifikation）向功能性差异化的转变中才会出现。根据卢曼的观点，这种原因在于，阶层主要靠阶层成员间的互动来调整从而实现确立，由此才能够产生一个全社会统一的层级制度。与之相反，在现代社会里不再可能在互动中只以该阶层特有的方式来行动，因为功能性差异化不再承认各阶层在互动中有不同的独特性，与此同时，互动在大量并不专属某一阶层的场合发生。此外，在现代社会里，由于个体在互动中的异质性而把该阶层对阶层外的人隔绝起来变得几乎不可能了，这样就削弱了共同性。因此，阶层沟通纯粹通过互动调节来达到统一变得不可能了，互动中所看到的也不足以认识使阶层边界的再产生变得困难重重的东西。随之而来的是选择自己生活方式的自由度增加了，无论这种选择是否是在效仿成功人士：似乎人人都能这么做，不用担心一旦失败会有什么影响。这在时装领域尤为奏效且早在 18 世纪就已经出现，如理查德·森内特（Richard Sennett）（1991，第 96 页）所言："人们是不是靠衣服把自己装扮的，重要的是穿上人尽皆知的服装在大街上被关注的愿望。"张扬的生活方式变得时兴起来，超前消费的生活也不再稀奇。这种情形最终导致阶层——这个通过互动整合起来的社会系统，逐渐被阶级取代，而它的代价就是关联性和聚合度越来越低。

其研究的结论就是，阶级成了阶层消解后的产物。尽管在现代社会还能观察到阶层化效应或阶级效应，但并不代表还要继续社会结构分析，这也得到了卢曼（1985a，1997）的肯定。只不过到现在，仍然有效的再生产技术以及阶层行为数百年来的统治地位远远没那么理所应当了。除了家庭以外，还有一个根本问题是：如果现代社会的首要形式原则是功能性差异化的话，阶层到底为何还存在？阶层差异或阶级差异存续的原因在于，尽管发生了首要差异化活动的转换，层积化这样一个影响深远的社会结构跨越数百年仍然统治着社会，它要完全从眼前消失还需要一段时间。在此人们可以使用布迪厄的"滞后"概念，把它当成一个惯性环节。当现代社会还在谈论阶层划分时，尽管这一结构原则早已褪去了光环，但它作为惯性环节仍然会在现代社会的自我描述中出现。我们可以和卢曼（1995）一同谈论语义学的"退化"，这种退化的语义学被暂时用来重复、加工、强调和加强一种对社会的自我描述不再适合的形式，以便把过去的事物中仍然足够有效的东西作为过渡现象来利用，直到新的关系得到巩固。作为从沟通角度理解的现实，阶层化最终走入历史只是个时间问题[463]。

不应忘记，在这个社会的其他地区，阶层关系和阶级关系仍起着决定性作用，因此这个主题绝没有被抛出世界（社会）之外，这种说法也在卢曼（1985a，第149页）的意见里得到了支持。在他看来，现代社会在自我描述中仍然被描述为阶级社会，因为把它说成已经完成了功能性差异化有些言过其实了："始终用上下之别来描绘社会的统一性是一个诱人的想法，因为它足够简单。这种上下差别如果不再是地位之别，至少也是参与利益分配时的差别。"在这种观察背后是这样一种观点：除非不得已，一个社会系统的自我描述总是倾向于简化实际关系，由于系统的复杂性和差异化，没有系统的自我描述能与系统本身丝毫不差。"每个自我描述都是自我简化。这是无法避免的，因为在系统中完整地展现该系统是不可能的。"（同上）已经在功能上具有差异化的现代社会尤其难以把自己描述为在功能上差异化了，因为它的子系统中的任何一个都不能单独被用来完全

---

[463]　参见哈迪，1990；Kreckel，1998；Steinbiker，2001。

再现整个社会，因此人们见到的现代社会的自我描述总是多种多样的。正是由于这个缘故，重提现代社会的过渡形式，如阶级社会所示只是权宜之计，其目的是先有一个自我描述，这个自我描述不仅要满足功能性要求，还要照顾到社会不平等问题。但即使这样也不会改变作为现代社会差异化原则的层积化仅仅是个过时的模型，它在大众的感知中越来越式微。

撇开这种可能性不谈，还有一系列其他指标为功能性差异化自发使用某些阶层化特有的系统所形成的可能性服务，阶层化作为岔路上的系统类型仍然有自己的意义，但更多的仅仅是作为过去时代的遗存。在这里我们想到的是通过组织进行的人员募集，这种募集通常要考虑人们的出身。通过一个人来自小康之家还是毫无背景，可以有一定准确度地预言他出任某一职位的资质。阶层化在某种程度上在选人问题上起了选择标准的作用。这从学校里就已经开始了，并且在职场中愈演愈烈[464]。同样应该考虑到，政治系统向左右两极的符码化与阶级表象有较密切的关联。尽管阶层和阶级在消失，层积化语义学作为取向标准对政治沟通本身仍然在发挥功效。阶级差异和阶级冲突，无论多么缓和，对于大众传媒都是天赐的新闻盛宴。因此从这一方面来看，可以要求一门专门为了功能系统目的的过时的语义学继续发挥作用，只要它仍具有可联结性，就不必在乎这门语义学在社会结构中是否有现实的对应。

总的来说，只要联结的可能依然存在，尽管每个功能系统都以自己的方式、从各自的考虑出发，不受强制地根据社会现实调整其余的用途，功能性差异化仍在自动帮助专属于阶层或阶级沟通形式

---

[464]　参见 Geißler，1978；布迪厄/Boltanski/de Saint Martin/Maldidier，1981；卢曼/朔尔，1988；Schwinn，1998，2000。

的语义学剩余物保持活力并被再生产。在这些可以把阶级语义学的剩余用途归入其中的次要动机外，也不应忽略功能系统在自身也会出现一些有助阶级结构自主再生产的效应。在功能系统内部也有一系列迹象表明，出现了植根于功能系统并产生出相应阶级现象的不平等，这些阶级现象一部分与已经存在的结构相协调并涌入其中，一部分又超越了这些结构并催生出形成阶级的新维度。卢曼（1985a）对此举了三个例子。

他首先说到财富阶级，其特点是占有大量钱财，却并不通过诸如消费行为花钱，更不用说处处彰显自己的生活方式。有迹象表明，高收入者更喜欢与高收入者相处，彼此分享共同的兴趣爱好，而不会在不管是体育运动、度假还是文艺活动中尝试接触低收入者，后者也同样只和与自己相同的人在一起。卢曼举的第二个例子——组织阶级——的情况也很类似。它原则上由在组织中拥有较高地位和较大决策权的人构成，比如经理、市长、主治医生、个体经营者等。当人们遇到出身环境接近的人时，用分享行为产生联结的概率也同样更高。卢曼最后提到的是名人阶级，名人阶级通过在大众传媒上不断曝光被再生产出来，这个阶级中的人彼此之间也表现出与其观众相比更高的相似度（Peters，1994）。

以上三个阶级都是在产生功能系统内部的不平等结构的过程中出现的，并且在功能系统之外都找到了再生产与自我闭合的可能性，却没有互动调整的可能，只有通过互动才能达到完全独立。这些阶级的产生和再生产仍然要依靠功能系统的生产和再生产方式不断生成不平等。这样的阶级形成过程以某种方式寄生[465]于原初差异化过

---

[465]　参见那塞希（1995，第459页）："值得指出的是，社会不平等就像功能性差异化的寄生虫一样运作，因而可以脱离社会结构。"

程并攫取其中产生的差别用来再生产社会不平等（Schwinn，1998，2000），其结果就是不仅再产生出了传统阶级甚至传统阶层的沟通方式，还再产生出了新的沟通方式。阶级的形成缘起于功能系统本身，这让人不禁要问，有了财富阶级、管理阶级和名人阶级是否以及在什么程度上对实际情况来说已经足够了，因为很可能还有其他解释阶级形成或至少说明社会不平等结构的产生的观点有待研究。

尽管有前述阶层结构和阶级结构的瓦解，阶层或阶级语义学是有效的这一观点依然站得住脚。如果真如此，那么最终仍有待明确的是，在现代社会中仍然需要关注阶层和阶级的原始功能，也就是说要关注一个正确的也与阶层或阶级相匹配的生活方式的规定和引导作用。每个功能系统都只为了自身的利益而规定人们在其中应该如何行事，这些行为规定却无法以任何方式成为引导人们朝向一种普遍正确的生活方式且适用于所有功能系统的一般指导，更不用说要它们传递"生命的意义"（卢曼，1980，第 145 页）了（Lübbe，1990）[466]。就连家庭也无法完成分配的任务，家庭虽然希望实现整个人的融入，但如同以碎片化和阶层化方式差异化的社会里的情形一样，它无法给人们一个可以普遍化的榜样，告诉人们应该如何生活。因此人们特别谈到"私人家庭主要是指，它不再替参与者决定生活形式，也不再以公开、理性的形式起作用，而是接受个人选择各自的生活形式，并对此给予理解和支持"（卢曼 1995b，第 142 页）。

当涉及相应生活方式的配置与统一时，现代社会的功能性差异

---

[466]　参见卢曼（1985a，第 132 页）："在一个等级秩序中已经天然地预设了，每个人都知道他属于哪个等级。否则他将不知道自己是谁，也不知道自己应该去符合哪些期待。如果不知道自己的等级，他就不能与别人互动，一个还把阶层化只当成阶级形成方式的社会必须放弃这个假设。"

化没有产生任何缺陷。让每个人自己在与别人的争论中产生自己的统一性不太可能，对此有太多的替代方案。没有人是社会原子主义者；偶然性空间和挑选时的选择成本以及正确生活方式的配置都太大了。因此需要沟通性支持、建立合适的语义学以及（如果有可能的话甚至）构建系统，用以保证这样的个人模型和生活方式模型在社会中的建立和传播，只不过不再有跟阶层和阶级一样与时俱进的构成系统的形式了。

在讨论"阶层或阶级随着时间的推移是否仍适用"这个问题的过程中，不平等社会学内部出现了术语及理论的转换，现有的垂直分布的生活形式虽然没有被否定，但社会不平等的总体分布已经向水平维度拓展，这种转换尤其与社会环境概念联系紧密[467]。

环境、场景、传媒

社会环境这个概念虽是 19 世纪的产物，但是长期以来得不到应有的重视。不仅如此，M. 莱纳·莱普修斯（M. Rainer Lepsius）（1973）在他的一篇关于政党体系和社会结构关系的论文中，曾着重提及社会道德环境这一概念，但也受到了同样的冷遇。究其原因，主要是因为他认为社会环境这一概念范围理应比阶级概念范围更广，

---

[467]　参见 Keim，1979，1997；Moser，1983；Hitzler/Honer，1984；哈迪，1987，1992a；Schulz，1990，1992；Geiling/Vester，1991；Vester/Oertzen/Geiling/Hermann/Müller，1993；Hofmann/Rink，1993；Grebing，1993；贝格尔，1994；Noller/Georg，1994；Müller-Schneider，1996；Oertzen，1997；Vester，1997。伴随着这种转换的是同样值得注意的生活方式概念的复兴，这一概念至少产生了同样大的影响，参见布迪厄，1987a；Hörning/Michailow，1990；Müller，1989，1992；Holt，1997；Georg，1998；Hörlscher，1998，2001；迈耶，2001。在本书讨论的范围内将只涉及环境概念，因为 Schulz 关于功能性差异化和社会不平等之间关系的模型在我们看来更为合适。

其涵盖内容也应有所不同。而正是由于这种高度的复杂性和差异度，才使得社会环境这一概念在接下来的时间里逐渐取代阶层和阶级的概念。但是莱普修斯的社会环境概念却和谢尔斯基的关于打破阶层隔离的观点一样，在当时的社会结构分析这一学科领域始终无用武之地，最终不了了之。

时至 80 年代初，社会环境这一概念才在社会学关于社会差异研究方向真正意义上被接受了：在斯特凡·哈迪（Stefan Hradil）的《发达社会的社会结构分析》一文的研究中，第一次将社会环境这一概念系统地与社会学中的差异理论相结合。哈迪提出的建议是，用社会地位和社会环境概念来取代阶层和阶级概念。根据哈迪的理论，社会地位指的是可以依据事实客观衡量的生活条件，比如收入、社会声誉与名望、职业资质、居住条件等。但是现如今，由于经济条件之外的影响因素变得越来越重要，因此不同于在从前的阶级概念里面那样，客观生活条件是造成社会差异的主因，对它起着决定性作用。在现代社会，这些客观生活条件最多只能看作个人在为自我和所处环境独立塑造个性化生活环境的一些外部条件而已。因为每个人都在自主地构建属于自己的生活方式，而那些外部的生活条件虽具有一定的影响，却已经不能起到决定性作用了 [468]。据此理论，客观的生活条件只能有选择性地作用于主观的生活塑造上，因为客观条件虽然排除了一些任意的因素，但是却并未完全去除偶然性：即使处在相同的生活条件下，每个人仍然有权对生活自由地进行权重评价，进而自由地选择各自的生活方式。（参见哈迪，1983；Eckert，1990）然而，恰恰在相似的生活方式相遇的那一刻，社会环境这一概念便应运而生了：它泛指相似的生活方式的集合，具体涵盖了相似

---

[468]　参见 Hradil 1990a；Hoerning/Michailow1990；Vester 1992。

的兴趣、喜好、反感乃至于相似的个人情感。

在 1992 年出版的格哈德·舒尔茨关于"体验社会"的研究可以被看作社会环境这一概念获得知名度的契机。在这篇研究论文中，舒尔茨试图仅通过运用社会环境的概念去勾勒社会阶层的差异性问题。舒尔茨将社会环境的概念理论基础深化并不断扩展，更把阶层和阶级的概念定义为社会环境的特殊形式。（参见舒尔茨，1990，1992，1993）从这种意义上说，舒尔茨的"体验社会"理论为分析不同类型的社会差异性结构建立了统一的理论，实则为社会学中的差异性理论研究开辟了一条新的道路。

舒尔茨的社会环境模型之所以如此重要，原因还在于，他并没有将社会环境简单地定义成一个统计学上的人造产品，而是将它解释为一种交流性的生活关系。他对社会环境的定义是："社会环境是指一个拥有着群体专属特质的存在方式以及能够进行深度内部交流的人群。"（舒尔茨，1992，第 746 页）在这一理论中，深度的群体内部交流正是社会环境的决定性标志。在一个特定的社会环境中，其生存方式的部分共性不仅可以通过这种深度的内部交流得以体现，更会不断地借此产生新的共性。（参见 Holt，1997）"只有通过内部交流，具有相似性的群体才能被视为具有重大社会学意义的客观存在。因为，唯有这样的群体才能获得稳定性——每个人都会以他人为镜，每个人都会不断地在观察和感知的过程中进行模仿，进而越来越相似。"（舒尔茨，1992，第 174 页）此外，每一个社会环境还通过它特有的内部交流区别于其他社会环境，这不仅为每一个成员在环境内部将自己视为本族人，而在与其他社会环境的界限区分过程中，将自己视为其他环境的异族人。因此，这种带有鲜明特色的环境内部的交流有助于加深每一位成员对自己作为该环境一员的自我认同。（舒尔茨，1990）舒尔茨并不认为社会环境具有能够涵盖全部自我的功能。因为社会环境在功能性差异的涵盖缺失方面是否具有无能力性代偿的能力还有待商榷。但是不可否认，社会环境这一概念在构建自我形象和他人形象方面发挥了作用，并且为每一个人生活方式的塑造提供了支持。在分工程度不断加深的现代社会中，每个人的生活状况都极为复杂，而社会环境这一概念恰恰可以降低这种复杂性。（参见 Krockow，1985）

在这个层面上，我们可以将社会环境的功能定义为：为个体建构自我——以至于在一定趋势上也为个人参与整体存在形式的建构——提供着相应的支持。它并不类似于功能系统中所关注的部分性，这里更加强调整体：一切皆包含在其中，各个方面都被潜在地顾及，并且被引入到自我呈现中。"一切为了达到下述生存状态所作出的理性体验的行为方式都将被考虑进去：工作和赋闲，社交和自闭，成家和单身，旅行和居家，选择和放弃选择等。"（舒尔茨，1992，第 420 页）从社会环境的角度来看，人是作为一个整体而具有意义的，可以说社会环境是一个人在社会意义上的家和世界观的象征地。

某些特定的形象象征对发生在社会环境中的交流具有建设性的作用，这些象征可以使快速（重新）识别成为可能。舒尔茨也把它称为"通过特定方式进行的交流"，这种交流在划分界限和展示归属感的时候十分重要[469]。"这些象征定义了特定社会环境下的行为准则，调节存在形式的适应方向，并被视为进行制裁时所适用的标准，它可以为社会环境内部的交流提供便利，且对跨环境的交流起到阻碍作用。"（舒尔茨，1992，第 170 页）年龄、教育以及特定的环境归

---

[469]　参见 Hörning/Michailow，1990；赫尔舍，1998；Georg，1998；Lüdtke，2000；Strasser/Dederichs，2000。

属标志构成了其框架条件。这些所谓的社会环境归属的标志特征十分显著，一目了然，具有高度的可区分性。例如语言中的方言、口音和行话术语就是这种标志，还包括很多比较明显的、在公众场合一目了然的行为方式。例如：打招呼的礼节、餐桌礼仪、交谈的方式和庆祝活动等。同时，消费产品在社会环境的自我呈现和他者观察的过程中起到无法忽视的作用。

"在风格形成的竞争过程中，产品消费占据着中心地位：以时装、运动时尚、休闲时尚和精彩纷呈的视觉盛宴等领域为主的消费产品可以为直观地呈现独特的、具有可辨识度的社会环境风格提供必要条件。"（Haudenschild，1989，第 269 页）

上述规则尤其适用于从最开始就是以特定社会环境的归属感为特征性导向的服饰、服装时尚和服装商标[470]。

"当面对一个我们并不相识的人时，他的着装可以立刻告诉我们一些关于他的性别、职业、国籍和他的社会阶层方面的相关信息。如此一来，我们就可以早在进一步了解这个人的性情和说话方式之前，暂时确定对他采取何种态度。"（Flügel，1986，第 208 页）

在这里可以举一个来自英格丽德·奥斯瓦尔德（Ingrid Oswald，1999）的例子。在 1900 年初，瑞士的立法联邦议会期间，观察议员所戴的不同种类的帽子就可以得出很多有用的信息。人们可以毫不费力地通过大礼帽来断定这个人是一个上层市民阶级的自由民主党人，通过圆顶黑礼帽来断定这个人是一个中产阶级的民主党人，通过一个宽边软呢帽就可以断定这个人是一个民主人士，但是仅仅依靠这三个"社会道德环境"（莱普修斯）里的人会戴不同类型的帽子来判断其归属还是不够的。除了帽子的类型，点头时帽子倾斜的角

---

[470]　参见布迪厄，1987a；Girtler，1990；凡勃伦，2000。

度也是至关重要的。当点头的角度达到 20 度时，大礼帽已经滑落，
而圆顶黑礼帽一般会在点头角度达到 45 度时滑落，带宽边的软呢帽
则在达到 90 度时才会滑落。如若探究这几种选择的不同功能，尤其
是选择大礼帽的人，大多不是为了美观，尽管大礼帽不论对于戴着
它的人还是观赏者看来都是美观优雅的。其实，尽管通过对帽子的
选择能简明且确切地表达出自己的社会政治观点，但这并不是最重
要的原因，它甚至没有各类帽子对于动作幅度的限制来得重要。因
为大礼帽的倾斜角度很小，在实际使用过程中，佩戴者的行动十分
受限，这也因此赋予了大礼帽的社会和政治意义，因为这表明了戴
大礼帽的人不适合从事实际操作型的手工劳动。正因如此，大礼帽
就以一个大家都可以观察到的并且认同的方式表达了自己所代表的
社会环境——这个道理对于其他两个不同的帽子式样也是适用的。
（参见凡勃伦，2000）[471] 根据罗兰德·吉尔特勒（Roland Girtler）的理
论（1990，第 284 页），大礼帽正是以一种分外清晰的方式证明了"不
动原则"，这种原则同样也适用于身份高贵的人的衣着。

  但是从历史的角度来讲，这种归类和区分也发生了很多变化。
例如理查德·森内特（1991）就致力于研究 17 和 18 世纪期间严格
按照阶级来划分的服饰制度的瓦解——而这种制度曾经严苛到违背
便会遭到惩罚的程度。尽管这种制度已经有了逐渐瓦解的趋势，但

---

[471]　正如 Lipp（1979，第 456 页）所言，发饰的不同也同样能产生这种区分
的效果，在这里主要研究的是男性和女性头发的象征性含义。如果男性的头发较
短，那么这往往就表明这个人能够接受既定的秩序，但是如果女性的头发较短的
话就代表她其实是既定秩序的挑战者——这是一个在 1979 年看来还比较可信的
观点。反之，长头发的男性一般会接受反传统的观点，但是长头发的女人却会"显
示"出能够接受既定女性形象的特点。但是，现如今已经很难做出如此有效的归
类了。

至少到 20 世纪为止，富人那种通过奢侈的服饰来彰显其闲适的倾向显然也没有多大的改变。正如美国经济学巨擘托斯丹·凡勃伦（2000，第 167 页）所描述的那样：

"着装上无可挑剔的良好作用主要在于可以唤起一种闲适生活的印象，也就是说，通过这样的着装，富人宣扬自己与任何一种手工业或工商业方面的工作没有个人联系，当然这种作用不能完全归于相关环境。一双漆革皮鞋，一件洁白的亚麻布衬衫，精心打理的大礼帽或者一根拐杖——这些都是一位天生的绅士的代名词。这些象征形象的吸引力主要可以归功于它们可以很明显地说明一位如此穿着的人不可能从事一种可以带来利益的工作。优雅的着装能够满足其目的，不仅仅是因为这种着装一般比较昂贵，更因为这种穿着闲适。这些着装能够充分证明它们的主人可以消费相对较高的金钱，而且表明他们有能力在不必从事生产劳动的前提下进行消费。"

最后，甚至涌现出一系列着眼于着装所具备的交流功能的研究课题[472]。不久前，科尔内利娅·博恩（Cornelia Bohn）（2000）在自己发表的论文中就将服饰作为交流的媒介来研究。因此，虽然服饰在这里不是像格兰特·麦克拉肯（Grant McCracken）（1986）所认为的那样，像语言一样拥有无限拆散和再重组的能力，但是服饰在博恩的论文里完全可以被描述为一种具有象征含义的普遍性的交流媒介，拥有自己的编码（可被穿的 / 不可被穿的）和可以被更换的程序。"着装像语言或是文字一样作为一种完整的符号体系，是一种社会交流的媒介。"（博恩，2000，第 114 页）这里的交流指的不仅仅是纯粹的关于服饰的交流，而是通过服饰所进行的实际交流。借助

---

[472]　参见 Holman，1980；萨林思，1981；麦克拉肯，1986；森内特，1991；Corrigan，1997；Thiele，1999。

服饰有助于对交流中的信息进行区分，因此服饰在社会学领域中具有重要的研究价值。

但是，消费行为作为彰显社会环境和生活方式的工具绝不仅仅局限于服饰。一些被我引注的作者，例如萨林思（1981）、道格拉斯（1982）、契克森米哈赖/Rochberg-Halton（1989）都谈到了这个问题。他们认为，事实上任何一种形式的物品都可以被使用这个物体的人群充当交流的媒介[473]。"在这个过程中，消费被认为是具有决定意义的核心，因为商品是在交流中实现自我认同的主要渠道。人们通过他们所拥有和展示的商品和实践经验给他人传递相关信息，并据此定义他们自己。"（Warde，1997，第10页）

如果像舒尔茨一样认为有社会环境存在的话，那么一个关于社会环境的自我指涉式的再生产问题便会被提出。因为如果一个社会环境不具备自我再生产的能力，没有足够的自我选择性以及吸收和排斥的能力，即使不会出现随意性，也存在由于缺乏划分界限和维护界限的能力而引发的界定模糊的危险。如果按照卢曼的观点来说，互动调节只可能在阶层内部存在的话，那么社会环境如何能够成功地进行自我再生产？所谓互动调节指的是某些特定的交往方式、衣着时尚、语言规则通过在交流中产生的相互影响力不断地出现循环、重复和逐渐趋近，而它的存在也能够导致一个阶层自我参照式的封闭性。事实上，仅通过纯粹的互动调节几乎不可能实现社会环境的自我确立，至少不是以全体成员均会参与的周期性的集会以及见面的形式确立的，舒尔茨似乎已经认识到这个问题。因此他针对上述

---

[473]　参见 Solomon，1983；Leiss/Kline/亚利，1985；Bovenschen，1986；Mick，1986；Ruppert，1993；Holt，1995；Gottdiener，1995；Corrigan，1997；福格特，1997；莱维，1999；Bretschneider，2000。

理论中通过互动调节即可实现阶层自我确立的观念，将一个关于场景的理论构想作为社会环境的功能性等价物，引入到自己社会环境的模型中。根据舒尔茨的理论，这所谓的场景从根本上是由特定的社会环境所造就的并且频繁出现。而与此同时，场景又能够为社会环境界限的自我重塑提供帮助。

"场景指的是把日常生活中的美学范式带上由参与者共同表演的舞台，每一个人既是演出者也是观众，所有人彼此预先定义了哪些符号应该归属于哪一种日常美学范式的符号储存库。"（舒尔茨，1992，第466页）

在场景中，一个环境对于自身和其他环境而言，可以在一定程度上被清晰地辨识。因为，社会环境可以很清晰地在场景中显现，并且能够借此对环境的结构进行适应和调整。舒尔茨的场景概念一共具有六个特点：形象化、联系紧密、均一性、社会环境特有特征的直观性、社会环境特有特征的显著性以及关联性。运用场景的形象化特征能够清楚地看到，场景是与阶层内部的相互间交流最相符合的。因为共同点的再产生很大程度上要取决于对这些共同点的被感知。在这种层面上，场景极大地促进了特定社会环境特性的再产生。除此之外，场景还使得同种社会环境下成员之间的交流愈发紧密。人们彼此碰面，互相交流信息并借此扩展了关系网，因此也可以推断出相同场景下大众的均一性和交流内容的趋同性。这种趋同包含了在同一社会环境里的一切场景下的类属概念、事实构想、对于社会环境边界的定义以及对普通交往形式的设想。不仅如此，场景还可以使那些互相强化和互相支撑的外部可见的社会环境特点更为清晰明确。那么，快速分辨出是否归属这个社会环境就十分容易。此外，社会环境还在其场景内部对自己特点的重要性进行排列——依据这些特点的重要性对其进行排序，这种排序尤其会延伸到消费行为。"场景是自我驱动和自我反馈性的系统，并最终会决定场景内部成员的消费行为。"（施帕尔，1996，第 55 页）最后，场景还可以超越地点、机缘以及社交动机的多样性，减弱社会环境的分散性，从而使一种具有普遍意义上的融合成为可能。在这种意义上，场景可以被看作一系列的契机或是频繁光顾的相遇地点。在这样的契机下，在这样的地点，总是可以显现相同的社会环境。但是在其他情况下，这样的社会环境却少见。在这种意义上，我们或许还应区分媒介和形式。因为在很多情况下，社会环境就好像是一个媒介，自身并不能直观可见，因为它从未统合在一起作为一个整体出现，而大多在场景中显现其形式 [474]。就算范围会缩小到一些特定的事件中，比如滑雪者或者电子摇滚乐的场景中，这种场景的交互碰撞至少也能提供一种机会，将这个社会环境从其"正常的"隐性状态——至少是暂时的——调整到对于所有在场的人都显性的状态。而且一个社会环境能够实现的这种形式的场景越多，这个社会环境就越能够保持自己的统一性。当然，每一个社会环境的场景的存在和用途是不一样的，比如能自我实现型的社会环境可以在场景中表现得十分明显，但是在和谐型社会环境里就不能。

如果说，不是每个社会环境都具有建立和稳固场景的可能性的话，那么就会产生一个问题：一个没有场景的社会环境是如何解决自身内部自我确立的问题呢？大众传媒作为另一种功能性的等价物成为一种解决问题的可能性。因为大众传媒，尤其是电视或是娱乐报纸以及杂志提供了重复出现的自我观察的机会，并营造出虚拟的碰面地点。社会环境成员至少能够以这种虚拟的方式间接地碰面，就

---

[474]　参见施帕尔，1996；Farin，1997，Thiele，1999；Hitzler/Pfadenhauer，2001。

像人照镜子一样。他们可以互相观察，并借此保持自己外在举止上的联系和相似性。（参见吉森，1991）说白了，社会环境的自我确立其实是通过一种接收调节形式来实现的。因此，大众传媒在现代社会中完全可以胜任社会环境的建构垄断。因为大众传媒无处不在，并且具有对常识知识库的统领职责，但是这种猜想在多大程度上可以通过研究得以认证呢？

借助大众传媒社会化

和教育不同，社会化指的是非目的性地接受一切形式的社会结构，它同时也会影响到一个人的心理期望结构的形成及其外在行为[475]。因此，社会化从出生就已经开始，在家庭中就可以经历到。这种原则尤其适用于前现代社会，其时家庭被视作实现社会化的核心阵地。因为在这样的社会中，几乎所有关于该社会的认知都是在家庭内部或者通过家庭得以传播的。但是在现代社会中，家庭已经失去了作为社会化核心阵地的殊荣地位。因为面对复杂的现代社会，家庭已经无法仅仅依靠自身来完成一种足够全面的社会化，以使人们在现代社会中从容应对[476]。因此贝格尔和卢曼（1987，第157页）也得出结论："家庭在次级社会化中的作用在逐步递减已经是无可争辩的事实了，我们无须对此抱有遗憾。"正如家庭曾经在社会化过程中所发挥的作用一样，如今整个大众传媒系统负担起了绝大部分社会化的职责[477]。

---

[475]　参见贝格尔/卢曼，1987；Geulen，1977；卢曼，1987，2002；Hurrelmann/Ulrich，1991。

[476]　参见 Neidhardt，1975；Luekesch/Perrez/Schneewind，1980；Kreppner，1991。

[477]　参见 Baake，1973；Hüther，1975；Saxer，1988；Schorb/Mohn/Theunert，1991；Merkert，1992；Lukesch，1994；凯尔纳，1995；洪齐格，1996。

"大众传媒在文化和社会秩序的规范化和转变的过程中，以及在对价值观、观念和需求的改变方面都发挥了作用。因为大众传媒能够将规则的有效性或是无效性以及现状公之于众，使它具有可观察性以及可交流性。"（施密特／施皮斯，1996，第 88 页）

总的来说，大众传媒在现代社会中的主要任务是将各种类型的信息在全社会范围内进行传播（参见卢曼，1981，1996），这种传播的前提条件是一系列的技术发明。这些技术发明能够对信息进行技术上的加工处理，使其在近乎无视时间和空间阻隔的情况下被瞬时传递。（参见 Baacke，1973；Hickethier，2000）这就是大众传媒的一个特性：信息在通过大众传媒进行传播的时候，其实不需要直接交流，因为信息传递过程中的信息发出者并不一定在场。此外，大众传媒系统是所有功能系统中入场门槛最低的系统。这种特性在电视上表现得尤为明显：电视作为一种媒体对参与者提出了可以想见的最低要求的入场条件（参见波茨曼，2000a），它也因此在现代社会的信息传递中占有越来越大的份额。对于格尔德·哈伦贝格尔（Gerd, Hallenberger）（1997）来说，电视甚至是我们这个社会全方位的媒体[478]。在这种背景下，西格弗里德·J. 施密特（1995，第 43 页）得出以下评估："社会化其实是媒体的社会化。"正如有关电视媒体的研究表明，这种情况对孩子的影响尤为明显[479]。因为尽管孩子们的社会化进程主要在自己的家中或是在同龄人的圈子里或是在学校里进行，但是电视在对孩子进行的社会化和教育中所产生的影响是在加速扩

---

[478] 参见 Baake，1973；Guggenberger，1988；Gross，1996；波茨曼，2000；Hickethier，2000。

[479] 参见 Hüther，1975；Roth，1983；Breckner/Herrath，1986；Bonfadelli/Saxer，1986；Schorb/Mohn/Theunert，1991；波茨曼，2000a；Barthelmes/Sander，2001。

大的。"电视作为一种媒体具有丰富多彩的表现形式，例如图像、声音和动作。这就使得电视在很大程度上成为 13 岁以下的孩子在社会化进程中占主导地位的大众传媒。"（Roth，1983，第 334 页）据"儿童—消费—分析"的调查数据显示，有 94% 的儿童认为电视就和他们的朋友一样重要[480]。因此，波茨曼（2000，第 178 页）将电视称为"儿童的课堂"。"我认为，一个课程就是一个自己创造出来的关于信息和引导的体系，其目的在于影响、教育、塑造和培育年轻人的理智和个性。"有一本与此相关的专业杂志的标题甚至就叫"在娱乐和电视教育之间"（参见 Schlosser，1999）。当然网络在未来发挥的作用亦无可限量。

而且，大众传媒，尤其是电视不仅对儿童而言已然成为一个社会化进程中重要的权威机构，成年人也总是借此来获得自己的社会定位。（参见 Hickethier，2000）西格弗里德·J. 施密特和布丽吉特·施皮斯（1996，第 126、127 页）就在他们关于电视广告的研究中得出以下结论：

"回过头来看，电视之所以能够雄踞于市场，其背后蕴含着一个重要的社会文化因素。电视已开始成为社会化、交流、情感和价值形成的一个重要的组成部分，如同汽车的出现极大地提高了个体的机动性一样，电视俨然成为带来信息技术以及文化领域的机动性的一大工具，而且电视也开始改变着公共生活和私人领域之间的关系。"

这种观点是有自己的原因的。无论如何，电视在没有完全将印刷媒体和收音机排除在外的情况下成为认识这个世界的最主要的手段[481]。"电视已不再是单单阐释和演绎这个世界了，电视就是这个世

---

[480] 参见贝尔，1990；Gaschke，2000；Theurer，2001；朗格，2002；Ross，2002。
[481] 参见 Baake，1973；卢曼，1996；洪齐格，1996；Hickethier，2000。

界。"（里夫金，2000，第 264 页）或者借用一个电台节目主播的话说："您给我们 22 分钟，我们就能给您整个世界。"（波茨曼，2000，第 140 页）从这个角度来看，人们完全可以通过大众传媒来感受这个全世界作为大社会的统一性。因为大众传媒凭借以天甚至以小时为计的快节奏为广大受众实时更新报道着全世界的重大事件。它的意义在于，通过大众传媒来实现的社会化能够超越年龄、性别、教育背景、收入和国籍的界限[482]。这种发展可能产生的影响被电视杂志 HÖRZU 的一则广告展示为："所见即所是。"

因此，在不断创造出以林林总总的不同形态存在于日常生活中的新的知识这一方面，大众传媒起到了决定性的作用。从前，想要在这个纷繁的世界中找准方向，必须借助与其他人的交流和互动。这就不可避免地会建立起一个相对较小的、清晰透明的，并且往往通过直接互动而形成的交际圈。与此不同的是，现在社会中的人则主要通过大众传媒进行自我定位。那些在大众传媒中呈现出来的时下新鲜的、重要的、符合时代潮流的东西，几乎都可以在大众传媒的观众那里或多或少地被接受、被模仿或是被批判。不论是哪一种情况，无疑都体现了人们对媒体信息的密切关注。但是这种关注不仅仅局限于新闻报道上，更多地会集中在印刷媒体和电视里的广告、体育和娱乐新闻上。（参见波茨曼，2000a，第 145 页）"从前，大家会在文学沙龙里面谈论时下最流行的小说；现如今，大家谈论的是一个富有争议的电视节目主持人的观点和行为。"（巴克，1973，第 207 页）此外，大众传媒系统还给人们提供了观察自我和与他人互相观察的机会，通过这一过程可以了解到别人是如何生活的。这就像是

---

[482]　参见 Baake，1973；Hüther，1975；Schorb/Mohn/Theunert，1982；Roth，1983；Lukesch，1994；凯尔纳，1995；Hickethier，2000；Schweer，2001。

一面镜子，借助这面镜子，即使在直接的交流活动不能实现的情况下，依然可以确保相互之间的观察。

从这种意义上来说，哈伦贝格尔（1997）认为电视有"生活助手"的功能也是十分有理的。约·赖歇茨（Jo Reichertz）（2001，第854页）甚至将电视看作宗教功能的等价物："电视为主体在身份认同、找寻意义和阐释世界的艰难时刻提供了大量不同角度的有现实意义的、不过分苛求的感性构想。换句话说，电视是一种有助于学会如何解释世界的机构。"

如此说来，大众传媒似乎可以在社会环境建构的过程中成为直接交流的有益补充，甚至可以将其取而代之。大众传媒也因此在传播社会环境模式和生活方式的层面上具有特殊的地位。这里涉及的大众传媒首先须具备瞬时传播海量信息的能力，同时必须在促进社会环境的进化方面具有巨大的激励潜能。而这里涉及的信息可以被理解为一种要求或是改变——对自我进行批判性的拷问，换一种方式生活或者像之前一样生活。大众传媒无疑在对生活方式以及同一种生活方式下的归属感所产生的影响和作用日益增加。与此同时，传统的生活模式所具有的稳定性和方向的确定性在逐渐降低。那些曾经在形成一种生活方式时被奉为信条的传统价值观遭到瓦解，取而代之的是不受等级制度局限的独立的价值观。如此一来，各个独立的价值（就像卢曼已经为阶级所作出的预测那样）便被允许自由地运用到社会环境和生活方式的形成过程中，从而一个全社会统一性的等级排列便失去了自己存在的必要性。换句话说，在这样一个价值均等（为了避免使用价值无序这个词）的情况下，形成了规模或大或小的不计其数的集体组织形式，社会环境和场景会抓住每一个机会如雨后春笋般地从社会结构中破土而出。这些环境和场景不必追求统一，经常只是存在很短的一段时间，而且几乎无法对自己产生的影响负责，仅仅是可能的生活方式的实验品，且大多数是因为受到大众传媒的激励而产生的[483]。西格弗里德·J.施密特（2001，第81页）认为："因电视连续剧和热门电视节目而组建的电视家庭、网络上的临时性社交团体、现实生活中的临时组建的社会群体以及共同爱好者集体（例如恐怖电影俱乐部）都是新涌现出的社会关系形式。这些新形式不断地尝试在已知的方案之外所获得生存和成功。"同样属于这种现象的还有 Pokémon-Bomm 现象，英语中称为"迪莉娅效应（Delia effect）"[484]，在美国持续很长时间的"捉鬼布菲

---

[483]　参见 Vogelsang，1994；格肯/Merks，1996；Hickethier，2000；Bausch/String，2001；Vollbrecht，2001；Terkessidis，2001；Gussmann，2002. 同样也参见 Bausch/Sting（2001，第323页）："我们的研究表明，青少年文化环境不仅仅是一种象征环境，有可能在很大程度上是一种塑形环境。……仪式化的媒体演绎所描述的是一种在非均质且去传统化的同龄人团体中保证交流并通过这种形式形成共同体的道路。这种形式的共同体所形成的过程往往就像媒体本身一样比较短促：它们经常在时间上是有限的、不完整的且视具体情况而定。在大多数结构松散或是没有结构的同龄人集体中是没有直接和根本的联系，这种集体的形成只是为归属性和界线提供一种定义的方法，这种方法还可以为等级和可以明确表示共同体在社会环境中的区别性的'细小区别'的语言性协议提供方法。"

[484]　参见以下 2002 年 1 月 18 日《法兰克福汇报》15 期中的文章，第 10 页："迪莉娅·史密斯（Delia Smith）是英国最著名的电视厨师，她被自己的粉丝几乎像圣人一样崇拜。她在英国广播公司出品的烹饪节目在国内创下了欧洲大多数厨师梦寐以求的收视率。当她最近在节目里介绍一种海枣和干李子做成的蛋糕时，成千上万的粉丝在节目后冲向超市去买迪莉娅所推荐的配料。一家连锁商店在事后声称干李子的销售额增加了30%，罐装甜牛奶的销售额增加了27%，铁扦的销售额甚至增加了35%。根据迪莉娅的说法，大家应该用铁扦查看蛋糕是不是已经烤熟。在此之前，迪莉娅就已经成为经常推动超市销售额上涨的活招牌。例如，她曾经推动过威尔士海盐、煎饺平底锅和诺曼底西红柿的大卖。这种现象在英国有一个概念叫作'迪莉娅效应'。这个表达和'doing the Delia'（我现在在做迪莉娅的菜谱）和'Delia dish'（迪莉娅菜）一样甚至都被收进著名的柯林斯英语

热潮"[485] 或者是每周拥有 5600 万名观众（其中绝大多数都是女性观众）的现在却日益衰落的奥普拉·温弗瑞（Oprah Winfrey）"社团"[486]。

保罗·威利斯（Paul Willis）给这种投机式的社会环境的形成找到了一个恰当的概念——"原型共同体（Proto-Gemeinschaften）"。这个概念主要指的是那些只是基于某些特殊的契机聚集而成的暂时性群体。同时，作为这种契机的产物，这些群体也在客观上、时间上以及社会性上与这种契机保持关联性。威利斯（1991，第 175 页）也就因此将"原型共同体"描述为"更平缓"的——也就是说，这种共同体均是水平延伸的，而且强烈抵制一切从上至下的垂直交流。"原型共同体几乎都不是完全彻底组织化，经常是"阶段性"的，没有连续性的需求。因为这种共同体不需要交流（的调节），而关注更多的是如何经由大众传媒对自己的风格模式进行再塑造。这种共同体也就由始至终都缺乏统一性，多数是碎片化的，并且一直以来比较容易引发误解，故而其原型共同体只能作为稳固的社会差异性的社会结构之外的补充，而不是替代物（参见 Vogelsang，1994）。

"原型共同体的产生和发展与其说能够揭示权力、阶级和经济利益的分布中的根本变化，不如说是在描述上述方面如何生存以及如何被感知时的一种方式上的变化。如此说来，这种共同体一方面能够为具有象征意义的工作以及创造性提供机会，另一方面又能限制其全面发展。集体性可能会逐渐依靠"主观的"因素起作用——可

字典。这位和麦当娜以及戴安娜王妃一样著名的厨师在 33 年前出版了她的第一批菜谱。在此期间，她出版了 14 000 000 本菜谱。"

[485]　参见 Kirchner 2001。一个与这个类型十分相近但是却相对较早出现的现象是"星舰家族"——这是科幻电影星际迷航的粉丝团。参见 Domzalski/ 黑尔曼 / 克莱恩，1997。

[486]　参见 Mikos，2000；Bunz，2001；Hupertz，2002。

能通过共同的文化兴趣和倾向，通过共同的利益、排除障碍，通过获得更多对文化资料和条件的使用权方面的共同兴趣——而不是通过客观存在的"客观"因素（例如工厂和邻里间的共同生活）。"（威利斯，1991，第176页）

从这种意义上来说，原型共同体和场景有着共同点：它们都像社会运动一样立足于单一的事件。根据托马斯·施帕尔（Thomas Spar）（1996，第53页）的观察来看，共同体和场景都产生于某一个特定的话题，形成后与这种话题密切相关，也相应地对此保持一种依赖关系。如果共同体或是场景没有及时更换话题的话，话题的消失在大多数情况下也会导致场景的解体：

"对德国大都会中各种不同的年轻场景的调查研究表明，每一个场景都会有一个'场景主题'。这种主题是形成场景的主要原因，塑造了这个场景的主导思想、场景编码、仪式和崇拜对象。不仅如此，一个主题还为相应的场景过程提供了发展方向和进程。"

此外，在环境形成的过程中，高度变化性和缺乏稳定性这两个特征常合并出现，我们可以把它描述成三种进化机制：变化、选择和稳定化。我们一般认为，传统阶层和阶级主要倾向于稳定这一方面，在社会环境的概念里，这实际上就是一个系统形成的过渡阶段。而与此同时，其主要由于受到大众传媒的影响，共同体形成的过程总是呈现出多变的特性。此时，变化、选择和稳定三个机制之间并未建立起一种系统性的联系，除了可能会出现的对传统模式持续不断的侵蚀——这就像是海浪不断拍打海岸时对海岸线的侵蚀一样。在新的生活模式的影响下，旧的"共同体形成系统"在一定程度上受到了打压，因而并没有留出时间做出有意义的选择，以及由此在变化和稳定之间取得平衡。一方面，现存的定位模式在新鲜事物的冲击下被击碎，但另一方面却几乎没有产生新的且具有类似稳定性的模式，这就导致了一种随意性（"任何事都是可行的"）的氛围不断扩散。过去发生的事情在越来越短的周期内重复出现，例如在时尚圈，毫无稳定性和持久性可言。而这也是西格弗里德·J. 施密特和布丽吉特·施皮斯（Brigitte Spieß）（1996，第 349 页）在对前西德的电视行业变化进行研究时所得出的结论：围绕着社会环境和场景产生的"体验社会"变得无法估算了。新的形式代替了经典的结构模式和价值系统，而且无法估计这种新的形式到底能持续多长时间。

到目前为止尚无法估计这种发展趋势究竟会去往何处，因为很多事情现在都还在发展变化当中。但是事实表明，大众传媒对社会环境的构成和对现存社会环境结构的变化所产生的影响会日益加深。因此，完全有理由认为大众传媒，尤其是广告可以影响生活方式，甚至是和社会环境类似的构造要素，为自己打上烙印，甚至是塑造它们[487]。至于这种影响会怎样长久地发展下去，当然几乎不会再和我们对于阶层和阶级以及社会环境的理解有太多的相似。"现在逐渐产生了新的有着严谨消费习惯的组织。这种组织比阶级、代际和教堂要小，尽管如此却依旧可以观察到高度管制的适当消费模式。"（Warde，1997，第 14 页）

品牌神话

本章的出发点是以下问题：品牌广告能不能或是在何种程度上可以促进生活方式的形成。为此，必须首先详细地解释社会差异化、社会化和大众传媒之间的关系。以下几点必须明确：一是随着传统生活方式的解体，对于新的生活方式的需求便日益增加；二是大众传媒

---

[487]　参见凯尔纳，1995；Mayer，1998；Bleicher，2001；Vollbrecht，2001。

对于社会化的影响力也在增大，与此同时，广告的作用不容小觑；三是场景和原型共同体的不断形成，一方面使得社会环境的再发展成为可能，另一方面可以促使产生完全自我的共同体形式。虽然这种形式的共同体总体而言具有高度自治性，但仍然显得相当脆弱[488]。

如果以上述问题作为背景的话，可以出现一系列的论述用以证明——借助广告的传播——品牌与生活方式之间存在直接的联系。克劳斯·布兰德迈尔和亚历山大·戴克瑟（Alexander Dechsel）（1991）提到，产品的品牌像邻里之间的关系以及教育环境一样都在个性形成的过程中具有重要意义。克里斯托弗·卢切尔纳（Christoph Lucerna）（1999）也谈到品牌对生活方式的强制性的影响力——品牌通过影响人的自我身份来影响他们的生活方式和生存价值。如此一来，使用同一种品牌的人就会形成一种共通感。这种感觉不仅会给这些人带来一种无可取代的情感上的增值，而且能够很明确地划分圈内和圈外的界限。迪尔克·齐姆斯（Dirk Ziems）（2002，第62页）甚至将品牌看作已经消逝的社会文化的替代品：

"尤其是像 Rama 人造黄油、大地之爱牛奶（Landliebe）、欧特家博士烘焙原料（Dr. Oetker）或是美极调料（Maggi）这样的食品品牌，充分展示了一种已经消逝的日常生活文化遗产，即一起烤面包、做饭、和家人在一起分享时光。这种品牌常被视为一种对已经遗失的社会文化的象征意义上的替代品形式；例如大地之爱牌（Landliebe）的布丁就可以唤起人们对于系着围裙的慈爱妈妈和骑着木车的小孩子的那个年代的怀旧情绪。再比如用欧特家博士烘焙原料制作的俄罗斯松饼也能为烤蛋糕镀上一层怀旧的色彩氛围。"

斯坦芬尼·许特（Stefanie Schütte）（1999）认为，如果大家

---

[488]　参见梅施希，1994；格肯，1996；Richard，1999；Gussmann，2002。

从上到下配套穿着某些特定品牌的服饰，并且仅在与这些品牌相关联的意义范畴内组织自己的日常生活，那么这些特定的（时尚）品牌便很适合作为他们生活风格的剪影。最后，一直以来以观点大胆新颖而著称的盖尔德·格肯（1993，第501页）在提到生活风格与品牌间的关联时说道："品牌服务于生活。"格肯把诸如"生活服务（Life Service）""生活商品（Life ware）"或者"自助商品（Selfware）"这些概念与品牌所具有的体现消费模式和生活风格模式的能力相联系，人们以此为参照，定位属于自己的消费模式和生活风格，风格相似的人聚集在一起，借助品牌的传播便有可能产生共同的生活方式。格肯在其他的著作中也曾提道："生活服务可以为生活构想服务。"（格肯，1994，第583页）因此，格肯认为品牌不仅仅是某个特定产品的具有交流意义的外包装，甚至认为品牌具有帮助消费者实现自我生活构建的能力。"品牌对于人们来说也是生活构建的一个组成部分。人们通过品牌来控制自己的消费行为，通过品牌开展与他人的交流，通过品牌制定自我规划，通过品牌实现精神和心理上的自我进化。"（格肯，1995，第105页）此外，格肯（1995，第50页）还认为，品牌会成为消费者的伴侣。消费者与品牌之间的关系和与他身边的朋友的相处方式是一样的——这种观点福尼尔（1991）也曾提到过。最后格肯（1998，第302页）还考虑到品牌在这种发展的过程中还兼具着长期影响消费者生活方式的任务。如此一来，在使用同一个可以作为媒介的品牌商品的消费者之间就形成了一个固定的关系网。这种关系网的形式及影响是源于品牌的，并且不断地被品牌再创造。那些日渐增长的需求早已不再单单源自商品或服务本身所带来的功能性，而是越来越多地源自在共同使用同一品牌的基础上所形成的相互关系[489]。

当然，还有其他很多内容可以作为补充，以对这个问题进行详细的阐释。所有这些观点至少有一条是共通的：品牌的作用不仅仅局限于"便捷思维"指导下的让生活变得更轻松。品牌更多的是指一种激励和追求高雅，也就是一种对体验可能性的追求，这种追求甚至可以为建立共同体提供机会。此外，有关品牌的研究结果倾向于认为品牌还有一种被阿诺德·格伦称之为"魔法"的效果——形成团体和共同体的一种影响。因为按照格伦（1963）的说法，在前现代社会里的魔法之所以能作为技术的雏形十分出彩，是因为魔法有一种可以对环境施加影响，并且获得对环境的掌控力以及减轻压力的功能。以习俗形式出现的魔法——借用迪尔海姆（Durkheim）（1981）在自己新版著作中的论述——所起的作用更多是形成群体，明确责任义务[490]。当瓮弗尔察格特／胡勒尔曼（2001，第29页）提到"品牌的魔法"的时候，说的其实是品牌能够创造一种归属感、一种共性和一个联盟共同体。有些品牌甚至被狂热崇拜，对这种品牌的消费于是就变成了一种仪式[491]。品牌广告在这里起到了十分重要的作用，因为广告将某个特定群体在拥有这个品牌之后所产生的归属感放到了它们宣传的中心[492]。

---

[489] 德国品牌研究方向德高望重的学者梅菲特（2002，第74页）认为："人们越来越善于根据自己使用的品牌进行自我定义。这种情况不仅仅是青少年会根据自己牛仔裤和手机品牌的选择对自己进行定义，成年人也会根据他开的车进行自我定义。"

[490] 参见 Rook，1985；Steuten，2000；Wulf，2001。

[491] 参见霍克斯／维佩曼，1998；卢切尔纳，1999；Bieber，2000；Bickert，2000；克雷尔，2001；许特，2001；Muniz/O'Guinn，2001。

[492] 以特定的消费产品为中心的小群体同样也属于此列，例如柏林城郊的东风日产俱乐部"Smoke，Jumper"，参见 Hanika，2001。此外还参见 Kuhna，

可是，如此便会引发一个问题：以上的研究文献几乎没有谨慎地谈到这种观点的阶段性。尽管日常生活中的经验几乎不会留有任何疑问，但还是缺乏能够证明其生活方式和品牌广告之间相关性的实验性社会研究，充其量在儿童和青少年研究领域中散布着些许较为详尽的对于这种现象的研究（这些在上一章节已经作为研究开篇语进行列举过）。与此相反的是，有关成年人的认知现状仍主要局限于传统文学作品中的艺术加工——例如关于奥诺雷·德·巴尔扎克的社会环境研究。在这里就必须提到弗洛里安·伊利斯（2000）的《高尔夫一代》、弗里德里克·拜克尔贝德（2001）的现实讽刺作品《39.90》，以及美国小说家布雷特·伊斯顿·埃利斯（Bret Easton Ellis）（2002）的小说《美国精神病人》。《美国精神病人》的故事发生在 80 年代那条充斥着品牌的令人目眩神迷的纽约华尔街上。在这里，最为重要的是考究的着装，那必是出自知名的品牌，例如阿玛尼（Giorgio Armani）、美国男装品牌布克兄弟（Brooks Brothers）、德国男装品牌波士（Hugo Boss）、巴宝莉（Burberry）、意大利男装品牌切瑞蒂 1881（Cerruti 1881）、美国服饰品牌 CK（Calvin Klein）、美国品牌拉夫劳伦（Ralph Lauren）、法国著名设计师品牌克里斯汀·拉克鲁瓦（Christian Lacroix）、护肤品牌拉兹洛（Lazlo）、毕加

2001；Halbrock，1997；以及 1999 年 8 月 24 日《法兰克福汇报》第 195 期中的一篇文章"哈雷摩托车和德国宝莹的灵魂"："潮流研究者认为变成一种受崇拜的品牌应具有灵魂和神话的内核，购买这种品牌的人想要展现的是对一个特定群体和特定生活方式的归属感，他想要表达的是一种特定的存在感。此外，从系统理论的角度上来看，格伦的魔法概念其实可以追溯至交流行为的较为简单的指向性能力，这种交流行为可以通过一种对特定物体的特定的使用方式表达出来。这种特定的使用方式不仅要求相互之间的感知和重新认知，也因此能够减轻整体的内部交流负担——只要这种类型的社会环境归属被视为至关重要的，哪怕是仅仅是最新款的诺基亚手机技术中的一把戏同样也具有魔法效力。"

索品牌（Paloma Picasso）、华伦天奴（Valentino）、范思哲（Gianni Versace）。因为唯有如此才能最快地表明自己符合这个社会环境的喜好以及属于这个高度外向型的社会环境。除此之外，化妆品、身体护理和健身、内饰陈设及配件、饭店、饮食、绘画、音乐、度假，甚至是话题谈资和行为方式以及交流等都是至关重要的。大卫·布鲁克斯（David Brooks）在《布波族》（*Die Bobos*）一书中对于"活体解剖实验"的描写也证明了研究匮乏的问题。《布波族》一书主要描写了这个族群的真实社会环境，作者本人也生活在其中。这个社会环境中的成员就像是在《美国精神病人》里面的主要人群一样拥有巨大的财富资源。这个圈子里的人享受着穷奢极欲的生活，有着常人无法企及的对昂贵名牌的疯狂追求。

布鲁克斯（2001，第 11 页）将他这种参与式的观察手法称为"社会喜剧"。他在这本书中主要的被观察对象是他眼中的处于新千年转折点的美国当权派："信息时代新兴精英的代表人物是中产阶级式的波斯米亚人，简称布波族，他们是能够给我们这个时代订立基调的人，他们是新的权贵。他们的文化极为混杂，所包罗的范围极为广泛，能够创造出我们必须呼吸的氛围。他们的地位象征支配着日常生活，他们的道德价值是我们人与人之间关系的道德标尺。"从年龄上看，布波族指的是出生于 1955 到 1965 年间的人。这些人不论男人还是女人都享受过一流的教育，从事着高薪的职业，例如律师、设计师、谈判专家和信息技术专家。从年龄、教育和职业的角度来看，布波族和《美国精神病人》中的人物群体是相似的，只不过时代晚了 10 年而已。由于这群人的收入都远远高于平均水平，所以不会存在拮据的问题。因此，这些人能够为自己买到任何自己内心想要的或是这个社会环境所要求的东西，其限制只有一个："人们可以随心所欲地花销，只要他们买到的东西能够当成工具畅行无阻，就好比花 65000 美元买一辆路虎。"（布鲁克斯，2001，第 97 页）这背后隐藏的是关于功能性以及身处顶层寻求突破的思维，但是这种思想却带有严重的弊端，例如布鲁克斯（2001，第 99、100 页）就曾经谈到过典型的布波族的厨房陈设：

"布波族的厨房仪器设备绝对符合星级厨师的要求。进去之后，乍一看还以为是一个镀镍的原子能反应堆，仔细看一下才知道是一个炉子，但其实做饭是在 1.5 米处的一个由六束射线、双倍驱动的火箭推动器的平台上面进行的。此外，一个现代厨房还要拥有一个火山熔岩烤肉架、一个黄铜制成的自带煤气点火装置的锅（只有无知的人才会用铝锅。）……冰箱要和小型运输机的尺寸和大小一致，冰箱至少要有两个门，其中一个要给冷藏区，如果人们想要将其中的一个单间作为单身公寓转租的话就可以用到。"

这里的口号是：只有最好的才是合适的，而且这种口号认知已经影响到整个消费领域，不论是食品、服饰、化妆品、汽车、住房还是娱乐活动。所有的东西都要无比精细，但是却又不欲使之显得过于富丽堂皇或是附庸风雅——但是这种想法本身就已经很让人厌恶了。因为这已经不仅仅超出了原始的欲望，更重要的是指向个人的教养问题，正如作者写道：世俗的事物现在被膜拜。在顶级生活中追求极简成为诸如艺术家、从事创造性行业的人和有文化的企业商人这类相对小众阶级一致追求的目标，品牌在这样的一个社会环境中往往会繁荣发展。如果大家在这样的一个社会环境中做品牌的实验性调查研究的话，一定会证明格肯的猜测：品牌不仅控制人的消费行为，而且还会控制整个社会环境的生活方式。

可以确定的是，社会的差异性无疑可以在对特定品牌的持有上得到解读。甚至可以想象出，一个人消费的所有品牌和非品牌中存在一定的家族相似性（Familienähnlichkeit），而且这种效果——散布在社会差异的各个角落——可以在每个人身上被观察到。生活方式的统一性同样也能在人们使用的品牌或是非品牌商品的统一性中得以体现[493]。

在这种背景下，我们再回到一开始提出的问题：如果品牌以传达意图为目的，在引入品牌作为沟通这一概念时，主要指的是关于品牌的沟通还是通过品牌进行沟通？还是说涉及在一个社会体系层面上的关于品牌的沟通？首先，第一个可能性是完全没有问题的。因为，很显然一定会有关于品牌的沟通——本文说的就是关于品牌的

---

[493]　此外，结合福尼尔（1998，1999）的研究工作，还应该考虑到这种关系不仅仅适用于消费者和品牌之间，还适用于品牌与品牌之间。因为，如果将每一个品牌看作独立的、有相当程度教养的，并且相信它拥有独立品格的话，就可以完全想象品牌不仅仅可以同消费者之间进行交流，还可以和其他的品牌之间发生联系。因此，品牌之间的关系就像是和家人、朋友、熟人、邻居或是陌生人之间的联系一样，只不过这些是虚拟存在的、有着特定强势与弱点、偏好和倾向性的人而已，此时就要认真考虑是否存在像皮埃尔·布迪厄（1985）所说的"品牌的场域"：因此，每一个"场域"指的是一些位置，这些位置的特性是由一些容积大小不同的资本类型组成。这样一种"品牌的场域"必然包括经济层面的资本（也就是说这个品牌的价格）、文化层面的资本（指的是一个品牌的质量）、社会资本（这个品牌消费群体的特权）以及象征意义上的资本（就像是一些成为"崇拜"对象的品牌所具有的"灵韵"），最后还需要一个持续性的因素作为时间层面的资本，但是布迪厄没有提到这种资本，参见黑尔曼，2002b。此外，还会产生一个问题：能不能将所有这些资本的类型概括为"品牌资本"呢？许多研究项目也将这些问题作为研究对象，或许将之称为"品牌的社会"会比较恰当。这种社会分别由不同的品牌组成"家庭类型的社团"。特定品牌之间的相互关系就像相互认识的人会通过加强彼此沟通的频率来增进他们之间的熟悉程度，直到形成"强烈的羁绊"（Granovetter，1992），但是这些品牌也会因此断绝与他们周围环境中其他品牌之间的往来，这样的研究尝试性地出现在区分人和其角色之间的基础性研究中，参见黑尔曼，1996b。

问题；其次，关于第二种可能性：通过品牌进行沟通也是没有问题的。如果采纳科尔内利娅·博恩（2000）的观点的话，很显然会有通过服饰所进行的沟通，尤其品牌服饰——不论是在成年人还是在儿童身上——都极大程度上被用作沟通的工具。关于品牌的研究也多次证明存在通过品牌进行的沟通，正如里科·克雷尔（Rico Kehrer）（2001，第46页）曾说：

"品牌产品可以用来作为交流性言语。独立的个体可以通过这种言语表达他们的世界观和人生经验，以求被其他共享这种象征性功能的人所理解。也就是说，通过这种方式，品牌可以被看作来满足划分社会等级以及社会分化任务的一种工具。"

第三种可能是将品牌沟通描述成社会体系，这可能会更加复杂。尽管也有从这个角度出发的一些零散的观点——克里斯托弗·卢切尔纳（1999，第370页）解释道："如果一个品牌成功地深入到社会生活和消费者心中，以至于成为消费者群体的一个仪式对象的话，就可以将其定义为一个真实存在的活着的系统，这种系统可以为自我的再生产和自然的品牌发展提供一切前提。"可即使是这种自我生产性的概念显然指的仍旧是一个社会意义群体的自我再生产性，到目前为止依然缺乏理论或是实证方面的研究去具体论证一个品牌的自我生产是否可以看作系统或是如何被看作一个系统。

品牌研究中的系统概念

系统概念在品牌研究中的一个研究方向里首先得到重视：这个研究方向将"品牌商品作为销售系统"[494]。根据乔治·贝格尔勒（Georg

---

[494]　参见阿斯特海默，1932；莱特雷尔，1955；埃特默，1959；舍费尔，1959；威廉，1960；贝格尔勒，1961；Alewell，1974；Angehrn，1974。

Bergler，1961）的观点："品牌商品"这一销售系统是由多个互相关联的特征组合而成的。对于销售的观察是从生产商的视角来进行的，故而"品牌商品是一种由生产商首创出来的销售系统"（汉森，1970，第 64 页）。这种观察方式覆盖了整个生产和销售系统，也就是说，产品出自生产商之手，然后直接销往终端消费者，然而此过程中所经的途径全部在生产商的掌控之中。"显然，品牌商品本身就是一个销售系统，是一种机制。在这种机制中，生产者根据自己的合法财产状况可以在他生产的品牌去往消费者手中的过程中对这个品牌拥有绝对的支配权。"（梅辛，1984，第 57 页）

系统概念在品牌研究的第二个范式阶段没有起到值得一提的作用，只是随着 80 年代末新的范式转换才重新引起研究兴趣。将品牌描述成一种沟通，这使得系统概念重新得以流行。当然，如果是纯粹的描述性研究，就远达不到概念的深度 [495]——那就更不可能出现不仅运用系统概念，而且还运用系统论的方法进行自我描述的可能性了，其例外情况一只手都能数出来。这其中包括位于日内瓦的品牌技术研究院的创立者和工作人员及同一观点的学者所著的一些文章。这些文章的一个共同点是，他们都会引用汉斯·多尼茨拉夫的理论，这尤其表现在大众心理学和完型心理学的理论语言上。将品牌描述成一个"形象系统"的亚历山大·戴克瑟尔（1996，1997，1999）正是一个很好的例子。根据他的观点，品牌是一个首先为其产生和历史负责的完整的整体。也就是说，一个品牌的来源其实已经昭示了它的未来。因此，这种品牌概念会相当保守，或者更准确地说在结构上相当保守：在实践操作中要尽量避免对品牌概念化，以

---

[495]　参见 Angehrn，1980；Schöttmer，1982；桑德勒，1983；Erke，1984；格肯，1994，1995；卡曼辛，1998；博尔茨，1999；赫尔曼，1999。

防影响品牌的形象（Peitgen，1997；Quelch/Kenny，1997）。如果改变势在必行的话，也要十分小心翼翼地进行改变。在这里也很适合将品牌看作活着的系统[496]，因为对一个活着的系统进行干预比对一个机器进行干预要冒险得多。此外，在这种将品牌作为一种形象系统还有几处措辞非常精确：

"品牌是超有机的生物，品牌诞生于人们对于一种形态突然产生的构想。在这种构想中，物体、人类、工作，产品、效能、态度在一种或多或少不可替代的特殊性中得以发展。在最初的寻找阶段过后，他们便以极高的承载能量，也就是或以密集投资的方式将这个最初的突发奇想发展成为一个系统，而这个系统原本的能源存储者就成为属于这个系统的顾客群体。原初的曲调最后逐渐增强变成一篇乐章，衍生出自己的乐团，并在观众中为自己创造回声区——而作为主旋律的品牌电池也由此产生，现在可以间或关闭最初用来充电的发电机，只需要随后及时进行充电加载即可。现在，可以降低成本的信任便产生了——这是在市场中最经济的结盟。能源的反馈过程必须遵守自我相似性的自然原理：必要的变化是可行的，但是偏离主流必会受到警告。生物不断地更新着细胞，但是要尽量阻止癌细胞的产生。这种原理不仅适用于有机生物，同样也适用于超有机生物。如此一来，自我相似性就成了市场销售的调节准则，并为公司的日常营业提供了行动指南，企业文化会按照各自形象的独特原则构建自己最优的价值创造系统。换言之，形象系统使世界变得更有序——品牌塑造了世界。"（戴克瑟尔1997，第245、246页）

由托马斯·奥特（Thomas Otte）（1993）所著的题目为《作为系

---

[496]　参见里格尔，1985，1987，1990；布兰德迈尔/戴克瑟尔，1991；戴克瑟尔，1993，1994，1997a，1998，1999a，2001。

统的品牌——品牌凭借自身动力调节市场》一文和戴克瑟尔有着相似的研究领域。在奥特看来，汉斯·多尼茨拉夫、奥特加·伊·加塞特（Jose Ortegay Gasset）、古斯塔夫·勒庞（Gustave Le Bon）和费迪南德·滕尼斯（Ferdinand Tönnies）在社会学领域中发挥了最主要的作用，文中有关于研究作为"更高级"或者"超有机生物"的品牌的转述。奥特甚至对"集体和社会"进行了这样的描述："品牌即最想被获得的东西：它同时是喜好、习惯和记忆的产物。"如果以中期结算的角度去谈品牌的话："品牌首先具有社会本质，而且是整体的、处于与外界环境不断交换的系统，有着明显的想要自我保存、发展和整合所有参与者行为的诉求。"（同上，第95页）如此看来，我们会很想知道究竟品牌如何才能做到整合这么多参与者的行为。因为，品牌的一个主要特点就在于，品牌能够培养出一批顾客，就像戴克瑟尔（1994）表述的那样："仅仅一个品牌就可以将消费者在结构上压缩为顾客群体。产品能够撕开买家的关系，然后重新将其整合为顾客，唯有品牌能够造就顾客群体。"但是奥特没有再继续解释这种联系。社会科学在自然科学领域中关于协作作用和自我组织（Selbstorganisation）的研究结果的接受，对于研究整合顾客行为的问题十分具有推动性（奥特，1992）。因为根据激光技术和散逸性系统领域里的例子，至少可以说明对元素的整合是如何通过外部的刺激和内部的自我组织进行的。最后还有一个问题：对这样一个自然过程的观察，对于社会过程的研究究竟有何益处？但是这个问题没有得到答复。不过，奥特认为自然和社会文化之间存在着同源性，而这种同源性可以允许将自然界的现象引申到具有社会本质的品牌身上。奥特随即做出如下表述：

"消费者和其他的品牌参与者可以组成一个网状的散逸性系统，

这个系统由参与者和品牌及其随之产生的设想构成。因此，品牌在其中扮演的是可以调动参与者产生同类型设想的秩序维持者角色。也就是说，品牌在这里可以产生一个更大的宏观秩序。与此同时，作为维持秩序者的"品牌"依靠消费者的行为、设想和感觉以及其他与品牌相关的因素得以生存，维持秩序者和处于奴隶地位的下层系统在存在方面互相决定。"（奥特，1993，第49页）

　　但这种认知究竟如何才能具体地应用到经营品牌的社会实践上这一问题还没有明确的答案。这种同调性难道还可以延伸到将消费者按照在整流过程中的液体分子那样进行调控吗？奥特（1993，第49页）的一些表述却实现了两个学科领域间的平滑过渡："很显然，品牌系统建立了一种典型的结构形式，其中包含质量（＝产品）、能源（＝金钱）以及能源等价物（＝构想）。"令人遗憾的是，在涉及关键的阶段过渡及其可能的条件时，奥特使用了一种似是而非的公关式的口吻——使用诸如"不知怎么地"一类的表达方式。同样，这种情况也涉及"自我相似性"原则的论述。根据自我相似性原则，经营一个品牌务必使这个品牌的所有特征在一个特定的变化范围之内做出改变，以防品牌的统一性受到质疑。但是在什么情况下，如何或是什么时候才算是越过这个允许范围呢？却一直没有明确论述。必须肯定奥特的一点是，这样的阶段过渡本身在自然界中也是几乎无法预测的。由于这种跨学科性，奥特的论文最终导向了启发学。但是在这样一种无法预测的同调性的情况下，如果奥特能够将他论文中的趋势进行更加明确的阐释的话，就会更有意义。如果将品牌看作一个社会系统，而不仅仅是对自然界变化过程中的一种接受性的模仿的话，将"品牌看作一个自我组织的系统"这种观察方式最后并没有得出什么有价值的结论。

人们在研究"一体化的品牌沟通"时还会遇到另外一个问题。福尔克尔·哈尔斯滕贝格（Volker Halstenberg）对此进行研究时，试图将心理分析与成功的品牌经营下的系统论相结合。其中他明确表示，他所说的系统论其实只是卢曼在经过自我再生理论转折点之后的著作中所论述的系统论。因为哈尔斯滕贝格其实并没有仔细区分系统论中的自生理论和它的"特异反应性"之间的区别，这也表现在他对品牌的定义上："品牌是一个在它的心理和生理的核心特征维度中生出来的交流系统。"（哈尔斯滕贝格，1996，第80页）只是交流在系统论中和心理上以及生理上的特征有什么关系呢？其原因可能存在于与心理分析法的联系当中，从中产生出十分独特的理论结合，但是这种理论的结合其实只是部分地完成了哈尔斯滕贝格在初期雄心勃勃地接手系统论研究的预定目标。因为系统论是一个关于社会系统的普遍概念的理论，因此这种理论会尽可能地避免内容和实体上的定论，这种理论策略的可取之处主要在于它具有极高的分解和重组的能力。然而为此所付出的代价是：研究者务必会受到来自实践和预测方面的极大的限制。哈尔斯滕贝格试图通过系统论将心理分析法"吞并"（如果可以这样说的话），想要得到的效果其实是想将心理分析法用作一个动机丰富的并且能够强力指导实践的理论。这样的话，完全可以将这种心理分析法和理性选择理论相提并论，其主要是出于补偿，给系统论在内容上"充电"，并且弥补系统论在论述过程中不尽翔实的问题。因为哈尔斯滕贝格（1996，第18页）像其他在品牌研究领域里的人一样，其研究目的是为品牌经营提出一系列的建议，"持续提高一个品牌以及营销成功的概率"。也就是说，要求系统论在这种情况下能够具有实践指向性，并能为品牌的日常经营提供行为指导，但这却与系统论对自身的自我理解以及要谨慎对待上述期望的危机意识相抵触。因此，在论述的过程中会给人一种系统论相较于心理分析法越来越处于不利地位的印象。因为系统论无法满足对于接近实践的期待和为决策提供理论支持的要求，因此从这种意义上讲，这篇论文展示了一种试图将两个大相径庭的传统理论相结合的全面尝试。这在品牌研究领域中不仅非同寻常，而且可以说是相当地大胆。但是由于这两个理论在一定程度上互不兼容，这就导致了系统论在最后得不到应有的重视，且系统概念也没有发挥其应有的作用。

最后，要谈一下曼努艾拉·图尔姆（Manuela Thurm）的论文。她也像福尔克尔·哈尔斯滕贝格以及克里斯托弗·赫尔曼（Christoph Herrmann）（1999）一样，深受品牌研究领域理论不足的折磨。她的论文题目言简意赅，就叫"品牌经营"。这同样表明了她对于卢曼系统论的强烈兴趣。这种兴趣不仅表现在她在论文中详细论述了对于系统论跨学科理论构想的接受，而且还表现在她在论文结尾中，不顾这种理论结合带来的风险，而提议将系统论看作研究品牌经营时权威性的范式。在结论中，图尔姆十分赞同将品牌系统理解为一个独立的交流系统。这种交流系统包括公司系统、消费者系统和意识系统之间产生的交流，但是相较于这三个子系统中的任何一个都是以一种统一体的形式出现。这个建议有一点没有说清楚：到底这种形式的系统是如何通过交流来实现的呢？毕竟在公司和终端消费者之间是没有直接的交流存在的。在这两者之间存在的往往仅是通过大众媒体和市场调查而展开的相互之间的、无互动性的陌生观察。不仅如此，在关于品牌系统是如何再生产的这个问题上，图尔姆（2000，第 206 页）十分严格地恪守了卢曼的理论："最主要的是，始终要建立交流和交流之间的相互联系，此外品牌再无其他的目的。如果品

445

牌没有建立起这样的联结交流，它面临的就是死亡。"随之，她列举了一个失败的联结交流例子：一则手工工艺传播服务的广告——这则广告在观众中最终导致了交流的中断。在这里就要提出一个问题：如果大众媒体的交流方式（在这里也包括广告）本身的特点就是它在大众眼中近乎是没有效果的话，图尔姆是如何准确地断定这种形式的交流就是失败的？这种类型的成功标准甚至可以说是并不适用于大众媒体。如果大家像图尔姆一样认为品牌形成系统依赖于交流系统的话，换句话说，假设在形成品牌系统之前就已经存在公司系统和消费者系统之间的交流，这时图尔姆的论断才会有意义。因为如果没有交流伙伴"消费者群体"在场的话，就不会形成"品牌系统"这样一个交流系统。但是这样的话，是否有交流就不再重要了。

最后，图尔姆转向关注品牌系统的基础选择机制问题。文章开头，她便引入了编码这一概念，并使用"价值"和"额外价值"来说明编码的两个方面。其中她将"价值"这一概念主要依据卢曼的理论理解为具有象征性的可普及的交流媒介。"品牌作为自主的、可以自我生产的系统，可以经由价值期望自身创造出价值单位。"（图尔姆，2000，第212页）但是关于这个不能说没有争议的提议会造成什么样的后果，文章并没有继续进行讨论。因为价值虽然从鉴别象征性这个角度上来看意义非常重大，但是其领导力却是最小的。价值虽然能够对优先权作出规定，但优先权的使用却是完全自由放开的——因为价值无法在使用优先权的过程中保证具有排他性。如此一来就会出现一个问题：伴随着这样的特殊性质，价值究竟还适不适合像它在对社会系统做出自我界定时一样不可或缺地去完成这类区分任务呢？

在第二阶段，图尔姆试图借助乔治·斯宾塞·布朗（George Spencer Brown）的关于形式的概念去描述她眼中的品牌概念。事实上，这样的借用是非常适合的，这是因为斯宾塞·布朗的理论中关于形式的概念主要用来区分"差别""明显的"和"不明显的区域"，也就说主要区分"品牌标记"（名称）、"已经被标记的"以及"未被标记的"三部分，同时也定义了区分的标准单位。图尔姆的这种概念转化之所以能够成功实现，主要还是因为"已经被标记的"和"未被标记的"领域恰恰可以转化成对于"品牌"和"其他品牌"、"非品牌产品"和"其他特性"的区分。此外，图尔姆和斯宾塞·布朗特别强调的"描述出区别所在"进行了具体化，其途径是在对"已经被标记的领域"进行区分和命名的时候，常常将产品的名称和它具有的典型特征作为品牌的根基。随后，图尔姆（同上，第 215 页）以梅赛德斯 A 级轿车为例来说明前面所述的区分是如何进行的：

"例如，梅赛德斯集团将 A 级车型与其他类型的商品（例如，自行车、摩托车和家具等）进行区分，主要是通过将这种车型命名为'梅赛德斯 A 级'品牌下的一款小型私家车（不是梅赛德斯 CLK，也不是宝马的私家车或是其他）。随之再细化到产品的特性，该公司使用了诸如"未来/过去""进步/保守""个性/跟从"等的差异性特征。只有通过这种方式的界定，才能实现对一个品牌的确认以及将品牌和它背后所隐含的特征属性牢牢地捆绑在一起。"

但是如果使用上述方式区分、描述和观察一个诸如梅赛德斯 A 级小型私家车这样的次级品牌时，实质上居于"被标记的区域"中心位置的不是图尔姆在编码概念中提议的价值概念，而仅仅是那个被生产商预先设定的产品名称罢了。此外还有一个问题：一个产品功能特性的列举与"被标记的区域"究竟在何种程度上具有相关性？虽然价值在编码概念的框架下，作为一个纲领性的程序概念本可以被恰当地运用，但是图尔姆却没有使用这个概念。还有，图尔姆虽努力区分了媒介和形式，但是直到最后，仍然有一些问题没有得到解答。比如说：媒介的形式（单位）和形式指的是什么？又或者另外一个问题：如果不再借用价值概念，当然，图尔姆在此处也没有明确地做到，那么媒介各要素的共同性又会体现在哪里？

品牌作为系统以及品牌的系统

曼努艾拉·图尔姆的研究尤为突出地表明：尝试把品牌沟通作为系统来描述，这在理论上有了更高的要求。那么人们到底是从什么时候开始谈论一个社会系统的呢？系统究竟是什么？或者更确切地说，在系统理论把"是什么"的问题扔进了旧式欧洲语义学的故纸堆之后，我们是如何并依据什么来确认一个系统呢？正如卢曼在提出"前自我再生阶段"时所做的那样，我们是经由结构概念进入讨论的。

总体说来，结构即期望。我们是带着期望观察这个世界的，看它是否以及在何种程度上符合我们的期望。结构在此起着类型传感器和选择器的作用：它探测世界，从诸多可能性中选择出符合自己选择标准的一定范围。只要结构能够激活这种选择性，或者换句话说，只要能够发现这种选择性所属的结构，我们就能谈论一个系统。"系统"这个名称所指的对象是真实存在的各个系统，只要这些系统是（足够）独立的，自己便能够决定什么属于系统，什么不属于系统。为此它们需要某些结构，选择合适的事件作为系统要素的能力可以被算作这种意义上的结构。回到这个问题：从哪一个时刻起，人们可以说一个系统已经存在了？也许我们可以提个要求作为回答："找出那个能让系统与环境自动区分开来的特殊结构！"

如果我们聚焦自我再生的理论阶段，再次提出"系统是什么"的问题，需要满足的要求则会明显增加。自我再生的意思就是，一个系统由许多要素构成，并且该系统能够通过这些要素再次产生自我，任何属于这个系统的单个要素因而都必须具有（再）生产系统的能力。由于要素概念经历了完全的时间化，因此一个基于要素而存在的系统，纵观其存在的整个过程中，始终是由各个要素环环相扣的连续序列所构成的。在这个序列中，每一个要素都是紧接着它的下一个要素得以存在的前提条件。因此，（再）生产系统的所有重担就落在了每一个要素上，因为在各个要素上都汇集了确保一个系统具有可联结性的所有重要条件。此外，每个要素在发挥再生产系统的功能时都具有了一种行为的属性，行为本身就是在事实行为时的系统，它同时也影响着系统能否着眼于未来的可联结性。对于"从哪一时刻起人们可以断言，一个系统已经存在"这个问题，今后需要满足的要求就是："找出通过那个系统可以自我再生产的特有的行为。"如果找不到这样一个具体行为，那么系统就缺少了每时每刻再被生产的可能性，所以，系统存在与否的问题由此归结为这样的行为能否发生的问题。

在系统理论的研究列表中，到目前为止只有三个社会系统显示其拥有典型的系统要素，这三个社会系统是社会、经济和组织。社会作为统括所有社会性之物的社会系统，只由沟通构成，并在从沟通到沟通的过程中被自我再生产，这与涉及的是何种主题无关。而在作为功能系统的经济中，担负起自我确立任务的是"支付"行为。紧跟着一次支付的是下一次支付，如此继续下去，就是这样的支付过程的序列再生产了经济系统。最后还有"组织"这类系统，它不再使用成员与非成员的区别来实现强制性的自我确立行为，而是使用"决策"行为[497]。"组织的出现意味着出现了递归的决策连接，其

---

[497]　但在卢曼那里也能看到这样的话："决策就是组织视为决策的所有东西。"

所发生的一切都是作为决策的沟通或为了决策的沟通发生的。"（卢曼，2000，68页）除了社会、经济和组织以外，迄今还没有发现更多的社会系统，为此需要找到一个不仅专属于该系统，而且具有与上述要素的形式具有对等功能的行为方式。

卢曼（1992，2002）在处理教育系统时使用了另一种论证策略。根据这种策略，评判一个系统是否实际存在，完全不取决于是否在事实上可以找到一种行为形式，它可以在紧密性以及在沟通、支付、决策的"操作性"上与此前的系统相媲美。更多的是，似乎只要发现有教育意图就足以被称为教育了。由此可以推断：在这种策略下，人们同样可以说，只要观察到告知意图就存在社会，只要观察到支付意图就存在经济，只要观察到决策意图就存在组织。因此，构建系统最终会碰到归因问题，不管是谁在某种情况下观察到了告知行为，并把它归为一个特定的系统参照物，由此所建构的不仅仅是沟通和随之而来的社会，还有在归因环节中的具体系统。其他归因过程也以这种方式进行，它们形成了主题上的同向关系。只有如此，系统才在实际操作层面上也存在，但和同类型的序列一样，仍然要满足一个条件，即系统所依赖的各个归因过程都要遵循同一个系统参照物。我们如何并依据什么来确认一个系统，对这个问题的讨论由此又回到了前再生形成阶段的要求："找出那个能让系统与环境自动区分开来的特殊结构！"

这就预设了人们至少知道从哪里可以识别出组织，但就算组织通过一串特殊的决策链显现出来，人们还会不停地在"决策"和"组织"这两极之间来回摇摆。卢曼（1988，171页）令人意外地表示："构建组织预设了一条认识规则，它允许系统确定哪些行为从哪些角度可以作为系统中的决策，这条认识规则首要地是一条给予成员资格的规则。"这就倒退回了那条卢曼原先也曾支持过的社会维度上的陈旧的成员/非成员的结构规则。

如果人们赞同对系统构建之可能性条件问题的这些理论思考，那就意味着，要把它们应用到品牌沟通上，还需要很多参数指标才能让我们认真考虑品牌的系统地位。首先能证明这一点的是，品牌沟通属于一种双重编码，既在外在关系上严格地运作，因为品牌与非品牌被严格地在逻辑上区分开，又在品牌相互之间的关系上呈现出一种相似的规则，即除了表明是一个品牌外（这样就与所有非品牌区分开了），还要区分出优质品牌和劣质品牌。此外，品牌兼具与货币功能对等的任务，即同样能传递购买动机，从而在不太可能的情况下仍然保证成功实现购买。只有这一点还不足以把品牌称为社会系统，可我们却并不缺少拥有悠久传统、充满故事和回忆的品牌，这些对一个系统的独立都是不可或缺的。许多品牌成功地展现了自己惊人的整体性、融入性的品牌形象，通过巧妙诱导，以至于会产生出一种品牌与产品浑然天成的统一性，这种统一性能自主地决定什么是适合它的，什么是不适合它的，这不单单是从那些表示出强烈销售兴趣的人的角度出发的。但是这样就足够认为把某些品牌，通过自身就能实现再生产的沟通系统了吗，即使它们已经像万宝路、IBM、英特尔、诺基亚或耐克一样成功？

　　另一条看上去更加可行的路径是，不是把单个品牌，而是把所有品牌作为一个整体现象来观察，这样的现象从外在上给人以具有极大闭合性和内在秩序的印象，从而具有了系统的属性。如此，和卢曼（1996）口中的"大众传媒系统"一样，我们也就能够将它称之为"品牌系统"。它在总体上表现为一个社会系统来进行运作，但不是像在大众传媒系统中那样作为一级功能系统，而是作为次级功能系统运作（参看 Baekker，1994；福克斯/Schneider，1995）。个别品牌除了仅仅表现为某些特殊的形式之外，甚至还可能成为系统的子系统，从而使人们能看到一个在它之上的作为整体的品牌系统（这里可以参考媒介／形式的区分）。

不把每个品牌都在系统理论中抬到独一无二的地位，不给每个品牌都赋予社会系统的形式，而是笼统地谈论"品牌系统"，这样的想法在一种特殊的沟通形式中得到了支持。这种沟通形式尤其在科学系统中被使用，其特殊性在于它关涉"声誉"的获得和利用，后者在对品牌符号的研究中已经成了研究主题。对于上述关系不无启发的是，卢曼（1990）已经把声誉的总体分布称为"声誉系统"。以此为契合点，我们可以用相似的方式谈论"品牌系统"，因为它只有在总体表现上才被看作一个系统。在这里，声誉在原则上被当作品牌的功能等价物，因为我们知道，品牌也对市场有导向作用，它提供了将"品牌"与"品质"挂钩的机会，而货币媒介——真相媒介中声誉的功能对等物——简化了产品之间的比较，提供了额外的购买动机及信任。这类功能等价物的出现，卢曼（1990，245页）曾经无意中提到过：

"更仔细地审视后我们会发现，在任何通过媒介传递的沟通中都会碰到同一个有待解决的问题，这个问题就是对观察提出过高的要求，媒介构成了动态的系统。事件具有新闻价值，但我们只有很少的时间来追踪当下发生的以及蕴含着机遇或危险的事件。因此我们不得不依靠象征，它可以缩短定向的过程。"

当涉及科学时，这样的象征就是声誉，而涉及经济时，品牌就成了象征。正是在这个意义上，我们所谈论的才是"诸品牌的系统"，或者简而言之"品牌系统"。这里的目的与全书一样，是为了提供一系列建议，从而促使品牌社会学的研究计划将来向实证研究的形式转变。

结束语

　　品牌对于社会学的重要意义是毋庸置疑的。"品牌是一个消费社会的象征。其他象征都没有像消费品牌一样如此系统地被赋予意义并在社会的集体意识中积淀下来。"（鲍曼等，1998，168 页）为了弄清楚品牌对于社会学的重要意义具体是什么，本书的第一部分着眼于品牌研究，以使读者对"品牌"这一主题有直观的了解。第二部分则围绕一个问题，即社会学提供了哪些可能性和契合点，来把"品牌"这个主题以适当的方式纳入专业研究。全书以一个简短的总结结束。

　　我们回顾一下就会发现，在以品牌为主题进行系统性研究的进程中，前后共经历了三个不同的发展阶段。起初，品牌和品牌管理被认为是纯技术性的，就好像人们造了一台机器，一旦启动只要定期保养，让它维持运转、不出毛病就行。到了第二阶段，品牌获得了"自己的生命"，被当作"人物"，并且人们很快开始从心理学的角度来理解它。在第三阶段，沟通理论对品牌的解释开始走上了讨论之路。相应地，品牌被看作信息，它由输出者、生产者发出，被接收者、消费者以某种方式感知和评判。在最后一个阶段，品牌完全变成了一种"超商品／元商品"（林），它本来只是指代某种商品，却从外部取代了它，并受到其自身的生产和展示条件的限制。

大家逐渐达成了一个广泛的共识，认识并承认品牌也是一种交流。由此，消费者——作为品牌信息的接收者——最终来到了品牌研究的中心。尽管在实际应用中，交流这个概念仍然有些含糊不清，但仅这一概念的迅速传播就表明了这样一种意识，即一项品牌策略的成功最终取决于消费者。因此，品牌研究尝试去发现和理解品牌沟通的成功条件，这就意味着去理解进而在品牌管理中重视消费者是如何理解品牌的。

如果把品牌当作沟通来观察并以此为出发点把品牌纳入社会学，就会出现很多通向品牌社会学的结合点。一种沟通形式已经摆在我们面前，仅这一点就足以表明社会学有责任研究这一课题。除此之外，人们还可以观察到把品牌主题化的兴趣，这种兴趣首先指向经济方面。就此而言，品牌这一课题显然要被归划到经济社会学负责研究的领域。本书第二部分的中心议题就是从这个预设出发，通过功能分析，在经济社会学中找出能适当地接纳品牌这一课题的结合点。为此，我们对"经济""市场""货币""广告"以及"消费"等领域都做了历史和理论的广泛阐述，如果以广告为例，简单地说，我们在功能分析中认识到的东西就是：广告需要致力于引起能带来后续行为的注意力，并从大量商品中正面突出想要达到的效果。广告不仅要博得有后续行为的注意力，还要赢取信任。由于广告毫无个性的表现方式只能通过名人出场部分地弥补，因此广告很容易被认为有操弄和欺骗的嫌疑，最终显得不令人信服，从而永远不会转化为购买行为。与此弱点相关的是，品牌似乎总要高举起信任的大旗。从广告的立场来看，在它力求实现可信任的沟通过程中，品牌被认证为广告的固有价值。这些价值提出了一项对信任的特别要求：通过不断重复一个品牌所代表的东西，在事实、社会和时间的层面上，一些商品在日积月累中变成了广告沟通的一种尤为可信的形式。

如果人们把"品牌"现象以这种方式同广告及所有大众媒介都会遇到的信任危机联系在一起，那么品牌就如同一种补偿机制，它可以弥补广告的缺点，如缺乏互动、匿名性和信任悖论。此外，品牌还以类似的方式对货币有补偿功能。大量研究表明，虽然价格机制的优点是无须经济之外的因素就能够平衡供需，但它在消费者眼中并不包含所有足以导致购买决定的信息。这与市场上充斥着复杂多样的产品有关，它们的价格差异太小，以至于不能仅仅以此来实现一个有效的购买决定。价格差异再加上寥寥几句话只能部分地让人了解到产品的品质差异，品牌正是在此发挥了功用。因为从一开始，品牌广告就没有把自己局限在仅仅告知产品的价格上。更确切地说，广告传递了大量的信息，比如商品的产地、功效和品质。与它们相比，价格往往被排在后面，这当然也不过是一种赢得信任的手段。尽管如此，我们应该弄清楚，作为元商品的品牌究竟在何种程度上提供了关于被购买商品的附加信息，这些信息的根本作用是使价格的机制失效。此外，品牌还是极佳的购物动机的制造者，因而被归为货币媒介的纲领层面。

此外还有建立关于社会不平等的社会学的努力。从50年代起人们就在关注对社会不平等的社会学讨论及其研究进展。人们愈加明显地看到，第二次世界大战后，在高度工业化的民族国家发生了一场有关社会不平等的革命。革命一开始进展得很缓慢，几乎不被人察觉，从70年代开始则越来越让人们困扰。在这场革命中，社会环境和生活方式的碎片化结构即使没有取代，也至少补充了前现代社会模式中阶层和阶级的垂直分布。与之前的社会不平等模式相比，这些环境和生活方式更少依赖等级制结构中的上下关系。取而代之的是各个"共同体化"（韦伯）模式的加速独立，越来越频繁、越来越自由地出现了共同体的其他补充形式。这还发生在越来越小的范围，也就是说人数更少，循环也更短，同时涉及日益增多的产品。正是在这一点上，品牌才再次大显身手。因为品牌天生就是为了激发共同体的效果，哪怕为数众多的效果只是"效果的累积"（卢曼）。与前现代社会的社会结构相比，这些效果在激发人们产生认同感这一方面具有不弱的作用。由于在青年人中更受欢迎，有的人甚至达到了狂热的程度，他们穿着某些品牌服装，比如阿迪达斯或耐克的夹克、裤子和鞋，就能建立起具有相应归属标志的生活方式相同的年轻人的小圈子。这些标志尽管更新很快，影响范围也不大，却显示了社会环境的功能与结构。这些效果告诉我们，不仅存在关于品牌的沟通，还可以通过品牌来沟通。

在本书中，对概念工具的考察具有极其重要的意义，因为只有概念才能指导研究有序进行。"理论决定了我们能观察到什么。"（爱因斯坦）接下来应该做的是把这个品牌社会学的研究计划推广到实证中去。

内容和品牌索引

Bahlsen	百乐顺饼干
Beck's	贝克啤酒
Bedarf	需求，诉求
Beduerfnis	需求，需要
Beduerfnis-Produktion	按需求生产
Birkel	佰克尔面条
Black box	黑盒子，黑匣子
BMW	宝马汽车
Bosch	博世电器
Braun	博朗电器
Breguet	宝玑表
Camel	骆驼
Clarins	娇韵诗
Clausthaler	克莱斯勒啤酒
Coca-Cola	可口可乐
Code	符码，编码
Codierung	编码
Consumer Insights	消费者洞察
Convenience	便捷
Daimler Chryler	戴姆勒-克莱斯勒
Danone	达能食品
Design	设计
Deutsche Bahn	德国铁路
Deutsche Post	德国邮政
Deutsche Telekom	德国电信

Dienstleistungsmarken	事务型服务
Discountmarken	打折品牌，折扣品牌
Disney	迪士尼
Dr. Best Dent	Dr. Best Dent 口腔卫生用品
Dresdner Bank	德累斯顿银行
Dr. Oetker	欧特家博士烘焙原料
Ehrmann	爱尔曼奶制品
Eigenwert	内在价值，特殊值，自我价值
Einbettung	嵌入，迁入
Einfluß	影响
Entschichtung	去层级化，非成层结构
Erdal	Erdal 皮具护理
Erziehung	教育
Esso	埃索润滑油
Evolution	进化，演化
Exklusion	外延，外在
Faber Castell	辉柏嘉铅笔
Familie	家庭
Ferrari	法拉利汽车
Ferrero	费列罗巧克力
Flops	失败
Focus	焦点
Frosch	菲洛施家居清洁剂
Funktionale Analyse	功能分析
Funktionale Differenzierung	功能性区分

Funktionssystem	功能系统
Geld	金钱
General Electric	通用电气
Generation Golf	高尔夫一代
Gerolsteiner	德劳特沃矿泉水
Gesellschaft	社会
Gesellschaftsfähigkeit	社会能力
Gesellschaftsform	社会形式
Gewerbefreiheit	工作自由
Gillette	吉列刮胡刀
Glaubwürdigkeit	可信度
Glaubwürdigkeitsparadoxie	可信度悖论
Golf	高尔夫汽车
Grundnutzen	基本效用，基础功能
Habitualisierung	成瘾化，习惯于
Handelsmarken	贸易品牌，商业品牌，交易品牌
Hansaplast	家庭创伤护理品牌汉莎普拉斯特
Haribo	哈瑞宝软糖
Hauswirtschaft	家庭经济
Herstellermarken	生产者品牌
Hipp	Hipp 儿童食品
Hochland	Hochland 奶酪制品
Hohes	Hohes 高维 C 果汁
Hyperzyklus	超循环
IBM	IBM 国际商业机器公司

Iglo	Iglo 冷冻食品
Ikea	宜家家居
Inflation	通货膨胀
Informationsasymmetrie	信息非对称性，信息不对称
Inklusion	内涵
Inklusionsindividualitaet	内涵型个体
Innovation	革新，创新
Integrierte Kommunikation	可融合的交流，已融合交际
Integration	融合，一致性
Intel	英特尔
Interfusion	混入，混合
Ivory	象牙皂
Jägermeister	野格牌利口酒
Kaffee Hag	哈格咖啡
Katastrophe	灾难
Kathreiner's Malzkaffee	卡特琳娜马尔茨咖啡
Kellogg	家乐氏谷物早餐
Klasse	阶级，阶层
Klosterfrau Melissengeist	修女牌纯天然草药酒精混合药剂
Knorr	家乐牌汤料
Kommunikation	交流，交际
Kommunikationsmedium	交流媒介，交际媒介
Komplementärmedium	补偿媒介，补充媒介
Konsum	消费
Konsumfreiheit	消费自由

Konsumrevolution	消费革命
Konsumstil	消费风格
Krise	危机
Krups	家电品牌克鲁伯
Kühne	冠利芥末
Kultivation	文明化
Kulturindustrie	文化工业
Kunde	顾客，客人
Kundenbindung	联结顾客，连接顾客
Kundenproduktion	按顾客要求生产
Kundschaft	通知，探寻，咨询，顾客（总称）
Kupferberg	酷菲堡金樽起泡葡萄酒
Kybernetik	控制论
Landliebe	大地之爱牛奶
Lange&Söhne	朗格表业
Langnese	琅尼斯冰激凌
LC	LC 酸奶
Lebensführung	生活方式
Lebensstil	生活风格
Lego	乐高玩具
Leibnitz-Cakes	莱布尼兹蛋糕
Leistung	成果，成就，成绩，服务，服务商品，商品服务
Leitz	利市文具
Leukoplast	胶布

Levis	李维斯牛仔服
Lindt	瑞士莲巧克力
Lufthansa	德国汉莎航空
Märklin	马克林玩具
Magie	魔幻
Maggi	美极烹饪汤料
Markenbeziehung	品牌关系，品牌联系
Markenbindung	品牌联结，品牌责任，品牌约束
Markencode	品牌符码
Markenerfolg	品牌成就
Markenevolution	品牌进化，品牌演化
Markenführung	品牌引领，品牌建设
Markenfunktion	品牌功能
Markenidentität	品牌同一性，品牌同一性特点，品牌身份认同
Markeninnovation	品牌革新，品牌创新
Markenkapital	品牌资本
Markenkenntnis	品牌认知
Markenkindheit	品牌儿童时代
Markenkommunikation	品牌交流
Markenkontinuität	品牌持续性
Markenmerkmal	品牌特点
Markenpersönlichkeit	品牌个性，品牌广告中的著名人士
Markenpolitik	品牌政策
Markenprogramm	品牌纲领

Markenrecht	品牌权利
Markenseele	品牌心灵，品牌精神
Markensprache	品牌语言
Markensystem	品牌系统
Markentechnik	品牌技术
Markentransfer	品牌转换
Markentreue	品牌忠诚
Markenvertrauen	品牌信任
Markenwert	品牌价值
Markenwesen	品牌业，品牌行业
Marketing	市场化，市场营销
Markierung	标示，标识出，品牌化
Marktentnahme	市场获取
Marktforschung	市场研究
Marktführer	市场引领者，市场领导者
Marktfunktion	市场功能
Markenmonopol	品牌垄断
Marktprinzip	市场原则
Marktplatz	市场，市场广场，市场场地
Marktproduktion	市场生产
Marktprogramm	市场项目
Marktregeln	市场规则
Marktsegmentierung	市场划分，市场分割
Marktsystem	市场系统
Marktwirtschaft	市场经济

Marktzeiten	集市时间，市场时间
Marlboro	万宝路
Massenmedien	大众传媒
Massenpyschologie	大众心理学
Massenpsyche	大众心理
McDonalds	麦当劳
Mediamarkt	Mediamarkt 电器市场
Medium	媒介
Melitta	美乐家咖啡机
Mercedes	奔驰汽车
Metaprodukt	超产品，元产品
Microsoft	微软
Miele	美诺家电
Milieu	环境
Milka	妙卡巧克力
Milram	Milram 酸奶
Motiv	动机，主旨
Motivation	动因
Motivationsmaschine	动因机器
Motivbedraf	动机需求，动机诉求，主旨需求
Motivforschung	动机研究，主旨研究
Motivrepertoire	动机集合
Motivsemantik	动机语义学
Motivversorgung	动机关注，动机供给
Müller	穆勒牛奶制品

Nachkaufsicherheit	后购买安全
Nestle	雀巢
Nike	耐克
Nivea	妮维雅
Nokia	诺基亚
Odol	奥朵漱口水
Opel	欧宝汽车
Otto	德国奥特在线购物
Ovomaltine	瑞士阿华田巧克力
Palmolive	棕榄洗护用品
Paradigma	范式
Pelikan	百利金钢笔
Persil	宝莹洗涤用品
Persönlichkeit	个性，著名人士
Person	人，人员
Peugeot	标致汽车
Philip Holzmann	菲利普-霍茨曼建筑企业
Porsche	保时捷汽车
Preishierarchie	价格层级
Preisbindung	价格约束
Preisführerschaft	价格引领
Preisfunkton	价格作用，价格功用
Preismechanismus	价格机制
Preisvergleich	价格比较
Preisversagen	价格拒绝，价格否定

Preiswürdigkeit	价廉物美
Premiummarken	高端品牌
Pringles	品客薯片
Produkt	产品
Produktkommunikaion	产品交流，产品交际
Produktneueinführung	再次引入产品
Programm	纲领，项目
Qualität	质量，品质
Qualitätintransparenz	质量透明性
Rama	人造黄油
Red Bull	红牛
Redistribution	再分配
Reputation	声望，名誉，名声
Reziprozität	互惠性
Ritter Sport	瑞特斯波德巧克力
Rolle	角色
Saab	萨博汽车
Sachmarken	实物品牌
Sachprogramm	实物纲领
Salamander	萨拉曼鞋子
SAP	思爱普软件
Serialität	系列化
Seven-Up	七喜清凉饮料
Siebel	西贝尔软件
Siemens	西门子

Skil	Skil 电动工具
Sonderzweckgeld	特殊用途金钱
SOS-Kinderdorf	SOS 儿童村
Sozialisation	社会化
Sozialprogramm	社会纲领
Stadtsparkasse	城市储蓄所
Stadtwirtschaft	城市经济
Stollwerck	施多威克巧克力
Systemvertrauen	系统信任
Szene	场景
Tausch	交换
Tempo	德宝卫生用品
Tesa	德莎胶带
Thermos	膳魔师水壶
Thomys	托米沙拉酱
Toblerone	瑞士三角巧克力
Toyota	丰田汽车
Trivialmaschine	平庸机器，平常的机器
Tropon	Tropon 衣服
TUI	途易旅游集团
Ubiquität	无处不在，普遍存在
Underberg	德宝力娇草药酒
Unicef	联合国儿童基金会
Varta	瓦尔塔电池
Verbrauchererziehung	消费者教育

Verbraucherverstehen	消费者理解
Verkehrsgeltung	交流效用，交际功能，沟通效果
Verpackung	打开包装
Vertauen	信任
Viala	Viala 葡萄酒
Villeroy&Boch	唯宝餐具
Visa	Visa 信用卡
Vivil	Vivil 糖果
Volkswagen	大众汽车
Volkswirtschaft	国民经济
Wahrnehmung	感知，感受，接受，看见
Warenkenntnis	商品认知
Warenproduktion	商品生产，货物生产
Warentest	商品检测
Warenzeichen	商品标识
Warenerfolg	商品成就
Werbesystem	广告系统
Werbung	广告
Wert	价值
Whiskas	伟嘉猫粮
White box	白盒子，白匣子
Wirtschaftssoziologie	经济社会学
Zahlung	支付
Zeitprogramm	时间纲领
Zielgruppe	目标群体

Zunftmarken	行会品牌
Zunftwirtschaft	行会经济
Zusatznutzen	附加效用，附加功能

人名索引

Adjouri，Nicholas	阿德巨喏，尼克拉斯
Astheimer，Ludwig	阿斯特海默，路德维希
Baecker，Dirk	贝克尔，迪尔克
Baudrillard，Jean	鲍德里亚，让
Bauer，Leonhard	鲍尔，莱昂哈德
Bauer，Raymond	鲍尔，雷蒙德
Baumann，Stefan	鲍曼，斯蒂芬
Becker，Jochen	贝克尔，约亨
Beckert，Jens	贝克特，延斯
Beigbeder，Frederic	拜克尔贝德，弗里德里克
Bell，Daniel	贝尔，丹尼尔
Berekoven，Ludwig	贝雷科芬，路德维希
Berger，J.	贝格尔，J.
Berger，P.A.	贝格尔，P.A.
Berger，P.L.	贝格尔，P.L.
Berger，R.	贝格尔，R.
Bergler，Reinhold	贝格尔勒，莱因哈德

Beyering, Lutz	拜尔林, 路茨
Biehl, Bernd	比尔, 贝恩德
Biester, S.	比斯特, S.
Bohn, Cornelia	博恩, 科尔内利娅
Boltz, Dirk-Mario	博尔茨, 迪尔克-马里奥
Borscheid, Peter	博尔世艾德, 彼得
Bourdieu, Pierre	布迪厄, 皮埃尔
Brand, Horst W.	布兰德, 霍斯特·W.
Brandmeyer, Klaus	布兰德迈尔, 克劳斯
Brose, Hanns W.	布罗泽, 汉斯·W.
Brooks, David	布鲁克斯, 大卫
Bruhn, Manfred	布鲁恩, 曼弗雷德
Bücher, Karl	比歇尔, 卡尔
Buchholz, A./Wördemann, W.	布赫霍尔茨, A./ 韦德曼, W.
Burns, T. R./ Flam, H.	布恩斯, T.R./ 弗拉姆, H.
Buss, Eugen	布斯, 欧根
Campbell, Colin	坎贝尔, 科林
Camphausen, Rainer	坎普豪森, 莱纳
Clausen, Lars	克劳森, 拉尔斯
Coase, Ronald H.	科斯, 罗纳德·哈里
Csikszentmihalyi, Mihalyi	契克森米哈赖, 米哈伊
Rochberg-Halton, E.	罗赫博格-哈尔顿, E.
Deichsel, Alexander	戴克瑟尔, 亚历山大
Demuth, Alexander	德穆斯, 亚历山大
Dichtl, Erwin	迪西特, 埃尔文

Diller, Hermamnn	迪勒，赫尔曼
Disch, Wolfgang K.A.	迪施，沃尔夫冈·K.A.
Domizlaff, Hans	多米茨拉夫，汉斯
Dopsch, Alfons	多普施，阿方斯
Douglas, Mary	道格拉斯，玛丽
Drosdek, Andreas	德罗斯戴克，安德烈亚斯
Elias, Norbert	埃利亚斯，诺贝特
Erhard, Ludwig	艾哈德，路德维希
Esch, Franz-Rudolf	埃施，弗朗茨-鲁道尔夫
Esser, Hartmut	埃赛尔，哈特姆特
Etmer, Horst Christian	埃特默，霍斯特·克里斯蒂安
Firth, Raymond	菲尔特，雷蒙德
Foerster, Heinz von	弗尔斯特，海因茨·冯
Fortini-Campbell, Lisa	福尔蒂尼-坎贝尔，丽萨
Fournier, Susan M.	福尼尔，苏珊·M.
Fritz, Thomas	弗里茨，托马斯
Fromm, E.	弗洛姆，E.
Fuchs, Peter	福克斯，彼得
Galbraith, Kenneth	加尔布雷斯，肯内斯
Gehlen, Arnold	格伦，阿诺德
Geisser, Fredy	盖塞尔，弗雷迪
Gerken, Gerd	格肯，盖尔德
Giddens, Anthony	吉登斯，安通尼
Glanville, Ranulph	格兰威尔，哈努尔夫
Goffman, Erving	戈夫曼，埃尔文

Grabowski, K. H.	格拉波夫斯基, K.H.
Größer, Helmut	格罗斯, 海尔姆特
Grünewald, Stephan	格里华德, 斯蒂芬
Güldenberg, Hans	居尔登堡, 汉斯
Haas, S.	哈斯, S.
Hallenberger, Gerd	哈伦贝格尔, 格尔德
Hansen, Peter	汉森, 彼得
Haseloff, Otto Walter	汉塞尔洛夫, 奥托·瓦尔特
Haese, Helmut	黑泽, 赫尔穆特
Haug, Wolfgang Fritz	豪格, 沃尔夫冈·弗里茨
Hauser, H.	豪瑟, H.
Hauser, U.	豪瑟, U.
Hayek, Friedrich A.	哈耶克, 弗里德里希·A.
Heider, Fritz	海德, 弗里茨
Heinemann, Klaus	海涅曼, 克劳斯
Heiner, Eva	海纳, 爱娃
Hennen Manfred	亨嫩, 曼弗雷德
Hennig, Richard	亨尼希, 理查德
Henning, W.	亨宁, W.
Henning-Bodewig, Frauke	亨宁-博德维希, 弗劳科
Herrmann, T.	赫尔曼, T.
Hermanns, A.	赫尔曼斯, A.
Hirsch, Julius	赫希, 尤里乌斯
Hodgson, A.	霍奇森, A.
Hölscher, Barbara	赫尔舍, 芭芭拉

Kruse, Albrecht	克鲁泽，阿尔布雷希特
Kur, Annette	库，安妮特
Kühn, Dietrich	屈恩，迪特里希
Lange, A.	朗格，A.
Lange, E.	朗格，E.
Lange, H.J.	朗格，H.J.
Lange, Manfred	朗格，曼弗雷德
Lazer, William	拉泽尔，威廉
Leitherer, Eugen	莱特雷尔，欧根
Leonhard, Lothar S.	莱昂哈德，洛塔尔·S.
Lepsius, M. Rainer	莱普修斯，M. 莱纳
Levy, Sidney	莱维，西德尼
Lindner, Rolf	林德纳，罗尔夫
Lingner, Karl August	林格纳，卡尔·奥古斯特
Linn, Carl Eric	林，卡尔·埃里克
Lockwood, David	洛克伍德，大卫
Lucerna, Christoph	卢切尔纳，克里斯托弗
Luhmann, Niklas	卢曼，尼克拉斯
Lutz, H.	卢茨，H.
McCracken, Grant	麦克-克拉肯，格兰特
McMath, Robert	麦克马斯，罗伯特
Maeschig, Peter	梅施希，彼得
Maggi, Julius	美极，尤里乌斯
Marchand, Roland	马尔尚，罗兰
Marx, Karl	马克思，卡尔

Mataja, Victor	马塔亚，维克托
Matthes, Detlef	马特斯，戴特雷夫
Maucher, Helmut	毛赫尔，赫尔穆特
Mauss, Marcel	莫斯，马塞尔
Meffert, Heribert	梅菲特，黑里贝特
Mellerowicz, Konrad	梅莱罗维奇，康拉德
Messing, Hans W.	梅辛，汉斯·W.
Merten, Klaus	默滕，克劳斯
Michael, Bernd M.	米歇尔，贝恩特·M.
Mills, C. Wright	米尔斯，C.怀特
Murphy, J.M.	墨菲，J.M.
Neumann, J.	诺依曼，J.
Noelle-Neumann, Elisabeth	内勒-诺依曼，伊丽莎白
Oetker, August	欧特科，奥古斯特
Oevermann, Ulrich	厄费尔曼，乌尔里希
Ogilvy, David	奥格威，大卫
Oswald, Ingrid	奥斯瓦尔德，英格丽德
Ott, Werner	奥特，维纳
Otte, Thomas	奥特，托马斯
Packard, Vance	帕卡德，范斯
Paczesny, R.	帕谢斯内，R.
Parsons, Talcott	帕森斯，塔尔科特
Pepels, Werner	佩珀斯，维纳
Polanyi, Karl	波兰尼，卡尔
Postman, Neil	波茨曼，内尔

参考文献

Aaker, D. A. (1998), Langfristig erfolgreiche Markenstrategien. In K. Brandmeyer & A. Deichsel (Hg.), *Jahrbuch Markentechnik 1997/98*. Frankfurt/M., S.103-134.

Aaker, J. (1999), Dimensionen der Markenpersönlichkeit. In F.-R. Esch (Hg.), *Moderne Markenführung. Grundlagen, Innovative Ansätze, Praktische Umsetzungen*. Wiesbaden, S. 91-102.

Aaker, J. & Fournier, S. (1995), A Brand as a Character, a Partner and a Person: Three Perspectives on the Question of Brand Personality. *Advances in Consumer Research 22*, S. 391-395.

Abel, W. (1966), Zur Ortsbestimmung des Handwerks vor dem Hintergrund seiner Geschichte. In Deutsches Handwerksinstitut e. V. (Hg.), *Das Handwerk in der modernen Wirtschaft und Gesellschaft*. München, S. 48-81.

Abend, J. (1986), Der Markenartikel – Eine literaturkritische Würdigung. *Markenartikel 48*, S. 366-368.

Achterhold, G. (1988), *Corporate Identity*. Wiesbaden.

Adjouri, N. (1995), Die Marke als Botschaft. *Markenartikel 57*, S. 30.

Adorno, T. W. (1993), *Einleitung in die Soziologie*. Frankfurt/M.

Agres, S. J. (1990), Emotion in Advertising: An Agency Point of View. In S. J. Agres, J. A. Edell & T. M. Dubitsky (Hg.), *Emotion in Advertising. Theoretical and Practical Explorations*. New York/Westport/London, S. 3-18.

Ahlemeyer, H. W. (1989), Was ist eine soziale Bewegung? Zur Distinktion und Einheit eines sozialen Phänomens. *Zeitschrift für Soziologie 18*, S. 175-191.

Akerlof, G. (1970), The Market for 'Lemons': Quality Uncertainty and the Market Mechanism. *Quarterly Journal of Economics 84*, S. 488-500.

Albert, H. (1968), *Marktsoziologie und Entscheidungslogik. Ökonomische Probleme in soziologischer Perspektive*. Neuwied.

Alewell, K. (1974), Markenartikel. In B. Tietz (Hg.), *Handwörterbuch der Absatzwirtschaft*. Stuttgart, S. 1217-1227.

Altenhöner, N. (2000), "Brands Lands". In W. Isenberg & M. Sellmann (Hg.), *Konsum als Religion? Über die Wiederverzauberung der Welt.* Mönchengladbach, S. 25-30.

Amine, A. (1998), Product Importance, Consumer Knowledge, and Brand Loyalty: Some Empirical Evidence about their Relationships. In I. Balderjahn, C. Mennicken & E. Vernette (Hg.), *New Developments and Approaches in Consumer Behavior Research.* Stuttgart/Houndsmills/London, S. 170-184.

Andersen, A. (1997), Mentalitätenwechsel und ökologische Konsequenzen des Konsumismus. Die Durchsetzung der Konsumgesellschaft in den fünfziger Jahren. In H. Siegrist, H. Kaelble & J. Kocka (Hg.), *Europäische Konsumgeschichte. Zur Gesellschafts- und Kulturgeschichte des Konsums (18. bis 20. Jahrhundert).* Frankfurt/M., S. 763-791.

Andresen, T. & Esch, F.-R. (1999), Messung der Markenstärke durch den Markeneisberg. In F.-R. Esch (Hg.), *Moderne Markenführung. Grundlagen, Innovative Ansätze, Praktische Umsetzungen.* Wiesbaden, S. 1011-1034.

Angehrn, O. (1974) Markenpolitik. In B. Tietz (Hg.), *Handwörterbuch der Absatzwirtschaft.* Stuttgart, S. 1229-1233.

Angehrn, O. (1980), Der Markenartikel als kulturelle Erscheinung. *Markenartikel 42*, S. 433-434.

Appadurai, A. (Hg.) (1986), *The social life of things. Commodities in cultural perspective.* Cambridge.

Arndt, J. (1968), *Insights into consumer behavior.* Boston.

Arnold, D. (1992), *Modernes Markenmanagement. Geheimnisse erfolgreicher Marken. Internationale Fallstudien.* Wien.

Astheimer, L. (1932), *Der Markenartikel und seine wirtschaftliche Bedeutung.* Gießen.

Auer, M. (1987), Der neuen Konsument. (5) ‚Yuppies' als Marktfaktor in den USA; nicht nur eine Erscheinung der 80er Jahre. *Marketing Journal*, S. 434-440.

Aumüller, J. (1994), Dienstleistungsperspektive. *Markenartikel 56*, S. 494-496.

Baacke, D. (1973), Sozialisation durch Massenmedien. In H. Walter (Hg.), *Sozialisationsforschung. Band II: Sozialisationsinstanzen, Sozialisationseffekte.* Stuttgart, S. 187-226.

Bach, H. W. (1994), Statement. In E. Merck (Hg.), *Marken im Wandel der Märkte. 4. Internationales Iriodin Design-Forum.* Darmstadt, S. 75-77.

Baker, N. (1993), *Rolltreppe oder Die Herkunft der Dinge.* Reinbek.

Baecker, D. (1988), *Information und Risiko in der Marktwirtschaft.* Frankfurt/M.

Baecker, D. (1994), Soziale Hilfe als Funktionssystem der Gesellschaft. *Zeitschrift für Soziologie 23*, S. 93-110.

Bäumler, S. (Hg.) (1996), *Die Kunst zu werben. Das Jahrhundert der Reklame.* Köln.

Baran, S. J., Mok, J. J., Land, M. & Kang, T. Y. (1989), You Are What You Buy: Mass-Mediated Judgements of People's Worth. *Journal of Communication 39*,

S. 46-54.

Barber, B. (1977), Absolutization of the Market: Some Notes on How We Got from There to Here. In G. Dworkin, G. Bermant & P. G. Brown (Hg.), *Markets and Morals*. Washington, S. 15-31.

Barthelmes, J. & Sander, E. (2001), *Erst die Freunde, dann die Medien. Medien als Begleiter in Pubertät und Adoleszenz*. München.

Baudrillard, J. (1991), *Das System der Dinge. Über unser Verhältnis zu den alltäglichen Gegenständen*. Frankfurt/M.

Baudrillard, J. (1998), *The Consumer Society. Myths & Structures*. London.

Bauer Media KG (2001), *Trendanalyse VA 2001: Loyalitäten – Entwicklung der Markentreue*. Hamburg.

Bauer, L. & Matis, H. (1989), *Geburt der Neuzeit. Vom Feudalsystem zur Marktgesellschaft*. München.

Bauer, R. A. (1976), Konsumentscheidungen als Risikoverhalten. In K. G. Specht & G. Wiswede (Hg.), *Marketing-Soziologie. Soziale Interaktionen als Determinanten des Marktverhaltens*. Berlin, S. 207-217.

Baukhage, M. (1998), Kosmetik: Das blaue Wunder in Form einer Dose. In M. Horx & P. Wippermann (Hg.), *Markenkult. Wie waren zu Ikonen werden*. München, S. 416-429.

Baumann, M. (2000), Ende des Cola-Kriegs. Roger Enrico hat PepsiCo vom Brausehersteller zu einem Nahrungsmittelkonzern gewandelt, dessen Hauptrivale längst nicht mehr Coca-Cola ist. *Wirtschaftswoche Nr. 18 vom 27.4.2000*, S. 136-138.

Baumann, S. u. a. (1998), *MarkenRealitäten Ost. Die Studie zur erfolgreichen Markenführung in den Neuen Bundesländern*. Hamburg.

Baumgarten, C. (1999), Ingredient Branding – Markenkonzept und kommunikative Umsetzung. *Werbeforschung & Praxis*, S. 18-21.

Baums, G. (1995), Die Innovationskraft der Marke. *Markenartikel 57*, S. 226-229.

Baurmann, M. (2001), *Der Markt als Tugend. Recht und Moral in der liberalen Gesellschaft. Eine soziologische Untersuchung*. Tübingen.

Bausch, C. & Sting, S. (2001), Rituelle Medieninszierungen in Peergroups. In C. Wulf u. a., *Das Soziale als Ritual. Zur performativen Bildung von Gemeinschaften*. Opladen, S. 249-323.

Beck, C. M. (1982), Die Marke muß wieder Abdruck einer Persönlichkeit werden. In W. K. A. Disch (Hg.), *Wundersame Welt der Markenartikel*. Hamburg, S. 167-187.

Beck, H. 2001: Frost auf bunten Blütenträumen. Die ersten Unternehmen am Neuen Markt scheitern. *Frankfurter Allgemeine Zeitung Nr. 80* vom 4.4.2001, S. 17.

Beck, U. (1983), Jenseits von Stand und Klasse? Soziale Ungleichheiten, gesellschaftliche Individualisierungsprozesse und die Entstehung neuer sozialer Formationen und Identitäten. In R. Kreckel (Hg.), *Soziale Ungleichheiten*. Soziale Welt, Sonderband 2. Göttingen, S. 35-74.

Becker, J. (1992), *Marketing-Konzeption. Grundlagen des strategischen Marketing-Managements*. München.

Becker, J. (1992a), Markenartikel und Verbraucher. In E. Dichtl & W. Eggers (Hg.), *Marke und Markenartikel als Instrumente des Wettbewerbs*. München, S. 97-128.

Becker, S. & Schütte, S. (1999), *Magisch angezogen. Mode. Medien. Markenwelten*. München.

Becker, T. (1998), *Die Sprache des Geldes. Grundlagen strategischer Unternehmenskommunikation*. Opladen.

Beckert, J. (1996), Was ist soziologisch an der Wirtschaftssoziologie? Ungewißheit und die Einbettung wirtschaftlichen Handelns. *Zeitschrift für Soziologie 25*, S. 125-146.

Beckert, J. (1997), *Grenzen des Marktes. Die sozialen Grundlagen wirtschaftlicher Effizienz*. Frankfurt/M.

Beckert, J. (1998), Triumph und Grenzen des Marktes. Erwiderung auf Gebhard Kirchgässner: "Auf der Suche nach dem Gespenst des Ökonomismus". *Analyse & Kritik 20*, S. 205-220.

Beckert, J. (2002), Vertrauen und die performative Konstruktion von Märkten. *Zeitschrift für Soziologie 31*, S. 27-43.

Bednarczuk, P. (1991), Strategische Kommunikationspolitik für Markenartikel in der Konsumgüterindustrie. *Markenartikel 53*, S. 39-42.

Behrend, O. & Romatowski, A. v. (2001), Der objektive Sinn von Konsumentenentscheidungen. Objektive Hermeneutik und subjektive Konsumenten. *Planung & Analyse*, S. 52-59.

Beier, R. (2001), Making of Marktsegmentierung. Ein Erfahrungsbericht. *Planung & Analyse*, S. 18-21.

Beiersdorf AG (1995), *NIVEA. Entwicklung einer Weltmarke dargestellt durch die Werbung von 1911-1995*. Hamburg.

Beigbeder, F. (2001), *Neununddreißigneunzig*. Reinbek.

Bell, D. (1991), *Die kulturellen Widersprüche des Kapitalismus*. Frankfurt/M.

Bentele, G. (1988), Der Faktor Glaubwürdigkeit. Forschungsergebnisse und Fragen für die Sozialisationsperspektive. *Publizistik 33*, 406-426.

Bentele, G. (1998), Vertrauen/Glaubwürdigkeit. In O. Jarren, U. Sarcinelli & U. Saxer (Hg.), *Politische Kommunikation in der demokratischen Gesellschaft*. Opladen, S. 305-311.

Benz, R. (2002), Nur nicht alles aussitzen. Kontinuität und Innovationsfähigkeit sind Geschwister – wenn sie gemeinsam auftreten, entsteht Zukunft. *Frankfurter Allgemeine Zeitung Nr. 66* vom 19.3.2002, S. B 8.

Berdi, C. (2002), Gerolsteiner – die Konkurrenz kann was erleben. *Absatzwirtschaft*, S. 46-49.

Berekoven, L. (1979), Zum Verständnis und Selbstverständnis des Markenwesens. In C.-A. Andreae (Hg.), *Markenartikel heute. Marke, Markt und Marketing*. Wiesbaden, S. 35-48.

Berekoven, L. (1992), Von der Markierung zur Marke. In E. Dichtl & W. Eggers (Hg.), *Marke und Markenartikel als Instrumente des Wettbewerbs*. München, S. 25-45.

Bergen, H. v. (1987), Der neuen Konsument. (6) "Was zum Teufel ist mit dem Konsumenten los?". *Marketing Journal*, S. 558-561.

Berger, J. (2001), Der diskrete Charme des Markts. In J. Allmendinger (Hg.), *Gute Gesellschaft? Verhandlungen des 30. Kongresses der Deutschen Gesellschaft für Soziologie in Köln 2000*. Opladen, S. 1124-1135.

Berger, P. A. (1994), Soziale Ungleichheiten und sozio-kulturelle Milieus. Die neuere Sozialstrukturforschung "zwischen Bewußtsein und Sein". Rezensionsessay. *Berliner Journal für Soziologie 4*, S. 249-264

Berger, P. A. & Hradil, S. (Hg.) (1990), *Lebenslagen, Lebensläufe, Lebensstile*. Sonderband 7 der Sozialen Welt. Göttingen.

Berger, P. L. & Luckmann, T. (1987), *Die gesellschaftliche Konstruktion der Wirklichkeit. Eine Theorie der Wissenssoziologie*. Frankfurt/M.

Beger, R., Gärtner, H.-D. & Mathes, R. (1989), *Unternehmenskommunikation. Grundlagen, Strategien, Instrumente*. Frankfurt/Wiesbaden.

Bergler, G. (1960), *Das Schrifttum über den Markenartikel*. Nürnberg.

Bergler, G. (1961), Markenartikel. In E. v. Beckerath u. a. (Hg.), *Handwörterbuch der Sozialwissenschaften*. Stuttgart/Tübingen/Göttingen, S. 125-131.

Bergler, R. (1963), *Psychologie des Marken- und Firmenbildes*. Göttingen.

Bergler, R. (1987), Werbung und Wertewandel. *Markenartikel 49*, S. 176-180.

Bergmann, H. (1999), Werbung im letzten Jahr des Jahrtausends. *Werbeforschung & Praxis*, S. 12.

Berkowitz, S. D. (1988), Markets and market-areas: some preliminary formulations. In B. Wellman & S. D. Berkowitz (Hg.), *Social Structures: A Network Approach*. Cambridge, S. 261-303.

Berndt, R. (1978), Möglichkeiten und Grenze der Bestimmung und Erreichung von Zielgruppen (am Beispiel Cluster-Analyse). In J. Koinecke (Hg.), *Handbuch Marketing. Band 1*. Gernsbach/Baden, S. 415-424.

Best, M. H. (1992), The Firm and the Market: The Dynamic Perspectives of Schumpeter and Penrose. *Social Concept 6*, S. 3-23.

Beyering, L. (1987), Der neuen Konsument. (3) Was ihn auszeichnet, ist seine jeweilige Einzigartigkeit. *Marketing Journal*, S. 218-220.

Bibby, D. (2001), Brand as Metaphor. URL: www.brandchannel.com/papers_ review vom 10.12.2001.

Bickert, K. (2002), Marke – Zwischen Sein und Schein. URL: http://www. ideenreich.de/DieterHerbst/Themen/markenführung/bickert/kult.htm vom 17.3.2002.

Bieber, C. (2000), Heilige Schuhe. Wie die Sportindustrie Kulturgegenstände und Götter schaffen. *Die Zeit vom 30.3.2000*, S. 7.

Biehl, B. (2001), Geschärftes Image. Generationen von Marktforschern und Marketingmanagern kümmern sich um den Markenkern und die Positionierung ihrer Marken. Allzu oft geht die Kreativität an den Verbrauchern vorbei, sie verhalten sich anders. Roland Berger & Partner hat jetzt den Brand Profiler entwickelt, eine Landkarte, die eine genaue Verortung des Markenimages ermöglicht. *Lebensmittelzeitung 31*, S. 34.

Bieniussa, M. J. (1987), "Warum Marken das Beste sind" *Markenartikel 47*, S. 497-498.

Biester, S. (1997), Die grosse Versuchung. Kontinuität und Veränderung sind die widerstrebenden Ziele einer Marke. Auf das richtige Maß kommt es an. *Lebensmittelzeitung Spezial: Phantasieland Marke. Magische Kräfte binden Kunden im Discount-Zeitalter.* Frankfurt/M., S. 18.

Biester, S. (1999), Der Kunde bestimmt das Geschäft. *Lebensmittelzeitung, 28*, S. 28.

Biester, S. (2000), Viele Wege führen zum Kunden. *Lebensmittelzeitung, 47*, S. 38-39.

Biester, S. (2001), Markenerfolg ist kein Zufall. *Lebensmittelzeitung, 41*, S. 72.

Biester, S. (2001a), Aufmerksamer Blick zum Kunden. *Lebensmittelzeitung, 8*, S. 41.

Biester, S. (2001b), Viele Wege führen zur Kundentreue. *Lebensmittelzeitung, 8*, S. 43.

Biester, S. (2002), Innovationstempo beschleunigt sich. *Lebensmittelzeitung, 38*, S. 54-56.

Birgit, K. & Stadler, M. M. (1980), *Corporate Identity: Grundlagen, Funktionen, Fallbeispiele.* München.

B. Birkel Söhne (Hg.) (1974), *100 Jahre Birkel. Das Nudel-Jubiläum.* Endersbach.

Bismarck, W.-B. & Baumann, S. (1996), *Markenmythos. Verkörperung eines attraktiven Wertesystems.* Frankfurt/Berlin/Bern/New York/Paris/Wien.

Bleicher, J. K. (2001), Erlebnispark Fernsehen. Senderdesign und Progrrammwerbung der neunziger Jahre. In G. Zurstiege & S. J. Schmidt (Hg.), *Werbung, Mode und Design.* Opladen, S. 163-177.

Block, F. (1990), *Postindustrial Possibilities: A Critique of Economic Discourse.* Berkeley.

Blöbaum, B. (1994), *Journalismus als soziales System. Geschichte, Ausdifferenzierung und Verselbständigung.* Opladen.

Bloom, P. N. & Silver, M. J. (1976), Consumer education: marketers take heed. *Harvard Business Review*, S. 33-42, S.149-150.

Blume, O., Müller, G. & Röper, B. (1976), *Werbung für Markenartikel. Auswirkungen auf Markttransparenz und Preise. Zwei Studien.* Göttingen.

Bocock, R. (1993), *Consumption.* London/New York.

Bode, O. (2000), Die Ökonomische Theorie und die Systemtheorie Niklas Luhmanns. Möglichkeiten und Grenzen der Kompatibilität auf der theoretischen und praktischen Erklärungsebene- In: H. Gripp-Hagelstange (Hg.), *Niklas Luhmanns Denken. Interdisziplinäre Einflüsse und Wirkungen.* Konstanz, S. 179-208.

Bodnár-Büchler, O. (1982), Die schönste Ideologie kann einen Markenartikel nicht ersetzen. In W. K. A. Disch (Hg.), *Wundersame Welt der Markenartikel.* Hamburg, S. 39-54.

Bögenhold, D. (2000), Konsum und soziologische Theorie. In D. Rosenkranz & N. F. Schneider (Hg.), *Konsum. Soziologische, ökonomische und psychologische Perspektiven.* Opladen, S. 95-116.

Böhler, H. (1995), Marktforschung. In B. Tietz, R. Köhler & J. Zentes (Hg.), *Handwörterbuch des Marketing.* Stuttgart, S. 1778-1782.

Böhme-Köst, P. (1989), Der neue Konsument. (12) Die Kinder der 68er sind die Einsteiger '92. Für diese Pragmatiker brauchen wir ‚andere' Ideen. *Marketing Journal*, S. 22-26.

Bohn, C. (2000), Kleidung als Kommunikationsmedium. *Soziale Systeme 6*, S. 111-136.

Boltz, D.-M. (1994), *Konstruktion von Lebenswelten. Kommunikations- und Marketing-Strategien bei CAMEL und GREENPEACE.* Berlin.

Boltz, D.-M. (1999), *Marketing by Worldmaking. Folgenreiche Kommunikation zwischen Mensch und Marke. Ideen, Strategien, Erfolge.* Frankfurt/M.

Bolz, N. (1996), Individualität als Medieneffekt. *Planung & Analyse*, S. 9-11.

Bonfadelli, H. & Saxer, U. (1986), *Lesen, Fernsehen und Lernen. Wie Jugendliche die Medien nutzen und die Folgen für die Medienpädagogik.* Zug.

Bongard, W. (1964), *Fetische des Konsums. Portraits klassischer Markenartikel.* Hamburg.

Bonus, H. (2000), Über Glaubwürdigkeit in der Politik. In D. Großweischede & R. Greve (Hg.), *Glaubwürdigkeit in Ökonomie und Politik. Beiträge zur Akademischen Feier anläßlich es 65. Geburtstages von Professor Dr. Holger Bonus am 18. Februar 2000 im Schloß zu Münster.* Münster, S. 79-91.

Borchardt, K. (1977), Die Industrielle Revolution in Deutschland 1750-1914. In C. M. Cipolla (Hg.), *Europäische Wirtschaftsgeschichte. Band 4: Die Entwicklung der industriellen Gesellschaften.* Stuttgart/New York, S. 135-202.

Born, K. E. (1968), Der soziale und wirtschaftliche Strukturwandel Deutschlands am Ende des 19. Jahrhunderts. In H.-U. Wehler (Hg.), *Moderne deutsche Sozialgeschichte.* Köln/Berlin, S. 271-284.

Borscheid, P. (1995), Am Anfang war das Wort. Die Wirtschaftswerbung beginnt mit der Zeitungsannonce. In P. Borscheid & C. Wischermann (Hg.), *Bilderwelt des Alltags. Werbung in der Konsumgesellschaft des 19. und 20. Jahrhunderts. Festschrift für Hans Jürgen Teuteberg.* Stuttgart, S. 20-43.

Borst, A. (1997), *Lebensformen im Mittelalter.* Berlin.

Bossle, R. (1980), Produktpersönlichkeit und Marke. *Markenartikel 42*, S. 120-125.

Botschen, G. & Mühlbacher, H. (1998), Zielgruppenprogramm – Zielgruppenorientierung durch Nutzensegmentierung. In A. Meyer (Hg.), *Handbuch Dienstleistungs-Marketing.* 2 Bände. Stuttgart, S. 681-692.

Boudon, R. & Bourricaud, F. (1992), *Soziologische Stichworte. Ein Handbuch.*

Opladen.

Bourdieu, P. (1976), *Entwurf einer Theorie der Praxis auf der ethnologischen Grundlage der kabylischen Gesellschaft.* Frankfurt/M.

Bourdieu, P. (1985), *Sozialer Raum und "Klassen". Lecon sur la lecon. Zwei Vorlesungen.* Frankfurt/M.

Bourdieu, P. (1987), *Sozialer Sinn. Kritik der theoretischen Vernunft.* Frankfurt/M.

Bourdieu, P. (1987a), *Die feinen Unterschiede. Kritik der gesellschaftlichen Urteilskraft.* Frankfurt/M.

Bourdieu, P. u. a. (1998), *Der Einzige und sein Eigenheim.* Hamburg.

Bourdieu, P., Boltanski, L., Saint Martin, M. d. & Maldidier, P. (1981), *Titel und Stelle. Über die Reproduktion sozialer Macht.* Frankfurt/M.

Bovenschen, S. (Hg.) (1986), *Die Listen der Mode.* Frankfurt/M.

Boysen, B.-H. (1993), Sind die Marken noch glaubwürdig? In E. Merck (Hg.), *Sind die Marken noch glaubwürdig? 3. Internationales Iriodin Design-Forum.* Darmstadt, S. 15-23.

Brand, H. W. (1978), *Die Legende von den "geheimen Verführern". Kritische Analysen zur unterschwelligen Wahrnehmung und Beeinflussung.* Weinheim.

Brandes, D. (1998), *Konsequent einfach. Die ALDI-Erfolgsstory.* Frankfurt/M.

Brandmeyer, K. (1996), *Innovation ist Strategie und nicht Ziel.* Vortrag gehalten auf dem Markentechnikum 1996 am 16. Oktober 1996, Institut für Markentechnik. Genf.

Brandmeyer, K. (1997), Sensible Geschöpfe. Marken leben mit und von Veränderungen. Nicht jede Mutation tut dem Markenkern gut. *Lebensmittelzeitung Spezial: Phantasieland Marke. Magische Kräfte binden Kunden im Discount-Zeitlater.* Frankfurt/M., S. 12-14.

Brandmeyer, K. (1999), Selbstähnliche Markenführung – Die Gestalt-Gemeinschaft und der Einzelne. In K. Brandmeyer & A. Deichsel (Hg.), *Jahrbuch Markentechnik 2000/2001.* Frankfurt/M., S. 389-404.

Brandmeyer, K. (2001), Für jede neue Leistung eine neue Marke? – Zur Evolution von Firmen- und Produktmarken. In K. Brandmeyer, A. Deichsel & C. Prill (Hg.), *Jahrbuch Markentechnik 2002/2003.* Frankfurt/M., S. 127-152.

Brandmeyer, K. & Deichsel, A. (1991), *Die magische Gestalt. Die Marke im Zeitalter der Massenware.* Hamburg.

Brandmeyer, K. & Deichsel, A. (Hg.) (1997), *Jahrbuch Markentechnik 1997/98.* Frankfurt/M.

Brandmeyer, K. & Deichsel, A. (Hg.) (1999), *Jahrbuch Markentechnik 2000/2001.* Frankfurt/M.

Brandmeyer, K., Deichsel, A. & Otte, T. (Hg.) (1995), *Jahrbuch Markentechnik 1995.* Frankfurt/M.

Brandmeyer, K., Deichsel, A. & Prill, C. (Hg.) (2001), *Jahrbuch Markentechnik 2002/2003.* Frankfurt/M.

Brandmeyer, K. & Franzen, O. (2000), Was sind wir wert? Marken- und Firmennamen auf dem Prüfstand. Beliebt sind standardisierte Verfahren. Märkte sind häufig unzureichend dokumentiert. *Frankfurter Allgemeine Zeitung Nr. 223* vom 25.9.2000, S. 33.

Brandmeyer, K. & Schmidt, M. (1999), Der "Genetische Code der Marke" als Management-Werkzeug. In K. Brandmeyer & A. Deichsel (Hg.), *Jahrbuch Markentechnik 2000/2001*. Frankfurt/M., S. 271-289.

Braun AG (Hg.) (1995), *Braun Design*. Kronberg.

Braun Design (1995), *40 Jahre Braun Design*. Kronberg.

Breckner, I. & Herrath, F. (1986), *Medienkonsum von Kindern und Jugendlichen. Pädagogische Kritik zwischen Mythen und Fakten. Materialien zum Siebten Jugendbericht.* Band 6. München.

Breidenbach, T. (1994), Marken oder Macher in der Krise. In E. Merck (Hg.), *Marken im Wandel der Märkte. 4. Internationales Iriodin Design-Forum.* Darmstadt, S. 18-24.

Bretschneider, R. (2000), *Konsumgesellschaft. Entwicklungslinien und Perspektiven.* Wien.

Brewer, J. (1997), Was können wir aus der Geschichte der frühen Neuzeit für die moderne Konsumgeschichte lernen? In H. Siegrist, H. Kaelble & J. Kocka (Hg.), *Europäische Konsumgeschichte. Zur Gesellschafts- und Kulturgeschichte des Konsums (18. bis 20. Jahrhundert).* Frankfurt/M., S. 51-74.

Breyer, N. (2001), Eine neue Turnschuhgeneration tritt auf. Sneakers. *Frankfurter Allgemeine Zeitung Nr. 34* vom 9.2.2001, S. 10.

Bridbury, A. R. (1986), Markets and Freedom in the Middle Ages. In B. L. Anderson & A. J. H. Latham (Hg.), *The Market in History.* London, S. 79-119.

Briggs, J. & Peat, F. D. (1990), *Die Entdeckung des Chaos. Eine Reise durch die Chaos-Theorie.* München/Wien.

Brock, B. (1996), Werbung und gesellschaftliche Kommunikation. In S. Bäumler (Hg.), *Die Kunst zu werben. Das Jahrhundert der Reklame.* Köln, S. 11-15.

Brooks, D. (2001), *Die Bobos. Der Lebensstil der neuen Elite.* München.

Brosche, O. & Wißmeier, U. K. (1993), Kommunikationspolitik bei kurzlebigen Konsumgütern. In R. Berndt & A. Hermanns (Hg.), *Handbuch Marketing-Kommunikation. Strategien – Instrumente – Perspektiven.* Wiesbaden, S. 811-829.

Brose, H. W. (1958), *Die Entdeckung des Verbrauchers. Ein Leben für die Werbung.* Düsseldorf [Reprint HÖRZU-Anzeigenabteilung 1986].

Brucks, M. & Das, S. (1998), Formation and Consequences of Self-Brand Relationship: Implications for Brand and New Product Management, Special Session Summary. *Advances in Consumer Research 25*, S. 65.

Bruhn, M. (1992), *Integrierte Unternehmenskommunikation.* Stuttgart.

Bruhn, M. (Hg.) (1994), *Handbuch Markenartikel. Anforderungen an die Markenpolitik aus Sicht von Wissenschaft und Praxis.* 3 Bände. Stuttgart.

Bruhn, M. (1994a), Begriffsabgrenzungen und Erscheinungsformen von Marken. In M. Bruhn (Hg.), *Handbuch Markenartikel. Anforderungen an die Markenpolitik aus Sicht von Wissenschaft und Praxis. 3 Bände.* Stuttgart, S.

3-41.

Bruhn, M. (Hg.) (2001), *Die Marke. Symbolkraft eines Zeichensystems*. Bern/Stuttgart/Wien.

Brunner, O. (1968), *Neue Wege der Verfassungs- und Sozialgeschichte*. Göttingen.

Buchholz, A. & Wördemann, W. (1997), Markenwachstum ohne USP. Tools für homogene Produkte. Mit welchen Strategien und Kampagnen sind Marken erfolgreich? Ist ein Produkt USP die entscheidende Voraussetzung? Eine Untersuchung von 500 klassischen Kampagnen aus aller Welt kommt zu dem Ergebnis: Nein! Nicht derforderlich. *Absatzwirtschaft, Sondernummer Oktober 1997*, S. 166-171.

Buchholz, A. & Wördemann, W. (1999), *Was Siegermarken anders machen. Wie jede Marke wachsen kann. Die Ergebnisse der ersten Untersuchung über die erfolgreichsten Markenkampagnen der Welt*. München/Düsseldorf.

Budde, G.-F. (1993), "Die Propertät ist sehr zu schätzen!" – Sauberkeitsideale im Deutschen Kaiserreich. In M. Roth, M. Scheske & H.-C. Täubrich (Hg.), *In aller Munde. Einhundert Jahre Odol*. Ostfildern-Ruit, S. 100-105.

Buddensieg, T. (1996), Werbekunst und Werbeästhetik. In S. Bäumler (Hg.), *Die Kunst zu werben. Das Jahrhundert der Reklame*. Köln, S. 216-227.

Bücher, K. (1924), Volkswirtschaftliche Entwicklungsstufen. In *Grundriss der Sozialökonomik. I. Abteilung. Historische und theoretische Grundlagen. 1. Teil. Wirtschaft und Wirtschaftswissenschaft*. Tübingen, S. 1-18.

Büchli, H. (1970), Geschichte der Werbung. In K. C.. Behrens (Hg.), *Handbuch der Werbung mit programmierten Fragen und praktischen Beispielen von Werbefeldzügen*. Wiesbaden, S. 11-24.

Büchi, W. A. (1993), Schloßherr ohne Adelstitel – Lingner, die Exzellenz. In M. Roth, M. Scheske & H.-C. Täubrich (Hg.), *In aller Munde. Einhundert Jahre Odol*. Ostfildern-Ruit, S. 72-83.

Bühl, W. L. (1988), *Krisentheorien. Politik, Wirtschaft und Gesellschaft im Übergang*. Darmstadt.

Bülow, C. v. & Cornet, A. (2001), Der große Unbekannte ist und bleibt der Kunde. Telematik – Die nächste Revolution im Automobil. *Frankfurter Allgemeine Zeitung Nr. 36 vom 12.2.2001*, S. 28.

Bugdahl, V. (1998), *Marken machen Märkte. Eine Anleitung zur erfolgreichen Markenpraxis*. München.

Buhlke, P. (2002), Von der Verantwortung. Der Erfolg der Marke in Wirtschaft und Gesellschaft. *Markenartikel 64*, S. 26-28.

Bunz, M. (2001), Sind wir nicht alle ein bisschen Ally? Über das neue Verhältnis von Fernsehserien zur Realität. In G. Zurstiege & S. J. Schmidt (Hg.), *Werbung, Mode und Design*. Opladen, S. 269-276.

Burghardt, A. (1974), *Allgemeine Wirtschaftssoziologie. Eine Einführung*. Pullach.

Burkart, G. (1995), Zum Strukturwandel der Familie. Mythen und Fakten. *Aus Politik und Zeitgeschichte, B 52-53*, S. 3-15.

Burns, T. R. & Flam, H. (1987), The Structure of Markets and other Distributions

Systems. In T. R. Burns & H. Flam (Hg.), *The Shaping of Social Organization: Social Rule System Theory with Applications*. London, S. 123-151.

Burns, T. R. & Dietz, T. (1995), Kulturelle Evolution: Institutionen, Selektion und menschliches Handeln. In H.-P. Müller & M. Schmid (Hg.), *Sozialer Wandel. Modellbildung und theoretische Ansätze*. Frankfurt/M., S. 340-383.

Buss, E. (1983), *Markt und Gesellschaft. Eine soziologische Untersuchung zum Strukturwandel der Wirtschaft*. Berlin.

Buss, E. (1996), *Lehrbuch der Wirtschaftssoziologie*. Berlin/New York.

Buss, E. (1998), Die Marke als soziales Symbol. Überlegungen zu einem neuen Markenverständnis. *Public Relations Forum*, S. 96-100.

Buss, E. (2001), Erfolgsfaktoren des Image-Managements. In E. Buss & U. Fink-Heuberger, *Image-Management*. Frankfurt/M., S. 87-175.

Camerer, C. (1988), Gifts as Economic Signals and Social Symbols. *American Journal of Sociology 94*, Supplement, S. 180-214.

Campbell, C. (1987), *The Romantic Ethic and the Spirit of Modern Consumerism*. London/New York.

Campbell, C. (1996), On the Concept of Motive in Sociology. *Sociology 30*, S. 101-114.

Camphausen, R. (1999), Zielgenaues Marketing (target marketing). In Gesellschaft zur Erforschung des Markenwesens e. V. (Hg.), *Markendialog*. Wiesbaden, S. 103-110.

Camphausen, R. (2001), Markencontrolling: Motor oder Bremse für die Steigerung des Markenwertes. Erfahrungen aus der Praxis. In R. Köhler, W. Majer & H. Wiezorek (Hg.), *Erfolgsfaktor Marke. Neue Strategien des Markenmanagements*. München, S. 295-308.

Carbonaro, S. (2001), Rückgewinnung des Ästhetischen. *Lebensmittelzeitung, 34*, S. 40-41.

Cheal, D. (1990), Social Construction of Consumption. *International Sociology 5*, S. 299-317.

Chernatony, L. & McDonald, M. H. B. (1992), *Creating Powerful Brands. The strategic route to success in consumer, industrial and service markets*. Oxford.

Clausen, L. (1964), *Elemente einer Soziologie der Wirtschaftswerbung*. Köln/ Opladen.

Clausen, L. (1967), Für den Markt als soziologischen Denkansatz. *Jahrbuch für Sozialwissenschaft 18*, S. 316-326.

Clausen, L. (1970), Soziologische Probleme der Werbung. In K. C.. Behrens (Hg.), *Handbuch der Werbung mit programmierten Fragen und praktischen Beispielen von Werbefeldzügen*. Wiesbaden, S. 107-116.

Cleve, I. (1997), Was können und sollen Konsumenten wollen? Die Formulierung moderner Leitbilder des Konsums als zentrales Problem des europäischen Ausstellungswesens im 19. Jahrhundert. In H. Siegrist, H. Kaelble & J. Kocka (Hg.), *Europäische Konsumgeschichte. Zur Gesellschafts- und Kulturgeschichte des Konsums (18. bis 20. Jahrhundert)*. Frankfurt/M., S. 549-562.

Coase, R. H. (1988), *The Firm, the Market and the Law*. Chicago/London.

Cohen, S. & Taylor, L. (1980), *Ausbruchsversuche. Identität und Widerstand in der modernen Lebenswelt*. Frankfurt/M.

Coleman, J. S. (1982), Systems of Trust. A rough theoretical framework. *Angewandte Sozialforschung 10*, S. 277-299.

Coles, T. (1999), Department stores as retail innovations in Germany: a historical-geographical perspective on the period 1870 to 1914. In G. Crossick & S. Jaumain (Hg.), *Cathedrals of Consumption. The European Department Store, 1850-1939*. Aldershot/Brookfield/Singapore/Sydney, S. 72-96.

Colyer, E. (2002), Innocent little tasty drinks. URL: www.brandchannel.com/ start1.asp?id=135 vom 9.12.2002.

Conzen, F. (1975), Markenartikel: Plebiszit per Warenkorb. *Absatzwirtschaft 6*, S. 23.

Copartner A. (Hg.) (1982), *Reclame-Marken Wichtel & Heinzelmännchen*. Frankfurt/M.

Corrigan, P. (1997), *The Sociology of Consumption*. London/Thousand Oaks/New Delhi.

Cronau, R. (1887), *Das Buch der Reklame. Geschichte, Wesen und Praxis der Reklame*. Ulm [Reprint HÖRZU-Anzeigenabteilung 1979].

Cross, M. (1996), Reading Television Texts: The Postmodern Language of Advertising. In M. Cross (Hg.), *Advertising and Culture. Theoretical Perspectives*. Westport/London, S. 1-10.

Csikszentmihalyi, M. & Rochberg-Halton, E. (1989), *Der Sinn der Dinge. Das Selbst und die Symbole des Wohnbbereichs*. München/Weinheim.

Dahm, A. &/Neumann, C. (2002), Wie Reemtsma das Paradoxon überwindet. *Absatzwirtschaft*, S. 82-87.

Dahrendorf, R. (1966), *Markt und Plan. Zwei Typen der Rationalität*. Tübingen.

Dahrendorf, R. (2000), Die globale Klasse und die neue Ungleichheit. *Merkur 54*, S. 1057-1068.

Dahrendorf, R. (2002), Was von Dauer ist. Klassen ohne Kampf, Kampf ohne Klassen. *Frankfurter Allgemeine Zeitung* Nr. 58 vom 9.3.2002, S. 8.

Dalton, G. (1971), *Economic Anthropology and Development. Essays on Tribal and Peasant Economies*. New York.

Danuser, H. (1997), Die Führung der Marke St. Moritz – Wert und Gefährdung. *Werbeforschung & Praxis*, S. 33-35.

Davidson, J. H. (1976), Why most new consumer brands fail. *Harvard Business Review*, S. 117-122.

Dawar, N. & Parker, P. (1994), Marketing Universals: Consumers' Use of Brand Name, Price, Physical Appearance, and Retailer Reputation as Signals of Product Quality. *Journal of Marketing 58*, S. 81-95.

Degele, N. (1999), Soziale Differenzierung: Eine subjektorientierte Perspektive.

Zeitschrift für Soziologie 28, S. 345-364.

Deichsel, A. (1991), Produktargument und Markengestalt – die zwei Gesichter der Ware. *Markenartikel 53*, S. 428-435.

Deichsel, A. (1992), Marke – das Recht auf Ungleichheit. Zum Markenkonzept im Werk von Hans Domizlaff. *Markenartikel 54*, S. 274-280.

Deichsel, A. (1993), Zu diesem Buch. In T. Otte, *Marke als System. Ihre Eigenkräfte regeln den Markt.* Hamburg, S. 5-6.

Deichsel, A. (1994), Vagabunden sind keine Kunden. Der Markt gilt als schwer berechenbares Subjekt. Um ihn besser zu verstehen, seien seine 4 Strukturformen herausgeleuchtet. *Cash*, S. 184.

Deichsel, A. (1995), Die Führungsmarke. *Markenartikel 57*, S. 383-386.

Deichsel, A. (1996), *Die Marke als sozialer Wille. Über die Bildung und Führung von Kundschaft.* Vortrag gehalten auf dem Markentechnikum 1996 am 16. Oktober 1996, Institut für Markentechnik. Genf.

Deichsel, A. (1997), Marke als Gestaltsystem. In K. Brandmeyer & A. Deichsel (Hg.), *Jahrbuch Markentechnik 1997/98.* Frankfurt/M., S. 221-246.

Deichsel, A. (1997a), Konsument 2000: Markenforschung für markengeordnete Märkte. *Planung & Analyse*, S. 32-35.

Deichsel, A. (1998), Das Recht der Marke und das Markenrecht. Eine Marke kann immer nur vom Unternehmen selbst zerstört werden. *Frankfurter Allgemeine Zeitung Nr. 290* vom 14.12.1998, S. 27.

Deichsel, A. (1999), Herkunft, Geschichte, Vorurteil – Energiefelder im internationalen Wettbewerb. In K. Brandmeyer & A. Deichsel (Hg.), *Jahrbuch Markentechnik 2000/2001.* Frankfurt/M., S. 193-219.

Deichsel, A. (1999a), Die Dichtezonen der Marke – Von den Konsumenten zur Kundschaft. In K. Brandmeyer & A. Deichsel (Hg.), *Jahrbuch Markentechnik 2000/2001.* Frankfurt/M., S. 333-341.

Deichsel, A. (2001), Vom Resonanzfeld zur Resonanzidee: Über die Ökonomie kultureller Muster. In K. Brandmeyer, A. Deichsel & C. Prill (Hg.), *Jahrbuch Markentechnik 2002/2003.* Frankfurt/M., S. 263-274.

Demuth, A. (1987), *Image und Wirkung. Corporate Communications. Corporate Advertising.* Spiegel-Verlagsreihe, Hamburg.

Demuth, A. (1989), Corporate Communication. In M. Bruhn (Hg.), *Handbuch des Marketing. Anforderungen an Marketingkonzeptionen aus Wissenschaft und Praxis.* München, S. 433-451.

Deppermann, A. (1997), *Glaubwürdigkeit im Konflikt. Rhetorische Techniken in Streitgesprächen. Prozeßanalysen von Schlichtungsgesprächen.* Frankfurt/M. u. a.

Deutsche Post (2000), *Der Konzern. Die Markenarchitektur.* Bonn.

Deutschmann, C. (1999), *Die Verheißung des absoluten Reichtums. Zur religiösen Natur des Kapitalismus.* Frankfurt/M.

Deutschmann, C. (2000), Geld als "absolutes Mittel". Zur Aktualität von Simmels Geldtheorie. *Berliner Journal für Soziologie 10*, S. 301-314.

Dholakia, U. M. (1997), An Investigation of Some Determinants of Brand Commitment. *Advances in Consumer Research 24*, S. 381-387.

Dichter, E. (1964), *Handbook of Consumer Motivations. The Psychology of the World of Objects.* New York u. a.

Dichtl, E. (1992), Grundidee, Varianten und Funktionen der Markierung von Waren und Dienstleistungen. In E. Dichtl & W. Eggers (Hg.), *Marke und Markenartikel als Instrumente des Wettbewerbs.* München, S. 2-23.

Dichtl, E. & Eggers, W. (Hg.) (1992), *Marke und Markenartikel als Instrumente des Wettbewerbs.* München.

Dichtl, E. & Eggers, W. (Hg.) (1996), *Markterfolg mit Marken.* München.

Dickson, P. R. & Sawyer, A. G. (1990), The Price Knowledge and Search of Supermarket Shoppers. *Journal of Marketing 54*, S. 42-53.

Diekhof, R. (1997), Der treue Kunde ist ein Trugbild. *Werbung & Verkaufen*, S. 82-83.

Diekhof, R. (1999), Kultur als Motor des Business. Werbung und Kultur vermischen sich zu einem Gesamtkunstwerk und werden zu Entertainment ohne Grenzen. *Supplement zum Deutschen Marketingtag 1999.* München, S. 56.

Diekmann, A. & Wyder, D. (2002), Vertrauen und Reputationseffekte bei Internet-Auktionen. *Kölner Zeitschrift für Soziologie und Sozialpsychologie 54*, S. 674-693.

Dietrich, M. (1986), *Konsument und Gewohnheit. Eine theoretische und empirische Untersuchung zum habituellen Kaufverhalten.* Heidelberg/Wien.

Diller, H. (1977), Der Preis als Qualitätsindikator. *Die Betriebswirtschaft 37*, S. 219-234.

Diller, H. (1979), Preisinteresse und Informationsverhalten beim Einkauf dauerhafter Lebensmittel. In H. Meffert, H. Steffenhagen & H. Freter (Hg.), *Konsumentenverhalten und Information.* Wiesbaden, S. 67-84.

Diller, H., Kaffenberger, A. & Lücking, J. (1993), Das "Schicksal" von Marktführern. Eine empirische Analyse in 29 Gebrauchsgütermärkten. *Marketing ZFP*, S. 271-281.

Dingler, R. (1997), Dachmarke: Chance oder Risiko? 10 Gebote entscheiden – am Beispiel der Marken Nivea und Milka. *Werbeforschung & Praxis*, S. 36-44.

Disch, W. K. A. (1982), Experten weissagen dem Markenartikel. In W. K. A. Disch (Hg.), *Wundersame Welt der Markenartikel.* Hamburg, S. 121-161.

Disch, W. K. A. (1984), Vom Nutzen des Markenartikels für Verbraucher und Handel. *Markenartikel 46*, S. 474-478.

Disch, W. K. A. (1987), Wie ernst Sie Ihre "Kommunikation" wirklich nehmen, das zeigt sich im täglichen Allerlei. *Marketing Journal*, S. 87.

Disch, W. K. A. (1987a), Der neue Konsument. (2) Nicht Zahlen zählen, sondern Verhalten. *Marketing Journal*, S. 116-118.

Dodd, N. (1994), *The Sociology of Money. Economics, Reason & Contemporary Society.* Cambridge.

Domizlaff, H. (1929), *Typische Denkfehler der Reklamekritik.* Hamburg [Reprint

HÖRZU-Anzeigenleitung 1981].

Domizlaff, H. (1939), *Die Gewinnung des öffentlichen Vertrauens. Ein Lehrbuch der Markentechnik.* Hamburg [Reprint HÖRZU-Anzeigenleitung 1992].

Domzalski, O. T., Hellmann, K.-U. & Klein, A. (1997), "Also, das ist wie ein kleines Völkchen." Ein Gespräch mit *Star Trek*-Fans. In K.-U. Hellmann & A. Klein (Hg.), *"Unendliche Welten..."* Star Trek zwischen Unterhaltung und Utopie. Frankfurt/M., S. 25-44.

Dodds, W. B., Monroe, K. B. & Grewal, D. (1991), Effects of Price, Brand, and Store Information on Buyers' Product Evaluations. *Journal of Marketing Research 28*, S. 307-319.

Dopsch, A. (1968), *Naturalwirtschaft und Geldwirtschaft in der Weltgeschichte.* Aalen.

Dorbritz, J. (1999), Stirbt die Familie? Gründe und Folgen der Schwächung einer Institution. *Frankfurter Allgemeine Zeitung* Nr. 296 vom 20.12.1999, S. 14.

Douglas, M. (1982), Goods as a system of communication. In M. Douglas, *In the active voice.* London/Boston/Henley, S. 16-33.

Douglas, M. & Isherwood, B. (1979), *The World of Goods.* New York.

Drosdek, A. (1996), *Credibility Management. Durch Glaubwürdigkeit zum Wettbewerbsvorteil.* Frankfurt/New York.

Drucker, P. F. (1998), The Discpline of Innovation. Innovation can be systemacally managed if one knows where and how to look. *Harvard Business Review*, S. 149-157.

Durkheim, E. (1981), *Die elementaren Formen des religiösen Lebens.* Frankfurt/ M.

E. Merck (Hg.) (1994), *Marken im Wandel der Märkte. 4. Internationales Iriodin Design-Forum.* Darmstadt.

Eckert, R. (1990), Die Entstehung besonderer Lebenswelten – Konsequenzen für die Demokratie. In Bundeszentrale für politische Bildung (Hg.), *Umbrüche in der Industriegesellschaft. Herausforderungen für die politische Bildung.* Bonn, S. 137-148.

Eggers, W. (1988), Resümee der Präsentation der G.E.M.: Der Markenartikel auf dem Weg in das kommende Jahrhundert. *Markenartikel 50*, S. 196-198.

Eggers, W. (1988a), Markenartikel – Leitbilder im Erlebniskonsum der Zukunft. *Markenartikel 50*, S. 186-187.

Ehalt, H. C. (2000), Konsum im 20. Jahrhundert: Zwischen Existenzgrundlage und Erlebnisgesellschaft. In R. Bretschneider: *Konsumgesellschaft. Entwicklungslinien und Perspektiven.* Wien, S. 11-15.

Ehmer, H. K. (1971), Zur Metasprache der Werbung – Analyse einer DOORNKAAT-Reklame. In H. K. Ehmer (Hg.), *Visuelle Kommunikation. Beiträge zur Kritik der Bewußtseinsindustrie.* Schauberg, S. 162-178.

Ehmer, H. K. (1971a), Von Mondrian bis Persil. Zur Ideologie ds Reinen in Kunst und Werbung. In H. K. Ehmer (Hg.), *Visuelle Kommunikation. Beiträge zur*

Kritik der Bewußtseinsindustrie. Schauberg, S. 179-212.

Ehrenberg, A. & Scriven, J. (1999), Polygame Markentreue. In K. Brandmeyer & A. Deichsel (Hg.), *Jahrbuch Markentechnik 2000/2001.* Frankfurt/M., S. 183-191.

Eisermann, G. (1955), Wirtschaftssystem und Gesellschaftsform. In W. Bernsdorf & G. Eisermann (Hg.), *Die Einheit der Sozialwissenschaften. Franz Eulenburg zum Gedächtnis.* Stuttgart, S. 37-63.

Elias, N. (1989), *Die höfische Gesellschaft. Untersuchungen zur Soziologie des Königtums und der höfischen Aristokratie.* Frankfurt/M.

Ellis, B. E. (2002), *American Psycho.* Köln.

Elwert, G. (1987), Ausdehnung der Käuflichkeit und Einbettung der Wirtschaft. In K. Heinemann (Hg.), *Soziologie wirtschaftlichen Handelns. Sonderheft 28 der Kölner Zeitschrift für Soziologie und Sozialpsychologie.* Opladen, S. 300-321.

Engel, F. (1996), Reiz der Hülle – Gebrauchsverpackung zwischen Schutzfunktion, Werbung und Kunst. In S. Bäumler (Hg.), *Die Kunst zu werben. Das Jahrhundert der Reklame.* Köln, S. 121-130.

Engelke, J. (2002), Markenstrategie. Strategie International, Folge 45. *Frankfurter Allgemeine Zeitung* Nr. 64 vom 16.3.2002, S. 66.

Erdem, T. & Swait, J. (1998), Brand Equity as a Signaling Phenomenon. *Advances in Consumer Research 25*, S. 266.

Erhard, L. (1935), Markenartikel und Qualitätsmarke. *Die deutsche Fertigware*, S. 27-31.

Erhard, L. (1950), Markenwesen und Wirtschaftspolitik. *Der Markenartikel 12*, S. 83-91.

Erhard, L. (1954), Markenwesen und Wettbewerb. *Der Markenartikel 16*, S. 795-802.

Erke, H. (1984), Der Markenartikel als Persönlichkeit. *Markenartikel 46*, S. 400-404.

Errichiello, O. C., Groß, A. & Pirck, P. (1999), Forschungsbericht 2000/2001. In K. Brandmeyer & A. Deichsel (Hg.), *Jahrbuch Markentechnik 2000/2001.* Frankfurt/M., S. 417-456.

Errichiello, O. C., Groß, A., Pirck, P. & Postler, A. (2001), Forschungsbericht 2002/2003. In K. Brandmeyer, A. Deichsel & C. Prill (Hg.), *Jahrbuch Markentechnik 2002/2003.* Frankfurt/M., S. 305-344.

Esch, F.-R. (1993), Verhaltenswissenschaftliche Aspekte der Integrierten Marketing-Kommunikation. *Werbeforschung & Praxis*, S. 20-28.

Esch, F.-R. (Hg.) (1999), *Moderne Markenführung. Grundlagen, Innovative Ansätze, Praktische Umsetzungen.* Wiesbaden.

Esch, F.-R. (1999a), Zum Buch "Moderne Markenführung". In F.-R. Esch (Hg.), *Moderne Markenführung. Grundlagen, Innovative Ansätze, Praktische Umsetzungen.* Wiesbaden, S. V-VII.

Esch, F.-R. (2000), Wirksame Markenkommunikation trotz Informationsüberlastung. In Gesellschaft zur Erforschung des Markenwesens e.V. (GEM) (Hg.), *Marktdurchdringung durch Markenpolitik. Markendialog 2000*. Wiesbaden, S. 73-94.

Esch, F.-R. & Wicke, A. (1999), Herausforderungen und Aufgaben des Markenmanagements. In F.-R. Esch (Hg.), *Moderne Markenführung. Grundlagen, Innovative Ansätze, Praktische Umsetzungen*. Wiesbaden, S. 3-53.

Eser, G. (1987), Der Zwang zur Distinktion. In A. Deichsel (Hg.), *Die produktive Distanz. Beiträge zum Verhältnis von Masse und Elite*. Hamburg, S. 55-63.

Esser, H. (1994), Kommunikation und "Handlung". In G. Rusch & S. J. Schmidt (Hg.), *Konstruktivismus und Sozialtheorie*. DELFIN 1993. Frankfurt/M., S. 172-204.

Essing, D. (2001), Farbkreisel. Die Benham-Scheibe. *Frankfurter Allgemeine Zeitung* Nr. 187 vom 14.8.2001, S. BS 5.

Etmer, H. C. (1959), *Die besonderen Risiken der Markenartikelindustrie. Wesen und Begriff des Markenartikelrisikos. Die Markenartikelrisiken im einzelnen*. München.

Fajer, M. T. & Schouten, J. W. (1995), Breakdown and Dissolution of Person-Brand Relationships. *Advances in Consumer Research 22*, S. 663-667.

Farin, K. (1997), *Jugendkulturen zwischen Kommerz & Politik*. Erfurt.

Feinstein, J., Block, M. K. & Nold, F. C. (1985), Asymmetric Information and Collusive Behavior in Auction Markets. *The American Economic Review 75*, S. 442-460.

Fernau, H. (1994), *Iterierte Funktionen, Sprachen und Fraktale*. Mannheim/ Leipzig/Wien/Zürich.

Fezer, K.-H. (1997), *Markenrecht. Kommentar zum Markengesetz, zur Pariser Verbandsübereinkunft und zum Madrider Markenabkommen*. München.

Findeisen, F. (1924), *Die Markenartikel im Rahmen der Absatzökonomik der Betriebe*. Berlin.

Fine, B. & Leopold, E. (1993), *The World of Consumption*. London/New York.

Finsterwalde-Reinecke, I. (2002), Automobilbanken wollen ihre Dienste noch offensiver verkaufen. Immer mehr Fahrzeuge werden geleast oder finanziert. *Frankfurter Allgemeine Zeitung* Nr. 75 vom 30.3.2002, S. 61.

Firth, R. (1939), *Primitive Polynesian Economy*. London.

Fischer, H.-J. (2001), Und wie ist es in unserer Familie? Italien steht noch immer unter dem Schock der Bluttat von Novi Ligure. *Frankfurter Allgemeine Zeitung* Nr. 54 vom 5.3.2001, S. 12.

Flügel, J. C. (1986), Psychologie der Kleidung. In S. Bovenschen (Hg.), *Die Listen der Mode*. Frankfurt/M., S. 208-263.

Foerster, H. v. (1985), *Sicht und Einsicht. Versuche zu einer operativen Erkenntnistheorie*. Wiesbaden.

Foerster, H. v. (1990), Kausalität, Unordnung, Selbstorganisation. In K. W. Kratky & F. Wallner (Hg.), *Grundprinzipien der Selbstorganisation*. Darmstadt, S. 77-95.

Foley, D. (1987), Money in Economic Activity. In *The New Palgrave. A Dictionary of Economics*. London, S. 519-525.

Fortini-Campbell, L.(1999), Consumer Insight: Getting into Character. *Journal of Integrated Communication*. URL: www.medill.northwestern.edu/imc/studentwork/pubs/jic/journal/1998-1999/fortini20%campbell.htm vom 30.10.2002.

Fortini-Campbell, L. (2001), *Hitting the Sweet Spot. How Consumer Insights Can Inspire Better Marketing and Advertising*. Chicago.

Foucault, M. (1977), *Überwachen und Strafen. Die Geburt des Gefängnisses*. Frankfurt/M.

Foucault, M. (1976), *Mikrophysik der Macht. Über Strafjustiz, Psychiatrie und Medizin*. Berlin.

Foucault, M. (1983), *Der Wille zum Wissen. Sexualität und Wahrheit 1*. Frankfurt/M.

Fournier, S. (1998), Consumers and Their Brands: Developing Relationship Theory in Consumer Research. *Journal of Consumer Research 24*, S. 343-373.

Fournier, S. (1999), Markenbeziehungen – Konsumenten und ihre Marken. In F.-R. Esch (Hg.), *Moderne Markenführung. Grundlagen, Innovative Ansätze, Praktische Umsetzungen*. Wiesbaden, S. 135-163.

Frank, H. (1995), Wasser als Marke. In M. Kersten (Hg.), *Jahrbuch der Ernährungswirtschaft*. Neuwied, S. 61.

Frenzen, J., Hirsch, P. M. & Zerrillo, P. (1994), Consumption, Preferences, and Changing Lifestyles. In N. J. Smelser & R. Swedberg (Hg.), *The Handbook of Economic Sociology*. Princeton, S. 403-425.

Frenzen, J. & Nakamoto, K. (1993), Structure, Cooperation, and the Flow of Market Information. *Journal of Consumer Research 20*, S. 360-375.

Freter, H. (1995), Marktsegmentierung. In B. Tietz & R. Köhler & J. Zentes (Hg.), *Handwörterbuch des Marketing*. Stuttgart, S. 1802-1814.

Friedrich, B. (1996), Hinter den Kulissen – Die Werbewerkstatt. In S. Bäumler (Hg.), *Die Kunst zu werben. Das Jahrhundert der Reklame*. Köln, S. 310-321.

Friese , S. (1998), Zum Zusammenhang von Selbst, Identität und Konsum. In M. Neuner & L. A. Reisch (Hg.), *Konsumperspektiven. Verhaltensaspekte und Infrastruktur. Gerhard Scherhorn zur Emeritierung*. Berlin, S. 35-53.

Fritsch, M., Wein, T. & Ewers, H.-J. (1999), *Marktversagen und Wirtschaftspolitik. Mikroökonomische Grundlagen staatlichen Handelns*. München.

Fritz, T. (1994), *Die Botschaft der Markenartikel. Vertextungsstrategien in der Werbung*. Tübingen.

Fröhlich, W. (1940), Das afrikanische Marktwesen. *Zeitschrift für Ethnologie. Organ der Berliner Gesellschaft für Anthropologie, Ethnologie und Urgeschichte 72*, S. 235-328.

Fromm, E. (1966), *Die Furcht vor der Freiheit*. Frankfurt/M.

Fuchs, P. (1993), *Moderne Kommunikation. Zur Theorie des operativen Displacements*. Frankfurt/M.

Fuchs, P. (1997), Adressabilität als Grundbegriff der soziologischen Systemtheorie. *Soziale Systeme 3*, S. 57-79.

Fuchs, P. & Schneider, D. (1995), Das Hauptmann-von-Köpenick-Syndrom. Überlegungen zur Zukunft funktionaler Differenzierung. *Soziale Systeme 1*, S. 203-224.

Fürstenberg, F. (1970), *Wirtschaftssoziologie*. Berlin.

Futowski, K (2000), Top oder Flop.com. Wer seinen Kunden beim Onlinekauf keinen Mehrwert bietet, ist weg vom Fenster. *Wirtschaftswoche Nr. 18 vom 27.4.2000*, S 160-165.

Galbraith, J. K. (1958), *Gesellschaft im Überfluß*. München/Zürich.

Gamm, O.-F. Frhr. V. (1965), *Warenzeichengesetz. Kommentar*. München/Berlin.

Ganßmann, H. (1996), *Geld und Arbeit. Wirtschaftssoziologische Grundlagen einer Theorie der modernen Gesellschaft*. Frankfurt/M.

Gardner, B. B. (1966), Social status and consumer behavior. In L. H. Clark (Hg.), *Consumer behavior. Volume II: The life cycle and consumer behavior*. New York, S. 58-60.

Gaschke, S. (2000), Fernsehen ist kein Kinderspiel. Die Medienpädagogik macht es sich zu leicht und drückt sich vor der entscheidenden Frage: Warum sollen Kinder überhaupt fernsehen? *Die Zeit 42 vom 12.10.2000*, S. 47.

Gehlen, A. (1957), *Die Seele im technischen Zeitalter. Sozialpsychologische Probleme in der industriellen Gesellschaft*. Reinbek.

Gehlen, A. (1963), *Studien zur Anthropologie und Soziologie*. Neuwied/Berlin.

Geiling, H. & Vester, M. (1991), Die Spitze eines gesellschaftlichen Eisbergs: Sozialstrukturwandel und neue soziale Milieus. In R. Roth & D. Rucht (Hg.), *Neue soziale Bewegungen in der Bundesrepublik Deutschland*. Bonn, S. 237-260.

Geisser, F. (1993), Sind die Marken noch glaubwürdig? In E. Merck (Hg.), *Sind die Marken noch glaubwürdig? 3. Internationales Iriodin Design-Forum*. Darmstadt, S. 70-71.

Geißler, R. (1978), Bildung und Sozialchancen. Hypothesen zur Statuszuordnung durch das Bildungssystem. *Kölner Zeitschrift für Soziologie und Sozialpsychologie 30*, S. 468-487.

Geitner, T. (2002), Die Marke macht's. Global Player brauchen ein Global Brand. *Frankfurter Allgemeine Zeitung* Nr. 60 vom 12.3.2002, S. B 16.

GEO Anzeigenabteilung (1998), *Imagery 2. Innere Markenbilder in gehobenen Zielgruppen. Eine Untersuchung der GEO-Zeitschriften-Familie*. Hamburg.

GEO Anzeigenabteilung (2002), *Imagery 4. Innere Markenbilder in gehobenen Zielgruppen. Eine Untersuchung der GEO-Zeitschriften-Familie*. Hamburg.

Georg, W. (1998), *Soziale Lage und Lebensstil. Eine Typologie*. Opladen.

Gerhards, J. (2002), Reputation in der deutschen Soziologie. *Soziologie*, S. 19-33.

Gerken, G. (1991), *Abschied vom Marketing. Interfusion statt Marketing*. Düsseldorf/Wien/ New York.

Gerken, G. (1993), *Trendzeit. Die Zukunft überrascht sich selbst.* Düsseldorf/ Wien/New York.

Gerken, G. (1994), *Die fraktale Marke. Eine neue Intelligenz der Werbung.* Düsseldorf/Wien/New York.

Gerken, G. (1995), *Der magische Code. Marken-Tuning.* Düsseldorf/Wien/New York.

Gerken, G. (1996), Szenen statt Zielgruppen. In G. Gerken & M. J. Merks (Hg.), *Szenen statt Zielgruppen. Vom Produkt zum Kultur. Die Praxis der Interfusion.* Frankfurt/M., S. 13-28.

Gerken, G. (1998), *Trance-Märkte. Show statt Strategie. Kult-Management für moderne Marken.* Düsseldorf/Regensburg.

Gerken, G. & Merks, M. J. (Hg.) (1996), *Szenen statt Zielgruppen. Vom Produkt zum Kultur. Die Praxis der Interfusion.* Frankfurt/M.

Gerth, H. & Mills, C. W. (1970), *Person und Gesellschaft, Die Psychologie sozialer Institutionen.* Frankfurt/Bonn.

Geulen, D. (1977), *Das vergesellschaftete Subjekt. Zur Grundlegung der Sozialisationstheorie.* Frankfurt/M.

Giddens, A. (1984), *Die Klassenstruktur fortgeschrittener Gesellschaften.* Frankfurt/M.

Giddens, A. (1995), *Konsequenzen der Moderne.* Frankfurt/M.

Gierl, H. (1989), Individualisierung und Konsum. *Markenartikel 51*, S. 422-428.

Gierl, H. & Marcks, M. (1993), Der Einsatz von Modellen zur Markentreue-Messung. *Marketing ZFP*, S. 103-108.

Giesen, B. (1991), *Die Entdinglichung des Sozialen. Eine evolutionstheoretische Perspektive auf die Postmoderne.* Frankfurt/M.

Girtler, R. (1990), *Die feinen Leute. Von der vornehmen Art, durchs Leben zu gehen.* Frankfurt/M.

Glamann, K. (1977), The Changing Patterns of Trade. In E. E. Rich & C. H. Wilson (Hg.), *The Cambridge Economic History of Europe. Vol. V. The Economic Organization or Early Modern Europe.* Cambridge, S. 185-288.

Glanville, R. (1988), *Objekte.* Berlin.

Gobé, M. (2001), *Emotional Branding. The New Paradigm for Connecting Brands to People. Brands to People.* New York.

Götsch, K. (1994), *Riskantes Vertrauen. Theoretische und empirische Untersuchung zum Konstrukt Glaubwürdigkeit.* Münster.

Göttlich, U., Krotz, F. & Paus-Haase, I. (Hg.) (2001), *Daily Soaps und Daily Talks im Alltag von Jugendlichen.* Eine Studie im Auftrag der Landesanstalt für Rundfunk Nordrhein-Westfalen und der Landeszentrale für private Rundfunkveranstalter Rheinland-Pfalz. Opladen.

Goffman, E. (1981), *Geschlecht und Werbung.* Frankfurt/M.

Goffman, E. (1989), *Rahmen-Analyse. Ein Versuch über die Organisation von Alltagserfahrungen.* Frankfurt/M.

Gottdiener, M. (1995), *Postmodern Semiotics: Material Culture and the Forms of*

Postmodern Life. Cambridge.
Grabowski, K. H. (1998), Die Kleidermarke. Eintrittskarte in die Gesellschaft. Von der Markenorientierung bei Kindern und Jugendlichen. *Informationsdienst Wissenschaft (idw) – Pressemitteilung Universität Hohenheim vom 22.12.1998.*
Granovetter, M. (1992), Economic Action and Social Structure: The Problem of Embeddedness. In M. Granovetter & R. Swedberg (Hg.), *The Sociology of Economic Life*. Boulder/San Francisco/Oxford, S. 53-81.
Grasskamp, W. (2000), *Konsumglück. Die Ware Erlösung*. München: Beck.
Grauel, R. (2002), Marketing für Arme. *McK Wissen 03*, S. 8-13.
Graumann, J. (1984), Die Dienstleistungsmarke: Ein neuer Markentypus aus absatzwirtschaftlicher Sicht. *Markenartikel 46*, S. 606-610.
Grebing, H. (1993), Die Auflösung des Milieus. Sachsen und Thüringen waren einst sozialdemokratische Hochburgen. Heute ist davon kaum etwas übriggeblieben. *Die Zeit 4 vom 29.10.1993*, S. 78.
Grewal, D. & Marmorstein, H. (1994), Market Price Variation, Perceived Price Variation, and Consumers' Price Search Decisions for Durable Goods. *Journal of Consumer Research 21*, S. 453-460.
Grey Düsseldorf (Hg.) (1993), *Marken im Stress!? Wie man Herstellermarken erfolgreich gegen Handelsmarken verteidigt*. Grey Strategic Planning, Edward Appleton. Düsseldorf.
Grey Gruppe Deutschland GmbH & Co. KG (1997), *Der Effie und die Grey'sche Effie-Philosophie: Werbung als Beitrag zur Wertschöpfung für Marken*. Düsseldorf.
Gries, R. (2003), *Produkte als Medien. Kulturgeschichte der Produktkommunikation in der Bundesrepublik*. Leipzig.
Gries, R., Ilgen, W. & Schindelbeck, D. (1995), *"Ins Gehirn der Masse kriechen!". Werbung und Mentalitätsgeschichte*. Darmstadt.
Griese, K.-M. & Roll, O. (1999), Beziehungsmarketing für Kinder und Jugendliche – Frühzeitige und langfristige Beziehungen durch Integration. *Werbeforschung & Transfer*, S. 17-21.
Griese, P. & Rota, F. P. (2002), Die 'hypnotisierte' Werbegesellschaft: Identitätsfindung und -gefährdung durch Fernseh-Kommunikation. In H. Willems (Hg.), *Die Gesellschaft der Werbung. Kontexte und Texte. Produktionen und Rezeptionen. Entwicklungen und Perspektiven*. Opladen, S. 911-926.
Griese, U. (1999), Zielgruppen auf Basis sozio-kultureller Werte. Die Semiometrie liefert detaillierte Daten. *Marketing Journal*, S. 146-149.
Grimaldi, V. (2002), How a drink can lift morale. URL: www.brandchannel.com/brand_speak vom 9.12.2002.
Gröll, W. (1985), Der Mythos von der nachlassenden Markentreue. *Markenartikel 47*, S. 94-95.
Größer, H. (1991), Der klassische Markenartikel–Versuch einer Wesensbestimmung. *Markenartikel 53*, S. 200-207.
Groh, G. (1974), Marktsegmentierung. In B. Tietz (Hg.), *Handwörterbuch der*

Absatzwirtschaft. Stuttgart, S. 1408-1420.

Grossklaus, P. (1994), Thema Kundenbindung: Die neue Nähe zum Kunden. *Markenartikel 56*, S. 156-158.

Grünewald, S. (1993), Die Marke braucht Persönlichkeit. Stephan Grünewald zu psychologischen Aspekten erfolgreicher Packungsgestaltung. *Lebensmittelzeitung, 17*, S. 70.

Grünewald, S. (1996), Die geheime Logik des Marktes. Erfolgreiche Markenführung durch Analyse psychologischer Wirkungskräfte am Beispiel des Haushaltsreiniger-Marktes. *Planung & Analyse*, Sonderdruck 5.

Grünewald, S. (1997), Moderne Marken-Mythen und Marketing-Irrtumer. *Planung & Analyse*, S. 9-17.

Gruner + Jahr AG & Co. (1998), *Marken Profile 7. Die Stern Bibliothek.* Hamburg.

Gubig, T. & Köpcke, S. (1993), Werbegestalter im Dienste der Flasche. In M. Roth, M. Scheske & H.-C. Täubrich (Hg.), *In aller Munde. Einhundert Jahre Odol.* Ostfildern-Ruit, S. 166-179.

Güldenberg, H. G. (1988), Persönlichkeiten prägen Marken. In Lingner + Fischer GmbH: *1888 – 1988. 100 Jahre Lingner-Werke Dresden – Düsseldorf.* Bühl, S. 39-50.

Güldenberg, H. G. (1999), Marken bieten strategische Vorteile. Nachhaltige Innovationen und rechtlicher Schutzraum sind notwendig. *Frankfurter Allgemeine Zeitung* Nr. 228 vom 1.9.1999, S. 14.

Güldenberg, H. G. (1999a), LC[1] – Blitzstart einer neuen Nestlé-Marke. In K. Brandmeyer & A. Deichsel (Hg.), *Jahrbuch Markentechnik 2000/2001.* Frankfurt/M., S. 55-75.

Günther, G. (1963), *Das Bewußtsein der Maschinen. Eine Metaphysik der Kybernetik.* Krefeld/Baden-Baden.

Guggenberger, B. (1988), *Sein oder Design. Zur Dialektik der Abklärung.* Berlin.

Gurjewitsch, A. J. (1986), *Das Weltbild des mittelalterlichen Menschen.* München.

Gussmann, K. (2002), Zwischen Cord und Caipirinha. Kultur ist im Jugendmarkt eine entscheidende Größe. Doch was hip wird, bestimmen nicht die Marketingstrategien, sondern Zufall und Szenefreaks. *Lebensmittelzeitung Spezial 1*, S. 62-63.

Guth, E. (1954), Die Marktanalyse als Grundlage der Werbeplanung. *Der Markenartikel 16*, S. 293-297.

Haas, S. (1995), Die neue Welt der Bilder: Werbung und visuelle Kultur der Moderne. In P. Borscheid & C. Wischermann (Hg.), *Bilderwelt des Alltags. Werbung in der Konsumgesellschaft des 19. und 20. Jahrhunderts. Festschrift für Hans Jürgen Teuteberg.* Stuttgart, S. 64-77.

Haas, S. (1995a), Psychologen, Künstler, Ökonomen. Das Selbstverständnis der Werbetreibenden zwischen Fin de siècle und Nachkriegszeit. In P. Borscheid & C. Wischermann (Hg.), *Bilderwelt des Alltags. Werbung in der*

Konsumgesellschaft des 19. und 20. Jahrhunderts. Festschrift für Hans Jürgen Teuteberg. Stuttgart, S. 78-85.

Haensel, K. (1912), *Die Eintragbarkeit als Warenzeichen.* Marburg.

Haese, H. (1960), *KonsumRevolution.* Stuttgart.

Häusler, J. (2000), Symbiotische Beziehungen. Marken schaffen Freizeitaktivitäten, sagt Dr. Jürgen Häusler, Geschäftsführer der Interbrand Zitzmeyer & Lux GmbH Deutschland. Und Freizeitaktivitäten werden selbst zur Marke. *about. Magazin für Design und Business 2*, S. 28-30.

Hahn, A. (1994), Die soziale Konstruktion des Fremden. In W. M. Sprondel (Hg.), *Die Objektivität der Ordnungen und ihre kommunikative Konstruktion. Für Thomas Luckmann.* Frankfurt/M., S. 140-166.

Haimerl, E., Groot, R. M. d. & Seibert, K. (2001), Marktforschung für "echte" Innovationen: Probleme und Lösungsansätze. *Planung & Analyse*, S. 62-69.

Hainer, W. (1996), Marken spiegeln Werte. *Werbung & Verkaufen*, S. 26-28.

Halbrock, R. (1997), Frau fährt Harley. Marke als geschlossene Gesellschaft. In K. Brandmeyer & A. Deichsel (Hg.), *Jahrbuch Markentechnik 1997/98.* Frankfurt/ M., S. 65-72.

Hallenberger, G. (1997), Vom Bildungsanspruch zum Lebenshilfe-Angebot. Modetrends in der Fernsehunterhaltung gestern und heute. *tendenz*, S. 16-20.

Haller, P. (1988), Markentechnik. Gewinnen wird, wer seine Marke wirkungsvoll "in Szene" setzt. *Marketing Journal*, S. 369-371.

Haller, P. (1999), Flop oder Erfolg? Erfolg durch effektive Markenführung. *Frankfurter Allgemeine Zeitung* Nr. 141 vom 2.6.1999, S. B 7.

Halstenberg, V. (1996), *Integrierte Markenkommunikation. Psychoanalyse und Systemtheorie im Dienste erfolgreicher Markenführung.* Frankfurt/M.

Hansen, P. (1970), *Der Markenartikel. Analyse seiner Entwicklung und Stellung im Rahmen des Markenwesens.* Berlin.

Happel, H. (1999), Vielen Anzeigen fehlt der letzte Kick. Nur durch Lesestopps mit Signalwirkung können neue Kunden gewonnen werden. *Lebensmittelzeitung* Nr. 35, S. 46-48.

Happel, H. (2000), Marken ohne Identität. Halbherzige Werbeauftritte bremsen die Entwicklung vieler Eigenmarken. *Lebensmittelzeitung*, Nr. 14, S. 44-46.

Harke, D. (2000), *Ideen schützen lassen? Patent, Marken, Design, Copyright, Werbung. Beck-Rechtsberater.* München.

Haseloff, O. W. (1970), Kommunikationstheoretische Probleme der Werbung. In K. C. Behrens (Hg.), *Handbuch der Werbung mit programmierten Fragen und praktischen Beispielen von Werbefeldzügen.* Wiesbaden, S. 157-200.

Haseloff, O. W. (1981), Werbung als instrumentelle Kommunikation. In B. Tietz (Hg.), *Die Werbung. Handbuch der Kommunikations- und Werbewirtschaft. Band 1: Rahmenbedingungen, Sachgebiete und Methoden der Kommunikation und Werbung.* München, S. 63-151.

Haudenschild, C. (1989), *Konsum als Mittel der Lebensweltstilisierung. Eine Konfrontation der neoklassischen Nachfragetheorie mit der Erfahrung des*

Konsums im Alltag. Bern u. a.

Haug, W. F. (1971), *Kritik der Warenästhetik.* Frankfurt/M.

Hauser, H. (1979), Qualitätsinformationen und Marktstrukturen. *Kyklos* 32, S. 739-763.

Hauser, U. (1994), Die neue Konsumgesellschaft – Konsumkultur und Kommunikationskultur im Umbruch? Perspektiven für Marketing und Design. In E. Merck (Hg.), *Marken im Wandel der Märkte. 4. Internationales Iriodin Design-Forum.* Darmstadt, S. 36-45.

Hauß, C. (1910), Markenschutz, in: L. Conrad, C. Elster, W. Lexis & E. Loening (Hg.), *Handwörterbuch der Staatswissenschaften. Sechster Band.* Jena, S. 578-585.

Hayek, F. A. (1945), The Use of Knowledge in Society. *The American Economic Review* XXXV, S. 519-530.

Hayek, F. A. (1968), *Der Wettbewerb als Entdeckungsverfahren. Kieler Vorträge, gehalten im Institut für Weltwirtschaft an der Universität Kiel, Neue Folge 56.* Kiel.

Hayek, F. A. (1984), *Der Strom der Güter und Leistungen.* Tübingen.

Hayne, P. (1927), *Endlich bessere Anzeigen im Kampf um den Kunden von Morgen. 300 unübertroffene Beispiele erfolgreicher Anzeigenpraxis harmonisch ausgewertet zu neuen Erkenntnissen für* besseres Verkaufen. Stuttgart [Reprint HÖRZU-Anzeigenleitung 1981].

Heath, T. B., Ryu, G., Chatterjee, S. & McCarthy, M. S. (1997), Asymmetries in Price and Quality: Experimental Test of Underlying Mechanisms. *Advances in Consumer Research 24*, S. 366-374.

Heckel, H. (1996), Kinder wollen Spaß am PoS. Um die jüngsten Zielgruppen anzusprechen, müssen Marketingkonzepte die Kids in die Aktivitäten einbinden. *Horizont*, S. 72.

Heidenreich, S. (2001), Das Netz trägt Trauer. Ein Nachruf: Mit dem Sterben der Dotcoms zerfällt das Internet. *Frankfurter Allgemeine Zeitung* Nr. 67 vom 30.3.01, S. 51.

Heider, F. (1927), Ding und Medium. *Symposium. Philosophische Zeitschrift für Forschung und Aussprache* 1, S. 109-157.

Heimig, D. (2002), Mehr Gefühl für Milram. *Lebensmittelzeitung*, Nr. 38, S. 60.

Heinemann, K. (1969), Grundzüge einer Soziologie des Gelds. Stuttgart.

Heinemann, Klaus (1976), Elemente einer Soziologie des Marktes. *Kölner Zeitschrift für Soziologie und Sozialpsychologie* 28, S. 48-69.

Heinemann, K. (1987), Soziologie des Geldes. In K. Heinemann (Hg.): *Soziologie wirtschaftlichen Handelns.* Sonderheft 28 der Kölner Zeitschrift für Soziologie und Sozialpsychologie. Opladen, S. 322-338.

Heiner, H. (1989), Der multidimensionale Konsument "beackert" zwölf Konsumfelder. *Markenartikel* 51, S. 332-334.

Heiner, H. (1991), Neue Lust am Konsum. *Markenartikel* 53, S. 145-147.

Heinzen, K. (2000), Lockerungsübungen. Konsumbedürfnisse. *Junge Freiheit* vom 7.11.2000. URL: www.jf-archiv.de/archiv00/070yy06.htm vom 25.8.2001.

Heiz, A. (1978), *Wie argumentiert Werbung? Zur Verbalen und imaginalen Konzeption von Werbebotschaften. Rhetorik der Codes, Analyse und Methodendiskussion.* München.

Heller, E. (1984), *Wie Werbung wirkt: Theorien und Tatsachen.* Frankfurt/M.

Hellmann, K.-U. (1996), *Systemtheorie und neue soziale Bewegungen. Identitätsprobleme in der Risikogesellschaft.* Opladen.

Hellmann, K.-U. (1996a), Einleitung. In Niklas Luhmann, *Protest. Systemtheorie und soziale Bewegungen.* Frankfurt/M., S. 7-45.

Hellmann, K.-U. (1996b), *Die Gesellschaft der Marken. Diagnose und Therapie.* Hamburg (Manuskript).

Hellmann, K.-U. (1997), Protest in einer Organisationsgesellschaft. Politisch-alternative Gruppen in der DDR. In D. Pollack & D. Rink (Hg.), *Zwischen Verweigerung und Opposition. Politischer Protest in der DDR vom Anfang der siebziger Jahre bis zur friedlichen Revolution 1989.* Frankfurt/M., S. 252-278.

Hellmann, K.-U. (1997a), Marginalisierung und Mobilisierung. Konzeptionelle Überlegungen zur Emergenz und Mobilisierung von Marginalisierten. *Forschungsjournal Neue Soziale Bewegungen* 9, S. 23-37.

Hellmann, K.-U. (1998), Fremdheit als soziale Konstruktion. Eine Studie zur Systemtheorie des Fremden. In H. Münkler (Hg.), *Die Herausforderung durch das Fremde.* Berlin, S. 401-459.

Hellmann, K.-U. (2002), *"Da weiß man, was man hat." Eine Studie zur Soziologie der Marke.* Habilitationsschrift. Magdeburg.

Hellmann, K.-U. (2002a), Gemeinwohl und Systemvertrauen. Vorschläge zur Modernisierung alteuropäischer Begriffe. In H. Münkler & K. Fischer (Hg.), *Gemeinwohl und Gemeinsinn. Rhetoriken und Perspektiven sozial-moralischer Orientierung.* Berlin, S. 77-109.

Hellmann, K.-U. (2003), Demokratie und Evolution. In K.-U. Hellmann, K. Fischer & H. Bluhm (Hg.), *Das System der Politik. Niklas Luhmanns politische Theorie.* Opladen, S. 179-212.

Hellmann, K.-U. (2003a), Mediation und Nachhaltigkeit. Zur politischen Integration ökologischer Kommunikation. In S. Lange & U. Schimank (Hg.), *Governance und gesellschaftliche Integration.* Fernuniversität Hagen, S. 209-230.

Helm, R. & Satzinger, M. (1999), "Message Framing": Soziale und physische Drohungen und Versprechen in Werbeappellen am Beispiel Deutsche Bahn. *Werbeforschung & Praxis*, S. 22-25.

Hempelmann, B. & Lürwer, M. (2001), Erklärung und Analyse hybrider Formen des Markenwahlverhaltens. *Planung & Analyse*, S. 12-18.

Hennen, M. (1990), *Soziale Motivation und paradoxe Handlungsfolgen.* Opladen.

Hennen, M. (1994), Motivation als Konstrukt einer Sozialtheorie. In G. Rusch & S. J. Schmidt (Hg.), *Konstruktivismus und Sozialtheorie.* DELFIN 1993. Frankfurt/M., S. 133-171.

Hennig, R. (1917), Der stumme Handel als Urform des Außenhandels. *B. Harms Weltwirtschaftliches Archiv* 11, S. 265-278.

Henning, W. (2000), Der direkte Weg zum Kunden ist schwer zu finden. Dialogmarketing – Externe Dienstleister bieten Fullservice an – Chancen für die Markenartikelindustrie – Kostensenkung. *Lebensmittelzeitung*, Nr. 43, S. 66.

Henning-Bodewig, F. & Kur, A. (1988), *Marke und Verbraucher. Funktionen der Marke in der Marktwirtschaft. Band I: Grundlagen.* Weinheim.

Hensel, R. (1988), Der neue Konsument. (10) Die "Familie" wandelt sich. *Marketing Journal*, S. 488-499.

Hensel, R. (1988a), Der Markt der "Alten". (11) Ein "junger" Markt mit Zukunfts-Chancen. *Marketing Journal*, S. 614-626.

Herrmann, A., Huber, F. & Braunstein, C. (1999), Gestaltung der Markenpersönlichkeit mittels der "means-end"-Theorie. In F.-R. Esch (Hg.), *Moderne Markenführung. Grundlagen, Innovative Ansätze, Praktische Umsetzungen.* Wiesbaden, S. 103-134.

Herrmann, C. (1999), *Die Zukunft der Marke. Mit effizienten Führungsentscheidungen zum Markterfolg.* Frankfurt/M.

Herrmann, C. (2001), Das neue Marketing. Die Herausforderung durch die elektronischen Medien. Wie aber sehen die Eckpfeiler dieses neuen Marketing aus konzeptioneller Sicht aus? *Frankfurter Allgemeine Zeitung* Nr. 12 vom 15.1.01, S. 30.

Herrmann, T. (1967), Zur Psychologie des Markenartikels. *Der Markenartikel*, S. 462-469.

Hermanns, A. (1976) Sozialisationseffekte der Wirtschaftswerbung. In K. G. Specht & G. Wiswede (Hg.), *Marketing-Soziologie. Soziale Interaktionen als Determinanten des Marktverhaltens.* Berlin, S. 361-373.

Hermanns, A. (1979), *Konsument und Werbewirkung. Das phasenorientierte Werbewirkungsmodell.* Bielefeld/Köln.

Hermanns, A. & Püttmann, M. (1993), Integrierte Marketing-Kommunikation. In R. Berndt & A. Hermanns (Hg.), *Handbuch Marketing-Kommunikation. Strategien – Instrumente – Perspektiven.* Wiesbaden, S. 19-42.

Herskovits, M. J. (1952), *Economic Anthropology. The Economic Life of Primitive Peoples.* New York.

Herstatt, J. D. (1985), *Die Entwicklung von Markennamen im Rahmen der Neuproduktplanung.* Frankfurt/Bern/New York.

Hickethier, K. (1997), Die Utopie der Serie. Mythen und Wirklichkeit im *Star Trek*-Universum. In K.-U. Hellmann & A.Klein (Hg.), *"Unendliche Welten..." Star Trek zwischen Unterhaltung und Utopie.* Frankfurt/M., S. 139-153.

Hickethier, K. (2000), Transformationen. Sinnstiftung, Wertevermittlung und Ritualisierung des Alltags durch das Fernsehen. In G. Thomas (Hg.), *Religiöse Funktionen des Fernsehens? Medien-, kultur- und religionswissenschaftliche Perspektiven.* Opladen, S. 29-44.

Hicks, J. (1989), *A Market Theory of Money.* Oxford.

Hill, P. (1987), Market Places. In *The New Palgrave. A Dictionary of Economics*. London, S. 332-334.

Hill, R. P. & Stephens, D. L. (1990), The Relationship Between Advertising and Consumers' Moods: A Synergistic Approach. In S. J. Agres, J. A. Edell & T. M. Dubitsky (Hg.), *Emotion in Advertising. Theoretical and Practical Explorations*. New York/Westport/London, S. 317-325.

Hillmann, K.-H. (1988), *Allgemeine Wirtschaftssoziologie. Eine grundlegende Einführung*. München.

Hirsch, J. (1925), Der moderne Handel, seine Organisation und Formen und die staatliche Binnenhandelspolitik. In *Grundriss der Sozialökonomik. V. Abteilung. Handel, Transport, Bankwesen*. II. Teil. Tübingen.

Hirschman, A. O. (1982), Rival Interpretations of Market Society: Civilizing, Destructive, or feeble? *Journal of Economic Literature* 20, S. 1463-1484.

Hirschman, A. O. (1984), *Engagement und Enttäuschung. Über das Schwanken der Bürger zwischen Privatwohl und Gemeinwohl*. Frankfurt/M.

Hirshleifer, J. & Riley, J. G. (1979), The Analysis of Uncertainty and Information – An Expository Survey. *Journal of Economics Literature* 17, S. 1375-1421.

Hitzler, R. & Honer, A. (1984), Lebenswelt – Milieu – Situation. Terminologische Vorschläge zur theoretischen Verständigung. *Kölner Zeitschrift für Soziologie und Sozialpsychologie* 36, S. 56-74.

Hitzler, R. & Pfadenhauer, M. (Hg.) (2001), *Techno-Soziologie. Erkundungen einer Jugendkultur*. Opladen.

Hodgson, A. (1993), Von der Gartenlaube zum Großbetrieb – die Odol Geschichte. In M. Roth, M. Scheske & H.-C. Täubrich (Hg.), *In aller Munde. Einhundert Jahre Odol*. Ostfildern-Ruit, S. 30-49.

Högl, S. (1999), Markenforschung für den Markenerfolg. *Werbeforschung & Praxis*, S. 12-15.

Höhler, G. (1988), Der neue Konsument. (9) Pendeln zwischen den Standards: Unberechenbar, nicht einzuordnen. *Marketing Journal*, S. 358-362.

Hölscher, B. (1998), *Lebensstile durch Werbung? Zur Soziologie der Life-Style-Werbung*. Opladen.

Hölscher, B. (2001), Lebensstilkonzepte und Zielgruppenbildung. Anforderungen an die Forschungspraxis. *Planung & Analyse*, S. 20-27.

Hölscher, B. (2002), Das Denken in Zielgruppen. Über die Beziehungen zwischen Marketing, Werbung und Lebensstilforschung. In H. Willems (Hg.), *Die Gesellschaft der Werbung. Kontexte und Texte. Produktionen und Rezeptionen. Entwicklungen und Perspektiven*. Opladen, S. 481-498.

Hörning, K. H. & Michailow, M. (1990), Lebensstil als Vergesellschaftungsform. Zum Wandel von Sozialstruktur und sozialer Integration. In P. A. Berger & S. Hradil (Hg.), *Lebenslagen, Lebensläufe, Lebensstile*. Sonderband 7 der Sozialen Welt. Göttingen, S. 501-521.

Hoffmann, K. (1995), Servicefunktion der Marke – am Beispiel Saab. *Markenartikel* 57, S. 450-454.

Hofmann, M. & Rink, D. (1993), Die Auflösung der ostdeutschen Arbeitermilieus. Bewältigungsmuster und Handlungsspielräume ostdeutscher Industrieländer im Transformationsprozeß. *Aus Politik und Zeitgeschichte*, B 26-27/93, S. 29-36.

Hofstede, G. (1993), *Interkulturelle Zusammenarbeit. Kulturen – Organisationen – Management*. Wiesbaden.

Hohorst, G., Kocka, J. & Ritter, G. A. (1975), *Sozialgeschichtliches Arbeitsbuch. Materialien zur Statistik des Kaiserreichs 1870-1914*. München.

Holman, R. H. (1980), Clothing as communication: an empirical investigation. *Advances in Consumer Research* 7, S. 372-377.

Holt, D. B. (1995), How Consumers Consume: A Typology of Consumption Practices. *Journal of Consumer Research* 22, S. 1-16.

Holt, D. B.(1997), Poststructuralist Lifestyle Analysis: Conceptualizing the Social Patterning of Consumption in Postmodernity. *Journal of Consumer Research* 23, S. 326-350.

Homburg, H. (1997), Werbung – "eine Kunst, die gelernt sein will". Aufbrüche in eine neue Warenwelt 1750-1850. *Jahrbuch für Wirtschaftsgeschichte* 42, S. 11-52.

Hondrich, K. O. (1979), Bedürfnisse, Werte und soziale Steuerung. In H. Klages & P. Kmieciak (Hg.), *Wertwandel und gesellschaftlicher Wandel*. Frankfurt/M., S. 67-83.

Hoppmann, E. (1981), Über Funktionsprinzipien und Funktionsbedingungen des Marktsystems. In L. Wegehenkel (Hg.), *Marktwirtschaft und Umwelt*. Tübingen, S. 219-235.

Horkheimer, M. & Adorno, T. W. (1986), *Dialektik der Aufklärung. Philosophische Fragmente*. Frankfurt/M.

Horsefield, J. K. (1986), The Beginnings of Paper Money in England. *The Journal of European Economic History* 6, S. 117-132 [Reprint].

Horvath, D. (2000), *Bitte recht weiblich: Frauenleitbilder in der deutschen Zeitschrift "BRIGITTE" 1942-1982*. Zürich.

Horx, M. (1998), Warum ein Markenbuch? In M. Horx & P. Wippermann (Hg.), *Markenkult. Wie Marken zu Ikonen werden*. München, S. 10-101.

Horx, M. & Wippermann, P. (1996), *Was ist Trendforschung?* Düsseldorf.

Horx, M. & Wippermann, P. (Hg.) (1998), *Markenkult. Wie Marken zu Ikonen werden*. München.

Hoyt, E. (1965), Money Economy and Consumption Patterns. In N. J. Smelser (Hg.), *Readings on Economics Sociology*. Englewood Cliffs, S. 285-295.

Hradil, S. (1983), Die Ungleichheit der "Sozialen Lage". Eine Alternative zu schichtungssoziologischen Modellen sozialer Ungleichheit. In R. Kreckel (Hg.), *Soziale Ungleichheiten*. Sonderband 2 der Sozialen Welt. Göttingen, S. 101-118.

Hradil, S. (1987), *Sozialstrukturanalyse in einer fortgeschrittenen Gesellschaft. Von Klassen und Schichten zu Lagen und Milieus*. Opladen.

Hradil, S. (1990), Postmoderne Sozialstruktur? Zur empirischen Relevanz einer "modernen" Theorie sozialen Wandels. In P. A. Berger & S. Hradil (Hg.),

Lebenslagen, Lebensläufe, Lebensstile. Sonderband 7 der Sozialen Welt. Göttingen, S. 125-150.

Hradil, S. (1990a), Epochaler Umbruch oder ganz normaler Wandel? Wie weit reichen die neueren Veränderungen der Sozialstruktur in der Bundesrepublik? In Bundeszentrale für politische Bildung (Hg.), *Umbrüche in der Industriegesellschaft. Herausforderungen für die politische Bildung.* Bonn, S. 73-99.

Hradil, S. (Hg.) (1992), *Zwischen Bewußtsein und Sein. Die Vermittlung "objektiver" Lebensbedingungen und "subjektiver" Lebensweisen.* Opladen.

Hradil, S. (1992a), Alte Begriffe und neue Strukturen. Die Milieu-, Subkultur- und Lebensstilforschung der 80er Jahre. In S. Hradil (Hg.), *Zwischen Bewußtsein und Sein. Die Vermittlung ,objektiver' Lebensbedingungen und ,subjektiver' Lebensweisen.* Opladen, S. 15-55.

Hübel, D. (1993), Sind die Marken noch glaubwürdig? In: E. Merck GmbH (Hg.), *Sind die Marken noch glaubwürdig? 3. Internationales Iriodin Design-Forum.* Darmstadt, S. 61-66.

Hünermann, A. (1993), Bildungsgut im Bildungsgut – Zeitschriften und Odol-Werbung. In M. Roth, M. Scheske & H.-C. Täubrich (Hg.), *In aller Munde. Einhundert Jahre Odol.* Ostfildern-Ruit, S. 158-165.

Hüther, J. (1975), *Sozialisation durch Massenmedien. Ziele, Methoden, Ergebnisse einer medienbezogenen Jugendkunde.* Opladen.

Hüttel, K. (1978), Marketing – Chance für den Markenartikel auch in Zeiten wirtschaftlicher Stagnation. In J. Koinecke (Hg.), *Handbuch Marketing.* Band 1. Gernsbach/Baden, S. 81-86.

Hufschlag, I. (1997), Ob Pulver oder Perlen, Persil bleibt Persil. Mythen der Marken. 90 Jahre selbsttätige Waschkraft. *Handelsblatt* 108 vom 10. Juni 1997, S. 41.

Hunsinger, H. (1994), Die Zukunft der Marken. Untersuchung über die Floprate bei Produktneueinführungen. In E. Merck (Hg.), *Marken im Wandel der Märkte. 4. Internationales Iriodin Design-Forum.* Darmstadt, S. 46-59.

Hunziker, P.r (1972), *Erziehung zum Überfluß. Soziologie des Konsums.* Stuttgart/ Berlin/Köln/Mainz.

Hunziker, P. (1996), *Medien, Kommunikation und Gesellschaft. Einführung in die Soziologie der Massenkommunikation.* Darmstadt.

Hupertz, H. (2002), Wechsele die Hose, erkenne dich selbst. Ihr Leben liest sich wie ein Roman von Toni Morrison: Amerikas bekannteste Medienfrau, Oprah Winfrey, kündigt das ferne Ende ihrer Fernsehshow an. *Frankfurter Allgemeine Zeitung* Nr. 63 vom 15.3.02, S. 56.

Hurrelmann, K. & Ulich, D. (Hg.) (1991), *Neues Handbuch der Sozialisationsforschung.* Weinheim/Basel.

Hutter, M. (1995), Signum non olet: Grundzüge einer Zeichentheorie des Geldes. In W. Schelkle & M. Nitsch (Hg.), *Rätsel Geld. Annäherungen aus ökonomischer, soziologischer und historischer Sicht.* Marburg, S. 325-352.

Hutter, M.l (1999), Wie der Überfluß flüssig wurde. Zur Geschichte und zur Zukunft der knappen Ressourcen. *Soziale Ssysteme* 5, S. 41-54.

Illies, F. (2000), *Generation Golf. Eine Inspektion.* Berlin.

Jackel, B. (1997), Merkmale markentreuer Konsumenten. In Gesellschaft zur Erforschung des Markenwesens e. V. (Hg.), *Markendialog.* Wiesbaden, S. 41-63.

Jacobeit, W. (1988), Dorf und dörfliche Bevölkerung Deutschlands im bürgerlichen 19. Jahrhundert. In J. Kocka (Hg.), *Bürgertum im 19. Jahrhundert. Deutschland im europäischen Vergleich.* München, S. 315-339.

Jacoby, J. & Chestnut, R. W. (1978), *Brand Loyalty. Measurement and Management.* New York/Chichester/Brisbane/Toronto.

Jacoby, J. & Olson, J. C. (Hg.) (1986), *Perceived Quality. How Consumers View Stores and Merchandise.* Lexington.

Jacoby, J., Szybillo, G. J. & Busato-Schach, J. (1977), Information Acquisition Behavior in Brand Choice Situations. *Journal of Consumer Research* 3, S. 209-215.

Jäckel, M. & Kochhan, C. (2000), Notwendigkeit und Luxus. Ein Beitrag zur Geschichte des Konsums. In D. Rosenkranz & N. F. Schneider (Hg.), *Konsum. Soziologische, ökonomische und psychologische Perspektiven.* Opladen, S. 73-94.

Jary, M., Schneider, D. & Wileman, A. (1999), *Markenpower. Warum Aldi, Ikea, H&M und Co. so erfolgreich sind.* Wiesbaden.

Jenner, T. (2002), Survival of the Fittest – Erkenntnisse des Population Ecology-Ansatzes für die Markenführung. *Jahrbuch der Absatz- und Verbrauchsforschung*, S. 59-75.

Jensen, S. & Naumann, J. (1980), Commitments: Medienkomponente einer ökonomischen Kulturtheorie? *Zeitschrift für Soziologie* 9, S. 79-99.

Jeschke, K. (1995), *Nachkaufmarketing. Kundenzufriedenheit und Kundenbindung auf Konsumgütermärkten.* Frankfurt/Berlin/Bern/New York/Paris/Wien.

Jhally, S. (1990), *The codes of advertising. Fetishism and the political economy of meaning in the consumer society.* London.

Joachimsthaler, E. (2000), "Marken brauchen Visionen". Erich Joachimsthaler über die Herausforderungen systematisch gesteuerter Markenerfolge. *Lebensmittelzeitung*, 34, S. 42-43.

Joerges, B. (1988), *Technik im Alltag.* Frankfurt/M.

Jugenheimer, D. W. (1996), Advertising as Educator. In M. Cross (Hg.), *Advertising and Culture. Theoretical Perspectives.* Westport/London, S. 105-111.

Kaas, K. P. (1979), Preiseinfluß und Markenwahl. In H. Meffert, H. Steffenhagen & H. Freter (Hg.), *Konsumentenverhalten und Information.* Wiesbaden, S. 399-

413.

Kaminsky, P. (2001), *Wohlstand, Schönheit, Glück. Kleine Konsumgeschichte der DDR*. München.

Kapferer, C. (1994), *Zur Geschichte der deutschen Marktforschung. Auszeichnungen eines Mannes, der dabei war*. Hamburg.

Kapferer, J.-N. (1992), *Die Marke – Kapital des Unternehmens*. Landsberg/Lech.

Kapferer, J.-N. (1998), Die Führung des Markenkapitals: Welche Konsequenzen ergeben sich für das operative Geschäft? In K. Brandmeyer & A. Deichsel (Hg.), . Frankfurt/M., S. 135-150.

Karmasin, H. (1998), *Produkte als Botschaften. Individuelles Produktmarketing, Konsumentorientiertes Marketing, Bedürfnisdynamik, Produkt- und Werbekonzeptionen, Markenführung in veränderten Umwelt*. Wien/Frankfurt/M.

Karmasin, H. (1999), Zielgenaues Marketing (target marketing). In Gesellschaft zur Erforschung des Markenwesens e. V. (Hg.), *Markendialog*. Wiesbaden, S. 93-102.

Karolski, J. (2002), Megabrands Groupe Danone and Nestlé are like the Coke and Pepsi of the bottled water market. But as new markets rise so do the stakes; who will win the latest water war? URL: www.brandchannel.com/start1.asp eingesehen vom 15.4.2002.

Kasuga, J. (1987), Die Beobachtung des Marktes: asymmetrische Strukturen und generalisierte Erwartungen. In D. Baecker, J. Markowitz, R. Stichweh, H. Tyrell & H. Willke (Hg.), *Theorie als Passion. Niklas Luhmann zum 60. Geburtstag*. Frankfurt/M., S. 547-569.

Katona, E. (1960), *Das Verhalten der Verbraucher und Unternehmer. Über die Beziehungen zwischen Nationalökonomie, Psychologie und Sozialpsychologie*. Tübingen.

Katz, G. (2002), *Wer's glaubt wird selig – oder? Die Glaubwürdigkeit von Öko-Werbung aus Rezipientensicht. Eine qualitative Erkundungsstudie*. Opladen.

Kaufmann, F.-X. (1997), Schwindet die integrative Funktion des Sozialstaates? *Berliner Journal für Soziologie* 7, S. 5-19.

Kaufmann, P. (1969), *Der Schlüssel zum Verbraucher*. Wien/Düsseldorf.

Kavounis, Y. 2000: Auto-branding: beyond transportation ...to trans-formation. *Interbrand 2000*. URL: www.interbrand.com vom 24.9.2002.

Kehrer, R. (2001), Marke und Mythos.Eine kulturwissenschaftliche Betrachtung des betriebswissenschaftlichen Phänomens Marke. In M. Bruhn (Hg.), *Die Marke. Symbolkraft eines Zeichensystems*. Bern/Stuttgart/Wien, S. 197-218.

Keim, G. (1999), *Magic moments. Ethnographische Gänge in die Konsumwelt*. Frankfurt/M.

Keim, K.-D. (1979), *Milieu in der Stadt. Ein Konzept zur Analyse älterer Wohnquartiere*. Stuttgart/Berlin/Köln/Mainz.

Keim, K.-D. (1997), Milieu und Moderne. Zum Gebrauch und Gehalt eines nachtraditionalen sozial-räumlichen Milieubegriffs. *Berliner Journal für Soziologie* 7, S. 387-399.

Kelley, E. J. (1958), The Importance of Convenience in Consumer Purchase. *Journal of Marketing*, S. 32-38.

Kellner, D. (1995), *Media Culture. Cultural studies, identity and politics between the modern and the postmodern.* London/New York.

Kellner, J. (1994), Lifestyle-Markenstrategien. In M. Bruhn (Hg.): *Handbuch Markenartikel. Anforderungen an die Markenpolitik aus Sicht von Wissenschaft und Praxis.* Stuttgart, S. 619-643.

Kern, F. (1989), Der neue Konsument. (13) Mann oder Frau – ist das noch die Frage? Der Trend zur ‚Androgynität' – oder: Der Rollen-Wechsel bei Mann und Frau fordert das Marketing. *Marketing Journal*, S. 126-129.

Kesselmann, P. & Müller, S. (1996), Braun. Das Design als Inbegriff der Markenpersönlichkeit. In E. Dichtl & W. Eggers (Hg.), *Markterfolg mit Marken.* München, S. 187-206.

Kiel, H.-J. & Enke, N. (2002), Brand Lands – Willkommen im Reich der Marke. *Absatzwirtschaft*, S. 32-37.

Kiene, B. (2000), Kundenzufriedenheit ist kein Zufall. Total Quality Management. *Frankfurter Allgemeine Zeitung* Nr. 219 vom 20.9.2000, S. B 2.

Kieser, R. (1995), Lob der Erbsensuppe. In H. Vinçon (Hg.), *Frank Wedekinds Maggi-Zeit. Reklamen/Reisebericht/Briefe.* Darmstadt, S. 7-26.

King, R. L. (1965), The Marketing Concept. In G. Schwartz (Hg.), *Science in Marketing.* New York/London/Sydney, S. 70-97.

Kircher, S. (1999), Gestaltung von Markennamen. In F.-R. Esch (Hg.), *Moderne Markenführung. Grundlagen, Innovative Ansätze, Praktische Umsetzungen.* Wiesbaden, S. 445-464.

Kircher, S. (2001), Mehr Mut zu markanten Namen. Jacobs' Röstkaffee "Milea" oder wie man kreativ in die sprachliche Trickkiste greift. *Lebensmittelzeitung*, 38, S. 66.

Kirchner, A. (2000), *Die sprachliche Dimension des Politischen. Studien zu Rhetorik und Glaubwürdigkeit.* Würzburg.

Kirchner, B. (2001), Wo Teenager lesbisch sind und Vampire verliebt. Leben in Sunnydale: Die Serie "Buffy" wird bei Gemeinschafts-Abenden vor dem Fernseher gefeiert. *Frankfurter Allgemeine Zeitung* Nr. 201 vom 3.12.2001, S. 56.

Kirchner, K. (2001), *Integrierte Unternehmenskommunikation. Theoretische und empirische Bestandsaufnahme und eine Analyse amerikanischer Grossunternehmen.* Opladen.

Klatt, J. & Staeffler, G. (Hg.) (1995), *Braun+Design Collection. 14 Jahre Braun Design – 1955 bis 1995.* Hamburg.

Klein, N. (2001), *No Logo! Der Kampf der Global Players um Marktanteile. Ein Spiel mit vielen Verlierern und wenigen Gewinnern.* Gütersloh.

Klemp, H. (1959), Psychogene Produktgestaltung. *Der Markenartikel*, S. 781-789.

Kloss, I. (2000), *Werbung. Lehr-, Studien- und Nachschlagewerk.* München/Wien.

Knapp, A. (1996), Über den Erwerb und Konsum von materiellen Gütern – Eine

Theorienübersicht. *Zeitschrift für Sozialpsychologie*, 193-206.

Kneip, K. (1979), Corporate Identity. *Absatzwirtschaft* 22, S. 68-70.

Knop, C. (2000), "Erstes Ergebnis der neuen HP-Strategie". Fragen an Ann Livermore, Vice President der Hewlett-Packard Co. *Frankfurter Allgemeine Zeitung* Nr. 214 vom 14.9.00, S. 26.

Knop, C. (2000a), Begegnungen: Ein genialer Verkäufer. *Frankfurter Allgemeine Zeitung* Nr. 101 vom 2.5.2000, S. 23.

Koch, S. (1951), *Die betriebswirtschaftliche Bedeutung des Markenartikels im selbständigen Einzelhandel unter Zugrundelegung der Verhältnisse in der Spezereiwarenbranche.* Zürich.

Köhler, R. (1993), Marke und Verbraucher – Zu den Grundlagen lebenslanger Bindungen. *Markenartikel* 55, S. 340-347.

Köhler, R., Majer, W. & Wiezorek, H. (Hg.) (2001), *Erfolgsfaktor Marke. Neue Strategien des Markenmanagements.* München.

Köhnken, G. (1990), *Glaubwürdigkeit. Untersuchungen zu einem psychologischen Konstrukt.* München: Psychologie Verlags Union.

König, G. (1993), Werbefeldzüge – Keine billige Reklame. In M. Roth, M. Scheske & H.-C. Täubrich (Hg.), *In aller Munde. Einhundert Jahre Odol.* Ostfildern-Ruit, S. 140-157.

Köppen, H.-W. (1959), Unmoralische Motivforschung? *Der Markenartikel*, S. 856-858.

Kohli, C., LaBahn, D. W. & Thakor, M. (1999), Prozeß der Namensgebung. In F.-R. Esch (Hg.): *Moderne Markenführung. Grundlagen, Innovative Ansätze, Praktische Umsetzungen.* Wiesbaden, S. 421-444.

Kohring, M. (2001), *Vertrauen in Medien – Vertrauen in Technologie.* Arbeitsbericht Nr. 196. Stuttgart: Akademie für Technikfolgenabschätzung in Baden-Württemberg.

Kollock, P. (1994), The Emergence of Exchange Structures: An Experimental Study of Uncertainty, Commitment, and Trust. *American Journal of Sociology* 100, S. 313-345.

Konert, F.-J. (1986), Vermittlung emotionaler Erlebniswerte – Eine Positionierungs- und Profilierungsstrategie für Markenartikel auf gesättigten Märkten. *Markenartikel* 48, S. 576-578.

Konrad, J. (1999), "Marktforschung ist kein Viagra für risikoscheue Manager". Young Business Factory der Lebensmittel Zeitung nimmt Methoden und Techniken der Datensammler unter die Lupe. *Lebensmittelzeitung*, 38, S. 62-64.

Konrad, J. (2001), Verbraucher werden Marken untreu. Verbruacher-Analyse untersucht Kundenloyalität – Hohe Wechselbereitschaft bei Bier und Joghurt. *Lebensmittelzeitung*, 38, 21-.9.01.

Koppelmann, U. (1987), Nachkaufsicherheit – ein wichtiges Argument. *Markenartikel* 49, S. 116-117.

Kopytoff, I. (1986), The cultural biography of things: commoditization as process. In A. Appadurai (Hg.), *The social life of things. Commodities in cultural perspective.* Cambridge, S. 64-91.

Kotler, P. (2000), "Die meisten Werbekampagnen sind reine Geldverschwendung!" Zu hoher Anteil des Budgets für Printwerbung. Marketing-Professor Philip Kotler zum Einsatz von Direktmarketing. *Frankfurter Allgemeine Zeitung* Nr. 211 vom 11.9.00, S. 28.

Kotler, P. & Bliemel, F. (1999), *Marketing-Management. Analyse, Planung, Umsetzung und Steuerung.* Stuttgart.

Kraemer, K. (1997), *Der Markt der Gesellschaft. Zu einer soziologischen Theorie der Marktvergesellschaftung.* Opladen.

Kraft, A. (1992), Das Markenrecht in Deutschland und in der Europäischen Gemeinschaft. In E. Dichtl & W. Eggers (Hg.), *Marke und Markenartikel als Instrumente des Wettbewerbs.* München, S. 247-268.

Kraft, J. (1995), Die Medien im Treibhaus der Werbung. *Die Zeit* 7 vom 10.2.1995, S. 55.

Krebs, A. (1999), Lieben: Schenken, Tauschen oder Teilen? Eine Kritik an Elizabeth Theorie des "Gift Exchange". *Deutsche Zeitschrift für Philosophie* 47, S. 967-985.

Kreckel, R. (1982), Class, Status and Power? Begriffliche Grundlagen für eine Soziologie der sozialen Ungleichheit. *Kölner Zeitschrift für Soziologie und Sozialpsychologie* 34, S. 617-648.

Kreckel, R. (1992), *Politische Soziologie der sozialen Ungleichheit.* Frankfurt/M.

Kreckel, R. (1998), Klassentheorie am Ende der Klassengesellschaft. In P. A. Berger & M. Vester (Hg.), *Alte Ungleichheiten – Neue Spaltungen.* Opladen, S. 31-48.

Kreiser, W. (1993), *Markenartikel-Konzeption für Frischkartoffeln.* Pinneberg-Waldenau.

Kreppner, K. (1991), Sozialisation in der Familie. In K. Hurrelmann & D. Ulich (Hg.), *Neues Handbuch der Sozialisationsforschung.* Weinheim/Basel, S. 321-334.

Kreps, D. M. & Wilson, R. (1982), Reputation and Imperfect Information. *Journal of Economic Theory* 27, S. 253-279.

Kreuz, A. (1992), Markenartikel. In D. Pflaum & F. Bäuerle (Hg.), *Lexikon der Werbung.* Landsberg/Lech, S. 249-251.

Kriegeskorte, M. (1995), *100 Jahre Werbung im Wandel. Eine Reise durch die deutsche Vergangenheit.* Köln.

Krizner, I. M. (1991), Market process versus market equilibrium. In G. Thompson, J. Frances, R. Levacic & J. Mitchell (Hg.), *Markets, Hierarchies and Networks. The Coordination of Social Life.* London/Newbury Park/New Delhi, S. 53-65.

Krockow, C. Graf v. (1985), Zur Anthropologie und Soziologie der Identität. *Soziale Welt* 17, S. 142-152.

Krockow, C. Graf v. (1996), Luxus: Von der Notwendigkeit des Überflüssigen. In D. Steffen (Hg.), *Welche Dinge braucht der Mensch? Hintergründe, Folgen und Perspektiven der heutigen Alltagskultur.* Frankfurt/M., S. 117-118.

Kroeber-Riel, W. (1973), Werbung als beeinflussende Kommunikation. In W. Kroeber-Riel (Hg.), *Konsumentenverhalten und Marketing. Arbeitspapiere des Instituts für Konsum- und Verhaltensforschung an der Universität des Saarlandes.* Opladen, S. 137-162.

Kroeber-Riel, W. (1993), *Strategie und Technik der Werbung. Verhaltenswissenschaftliche Ansätze.* Stuttgart/Berlin/Köln.

Kroeber-Riel, W. (1993a), *Bildkommunikation. Imagerystrategien für die Werbung.* München.

Kroeber-Riel, W. & Trommsdorff, V. (1973), Markentreue beim Kauf von Konsumgütern – Ergebnisse einer empirischen Untersuchung. In W. Kroeber-Riel (Hg.), *Konsumentenverhalten und Marketing. Arbeitspapiere des Instituts für Konsum- und Verhaltensforschung an der Universität des Saarlandes.* Opladen, S. 57-82.

Kroeber-Riel, W. & Weinberg, P. (1996), *Konsumentenverhalten.* München.

Kropff, H. F. J. (1954), Psychologische Probleme der Marktforschung und Werbung. *Der Markenartikel* 16, S. 622-641.

Krulis-Randa, J. S. (1984), Reflexionen über die Unternehmenskultur. *Die Unternehmung* 38, S. 358-371.

Kruse, A. (1959), Was wissen wir vom Konsumentenverhalten? *Der Markenartikel,* S. 246-253.

Kühn, D. (1963), *Der Markenartikel, Wesen und Begriff, seine Entwicklung in der Literatur.* Berlin.

Kühne, M. (1993), Statements. In E. Merck (Hg.), *Sind die Marken noch glaubwürdig? 3. Internationales Iriodin Design-Forum.* Darmstadt, S. 72-73.

Kuhlmann, E. (1974), Markttransparenz. In: B. Tietz (Hg.), *Handwörterbuch der Absatzwirtschaft.* Stuttgart, S. 1420-1427.

Kuhn, T. S. (1976), *Die Struktur wissenschaftlicher Revolutionen.* Frankfurt/M.

Kutsch, T. & Wiswede, G. (1986), *Wirtschaftssoziologie. Grundlegung, Hauptgebiete, Zusammenhang.* Stuttgart.

Kyrk, H. (1923), *A Theory of Consumption.* Boston/New York.

Laird, D. A. (1932), How the Consumer Estimates Quality by Subconscious Sensory Impression. *Journal of Applied Psychology* 16, S. 241-246.

Lakaschus, C. (1988), Der neue Konsument. (7) Die Konsumentin im Werte-Wandel der Zeit. *Marketing Journal,* S. 130-131.

Lamberty, C. (2000), *Reklame in Deutschland 1890-1914. Wahrnehmung, Professionalisierung und Kritik der Wirtschaftswerbung.* Berlin.

Lane, R. E. (1978), Markets and the Satisfaction of Human Wants. *Journal of Economic Issues* XII, S. 799-827.

Lange, A. (2002), Werbung zwischen Sein und Werbung. Inszenierungsmuster von Kindheit und Kindern in der kommerziellen Gesellschaft. In H. Willems (Hg.), *Die Gesellschaft der Werbung. Kontexte und Texte. Produktionen und Rezeptionen. Entwicklungen und Perspektiven.* Opladen, S. 821-840.

Lange, E. (1989), *Marktwirtschaft. Eine soziologische Analyse ihrer Entwicklung und Strukturen in Deutschland*. Opladen.

Lange, F. (1999), Die massenseelische Sondierung an der Schnittstelle zwischen Markentechnik und Marketing. In K. Brandmeyer & A. Deichsel (Hg.), *Jahrbuch Markentechnik 2000/2001*. Frankfurt/M., S. 253-269.

Lange, H. J. (1990), High and Low Interest Products. Nicht eine Frage der Einstellung, sondern der Situation. *Markenartikel* 52, S. 514-517.

Lange, M. (1998), Kundenbindung durch Innovation. In Gesellschaft zur Erforschung des Markenwesens (GEM) e. V. (Hg.), *Strategien zur Schaffung und Erhaltung von Markenloyalität. Markendialog Februar 1998*. Wiesbaden, S. 38-46.

Lange, M. (2001), Innovationserfolge in der Markenpolitik trotz einer Inflation an neuen Produkten. Erfahrungen aus der Praxis. In R. Köhler, W. Majer & H. Wiezorek (Hg.), *Erfolgsfaktor Marke. Neue Strategien des Markenmanagements*. München, S. 107-115.

Lash, S. & Urry, J. (1994), *Economics of Signs and Space*. London/Thousand Oaks/New Delhi.

Lasooga, F. (1999), Business und Erlebniswerte – Ist das überhaupt miteinander vereinbar? *Werbeforschung & Praxis*, S. 13-16.

Latour, S. (1996), *Namen machen Marken. Handbuch zur Entwicklung von Firmen- und Produktnamen*. Frankfurt/M.

Lazer, W. (1964), Life Style Concepts and Marketing. In S. A. Greyser (Hg.), *Toward Scientific Marketing. Proceedings of the Winter Conference of the American Marketing Association*. Chicago, S. 130-139.

Leiberich, P. (1981), Die Werbung als Kommunikationssystem. In B. Tietz (Hg.), *Die Werbung. Handbuch der Kommunikations- und Werbewirtschaft. Band 1: Rahmenbedingungen, Sachgebiete und Methoden der Kommunikation und Werbung*. München, S. 171-190.

Leifer, E. (1985), Markets as Mechanisms: Using A Role Structure. *Social Forces* 64, S. 442-472.

Leifer, E. & White, H. (1987), A Structural Approach to Markets. In M. Mizrachi & M. Schwartz (Hg.), *Intercorporate relations: The Structural Analysis of Business*. Cambridge, S. 85-108.

Leiss, W., Kline, S. & Jhally, S. (1990), *Social Communication in Advertising. Persons, Products & Images of Well-Being*. Scarborough.

Leitherer, E. (1955), Die Entwicklung der modernen Markenformen. *Der Markenartikel*, S. 539-566.

Leitherer, E. (1956), Das Markenwesen der Zunftwirtschaft. *Der Markenartikel*, S. 685-707.

Leitherer, E. (1994), Geschichte der Markierung und des Markenwesens. In M. Bruhn (Hg.), *Handbuch Markenartikel. Anforderungen an die Markenpolitik aus Sicht von Wissenschaft und Praxis*. Stuttgart, S. 135-152.

Leemans, W. F. 1960: *Foreign Trade in the Old Babylonian Period*. Leiden.

Lemberg, V. (2000), Der Zufall ist planbar. Innovationsmanagement als Erfolgsfaktor für die Zukunft. *Markenartikel* 62, S. 4-12.

Lenk, H. (1978), Motive als Interpretationskonstrukte. Zur Anwendung einer interpretationstheoretischen Handlungsphilosophhie in der Sozialwissenschaft. *Soziale Welt* 29, S. 201-216.

Leonhard, L. S. (Hg.) (1997), *Effizienz in der Werbung 1997. 30 erfolgreiche Werbekampagnen ausgezeichnet im 16. GWA-Effie-Wettbewerb.* Frankfurt/M.

Leonhard, L. S. (2002), "Driving Faktor in Wirtschaft, Politik und Gesellschaft". Zum Erfolg der Marke in Wirtschaft und Gesellschaft. *Markenartikel* 64, S. 53-54.

Lepsius, M. R. (1973), Parteiensystem und Sozialstruktur: Zum Problem der Demokratisierung der deutschen Gesellschaft. In G. A. Ritter (Hg.), *Deutsche Parteien vor 1918.* Köln, S. 56-80.

Levy, S. J. (1999), *Brands, Consumers, Symbols & Research.* Thousand Oaks/ London/New Delhi.

Lie, J. (1992), The Concept of Mode of Exchange. *American Sociological Review* 57, S. 508-523.

Liebl, F. & Herrmann, C. (2001), "Die Führung von Marken als Führung von Menschen. Von den Trends für die Markenführung lernen. Regeln für den Umgang mit dem Neuen. *Markenartikel* 63, S. 4-10, S. 28-31.

Lindenberg, J. C. (2002), Der Erfolg der Marke in Wirtschaft und Gesellschaft. In *Jahresbericht 2000-2001 des Markenverbandes e. V.* Wiesbaden, S. 6-7

Lindenblatt, K. (1999), Dinosäule. Die Litfaßsäule: die Dinosaurier unter den Werbemedien. *Frankfurter Allgemeine Zeitung* Nr 195 vom 24.8.1999, S. B 9.

Lindner, R. (1977), *"Das Gefühl von Freiheit und Abenteuer". Ideologie und Praxis der Werbung.* Frankfurt/New York.

Linn, C. E. (1992), *Das Metaprodukt. Produktentwicklung und Marketing von Markenartikeln.* Landsberg/Lech.

Lipp, W. (1979), Kulturtypen, kulturelle Symbole, Handlungswelt. Zur Plurivalenz von Kultur. *Kölner Zeitschrift für Soziologie und Sozialpsychologie* 31, S. 450-484.

Lips, P. (2001), Neuere Entwicklungen des Markenschutzes. Erfahrungen aus der Praxis. In R. Köhler, W. Majer & H. Wiezorek (Hg.), *Erfolgsfaktor Marke. Neue Strategien des Markenmanagements.* München, S. 323-331.

Lockwood, D. (1969), Soziale Integration und Systemintegration. In W. Zapf (Hg.), *Theorien des sozialen Wandels.* Köln, S. 124-137.

Lott, G. (1970), Beispiel eines Werbefeldzuges für Konsumgüter: Merci. In K. C. Behrens (Hg.), *Handbuch der Werbung mit programmierten Fragen und praktischen Beispielen von Werbefeldzügen.* Wiesbaden, S. 1017-1046.

Lucerna, C. (1999), Das Ritual um die Marke. In K. Brandmeyer & A. Deichsel (Hg.), *Jahrbuch Markentechnik 2000/2001.* Frankfurt/M., S. 359-387.

Lübbe, H. (1990), *Der Lebenssinn der Industriegesellschaft.* Berlin u. a.

Lüdtke, H. (2000), Konsum und Lebensstile. In: D. Rosenkranz & N. F. Schneider

(Hg.), *Konsum. Soziologische, ökonomische und psychologische Perspektiven.* Opladen, S. 117-132.

Lueg, E. D. (1982), Auch der politische Markenartikel ist kein Selbstrenner. In W. K. A. Disch (Hg.), *Wundersame Welt der Markenartikel.* Hamburg, S. 55-63.

Luhmann, N. (1970), *Soziologische Aufklärung. Bd. 1. Aufsätze zur Theorie sozialer Systeme.* Opladen.

Luhmann, N. (1971), *Politische Planung. Aufsätze zur Soziologie von Politik und Verwaltung.* Opladen.

Luhmann, N. (1975), *Soziologische Aufklärung. Band 2. Aufsätze zur Theorie der Gesellschaft.* Opladen.

Luhmann, N. (1980), *Gesellschaftsstruktur und Semantik. Studien zur Wissenssoziologie der modernen Gesellschaft. Band 1.* Frankfurt/M.

Luhmann, N. (1981), *Gesellschaftsstruktur und Semantik. Studien zur Wissenssoziologie der modernen Gesellschaft. Band 2.* Frankfurt/M.

Luhmann, N. (1981a), *Politische Theorie im Wohlfahrtsstaat.* München.

Luhmann, N. (1981b), *Soziologische Aufklärung. Band 3. Soziales System, Gesellschaft, Organisation.* Opladen.

Luhmann, N. (1982), Autopoiesis, Handlung und kommunikative Verständigung. *Zeitschrift für Soziologie* 11, S. 366-379.

Luhmann, N. (1984), *Soziale Systeme. Grundriß einer allgemeinen Theorie.* Frankfurt/M.

Luhmann, N. (1984a), Individuum und Gesellschaft. *Universitas* 39, S. 1-11.

Luhmann, N. (1985), Das Problem der Epochenbildung und die Evolutionstheorie. In H.-U. Gumbrecht & U. Link-Heer (Hg.), *Epochenschwelle und Epochenstrukturen im Denken der Literatur und Sprachhistorie.* Frankfurt/M., S. 11-33.

Luhmann, N. (1985a), Zum Begriff der sozialen Klasse. In N. Luhmann (Hg.), *Soziale Differenzierung. Zur Geschichte einer Idee.* Opladen, S. 119-162.

Luhmann, N. (1986), Systeme verstehen Systeme. In N. Luhmann & K. E. Schorr (Hg.), *Intransparenz und Verstehen. Fragen an die Pädagogik.* Frankfurt/M., S. 72-117.

Luhmann, N. (1986a), *Ökologische Kommunikation: Kann die moderne Gesellschaft sich auf ökologische Gefährdungen einstellen?* Opladen.

Luhmann, N. (1986b), Das Kunstwerk und die Selbstreproduktion der Kunst. In H. U. Gumbrecht & K. L. Pfeiffer (Hg.), *Stil. Geschichten und Funktionen eines kulturwissenschaftlichen Diskurselements.* Frankfurt/M., S. 620-672.

Luhmann, N. (1987), *Soziologische Aufklärung. Band 4. Beiträge zur funktionalen Differenzierung der Gesellschaft.* Opladen.

Luhmann, N. (1987a), Autopoiesis als soziologischer Begriff. In H. Haferkamp & M. Schmid (Hg.), *Sinn, Kommunikation und soziale Differenzierung. Beiträge zu Luhmanns Theorie sozialer Systeme.* Frankfurt/M., S. 307-324.

Luhmann, N. (1988), *Die Wirtschaft der Gesellschaft.* Frankfurt/M.

Luhmann, N. (1988a), *Macht.* Stuttgart.

Luhmann, N. (1989), *Vertrauen. Ein Mechanismus der Reduktion sozialer Komplexität.* Stuttgart.

Luhmann, N. (1990), *Die Wissenschaft der Gesellschaft.* Frankfurt/M.

Luhmann, N. (1990a), *Soziologische Aufklärung. Band 5. Konstruktivistische Perspektiven.* Opladen.

Luhmann, N. (1991), Die Form "Person". *Soziale Welt* 42, S. 166-175.

Luhmann, N. (1991a), Das Kind als Medium der Erziehung. *Zeitschrift für Pädagogik* 37, S. 19-40.

Luhmann, N. (1991b), Protestbewegungen. In N. Luhmann, *Soziologie des Risikos.* Berlin, S. 135-154.

Luhmann, N. (1992), System und Absicht der Erziehung. In N. Luhmann & K. E. Schorr (Hg.), *Zwischen Absicht und Person. Fragen an die Pädagogik.* Frankfurt/M., S. 102-124.

Luhmann, N. (1993), *Das Recht der Gesellschaft.* Frankfurt/M.

Luhmann, N. (1993a), Individuum, Individualität, Individualismus. In N. Luhmann, *Gesellschaftsstruktur und Semantik. Studien zur Wissenssoziologie der modernen Gesellschaft.* Frankfurt/M., S. 149-258.

Luhmann, N. (1994), Inklusion und Exklusion. In H. Berding (Hg.), *Nationales Bewußtsein und kollektive Identität: Studien zur Entwicklung des kollektiven Bewußtseins.* Frankfurt/M., S. 15-45.

Luhmann, N. (1995), *Die Kunst der Gesellschaft.* Frankfurt/M.

Luhmann, N. (1995a), Über Natur. In N. Luhmann, *Gesellschaftsstruktur und Semantik. Studien zur Wissenssoziologie der modernen Gesellschaft. Band 4.* Frankfurt/M., S. 9-30.

Luhmann, N. (1995b), Jenseits von Barbarei. In N. Luhmann, *Gesellschaftsstruktur und Semantik. Studien zur Wissenssoziologie der modernen Gesellschaft. Band 4.* Frankfurt/M., S. 138-150.

Luhmann, N. (1996), *Die Realität der Massenmedien.* Opladen.

Luhmann, N. (1996a), *Protest. Systemtheorie und soziale Bewegungen.* Frankfurt/M.

Luhmann, N. (1996b), Sinn der Kunst und Sinn des Marktes – zwei autonome Systeme. In F. Müller & M. Müller (Hg.), *Markt und Sinn. Dominiert der Markt unsere Werte?* Frankfurt/M., S. 195-207.

Luhmann, N. (1996c), Takt und Zensur im Erziehungssystem. In N. Luhmann & K.-E. Schorr (Hg.), *Zwischen System und Umwelt. Fragen an die Pädagogik.* Frankfurt/M., S. 279-294.

Luhmann, N. (1997), *Die Gesellschaft der Gesellschaft.* 2 Bände. Frankfurt/M.

Luhmann, N. (2000), *Die Politik der Gesellschaft.* Frankfurt/M.

Luhmann, N. (2000a), *Organisation und Entscheidung.* Opladen.

Luhmann, N. (2000b), *Die Religion der Gesellschaft.* Frankfurt/M.

Luhmann, N. (2002), *Das Erziehungssystem der Gesellschaft.* Frankfurt/M.

Luhmann, N. & Schorr, K. E. (1988), *Reflexionsprobleme im Erziehungssystem.* Frankfurt/M.

Lukesch, H. (1994), Sozialisation durch Massenmedien. In K. A. Schneewind (Hg.), *Psychologie der Erziehung und Sozialisation. Enzyklopädie der Psychologie*. Göttingen/Bern/Toronto/Seattle, S. 553-582.

Lukesch, H., Perrez, M. & Schneewind, K. A. (1980), Zum gegenwärtigen Stand der familiären Sozialisationsforschung. In H. Lukesch, M. Perrez & K. A. Schneewind (Hg.), *Familiäre Sozialisation und Intervention*. Bern/Stuttgart/Wien, S. 15-31.

Lutz, H. (1967), Markenartikel als Wunschbild und Wirklichkeit. Im Wandel zwischen gestern und morgen. *Der Markenartikel*, S. 181-194.

Lyotard, J.-F. (1986), *Das postmoderne Wissen*. Wien.

Madrid, J. Jr. (2003), *Philanthropy, Meet Technology. BrandWizard Technologies*. New York. URL: www.brandchannel.com vom 12.2.2003.

Maeschig, P. (1994), Die Markenmacher – Wer hat die Kompetenz? Werbung – Design – Marketing. In E. Merck (Hg.), *Marken im Wandel der Märkte. 4. Internationales Iriodin Design-Forum*. Darmstadt, S. 60-71.

Maggi GmbH (Hg.) (1996), *Magginalien von A bis Z*. Frankfurt/M.

Mandelbrot, B. (1987), *Die fraktale Geometrie der Natur*. Basel/Boston.

Mann, G. (1994), Herstellerperspektive. Die Entwicklungstendenzen des Markenartikels aus der Sicht der Hersteller. *Markenartikel* 56, S. 484-488.

Marchand, R. (1985), *Advertising the American Dream. Making Way for Modernity, 1920-1940*. Berkeley/New York/London.

Maruyama, M. (1968), The Second Cybernetics: Deviation-Amplifying Mutual Causal Processes. In W. Buckley (Hg.), *Modern Systems Research for the Behavorial Scientist. A Sourcebook*. Chicago, S. 304-313.

Maruyama, M. (1968a), Mutual Causality in General Systems. In J. H. Milsum (Hg.), *Positive Feedback. A General Systems Approach to Positive/Negative Feedback and Mutual Causality*. Oxford et al., S. 80-100.

Marx, K. (1951), *Zur Kritik der politischen Ökonomie. Erstes Heft. Volksausgabe*. Berlin.

Marx, K. (1984), *Das Kapital. Kritik der politischen Ökonomie. Erster Band*. MEW 23. Berlin.

Mataja, V. (1910), *Die Reklame. Eine Untersuchung über Ankündigungen und Werbetätigkeit im Geschäftsleben*. Leipzig.

Mataja, V. (1925), Reklame. In *Handwörterbuch der Staatswissenschaften*, Sechster Band, S. 1229-1244.

Matthes, D. (1967), *Die Markentreue. (eine Analyse ihres Wesens und dessen Bestimmungsfaktoren)*. Inaugural-Dissertation. Erlangen-Nürnberg.

Maturana, H. R. (1985), *Erkennen: Die Organisation und Verkörperung von Wirklichkeit*. Wiesbaden.

Maucher, H. (1992), *Marketing ist Chefsache. Von der Kunst, ein Weltunternehmen zu führen*. Düsseldorf/Wien/New York/Moskau.

Mauss, M. (1978), *Soziologie und Anthropologie. Band II. Gabentausch,*

Todesvorstellung, Körpertechniken. Frankfurt/Berlin/Wien.

Mayer, A. E. (1998), *Kinderwerbung – Werbekinder. Pädagogische Überlegungen zu Kindern als Zielgruppe und Stilmittel der Werbung.* München.

Mayer, A. J. (1988), *Adelsmacht und Bürgertum. Die Krise der europäischen Gesellschaft 1848-1914.* München.

Mayer, H. (1990), *Werbewirkung und Kaufverhalten. Unter ökonomischen und psychologischen Aspekten.* Stuttgart.

Max Braun Kreis e.V. (1990), *Max Braun. Unternehmer.* Frankfurt/M.

McConnell, J. D. (1968), Effect of Pricing on Perception of Product Quality. *Journal of Applied Psychology* 52, S. 300-303.

McCracken, G. (1986), *Culture and Consumption.* Bloomington/Indianapolis.

McKendrick, N. (1997), Die Ursprünge der Konsumgesellschaft. Luxus, Neid und soziale Nachahmung in der englischen Literatur des 18. Jahrhundert. In H. Siegrist, H. Kaelble & J. Kocka (Hg.), *Europäische Konsumgeschichte. Zur Gesellschafts- und Kulturgeschichte des Konsums (18. bis 20. Jahrhundert).* Frankfurt/M., S. 75-107.

McMath, R. M. & Forbes, T. (1998), *What Were They Thinking? Marketing Lessons You Can Learn from Products That Flopped.* New York.

Meffert, H. (1988), *Strategische Unternehmensführung und Marketing. Beiträge zur marktorientierten Unternehmenspolitik.* Wiesbaden.

Meffert, H. (1991), Herausforderungen an die Markenführung in den 90er Jahren. *Markenartikel* 53, S. 264-265.

Meffert, H. (1998), *Marketing. Grundlagen marktorientierter Unternehmensführung. Konzepte – Instrumente – Praxisbeispiele.* Darmstadt

Meffert, H. (2002), Marken sind auch Zukunftsinvestitionen. Der Erfolg der Marke in Wirtschaft und Gesellschaft. *Markenartikel* 64, S. 74-75.

Meffert, H. & Bruhn, M. (1984), *Markenstrategien im Wettbewerb. Empirische Untersuchungen zur Akzeptanz von Hersteller-, Handels- und Gattungsmarken (No Names).* Wiesbaden.

Meffert, H. & Bruhn, M. (1997), *Dienstleistungsmarketing. Grundlagen – Konzepte – Methoden. Mit Fallbeispielen.* Wiesbaden.

Meffert, H., Burmann, C. & Koers, M. (Hg.) (2002), *Markenmanagement. Grundfragen der identitätsorierntierten Markenführung. Mit Best Practice-Fallstudien.* Wiesbaden.

Mehler, K. (1997), Leichte Beben im Markendschungel. Das Aufkommen von Handelsmarken hat Bewegung in die Markenlandschaft gebracht. Ein Einblick in ausgewählte Warengruppen verdeutlicht dies. In *Lebensmittelzeitung Spezial: Phantasieland Marke. Magische Kräfte binden Kunden im Discount-Zeitlater.* Frankfurt/M., S. 20-21.

Mei-Pochtler, A. (1998), Markenmanagement für Dienstleistungs-Anbieter. In A. Meyer (Hg.), *Handbuch Dienstleistungs-Marketing. Band 1.* Stuttgart, S. 665-677.

Meldau, R. (1967), *Zeichen, Warenzeichen, Marken. Kulturgeschichte und*

Werbewert graphischer Zeichen. Bad Homburg/Berlin/Zürich.

Mellerowicz, K. (1955), *Markenartikel – Die ökonomischen Gesetze ihrer Preisbildung und Preisbindung.* München/Berlin.

Mellerowicz, K. (1959), *Der Markenartikel als Vertriebsform und als Mittel zur Steigerung der Produktivität im Vertriebe.* Freiburg.

Mellerowicz, K. (1963), *Markenartikel. Die ökonomischen Gesetze ihrer Preisbildung und Preisbindung.* München/Berlin.

Melzer-Lann, B. (1988), Der neue Konsument. (8) Mädchen – Junge Frauen zwischen 16 und 20 Jahren. *Marketing Journal,* S. 230-234.

Menger, C. (1970), *Gesammelte Werke. Herausgegeben mit einer Einleitung und einem Schriftenverzeichnis von F. A. Hayek. Band IV. Schriften über Geld und Währungspolitik.* Tübingen.

Menzel, M. (1993), Sind die Marken noch glaubwürdig? In E. Merck (Hg.), *Sind die Marken noch glaubwürdig? 3. Internationales Iriodin Design-Forum.* Darmstadt, S. 49-60.

Merkert, R. (1992), *Medien und Erziehung. Einführung in pädagogischer Fragen des Medienzeitalters.* Darmstadt.

Merten, K. (1991), Aktuelle Entwicklung in der Kommunikationswissenschaft. *Markenartikel* 53, S. 496.

Merten, K. (1992), Fiktionen für flüchtige Images. *Markenartikel* 54, S. 122-123.

Merten, K., Schmidt, S. J. & Weischenberg, S. (Hg.) (1994), *Die Wirklichkeit der Medien. Eine Einführung in die Kommunikationswissenschaft.* Opladen.

Messing, H. W. (1983), "Dienstleistungsmarke" – eine neue Variante im Markenangebot. *Markenartikel* 45, S. 496-500.

Messing, H. W. (1984), Markenpolitik und Markenführung – eine notwendige Mahnung. *Markenartikel* 46, S. 52-59.

Messing, H. W. (1985), Die Marke zwischen Souveränität und Diffusion. *Markenartikel* 47, S. 282-285.

Messing, H. W. (1986), Markentechnik, Markenführung, Markenpolitik – Zwänge zur Redefinition. *Markenartikel* 48, S. 356-360.

Messing, H. W. (1987), Der Begriff "Markenartikel". Woran orientiert sich eigentlich der Verbraucher? *Markenartikel* 49, S. 266-271.

Messing, H. W. (1990), Vom allzu freizügigen Umgang mit der Marke. *Markenartikel* 52, S. 454-456.

Meyer, H. (1999), Das Manegement des öffentlichen Vertrauens. Grundlage der Markenführung. In K. Brandmeyer & A. Deichsel (Hg.), *Jahrbuch Markentechnik 2000/2001.* Frankfurt/M., S. 343-357.

Meyer, H., Pirck, P. & Pogoda, A. (1998), Forschungsbericht. In K. Brandmeyer & A. Deichsel (Hg.), *Jahrbuch Markentechnik 1997/98.* Frankfurt/M., S. 309-365.

Meyer, H., Pogoda, A. & Küthe, M. (1995), Forschungsbericht 1995. In K. Brandmeyer, A. Deichsel & T. Otte (Hg.), *Jahrbuch Markentechnik 1995.* Frankfurt/M., S. 243-270.

Meyer, M. & Glombitza, P. (2000), Innovative Marktforschung: Profilierung von

Markenartikeln durch Duft. *Planung & Analyse*, S. 52-56.

Meyer, N. (1993), Sind die Marken noch glaubwürdig? In E. Merck (Hg.), *Sind die Marken noch glaubwürdig? 3. Internationales Iriodin Design-Forum.* Darmstadt, S. 75-76.

Meyer, T. (1993), Der Monopolverlust der Familie. Vom Teilsystem Familie zum Teilsystem privater Lebensform. *Kölner Zeitschrift für Soziologie und Sozialpsychologie* 45, S. 23-40.

Meyer, T. (2001), Das Konzept der Lebensstile in der Sozialstrukturforschung – eine kritische Bilanz. *Soziale Welt* 52, S. 255-272.

Micco, C. D. (2000), *Kommunikationsmarketing.* Düsseldorf.

Michael, B. M. (1994), *Herstellermarken und Handelsmarken ... wer setzt sich durch?* C.A.S.H. Handelsforum 1994. Schloß Fuschl/Österreich. Düsseldorf.

Michael, B. M. (1994a), Die Marke ist tot. Es lebe die Marke! *Markenartikel* 56, S. 22-25.

Michael, B. M. (1997), Tops oder Flops? Was wird im nächsten Millenium aus den Marken? Grey Düsseldorf suchte die Aufwort in einem Workshop auf Führungsebene. Bernd M. Michael mit strategischen Guidelines. *Absatzwirtschaft, Sondernummer Oktober 1997,* S. 156-159.

Michael, B. M. (1999), *Marken: Ihre Flops, ihre Bewältigungs-Strategie.* Vortrag gehalten am 12. November 1999 in Wien. Düsseldorf.

Mick, D. G. (1986), Consumer Research and Semiotics: Exploring the Morphology of Signs, Symbols, and Significance. *Journal of Consumer Research* 13, S. 196-213.

Miele & Cie. GmbH & Co. (1999), *100 Jahre Miele im Spiegel der Zeit.* Gütersloh.

Mikos, L. 2000: "It's a Family Affair". Fernsehserien und ihre Bedeutung im Alltagsleben. In G. Thomas (Hg.), *Religiöse Funktionen des Fernsehens? Medien-, kultur- und religionswissenschaftliche Perspektiven.* Opladen, S. 231-245.

Mills, C. W. (1940), Situated Actions and Vocabularies of Motive. *American Sociological Review* 5, S. 904-913.

Mises, L. v. (1961), Markt. In E. v. Beckerath u. a. (Hg.), *Handwörterbuch der Sozialwissenschaften.* Stuttgart/Tübingen/Göttingen, S. 131-136.

Möck, K. (1975), Konfliktfelder des Markenartikels. *Markenartikel* 37, S. 459-463.

Möntmann, H. G. (1985), Unternehmenskultur. Tradition und Vision – die Unternehmen auf der Suche nach Identität. *Management Wissen*, S. 12-17.

Monroe, K. B. & Krishan, R. (1986), The Effect of Price on Subjective Product Evaluations. In J. Jacoby & J. C. Olson (Hg.), *Perceived Quality. How Consumers View Stores and Merchandise.* Lexington, S. 209-232.

Moore, H. & Kleining, G. (1960), Das soziale Selbstbild der Gesellschaftsschichten in Deutschland. *Kölner Zeitschrift für Soziologie und Sozialpsychologie* 12, S. 86-119.

Moorthy, S., Ratchford, B. T. & Talukdar, D.a (1997), Consumer Information
Search Revisited: Theory and Empirical Analysis. *Journal of Consumer
Research* 23, S. 263-277.

Morgan, R. M. & Hunt, S. D. (1994), The Commitment-Trust Theory of
Relationship Marketing. *Journal of Marketing* 58, S. 20-38.

Moser, J. (1983), Auflösung der proletarischen Milieus. Klassenbildung
und Individualisierung in der Arbeiterschaft vom Kaiserreich bis in die
Bundesrepublik. *Soziale Welt* 34, S. 270-306.

Mottek, H. (1981), Der Gründerzyklus von 1871 bis 1894. In W. Abelshauser & D.
Petzina (Hg.), *Deutsche Wirtschaftsgeschichte im Industriezeitalter Konjunktur,
Krise, Wachstum*. Frankfurt/M., S. 94-128.

Müller, H.-P. (1989), Lebensstile. Ein neues Paradigma der Differenzierungs- und
Ungleichheitsforschung? *Kölner Zeitschrift für Soziologie und Sozialpsychologie*
41, S. 53-71.

Müller, H.-P. (1992), Sozialstruktur und Lebensstile. Zur Neuorientierung der
Sozialstrukturforschung. In S. Hradil (Hg.), *Zwischen Bewußtsein und Sein. Die
Vermittlung 'objektiver' Lebensbedingungen und ,subjektiver' Lebensweisen.*
Opladen, S. 57-66.

Müller, M. (2000), Von Avataren und Agenten. Die Bewohner des Cyberspace und
ihre Schöpfer. *Frankfurter Allgemeine Zeitung* Nr. 200 vom 29.8.00, S. B 7.

Müller, R. (1997), Muji. Markenware ohne Label. *Marketing Journal*, S. 180-182.

Müller-Schneider, T. (1996), Wandel der Milieulandschaft in Deutschland. Von der
hierarchisierenden zu subjektorientierten Wahrnehmungsmustern. *Zeitschrift für
Soziologie* 25, S. 190-206.

Müller-Schneider, T. (2000), Die Erlebnisgesellschaft – der kollektive Weg ins
Glück? *Aus Politik und Zeitgeschichte*, B 12/2000, S. 24-30.

Münch, R. (1995), *Dynamik der Kommunikationsgesellschaft*. Frankfurt/M.

Muniz, A. M. Jr. (1997), Consumers and Brand Meaning: Brands, the Self and
Others, Special Session Summary. *Advances in Consumer Research* 24, S. 308-
309.

Murmann, C. (1995), Nestlé drückt seinen Stempel auf. In Deutschland wird der
Konzernname zur Absendermarke. *Lebensmittelzeitung*, 12, S. 48.

Murphy, J. M. (1990), *Brand Strategy*. Cambridge.

Muschiol, O. (2002), Das Leben ist: a) einfach, b) wertvoll, c) eine Reise. Höre nie
zu denken auf! Werbeslogans bereichern unseren kargen Alltag um prägnante
Erkenntnisse philosophischer und sprachlicher Natur. *Frankfurter Allgemeine
Zeitung* Nr. 55 vom 6.3.2002, S. 50.

Nassehi, A. (1990), Zum Funktionswandel von Ethnizität im Prozeß
gesellschaftlicher Modernisierung. *Soziale Welt* 41, S. 261-282.

Nassehi, A. (1995), Der Fremde als Vertrauer. Soziologische Beobachtungen zur
Konstruktion von Identitäten und Differenzen. *Kölner Zeitschrift für Soziologie
und Sozialpsychologie* 47, S. 443-463.

Nassehi, A. (1997), Inklusion, Exklusion – Integration, Desintegration. Die Theorie funktionaler Differenzierung und die Desintegrationsthese. In W. Heitmeyer (Hg.), *Was hält die Gesellschaft zusammen? Bundesrepublik Deutschland: Auf dem Weg von der Konsens- zur Konfliktgesellschaft.* Band 2. Frankfurt/M., S. 113-148.

Nawratil, U. (1997), *Glaubwürdigkeit in der sozialen Kommunikation.* Opladen.

Neale, W. C. (1966), Reciprocity and Redistribution in the Indian Village: Sequel to Some Notable Discussions. In K. Polanyi, C. M. Arensberg & H. W. Pearson (Hg.), *Trade and Market in the Early Empires.* New York, S. 218-236.

Neckel, S. (1996), Identität als Ware. Die Marktwirtschaft im Sozialen. In F. Müller & M. Müller (Hg.), *Markt und Sinn. Dominiert der Markt unsere Werte?* Frankfurt/M., S. 133-145.

Neidhardt, F. (1975), *Frühkindliche Sozialisation. Theorien und Analysen.* Stuttgart.

Nerdinger, F. W. (1996), Strategien der Werbung. Vom Anfang über die Gestaltung zur Entscheidung. In S. Bäumler (Hg.), *Die Kunst zu werben. Das Jahrhundert der Reklame.* Köln, S. 297-307.

Neubauer, H.-J. (2001), Die Haut der Kultur. Wie Superreiche leben. *Frankfurter Allgemeine Zeitung* Nr. 163 vom 17.7.01, S. BS 3.

Neumann, J. (1988), Karl August Lingner – Leben und Werk im Dienste der Menschen. In *Lingner + Fischer GmbH, 1888 – 1988. 100 Jahre Lingner-Werke Dresden – Düsseldorf.* Bühl, S. 57-72.

Nickel, V. (1980), Die Macht des Konsumenten. *Markenartikel* 42, S. 479-434.

Niemayer, H.-G. (1993), *Begründungsmuster von Konsumenten. Attributionstheoretische Grundlagen und Einflußmöglichkeiten im Marketing.* Heidelberg.

Nieschlag, R., Dichtl, E. & Hörschgen, H. (1985), *Marketing.* Berlin.

Nieschlag, R., Dichtl, E. & Hörschgen, H. (1994), *Marketing.* Berlin.

Nietzsche, F. (1952), *Nietzsches Werke in zwei Bänden.* Salzburg.

Noelle-Neumann, E.h (1975), Markenartikel leben aus Vertrauen. *Markenartikel* 37, S. 305-312.

Noller, P. & Georg, W. (1994), Das Berufsmilieu als Feld posttraditionaler Formen der Sozialintegration. Die neue Dienstleistungsklasse in Frankfurt am Main. *Berliner Journal für Soziologie* 4, S. 217-232.

Nolte, H. (1976), *Die Markentreue im Konsumgüterbereich.* Bochum.

Nuissl, H. (2002), Bausteine des Vertrauens – eine Begriffsanalyse. *Berliner Journal für Soziologie* 12, S. 87-108.

O'Barr, W. M. (1994), *Culture and the Ad. Exploring Otherness in the World of Advertising.* Boulder/San Francisco/Oxford.

Obermiller, C. (1988), When Do Consumers Infer Quality from Price? *Advances in Consumer Research* 15, S. 304-310.

Oertzen, P. v. (1997), Der Wandel der Sozialstruktur und die Entstehung neuer gesellschaftlich-politischer Milieus. In C. Schlüter-Knauer (Hg.), *Die Demokratie überdenken. Festschrift für Wilfried Röhrich.* Berlin, S. 117-145.

Oevermann, U. (2001), Zur Analyse der Struktur von sozialen Deutungsmustern. *Sozialer Sinn* 1, S. 3-34.

Oevermann, U. (2001a), Die Struktur sozialer Deutungsmuster – Versuch einer Aktualisierung. *Sozialer Sinn* 1, S. 35-81.

Oexle, O. G. (1992), Wirtschaft, Teil III. Mittelalter. In O. Brunner, W. Conze & R. Koselleck (Hg.), *Geschichtliche Grundbegriffe. Historisches Lexikon zur politisch-sozialen Sprache in Deutschland.* Stuttgart, S. 511-594 [526-550].

Ogilvy, D. (1984), *Ogilvy über Werbung.* Düsseldorf.

Oehrlein, J. (2001), Biete Hellsehen gegen Box-Unterricht. Tauschmärkte sind in der argentinischen Krise unerläßlicher Teil der Überlebensstrategie. *Frankfurter Allgemeine Zeitung* Nr. 303 vom 31.12.2001, S. 11.

Olshavsky, R. W., Aylesworth, A. B. & Kempf, D. S. (1995), The Price-Choice Relationship: A Contingent Processing Approach. *Journal of Business Research* 33, S. 207-218.

Ontrup, R. (2002), Reklame, Werbung, dialogische Markenkommunikation. Werbewandel und Werbewirkung aus der Perspektive der Praxis. In H. Willems (Hg.), *Die Gesellschaft der Werbung. Kontexte und Texte. Produktionen und Rezeptionen. Entwicklungen und Perspektiven.* Opladen, S. 785-805.

Opaschowski, H. W. (1988), Der neue Konsument auf dem Weg in das kommende Jahrhundert. *Markenartikel* 50, S. 188-189.

Opaschowski, H. W. (2000), Jugend im Zeitalter der Eventkultur. *Aus Politik und Zeitgeschichte*, B 12/2000, S. 17-23.

Oswald, I. (1999), Kleine Soziologie des Hutes. Kopfbedeckungen als soziale Markierungen. *Berliner Debatte INITIAL* 10, S. 129-141.

Ott, W. (1976), Marktforschung. In Verlag Moderne Industrie (Hg.), *Marketing- und Verkaufsleiter Handbuch.* München, S. 943-999.

Otte, T. (1992), Die Marke und ihre naturwissenschaftlichen Grundlagen. Was das Marketing heute von Hans Domizlaff lernen kann. *Markenartikel* 54, S. 597-599.

Otte, T. (1993), *Marke als System. Ihre Eigenkräfte regeln den Markt.* Hamburg.

Otte, T. (1995), Die Selbstähnlichkeit der Marke. Merkmal, Existenzbedingung und Führungsinstrument. In K. Brandmeyer, A. Deichsel & T. Otte (Hg.), *Jahrbuch Markentechnik 1995.* Frankfurt/M., S. 43-53.

Ottomeyer, H. (1986), Kommunikation durch Design. In S. Bäumler (Hg.), *Die Kunst zu werben. Das Jahrhundert der Reklame.* Köln, S. 228-231.

Packard, V. (1958), *Die geheimen Verführer. Der Griff nach dem Unbewußten in Jedermann.* Düsseldorf.

Paczesny, R. (1988), Was ist geheim an der Verführung? Strategien, Techniken und Materalität der Werbung. In H. U. Gumbrecht & K. L. Pfeiffer (Hg.), *Materialität der Kommunikation.* Frankfurt/M., S. 474-483.

Pätzmann, J. (1999), Der Markenkompaß – ein Orientierung gebendes Instrument zur strategischen Markenführung in der Kommunikation. *Werbeforschung & Praxis*, S. 8-10.

Papendick, U. (1999), Alles Marke, oder was? Markennamen geben Produkten eine Identität. Ein unschätzbarer Wert, so die These einer neuen Studie. *WamS* 5 vom 31.1.1999, S. 61.

Pappi, F. U. & Pappi, I. (1978), Sozialer Status und Konsumstil. Eine Fallstudie zur Wohnzimmereinrichtung. *Kölner Zeitschrift für Soziologie und Sozialpsychologie* 30, S. 87-115.

Parkin, F. (1983), Strategien sozialer Schließung und Klassenbildung. In R. Kreckel (Hg.), *Soziale Ungleichheiten*. Sonderband 2 der Sozialen Welt. Göttingen, S. 121-135.

Parsons, T. (1955), The American Family: Its Relations to Personality and to the Social Structure. In T. Parsons & R. F. Bales, *Familiy, Socialization and Interaction Process*. New York, S. 3-33.

Parsons, T. (1980), *Zur Theorie der sozialen Interaktionsmedien*. Opladen.

Parsons, T. (1986), *Gesellschaften. Evolutionäre und komparative Perspektiven.* Frankfurt/M.

Parsons, T. & Smelser, N. J. (1956), *Economy and Society. A Study in the Integration of Economic and Social Theory.* London.

Pasdermadjian, G. (1954), *Das Warenhaus. Entstehung, Entwicklung und wirtschaftliche Struktur.* Köln/Opladen.

Payne, M. (2002), The Paradox of Loyalty. URL: www.brandchannel.com/papers_re-view vom 9.4.2002.

Pechmann, G. Frhr. V. (1935), Verbraucherbildung als Aufgabe der Wirtschaft. *Die deutsche Fertigware*, S. 111-113.

Pehnt, W. (1991), Anarchie nach Vorschrift. Die sechziger Jahre und das Prinzip der Vervielfältigung – Porträt einer optimistischen Dekade. *Frankfurter Allgemeine Zeitung* Nr. 178 vom 3.8.91, S. 1.

Peitgen, H.-O. (1997), Vor Abweichungen wird gewarnt. In K. Brandmeyer & A. Deichsel (Hg.), *Jahrbuch Markentechnik 1997/98*. Frankfurt/M., S. 207-220.

Pepels, W. (1991), Marketing-Kommunikation: Voraussetzungen – Begriffe – Beeinflussungen – Wirkungen. *Markenartikel* 53, S. 508-512.

Pepels, W. (1997), Die Leistungen des Markenartikels. *Planung & Analyse*, S. 28-35.

Perino, J. (2001), Das Design bestimmt das Bewusstein. Stellenwert der Verpackungsgestaltung im Marketing-Mix nimmt zu – Aufmersamkeit erregen. *Lebensmittelzeitung*, 38, S. 68.

Petermann, F. (1992), *Psychologie des Vertrauens*. München.

Peters, B. (1994), "Öffentlichkeitselite" – Bedingungen und Bedeutungen von Prominenz. In F. Neidhardt (Hg.), *Öffentlichkeit, öffentliche Meinung, soziale Bewegungen.* Sonderheft 34 der Kölner Zeitschrift für Soziologie und Sozialpsychologie. Opladen, S. 191-213.

Petras, A. & Samland, W. (2001), Soziodemographie und Psychographie. Der ganzheitliche Blick auf die Zielgruppe. *Planung & Analyse*, S. 22-27.

Pierenkemper, T. (1980), *Wirtschaftssoziologie. Eine problemorientierte Einführung mit einem Kompendium wirtschaftssoziologischer Fachbegriffe.* Köln.

Pinchot, G. & Pellman, R. (1999), *Intrapreneuring in Action. A Handbook for Business Innovation.* San Francisco.

Pirenne, H. (1994), *Sozial- und Wirtschaftsgeschichte Europas im Mittelalter.* München.

Plaikner, D. (1975), Die Marke mit neuer Aktualität. *Markenartikel* 37, S. 408-411.

Plewe, H. (2002), Wer kreiert die neue Powerbrands? *Absatzwirtschaft*, S. 16-21.

Plewe, H. & Berdi, C. (2002), "Die Klaviaturen werden breiter, die Etats nicht". Lothar S. Leonhard, Chairman der Agentur Ogilvy & Mather und Präsident des gesamtverbande Kommunikationsagenturen GWA, über die ungebrochene Bedeutung der TV- und Printwerbung sowie die "kleingärtnerische Arbeit an der Marke". *Absatzwirtschaft*, S. 10-14.

Plüss, J. (1999), Hoher Preis und hohe Stückzahlen – Die Marke Miele. In K. Brandmeyer & A. Deichsel (Hg.), *Jahrbuch Markentechnik 2000/2001.* Frankfurt/M., S. 167-178.

Podolny, J. M. (1993), A Status-based Model of Market Competition. *American Journal of Sociology* 98, S. 829-872.

Polanyi, K. (1966), Marketless Trading in Hammarubi's Time. In K. Polanyi, C. M. Arensberg & H. W. Pearson (Hg.), *Trade and Market in the Early Empires.* New York, S. 12-26.

Polanyi, K. (1966a), Aristotle Discovers the Economy. In K. Polanyi, C. M. Arensberg & H. W. Pearson (Hg.), *Trade and Market in the Early Empires.* New York, S. 64-94.

Polanyi, K. (1966b), The Economy as Instituted Process. In K. Polanyi, C. M. Arensberg & H. W. Pearson (Hg.), *Trade and Market in the Early Empires.* New York, S. 243-270.

Polanyi, K. (1979), *Ökonomie und Gesellschaft. Mit einer Einleitung von S. C. Humphreys.* Frankfurt/M.

Polanyi, K. (1997), *The Great Transformation. Politische und ökonomische Ursprünge von Gesellschaften und Wirtschaftssystemen.* Frankfurt/M.

Postlewaite, A. (1989), Asymmetric Information. In J. Eatwell, M. Milgate & P. Newman (Hg.), *The New Palgrave. Allocation, Information and Markets.* London/Basingstoke, S. 35-38

Postman, N. (2000), *Wir amüsieren uns zu Tode. Urteilsbildung im Zeitalter der Unterhaltungsindustrie.* Frankfurt/M.

Postman, N. (2000a), *Das Verschwinden der Kindheit.* Frankfurt/M.

Precht, R. David (2001), Sieh mich, kauf mich, iß mich. Der Kampf um die Kinder: Marketing bestimmt heute das Fernsehen für die Kleinsten. *Frankfurter*

Allgemeine Zeitung Nr. 46 vom 3.3.2001, S. 53.

Priemer, V. (1999), Der Einsatz von Bundling als Marketingstrategie. *Werbeforschung & Praxis*, S. 2-6.

Puhlmann, M. & Semlitsch, B. (1997), Wie geht das Management mit der Marke um? Theoretisch wissen wir über Markenführung fast alles. In kaum einem anderen Unternehmensprozesse wird Know how so reich feilgeboten wie in der Markenführung. Wie aber geht die Praxis damit um? Die internationale Unternehmer-Beratung Droege & Comp. untersuchte als Benchmarking-Partner der "Absatzwirtschaft" bei 37 Unternehmen der Konsumgüterindustrie die Qualität der Markenführung. Dr. Manfred Puhlmann und Barbara Semlitsch stellen Ergebnisse vor. *Absatzwirtschaft*, Sondernummer Oktober 1997, S. 24-32.

Quelch, J. A. & Kenny, D. (1997), Lieber den Gewinn steigern als die Zahl der Varianten. In K. Brandmeyer & A. Deichsel (Hg.), *Jahrbuch Markentechnik 1997/98*. Frankfurt/M., S. 163-180.

Quink, T. (1997), Voraussetzungen für das Entstehen von Markenloyalität. In Gesellschaft zur Erforschung des Markenwesens e. V. (Hg.): *Markendialog*. Wiesbaden, S. 11-17.

Raeber, R. (1995), Handelsmarken und Zukunft der Handelsmarkenpolitik – die Herstellerperspektive. *Markenartikel* 57, S. 332-337.

Raffée, H. (1974), Konsumenteninformation. In B. Tietz (Hg.), *Handwörterbuch der Absatzwirtschaft*. Stuttgart, S. 1013-1020.

Raffée, H. (1975), Marktforschung – Spiegel der Gesellschaft. *Markenartikel* 37, S. 283-286.

Raffeé, H. (1988), Der Wertewandel als Herausforderung für Marketingforschung und Marketingpraxis. *Markenartikel* 50, S. 210-212.

Raffeé, H. (1989), Frühaufklärungssysteme im Marketing. In M. Bruhn (Hg.), *Handbuch des Marketing. Anforderungen an Marketingkonzeptionen aus Wissenschaft und Praxis*. München, S. 23-68.

Raffeé, H. (1991), Integrierte Kommunikation. *Werbeforschung & Praxis*, S. 87-90.

Raffeé, H. & Wiedmann, K.-P. (1985), Corporate Communications als Aktionsinstrumentarium des strategischen Marketing. In H. Raffeé & K.-P. Wiedmann (Hg.), *Strategisches Marketing. Stuttgart*, S. 662-691.

Raffeé, H. & Wiedmann, K.-P. (1993), Corporate Identity als strategische Basis der Marketingkommunikation. In R. Berndt & A. Hermanns (Hg.), *Handbuch Marketing-Kommunikation. Strategien – Instrumente – Perspektiven*. Wiesbaden, S. 44-67.

Raffoul, M. (2000), Der Supermarkt der Wünsche. Auf der Suche nach dem verlorenen Kunden. *Le monde diplomatique/die tageszeitung/WoZ* vom Februar, S. 2.

Raghubir, P. & Corfman, K. O. (1995), When Do Price Promotions Signal Quality? The Effect of Dealing on Perceived Service Quality. *Advances in Consumer Research* 22, S. 58-61.

Randa-Campani, S. (2001), *Wunderbare Werbe Welten. Marken Macher Mechanismen. Eine Publikation der Museumsstiftung Post und Telekommunikation.* Heidelberg.

Rasch, H. (1954), Zur Begriffsbestimmung für Markenwaren. *Der Markenartikel,* S. 587-596.

Rathgen, K. (1910), Märkte und Messen. In J. Conrad, L. Elster, W. Lexis & E.. Loening (Hg.), *Handwörterbuch der Staatswissenschaften.* Jena, S. 587-599.

Rehorn, J. (1988), *Werbetests.* Neuwied.

Reichertz, J. (2001), Performatives Fernsehen als Religionsäquivalent. In J. Allmendinger (Hg.), *Gute Gesellschaft? Verhandlungen des 30. Kongresses der Deutschen Gesellschaft für Soziologie in Köln 2000.* Opladen, S. 838-861.

Reindl, U. M. (1999), Kleider machen neidisch. Jugendliche diskutierten im Pressehaus über Markenklamotten und Gruppenzwang. *Kölner Stadt-Anzeiger* vom 24./25.6.1999, S. 8.

Reinhardt, D. (1993), *Von der Reklame zum Marketing. Geschichte der Wirtschaftswerbung in Deutschland.* Berlin.

Reinhardt, D. (1996), Zur Historizität der Phänomene "Kommunikationsgesellschaft" und "Dienstleistungsgesellschaft". Die Geschichte der Werbeagentur und ihrer Vorläufer in Deutschland. *Zeitschrift für Unternehmensgeschichte* 41, S. 28-39.

Reinhold, G. (Hg.) (1997), *Soziologie-Lexikon.* München/Wien.

Reisch, L. A. (2002), Symbols for Sale: Funktionen des symbolischen Konsums. In C. Deutschmann (Hg.), *Die gesellschaftliche Macht des Geldes.* Sonderheft 21 des Leviathan. Opladen, S. 226-248.

Rempel, J. K., Holmes, John G. & Zanna, Mark P. (1985), Trust in close relationships. *Journal of Personality and Social Psychology* 49, S. 95-112.

Rerrich, M. S. & Voß, G. G. (1992), Vexierbild täglicher Ungleichheit. Die Bedeutung alltäglicher Lebensführung für die Sozialstrukturanalyse. In S. Hradil (Hg.), *Zwischen Bewußtsein und Sein. Die Vermittlung ,objektiver' Lebensbedingungen und ,subjektiver' Lebensweisen.* Opladen, S. 251-266.

Rich, S. U. & Jain, Subhash, C. (1976), Soziale Schicht und Einkaufsverhalten. In K. G. Specht & G. Wiswede (Hg.), *Marketing-Soziologie.* Berlin, S. 133-150.

Richard, B. (1999), Logomanie und Markenhopping. Strategien der Verkürzung und Konservierung des Flüchtigen. URL: www.uni-frankfurt.de/fb09/kunstpaed/indexweb/indexwszwei/haltbarmode.htm vom 3.3.2003.

Rieger, B. (1985), Zum Tode verurteilt, von Geburt an: Marken ohne Persönlichkeit. *Markenartikel* 47, S. 57-59.

Rieger, B. (1985a), Lügen haben lange Beine – die Wahrheit und der Markenartikel. *Markenartikel* 47, S. 476-479.

Rieger, B. (1987), Persil bleibt Persil, weil Persil nicht Persil bleibt. *Markenartikel*

49, S. 398-400.

Rieger, B. (1988), Über die Gravitationskräfte innerer Bilder. Images, Verkehrszeichen der Kommunikation und des Konsums. *Markenartikel* 50, S. 391-393.

Rieger, B. (1990), Erfolgsfaktoren der Markenimagebildung – im allgemeinen und am Beispiel der Marke Zeiss im besonderen. *Markenartikel* 52, S. 244-248.

Riesman, D. (1958), *Die einsame Masse. Eine Untersuchung der Wandlungen des amerikanischen Charakters.* Reinbek.

Rifkin, J. (2000), *Access. Das Verschwinden des Eigentums.* Frankfurt/M.

Ringel, K.-H. (1998), Kundenbindung durch produktbegleitende Dienstleistungen. In Gesellschaft zur Erforschung des Markenwesens (GEM) e. V. (Hg.), *Strategien zur Schaffung und Erhaltung von Markenloyalität. Markendialog Februar 1998.* Wiesbaden, S. 131-142.

Rode, F. A. (1989), *Der Weg zum neuen Konsumenten. Wertewandel in der Werbung.* Wiesbaden.

Röper, B. (1979) Die Markenartikelwerbung im gesellschaftlichen Umfeld. In *Markenartikel heute. Marke, Markt und Marketing.* Wiesbaden, S. 111-131.

Rogers, M. (2000), "Die Jagd auf wertvolle Kunden läuft!" Gespräch mit Marketing-Vordenkerin Martha Roges. *Frankfurter Allgemeine Zeitung* Nr. 258 vom 6.11.00, S. 31.

Rook, D. W. (1985), The Ritual Dimension of Consumer Behavior. *Journal of Consumer Research* 12, S. 251-264.

Room, A. (1987), History of Branding. In J. M. Murphy (Hg.), *Branding: A Key Marketing Tool.* Hampshire/London, S. 13-21.

Root, R. (1987), *The Rhetorics of Popular Culture. Advertising, Advocacy, and Entertainment.* New York/Westport/London.

Ropohl, G. (1996), Die "wahren" Bedürfnisse. In D. Steffen (Hg.), *Welche Dinge braucht der Mensch? Hintergründe, Folgen und Perspektiven der heutigen Alltagskultur.* Frankfurt/M., S. 87-93.

Rosenberg, H. (1968), Wirtschaftskonjunktur, Gesellschaft und Politik in Mitteleuropa, 1873 bis 1896. In H.-U. Wehler (Hg.), *Moderne deutsche Sozialgeschichte.* Köln/Berlin, S. 225-253.

Rosenstiel, L. v. & Neumann, P. (1991), *Einführung in die Markt- und Werbepsychologie.* Darmstadt.

Ross, A. (2002), Jenseits der Schule. Fünftkläßler lernen im Kino fürs Leben. *Frankfurter Allgemeine Zeitung* Nr. 58 vom 9.3.2002, S. 10.

Roth, M. (2001), "Ein Schulranzen von Bayern München bringt nur Ärger". Mit Dieter Liebler, dem Geschäftsführer des Scout-Herstellers Sternjakob, sprach Michael Roth. *Frankfurter Allgemeine Zeitung* Nr. 138 vom 18.6.01, S. 21.

Roth, R. (1983), *Die Sozialisation des Konsumenten. Einflüsse von Familie, Schule, Gleichaltrigen und Massenmedien auf das Konsumverhalten von Kindern und Jugendlichen.* Frankfurt/M.

Rothmann, M. (1999), Ein Leben in Soll und Haben. Und doch ein Christ:

Jenseitiges Heil und diesseitiges Gewinnstreben verbanden sich in einer neuen Wirtschaftsdynamik. *Frankfurter Allge eine Zeitung* Nr. 73 vom 27.3.1999, S. IV.

Rück, D. (1997), Magische Logi-Zonen. Die Felder sind abgesteckt, die Markenstories darauf abgestimmt. Adidas setzt auf Tradition, Nike auf Offensive, Reebok auf Fitneß. Gegenseitiger Respekt im Wettbewerb um Image und Kunden gehört zum Stil des Sportartikelstrios. Eine Reportage aus der Financial Times. *Lebensmittelzeitung Spezial: Phantasieland Marke. Magische Kräfte binden Kunden im Discount-Zeitalter.* Frankfurt/M., S. 68-70.

Rüschen, G. (1986), Die Marke – unser wertvollstes Gut. Der Markenartikel als Instrument der Verkaufsförderung. *Markenartikel* 48, S. 210-217.

Ruppert, W. (Hg.) (1993), *Chiffren des Alltags. Erkundungen zur Geschichte der industriellen Massenkultur.* Marburg.

Ruppert, W. (1997), Plädoyer für den Begriff der industriellen Massenkultur. In H. Siegrist, H. Kaelble & J. Kocka (Hg.), *Europäische Konsumgeschichte. Zur Gesellschafts- und Kulturgeschichte des Konsums (18. bis 20. Jahrhundert).* Frankfurt/M., S. 563-582.

Sabourian, H. (1992), Money, Credit and Trust. In *The New Palgrave Dictionary of Money & Finance.* London, S. 779-781.

Sahlins, M. D. (1981), *Kultur und praktische Vernunft.* Frankfurt/M.

Sahlins, M. D. (1999), Zur Soziologie des primitiven Tauschs. *Berliner Journal für Soziologie* 9, S. 149-178.

Sander, M. (1997), Markenführung zur Erhaltung von Markenloyalität. In Gesellschaft zur Erforschung des Markenwesens e. V. (Hg.), *Markendialog.* Wiesbaden, S. 77-82.

Sandler, G. (1983), Beschreibung des Markenartikels. *Markenartikel* 45, S. 414.

Sandler, G. (1983a), Die Rolle des Markenartikels im Sortiment des Einzelhandels. *Markenartikel* 45, S. 148-150.

Sandler, G. (1984), Der Markenartikel in Bedrängnis. Öffnet Forschung eine Schneise? In *Fortschritt durch Forschung. Vorträge zur Markt- und Sozialforschung, Heft 11.* Berufsverband deutscher Markt- und Sozialforscher e.V. (BVM). Offenbach, S. 15-23.

Sandt, B. (1991), Integration der Kommunikation in mehrstufigen Märkten. *Werbeforschung & Praxis,* S. 95-100.

Sattler, H. (1999), Innovation – Lebensnerv der Marke. In Gesellschaft zur Erforschung des Markenwesens e. V. (Hg.), *Markendialog.* Wiesbaden, S. 53-67.

Sawyer, M. C. (1992), The Nature and Role of the Market. *Social Concept* 6, S. 25-45.

Saxer, U. (1988), Zur Sozialisationsperspektive in der Publizistik-/ K7ommunikationswissenschaft. *Publizistik* 33, S. 197-222.

Schäfer, E. (1935), Zur Analyse des Markenwesens. *Die deutsche Fertigware,* S.

37-43.

Schäfer, E. (1935), Zur Analyse des Markenwesens II. *Die deutsche Fertigware*, S. 73-78.

Schäfer, E. (1935), Zur Analyse des Markenwesens III. *Die deutsche Fertigware*, S. 169-177.

Schäfer, E. (1959), Aufgaben und Ansatzpunkte der Markenforschung. *Markenartikel* 21, S. 406.

Schäfer, E. (1961), Marktforschung. In E. v. Beckerath u. a. (Hg.), *Handwörterbuch der Sozialwissenschaften*. Stuttgart/Tübingen/Göttingen, S. 147-161.

Scheele, W. (1978), Kommunikationsforschung und Werbung. In J. Koinecke (Hg.), *Handbuch Marketing. Band 2*. Gernsbach/Baden, S. 1105-1111.

Schelsky, H. (1979), *Auf der Suche nach Wirklichkeit. Gesammelte Aufsätze zur Soziologie der Bundesrepublik*. München.

Schenk, H.-O. (1970), Werbung und Markttransparenz. In K. C.. Behrens (Hg.), *Handbuch der Werbung mit programmierten Fragen und praktischen Beispielen von Werbefeldzügen*. Wiesbaden, S. 56-68.

Scherer, F. M. (1987), Market Structure. In *The New Palgrave. A Dictionary of Economics*. London, S. 342-345.

Scherhorn, G. (1959), *Bedürfnis und Bedarf. Sozioökonomische Grundbegriffe im Lichte der neueren Anthropologie*. Berlin.

Scherhorn, G. (1964), *Information und Kauf. Empirische Analyse der 'Markttransparenz'*. Köln/Opladen.

Scherhorn, G. (1983), Die Funktionsfähigkeit von Konsumgütermärkten. In M. Irle (Hg.), *Marktpsychologie. 1. Halbband: Marktpsychologie als Sozialwissenschaft*. Göttingen/Toronto/Zürich, S. 45-150.

Scherhorn, G. (1996), Zusatznutzen – Sinnbild des Mehrkonsums. In D. Steffen (Hg.), *Welche Dinge braucht der Mensch? Hintergründe, Folgen und Perspektiven der heutigen Alltagskultur*. Frankfurt/M., S. 45-48.

Scherhorn, G. (2000), Umwelt, Arbeit und Konsum. Mikroökonomische Aspekte des modernen Konsums. In D. Rosenkranz & N. F. Schneider (Hg.), *Konsum. Soziologische, ökonomische und psychologische Perspektiven*. Opladen, S. 283-304.

Scheske, M. (1993), Grußwort. In M. Roth, M. Scheske & H.-C. Täubrich (Hg.), *In aller Munde. Einhundert Jahre Odol*. Ostfildern-Ruit, S. S. 7.

Schetsche, M. (2000), *Wissenssoziologie sozialer Probleme. Grundlegung einer relativistischen Problemtheorie*. Opladen.

Schild, R. (1975), Der Markt als soziales Interaktionsfeld. Ein verhaltenstheoretischer Ansatz. *Der Markt* 56, S. 106-111.

Schimank, U. (1995), Teilsystemevolutionen und Akteursstrategien: Die zwei Seiten struktureller Dynamiken moderner Gesellschaften. *Soziale Systeme* 1, S. 73-100.

Schimank, U. (1996), *Theorien gesellschaftlicher Differenzierung*. Opladen.

Schimank, U. (1998), Funktionale Differenzierung und soziale Ungleichheit: die zwei Gesellschaftstheorien und ihre konflikttheoretische Verknüpfung. In H.-J. Giegel (Hg.), *Konflikt in modernen Gesellschaften*. Frankfurt/M., S. 61-88.

Schirm, W. W. (1982), Signale für eine "verläßliche" Welt. In W. K. A. Disch (Hg.), *Wundersame Welt der Markenartikel*. Hamburg, S. 69-80.

Schlitt, P. (1999), Innovationen sorgen für Schwung. Deutliche Marktbelebung – Neue Marken und Konzepte auf dem Vormarsch. *Lebensmittelzeitung*, Nr. 14, S. 46.

Schlosser, S. (1999), Zwischen Entertainment und TV-Erziehung. Markt für Kinderfernsehen wird enger. Super RTL erstmals Marktführer. Kinderkanal spricht Vorschul-Zielgruppe an. TM3 kehrt zur Kinderschiene zurück. *Horizont*, S. 50.

Schmidt, M. (2001), Orientierungsanker in der Angebotsflut. Wertschöpfungskraft von Marken ungebrochen – Ertragsschwund erzwingt von Handel und Herstellern ernsthafte Initiativen *Lebensmittelzeitung*, Nr. 38, S. 60.

Schmidt, S. J. (1995), Werbung zwischen Wirtschaft und Kunst. In S. J. Schmidt & B. Spieß (Hg.), *Werbung, Medien und Kultur*. Opladen, S. 26-43.

Schmidt, S. J. (1996), *Die Welten der Medien. Grundlagen und Perspektiven der Medienbeobachtung*. Wiesbaden.

Schmidt, S. J. (1999), Kultur als Programm. Zur Diskussion gestellt. In R. Viehoff & R. T. Segers (Hg.), *Kultur, Identität, Europa. Über die Schwierigkeiten und Möglichkeiten einer Konstruktion*. Frankfurt/M., S. 120-129.

Schmidt, S. J. (2001), Zukunft der Werbung – Werbung der Zukunft. In G. Zurstiege & S. J. Schmidt (Hg.), *Werbung, Mode und Design*. Opladen, S. 73-88.

Schmidt, S. J. (2002), Werbung oer die ersehnte Verführung. In H. Willems (Hg.), *Die Gesellschaft der Werbung. Kontexte und Texte. Produktionen und Rezeptionen. Entwicklungen und Perspektiven*. Opladen,. S. 101-119.

Schmidt, S. J. & Spieß, B. (1996), *Die Kommerzialisierung der Kommunikation. Fernsehwerbung und sozialer Wandel 1956-1989*. Frankfurt/M.

Schmidt, S. J. & Weischenberg, S. (1994), Mediengattungen, Berichterstattungsmuster, Darstellungsformen. In K. Merten, S. J. Schmidt & S. Weischenberg (Hg.), *Die Wirklichkeit der Medien. Eine Einführung in die Kommunikationswissenschaft*. Opladen, S. 212-236.

Schmitt, B. & Simonson, A. (1998), *Marketing-Ästhetik. Strategisches Management von Marken, Identity und Image*. München/Düsseldorf.

Schmölders, G. (1966), *Psychologie des Geldes*. Reinbek.

Schneider, N. (2000), Konsum und Gesellschaft. In D. Rosenkranz & N. F. Schneider (Hg.), *Konsum. Soziologische, ökonomische und psychologische Perspektiven*. Opladen, S. 9-22.

Schneider, W. L. (1995), Objektive Hermeneutik als Forschungsmethode der Systemtheorie. *Soziale Systeme* 1, S. 129-152.

Schnierer, T. (1995), *Modewandel und Gesellschaft. Die Dynamik von "in" und "out"*. Opladen.

Schnierer, T. (1999), *Soziologie der Werbung. Ein Überblick zum Forschungsstand einschließlich zentraler Aspekte der Werbepsychologie.* Opladen.

Schöttmer, H. (1982), Verbraucher über den Markenartikel. In W. K. A. Disch (Hg.), *Wundersame Welt der Markenartikel.* Hamburg, S. 105-118.

Schor, J. (2000), The New Politics of Consumption. In J. Schor & J. Rogers (Hg.), *Do Americans Shop Too Much? Foreword by Ralph Nader.* Boston, S. 3-33.

Schorb, B., Mohn, E. & Theunert, H. (1991), Sozialisation durch (Massen-) Medien. In K. Hurrelmann & D. Ulich (Hg.), *Neues Handbuch der Sozialisationsforschung.* Weinheim/Basel, S. 493-508.

Schotte, T. (1999), Kundenbindung in der Automobilindustrie. *Werbeforschung & Praxis*, S. 6-9.

Schrader, H. (1984), Marke und Markenführung. *Markenartikel* 46, S. 432-436.

Schraders, H. (1988), Markenloyalität in den neunziger Jahren. *Markenartikel* 50, S. 126-127.

Schreiber, K. (1960), Beurteilt der Verbraucher die Qualität nach dem Preis? *Der Markenartikel* 22, S. 636-639.

Schröter, H. G. (1997), Marketing als angewandte Sozialtechnik und Veränderungen im Konsumverhalten. Nivea als internationale Dachmarke 1960-1994. In H. Siegrist, H. Kaelble & J. Kocka (Hg.), *Europäische Konsumgeschichte. Zur Gesellschafts- und Kulturgeschichte des Konsums (18. bis 20. Jahrhundert).* Frankfurt/M., S. 615-647.

Schütte, S. (1999), Die Marke als Lifestyle-Entwurf. In S. Becker & S. Schütte, *Magisch angezogen. Mode. Medien. Markenwelten.* München, S. 48-56.

Schütz, A. (1981), *Der sinnhafte Aufbau der sozialen Welt. Eine Einleitung in die verstehende Soziologie.* Frankfurt/M.

Schütz, A. (1982), *Das Problem der Relevanz.* Frankfurt/M.

Schukies, G. & Giehl, W. (2001), Markenarchitektur® – Deutsche Post World Net. In K. Brandmeyer, A. Deichsel & C. Prill (Hg.), *Jahrbuch Markentechnik 2002/2003.* Frankfurt/M., S. 15-31.

Schuller, A. (2001), Hellas in der Doppelhaushälfte. Eltern und Kinder brauchen einander nicht mehr. Über den Tod der Familie. *Frankfurter Allgemeine Zeitung* Nr. 151 vom 3.7.2001, S. 8.

Schultz, A. (1986), Von der Design-Idee zum System der Produktgestaltung und Vertriebspolitik. In L. G. Poth & G. S. Poth (Hg.), *Marktfaktor Design. Grundlagen für die Marketingpraxis.* München, S. 69-113.

Schulz, R. & Brandmeyer, K. (1989), Die "Marken-Bilanz": Ein Instrument zur Bestimmung und Steuerung von Markenwerten. *Markenartikel* 51, S. 364-370.

Schulze, G.d (1990), Die Transformation sozialer Milieus in der Bundesrepublik Deutschland. In P. A. Berger & S. Hradil (Hg.), *Lebenslagen, Lebensläufe, Lebensstile.* Sonderband 7 der Sozialen Welt. Göttingen, S. 409-432.

Schulze, G. (1992), *Die Erlebnisgesellschaft. Kultursoziologie der Gegenwart.* Frankfurt/M.

Schulze, G. (1993), Metamorphosen der Sozialwelt seit den fünfziger Jahren. In *Institut für Sozialforschung. Mitteilungen*, S. 80-97.

Schulze, G. (1993a), Soziologie des Wohlstands. In E.-U. Huster (Hg.), *Reichtum in Deutschland. Der diskrete Charme der sozialen Distanz*. Frankfurt/M., S. 182-207.

Schulze, G. (1993b), Entgrenzung und Innenorientierung. Eine Einführung in die Theorie der Erlebnisgesellschaft. *Gegenwartskunde* 42, S. 405-419.

Schulze, G. (1993c), Erlebnisgesellschaft und Lebenssinn. Interview mit Prof. Dr. Gerhard Schulze. *Forschungsjournal Neue Soziale Bewegungen* 6, S. 97-99.

Schulze, G. (1999), *Kulissen des Glücks. Streifzüge durch die Eventkultur*. Frankfurt/New York.

Schulze, G. (2002), Wohin treibt sich die Werbung? In H. Willems (Hg.), *Die Gesellschaft der Werbung. Kontexte und Texte. Produktionen und Rezeptionen. Entwicklungen und Perspektiven*. Opladen, S. 973-995.

Schulze, H.-J., Tyrell, H. & Künzler, J. (1989), Vom Strukturfunktionalismus zur Systemtheorie der Familie. In: R. Nave-Herz & M. Marfefka (Hg.), *Handbuch der Familien- und Jugendforschung. Band 1: Familienforschung*. Neuwied, S. 31-43.

Schulze, P. (1997), Marken mit Vergangenheit weisen in die Zukunft. *Lebensmittelzeitung*, 35, S. 95.

Schumpeter, J. A. (1970), *Das Wesen des Geldes*. Göttingen.

Schurdel, H. D. (1990), Weiß – eine Farbe als Philosophie. Markenportrait: Persil. *Markenartikel* 52, S. 324-327.

Schuster, P.-K. (1996), Zur Ästhetik des Alltags. Über Kunst, Werbung und Geschmack. In S. Bäumler (Hg.), *Die Kunst zu werben. Das Jahrhundert der Reklame*. Köln, S. 265-276.

Schwartz, F. J. (1999), *Der Werkbund. Ware und Zeichen 1900-1914*. Amsterdam/Dresden.

Schwarz, H. (2001), Die Kraft der Markenfarbe – Düsseldorfer Stadtsparkasse stellt um auf Rot. In K. Brandmeyer, A. Deichsel & C. Prill (Hg.), *Jahrbuch Markentechnik 2002/2003*. Frankfurt/M., S. 33-42.

Schweer, M. K. W. (Hg.) (2001), *Der Einfluss der Medien. Vertrauen und soziale Verantwortung*. Opladen.

Schweiger, G. & Schrattenecker, G. (1992), *Werbung. Eine Einführung*. Stuttgart/Jena.

Schweitzer, A. & Müller-Peters, H. (2001), Evolution der Marktsegmentierung. *Planung & Analyse*, S. 28-35.

Schwinn, T. (1998), Soziale Ungleichheit und funktionale Differenzierung. Wiederaufnahme einer Diskussion. *Zeitschrift für Soziologie* 27, S. 3-17.

Schwinn, T. (2000), Inklusion und soziale Ungleichheit. *Berliner Journal für Soziologie* 10, S. 471-484.

Scitovsky, T. (1945), Some Consequences of the Habit of Judging Quality by Price. *The Review of Economic Studies* 12, S. 100-105.

Scott, L. M. (1994), Images in Advertising: The Need for a Theory of Visual Rhetoric. *Journal of Consumer Research* 21, S. 252-273.

Sechi, J. (1999), Innenansichten eines Mythos. Coca-Cola-Hgeschäftsführer John Sechi über Magie, Kultur und Werbung der Mega-Marke. *Horizontmagazin, Ausgabe "Die Macht der Marke"*, S. 8-14.

Seidler, J. (2002), Das Produkt ist im Regal, die Marke ist im Kopf. Der Erfolg der Marke inn Wirtschaft und Gesellschaft. Das Beispiel Henkel. *Markenartikel* 63, 32-34.

Seiffert, R. (2001), Retortenbabys sind meist chancenlos. Zur Sache: Die Marke. Namen sind mehr als Schall und Rauch. *Frankfurter Allgemeine Zeitung* Nr. 199 vom 28.2.2001, S. T 3.

Sennett, R. (1991), *Verfall und Ende des öffentlichen Lebens. Die Tyrannei der Intimität.* Frankfurt/M.

Serraf, G. (1969), Das Senkblei des Marketing. Ein Überblick über den aktuellen Stand der Motivforschung. *Absatzwirtschaft* 12, S. 49-58.

Sesterhenn, N. (2001), Sprudeln allein reicht noch nicht. Integrierte Kommunikation: Brand Experience kann Markenwelten schaffen – Beispiel Gerolsteiner. *Lebensmittelzeitung*, 16, S. 52.

Sichler, W. (1935), Ist Qualität allein ausschlaggebend? *Die deutsche Fertigware*, S. 43-46.

Siegrist, H. (1997), Konsum, Kultur und Gesellschaft im modernen Europa. In H. Siegrist, H. Kaelble & J. Kocka (Hg.), *Europäische Konsumgeschichte. Zur Gesellschafts- und Kulturgeschichte des Konsums (18. bis 20. Jahrhundert).* Frankfurt/M., S. 13-48.

Sieveking, H. (1923), Geschichte der gewerblichen Betriebsformen und der zünftigen, städtischen und staatlichen Gewerbepolitik. In *Grundriss der Sozialökonomik. I. Abteilung. Historische und theoretische Grundlagen. 1. Teil. Wirtschaft und Wirtschaftswissenschaft.* Tübingen, S. 1-24.

Shields, R. (Hg.) (1992), *Lifestyle Shopping. The Subject of Consumption.* London/New York.

Simmel, G. (1908), *Soziologie. Untersuchungen über die Formen der Vergesellschaftung.* Leipzig.

Simmel, G. (1986), Die Mode. In S. Bovenschen (Hg.), *Die Listen der Mode.* Frankfurt/M., S. 179-207.

Simmel, G. (1989), Das Geld in der modernen Kultur. In G. Simmel, *Schriften zur Soziologie. Eine Auswahl.* Frankfurt/M., S. 78-94.

Simmel, G. (1996), *Philosophie des Geldes. Gesamtausgabe 6.* Frankfurt/M.

Simon, H.-J. (1988), Die Marke ist die Botschaft. Sieben Gesetze für eine erfolgreiche Markentechnik. *Marketing Journal*, S. 136-143.

Simon, H.-J. (1997), *Die Marke ist die Botschaft. Markentechnik als Erfolgsweg für Unternehmer.* Hamburg.

Simon, H. (1991), Organizations and Markets. *Journal of Economic Perspectives* 5, S. 25-44.

Sivers, R. v. (1999), Sound-Engineering bei Porsche. In: K. Brandmeyer & A. Deichsel (Hg.), *Jahrbuch Markentechnik 2000/2001*. Frankfurt/M., S. 119-132.

Skowronnek, K. (1962), Markt und Markenbildung. *Der Markenartikel*, S. 907-911.

Slater, D. (2002), Capturing markets from the economists. In: P. d. Gay & M. Pryke (Hg.), *Cultural Economy. Cultural analysis and commercial life*. London/ Thousand Oaks/New Delhi, S. 59-77.

Sluiter, U. (1987), Der neuen Konsument. (1) Die alten Zielgruppen gelten nichts mehr. *Marketing Journal*, S. 2-33.

Smelser, N. J. (1968), *Soziologie der Wirtschaft*. München.

Smelser, N. J. & Swedberg, R. (Hg.) (1994), *The Handbook of Economic Sociology*. Princeton.

Smith, M. C., Frankenberger, K. A. & Kahle, L. R. (1990), Fear Appeals in Advertising: An Emotion Attribution Approach. In S. J. Agres, J. A. Edell & T. M. Dubitsky (Hg.), *Emotion in Advertising. Theoretical and Practical Explorations*. New York/Westport/London, S. 81-102.

Solomon, M. R. (1983), The Role of Products as Social Stimuli: A Symbolic Interactionism Perspective. *Journal of Consumer Research* 10, S. 319-329.

Sombart, W. (1928), *Die vorkapitalistische Wirtschaft. Erster Halbband*. München/Leipzig.

Sombart, W. (1928a), Elemente der Marktbildung. In W. Sombart, *Das europäische Wirtschaftsleben im Zeitalter des Frühkapitalismus. Erster Halbband*. München/Leipzig, S. 185-207.

Sombart, W. (1986), Wirtschaft und Mode. In S. Bovenschen (Hg.), *Die Listen der Mode*. Frankfurt/M., S. 80-105.

Sombart, W. (1996), *Liebe, Luxus und Kapitalismus. Über die Entstehung der modernen Welt aus dem Geist der Verschwendung*. Berlin.

Sommer, R. (1998), *Psychologie der Marke. Die Marke aus der Sicht des Verbrauchers*. Frankfurt/M.

Sommerlatte, T. (1992), Visionen des Qualitätsmanagements. In Arthur D. Little (Hg.), *Management von Spitzenqualität*. Wiesbaden, S. 9-26.

Spahn, P. (1992), Wirtschaft, Teil II. Antike. In O. Brunner, W. Conze & R. Koselleck (Hg.), *Geschichtliche Grundbegriffe. Historisches Lexikon zur politisch-sozialen Sprache in Deutschland*. Stuttgart 511-594 [513-526].

Spar, T. (1996), Die Szene als Product-Manager. In G. Gerken & M. J. Merks (Hg.), *Szenen statt Zielgruppen. Vom Produkt zum Kultur. Die Praxis der Interfusion*. Frankfurt/M., S. 49-63.

Specht, U. (1988), Ist der klassische Markenartikel am Ende? Hersteller- und Handelsmarke. *Markenartikel* 50, S. 504-507.

Specht, U. (1998), Marken durch Service-Konzepte stärken: Das Beispiel Women's Net der Schwarzkopf & Henkel Cosmetics. In A. Meyer (Hg.), *Handbuch Dienstleistungs-Marketing. Band 1*. Stuttgart, S. 1374-1383.

Speer, F. (2002), Vom CM zum CRM. Henkel: Das Lebensphasenkonzept – ein

Lösungsansatz für operatives Zielgruppenmarketing. *Markenartikel* 64, S. 90-100.

Spence, A. M. (1974), *Market Signaling: Informational Transfer in Hiring and Related Screening Processes*. Cambridge.

Spencer Brown, G. (1969), *Laws of Form*. London.

Spiekermann, U.(1999), *Basis der Konsumgesellschaft. Entstehung und Entwicklung des modernen Kleinhandels in Deutschland 1850-1914*. München.

Springinsfeld, L. (1999), Markenwerden dialektisch. Eine Fallstudie über Ariel, Dixan, Omo und Persil. In K. Brandmeyer & A. Deichsel (Hg.), *Jahrbuch Markentechnik 2000/2001*. Frankfurt/M., S. 15-54.

Stach, M. (1997), Voraussetzungen für das Entstehen von Markenloyalität. In Gesellschaft zur Erforschung des Markenwesens e.V. (Hg.), *Markendialog*. Wiesbaden, S. 18-23.

Stäheli, U. (1998), Die Nachträglichkeit der Semantik. Zum Verhältnis von Sozialstruktur und Semantik. *Soziale Systeme* 4, S. 315-340.

Starke, H. (1993), Dresden im Wandel – die sächsische Haupt- und Residenzstadt zur Zeit Karl August Lingners. In M. Roth, M. Scheske & H.-C. Täubrich (Hg.), *In aller Munde. Einhundert Jahre Odol*. Ostfildern-Ruit, S. 12-29.

Stauss, B. (1994), Dienstleistungsmarken. In M. Bruhn (Hg.), *Handbuch Markenartikel. Anforderungen an die Markenpolitik aus Sicht von Wissenschaft und Praxis. Band 1*. Stuttgart, S. 79-103.

Stauss, B. (1998), Kundenbindung durch produktbegleitende Dienstleistungen. In Gesellschaft zur Erforschung des Markenwesens (GEM) e. V. (Hg.), *Strategien zur Schaffung und Erhaltung von Markenloyalität. Markendialog Februar 1998*. Wiesbaden, S. 109-130.

Stehr, N. (2001), *Wissen und Wirtschaften. Die gesellschaftlichen Grundlagen der modernen Ökonomie*. Frankfurt/M.

Stein, P.-H. (1997), *Wie man seinen Markt dominiert: Das MarkenMonopol-Konzept*. Nürnberg.

Steinbicker, J. (2001), Soziale Ungleichheit in der Informations- und Wissensgesellschaft. *Berliner Journal für Soziologie* 11, S. 441-458.

Steinecke, A. (2000), Auf dem Weg zum Hyperkonsumenten: Orientierung und Schauplätze. In W. Isenberg & M. Sellmann (Hg.), *Konsum als Religion? Über die Wiederverzauberung der Welt*. Mönchengladbach, S. 85-94.

Steinert, H. (2002), *Kulturindustrie*. Münster.

Sterbling, A. (1992), Strukturbildende Vergesellschaftungsvorgänge und der Wandel sozialer Anerkennungsbedürfnisse. In S. Hradil (Hg.), *Zwischen Bewußtsein und Sein. Die Vermittlung "objektiver" Lebensbedingungen und "subjektiver" Lebensweisen*. Opladen, S. 103-119.

Steuten, U. (2000), Rituale bei Rockern und Bikern. *Soziale Welt* 51, S. 25-44.

Stichweh, R. (1996), Variationsmechanismen im Wissenschaftssystem der Moderne. *Soziale Systeme* 2, S. 73-90.

Stichweh, R. (1997),: Inklusion/Exklusion, funktionale Differenzierung und die

539

Theorie der Weltgesellschaft. *Soziale Systeme* 3, S. 123-136.

Stichweh, R. (2000), Adresse und Lokalisierung in einem globalen Kommunikationssystem. In R. Stichweh, *Die Weltgesellschaft. Soziologische Analysen.* Frankfurt/M., S. 220-231.

Stigler, G. & Sherwin, R. A. (1985), The Extent of the Market. *Journal of Law and Economics* 28, S. 555-586.

Stihler, A. (1998), *Die Entstehung des modernen Konsums. Darstellung und Erklärungsansätze.* Berlin.

Stihler, A. (1998a),: Die Bedeutung der Konsumsymbolik für das Konsumverhalten. In M. Neuner & L. A. Reisch (Hg.), *Konsumperspektiven. Verhaltensaspekte und Infrastruktur. Gerhard Scherhorn zur Emeritierung.* Berlin, S. 55-71.

Stihler, A. (2000), Ausgewählte Konzepte der Sozialpsychologie zur Erklärung aus Sicht der Haushaltsökonomik. In D. Rosenkranz & N. F. Schneider (Hg.), *Konsum. Soziologische, ökonomische und psychologische Perspektiven.* Opladen, S. 169-186.

Stilcken, R. (1959), Marken entstehen – bestehen – vergehen? *Der Markenartikel,* S. 695-697.

Stokes, R. C. (1986), The Effects of Price, Package Design, and Brand Familiarity on Perceived Quality. In J. Jacoby & J. C. Olson (Hg.), *Perceived Quality. How Consumers View Stores and Merchandise.* Lexington, S. 233-246.

Stoll, K.-U.(1999), *Markennamen. Sprachliche Strukturen, Ähnlichkeit und Verwechselbarkeit. Ein Beitrag zur forensischen Linguistik des Markenrechts.* Frankfurt/M. u. a.

Stone, C. D. (1992), *Umwelt vor Gericht. Die Eigenrechte der Natur.* Darmstadt.

Strasser, H. & Dederichs, A. M. (2000), Die Restrukturierung der Klassengesellschaft: Elemente einer zeitgenössischen Ungleichheitstheorie. *Berliner Journal für Soziologie* 10, S. 79-98.

Streißler, E. (1965), Die gesamtwirtschaftliche Funktionen der Werbung. *Zeitschrift für Nationalökonomie* XXV, S. 243-277.

Stürmer, M. (1983), *Das ruhelose Reich: Deutschland 1866-1918.* Berlin.

Suhr, W. (1961), *Markenartikel – Trumpf auf allen Märkten. Hinter den Kulissen bedeutender Markenartikel.* München.

Suppan, W. (1999), So führen Sie Ihre Leser besser durch Ihre Prospekte: Die Dialog-Methode® bringt mehr Reaktionen! *Werbeforschung & Praxis,* S. 46-47.

Supper, M. (2000), *Der "heimliche Lehrplan" in der Verbrauchererziehung durch Werbung und Medien. Ein Beitrag zum Problem der Werbewirkungen.* Frankfurt/ Bern/Brüssel/New York/Oxford/Wien.

Suthoff, K. (1960), Marktforschung und Gesellschaftsstruktur. *Der Markenartikel,* S. 86-88.

Swedberg, R. (1994), Markets as Social Structures. In N. J. Smelser & R. Swedberg (Hg.), *The Handbook of Economic Sociology.* Princeton, S. 255-282.

Szallies, R. (1987), Der neuen Konsument. (4) Vom Otto-Normalverbraucher zum Ultra? Stationen und Perspektiven einer Konsumentenkarriere. *Marketing Journal*, S. 318-326.

Szallies, R. (1994), Vom Käufer zum Kunden. Plädoyer für ein neues Selbstverständnis. *Markenartikel* 56, S. 30-34.

Szallies, R. (1997), Neue Bilder in den Köpfen? Die herausgeforderte Marke. Verändert der Verbraucher seine Einstellung zum Markenartikel in dieser Zeit des permanenten Wandels? Sind Markenwerte gefährdet – Die jüngste icon-Studie sieht den Verbraucher auf der Suche nach Beständigkeit. *Absatzwirtschaft, Sondernummer Oktober 1997*, S. 132-140.

Szallies, R. (2000), Wesen und Struktur einer anwendungsorientierten Marktforschung – Von der Methodenorientierung zur Bereitstellung von Entscheidungshilfen für die Marketingpraxis. In D. Rosenkranz & N. F. Schneider (Hg.), *Konsum. Soziologische, ökonomische und psychologische Perspektiven.* Opladen, S. 327-346.

Täubrich, H.-C. (1993), Richter, Dichter, Flaschenbläser – Odolisches aus berufenem Munde. In M. Roth, M. Scheske & H.-C. Täubrich (Hg.), *In aller Munde. Einhundert Jahre Odol.* Ostfildern-Ruit, S. 198-205.

Tafertshofer, A. (1982), Corporate Identity – Magische Formel als Unternehmensideologie. *Die Unternehmung* 36, S. 99-131.

Tenbruck, F. H. (1989), *Die kulturellen Grundlagen der Gesellschaft. Der Fall der Moderne.* Opladen.

Tenfelde, K. (1997), Klassenspezifische Konsummuster im Deutschen Kaisserreich. In H. Siegrist, H. Kaelble & J. Kocka (Hg.), *Europäische Konsumgeschichte. Zur Gesellschafts- und Kulturgeschichte des Konsums (18. bis 20. Jahrhundert).* Frankfurt/M., S. 245-266.

Terkessidis, M. (2001), Differenzkonsum. In G. Zurstiege & S. J. Schmidt (Hg.), *Werbung, Mode und Design.* Opladen, S. 261-268.

Teubner, G. (1987), Hyperzyklus in Recht und Organisation. Zum Verhältnis von Selbstbeobachtung, Selbstkonstitution und Autopoiese. In H. Haferkamp & M. Schmid (Hg.), *Sinn, Kommunikation und soziale Differenzierung. Beiträge zu Luhmanns Theorie sozialer Systeme.* Frankfurt/M., S. 89-128.

Teubner, G. (1989), *Recht als autopoietisches System.* Frankfurt/M.

Theodorson, G. A. & Theordorson, A. G. (1969), *A Modern Dictionary of Sociology.* New York.

Theuer, G. (1977), Qualität und Preis im Spannungsfeld einer konfliktären Wirtschaftsentwicklung. *Der Markt* 63, S. 57-62.

Theurer, M. (2001), Programmflut in den Kinderzimmern. Das Fernsehangebot für die kleinen Zuschauer ist massiv gewachsen. *Frankfurter Allgemeine Zeitung* Nr. 161 vom 14.7.01, S. 22.

Thiele, M. (1999), Das Sichtbare und das Unsichtbare. Sportkleidung als symbolische Inszenierung. *Berlin Debatte INITIAL* 10, S. 41-49.

Thiem, J. (1993), Sind die Marken noch glaubwürdig? In E. Merck (Hg.), *Sind die Marken noch glaubwürdig?* 3. *Internationales Iriodin Design-Forum.* Darmstadt, S. 38-48.

Thompson, G., Frances, J., Levacic, R. & Mitchell, J. (Hg.) (1991), *Markets, Hierarchies and Networks. The Coordination of Social Life.* London/Newbury Park/New Delhi.

Thunig, C. (2002), Wie World of TUI ein Dach über alle Marken spannt. *Absatzwirtschaft*, S. 56-68.

Thurm, M. (2000), *Markenführung: Sondierungen – Methodologische Disposition – Konzeptioneller Grundriß.* Frankfurt/M.

Thurmann, P. (1961), *Grundformen des Markenartikels. Versuch einer Typologie.* Berlin.

Tippach-Schneider, S. (1999), *Messemännchen und Minol-Pirol. Werbung in der DDR.* Berlin.

Tobin, J. (1992), Money. In *The New Palgrave Dictionary of Money & Finance.* London, S. 770-778.

Tönnies, J. G. (1998), Je kräftiger die Marke, desto wirksamer ihr Rechtsschutz. In K. Brandmeyer & A. Deichsel (Hg.), *Jahrbuch Markentechnik 1997/98.* Frankfurt/M., S. 247-256.

Topritzhofer, E. (1974), Kommunikation in der Absatzwirtschaft. In B. Tietz (Hg.), *Handwörterbuch der Absatzwirtschaft.* Stuttgart, S. 1001-1013.

Tornieporth, G. (1996), Technik im Haushalt: Konopdruck – Arbeit weg? In D. Steffen (Hg.), *Welche Dinge braucht der Mensch? Hintergründe, Folgen und Perspektiven der heutigen Alltagskultur.* Frankfurt/M., S. 56-64.

Tritschler, P. (2000), Vernetztes Denken. Die Integrierte Kommunikation ist auf dem besten Weg, zum entscheidenden Wettbewerbsfaktor zu werden. Sie setzt auf Spezialisierung, Vereinheitlichung und Vernetzung aller Maßnahmen und erzielt damit hohe Werbewirksamkeit. *Werbung & Verkaufen*, S. 114-116.

Trommsdorff, V. (1997), Markenmanagement und Kommunikation – Schwachstellen und Chancen. *Werbeforschung & Praxis*, S. 1-12.

Trommsdorff, V. (1998), Kundenbindung durch Innovation. In Gesellschaft zur Erforschung des Markenwesens (GEM) e. V. (Hg.), *Strategien zur Schaffung und Erhaltung von Markenloyalität. Markendialog Februar 1998.* Wiesbaden, S. 23-37.

Trommsdorff, V. (2001), Innovationserfolge in der Markenpolitik trotz einer Inflation an neuen Produkten. In R. Köhler, W. Majer & H. Wiezorek (Hg.), *Erfolgsfaktor Marke. Neue Strategien des Markenmanagements.* München, S. 99-106.

Trommsdorff, V. & Becker, J. (2001), *Werbekreativität und Werbeeffektivität. Eine empirische Untersuchung.* Berlin.

Tropp, J. (1997), *Die Verfremdung der Werbung. Eine Analyse zum Zustand des Werbewirtschaftssystems.* Opladen.

Tropp, J. (2001), Marken, Medien und Zielgruppenmanagement. In G. Zurstiege & S. J. Schmidt (Hg.), *Werbung, Mode und Design.* Opladen, S. 103-112.

Tropp, J. (2002), Integrierte Kommunikation aus der Perspektive einer Werbeagentur. In H. Willems (Hg.), *Die Gesellschaft der Werbung. Kontexte und Texte. Produktionen und Rezeptionen. Entwicklungen und Perspektiven.* Opladen, S. 445-463.

Trout, J. (2001), *Big Brands Big Trouble. Lessons Learned the Hard Way.* New York/Chistester/Weinheim/Brisbane/Singapore/Toronto.

Tucker, W. T. (1968), The Development of Brand Loyality. In H. H. Kassarjian & T. S. Robertson (Hg.), *Perspectives on Consumer Behavior.* Glenview, S. 114-120.

Türk, K. (1987), *Einführung in die Soziologie der Wirtschaft.* Stuttgart.

Twardawa, W. (1998), Neueste Daten zur Marken- und Einkaufsstättentreue. In Gesellschaft zur Erforschung des Markenwesens (GEM) e. V. (Hg.), *Strategien zur Schaffung und Erhaltung von Markenloyalität. Markendialog Februar 1998.* Wiesbaden, S. 10-21.

Tyrell, H. (1979), Familie und gesellschaftliche Differenzierung. In H. Pross (Hg.), *Familie – wohin? Leistungen, Leistungsdefizite und Leistungswandlungen der Familien in hochindustrialisierten Gesellschaften.* Reinbek, S. 13-73.

Tyrell, H. (1988), Systemtheorie und Soziologie der Familie – Ein Überblick. Teil I: Soziologische Systemtheorie und Familie. *System Familie* 1, S. 207-219.

Tyrell, H. (1989), Systemtheorie und Soziologie der Familie – Ein Überblick. Teil II: Systemtheoretisches Gedankengut in der Familiensoziologie. *System Familie* 2, S. 110-226.

Uenk, R. (1980), Markentreue ohne Reue. *Markenartikel* 42, S. 630-637.

Uhr, D. (1980), Psychologische Betrachtungen zum Markenartikel. *Markenartikel* 42, S. 534-546.

Uhr, D. (1981), *Marken – Signale ohne Sprache. Die Marke als Kommunikationsmittel.* Referat einer Fachveranstaltung von BILD in Zusammenarbeit mit Marketing Anzeigen am 9. November 1981 in Nürnberg, am 10. November 1981 in München. Hamburg.

Unger, F. (Hg.) (1986), *Konsumentenpsychologie und Markenartikel.* Heidelberg/ Wien.

Unverzagt, G. & Hurrelmann, K. (2001), *Konsum-Kinder. Was fehlt, wenn es an gar nichts fehlt.* Freiburg.

Vätz-Hinz, H. (1985), *Odol. Reklame-Kunst um 1900.* Gießen.

Vanberg, V. (1987), Markt, Organisation und Reziprozität. In K. Heinemann (Hg.), *Soziologie wirtschaftlichen Handelns. Sonderheft 28 der Kölner Zeitschrift für Soziologie und Sozialpsychologie.* Opladen, S. 263-279.

Vandepoele, F. (1998), Service- und Produktbündelung bei American Express. In A. Meyer (Hg.), *Handbuch Dienstleistungs-Marketing. 2 Bände.* Stuttgart, S. 1719-1725.

Vanderhuck, R. W. (2000), Innovationstempo und Werbepower als Waffen.

Industriemarken müssen sich mit neuen Strateien gegen die Handelsmarken behaupten. *Lebensmittelzeitung*, 17, S. 61-62.

Vanderhuck, R. W. (2001), Private Labels segeln im Windschatten der Marke. Industrie-Marken sind Impulsgeber und Messlatte zugleich – Abgrenzung durch Innovation und Werbung. *Lebensmittelzeitung*, 15, S. 49.

Vasata, V. (1987), Die Marke als Fetisch. In A. Deichsel (Hg.), *Die produktive Distanz. Beiträge zum Verhältnis von Masse und Elite*. Hamburg, S. 15-26.

Veblen, T. (2000), *Theorie der feinen Leute. Eine ökonomische Untersuchung der Institutionen*. Frankfurt/M.

Verlagsgruppe Milchstraße (1998). *Fame. Medien, Marken, Images. Die Imagestude der Verlagsgruppe Milchstraße*. Hamburg.

Vershofen, W. (1935), Das Problem der Qualität. *Die deutsche Fertigware*, S. 186-189.

Vershofen, W. (1959), *Die Marktentnahme als Kernstück der Wirtschaftsforschung. Neuausgabe des ersten Bandes des Handbuchs der Verbrauchsforschung*. Berlin/Köln.

Verspohl, F.-J. (1988), Kunst in der Werbung, Werbung als Kunst. In Lingner + Fischer GmbH, 1888 – 1988. *100 Jahre Lingner-Werke Dresden – Düsseldorf*. Bühl, S. 74-90.

Vester, M. (1992), Die Modernisierung der Sozialstruktur und der Wandel der Mentalitäten. Zwischenergebnisse einer empirischen Untersuchung in der westlichen Bundesrepublik. In S. Hradil (Hg.), *Zwischen Bewußtsein und Sein. Die Vermittlung "objektiver" Lebensbedingungen und "subjektiver" Lebensweisen*. Opladen, S. 223-250.

Vester, M. (1993), Das Janusgesicht sozialer Modernisierung. Soziastrukturwandel und soziale Desintegration in Ost- und Westdeutschland. *Aus Politik und Zeitgeschichte*, B 26-27/93, S. 3-19.

Vester, M. (1997), Kapitalistische Modernisierung und gesellschaftliche (Des-)Integration. Kulturelle und soziale Ungleichheit als Problem von "Milieus" und "Eliten". In W. Heitmeyer (Hg.), *Was hält die Gesellschaft zusammen? Bundesrepublik Deutschland: Auf dem Weg von der Konsens- zur Konfliktgesellschaft. Band 2*. Frankfurt/M., S. 149-203.

Vester, M., Oertzen, P. v., Geiling, H., Hermann, T. & Müller, D. (1993), *Soziale Milieus im gesellschaftlichen Strukturwandel. Zwischen Integration und Ausgrenzung*. Köln.

Vilar, P. (1984), *Gold und Geld in der Geschichte. Vom Ausgang des Mittelalters bis zur Gegenwart*. München.

Vinçon, H. (Hg.) (1995), *Frank Wedekinds Maggi-Zeit. Reklamen/Reisebericht/ Briefe*. Darmstadt.

Vogel, S. (1993), Reiner Atem, frischer Kuß – Aspekte deutscher Reinlichkeit. In M. Roth, M. Scheske & H.-C. Täubrich (Hg.), *In aller Munde. Einhundert Jahre Odol*. Ostfildern-Ruit, S. 106-117.

Vogelsang, W. (1994), Jugend- und Medienkulturen. Ein Beitrag zur Ethnographie medienvermittler Jugendwelten. *Kölner Zeitschrift für Soziologie und Sozialpsychologie* 46, S. 464-491.

Vogt, L. (1997), Zeichen der Anerkennung. Ordnen als Medien sozialer Differenzierung und gesellschaftlicher Integration. *Soziale Welt* 48, S. 187-205.

Vogt, V. (1929), *Absatzprobleme. Das Handbuch der Verkaufsleitung für Erzeuger, Groß- und Einzelhändler. 2 Bände.* Stuttgart/Wien [Reprint HÖRZU-Anzeigenabteilung 1980].

Volk, H. (1990), New Marketing – damit die Kundennähe stimmt. *Markenartikel* 52, Heft 7, S. 346-348.

Vollbrecht, R. (2001), Zur Vermarktung von Jugendkulturen in der Werbung. In G. Zurstiege & S. J. Schmidt (Hg.), *Werbung, Mode und Design.* Opladen, S. 243-260.

Vollbrecht, R. (2002), Marken – Mythen – Images. Über die Ko-Evolution von Werbung und Verbrauchern un die Figur des Re-Entrys in der Werbung. In H. Willems (Hg.), *Die Gesellschaft der Werbung. Kontexte und Texte. Produktionen und Rezeptionen. Entwicklungen und Perspektiven.* Opladen, S. 771-783.

Voltmer, W. D. (1979), Werbung und Marke. In *Markenartikel heute. Marke, Markt und Marketing.* Wiesbaden, S. 207-227.

Vongehr, U. (2002), Marketing by Sound. *Lebensmittelzeitung*, 2, S. 42-44.

Wadle, E. (1996), *Geistiges Eigentum. Bausteine zur Rechtsgeschichte.* Weinheim/New York/Basel/Cambridge/Tokyo.

Wadle, E. (1997), Markenschutz für Konsumartikel. Entwicklungsstufen des modernen Markenrechts in Deutschland. In H. Siegrist, H. Kaelble & J. Kocka (Hg.), *Europäische Konsumgeschichte. Zur Gesellschafts- und Kulturgeschichte des Konsums (18. bis 20. Jahrhundert).* Frankfurt/M., S. 649-670.

Walger, G. & Schencking, F. (1999), Dienstleistungen und ihre Beschreibung. *Soziale Systeme* 5, S. 125-136.

Wallentin, L. G. (1989), Die Packung braucht mehr "Persönlichkeit". Entdecken sie die 'emotionalen' Reserven. *Marketing Journal*, S. 258-260.

Waltermann, B. (1994), Marktsegmentierung und Markenpolitik. In M. Bruhn (Hg.), *Handbuch Markenartikel. Anforderungen an die Markenpolitik aus Sicht von Wissenschaft und Praxis.* Stuttgart, S. 375-394.

Walther, G. (1987), Der neue multi-dimensionale Konsument. *Marketing Journal*, S. 559.

Warde, A. (1997), *Consumption, Food & Taste. Culinary Antinomies and Commodity Culture.* London.

Warriner, C. K. (1970), *The Emergence of Society.* Homewood.

Watzlawick, P., Beavin, J. H. & Jackson, D. D. (1972), *Menschliche Kommunikation. Formen, Störungen, Paradoxien.* Bern/Stuttgart/Wien.

Weber, D. (1997), Wenn Line Extensions gefährlich werden. *Werbung & Verkaufen*, S. 106-112.

Weber, G. (1997), Forschung für die Marke. Ein Interview. *Werbung & Verkaufen*,

S. 100-102.

Weber, M. (1984), *Die protestantische Ethik I. Eine Aufsatzsammlung*. Gütersloh.

Weber, M. (1985), *Wirtschaft und Gesellschaft. Grundriss der verstehenden Soziologie*. Tübingen.

Weber, M. (1985a), *Gesammelte Aufsätze zur Wissenschaftslehre*. Tübingen.

Webster, K. K. (2002), Branding the Non-Profit. Kristine Kirby Webster, The Canterbury Group. Ltd. URL: www.brandchannel.com vom 15.4.2002.

Webster, K. K. (2002a), Mirror, Mirror ... Who Has the Strongest Brand of All? Kristine Kirby Webster, The Canterbury Group. Ltd. URL: www.banchannel.com vom 12.11.2002.

Weiler, G. (1997), Markentransfer am Beispiel der Marke Schauma. *Werbeforschung & Praxis*, S. 13-14.

Weinberg, P. (1986), *Nonverbale Marktkommunikation*. Heidelberg.

Weinberg, P. (1992), *Erlebnismarketing*. München.

Weinberg, P. (1997), Merkmale markentreuer Konsumenten. In Gesellschaft zur Erforschung des Markenwesens e. V. (Hg.), *Markendialog*. Wiesbaden, S. 37-40.

Weinhold-Stünzi, H. (1976), Konsumerismus. In Verlag Moderne Industrie (Hg.), *Marketing- und Verkaufsleiter Handbuch*. München, S. 1001-1016.

Weis, M. & Huber, F. (2000), *Der Wert der Markenpesönlichkeit. Das Phänomen der strategischen Positionierung von Marken. Mit einem Geleitwort von Prof. Dr. Andreas Herrmann*. Wiesbaden.

Weizsäcker, C. C. v. (2001), Vertrauen als Koordinationsmechanismus. In K. Brandmeyer, A. Deichsel & C. Prill (Hg.), *Jahrbuch Markentechnik 2002/2003*. Frankfurt/M., S. 249-261.

Werler, H. (1994), *Millionengrab Werbung. Die Sünden der Werber und die Fehler ihrer Auftraggeber*. Stuttgart.

Werner, G. (1999), Der Weg ins Herz der Jugendlichen. *Horizontmagazin*, Ausgabe "Die Macht der Marke", S. 50-54.

Wever, K. A. (1983), Firmenimage und Unternehmenskultur. *Zeitschrift für Organisation*, S. 337-339.

Wiedmann, K.-P. (1988), Corporate Identity als Unternehmensstrategie. *Wirtschaft und Steuern*, S. 236-242.

Wiener, N. (1968), *Kybernetik. Regelung und Nachrichtenübertragung in Lebewesen und Maschine*. Reinbek.

White, H. C. (1981), Where Do Markets Come From? *American Journal of Sociology* 87, S. 517-547.

White, H. C. (1988), Varieties of Market. In B. Wellman & S. D. Berkowitz (Hg.), *Social Structures: A Network Approach*. Cambridge, S. 226-260.

Wichmann, H. (1998), *Mut zum Aufbruch. Erwin Braun 1921-1992. Mit einem Beitrag von Peter Vaupel*. München/New York.

Wiezorek, H. (1997), Markenführung zur Erhaltung von Markenloyalität. In

Gesellschaft zur Erforschung des Markenwesens e. V. (Hg.), *Markendialog.* Wiesbaden, S. 83-89.

Wildner, R. (1999), Innovation – Lebensnerv der Marke. In Gesellschaft zur Erforschung des Markenwesens e. V. (Hg.), *Markendialog.* Wiesbaden, S. 68-77.

Wildt, M. (1994), *Am Beginn der "Konsumgesellschaft". Mangelerfahrungen, Lebenshaltung, Wohlstandshoffnungen in Westdeutschland in den fünfziger Jahren.* Hamburg.

Wildt, M. (1997), Die Kunst der Wahl. Zur Entwicklung des Konsums in Westdeutschland in den 1950er Jahren. In H. Siegrist, H. Kaelble & J. Kocka (Hg.), *Europäische Konsumgeschichte. Zur Gesellschafts- und Kulturgeschichte des Konsums (18. bis 20. Jahrhundert).* Frankfurt/M., S. 245-266.

Wilhelm, H. (1960), Konsument und Markenartikel. *Der Markenartikel,* S. 677-683.

Will, B. (1999), Neue Bundesbürger ticken anders. Leipziger Institut analysiert Unterschiede im Kaufverhalten. *Lebensmittelzeitung,* 27, S. 37.

Willems, H. & Jurga, M. (1998), Inszenierungsaspekte der Werbung. Empirische Ergebnisse der Erforschung von Glaubwürdigkeitsgenerierungen. In M. Jäckel (Hg.), *Die umworbene Gesellschaft. Analysen zur Entwicklung der Werbekommunikation.* Opladen, S. 209-230.

Willis, P. (1991), *Jugend-Stile. Zur Ästhetik der gemeinsamen Kultur.* Hamburg/ Berlin.

Willke, H. (1978), Zum Problem der Integration komplexer Sozialsysteme: Ein theoretisches Konzept. *Kölner Zeitschrift für Soziologie und Sozialpsychologie* 30, 228-252.

Willke, H. (1987), Differenzierung und Integration in Luhmanns Theorie sozialer Systeme. In H. Haferkamp & M. Schmid (Hg.), *Sinn, Kommunikation und soziale Differenzierung. Beiträge zu Luhmanns Theorie sozialer Systeme.* Frankfurt/M., S. 247-274.

Willke, H. (1995), *Systemtheorie III: Steuerungstheorie.* Stuttgart/Jena.

Windecker, H. (1976), Werbung. In Verlag Moderne Industrie (Hg.), *Marketing- und Verkaufsleiter Handbuch.* München, S. 271-322.

Winderlich, W. (1993), Sind die Marken noch glaubwürdig? In E. Merck (Hg.), *Sind die Marken noch glaubwürdig? 3. Internationales Iriodin Design-Forum.* Darmstadt, S. 30-37.

Winkhaus, H.-D. (1993), Der Markenartikel prägt die Zukunft – Voraussetzungen seines Erfolges in Wirtschaft und Gesellschaft. *Markenartikel* 55, S. 398-402.

Wischermann, C. (1995), Einleitung: Der kulturgeschichtliche Ort der Werbung. In P. Borscheid & C. Wischermann (Hg.), *Bilderwelt des Alltags. Werbung in der Konsumgesellschaft des 19. und 20. Jahrhunderts. Festschrift für Hans Jürgen Teuteberg.* Stuttgart, S. 8-19.

Wiswede, G. (1965), *Motivation und Verbraucherverhalten. Grundlagen der Motivforschung.* München/Basel.

Wiswede, G. (1972), *Soziologie des Verbraucherverhaltens.* Stuttgart.
Wiswede, G. (1979), Psychologie des Markenwesens. In *Markenartikel heute. Marke, Markt und Marketing.* Wiesbaden, S. 135-158.
Wiswede, G. (1983), Marktsoziologie. In M. Irle (Hg.), *Marktpsychologie. 1. Halbband: Marktpsychologie als Sozialwissenschaft.* Göttingen/Toronto/Zürich, S. 152-224.
Wiswede, G. (1992), Die Psychologie des Markenartikels. In E. Dichtl & W. Eggers (Hg.), *Marke und Markenartikel als Instrumente des Wettbewerbs.* München, S. 71-95.
Wiswede, G. (2000), Konsumsoziologie – eine vergessene Disziplin. In D. Rosenkranz & N. F. Schneider (Hg.), *Konsum. Soziologische, ökonomische und psychologische Perspektiven.* Opladen, S. 23-72.
Witthüser, H. (1933), *Der wettbewerbliche Schutz des Warenzeichens. (Dargestellt unter besonderer Berücksichtigung der reichsgerichtlichen Rechtsprechung).* Bochum-Langendreer.
Wölker, H. (1962), Preise und Verbraucherverhalten. *Der Markenartikel,* S. 785-789.
Wondrascheck, B. (1993), Sind die Marken noch glaubwürdig? In E. Merck (Hg.), *Sind die Marken noch glaubwürdig? 3. Internationales Iriodin Design-Forum.* Darmstadt, S. 79-81.
Wondrascheck, B. (1996), Glaube mir, vertraue mir, liebe mich und kaufe mich. *Werbung & Verkaufen,* S. 170-179.
Wübbenhorst, K. L. & Wildner, R. (2002), Die Marke – Erfolgsfaktor oder Auslaufmodell? *Markenartikel* 64, 66-67.
Wulf, C. u. a. (2001), *Das Soziale als Ritual. Zur performativen Bildung von Gemeinschaften.* Opladen.

Zahn, E. (1960), *Soziologie der Prosperität.* Köln/Berlin.
Zaltman, G. (2003), *How Customers Think. Essential Insights into the Mind of the Market.* Boston.
Zeithaml, V. (1988), Consumer Perceptions of Price, Quality, and Value. A Means End Model of Value and Synthesis of Evidence. *Journal of Marketing* 52, S. 2-22.
Zelizer, V. A. (1989), The Social Meaning of Money: "Special Monies". *American Journal of Sociology* 95, S. 342-377.
Zelizer, V. A. (2000), Die Farben des Geldes. Vielfalt der Märkte, Vielfalt der Kulturen. *Berliner Journal für Soziologie* 10, S. 315-332.
Zentes, J. & Swoboda, B. (2001), *Grundbegriffe des Marketing. Marktorientiertes globales Moanagement-Wissen.* Stuttgart.
Ziems, D. (2000), Vom Diamant-Mehl bis zum i-Mac – Die Evolution des Markenartikels als Schlüssel für dynamische Markenführung. *Planung & Analyse,* 57-63.
Zimmer, J. (1996), Markige Sprüche und sprechende Marken. Des Bürgers neue

Klieder. Schon Kinder brauchen sie, um in der Clique zu bestehen. *Berliner Zeitung* vom 16.3.1996.

Zorn, D. (1991), Integrierte Kommunikation – Grundlagen und zukünftige Entwicklung. In H. Dallmer (Hg.), *Handbuch Direct Marketing*. Wiesbaden, S. 51-64.

Zühlsdorff, P. (1990), Marktforschung und Unternehmensführung. *Markenartikel* 52, S. 146-149.

Zurstiege, G. (1998), *Mannsbilder – Männlichkeit in der Werbung. Eine Untersuchung zur Darstellung von Männern in der Anzeigenwerbung der 50er, 70er und 90er Jahre*. Opladen.

Zurstiege, G. (2002), Die Gesellschaft der Werbung – was wir beobachten, wenn wir die Werbung beobachten, wie sie die Gesellschaft beobachtet. In H. Willems (Hg.), *Die Gesellschaft der Werbung. Kontexte und Texte. Produktionen und Rezeptionen. Entwicklungen und Perspektiven*. Opladen, S. 121-138.

图书在版编目（CIP）数据

品牌社会学 / [德]凯－乌韦·黑尔曼著；吕律，张
雪译 . —上海：上海三联书店，2019.12
ISBN 978-7-5426-6837-0
Ⅰ．①品… Ⅱ．①凯… ②吕… ③张… Ⅲ．①品牌－经济
社会学－研究 Ⅳ．① F273.2 ② F069.9

中国版本图书馆 CIP 数据核字（2019）第 236093 号

品牌社会学

著　　者 / [德]凯－乌韦·黑尔曼
译　　者 / 吕　律　张　雪
责任编辑 / 程　力
特约编辑 / 苏雪莹　王国军
装帧设计 / 鹏飞艺术
监　　制 / 姚　军
出版发行 / 上海三联书店
　　　　　（200030）中国上海市漕溪北路 331 号 A 座 6 楼
邮购电话 / 021-22895540
印　　刷 / 三河市延风印装有限公司
版　　次 / 2019 年 12 月第 1 版
印　　次 / 2019 年 12 月第 1 次印刷
开　　本 / 640×960　　1/16
字　　数 / 316 千字
印　　张 / 35.5

ISBN 978-7-5426-6837-0/F·790

定　价：49.80元